Das Buch

Das Duell erscheint uns heute fremd, exotisch, unverständlich, ein Phänomen längst vergangener Zeiten. Und doch konnte es noch in der Welt unserer Großväter und Väter – sofern sie der »satisfaktionsfähigen Gesellschaft« angehörten – über Leben und Tod entscheiden. Ute Frevert setzt sich mit Geschichte und »Funktion« des Duells im 19. und frühen 20. Jahrhundert auseinander und vor allem auch mit der Frage, welchen Sinn es für Handelnde und Beobachter besaß. Welches Männlichkeitsideal verschaffte sich darin Ausdruck? Was verstanden Männer unter »Ehre«, wenn diese der absichtsvoll gesuchten Nähe zum Tode bedurfte? Aus solchen Fragen eröffnen sich neue Einblicke in die Geschichte adlig-bürgerlicher Mentalität, aber auch in geschlechterspezifische Verhaltensweisen. Die Veränderung der Beziehungen zwischen Männern und Frauen ist ein wichtiger Schlüssel zur Erklärung, warum das Duell im 20. Jahrhundert immer mehr an Popularität verlor.

Die Autorin

Ute Frevert studierte Geschichte und Sozialwissenschaften in München, Bielefeld und London. Später war sie am Zentrum für interdisziplinäre Forschung Bielefeld und am Berliner Wissenschaftskolleg tätig. Sie ist jetzt Professorin für Neuere und Neueste Geschichte an der Universität Konstanz. Weitere Veröffentlichungen u. a.: ›Krankheit als politisches Problem 1770–1880‹ (1984), ›Arbeit, Liebe, Protest. Sozialgeschichte der Frauen 1780–1986‹ (1986), ›»Mann und Weib, und Weib und Mann«‹ (1995).

Ute Frevert:
Ehrenmänner

Das Duell in der bürgerlichen Gesellschaft

Deutscher
Taschenbuch
Verlag

dtv

März 1995
Deutscher Taschenbuch Verlag GmbH & Co. KG,
München

Umschlagtypographie: Celestino Piatti
Umschlagbild: Vittorio Emanuele, Graf von Turin, duelliert sich mit Henri d'Orleans wegen dessen Berichterstattung über die Italiener in Abessinien (Archiv für Kunst und Geschichte, Berlin)
Satz: Fotosatz Otto Gutfreund GmbH, Darmstadt
Druck und Bindung: C. H. Beck'sche Buchdruckerei, Nördlingen
Printed in Germany · ISBN 3-423-04646-5

Für Uli, Carlo und Marie Louise

Inhalt

»Um einer solchen Albernheit, wie es das Duell ist, ein dickes Buch zu schreiben, wäre frivol; das Duell ist das nicht wert.« So urteilte vor fast einem Jahrhundert der Historiker Georg von Below – und widmete dem Thema eine Reihe schmaler Broschüren und kurzer Aufsätze, in denen er das Duell als französischen Import, »dem germanischen Geiste fremd«, brandmarkte. Sein scharfes Verdikt fußte allerdings, wie man in Kollegenkreisen spitz bemerkte, nicht in erster Linie auf kühlen wiss*nschaftlichen Recherchen, sondern war mit Herzblut geschrieben.[1]

Der Münsteraner Geschichtsprofessor hatte 1895, als 37jähriger, eine Herausforderung zum Duell erhalten, weil sich sein Berliner Kollege Höniger durch eine Schrift, in der Below mit Kritikern seiner wissenschaftlichen Arbeiten abgerechnet hatte, beleidigt fühlte. Below hatte die Forderung abgelehnt, wäre auch aufgrund einer Lähmung des linken Armes gar nicht in der Lage gewesen, einen Säbelzweikampf auszufechten. Obwohl er aus einer altadligen preußischen Offiziersfamilie stammte, in der militärische Gepflogenheiten und Ehrbegriffe hohes Ansehen genossen, hatte ihn seine Behinderung dem sozialen Geltungsraum dieser Tradition gleichsam entrückt. Als Student schloß er sich deshalb auch keiner schlagenden Verbindung an, wie es von einem jungen Mann seiner Herkunft zu erwarten gewesen wäre, sondern trat einem Akademisch-Historischen Verein bei. Anstatt Mensuren zu fechten und Karten zu wechseln, übte er sich im wissenschaftlichen Meinungsaustausch und lernte auf diesem Feld, wie Angriffe »schneidig aufgegriffen und pariert« werden mußten.[2]

Als ihm eben diese rhetorische Schneidigkeit eine wirkliche Duellforderung eintrug, konterte er – offenbar tief verletzt und in auffallend gereiztem Ton – mit einer bissigen, geradezu haßerfüllten Attacke auf Idee und Institution des Zweikampfs. Hinter dem akademischen Gestus schien nur allzu deutlich die persönliche Kränkung auf, und die vielen Worte, die er fand, um das Duell zu geißeln, standen in beredtem Widerspruch zu seiner Botschaft, daß sich eine gründliche und umfassende Auseinandersetzung mit dem Phänomen des männlichen Ehrenzweikampfs eigentlich gar nicht lohne.

Anders als Belows Arbeiten liegen meinem Buch weder persönliche Motive noch das Vor-Urteil zugrunde, Duelle seien Albernheiten, keiner ernsthaften wissenschaftlichen Untersuchung wert. Wenn Hunderte von Universitätslehrern und anderen Zeitgenossen des 19. Jahrhunderts zur Feder griffen, um für oder gegen das Duell Partei zu ergreifen, wenn sich Tausende von Männern, die sich zur geistigen und sozialen Elite Deutschlands zählten, bis weit ins 20. Jahrhundert hinein auf einen Kampf einließen, der sie das Leben kosten konnte und häufig auch wirklich kostete, kann das Duell für diese Menschen nicht jene lächerliche Marginalie gewesen sein, als die es einer an den »großen Linien« gesellschaftlicher Entwicklung interessierten Geschichtswissenschaft erscheinen mag.

Doch rechtfertigt nicht nur die aus heutiger Sicht verblüffende Allgegenwart des Duellphänomens in den öffentlichen Debatten und Tagesereignissen des 19. Jahrhunderts eine eingehendere Beschäftigung mit diesem Teil unserer Vergangenheit. Denn auch dort, wo über das Duell geschwiegen wurde, war es präsent: Wenn Below in seiner 1925 veröffentlichten autobiographischen Skizze die Episode von 1895 nicht erwähnte, sondern seine Arbeiten über das Duell rein wissenschaftlichen Interessen zuschrieb, läßt diese Verdrängung noch einmal die Bedrängnis erahnen, in die ihn Hönigers Forderung seinerzeit gestürzt hatte.[3]

Weit über die faktischen Geschehnisse, die tatsächlich ausgefochtenen Duelle hinaus schlug das Thema die Generation unserer Vorväter und -mütter in seinen Bann. Von seiner hohen Bedeutung für eine Geschichte kollektiver Imaginationen zeugen allein schon seine zahllosen literarischen Variationen. Kaum ein Theaterstück, kaum ein Roman des späten 18. und 19. Jahrhunderts kam ohne Duell aus, das sich entweder als szenischer Höhepunkt der Handlung oder sogar als Grundmotiv anbot. Neben einer ausufernden, zu Recht bald vergessenen Trivialliteratur vermitteln Theodor Fontanes ›Effi Briest‹ (1895) und Thomas Manns ›Zauberberg‹ (1924) ihren Lesern noch heute einen anschaulichen Eindruck jenes Phänomens, das im 19. Jahrhundert die Spalten der Tagespresse füllte, Richtern und Totengräbern Arbeit verschaffte, die Gemüter protestantischer Synodalen und katholischer Theologen erhitzte und die Phantasie von Schriftstellern beflügelte. Fontane und Mann näherten sich dem Duellthema allerdings in unterschiedlicher Absicht: Wollte Fontane vor allem auf den gesellschaftlichen Duellzwang aufmerksam machen, welcher dem Landrat von Instetten ein Verhalten aufnötigte, das dessen eigenen Gefühlen kaum entsprach, stellte Thomas Mann den Eigensinn des Duells in den Mittelpunkt seiner Geschichte. Fühlt sich Instetten durch die Macht der öffentlichen Meinung und den Corpsgeist des höheren Beamtentums gedrängt, den verflossenen Liebhaber seiner Frau vor die Pistole zu fordern, geht der humanistische Pädagoge Settembrini aus freien Stücken, überzeugt von der inneren Notwendigkeit des körperlichen Kampfes, auf die Herausforderung seines Gegenspielers Naphta ein.

Was in diesen beiden Romanen jeweils als Einzelnes herauspräpariert wurde, muß eine historische Arbeit über das Duell wieder zusammenfügen. Zeigt uns das Duell doch ein Doppelgesicht, zwischen dessen Hälften eine eigentümliche Spannung besteht: Auf der einen Seite erblickt man eine gesellschaftliche Konvention, der in bestimmten sozialen Institutionen und Verkehrskreisen unbedingter Gehorsam gezollt werden mußte. Auf der anderen Seite enthüllen sich ein individuelles Verhalten und eine kulturelle Praxis, deren Bedeutung in jenen äußeren Regeln und Vorgaben nicht restlos aufging und daher auch nur begrenzt durch Kategorien wie soziale Macht und Klassenverhältnisse erklärbar ist.

Vor allem diese Dimension individueller Motive und sozialen Sinns ist es, die bei Zeitgenossen des ausgehenden 20. Jahrhunderts gravierende Verständnisschwierigkeiten hervorruft. Daß Männer sich duellierten, weil sie im Weigerungsfall ihre Stellungen als Offiziere oder höhere Beamte verloren hätten, ist auch heute noch leicht nachzuvollziehen. Daß sie aber im gleichen Atemzug von Mut und Männlichkeit, von Persönlichkeitswahrung und Individualitätswillen, von Antimaterialismus und Ehrgefühl sprachen, mutet hundert Jahre später fremd und seltsam an. Das, was Duellanhänger des 19. Jahrhunderts die »ideale Seite« des Ehrenzweikampfs nannten, ist dem Blickfeld heute gänzlich entschwunden.

Der aktuelle Gebrauch des Begriffs »Duell« beweist dies: In Zeitungen lesen wir von Tennisduellen, von olympischen Sprinterduellen, von parlamentarischen Rededuellen und von Firmenduellen; in Nachrichtensendungen hören wir von Artillerie- und Raketenduellen in Krisenregionen oder nehmen als Zuschauer am Fernsehduell amerikanischer Präsidentschaftskandidaten teil. Doch geht es in all diesen politischen, wirtschaftlichen, sportlichen und kriegerischen »Duellen« weder um Ehre noch um soziale Pflichten, sondern um Kräftemessen und Leistungsvergleich.[4]

Der Gedanke eines auf Sieg oder Niederlage codierten Wettkampfs aber war dem klassischen Duell völlig fremd. Duelle waren Ehrenzweikämpfe, in denen man nicht um ein handfestes Ergebnis stritt, sondern seine Ehre unter Beweis stellte. Es kam nicht darauf an, wer am schnellsten zog oder die kräftigsten Hiebe austeilte; wichtig war allein die Tatsache, daß sich beide Gegner einem vielleicht tödlichen Kampf stellten und auf diese Weise zu erkennen gaben, daß sie ihre »Ehre« höher schätzten als ihr Leben.

Ein solcher emphatisch aufgeladener Ehrbegriff, wie er männlichen Angehörigen sozialer Oberschichten noch Ende des 19. Jahrhunderts eigen war, scheint in heutigen Lebensverhältnissen und Selbstbildern keinen Platz mehr zu haben.[5] Diesen Bedeutungsverlust sozialer Ehre hatte Max Weber bereits zu Beginn des 20. Jahrhunderts vorausgesehen. Gesellschaften, die rasche technisch-ökonomische Umwälzungen erlebten, organisierten ihre Sozialbeziehungen nach sachlichen Interessen und Marktgesichtspunkten und rückten dementsprechend die »Klassenlage« in den Vordergrund; eine »Gliederung nach ›Ehre‹«, so Weber, finde hier keinen sozialen Nährboden mehr vor. Je langsamer dagegen die Umschichtungsprozesse verliefen, je stabiler die Grundlagen des Gütererwerbs und der Güterverteilung seien, desto stärker könnten sich persönliche Beziehungen ausprägen und die »ständische Lage«, vermittelt durch eine bestimmte Art der Lebensführung, die Oberhand über den wirtschaftlichen Erwerb gewinnen. Ehre als Attribut ständischer Verhältnisse, als Voraussetzung und Ergebnis ständischer Lebensführung gedeihe daher nur in ökonomisch relativ stagnierenden Gesellschaften und könne sich in Phasen beschleunigten wirtschaftlich-technischen Wandels nicht als Strukturelement sozialer Ordnungen behaupten.[6]

Als Weber diese These formulierte, stand ihm die amerikanische Gesellschaft als Prototyp eines sich ungeheuer schnell verändernden Industriesystems ohne ständische Einsprengsel vor Augen. Um mit diesem leistungsstarken »Arbeitsvolk« konkurrieren zu können, sei es an der Zeit, daß sich auch Deutschland von gewissen ständischen Traditionen trenne, die dem »Geist rücksichtsloser bürgerlicher Arbeit« widersprächen. Scharfe Kritik übte Weber in diesem Zusammenhang an der an Technischen und Handelshochschulen beobachtbaren Neigung von Studenten, schlagenden Verbindungen beizutreten und hier ein elitäres Sonderbewußtsein zu kultivieren, das sich mit dem Arbeitsauftrag künftiger Ingenieure, Architekten und Kaufleute nicht vertrage. Anstatt dem zeit- und geldaufwendigen akademischen Treiben zu frönen und einer äußerst reizbaren »Scholarenehre« zu huldigen, sollten sich gerade jene Studenten beizeiten an intensive Arbeit gewöhnen.[7]

Weber sprach diese Mahnung nicht nur als Wissenschaftler und Nationalist aus – er war darüber hinaus auch Alter Herr einer Burschenschaft, der er seit seiner Heidelberger Studentenzeit angehörte. Tägliche Fechtübungen, regelmäßige Kneipabende und die obligatorischen Mensuren hatten seine akademischen Lehrjahre begleitet, und noch als Mittvierziger pflegte er einen forschen Stil, der in mehrfachen Duellforderungen »nach akademischem Brauch« seinen Höhepunkt fand.[8] Daß er diesen Habitus gleichwohl nicht für verallgemeinerungsfähig hielt und ihn vornehmlich solchen Männern, die in den ökonomischen Produktions- und Innovationsprozeß unmittelbar eingespannt waren, vorenthalten wollte, verrät eine eigentümliche Bewußtseinsambivalenz. In ständischen »Konventionen« und »Stilisierungen« großgeworden, empfand Weber sie in späteren Lebensjahren als wenig zeitgemäß und dem wirtschaftlichen Fortschritt hinderlich. Gleichwohl hielt er selber zeit seines Lebens an diesen Formen fest und billigte ihnen in sozialen Schichten, die der Sphäre ökonomischer Konkurrenz fernstanden, auch ein gewisses Existenzrecht zu.

Ehre, als Schlüsselbegriff ständischer Ordnungen, hatte für den 1864 in eine preußische Juristenfamilie hineingeborenen Weber noch einen vertrauten Klang, und er schenkte ihr sowohl in seinem wissenschaftlichen Werk als auch in seinem persönlichen Leben große Aufmerksamkeit. Er bekannte sich öffentlich als Duellanhänger und ließ keine Gelegenheit aus, seine Ehrauffassung in die Praxis umzusetzen. Als seine Frau Marianne 1910 von einem jungen Heidelberger Dozenten als Aktivistin der Frauenbewegung verhöhnt wurde, wollte sich Weber mit dem Beleidiger duellieren; als er kurze Zeit später selber mit einem Wissenschaftler in Streit geriet und sich von diesem in seiner Ehre gekränkt fühlte, ließ er ihn auf Säbel fordern.

Theoretisch reflektierte er ein solches Verhalten als Ausdruck einer »spezifisch gearteten Lebensführung«, die sich zwecks Aufrechterhaltung von »Distanz und Exklusivität« bestimmter »Zeichen« bediene, im vorliegenden Fall der »Satisfaktionsfähigkeit«. Dieser »spezifisch deutsche Begriff« umgrenze eine gesellschaftliche Konvention, einen besonderen Ehrenkodex, der sowohl das Offizierkorps als auch die höhere Beamtenschaft ständisch integriere und nach außen abschließe. Der Ehrbegriff beider Formationen sei weder an berufliche Leistung noch an Reichtum und Erwerb gebunden, stehe vielmehr »mit den Prätensionen des nackten Besitzes als solchem in schroffem Widerspruch«. Er fuße statt dessen auf gleichsam immateriellen Werten, auf einer »bestimmten Art von traditioneller und durch Erziehung gefestigter Gesinnung«, die sich in einem »ritterlichen ... Männlichkeitsideal« manifestiere. Zwar sei die Satisfaktionsfähigkeit eines Mannes rein formal an das von ihm erworbene Bildungspatent gebunden, und da solche Patente wiederum klassenbildende Wirkungen zeitigten, könnte – diese Schlußfolgerung ließ Weber aus – auch die Satisfaktionsfähigkeit letztlich als Konstitutionselement sozialer Klassen interpretiert werden. In jedem Fall aber, gab Weber seinen Kollegen 1904 auf den Weg, sei der Begriff der Satisfaktionsfähigkeit »seiner ganz erheblichen Kulturbedeutung wegen einer historischen Spezialuntersuchung wohl wert«.[9]

Eine solche Untersuchung fehlt noch immer, vermutlich vor allem deshalb, weil die »Kulturbedeutung« des Phänomens im Verlauf dieses Jahrhunderts erheblich zurückgegangen ist. Weber selber lebte bereits in einer Epoche des Übergangs, deren Brüche und Widersprüche sich in seinem Denken und Handeln in faszinierender Gleichzeitigkeit spiegelten. Auch sein Kollege Georg Simmel widmete der Ehre und ihren Ausdrucksformen noch einige kluge Beobachtungen, von denen diese Arbeit profitiert hat.[10] Unter Soziologen und Historikern späterer Generationen geriet das Thema dagegen in Vergessenheit, und erst in jüngster Zeit beginnt sich die Forschung ihm erneut zuzuwenden. 1986 legte François Billacois eine umfangreiche Studie zum Duell in der französischen Gesellschaft des 16. und 17. Jahrhunderts vor, und 1988 veröffentlichte Victor Kiernan sein Alterswerk über das Duell in der europäischen Geschichte.[11] Beide Autoren konzentrieren sich – ausschließlich oder vornehmlich – auf die Periode der Frühen Neuzeit, die sie als Hochphase des

Duells betrachten. Im 19. Jahrhundert dagegen seien, meint Billacois, Duelle nur noch ein »Echo« ihrer selbst gewesen, eine flüchtige Erinnerung an heroische Vorgänger. Auch Kiernan siedelt die Blütezeit des Duells in der Vormoderne an, ohne dabei zu leugnen, daß viele Länder des europäischen Kontinents im bürgerlichen 19. Jahrhundert eine »Wiedergeburt« des an sich bereits anachronistischen Phänomens erlebten. Im Zuge von Refeudalisierungsprozessen sei ihm ein unverdientes Comeback gelungen, bevor es nach dem Ersten Weltkrieg endgültig aus dem gesellschaftlichen Comment verschwunden sei.

Diese Interpretationen verkennen die soziale, kulturelle und auch politische Bedeutung, die der »Duellfrage« im 19. und frühen 20. Jahrhundert besonders in Deutschland zukam.[12] Ihre Aktualität und Tragweite spiegeln sich schon in dem großen Umfang des verfügbaren Quellenmaterials, das die Breite und Dichte des zeitgenössischen Interesses eindrucksvoll belegt. In staatlichen Archiven lagern zahlreiche Akten, in denen gesetzgeberische Initiativen und Regierungsdebatten zu diesem Thema ebenso aufgezeichnet sind wie der gerichtlich-obrigkeitliche Umgang mit Duellanten. Seit die bayerischen Stände ihren König 1819 um ein Duellgesetz baten, erstreckte sich die politische Diskussion über das Für und Wider staatlicher Reglementierung des Ehrenzweikampfs über mehrere Regierungskrisen im Kaiserreich und in der Weimarer Republik hinweg bis in die Zeit des Nationalsozialismus, als sich der »Führer« und seine Ideologen bemühten, dem Zweikampf nach den »pazifistischen Irrwegen« der republikanischen Jahre wieder freiere Bahn zu schaffen. Justiz-, Kultus- und Kriegsministerien, Parlamente und Gerichte, Kirchen und Parteien rangen unter kräftiger Beteiligung der Monarchen oder Staatspräsidenten immer wieder um politische Kompromisse, die zwischen den divergierenden Meinungen zur Duellfrage vermitteln konnten. Dank der Vielzahl unterschiedlicher Standpunkte und Interessen, die es dabei zu berücksichtigen galt, verfügen wir über eine breite archivalische Überlieferung, aus der sich vor allem für Preußen und Bayern wie auch für das Reich insgesamt eine aufschlußreiche Geschichte staatlicher Ordnungskonzepte rekonstruieren läßt. Eine empfindliche Lücke klafft allerdings auf dem Gebiet der Militärpolitik, da die Akten des preußischen Kriegsministeriums im Zweiten Weltkrieg vernichtet worden sind. Mit Hilfe einschlägigen Materials aus den Münchener und Stuttgarter Kriegsarchiven sowie aus dem Freiburger Militärarchiv, das vor allem über Bestände der Reichsmarine verfügt, kann jedoch auch diese Lücke zumindest notdürftig geschlossen werden.[13]

Längst nicht vollständig dokumentiert sind zudem die vor Gericht gebrachten und abgeurteilten Duellfälle, da nur ein geringer Teil der Prozeßakten erhalten blieb oder archivalisch hinlänglich erschlossen ist. Am leichtesten zugänglich sind jene Fälle, die den Monarchen zur Begnadigung vorgelegt wurden und deshalb Aufnahme in die Akten der Justizministerien und Zivilkabinette fanden. Für Preußen, Baden und Bayern ließen sich auf diesem Weg zwischen 1800 und 1914 etwa 470 Fälle rekonstruieren; hinzu kamen noch ungefähr 55 Duelle aus württembergischen, lippischen, Münsteraner, Hamburger und Bremer Staatsarchiven sowie aus dem Freiburger Militärarchiv. Einschließlich der in Zeitungen und autobiographischen Texten aufgespürten zwei bis drei Dutzend weiteren Fälle liegen dieser Arbeit daher annähernd 550 erwiesene Duellbegegnungen zugrunde, die sich über einen Zeitraum von ewa 170 Jahren (1770 bis 1937) verstreuen.[14]

Daß es sich hierbei nur um einen Bruchteil der tatsächlich aktenkundig gewordenen Fälle handelt, zeigt ein Blick in die Kriminalstatistik des Deutschen Reichs, wonach allein in den drei Jahrzehnten zwischen 1882 und 1912 2111 Strafverfahren gegen Duellanten eingeleitet und bis 1936 insgesamt 4222 Personen wegen Zweikampf-Delikten verurteilt wurden. Aber selbst diese Zahlen geben die quantitative Dimension des Duellphänomens nicht zutreffend wieder. Die Dunkelziffer war extrem hoch; nur sehr wenige Zweikämpfe gelangten überhaupt zur Kenntnis der Behörden. In der Regel wahrten alle Beteiligten Stillschweigen, und da ein Duell auf beidseitiger Übereinkunft beruhte, gab es – anders als bei strafrechtlichen Tatbeständen wie Körperverletzung oder Diebstahl – gemeinhin keinen Kläger. Doch auch wenn Informationen durchsickerten und Gerüchte kursierten, war es keineswegs sicher, daß die Polizei ermittelte und der Staatsanwalt Anklage erhob. Nicht selten wurden übereifrige Beamte, die einem solchen Gerücht nachgehen wollten, von ihren Vorgesetzten zurückgepfiffen und bereits eingeleitete Untersuchungsverfahren auf höheren Befehl niedergeschlagen.

Die Anzahl der Duellprozesse hat folglich mit der tatsächlichen Häufigkeit von Duellen nicht viel zu tun, sondern gehorcht einer anderen, vornehmlich politisch definierten Logik. Allein schon deshalb verbietet es sich, von der randständigen Position des Zweikampf-Delikts im Spektrum der zur Anklage gebrachten Kriminalfälle – 1883 beschäftigten sich damit 0,02 % aller vor deutschen Gerichten anhängigen Strafverfahren – auf seine faktische Marginalität zu schließen.

Noch weiter verbreitet als Duelle waren überdies Herausforderungen zum Duell, und auch Männer, die niemals im Leben einen Zweikampf ausfochten, gerieten doch in der Regel einmal, wenn nicht öfter in die Lage, eine Forderung ergehen zu lassen oder selber gefordert zu werden. In autobiographischen Texten und Briefen des 19. Jahrhunderts tauchte das Duellthema immer wieder auf, es war im Kreis der satisfaktionsfähigen Gesellschaft allgegenwärtig, und jede theoretische Debatte über sein Für und Wider konnte mit einer veritablen Herausforderung enden.[15]

Erst die Omnipräsenz des Ehrenzweikampfs im Lebenszusammenhang bürgerlicher und adliger Männer schuf überhaupt die Voraussetzung dafür, daß die »Duellfrage« im 19. Jahrhundert intensiv diskutiert und politisiert wurde. Ohne tatsächlichen Rückhalt in konkreten Erfahrungen und »Erlebnisstrukturen« (V. Turner) hätte das Duell niemals jenes immense öffentliche Interesse auf sich ziehen können, das seinen Niederschlag in parlamentarischen Anfragen, staats- und kirchenpolitischen Debatten sowie einer Unmenge rechtswissenschaftlicher Traktate und literarischer Werke gefunden hat. Darüber hinaus belegen etwa 500 einschlägige Broschüren und ungezählte Zeitungs- und Zeitschriftenartikel die außerordentliche zeitgenössische Resonanz des Themas.

Ihr verdankt dieses Buch eine reiche Quellengrundlage, die es erlaubt, das Phänomen des männlichen Ehrenzweikampfs in seiner Bedeutung als signifikantes »Handlungsparadigma«[16] gesellschaftlicher Oberschichten im Zeithorizont des 19. Jahrhunderts aus unterschiedlichen Blickwinkeln auszuleuchten. Dabei stellt sich zuoberst die Frage nach den sozialen Bedingungen und Funktionen des Duells in einer Gesellschaft, die sich von ständischen Zuschreibungen zunehmend löste und bürgerlich-moderne Züge annahm. Wer duellierte sich mit wem, warum und zu welchem Zweck? Veränderten sich die Trägerschichten des Duells im Verlauf gesellschaftlicher Wandlungsprozesse? Welche Institutionen, Parteien oder Gruppen förderten das Duell, welche suchten es zu verhindern oder einzuschränken? Erst auf der Grundlage einer solchen sozialen Topographie läßt sich die für diese Untersuchung wesentliche Frage beantworten, ob der

Ehrenzweikampf im 19. Jahrhundert lediglich ein Überbleibsel der feudalen Epoche, ein Relikt ständischer, vorbürgerlicher Verhältnisse war oder ob er von der bürgerlichen Gesellschaft und ihren maßgebenden Vertretern adoptiert und inkorporiert wurde.

Die große Zahl bürgerlicher Duellanten und Duellanhänger, zu denen neben Max Weber auch Heinrich Simon, Heinrich Heine oder Ferdinand Lassalle gehörten, läßt bereits vermuten, daß es im deutschen Bürgertum starke Neigungen gegeben haben muß, das ursprünglich allein dem Adel vorbehaltene Duell in seine eigene Lebensführung aufzunehmen. Ob dies allerdings als Ausdruck bürgerlicher Feudalisierungsbestrebungen gedeutet werden sollte, ist angesichts der verbürgten adelskritischen Haltung jener Männer zumindest zweifelhaft. Auch von einem »deutschen Sonderweg«, einer für dieses Land und seine bürgerliche Klasse spezifischen Rückständigkeit und Empfänglichkeit für aristokratische Traditionen, kann man hier kaum sprechen: Schließlich duellierten sich im 19. Jahrhundert nicht nur deutsche, sondern auch englische, amerikanische, österreichische, französische und italienische Bürger.[17]

Die Frage, wie die offenkundige Duellsympathie des deutschen Bürgertums zu interpretieren sei und welche Folgen sie für die Ausformung bürgerlicher Identität(en) besaß, ist allerdings nur eine unter mehreren, die dieses Buch zu beantworten sucht. Ausgehend von der Annahme, daß sich in der Praxis des Duells – als szenischem Höhepunkt eines »sozialen Dramas«[18] – ebenso wie in deren zeitgenössischer Reflexion zentrale Strukturprinzipien der deutschen Gesellschaft des 19. und frühen 20. Jahrhunderts abbildeten, geraten die Funktionen in den Blick, die das Duell speziell für die Lebensführung und Distinktionsstrategien adlig-bürgerlicher Oberschichten wahrnahm. Indem es aber auch heftige innere Widerstände und äußere Kritik provozierte, bietet es darüber hinaus die Chance, Konfliktlinien und Bruchstellen in den Binnenbeziehungen und Außenkontakten dieser Schichten aufzufinden. Nicht zuletzt vermag eine Geschichte des Duells neues Licht auf das vieldiskutierte Verhältnis von Staat und Gesellschaft zu werfen. Da der private Ehrenzweikampf das physische Gewaltmonopol des Staates in Frage stellte, vermitteln die Reaktionen staatlicher Behörden, Gerichte und Rechtswissenschaftler interessante Einblicke in prinzipielle Auseinandersetzungen um Geltungsgrundlagen und Konstitutionsmerkmale bürgerlichen Rechts sowie um Motive und Grenzen staatlicher Regelungsansprüche.

Mindestens ebenso reizvoll wie die Frage nach den gesellschaftlichen »Funktionen« des männlichen Ehrenzweikampfs ist aber die nach seinem spezifischen »Sinn«, nach seiner Bedeutung für das Selbstverständnis seiner Anhänger und deren Umwelt. Als ein in jeder Hinsicht extremer Ausdruck sozialer und persönlicher Ehre repräsentierte das Duell eine soziale »Habitusform«, deren Rekonstruktion dazu beitragen kann, kulturelle Orientierungsmuster und Umgangsstile gesellschaftlicher Oberschichten gleichsam im Normalfall aufzuspüren und in ihren Veränderungen nachzuzeichnen.[19]

Um die »Sprache der Ehre«[20] zu verstehen, wie sie von »gebildeten« Männern jener Zeit kultiviert wurde, genügt es nicht, ihren Klassenhintergrund zu erhellen und die institutionellen Zwänge zu beleuchten, die sie hervorbrachten. Die Grammatik dieser Sprache, ihre Formen und Regeln selber müssen untersucht werden, ebenso der Kontext und das semantische Umfeld, in dem sie gesprochen wurde. Was verstanden erwachsene Männer »besserer« Kreise unter Ehre, und warum benötigte diese Ehre als vorgebliches Lebenselixier die ständige und absichtsvolle Nähe zum Tod? Worin lag die Attraktivität des Zweikampfs begründet, welche Wünsche und welche Ängste rief er hervor? Auf welchem Persönlichkeitsbild beruhte ein Verhaltenskodex, der den Konflikt pries und den Ausgleich verhinderte, der Mut, Selbstdisziplin und Kaltblütigkeit prämierte und emotionale Unschlüssigkeiten verpönte? Welches Männlichkeitsideal verschaffte sich im Duell Ausdruck, und wie vertrug sich dieses Ideal mit der Praxis der Geschlechterbeziehungen?

Wie kaum eine andere »symbolische Praxis« zeigt das Duell genau auf die Schnittstelle von Gesellschaft und Kultur, von sozialem System und Persönlichkeit, von korporativem Zwang und individueller Freiheit. Für seine wissenschaftliche Analyse heißt dies, daß erklärende Schlüsse erst nach einer sorgfältigen Betrachtung seiner »Bedeutungsstrukturen« (Geertz) überhaupt möglich und sinnvoll sind. Gerade weil das Phänomen selber heute so fremd und befremdend wirkt, muß die historische Untersuchung darum bemüht sein, die »erfahrungsnahen« Begriffe und Beschreibungen des Duellmilieus zu treffen und eine angemessene Balance zwischen phänomenologischem »Verstehen« und sozialstruktureller »Erklärung« zu halten.[21]

Nur so kann es gelingen, die zeitliche, sachliche und soziale Distanz, die Zeitgenossen des ausgehenden 20. Jahrhunderts von der Duellkultur des 19. trennt, zu überbrücken und ein Stück Vergangenheit lebendig werden zu lassen, das Phantasie und Lebensrealität früherer Generationen in einem heute unvorstellbaren Ausmaß beschäftigt hat. Daß auch heute noch so häufig von Duellen die Rede ist – wenngleich in einem von Grund auf banalisierten und veränderten Sinnzusammenhang –, deutet darauf hin, daß dem Phänomen nach wie vor ein eigentümlicher Zauber anhaftet, dem sich »moderne« Menschen nicht gänzlich entziehen können, selbst wenn sie die authentische Situation weder nachempfinden noch nacherleben können und wollen.[22]

Gerade weil ich diese brisante Mischung aus Distanz und Nähe bei meinen Nachforschungen selber verspürt habe – wobei mir als Frau Distanz leichter fiel als Nähe –, wollte ich sie durch die Darstellung nicht zum Verschwinden bringen. Deshalb habe ich mich bemüht, den vorliegenden Text dicht an den Quellen und überlieferten Zeugnissen zu schreiben.[23] Ein solches Verfahren, das von der besonderen Aussagekraft des archivalischen und biographischen Materials begünstigt wird, soll helfen, die Duellerfahrung früherer Generationen so exakt wie möglich zu rekonstruieren, um ihren »Sinn« im gesamtgesellschaftlichen Bedingungsgefüge verorten zu können. Es scheint mir ein unabdingbarer Anspruch geschichtswissenschaftlicher Analyse, der Vergangenheit ihre eigene Sprache wiederzugeben, auch wenn diese übersetzt und auf ihren pragmatischen Kontext befragt werden muß. Daß die Sprache des Duells besonders ausdrucksstark und metaphernreich gewesen ist, läßt diesen Anspruch zum Vergnügen werden – und zu einer intellektuellen Herausforderung, möglichst viele Bedeutungsinhalte zu entschlüsseln und verständlich zu machen.

I. Zwischen Raufhandel und Ehrenzweikampf
Das Duell in der Frühen Neuzeit

Als Historiker und Juristen um die Jahrhundertwende über Ursprung und Herkunft des modernen Duells stritten, argumentierten sie, wie einer von ihnen anmerkte, als »Parteigänger«.[1] Hinter jeder wissenschaftlichen These stand eine bestimmte Meinung zum Duell: Seine Anhänger suchten es dadurch zu rechtfertigen, daß sie es, »aus deutschem Geist geboren«, in eine christlich-germanische Traditionslinie stellten; seine Gegner disqualifizierten es als »undeutsch« und als Produkt einer »schmutzigen und verbrecherischen Gesellschaft«, womit sie Frankreich meinten.[2] In diesem Disput spielten persönliche Motive und politische Nationalismen eine beherrschende Rolle, und sein Ertrag war denn auch auf ideologischem Gebiet weit größer als auf dem der Historie.

Immerhin förderte die Debatte beachtliche Sachinformationen zur Entstehungs- und Entwicklungsgeschichte des Zweikampfs zutage, die sich seitdem nicht wesentlich vermehrt zu haben scheinen. Auf diesen Fundus greift auch meine Untersuchung zurück, ohne dabei den Anspruch zu erheben, neue Forschungsergebnisse über Vorläufer des Duells in der mittelalterlichen Gesellschaft vorzulegen oder den Zusammenhang von absolutistischer Fürstenherrschaft und adliger Duellehre in der Frühen Neuzeit erschöpfend zu rekonstruieren. Mein vornehmliches Interesse richtet sich auf die »bürgerliche« Geschichte des Duells und damit auf die Zeit zwischen dem späten 18. und frühen 20. Jahrhundert; die Vorgeschichte des bürgerlichen Duells, seine Blütezeit in der Adelskultur des 17. und 18. Jahrhunderts, kommt dagegen nur in Gestalt eines knappen Rückblicks zur Geltung. Er gibt eine Art Folie ab, auf der sich Veränderungen und Innovationen im bürgerlichen Zeitalter um so markanter abheben.[3]

1. Mittelalterliche Zweikampf-Traditionen

Daß das Duell in seiner Definition als verabredeter, nach bestimmten Regeln mit tödlichen Waffen ausgefochtener Ehrenzweikampf ein Kind der Frühen Neuzeit war, bildete in der von Below entfachten Debatte um seinen Ursprung keinen Streitpunkt. Meinungsunterschiede brachen jedoch an der Frage auf, ob der Ehrenzweikampf von den deutschen Adligen nach französischem Muster lediglich kopiert worden sei, wie Below meinte, oder ob es im deutschen Kulturraum eigene Traditionen und Vorbilder gegeben habe, aus denen heraus sich das Duell allmählich entwickelte und die es mehr oder weniger bruchlos fortsetzte. Die allermeisten zeitgenössischen Autoren votierten für eine Kontinuitätstheorie und verwiesen zu ihrer Unterstützung auf formale und sachliche Ähnlichkeiten, die das moderne Duell mit mittelalterlichen Modellen der Konfliktregelung verbänden.

Es sind im wesentlichen drei Institutionen, denen eine genetische Beziehung zum Duell nachgesagt wurde: die Fehde, der gerichtliche Zweikampf und das ritterliche Turnier. Während man in der Fehde den freien Sinn der germanischen Urväter aufzuspüren meinte, die Streitigkeiten und Beleidigungen nicht der Obrigkeit überantworteten, sondern in Form einer »Privatrache« sühnten[4], erkannte man im gerichtlichen Zweikampf eine gebundenere Form der Auseinandersetzung, die gleichwohl wichtige Merkmale »germanischer Ehre« bewahrte, allen voran den Grundsatz, »daß die Ehre an die Kampffähigkeit geknüpft, der Wehrlose ehrlos sei«.[5] So wie die Fehde als inneradlige Feindschaft, die nicht nur den unmittelbaren Gegner, sondern auch seine Freunde und Helfer, ja sein Land und seine Untertanen einbezog, spätestens seit der Verkündung des ewigen Landfriedens 1495 als überwunden gelten konnte[6], blieb auch der gerichtliche Zweikampf, der in rechtlich unklaren Verhältnissen eine Entscheidung herbeiführte, ein Phänomen des Mittelalters. Anders als die Fehde scheint er sich jedoch im kollektiven Gedächtnis der Menschen einen festen Platz erobert zu haben, wobei es vor allem das faszinierende Motiv des Gottesurteils gewesen sein mag, das diese Langlebigkeit verantwortete.[7]

Im gerichtlichen Zweikampf, wie er im Sachsenspiegel des 13. Jahrhunderts beschrieben und normiert wurde, standen sich Kläger und Beklagter unter den Augen eines Richters gegenüber und fochten mit Schwertern um ihren Rechtsanspruch. Siegte der Beklagte, sprach ihn der Richter frei; unterlag er, galt er als schuldig.[8] Ihre Legitimation fand diese Form der Rechtsfindung in der Auffassung, daß der Ausgang des Kampfes nicht etwa von der Kraft und Geschicklichkeit der Kämpfenden abhängig sei, sondern einem Gottesurteil gleichkomme. Diese Vorstellung lag noch der Zweikampfforderung zugrunde, um deren Genehmigung der Freiherr von Linsingen 1804 den kurz danach aufgelösten Reichstag deutscher Fürsten und freier Städte bat. Anlaß des Konflikts waren Gebietsansprüche des hessischen Kurfürsten, die der Freiherr als unbegründet zurückwies. Um den Streit zu entscheiden, schlug er einen Zweikampf vor, in dem der Kurfürst »seine unbegründeten Prätensiones auf Insberg vor Gottes Gericht mit der Spitze des Degens auf den Tod« verfechten sollte.[9]

Daß der Freiherr eine hohe Institution des Reiches darum bat, den Zweikampf zu vermitteln bzw. kraft ihrer Autorität anzuberaumen, und daß er ihn als Gottesgericht begreifen wollte, deutet darauf hin, daß er kein modernes Duell im Auge hatte, sondern einen Kampf nach mittelalterlichem Vorbild. Der gerichtliche Zweikampf war ein offizieller Akt, er fand im Beisein des Richters, zuweilen sogar des Landesherrn und unter Zeugen statt. Seinem Ausgang kam rechtsprechende Gewalt zu. Seine Anlässe waren vielfältig und keinesfalls auf Ehrenhändel begrenzt. Um die Mitte des 15. Jahrhunderts galten sieben Verfehlungen als zweikampffähig, wie in einem 1459 veröffentlichten »Kampfrecht« nachzulesen ist: Mord, Verrat, Ketzerei, Treulosigkeit gegen den Herrn, Wortbruch, Notzucht und Verletzungen der Ehre.[10]

Im Unterschied zur Fehde waren gerichtliche Zweikämpfe kein Privileg des Adels; auch Stadtbürger konnten in die Lage geraten, eine Klage auf dem Kampfplatz ausfechten zu müssen – ein Recht, von dem sie sich offenbar seit dem 13. Jahrhundert vermehrt zu befreien trachteten.[11] Prinzipiell nicht zugelassen waren dagegen Unfreie, Frauen, Kinder bzw. Jugendliche, Greise, Kranke und Geistliche – Personengruppen also, die nicht das Recht hatten, Waffen zu führen. Des weiteren gehörte es zu den wesentlichen Voraussetzungen gerichtlicher Zweikämpfe, daß die Gegner einander ebenbürtig waren, sich als Gleiche gegenüberstanden und unter gleichen Bedingungen um ihr Recht kämpften.[12]

Fortschritte des Rechtswesens und ein zunehmender Widerstand der Kirche gegen die Profanisierung des göttlichen Willens trugen dazu bei, daß gerichtliche Zweikämpfe gegen Ende des Mittelalters immer seltener wurden und seit dem 16. Jahrhundert ganz verschwanden. Das gleiche Schicksal ereilte die ritterlichen Turniere, die zuweilen ebenfalls als Vorform des neuzeitlichen Duells betrachtet wurden.[13] Das Turnier war im 12. Jahrhundert in Deutschland heimisch geworden und entwickelte sich im Verlauf weniger Jahrzehnte zu einem wichtigen Bestandteil ritterlich-höfischer Kultur. In dem Maße, wie es Zugang zu großen und kleinen Fürstenhöfen fand, verlor es seinen rein militärischen Charakter, der ursprünglich darin bestanden hatte, den ritterlichen Nachwuchs mit dem Waffenhandwerk vertraut zu machen. Statt dessen gewann es einen hohen Stellenwert im gesellschaftlichen Leben der Höfe, wo es der »Selbstdarstellung des Rittertums« diente.[14]

Diese Selbstdarstellung kreiste um den Begriff ritterlicher Ehre. Sie war an einen umfangreichen Tugendkatalog gebunden, in dem Treue, Tapferkeit, Minnedienst und Affektkontrolle eine große Rolle spielten.[15] Ritterliche Ehre äußerte sich in völliger Hingabe an das Objekt des Dienstes und der Verehrung – den Fürsten bzw. die Dame –, ging aber zudem, gleichsam als notwendiges Korrelat, mit dem Anspruch auf herausgehobene persönliche Würde und Selbstbehauptung einher.

Beides, Hingabe ebenso wie Selbstbehauptung, kam im Turnier auf spielerisch-demonstrative Weise zum Ausdruck. In diesem nach festen Regeln und unter den prüfenden Augen des »Hohen Paares« stattfindenden Kampfspiel fochten Ritter miteinander um Ehre und Ruhm; wer am tapfersten war und die Waffen am geschicktesten führte, trug den Sieg davon. Eine ernsthafte physische Verletzung der Gegner war weder beabsichtigt noch erforderlich; der Sieg war nicht an den Tod des anderen gebunden, sondern an seine Überwältigung im unverstellten Kampf.[16]

Anders als die Fehde war das Turnier ein Akt der Freundschaft und des Friedens; hier ging es nicht darum, dem Gegner zu schaden, sondern ihn im offenen Wettstreit zu besiegen. Die Teilnehmer dieses Kampfspiels waren nicht miteinander verfeindet, sondern zollten einander Respekt und Achtung. Wer mit wem kämpfte, entschieden die beiden Verbändeführer, die jeweils Hunderte, manchmal sogar Tausende von Rittern unter ihren

Fahnen zählten. Vom Ausgang des Kampfes hingen weder Leben noch Recht der Kämpfenden ab. Im Unterschied zur Fehde und zum gerichtlichen Zweikampf ging es im Turnier um den Gewinn von Ehre als Kernstück des mittelalterlichen Rittertums und »Pol adligen Lebens«.[17] Der Wettstreit um Ehre vollzog sich allerdings nicht in Form eines Nullsummenspiels: Der Verlierer verlor seine Ehre nicht an den Gewinner, sondern behielt sie, während der Sieger sich im Kreis der Fürsten und anderen Ritter ein höheres Maß an Ehre und Ruhm sichern konnte.

2. Das barocke Duell des 16. und frühen 17. Jahrhunderts Anlässe, Formen, Funktionen

Seit dem 16. Jahrhundert bürgerte sich – zunächst in Spanien, Frankreich und Italien, nach dem Dreißigjährigen Krieg vermehrt auch in den deutschen Territorien – eine andere Form des männlichen Zweikampfs ein, das Duell. Ob es zwischen mittelalterlichen Zweikampftraditionen und frühneuzeitlichem Duell Vermittlungsglieder gegeben hat oder ob das Duell als Innovationsimport in Deutschland Einzug hielt, steht an dieser Stelle nicht zur Entscheidung. Allerdings scheint mir gegenüber der Vorstellung eines abrupten Bruchs und Neuanfangs, wie sie Georg von Below seinerzeit vertrat, Skepsis geboten. Daß der offizielle, gleichsam amtliche Zweikampf mit der Formalisierung des Gerichtsverfahrens verschwand, schließt nicht aus, daß seine Grundzüge in anderen Kontexten und Formen fortlebten. Noch im 19. Jahrhundert war die Idee eines Gottesurteils nicht gänzlich in Vergessenheit geraten. So verteidigte ein hoher Offizier das Duell auf einer protestantischen Pastorenkonferenz in Berlin 1885 als göttliche Entscheidung: »Nach meiner Meinung ist das Duell die Strafe dafür, daß mein Gegner sich unehrenhaft benommen hat; ich stehe dann auf der Mensur im Namen des wahren christlichen Benehmens. Falle ich, so hat Gott mich nicht für den Rechten gehalten, seine Gebote zu verteidigen.«[18] Die Nähe des Todes ließ noch in Zeitgenossen des 19. Jahrhunderts, die sich von den Gottesbildern des Mittelalters längst gelöst hatten, die Hoffnung auf Mitwirkung einer höheren Gewalt aufkeimen.

Auch die soziale Gleichheit der Kämpfenden, die in den mittelalterlichen Zweikämpfen gegeben war, erhielt sich als eine wesentliche Bedingung des frühneuzeitlichen Duells. Die Gegner mußten einander ebenbürtig sein, über dieselben Wertmaßstäbe und Verhaltensmuster verfügen, um die Klingen kreuzen zu können. Diese Voraussetzung gewann um so größere Bedeutung, je ausschließlicher das Duell als Ehrenzweikampf definiert wurde. Da Ehre in einer feudalständischen Gesellschaft nicht anders denn als Standesehre denkbar sein konnte, verstand es sich von selber, daß nur Angehörige des gleichen Standes, die die gleichen Ehrbegriffe teilten, miteinander um ihre Ehre ringen durften. Darüber hinaus verbot schon die schroffe Trennung der Stände Grenzüberschreitungen, die weder politisch gewollt noch habituell überhaupt möglich gewesen wären.

Daß sich Adlige mit Bauern oder Zunftmeistern duellierten, war folglich unvorstellbar. Wohl aber sind in den Archiven einzelne Zweikämpfe dokumentiert, die Handwerker untereinander oder mit nichtadligen Militärpersonen bestritten.[19] So häuften sich etwa in Hamburg um die Mitte des 17. Jahrhunderts Fälle, in denen »gemeinen Standes Leute, ad exemplum der Größeren« Herausforderungen erließen und Duelle ausfochten, was den Rat bewog, »dem einreißenden Übel mit mehrer Schärfe und Ernst zu begegnen«.[20]

»Ad exemplum der Größeren« – damit war der Adel gemeint, der sich als unmittelbarer Nachfahre des mittelalterlichen Rittertums verstand und letzteres auch in seinen Zweikampf-Ritualen zu beerben trachtete. Anders als das Turnier der Ritter war das Duell des frühneuzeitlichen Adels jedoch kein Kampfspiel, sondern ein ernsthafter, unter Einsatz des eigenen Lebens vollzogener Waffengang, der schwere Verletzungen, ja sogar den Tod nach sich ziehen konnte. Während das Turnier ein offiziell anberaumter höfischer Festakt war, an dem Hunderte von Rittern teilnahmen, fand ein Duell nie ohne persönlichen Anlaß statt. Hierin ähnelte es der Fehde, von der es sich wiederum dadurch unterschied, daß es gewissen Regeln folgte und Kampfhandlungen gemeinhin nicht auf Dritte ausweitete. Das hatte zwar auch für den gerichtlichen Zweikampf des Mittelalters gegolten, doch handelte es sich beim Duell nicht um einen vor dem Gerichtsherrn ausgetragenen Rechtsstreit, sondern um einen gleichsam privaten Konflikt ohne juristische Verbindlichkeit.

Ausgelöst wurde jener Konflikt gemeinhin durch eine Beleidigung, eine Kränkung der adlig-ritterlichen Ehre oder das, was der Betroffene dafür hielt. Äußerste Reizbarkeit in der Wahrnehmung solcher Kränkungen und allzeitige Bereitschaft, die physische und moralische Integrität des Gegenübers durch unüberlegte oder auch absichtsvolle Angriffe zu verletzen, paarten sich zu einer Streitkultur, in der Zweikämpfe in verschiedener Gestalt – unangekündigte Attacken, spontane Rencontres und sorgfältig eingefädelte Duelle – an der Tagesordnung waren. Zwischen diesen Formen genau zu unterscheiden war im 16. und frühen 17. Jahrhundert fast unmöglich. In zeitgenössischen Texten tauchten denn auch »Raufhändel«, »Balgereien«, »Prügeleien« und »Duelle« ohne klare Abgrenzung nebeneinander auf, wurden »Duellanten«, »Schläger« und »Balger« in einem Atemzug genannt.[21]

Diese Tendenz spiegelte sich noch hundert Jahre später in Zedlers Universallexikon, das das Thema unter der Überschrift »Zweikampf, Selbstkampf, Balgen und Raufen, oder Duell« abhandelte. Die Begriffe »Zweikampf« und »Duell« wurden darin synonym verwendet, wie überhaupt die deutschsprachige Literatur dieser Zeit noch keinen prinzipiellen Unterschied zwischen beiden anerkannte. Nach Zedler war ein Duell »ein von zweien und auf beiden Seiten aus gleicher Anzahl bestehenden Teilen im Ernst angestelltes und auf die Erhaltung eines gewissen Gutes abzielendes Gefecht«. Daß dieses Gut Ehre hieß, erwähnte Zedler bemerkenswerterweise nicht; offensichtlich fiel es ihm schwer, ehrenvolle Motive in den ihm bekannten Zweikämpfen der Frühen Neuzeit zu entdecken. Wichtig waren ihm hingegen die Betonung quantitativer Gleichheit während des Kampfes und der Verweis auf dessen Ernsthaftigkeit. Jene äußerte sich nicht zuletzt darin, daß die Gegner mit tödlichen Waffen kämpften und das Todesrisiko stets gegenwärtig blieb. Selbst wenn das Duell nicht »auf Leben und Tod« verabredet war, sondern nur »auf eine Verwundung gehen« sollte, konnte es leicht geschehen, wie Zedler einwandte, daß sich »die heftigen Affekte mit einschleichen, den Verstand verwirren, alles Nachdenken verhindern, daß man wenig an die Regeln der Fechtkunst gedenket, und einen vielmehr anreizen, daß man auf Leib und Leben geht«.[22]

Eben diese Intervention der Affekte und Leidenschaften war es, die aufgeklärt-rationale Autoren des 18. und 19. Jahrhunderts am Duell ihrer Vorfahren verdroß und abstieß.[23] Tatsächlich scheint das Programm der Affektkontrolle und Triebzügelung, das das Duell des bürgerlichen Zeitalters auszeichnete, in den Zweikämpfen der Frühen Neuzeit noch nicht verhaltenswirksam gewesen zu sein. Die Grenzen, die ein Duell von einer Rauferei trennten, verwischten sich in der Praxis, und die faktischen Motive und Formen eines Duells wiesen wenig Ähnlichkeit mit dem Ideal adlig-ritterlicher Ehrenwahrung auf. In Frankreich beobachtete der Historiker Billacois sogar eine Ent-Regelung des Duells, die sich gegen Ende des 16. und zu Beginn des 17. Jahrhunderts deutlich ausprägte.[24] Im Gegensatz zu den Duellen der 1550er Jahre, die noch in der Tradition gerichtlicher Zweikämpfe und ritterlicher Turniere standen und in einem hochoffiziellen, genau geordneten und kontrollierten Rahmen stattfanden – der König selber entschied über die Zulässigkeit des Duells, bestimmte Ort und Zeit und wohnte dem Kampf bei –, nahmen Zweikämpfe in den folgenden Jahrzehnten zunehmend chaotischere Züge an. In dem Maße, wie die weltliche Obrigkeit, dem Beispiel der kirchlichen folgend, den Zweikampf zu verbieten und unter Strafe zu stellen begann, entfielen auch seine öffentliche Kontrolle und Reglementierung. Strafandrohungen führten zur Geheimhaltung, und obwohl bestimmte Formen des bisherigen Rituals beibehalten wurden, reichten sie nicht aus, das Duell vor der Verwandlung in einen mörderischen, rachedurstigen Nahkampf zu bewahren. Auf die ohnehin im Zuge verbesserter Kriegstechnik leichter werdenden Rüstungen wurde mehr und mehr ganz verzichtet, und das schnelle, behende Rapier ersetzte allmählich das weit schwerfälligere Schwert. Der Kampf wurde offensiv geführt; sein Ziel war der Tod, mindestens aber die Verwundung des Gegners.

Selbst die Einführung von Sekundanten vermochte den Zweikampf der Frühen Neuzeit nicht grundlegend zu »zivilisieren«. Anstatt, wie später üblich, auf Regelkonformität und kämpferische Fairness zu achten, verstanden sich die Sekundanten des 16. und 17. Jahrhunderts als Helfer und Beschützer ihrer Klienten und griffen aktiv in das Gefecht ein. Zum Teil brachte jeder Duellant drei oder vier Sekundanten mit, die zunächst gegeneinander kämpften, um sich sodann auf die Seite der jeweiligen Hauptperson zu schlagen. Auch diese Gepflogenheiten erinnern an den mittelalterlichen Fehdebrauch, der zwar um die beiden Kontrahenten kreiste, ihre Gefolgschaften aber mit einbezog. Erst nach und nach setzte sich die Praxis durch, jedem Gegner einen einzigen Sekundanten zuzugesellen, der zwar ebenfalls bewaffnet war, aber nur dann in den Kampf eingreifen sollte, wenn er gravierende Regelverstöße und eine dadurch veranlaßte Gefährdung seines Mandanten bemerkte.

Vielfach fanden Duelle in der Frühen Neuzeit aber auch ganz ohne Sekundanten und damit in einem Raum statt, der allein durch die Duellanten selber definiert wurde. Daß auch solche Kämpfe formell als Duelle und nicht als einfache Prügeleien oder Balgereien galten, verdankten sie der Anwendung tödlicher Waffen. Nicht die bloße Faust oder der Knüppel, sondern der scharfgeschliffene Degen war das »ritterliche« Werkzeug, mit dem der Adel seine Ehre – oder auch ein anderes »Gut« – verteidigte und das ihn über Raufhändel »gemeiner Leute« weit erhob. Sieht man genauer hin, ohne sich von dem glänzenden Stahl blenden zu lassen, besaß dieses Distinktionsmerkmal erstaunlich wenig Substanz. Hinter der ritterlichen Fassade verbargen sich kaum weniger Banalität, Gewalttätigkeit und ungebremste Affekte, als man sie bei Bauern oder Handwerkern finden konnte, die auf Kirchweihfesten oder im Wirtshaus aneinander gerieten und den Streit mit den ihnen zu Gebote stehenden Mitteln auskämpften.[25]

Auch adlige Ehrenhändel entstanden sehr häufig im Rahmen festlichen Beisammenseins. Oft war Alkohol im Spiel und heizte die Stimmung an, wie bei jenem Bankett im Jahre 1643, als zwei schleswig-holsteinische Militärs sich »verunwilligten«. Beide »reiten vors Tor, die Sache auszumachen. Da nun ein jeder seine beiden Pistolen gelöset, greifen sie endlich beide zum Degen und erstechen sich zugleich«.[26] Auf einem Hochzeitsfest, das 1601 gefeiert wurde, zog ein Gast einen anderen so lange mit dessen angeblichem Geiz auf, bis der letztere »endlich zu Zorn bewegt worden, und Ihm widersagt, weil ich ja vermerkte, daß er Lust zu mir hätte, soll er gleich hinunter zu mir kommen, welches dann auch so balde erfolgt, haben also beiderseits zur Wehr gegriffen«.[27] Von einem ähnlichen Konflikt berichtete der schlesische Adlige Hans von Schweinichen, der 1576 als 24jähriger Kammerjunker beim Liegnitzer Herzog diente und von einem Kollegen namens Heillung mit Neid und Eifersucht auf die Gunst ihres gemeinsamen Herrn verfolgt wurde. Eines Abends befahl Heillung den Trompetern zu blasen, worauf jene erwiderten, sie könnten einen solchen Auftrag nur von Schweinichen annehmen. »Wie er solches vernimmt, wird er töricht, ziehet solches ihm zu merklicher Schmach an, darum daß es die Rittmeister hätten gehöret, fordert mich bald im Beisein derselbigen aus.

Mir wollt zwar nicht andres gebühren, als daß ich auf seine Forderung zu ihm 'naus ging, die Rittmeister aber, so bei mir waren, wollten uns nicht zusammen lassen.« Nachdem das Duell durch diese Intervention zunächst verhindert worden war, erschien Heillung am nächsten Morgen vor Schweinichens Kammer und rief: »Schweinichen! bist Du ein ehrlicher Mann, so komm und wehr Dich mein.« Der Herzog, über die Herausforderung informiert, erhob jedoch Einspruch und schlichtete den Streit, indem er Schweinichen einen schriftlichen »Ehrenversorg« ausstellte, »daß es mir an meinen Ehren unschädlich sein sollte«. Heillung mußte Schweinichen Abbitte leisten, und »auf solches waren wir wieder gute Freunde«.[28]

Die Lebenschronik des Hans von Schweinichen (1552–1616) enthält viele Beispiele von »Ehrenhändeln« zwischen Adligen, die nicht durch ein Duell, sondern durch einen Vergleichsvertrag der streitenden Parteien oder eine obrigkeitliche Ehrenerklärung für den Geforderten entschieden wurden. Ob solche zivilen Formen der Konfliktbewältigung häufiger waren als Duelle, läßt sich angesichts der desolaten Quellenlage allerdings nicht mit Sicherheit behaupten. Der Historiker Lawrence Stone gelangte auf der Basis von Zeitungsberichten, privaten Briefwechseln und offiziellen Verlautbarungen zu dem Schluß, daß die Häufigkeit, als britischer Pair in gewalttätige Auseinandersetzungen verwickelt zu werden, zwischen 1580 und 1640 zwar merklich zurückging, die Zahl der Duelle und Herausforderungen im gleichen Zeitraum aber deutlich zunahm. In den beiden ersten Jahrzehnten des 17. Jahrhunderts lief danach etwa jeder vierte Pair einmal in seinem Leben Gefahr, ein Duell bestehen zu müssen.[29] Das Duell scheint hier die inneradlige *Fehde* ersetzt zu haben, nicht jedoch eine etwaige Neigung zu gütlichem Ausgleich.

Auch Billacois kann für Frankreich nicht mit absoluten Duellzahlen aufwarten, geschweige denn Relationen zur Häufigkeit einvernehmlicher Schlichtung aufstellen. Trotz langjähriger Recherchen muß er sich damit bescheiden, zeitgenössische Angaben zu zitieren, wonach in den zwei Jahrzehnten der Regierungszeit Heinrichs IV. (1589–1610) zwischen 7000 und 10 000 Duelltote zu beklagen gewesen seien. Zugleich vermittelte ihm aber die Durchsicht von Adelslexika den Eindruck, als sei das Duell keine wirkliche demographische Katastrophe gewesen, auch wenn viele Adlige ihr Leben darin eingesetzt oder gar verloren hätten.[30]

In den deutschen Territorien scheint sich der private Ehrenzweikampf als auffällige Massenerscheinung erst im 17. Jahrhundert eingebürgert zu haben, befördert vor allem durch die militärischen Auseinandersetzungen des Dreißigjährigen Krieges. In den bunt zusammengewürfelten Söldnerheeren der verfeindeten Parteien, in denen das »Balgen« zuweilen sogar förmlich gestattet war[31], gab es genügend Anlässe und Resonanz für Streitigkeiten, in denen ritterlich-soldatischer Mut bewiesen und reizbares Ehrgefühl bekundet werden konnten. So kam es beispielsweise 1634 bei der Belagerung Zittaus zwischen dem kursächsischen Generalmajor Eustachius Löser und Herzog Franz Karl von Sachsen-Lauenburg zu einem Konflikt über die vom Herzog unrechtmäßig verfütterten Hafervorräte des Generalmajors. Löser empfand die eigenmächtige Aktion des Herzogs als persönlich beleidigend, verlangte den Hafer zurück und forderte den Herzog, der dies ablehnte, mit der Bemerkung zum Duell, es sei ihm »zwar nicht groß um den Hafer zu tun«, doch könne er »den Schimpf nicht vergessen«. Andere Militärs warnten Löser, »er solle wegen des Hafers nichts anfangen, denn er billig bedenken sollte, wenn er mit einem Fürsten des Reichs etwas Ungebührliches anfangen und solches übel geraten würde, das ihm nicht zu gute würde hingehn«. Löser jedoch schlug die Warnung in den Wind. Als er sich bei einer eher zufälligen Begegnung erneut vom Herzog gereizt fand, erwiderte er: »Was frage ich nach einem Fürsten, da bin ich!« Der Herzog nahm das Angebot sofort an; beide ritten aufeinander zu, schossen ihre Pistolen ab und griffen dann nach dem Degen. Für Löser endete das Duell tödlich: Noch während er seinen Degen zog, stach der Herzog bereits auf ihn ein, worauf er tot vom Pferd sank.[32]

Offenbar hatte Löser, der als »hitzig und streng auf Ehre haltend« beschrieben wurde, durch seine Herausforderung die Gesetze der ständischen Gesellschaft verletzt. Er hatte sich sogar bewußt darüber hinweggesetzt und sich dem Herzog unter Hinweis auf den ihm angetanen »Schimpf« als Gleicher gegenübergestellt, der das Recht beanspruchte, für die Beleidigung Genugtuung zu verlangen. Möglicherweise war er zu dieser Kühnheit nur in der Extremsituation eines langjährigen Krieges imstande gewesen, der festgefügte Ordnungen verflüssigte. Vor diesem Krieg hatte das Verbot der Grenzüberschreitung jedenfalls noch gegolten, wie das Rechtfertigungsschreiben des Rheingrafen Johann Philipp aus dem Jahre 1566 belegt. Der Rheingraf war vom braunschweigischen Herzog beim württembergischen Herzog Christoph beschuldigt worden, er habe damit geprahlt, die Schwester des mecklenburgischen Herzogs »gebuhlt und beschlafen« zu haben. Johann Philipp leugnete dies ab und bat Herzog Christoph um Rat, wie er sich in diesem Konflikt um seine Ehre verhalten solle. »Denn ich [bin] des Gemüts, wo meines gleichen einer solches von mir ausgeben wollte, mit Hilfe Gottes und der Faust das Fräulein und meine Ehre und Unschuld zu verteidigen, oder auf dem Platz zu bleiben. Aber mit Fürsten mich einzulassen und denen mich gleich zu machen, hats eine andere Gelegenheit.«[33]

Das Gleichheitsprinzip galt sowohl nach unten als auch nach oben; so konnten sich zwar Könige bzw. Fürsten wechselseitig zum Duell herausfordern[34], nicht aber Zweikämpfe mit Männern eingehen, die rangmäßig unter ihnen standen. Ebenso wie das Duell einen Stand »nach außen« abschloß, vereinheitlichte es ihn »nach innen«. Nur unter Gleichen galten die Gesetze der Ehre, nur hier mußten Ehrverletzungen mit einer Duellforderung beantwortet werden, und nur hier kam die Verweigerung eines Duells sozialer Ostrazierung gleich. Eine Forderung abzulehnen oder bei gegebenem Anlaß nicht auszusprechen erschien der frühneuzeitlichen Adelsgesellschaft als Beweis persönlicher Feigheit und wurde mit einem sozialen Todesurteil quittiert – einer Strafe, die für die meisten Standesgenossen offensichtlich schwerer wog als der mögliche Tod im Duell.

Diese Auffassung lag auch dem Zweikampf zugrunde, der 1664 in der Nähe Wiens zwischen einem Oberstallmeister und einem Kammerherrn des brandenburgischen Kurfürsten ausgetragen wurde. Der erstere, ein Obrist von Pelnitz, hatte in Berlin vom Rittmeister Baron Truchseß von Walburg ein Kartell erhalten. Durch gezielte Indiskretion wurde es dem Kurfürsten bekannt, der das Duell untersagte. Walburg erklärte daraufhin in der Armee, daß er Pelnitz »coujonierte«, was so viel hieß, daß er sich über ihn lustig machte, weil Pelnitz sich als Feigling (»couillon«) erwiesen habe. Dieser Vorwurf bewog den letzteren, mit Walburg ein Treffen außerhalb des brandenburgischen Hoheitsgebiets zu verabreden und ihn dort zur Rede zu stellen. Der Rittmeister, der ebenso wie der Obrist von zwei »Cavalieren« begleitet wurde, hielt an seiner Äußerung ebenso fest wie an seinem Wunsch, sich mit Pelnitz zu »schlagen«, was dieser, durch den wiederholten Vorwurf der Feigheit aufs äußerste beschimpft, nunmehr akzeptierte. Nachdem Walburg im Duell eine tödliche Wunde erhalten hatte, gab er auf Befragen seines Gegners zu, »daß ich euch Unrecht getan habe, und bitte, daß ihr mir, gleichwie ich euch, vergeben wollet«.[35] Indem der Obrist sich dem Kampf stellte, hatte er den Feigheitsverdacht widerlegt und seine Ehre, damit aber auch seine gesellschaftliche Existenz gerettet.

3. Absolutismus, Adelskultur und *Point d'Honneur*

Es hat nun den Anschein, als habe sich der soziale Druck, einer vorgeblichen Beleidigung unbedingt ein Duell folgen zu lassen und eine Herausforderung um jeden Preis anzunehmen, im 17. Jahrhundert gegenüber dem 16. verstärkt. Darauf verweisen nicht zuletzt die Duelledikte und -mandate, die sich seit der Mitte des 17. Jahrhunderts auffällig häuften. Abgesehen davon, daß sie die zahlenmäßige Zunahme von Duellen monierten, wandten sie sich auch dagegen, daß, wie es im preußischen Duelledikt von 1713 hieß, »beleidigte, oder auch provozierte Offiziere und Soldaten verächtlich gehalten und des Commercii oder Umgangs mit andern Leuten von Ehre und Reputation fast unwürdig geachtet worden, wenn sie aus alleinigen Furchten und in Consideration der in dem Edikt darauf gesetzten schweren Strafen, sich mit ihren Beleidigern nicht eingelassen«. Vor allem unter Studenten gebe es viele, die geradezu zum Duell anstifteten, indem sie den Beleidigten ihre Kränkung nicht nur »auf eine sehr unanständige Art mündlich vorzuhalten, sondern auch dieselbe durch Umkehrung der Teller und Vorbeitrinken an den Tischen, auch ander schimpfliches Unternehmen und Zeichen, von der Tisch-Gesellschaft und Konversation auszuschließen« trachteten.[36]

Kurz nach Ende des Dreißigjährigen Krieges hatte der brandenburgische Kurfürst ein erstes Duellmandat erlassen – unter Hinweis auf die Zunahme der Herausforderungen, Schlägereien und Raufhändel, zu denen »nicht allein nach dem geschlossenen und durch Gottes Gnade erlangten Frieden viele abgedankte junge Gesellschaft, sondern auch viele andere unbändige Leute sich finden, welche allenthalben, wo sie kommen, zu schlagen und zu fechten Ursache suchen«. Des weiteren begäben sich auch Sachsen und Österreicher, in deren Ländern bereits strenge Duellgesetze erlassen seien, auf brandenburgisches Territorium, um sich dort unbehelligt »ausfordern und schlagen« zu können.[37]

Mochten Duelle in den ersten Friedensjahren nach dem langen Krieg noch als Ausdruck sozialer und politischer Desorganisation angesehen werden, gewannen sie mit dem erstarkenden Absolutismus des späten 17. und 18. Jahrhunderts eine andere Qualität und Bedeutung. Die Einbindung des Adels in ein System höfisch-monarchischer Machtkonzentration und -repräsentation wirkte sich auch auf das Duell aus, das sich immer deutlicher zu einem hochgradig ritualisierten Ehrenzweikampf entwikkelte, in dessen formaler Gebundenheit sich das steife Zeremoniell der höfischen Gesellschaft spiegelte.[38]

Zwar mußte auch der Duellant des 18. Jahrhunderts physische Bravour zur Schau stellen, um nicht in der Achtung seiner Standesgenossen zu sinken. Zugleich aber benutzte er das Duell nicht dazu, seine Ehre zu vermehren oder neue Ehre zu gewinnen, indem er über seinen Gegner triumphierte. Es ging ihm nicht um ein Mehr oder Weniger an Ehre, sondern um Ehre überhaupt. Nicht der Sieg über den Anderen, sondern das Opfer des eigenen Lebens befand über die Ehrenhaftigkeit eines Duellanten. Mut und Tapferkeit nahmen eine eher passivische Färbung an; ihre Zielrichtung war nicht aggressiv und expansiv, sondern defensiv und konservativ. Sie dienten nicht dazu, den Gegner zu züchtigen, sondern die eigene Person vor Mißachtung zu schützen. Nicht der Ausgang des Kampfes entschied denn auch darüber, ob die Duellanten Ehrenmänner waren, der Anerkennung ihrer sozialen Umwelt würdig, sondern das Faktum des Kampfes selber, der gleichsam läuternde, kathartische Wirkungen zeitigte.

Dieser Bedeutungswandel bildete sich auch in den Formen des Ehrenzweikampfs ab, welcher seinen wilden, von Affekten bestimmten Charakter allmählich abstreifte und distanziertere Züge annahm. Dazu trug nicht zuletzt die häufigere Verwendung von Schußwaffen anstelle von Schlagwaffen bei, wodurch der körperliche Nahkampf verhindert und ein gemesseneres, diszipliniertes Verhalten der Duellanten erreicht wurde. Auch die Rolle der Sekundanten veränderte sich: Sie fungierten immer ausschließlicher als kontrollierende Öffentlichkeit, die darauf achtete, daß das Duell nicht zum emotionsgeladenen Racheakt denaturierte, sondern in geordneten, die Chancengleichheit der Gegner wahrenden Bahnen verlief. Zwar fanden nach wie vor Duelle ohne Sekundanten statt, und wie alle Regeln lud auch der ungeschriebene Duellkodex zu seiner Übertretung ein. Dennoch läßt sich im Verlauf des 18. Jahrhunderts ein Prozeß der Zivilisierung privater Zweikämpfe beobachten, der ein bezeichnendes Licht auf die Umgestaltung adliger Kultur und adligen Selbstverständnisses im Kontext absolutistischer Staatsbildung wirft.

Zu den Spätwirkungen des Dreißigjährigen Krieges gehörte die bewußte Hinwendung deutscher Fürsten und Adliger nach Frankreich, wo sich seit den 1660er Jahren um den Sonnenkönig Ludwig XIV. eine strahlende höfisch-aristokratische Kultur entfaltete. Mit weitaus beschränkteren Mitteln und in sehr viel kleinerem Maßstab hielt diese Kultur auch an deutschen Höfen Einzug, vor allem in Österreich, Bayern und Sachsen. In dem Umfang, wie sich der fürstliche Hof als neues Machtzentrum etablierte, paßte sich auch der bislang libertäre Adel an die nach französischem Vorbild organisierten Formen monarchischer Repräsentation an und fand hierin einen zufriedenstellenden Ersatz seiner vormaligen, im Zuge absolutistischer Herrschaftskonsolidierung sukzessive abgebauten ständischen Freiheit.[39]

Der deutsche Adel übernahm aber nicht nur die fremde Sprache und Etiquette, er kultivierte auch den *Point d'honneur*, den sein französisches Pendant musterhaft und in einer spannungsvollen Mischung aus königlicher Toleranz und Repression praktizierte.[40] Spätestens seit der Mitte des 17. Jahrhunderts setzte sich das französische Vokabular des Duells, allerdings unter Beibehaltung von Begriffen, die aus den mittelalterlichen Zweikampfritualen überkommen waren (»ausfordern«), im deutschen Sprachraum durch. Bereits um 1640 beobachtete der Satiriker Moscherosch, daß sich die Redeweise der »*Duel*-Narren«, wonach man den Degen nicht »zurückzog«, sondern »rekulierte«, allmählich verallgemeinerte.[41] Zugleich entstand eine eigene Duell-Literatur, die im 17. Jahrhundert vor allem von Juristen und Theologen, im 18. Jahrhundert zunehmend auch von Philosophen und Pädagogen verfaßt wurde.[42]

Die monarchische Obrigkeit reagierte prompt: Fast alle Landesherren fühlten sich bemüßigt, gegen Duelle vorzugehen, die, wie es im brandenburgischen Duelledikt von 1688 hieß, »zur Verkleinerung des höchsten Landes-Fürstlichen-Obrigkeitlichen Amts« geeignet seien.[43] Der fürstliche Absolutismus, der sich nach dem Ende des Dreißigjährigen Krieges in den meisten deutschen Territorialstaaten entwickelte und ausbreitete, konnte sich mit einer Praxis, die Entscheidungen über Leben und Tod in das alleinige Ermessen der Untertanen stellte, nicht abfinden. Mit der Zentralisierung politischer Macht in der Person des Monarchen und der allmählichen Auflösung ständischer Partikulargewalten im Prozeß innerer Staatsbildung ging das Interesse einher, die Ausübung von Gewalt in der Hand des Landesherrn zu monopolisieren. Zugleich bedingte der Aufbau einer staatlichen Bürokratie, die nach dem Berufsheer die wichtigste Säule monarchischer Macht bildete, eine zunehmende Orientierung an rationalen, transparenten und schriftlich niedergelegten Verfahrensregeln, die wiederum an den verbindlichen Geltungsanspruch allgemeiner Rechtsgrundsätze geknüpft waren. Das hieß nun keineswegs, daß dieses Recht für alle Untertanen gleich konstruiert war. Vielmehr sollte sich die ständische Gliederung der Gesellschaft auch in der Gesetzgebung widerspiegeln bzw. rechtlich abgesichert werden.

Der Staat des Absolutismus war demnach durchaus bereit, dem Adel, dessen Autonomiebestrebungen er durch die Maßnahmen innerer Staatsbildung zum Teil empfindlich beschnitten hatte, im Gegenzug gewisse Privilegien zu gewähren und in der Rechtsordnung zu verankern. Zugleich aber mußte er darauf bedacht sein, Äußerungen adliger Eigenmacht, die an Kernpunkte absolutistischer Herrschaftsansprüche rührten, nach Möglichkeit zu unterbinden. Dazu gehörte, wie man aus der Beharrlichkeit fürstlicher Intervention ersehen kann, die Neigung adliger Männer, sich bei Streitigkeiten untereinander, vor allem bei persönlichen Beleidigungen, selber Recht zu verschaffen und sie durch ein Duell zu lösen. Ein solches Verhalten erschien als Anmaßung obrigkeitlicher Gewalt, als eine Form von Selbstjustiz, die die Kompetenz der vom Staat für die rechtsförmige Regelung von Konflikten eingesetzten Behörden negierte.

Daß es vor allem die eine geordnete Rechtsprechung zielgerichtet unterlaufende Ersatzfunktion des Duells war, die bei der absolutistischen Obrigkeit Anstoß erregte, geht aus den Duellmandaten des späten 17. und 18. Jahrhunderts deutlich hervor. Sie störten sich weniger an den sogenannten Rencontres – spontanen Kampfbegegnungen, in denen ein Streit sofort und ohne weitere Vorbereitungen durch Waffengewalt abgemacht wurde – als an den förmlichen Duellen, die durch die Zuschickung von Kartellen oder Ausforderungsbriefen, durch die wohlüberlegte Vereinbarung der Kampfbedingungen und die Teilnahme von Sekundanten einen organisierten, geradezu institutionellen Charakter annahmen. Während die Fürsten dazu neigten, Rencontres als »auf den ersten und überfallenden Eifer, welchem kein Widerstand zu tun«, zurückzuführende Konfliktformen milde zu beurteilen, waren ihnen Duellanten eben wegen ihrer bewußten, absichtsvollen und von langer Hand geplanten Handlungsweise ein Dorn im Auge und strengster Bestrafung würdig. Dementsprechend wies beispielsweise das 1692 erlassene Edikt des Kurfürsten von Jülich, Kleve und Berg die Ermittlungsbehörden an, genau zu untersuchen, ob sich hinter vorgeblichen Rencontres nicht doch »ordentliche Duelle« verbargen, die »mündlich, oder durch Schreiben, heimliche Cartel-Träger, Diener oder sonsten« verabredet worden waren.[44] Erst eine solche Verabredung machte die privaten Zweikämpfe der Untertanen zu einem ernsthaften Problem, zu einem massiven Eingriff »in das Uns anvertraute oberstrichterliche Amt«.[45] Das Interesse des absolutistischen Staates an der Rechtskonformität privater und öffentlicher Handlungen schien dadurch ebenso verletzt wie sein Anspruch auf ein physisches Gewaltmonopol bei der Schlichtung interner und externer Auseinandersetzungen.

Nicht zuletzt kollidierte auch die im Duell betonte Autonomie adliger Ehre mit den Verstaatlichungstendenzen absolutistischer Systeme. Deren Herrschaftskonzeption und -technik beruhten darauf, die Person des Fürsten als unangefochtene staatliche Machtquelle so zu erhöhen, daß sich ihr alle ständischen Machtträger bedingungslos zu unterwerfen hatten. Erst nachdem sie ihrer bisherigen Macht ledig geworden waren, sollten sie sie aus der Hand des absoluten Fürsten in veränderter Form neu empfangen und ihm dafür mit loyaler, funktions- und personengebundener Hingabe danken. Existenzweise und Identität des Adels, der seit dem späten 17. Jahrhundert in die fürstliche Hofkultur integriert oder, wie in Preußen, mit Ämterprivilegien in Militär und Verwaltung unmittelbar in die absolutistische Staatsmaschinerie eingeflochten wurde, erfuhren damit eine grundlegende Wandlung.

Auf das Herzstück adliger Identität, die Standesehre, wirkte sich dieser Wandlungsprozeß durchaus ambivalent aus. Anstatt die eigene Ehre als bloßes Derivat jener Ehre zu begreifen, die der Fürst als Landes- und Dienstherr verkörperte, bewahrte sich der Adel in seinem Ehrbegriff einen Rest gewohnter Freiheit und Selbstbestimmung, dem er im Duell Ausdruck verlieh. Zugleich speiste er seine Vorstellungen einer adligen Ehre, deren Kränkung ritterliche Genugtuung verlangte, in die neuen Dienst- und Funktionsbereiche ein, die ihm im Zuge seiner Verstaatlichung anvertraut wurden. Als Hofleute, Offiziere und Beamte kultivierten Adlige ein Dienstethos, das mit dem *Point d'honneur* eine symbiotische Verbindung einging. Loyalität gegenüber dem absolutistischen Monarchen und Widerstand gegen dessen monopolisierende Herrschaftsgewalt waren dabei zwei Seiten einer Medaille – das eine war ohne das andere nicht zu haben.

Die strengsten obrigkeitlichen Verbote, die schärfsten Strafandrohungen vermochten diesen Widerstand nicht zu brechen – das adlige Ehrgefühl »bietet der Macht der Fürsten Trotz«, wie Friedrich II. 1749 nüchtern konstatierte.[46] Jene Macht äußerte sich jedoch selber ungemein widerspruchsvoll. Einerseits war dem Fürsten in seiner Eigenschaft als ›Anstaltsherr‹ daran gelegen, alle Erscheinungsformen ständischer Freiheit, die dem Staatszweck zuwiderliefen, zu bändigen und zu vertilgen. Daß Duelle in diesem Sinn als irritierende Fremdkörper in einem auf Recht und Ordnung gegründeten Staatswesen empfunden wurden, belegt die Häufigkeit ihres Verbots. Im Abstand weniger Jahre wurden Duellmandate erneuert und unter Hinweis darauf, daß die bisherigen Mahnungen nichts gefruchtet hätten, zur wiederholten Kenntnis der Bevölkerung gebracht. Die brandenburgischen Kurfürsten und preußischen Könige erließen 1652, 1688 und 1713 Duellmandate, die bayerischen Kurfürsten folgten ihnen 1701, 1720, 1748, 1773 und 1779, und ihre württembergischen Kollegen muteten den Untertanen zwischen 1714 und 1738 gleich vier Duelledikte zu.

Dieses auffällige Interesse der Landesherren, Duelle zu unterbinden, stand andererseits in merklichem Kontrast zu ihrer Neigung, Duellanten, die sich davon nicht hatten abschrecken lassen, nach vollzogenem Waffengang mit Samthandschuhen anzufassen und sie vor den drakonischen Strafen, die die Mandate festlegten, zu schützen. Vollstreckte Todesurteile kamen kaum jemals vor; wenn überhaupt eine Untersuchung stattfand, sorgte der Monarch dafür, daß der den gesetzlichen Bestimmungen folgende Richterspruch auf dem Gnadenweg sofort gemildert wurde. Die Dialektik königlicher Duellpolitik kann kaum besser illustriert werden als durch das folgende Beispiel, an das sich der preußische Oberjustizrat von Raumer aus seiner Zeit beim Kriminalsenat des Berliner Kammergerichts erinnerte. Friedrich II. hatte dem Gericht ausdrücklich aufgegeben, gegen den Duellanten von Marschall, der seinen Gegner von Ahlefeld getötet hatte, eine strenge gerichtliche Untersuchung einzuleiten und ihn der gesetzlichen Strafe zu überantworten. Nachdem das Kammergericht den Angeklagten den Bestimmungen des Duellmandats gemäß zum Tode verurteilt hatte, verwandelte der König die Todesstrafe zunächst in langjährigen Festungsarrest, um Marschall nach wenigen Monaten gänzlich und endgültig zu begnadigen.[47]

Kann man in dieser großzügigen Begnadigungspraxis eine besonders geschickte Herrschaftstechnik erkennen, die das Verhältnis zwischen Fürst und Adel entspannte und gleichzeitig hierarchisch strukturierte, äußerte sich darin zum anderen auch eine gleichsam sekundäre Anerkennung adligen Ehrverhaltens. Obwohl sich der Monarch als absolutistischer Herrscher und Inkarnation des Staates außer-, zumindest aber oberhalb der ständischen Gesellschaftspyramide befand, war er doch zugleich auch Element des adligen Kosmos und teilte die Ideale, Wertvorstellungen und Ehrbegriffe dieses Standes. Der Grundsatz ritterlicher Ehrenwahrung war ihm von Kindesbeinen an vertraut, auch wenn er ihn nicht (mehr) praktizieren durfte. Wenn sich daher Männer seiner adligen Umgebung duellierten, handelten sie in gewisser Weise stellvertretend für ihn selber, als seine Doppelgänger, die das taten, was ihm kraft seiner herausgehobenen Stellung untersagt war. Dafür mußten sie zwar im Interesse des Staatsganzen bestraft werden, konnten sich dann aber auf das Wohlwollen des Herrschers verlassen, der sich darin als heimlicher Komplize seiner Doppelgänger entpuppte.

Wie eng diese beiden Identitäten – als Staatsmann und als Adliger – miteinander verflochten waren, zeigte sich in der Person Friedrichs II. 1770 verfaßte er einen »moralischen Katechismus zum Gebrauch für die adlige Jugend«, in dem er auch zum Duell Stellung nahm. Nachdem er zunächst dezidiert festgehalten hatte, daß es »Sache des Gesetzes« sei, »Privatbeleidigungen zu rächen«, riet er den jungen Kadetten: »Ich würde mir ein verständiges, maßvolles Benehmen zur Regel machen, um keinen Anlaß zu Händeln zu geben. Wenn man mich aber ohne meine Schuld reizte, so wäre ich gezwungen, dem Brauche zu folgen, und ich würde mir wegen der Folgen die Hände in Unschuld waschen.«[48]

Eine solche Haltung vertrug sich blendend mit der Politik des Preußenkönigs, dem Adel auch in anderen Bereichen seiner ökonomischen und sozialen Existenz besondere Rechte und Privilegien zuzugestehen, um ihn desto inniger mit der staatlichen Ordnung zu verknüpfen. Vor allem im Militär, dem Lebensnerv des preußischen Staates, aber auch in der Bürokratie gewann der Adel eine feste Machtbastion: Alle Offiziersstellen ebenso wie die höheren Verwaltungspositionen waren ihm vorbehalten. Diese deutliche Vorzugsstellung und die Gewißheit, für den adligen Ehrbegriff die Toleranz, wenn nicht gar die Zustimmung des Königs beanspruchen zu können, hatten zur Folge, daß sich der *Point d'honneur* – übrigens nicht nur in Preußen – sowohl im Offizierkorps als auch in der hohen Beamtenschaft zum korporativen Prinzip entwickelte. Nicht zufällig richteten sich die Duellmandate des 18. Jahrhunderts vorzugsweise an Offiziere und »andere Staatsbedienungen«, wie es im bayerischen Text von 1773 hieß.

Mit der Verstaatlichung des Adels war demnach auch das Duell verstaatlicht worden, indem es nun nicht mehr nur eine Gepflogenheit des Adels allgemein war, sondern ein spezifisches Kennzeichen der mit dem Staat verquickten Eliten. Als solches genoß es einerseits höchste Protektion, unterlag aber andererseits auch dem Verdammungsurteil einer Obrigkeit, die im Zuge der inneren und äußeren Konsolidierung ihrer Herrschaft nicht zulassen konnte, daß sich ihre Untertanen »selbsten rechtsprechen« wollten und auf gewalttätige Mittel der Auseinandersetzung zurückgriffen.[49]

II. Aufklärung, Öffentlichkeit und bürgerliche Emanzipation
Das Duell im Widerstreit der Meinungen

Hatte schon der absolutistische Staat zumindest theoretische Schwierigkeiten mit dem Duell, das seine Regelungsinteressen gewaltsam, wenn auch auf durchaus ästhetische und formvollendete Weise durchkreuzte, wollte die öffentliche Meinung, die sich seit der zweiten Hälfte des 18. Jahrhunderts in Gestalt eines expandierenden Zeitungs- und Literaturmarktes Ausdruck verschaffte, im Ehrenpunkt des Adels fast immer nur Negatives und Kritikwürdiges entdecken. Allzu auffällig kontrastierte das Duell mit den Grundsätzen vernunftgeleiteten Verhaltens, wie sie die Aufklärung modellhaft entworfen und als normative Richtlinien für die entstehende bürgerliche Gesellschaft festgelegt hatte. Abseits prinzipieller Unvereinbarkeits-Erklärungen aber wies auch die Debatte der aufgeklärten Philosophen, Juristen und Literaten Bruchstellen auf, in denen ein verhaltenes oder gar ausdrückliches Verständnis für die Motive und Funktionen privater Ehrenzweikämpfe aufblitzte. Dieser Zwiespalt zwischen abstrakter Verurteilung und konkreter Toleranz, zuweilen auch zwischen konkreter Verurteilung und abstrakter Toleranz, war allerdings von gänzlich anderer Art als der ambivalente Umgang, den die absolutistische Obrigkeit mit dem *Point d'honneur* des Adels pflegte.

Nicht nur deshalb soll er an dieser Stelle ausführlicher geschildert werden. In den öffentlichen Auseinandersetzungen um das Duell bildeten sich zudem wichtige Konfliktlinien der spätabsolutistischen Gesellschaft ab, die die Beziehungen zwischen Adel und Bürgertum, zwischen Militärs und Zivilisten, zwischen Staat und Untertanen bzw. werdenden Staatsbürgern berührten. Darüber hinaus beeinflußte die Debatte auch die praktische Haltung gegenüber dem Duell, sowohl auf der Seite potentieller Duellanten als auch aus der Perspektive staatlichen Handelns. Duellkritische Argumente fanden Eingang in das Denk- und Verhaltensrepertoire jener Männer, die aufgrund ihrer Herkunft und sozialen Stellung eine Herausforderung aussprechen und annehmen konnten. Weit mehr als von staatlichen Duellverboten ließen sie sich vom »Geist« der öffentlichen Meinung beeindrukken, die ihnen wenn auch kein unbedingt ablehnendes, so doch zumindest ein reflektiertes Urteil abverlangte. Außerdem setzte diese Meinung die Obrigkeit unter Druck, ihre Einstellung zu Duellen und Duellanten zu klären, zu rechtfertigen und gegebenenfalls zu revidieren. Das »Publikum« wurde seit der Mitte des 18. Jahrhunderts eine immer wichtigere Kontrollinstanz und zwang die Behörden oftmals auch dort zur Intervention, wo jene von sich aus lieber untätig geblieben wären.

1. Argumente aufklärerischer Duellkritik

Daß Duelle seit der Mitte des 18. Jahrhunderts zunehmend zum Gegenstand öffentlichen Interesses wurden, beruhte nicht auf ihrer absoluten oder relativen Häufigkeit und Verbreitung. Es liegen keinerlei Indizien dafür vor, daß sich ihre Zahl zu jener Zeit spektakulär erhöhte; viele Zeitgenossen sprachen sogar, wie der Freiherr von Knigge 1785, von einem Rückgang und notierten, daß »Duelle immer seltener zu werden anfangen«.[1] Dennoch leugnete niemand, daß Duelle nach wie vor zum Alltag jener Stände gehörten, deren Erziehung und Lebensweise sich am *Point d'honneur* orientierten. »Ungeachtet jetzt fast Jedermann sich den Gelegenheiten zu Duellen gerne entzieht«, hieß es 1804, »so werden doch sehr wenig Adeliche sterben, welche in ihren jüngern Jahren nicht *einmal* in einer solchen Verlegenheit sich befunden hätten.« Kein Monat, meinte der Hamburger Mathematikprofessor Büsch 1777, verstreiche ohne Duelle, und der preußische Justizbeamte Svarez beklagte 1792 in seinen Vorträgen vor dem Kronprinzen, »daß auch jetzt noch wenig Jahre vergehen, wo nicht das Leben oder doch die Gesundheit und Brauchbarkeit mehrerer Staatsbürger das Opfer solcher Zweikämpfe, besonders in der Armee, wird«.[2]

Nicht die Zahl tatsächlich vorgefallener Duelle jedoch mobilisierte die Öffentlichkeit, sondern ihr symbolischer Gehalt, ihre Grundidee, ihr Sinn in einer Gesellschaft, die sich augenscheinlich mitten in einem Übergangsstadium befand und neue Selbstbilder und Verständigungsformen zu entwickeln begann. Zugleich ermöglichte es die enorme Ausdehnung des Publikationsmarktes, eine öffentliche Debatte über Pro und Contra des Zweikampfs zu führen, die in Umfang und Intensität alle vorherigen Annäherungen in den Schatten stellte. Was zuvor höchstens Gegenstand von Gerüchten, Kanzelpredigten, juristischen Traktaten und obrigkeitlichen Erlassen gewesen war, wurde nun in einer Vielzahl von gedruckten Abhandlungen, Broschüren und Journalartikeln zum allgegenwärtigen Diskussionsstoff, dessen sich auch die schöne Literatur bereitwillig annahm. Das Thema ›Duell‹ wurde gleichsam kreiert und gerann zu einem Kristallisationspunkt unterschiedlichster Interessen und Ziele. Argumente der Vernunft, Moral, Religion und des öffentlichen Nutzens verbanden sich mit bürgerlicher Adelskritik, mit Aversionen gegen die Vorrangstellung des Militärs und mit oppositionellen Neigungen gegenüber einem politischen System, das seinen Bemühungen um Rechtsstaatlichkeit immer dann, wenn es sich um Duelldelikte handelte, kleinmütig abschwor.

Obwohl diese verschiedenen Stränge der Diskussion stets eng miteinander verflochten waren, weil die Autoren in der Regel eine bunte Mischung von Argumenten und Sichtweisen vortrugen, lohnt es doch, sie idealtypisch herauszupräparieren und darstellerisch voneinander abzusondern.

Argument Nr. 1: Das Duell ist unvernünftig. Die Behauptung, daß der private Zweikampf jeder rationalen Begründung entbehre, wog schwer in einem Jahrhundert, dessen Dichter und Denker sich in beeindruckender Zahl dem Projekt Aufklärung verschrieben hatten. Vernunft und Kritik waren Schlüsselbegriffe dieses Projektes, denen sich alle gesellschaftlichen Institutionen und moralischen Wertesysteme unterwerfen mußten. Was vor der Vernunft und ihrem Prinzip des Selbstdenkens, unabhängig von Traditionen und äußeren Abhängigkeiten, nicht bestehen konnte, war ein bestenfalls lächerlicher, schlimmstenfalls gefährlicher Anachronismus und gehörte abgeschafft.

Daß das Duell diesem Prinzip widersprach, war den aufgeklärten und aufklärenden Zeitgenossen unmittelbar einsichtig. Sie verwiesen darauf, daß die meisten Duellanten lediglich einer sozialen Konvention Folge leisteten, ohne sie je auf ihre innere Stimmigkeit und äußere Zweckdienlichkeit überprüft zu haben. Eine solche Prüfung ergebe ohne jeden Zweifel, daß das Duell sowohl seiner Intention als auch seiner Funktion nach »höchst unvernünftig« sei, wie in Zedlers Universallexikon von 1750 zu lesen stand. Ziel des Duells sei es nach Ansicht seiner Anhänger, die Ehre zu beschützen. Dafür aber das Leben aufs Spiel zu setzen war nach Ansicht Zedlers völlig irrational, da »zwischen dem Leben und der Ehre gar kein Vergleich statt hat«. Wo ein solcher Vergleich trotzdem gezogen werde, beruhe er auf der Annahme, die Ehre einer Person könne von Dritten verletzt werden, was nur Vorurteil und Trugbild sei. Denn wahre Ehre, die in der »Opinion und Hochachtung anderer Leute von unsern Geschicklichkeiten« liege, habe ihren Grund ausschließlich »bei uns selbst . . ., sofern wir wahrhaftige Geschicklichkeiten erwerben, welche uns niemand nehmen kann«. Ob andere Menschen diese Fähigkeiten und Kompetenzen anerkannten und zu würdigen wüßten, sei demgegenüber nachrangig. Ihre »Hochachtung« könne auch ein Duell nicht erzwingen, da es als Mittel der Gewalt gegenüber inneren Gütern notwendig versagen müsse.[3]

Eine solche Verinnerlichung der »wahren« Ehre, die sie der »falschen«, nur auf die Meinung der »Welt« reflektierenden Ehre gegenüberstellten, predigten viele Autoren, die sich mit dem Duell-Thema beschäftigten. Ehre sei, meinte etwa der Hallenser Pfarrer und »Lehrer der Weltweisheit« Georg Friedrich Meier 1746, »ein Schatten der Tugend« und daher auch nur durch tugendhaftes Benehmen zu erlangen und zu verteidigen.[4] Die Vorstellung, Ehre könne von außen verletzt und beleidigt werden, entpuppte sich daher nach Auffassung des Staatswissenschaftlers Johann Heinrich Gottlieb von Justi als Vorurteil, denn: »Unsere Ehre beruhet in uns selbst, und von uns allein, wir behalten selbige beständig, so lange wir keine bösen unanständigen Handlungen verrichten, unter welche die Duelle selbst gehören.«[5] Fast ein halbes Jahrhundert später prägte der Philosoph Johann Gottlieb Fichte die denkwürdigen und immer wieder zitierten Worte, er setze seine Ehre, die ihm über alles gelte, »keineswegs in das Urteil anderer über meine Handlungen, und wenn es das einstimmige Urteil meines Zeitalters und meiner Nachwelt sein könnte, sondern in dasjenige, das ich selbst über sie fällen kann«.[6]

Auch wenn man bereit war, der Meinung der Welt eine größere Bedeutung zuzubilligen, als es solche Verfechter eines Unbedingtheitsanspruchs innerer Ehre taten, mußte dies nicht automatisch in eine Rechtfertigung des Duells münden. Das Duell, hieß es statt dessen, sei ein höchst ungeeignetes, unzweckmäßiges und daher unvernünftiges Mittel, Angriffe auf die Ehre des Einzelnen abzuwehren und seine öffentliche Achtung wiederherzustellen. Es erweise weder Recht noch Unrecht solcher Angriffe, sondern überlasse die Entscheidung dem Zufall oder der

Körperkraft der Kontrahenten.[7] Anstatt dem Angreifer darzulegen, wie unbegründet seine Vorwürfe und Beleidigungen seien, gebe man ihm Gelegenheit, sie in einem Duell zu bekräftigen. Ehrabschneider, die eigentlich vor Gericht gehörten und mit gesellschaftlicher Isolation bestraft werden müßten, bekämen so die Chance, sich als Ehrenmänner zu präsentieren. Sehr pointiert – und deswegen schon von seinen Zeitgenossen vielfach zitiert – formulierte Jean-Jacques Rousseau 1761 diese Verkehrung von Vernunft und Recht in ihr Gegenteil: »Dann braucht also ein Schelm sich nur zu schlagen, so hört er auf, ein Schelm zu sein; eines Lügners Geschwätz wird Wahrheit, sobald es mit dem Degen behauptet wird... Solchergestalt kann Tugend, Laster, Ehre, Schande, Wahrheit, Lügen, alles durch eines Gefechts Ausgang sein Dasein erlangen. Ein Fechtboden ist der Sitz aller Gerechtigkeit. Es gibt kein anderes Recht als Gewalt, keine andere Genugtuung als Mord.«[8]

Eine vernünftige Regelung des Konflikts, die dem zu Unrecht Beleidigten wirkliche Genugtuung verschaffe, erfordere die Entschuldigung des Beleidigers, das öffentliche Eingeständnis seiner Schuld und die Verbeugung vor seinem Opfer, nicht aber, wie es im Duell geschehe, die Gleichstellung des Täters. Vollends paradox werde ein solches Verfahren, wenn der Beleidiger dem Beleidigten, »den Gesetzen der Ehre zufolge, ihm sein Leben noch dazu nimmt«.[9] Die formale Symmetrie des Duells täuschte demnach bloß über die inhaltliche Asymmetrie der Duellparteien hinweg; sie löste den Streitpunkt aus dem Definitionsbereich von Recht und Unrecht heraus und stellte, wie Rousseau seine vernünftige Julie sagen ließ, »alle Tugenden auf eine Degenspitze«.

Indem die ehrverletzende Tat nicht von einem unabhängigen Dritten begutachtet und gerichtet, sondern unter den Parteien selber verhandelt und ausgekämpft wurde, rückte dieses Verhalten in die Nähe eines Racheakts, der aber, wie Knigge meinte, »das geschehene Übel nicht hebt« und daher »unzweckmäßig und unvernünftig« sei. Darüber hinaus kämen im Duell nicht kühle Überlegung und Abwägung zum Zuge, sondern »Affekt und Leidenschaft«, »rohe Gewalt statt der Vernunft«. Sehr pragmatisch urteilte schließlich Zedler über die prinzipielle Unvernunft eines potentiell tödlichen Ehrenhandels. Immerhin lasse sich die Ehre, sofern sie Schaden gelitten habe, auf vielfältige Weise wieder reparieren; der Tod aber schaffe endgültige Fakten.

Deshalb sei die Opferung des Lebens ein unangemessen hoher Preis für ein Gut, das auch anderweitig »ersetzet« werden könne.[10]

Argument Nr. 2: Das Duell ist unchristlich und unmoralisch. Daß der private Ehrenzweikampf den Geboten christlicher Religion und Moral widerstreite, war ein stets wiederkehrendes Argument der Duellkritiker. Dabei ging es weniger um eine dogmatisch-kirchentreue Verurteilung des Duells, wie sie in späteren Meinungsäußerungen von katholischer Seite dominierte. Die überwiegend protestantischen Autoren des ausgehenden 18. und frühen 19. Jahrhunderts begriffen das Christentum vielmehr im Sinne der Aufklärung als vernünftige Tugendlehre, als moralphilosophisches System, das der Sicherung individueller und gesellschaftlicher Moralität diente.

Mit christlicher Moral unvereinbar war das Duell aus mehreren Gründen: Zum einen stellte es einen unbefugten Eingriff in das Lebensrecht jedes Menschen dar. Dieses Lebensrecht galt als gottgegeben und durfte von Menschen selber nicht angetastet werden, weder in Rücksicht auf das eigene noch auf das Leben fremder Personen. Selbstmord war deshalb ebenso unchristlich wie Mord; beides widersprach dem fünften biblischen Gebot »Du sollst nicht töten«.[11] Darüber hinaus hielt man den Gedanken an Rache, den man im Duell zu entdecken glaubte, für zutiefst unchristlich. Anstatt dem Beleidiger zu verzeihen, wie es die Bergpredigt vorgebe, suche sich der Beleidigte an ihm zu rächen und die Schmach heimzuzahlen, indem er ihn zum tödlichen Kampf fordere. Nicht Vergebung und Versöhnung als höchste christliche Tugenden spiegelten sich im Handeln der Duellanten, sondern ein archaisches, vorchristliches Denkmodell von Schuld und Vergeltung, von ritueller Reinigung, das mit dem Gerechtigkeitsstreben einer zivilisierten christlichen Religion nicht das geringste zu tun habe. Wechselseitige Achtung und Nächstenliebe als Grundgebote einer jeden christlichen Gesellschaft würden im Duell mit Füßen getreten, und der Duellant maße sich eine Gewalt an, die ihm weder vor Gott noch vor den Menschen zustehe.[12]

Geradezu blasphemische Züge erblickte Rousseau in dem Appell des Beleidigers an das göttliche Wohlwollen, ihn im Duell zu begleiten und zu schützen. Der »höchste Schiedsrichter aller Streitigkeiten« solle für eine »ungerechte Sache« vereinnahmt werden – hier seien schreckliche »Gotteslästerung« und anstößiger »Aberwitz« am Werk, gegen die schon die Kirche des Mittelalters mit ihrer Verdammung des gerichtlichen Zweikampfs und seiner Vorstellung eines Gottesurteils eingeschritten sei.[13]

Argument Nr. 3: Das Duell ist ungesetzlich. Obwohl das Zeitalter der Aufklärung dem fraglosen Glauben an die Legitimität obrigkeitlicher Gebote abgeschworen hatte und dem Gesetzgebungsmonopol des Fürsten eher Mißtrauen entgegenbrachte, akzeptierte es doch bestimmte Gesetze, selbst solche älteren Datums, als sinnvoll, wohlmeinend und zweckdienlich und unterstützte ihren Geltungs- und Gehorsamsanspruch. Unter anderem traf auch das offizielle Verbot des Duells, in Mandaten und Edikten seit dem 17. Jahrhundert verkündet, auf allgemeine Zustimmung. Nicht nur der (aufgeklärt-)absolutistische Herrscher verurteilte das Duell als Eingriff in seine Vorrechte, auch seine aufgeklärt-kritischen Untertanen und Beamten betrachteten es als destabilisierendes Element eines geordneten Staatswesens und einer harmonisch abgestimmten bürgerlichen Gesellschaft. »Sicherheit des Lebens und Eigentums«, führte der Kieler Professor Reinhold 1795 aus, »ist der unmittelbare Zweck der bürgerlichen Gesellschaft, und um dieses Zweckes willen hat jedes einzelne Glied sein ihm außer der Gesellschaft zukommendes Recht, sich selbst für ein zugefügtes Unrecht Ersatz zu schaffen, in die Hände der ganzen Gesellschaft niedergelegt, die dasselbe durch die Obrigkeit, als ihre Stellvertreterin, verwalten läßt.« Der Duellant, argumentierte Reinhold weiter, »bricht daher den Vertrag, der den Bürger zum Bürger und den Staat zum Staate macht, er greift das Heiligtum der Gesellschaft in dem wesentlichsten Vorrechte derselben an, hebt die vornehmste Bedingung der bürgerlichen Ordnung auf, opfert das gemeinschaftliche Interesse Aller der kleinen Angelegenheit seines Ichs auf.«[14]

Andererseits war nicht zu übersehen, daß Duellanten einen Vertrag *untereinander* abschlossen. Im Gegensatz zu gewalttätigen Überfällen und hinterlistigen Mordanschlägen beruhte das Duell, wie Immanuel Kant 1797 bemerkte, auf »beiderseitiger Einwilligung«; die Gegner wüßten um die Lebensgefahr, in die sie sich begäben, und setzten sich ihr freiwillig aus. Diese Verabredung, die sich auch auf die Folgen des Duells erstreckte und Schadenersatzansprüche ausschlösse, erachtete der fränkische Rechtsprofessor Aschenbrenner geradezu als das »Wesen des

Zweikampfs«, und die meisten Rechtslehrer des frühen 19. Jahrhunderts pflichteten ihm darin bei.[15]

Ein solcher Vertrag beinhaltete nun an sich nichts Ungesetzliches, sofern kein Zwang ausgeübt wurde, sich ihm zu unterwerfen. Unter bürgerlichliberalen Gesichtspunkten konnte er deshalb auch nicht als strafbar gelten, wohl aber im Hinblick auf ein noch in den »polizeiwissenschaftlichen« Begriffen des 18. Jahrhunderts definiertes Staatsinteresse. Aschenbrenner und die Mehrzahl seiner Kollegen betrachteten das Duell denn auch nicht als Privat-, sondern als Staatsverbrechen, und zwar aus drei Gründen: Zum einen entzögen sich Duellanten den Verbindlichkeiten, »welche sie als Bürger über sich genommen haben«; zum zweiten raubten sie dem Staat »die Kräfte eines anderen Bürgers« und untergrüben drittens »die öffentliche Ruhe, als eine notwendige Bedingung der Erhaltung des Staates und der Erreichung des Staatsendzwecks«.[16]

Auch wenn sie diese Verfehlungen für gravierend genug hielten, um das Duell als strafwürdig zu qualifizieren, warnten Rechtswissenschaftler doch zugleich davor, ihm allzuviel Bedeutung zuzumessen. Als Staatsverbrechen wiege es sehr viel leichter als jedes Privatverbrechen und verdiene keinesfalls die große Härte, mit der die Gesetzgebung des 17. und 18. Jahrhunderts dagegen vorgegangen sei.[17] Die scharfe Kritik, die der Jurist Svarez noch zu Beginn der 1790er Jahre am Duell als Eingriff »in die vorbehaltenen Rechte des Landesherrn« geübt hatte, wich daher nach der Jahrhundertwende einer zurückhaltenderen Deutung, in der sich die allmähliche Trennung von privatem und öffentlichem Recht und die Priorität des ersteren in der sich entwickelnden bürgerlichen Gesellschaft spiegelten.[18]

Argument Nr. 4: Das Duell ist ein adliges Standesprivileg. Obwohl er selber adliger Herkunft war, scheute sich der Aufklärer Knigge nicht, das Duell als angemaßtes Vorrecht des Adels zu brandmarken. Die Vorstellung, Adlige besäßen mehr Ehrgefühl als Männer bürgerlichen Standes, sei nichts als ein Vorurteil, das der Adel dazu nutze, um »sich in dem Ruf einer gewissen Unverletzlichkeit [zu] erhalten«. Adlige Ehrenprivilegien wurden von vielen Autoren des späten 18. Jahrhunderts in Zweifel gezogen; Ehre, hieß es, hänge nicht vom Geburtsstand, sondern von den Tugenden und Leistungen eines Menschen ab. Jeder Stand habe deshalb zunächst einmal »gleichen Anspruch mit den anderen auf Ehre, der Niedrigste mit dem Höchsten gleich«.[19] Der bürgerliche Professor Aschenbrenner ließ es 1804 nicht gelten, daß »der eine Stand alle Ehre haben, der andere dieselbe unterdrükken, oder weniger empfindlich und rasch in der Erhaltung derselben sein soll«. Er kritisierte im Zweikampf »das Verbrechen der Leute von Stande, des Militärs, und überhaupt solcher Personen, welche von dem gemeinen rohen Haufen sich ausnehmen wollen. Sie wollen sich nicht ungebärdig mit Fäusten schlagen, wie niedrige Leute; ihr Stolz bringt daher den Ausbruch ihrer Leidenschaft auf das Geziere zurück, durch welches sie sich überhaupt von dem gemeinen Haufen unterscheiden wollen.«[20]

Auch die zeitgenössische Literatur und das Theater nahmen sich der Duellthematik unter dem Aspekt der Adelskritik an. In dem Schauspiel ›Der Duell‹, 1754 geschrieben, bestärkte der bürgerliche Hofmeister seinen adligen Zögling, dessen Vater sich aus Konvention duellierte, darin, daß die Duellehre der »Cavaliers« auf einer Einbildung beruhe.[21] Ein anderes, 1768 entstandenes Theaterstück konfrontierte das bürgerliche Selbstbewußtsein eines Kaufmanns, der das Duell als »vorsätzlichen Mord« verurteilte, mit der adligen Arroganz eines Kavallerieoffiziers, der den Kaufmannssohn aus Standesdünkel beleidigte und zu einem Duell provozierte.[22] Eine ähnliche Konstellation entwarf 1773 jenes Lustspiel, dessen Verfasser das Duell vorab als exquisiten Stoff einer theatralischen Handlung rühmte, vorzüglich geeignet, »die anzüglichsten Situationen und stärksten Charaktere anzunehmen«, so daß er sich wundere, »warum sich nicht schon mehrere Köpfe unter den Deutschen daran gewagt haben«. Die anzügliche Situation dieses Stücks bestand darin, daß ein adliger Major seinen bürgerlichen Schwager als Verführer seiner Schwester und »bürgerlichen Hund« beleidigt und zum Duell provoziert. Der bürgerliche Hauptmann erweist sich allerdings nicht gerade als starker Charakter, sondern fürchtet sich vor dem Duell, das er aber dennoch akzeptiert, um sich nicht der Verachtung seiner Kameraden auszusetzen. Hin- und hergerissen zwischen Standes-, Dienst- und Familienpflichten beugt er sich schließlich den adlig-militärischen Begriffen von Ehre und Schande, nicht ohne jedoch den Major an die gemeinsame Loyalität gegenüber dem Landesherrn zu erinnern: »Wir sollten uns schämen! Unser Blut ist nicht unser – Es gehört dem Könige und dem Vaterlande! Und wir wollen es einer elenden Privatfeindschaft aufopfern!« Stärker und konsequenter als er handelt seine

Frau, die ihn zunächst mit vernünftigen Argumenten vom Duell abzuhalten sucht, dann seinen Vorgesetzten informiert und schließlich die Pistolen entwendet, mit denen sich Bruder und Ehemann in Anwesenheit eines duellbegeisterten Sekundanten ins Jenseits befördern wollen.[23]

All diese Texte aus der zweiten Hälfte des 18. Jahrhunderts geißelten das Duell als adlige Konvention, an der sich die prinzipielle Kritik eines als dünkelhaft, rücksichtslos, egoistisch und undiszipliniert dargestellten Adels besonders sinnfällig exemplifizieren ließ. Dem chimärenhaften Ehrenpunkt des Adels wurde der ungleich solidere Ehrbegriff des Bürgers entgegengehalten, der auf Leistung, Redlichkeit und Gesetzestreue beruhte und keiner pompösen, außengeleiteten, öffentlichen Inszenierung bedurfte.

Argument Nr. 5: Das Duell ist ein Symbol militärischer Exklusivität und bürgerlicher Degradierung. In den beiden letztgenannten Theaterstücken wurden allerdings auch bürgerliche Duellanten (die sich im Nachhinein gleichwohl als Adlige entpuppten) vorgeführt. Sie bedienten sich des Duells, um Beleidigungen, die ihnen von überheblichen Adligen zugefügt worden waren, zurückzuweisen. Nicht zufällig spielten beide Stücke im militärischen Milieu. Nur hier war es möglich und erforderlich, die Standesgrenzen, die den duellfähigen Adel vom duellunfähigen Bürger trennten, im Duell selber zu überwinden. Unabhängig von ihrem Herkunftsstand waren alle Offiziere durch ungeschriebene Gesetze gehalten, ihre Ehre im Zweikampf zu verteidigen – eine Einrichtung, die in nichtmilitärischen Kreisen zuweilen auf scharfe Kritik stieß.

Ein anonymer Autor, der sich als Gelehrter zu erkennen gab, klagte 1791 in bitterem Ton über die Zurücksetzung, die Zivilisten von seiten des Militärs erfuhren. Zwischen Offizieren und »Bürgern« tue sich eine soziale und habituelle Kluft auf, die im Duell ihren bedenklichsten Ausdruck finde. Seien Zivilisten bei Beleidigungen angewiesen, vor Gericht dagegen zu klagen, gelte es als Vorrecht des Militärs (und des Adels), solche Fälle in einem Duell zu regeln. Zugleich schotte sich der Offizierstand durch seinen spezifischen *Point d'honneur* gegenüber Zivilisten ab, die er nicht als satisfaktionsfähig anerkenne. Komme es nun zwischen einem Offizier und einem »Bürgerlichen« zu einem Beleidigungskonflikt, fordere der Offizier den Bürger weder zum

Duell noch vor das Gericht, sondern verprügele ihn. Falls der Zivilist zurückprügele, laufe er sogar Gefahr, mit dem Offiziersdegen niedergestochen zu werden, weil sein Gegenüber durch den Ehrenkodex des Offizierkorps verpflichtet sei, tätliche Angriffe seitens nichtsatisfaktionsfähiger Personen mit Waffengewalt zu ahnden. Um einer derart entwürdigenden, herabsetzenden Behandlung zu entgehen, empfahl der Autor bürgerlichen Zivilisten deshalb, »allen Umgang mit diesem verschanzten Stande zu vermeiden« – zumindest solange, wie das Militär seinen exklusiven Ehrenstandpunkt aufrechterhalte und ihn dazu benutze, sich als bevorrechtigter Stand über alle anderen Staatsbürger zu erheben.[24]

Argument Nr. 6: Das Duell ist ein vom Staat geschütztes Verbrechen. Als adlig-militärisches Privileg, dessen waren sich seine Kritiker sicher, konnte sich das Duell nur dann halten, wenn es von der Obrigkeit protegiert wurde. Die Komplizenschaft eines Staates, der sich offiziell als auf Recht und Gesetz gegründet präsentierte, mit den obersten Ständen, denen er ein formell zum Verbrechen gestempeltes Verhalten gestattete, rief unter aufgeklärten Zeitgenossen des späten 18. und frühen 19. Jahrhunderts immer wieder Unmut und Entrüstung hervor. Kant monierte 1798, daß das Duell »von der Regierung Nachsicht erhält, und gewissermaßen Selbsthilfe wider Beleidigung zur Ehrensache in der Armee gemacht wird, in die sich das Oberhaupt derselben nicht mischt; ohne sie doch durchs Gesetz öffentlich erlaubt zu machen. – Dem Duell durch die Finger zu sehen, ist ein vom Staatsoberhaupt nicht wohl überdachtes schreckliches Prinzip.«[25]

Auch Svarez wies den preußischen Kronprinzen und späteren König Friedrich Wilhelm III. auf die Inkonsequenz hin, mit der der Staat den Zweikämpfen seiner Offiziere und Edelleute begegne: »Der Offizier, der sich schlägt, wird kassiert. Der sich nicht schlägt, wird auch kassiert.«[26] Auf der einen Seite verbiete der Monarch seinen Untertanen jede eigenmächtige Selbsthilfe, auf der anderen toleriere er sie in bestimmten Kreisen und stimme sogar zu, Offiziere, die sich an das Duellverbot gehalten und eine Forderung abgelehnt hätten, aus der Armee zu entlassen. In gleicher Weise kritisierte 1802 der bayerische Rechtsprofessor und Hofrat Joseph Carl Schmid die Schaukelpolitik der Regierungen, die das Duell einmal »als eine vortreffliche Übung des Muts ihrer Beschützer begünstigen, bald solches wegen dem Verlust eines [ihnen] nützlichen Subjektes verfolgen, bald wieder die Duellustigen entschuldigen, verbergen, bemitleiden, ja selbst nicht selten belohnen«. Sein Kollege Mittermaier sah geradezu einen obrigkeitlichen Duellzwang am Werk und führte als Beleg an, daß der Zutritt zum Hofe an die Duellbereitschaft prinzipiell hoffähiger Personen geknüpft sei.[27]

Eine solche Haltung widersprach der Selbstverpflichtung, die sich der Monarch im Interesse allgemeiner Gesetzestreue auferlegen mußte, und wurde vor allem in Staaten, die wie Bayern oder Württemberg seit dem frühen 19. Jahrhundert eine Verfassung besaßen, als unzumutbarer Verstoß gegen den dort niedergelegten Grundsatz staatsbürgerlicher Gleichheit interpretiert. Der Kampf gegen ständische Sonderrechte, wie er in Preußen bis zur Revolution von 1848 fortgeführt werden mußte, begegnete im Duell einem besonders hartnäckigen und schwer zu fassenden Widersacher: Seit Jahrhunderten verboten, hatte es durch die Zähigkeit, mit der Adel und Offiziere daran festhielten, und im Windschatten fürstlicher Gunst als Standessitte überlebt. Um es dem Wunsch vieler Zeitgenossen entsprechend abzuschaffen, reichten gute Argumente, die seine Unvernunft, Unmoral und Ungesetzlichkeit nachwiesen, nicht aus. Hier mußten vielmehr gesellschaftliche und politische Machtbastionen gestürmt werden – ein Unterfangen, das eine starke, gut organisierte Gegenmacht erforderte.

2. Praktische Wirkungen kritischer Argumente

Eine solche Gegenmacht war weder im ausgehenden 18. Jahrhundert noch fünfzig Jahre später in Sicht. Die Duellkritik der Aufklärung hatte zwar eine Vielzahl scharfsinniger und stichhaltiger Gründe zusammengetragen, warum das Duell dem allgemeinen Fortschritt der politischen, sozialen und kulturellen Verhältnisse nicht standhalten könne. Ihre Argumente fanden bisweilen sogar Eingang in den Entscheidungsprozeß jener Männer, die nicht nur theoretisch, sondern auch praktisch mit einer Duellforderung umgehen mußten. Als der Plöner Oberbeamte August Hennings wegen seiner adelskritischen Schriften 1793 von einem norwegischen Offizier gefordert wurde, mochte er sich nur zu einer Ehrenerklärung verstehen, was von den Kartellträgern seines Gegners als »neuer Aufklärungsmodus, der ehedem zwischen Rittern und Edelleuten nicht subsistieren konnte«, zurückgewiesen wurde. Hennings dagegen fühlte sich dieser Aufklärung verpflichtet, weil »sie uns von dem Joche der Roheit eines barbarischen Zeitalters und von dem heillosesten aller Vorurteile, dem blindlings, ohne Untersuchung der Sachen, ohne Rücksicht auf die geforderten Personen angetragenen Zweikampf befreiet«.[28]

Diese Befreiung war jedoch bei weitem nicht so absolut und durchgreifend, wie Hennings meinte und hoffte. Zwar erhielt er die Rückendeckung seines Landesherrn, des dänischen Königs, der ihm das Duell in einem formellen Reskript untersagte. Für das Offizierkorps aber und damit für den maßgebenden Teil des dänischen Adels war Hennings mit seiner Weigerung zur persona non grata geworden. Der Kartellträger des norwegischen Gegners, ein hoher dänischer Offizier und Adliger, ließ in einem vielgelesenen Journal der dänischen Hauptstadt einen offenen Brief abdrucken, in dem er Hennings vorwarf, keine »rechtschaffene Genugtuung mit den Waffen« gegeben zu haben, was er »sämtlichen Offizieren unter meiner Inspektion« mitgeteilt habe.[29]

Hennings selber sah sich dadurch gezwungen, in die Offensive zu gehen, und schrieb ein dickes Buch über seine Geschichte, in dem er sein Verhalten nach allen Seiten rechtfertigte. Seiner Meinung nach gehörten Duelle einer unwiederbringlich vergangenen Zeit an und paßten nicht mehr zu »gesetzten Männern reifen Alters und wahrer Bürgerlichkeit, das heißt solchen, die in Ämtern stehen und eigene wichtige Geschäfte haben«. Für den »wahrhaft bürgerlichen Adel«, für aktive Gutsbesitzer, Beamte und Gelehrte ebenso wie für den »tätig nützlichen Bürger und Hausvater« sei es »eben so lächerlich und abgeschmackt, als unsinnig und barbarisch, das Schwert des Raufers und des Stänkers zu ergreifen«. Hennings betonte in diesem Zusammenhang vor allem seine hausväterliche Würde und Verpflichtung als Vater von vier halbwüchsigen Kindern: »Man kann dem Staate einen Staatsmann, dem Heere einen General, aber wer kann einem Weibe ihren Mann, wer Kindern ihren Vater wiedergeben? Die Wohnung eines guten Hausvaters ist daher ein Heiligtum, das jeder gute Bürger des Staats mit Achtung und einer Art Ehrfurcht betreten« solle.[30]

Ganz ähnlich hatte ein Jahrzehnt zuvor der adlige Münsteraner Landstand Freiherr von Mönster zu Landegge argumentiert, der wegen eines ihm zugeschriebenen Artikels in den Schlözerschen Staatsanzeigen mit dem Münsteraner Offizierkorps in Konflikt geraten war.[31] Der Freiherr war im adligen Klub von einem hohen Offizier der Autorschaft beschuldigt und als »infamer Kerl« beschimpft worden. Mönster wandte sich daraufhin an den kommandierenden Generalleutnant und städtischen Gouverneur, Graf zu Schaumburg-Lippe, und bat ihn, allen Offizieren in seinem Namen zu erklären, er habe niemals beabsichtigt, einen von ihnen geschweige denn das gesamte Corps zu beleidigen. Im übrigen verbat er sich weitere Angriffe auf seine Person und erklärte in vollendet höflichem und distanzierendem Französisch: »Ce n'est plus à moi de faire le Spadassin, mes preuves de courage sont faites, j'ai servi comme ces Messieurs et sais ce que l'honneur véritable exige, mais il a ses bornes, et n'ayant offensé personne, je ne suis pas d'humeur à férailler avec le premier à qui l'envie en peut venir. Je suis membre des Etats, Monsieur, revêtu d'un Rang et de dignités qui doivent me mettre au dessus de pareilles attaques.«[32]

Die Ehrenerklärung des Freiherrn wurde von den Offizieren jedoch als nicht weitgehend genug verworfen, worauf Mönster den Kommandanten beschuldigte, die Eskalation des Konflikts zu provozieren. Zugleich lehnte er es ausdrücklich ab, sich wegen dieser Affäre zu duellieren, da er sie nicht als einen privaten Ehrenhandel, sondern als politisch motivierte, kollektiv vollzogene und öffentlich inszenierte Beleidigung ansah, für die er den Landesherrn um eine »réparation éclatante« bitten wollte. Noch am gleichen Tag verließ Mönster die Stadt, um deshalb beim Kurfürsten in Bonn vorzusprechen. Doch noch bevor er dort ankam, wurde er auf einer Poststation von Münsteraner Offizieren überfallen und schwer mißhandelt. Gegenüber dem Kurfürsten rechtfertigte Schaumburg-Lippe diese Attacke damit, daß er sich »durch gehörige Bestrafung mit Schlägen die erforderliche vorläufige Satisfaktion verschaffen« wollte, die Mönster ihm auf dem ordentlichen Wege des Duells versagt habe. Da der Landstand alle ihm seitens der aufgebrachten Offiziere zugefügten Beschimpfungen »bei sich behalten« habe, ohne sie mit einer Forderung zu beantworten, sei eine Tracht Prügel das einzige Mittel gewesen, auf seine injuriösen Äußerungen gegenüber dem kommandierenden Generalleutnant angemessen zu reagieren.

Ob Mönster angesichts dieser im höchsten Grad beleidigenden und entwürdigenden Behandlung nicht doch im Stillen bedauerte, eine ehrenvolle Regelung des Konflikts durch ein Duell ausgeschlagen zu haben, bleibt eine offene Frage. In einem Rechtfertigungsschreiben an den adligen Klub, der sowohl ihn als auch Schaumburg-Lippe zu seinen Mitgliedern zählte, hielt er jedenfalls an der gewählten Strategie fest. Er begründete seine Zurückhaltung damit, daß die Kränkungen im Klub vorgefallen seien, dessen Regeln wie die »einer jeden gesitteten Gesellschaft Händel und Tätlichkeiten verbieten«. Hätte er den Offizier anfangs gefordert, hätte er damit nicht nur seine Autorschaft zugegeben, »sondern auch ihm und den Militärs das Recht [eingeräumt], einen Landstand über seine Meinung zu konstituieren«.

Zugleich wies er die Behauptung jenes Offiziers, er habe ihn, Mönster, direkt und persönlich beleidigt, weit von sich: »Daß er dieses nicht getan, wenigstens daß ich's nicht gehört habe, kann ich auf Ehre versichern und beweist auch mein Betragen.« Wäre es anders gewesen, hätte sich Mönster demnach mit seinem Beleidiger duelliert, und es war ihm offensichtlich wichtig, seine adligen Standesgenossen darüber nicht im Unklaren zu lassen. Er zeigte sich nicht prinzipiell duellunwillig, behielt sich aber vor, selber zu beurteilen, welche Anlässe ein Duell erforderten und welche nicht. Im vorliegenden Fall, in dem es sich nicht um eine persönliche, gleichsam private Angelegenheit, sondern um einen corpsmäßigen Angriff auf eine politische Meinungsäußerung gehandelt habe, wäre ein Duell völlig fehl am Platz gewesen, und er habe statt dessen »Genugtuung bei Hofe« suchen wollen.

Trotzdem bedrückte ihn der Feigheitsvorwurf, der aufgrund seiner strikten Duellweigerung gegen ihn kursierte. »Hart genug ist es für einen Mann von Ehre, der hinlängliche Proben seiner Art zu handeln in diesem Punkt gegeben hat, daß er sich rechtfertigen müsse. Das Zeugnis meiner ehemaligen Kameraden, mein bekannter Duel mit dem Oberforstmeister Düring in Hannover, Herrn Hofmarschall Baron Dürben in Stockholm, mit verschiedenen anderen nicht so wichtigen, sowie mein Betragen mit dem Herrn Fürsten von Hohenlohe sollten mich billig der Mühe entledigen, für jeden, dem es einfällt, blank zu stehen.« Die Betonung persönlicher Courage, die er in mehreren Duellen unter Beweis gestellt hatte, schien Mönster notwendig, um den Verdacht mangelnder Tapferkeit und Entschlossenheit zu zerstreuen. Daß er die Regeln des Ehrenpunktes theoretisch und praktisch beherrschte, hinderte ihn andererseits nicht daran, an die »Gesetze der wahren Ehre« zu erinnern, die, »mit dem inneren Gefühle meines Herzens vereinigt, einzig und allein die Richtschnur der Folge meiner Handlungen« seien. Jene Gesetze ließen es nicht zu, sich leichtfertig in sogenannte Ehrenhändel verwickeln zu lassen und auf die Provokationen professioneller Raufbolde einzugehen. Für einen »rechtschaffenen Mann« bereits fortgeschrittenen Alters könnten Duelle nur die ultima ratio eines sonst nicht beizulegenden Konflikts sein: »Dem Vater, dem Gemahl, dem Bürger des Staates liegen ganz andere Pflichten auf als die, die vielleicht nur aufbrausende Jugend entschuldigte.«

Diese Argumentation des Münsteraner Freiherrn griff zum einen die aufklärerische Duellkritik auf, die wahre Ehre als Gleichklang von Gewissen, Tugend und Gesetzestreue der falschen Ehre des konventionellen Ehrenpunktes entgegengesetzt hatte. Indem sie die Familie und den Staat als diejenigen Institutionen benannte, vor denen sich die Einzelperson rechtfertigen und denen sie sich jederzeit und überall verpflichtet fühlen müßte, rückte sie zudem das im Duell zutage tretende Individualitätsdenken in eine kritischere Perspektive. Andererseits aber war Mönster weit davon entfernt, dem *Point d'honneur* gänzlich abzuschwören, sondern akzeptierte ihn als notwendig und sinnvoll, sofern er mit Ernst, Besonnenheit und Verantwortungsbewußtsein gehandhabt wurde.

Auffällig an Mönsters Verhalten war jedoch noch ein zweiter Punkt: die scharfe Trennlinie nämlich, die er zwischen unmittelbar persönlichen und anderen Beleidigungen zog. Nur die ersteren waren seiner Ansicht nach duellfähig, alle anderen verlangten nach einem fremden Richter. Da er selber sich im vorliegenden Fall nicht als Person angegriffen fühlte, sondern in seiner Eigenschaft als Mitglied einer politischen Körperschaft, das als solches politisch mißliebige Meinungen vertreten hatte, sah er keinen Anlaß, sich dieser Angriffe durch ein Duell zu erwehren.

Die neuartige, sophistische Unterscheidung zwischen Person und Amt reflektiert die mentalen Folgen jener Verstaatlichung, die der Adel im Zuge seiner Einbindung in den militärischen und administrativen Staatsdienst seit dem späten 17. Jahrhundert erlebte. Obwohl er seine ständische Duellehre allen formalen staatlichen Verboten zum Trotz auch in den neuen Bindungsverhältnissen bewahrte, lernte er allmählich, zwischen Angriffen auf die Amtsperson und solchen auf die Standesperson zu differenzieren. Der Staat, der den Autonomieansprüchen seines ersten Standes auf dem Feld der Ehre Rechnung trug, förderte diesen Differenzierungsprozeß, indem er vor allem im Militär Richtlinien schuf, wonach Beleidigungen, die im Zusammenhang mit Dienstgeschäften vorfielen, kein Duell nach sich ziehen durften. Der preußische König Friedrich II. erließ 1744, kurz nach seiner Thronbesteigung, eine Ordre »zur Erhaltung der Subordination in der Armee«: Danach mußte ein Offizier, der von seinem Vorgesetzten beschimpft oder mit Schlägen bedroht wurde, während des Dienstes »stille dabei sein«, konnte sich aber nach dem Dienst »gehörige Satisfaktion« verschaffen. Hatte der Vorgesetzte allerdings ausschließlich in dienstlicher Funktion gehandelt, indem er den ihm unterstellten Offizier beispielsweise wegen inkorrekten Verhaltens getadelt hatte, durfte dies kein Anlaß für Herausforderungen und Duelle sein.[33]

Diente diese Bestimmung auf den ersten Blick vornehmlich dazu, Disziplin und Gehorsam im Offizierkorps zu sichern, unterstützte sie mindestens im gleichen Maße die Ausbildung einer doppelten Identität des adligen Offiziers. Als Offizier, der in ein festes System von Rangklassen eingebunden war, bewegte er sich in den Grenzen einer auf Befehl und Gehorsam gegründeten Institution, die ihm bestimmte dienstliche Pflichten auferlegte. Hatte er diese Pflichten auf die eine oder andere Art verletzt, zog er sich die korrigierende Kritik seines Vorgesetzten zu. Selbst wenn er sie als persönlich beleidigend empfand, mußte er sie hinnehmen, ohne den vorgeblichen Beleidiger dafür zur Rechenschaft ziehen zu dürfen. Als Adliger dagegen stand er mit seinem Vorgesetzten auf gleichem Fuß und konnte Angriffen auf das, was er für seine Ehre hielt, durch einen Kampf mit gleichen Waffen begegnen. Standesbedürfnissen und Staatsinteressen war damit in gleichem Maße Rechnung getragen: Der Adel konnte seine ständische Ehre wahren, ohne doch das Interesse des Staates an einer funktionstüchtigen, in formale Hierarchien und vorgegebene Zwecke eingespannten militärischen Elite zu durchkreuzen.

Das Angebot einer doppelten Identität, das die Konstruktion eines verstaatlichten Dienstadels bereithielt, wurde jedoch längst nicht immer angenommen. Die Differenz von Amt und Person war nicht für alle Adligen nachvollziehbar und akzeptabel, und vor allem im Militär kam es immer wieder zu Übergriffen und Entgrenzungen. 1763 schickte der Rittmeister von Johnssen dem

Hamburger Garnisonsadjutanten Mey eine Ausforderung, weil Mey ihn im Jahr zuvor »auf die infamste Weise« und »nicht, wie es einem Offizier gegen den anderen erlaubt« sei, überfallen, verhaftet und nach Hamburg gebracht habe. Sein Kartellbrief schloß mit den Worten: »Also deklariere ich Ihn, Monsieur, für die größte Canaille, so lange bis mir derselbe die gehörige Satisfaktion auf der Hannöverschen Grenze zwischen Bergedorf und Escheburg gibt ... Bis zu meiner Satisfaktion bin ich Monsieur sein geschworener Feind.« Mey aber berief sich darauf, daß der Anlaß des Konflikts »eine Sache betrifft, welche in meinem Officio und auf Ordre des hohen Rats geschehen ist«, und wurde in dieser Anschauung auch vom Hamburger Magistrat bestärkt. Jener untersagte ihm »bei Verlust seiner Ehre, und bei strengster Ausübung der in dem Duell-Mandate enthaltenen Strafen«, die Herausforderung anzunehmen, »indem solcher Duell nicht nur den Reichs- und hiesigen Gesetzen schlechterdings zuwider, sondern auch, wenn selbige nicht existierten, ihm als Offizier ein Duell über dasjenige, was er in seinem officio vorgenommen und wobei ihm kein Versehen zur Last zu legen sei, nicht angemutet werden könne«. In einem Promemoria hieß es außerdem: »Die Zeiten der Ritterschaften und Abenteuer haben ein Ende. Ein ehrliebender Offizier hat genug Gelegenheit gehabt, seine Bravour zu exerzieren ... Die wahre Ehre besteht also nicht in einem unüberlegten Halsbruch, sondern in einem vernünftigen reziproken Betragen.« Diese Meinung teilten Rittmeister von Johnssen und seine beiden Kartellträger allerdings nicht: Sie gaben zu Protokoll, sie hätten »in dieser Sache so gehandelt, wie es unter Offizieren gewöhnlich wäre«. Daß Duelle durch Reichsgesetze und einzelstaatliche Mandate verboten waren, wußten sie nach eigenem Bekunden nicht.

Die scharfe und unmißverständliche Reaktion des Hamburger Rats – er ließ die Kartellträger verhaften, informierte ihre dänischen und württembergischen Dienstherren und schickte sie zu ihren Garnisonen zurück – verdankte sich der Überzeugung, daß die »Gesetze der Natur und der bürgerlichen Gesellschaft« schwerer wögen als die »vermeintlichen Gesetze der Ehre«. Solchen Argumenten, die aus dem Arsenal der aufklärerischen Duellkritik schöpften, gesellten sich jedoch auch praktisch-ökonomische Gesichtspunkte hinzu. In einer großen und bedeutenden Handelsstadt wie Hamburg wurden nicht nur Güter in schneller Folge umgeschlagen, dort kamen auch Menschen aus vielen Ge-

genden und sozialen Schichten zusammen. Um zu verhindern, daß die Stadt zu einem Raum für Gesetzesübertretungen aller Art wurde und damit ihre wirtschaftliche Bonität einbüßte, mußte die Aufrechterhaltung der öffentlichen Sicherheit einen hohen politischen Stellenwert genießen. Der Rat betonte denn auch in seinem Rechtfertigungsschreiben an den württembergischen Herzog, wie notwendig es sei, »an einem so volkreichen, durch Fremde allerlei Standes häufig besuchten Orte keinem Duellieren oder Provozieren irgend nachzusehen«.[34]

Da, wo die allgemeine Sicherheit weniger gefährdet schien, zeigte sich die Obrigkeit nicht so rührig. Allgemein war die Ansicht verbreitet, daß gesetzliche Duellverbote nur dann wirklich angewandt werden sollten, wenn die Öffentlichkeit von einem tatsächlich vorgefallenen Duell Kenntnis erlangt hatte. Das »Publikum« wurde seit der zweiten Hälfte des 18. Jahrhunderts eine zunehmend wichtigere Instanz, vor der sich die Administration rechtfertigte, deren Urteil sie berücksichtigte und deren Mißfallen sie zu vermeiden trachtete. Daß die öffentliche Meinung sich überwiegend gegen das Duell aussprach und dieses Verdikt auch gut begründen konnte, war der Vielzahl publizierter Duellschriften und -artikel unschwer zu entnehmen. Um so eifriger mußte die Obrigkeit darauf bedacht sein, dem allfälligen Kritik-Bazillus nicht neue Nahrung zu geben, indem sie hinter ihre eigenen Rechtsstandards zurückfiel und die Verbotsbestimmungen des Duellmandats nicht exekutierte. Ein solcher Vollzugsdruck entstand jedoch immer nur dann, wenn die Kunde eines Duells die Öffentlichkeit alarmierte; bei Zweikämpfen dagegen, die erfolgreich verheimlicht worden waren, gab es weder Kläger noch Richter. Auf dieser Linie ersuchte der Rektor der Königsberger Universität den preußischen König 1751 um die gerichtliche Verfolgung eines Duells, das zwei Studenten »in Gegenwart verschiedener Studenten und vieler anderer Leut« ausgefochten hatten. Da dieser Fall »ins publicum dringet« und »wider Ew. Königl. Majestät heilsames Duell-Edikt läufet«, könne er »nicht ungeahndet bleiben«.[35]

Ganz ähnliche Erwägungen bestimmten den württembergischen Herzog 1799, dem preußischen Offizier von Rath, der sich mit dem württembergischen Major von Pfuhl duelliert hatte, die Bitte abzuschlagen, sich weiter, unbehelligt von der Strafverfolgungsbehörde, in Ludwigsburg aufhalten zu dürfen. Der Zweikampf sei »zu publik und zu sehr öffentlich behandelt worden, als daß die betreffende Justiz-Behörde des Landes, ja selbst die Landesversammlung, nicht hätte Notiz davon nehmen müssen«. Der Herzog könne die bereits eingeleitete gerichtliche Untersuchung nicht verhindern, »denn da, wo die Gesetze (wie hier die des Duells) sprechen, ist die landesherrliche Macht bis nach dem Ausspruch gelähmt«. Doch selbst nach ergangenem Urteil seien dem Fürsten in diesem Fall die Hände gebunden, da »die Art und Weise, wie Ihre Affaire, bei 1500 Augenzeugen, ausgemacht worden, Serenissimo das Jus aggratiandi oder Begnadigungs-Recht ... nicht zuläßt«.[36]

Schrieb die große Publizität dieses Zweikampfs seine gerichtliche Ahndung zwingend vor, konnten Duelle, die kein öffentliches Aufsehen erregt hatten, weniger gesetzeskonform behandelt werden. Einem solchen Kalkül unterlag 1808 die Bitte des Berliner Kammergerichts, die Untersuchung gegen zwei Adlige, die sich wechselseitig zum Duell gefordert hatten, niederschlagen zu dürfen. Der Gutsbesitzer von Bredow hatte seinen Neffen beim Kammergericht angezeigt, zog die Anzeige aber nach ihrer im Familienkreis vermittelten Aussöhnung wieder zurück. Um seinen Antrag auf Straflosigkeit zu begründen, verwies er unter anderem darauf, daß die Forderung bereits mehr als ein Jahr zurückliege und daher »der Aufmerksamkeit des Publikums« längst entzogen sei. Das Kammergericht pflichtete dieser Ansicht bei: »Es ist uns auch nicht bekannt, daß derselbe [Vorfall] eine solche Publizität erlangt hätte, daß es wegen dieser einer strengen Anwendung des Gesetzes erforderte. Der Streit fiel nur zwischen Personen einer Familie vor, und alle Anwesenden waren teils mehr teils weniger nah mit den Streitenden verwandt.« Friedrich Wilhelm III. ließ sich ebenfalls überzeugen und ordnete die Einstellung des Gerichtsverfahrens an.[37]

Handelte der Monarch in diesem Fall vorwiegend aufgrund von Opportunitätserwägungen, gab es auch Beispiele, in denen sich der Landesherr den duellkritischen Argumenten der öffentlichen Meinung anschloß. Als der Kölner Kurfürst und Münsteraner Fürstbischof 1798 die Bittschrift einer Frau von Ruxleben las, deren Mann wegen Duells in der Verhörstube der Münsteraner Hauptwache einsaß, empörte er sich über das Ansinnen, den hochgeborenen Duellanten und sächsischen Kammerherrn lediglich unter Hausarrest stellen zu lassen, um ihm die Unbequemlichkeit des Gefängnisses zu ersparen. Ein Duell war seiner Meinung nach kein Kavaliersdelikt, sondern ein Mord, der als solcher zu bestrafen sei und keinerlei soziale und persönliche Rücksichtnahme verdiene. »Wenn ein Kötter«, so der Kurfürst, »des anderen Zuschlag einreißt und dabei oder auch im Wirtshause Streit entsteht und der eine Teil mit einer herbeigeholten Flinte den anderen totschießt, so wird er zum Zuchthaus verbannt. Wenn aber ein Erziehung haben sollender Kammerherr einen anderen wegen Streit im Spiel, und zwar einige Tage hiernach vorsätzlich erschießt oder erschießen läßt und dabei alle möglichen solemnia hält, so soll es eine bloße Zivilsache sein. Dies kann ich nicht begreifen, wohl aber, daß das Duellieren in einer Stadt zunehmen muß, wo ein Graf Schaerberg den öffentlichen Gesetzen zum Hohn mit einem samtenen Käppgen (wegen erhaltener Kopfhiebe in einem Duell) auf öffentlichem Ball erscheinen durfte, wo die Gesetze und Moralität so öffentlich verachtet werden dürfen, da sind derlei Mordtaten die Folge.«[38]

Der bayerische König Ludwig I. wollte 1826 zwar nicht so weit gehen, den adligen Ehrenzweikampf mit Mord gleichzusetzen, sondern nannte ihn ein »Verbrechen gegen Religion und Vernunft«, einen »frevelhaften Eingriff in des Königs und der Stände Rechte« und »ein Hohnsprechen dem Gesetze«.[39] Daß er dem gesetzlichen Duellverbot Achtung verschaffen und Duellanten vor Gericht stellen lassen wollte, änderte jedoch nichts daran, daß auch im Königreich Bayern, wie in allen anderen deutschen Staaten, weiter herausgefordert und duelliert wurde. Weder die Argumente der Duellkritiker noch ihre tatkräftige Unterstützung seitens mancher Landesherren vermochten dem Zweikampf seine gewohnheitsrechtliche Legitimität zu rauben. Nach wie vor setzten sich die Anhänger des Duells über staatliche Verbote ebenso hinweg wie über die Vernunftgründe seiner Gegner und trugen ihre Ehrenkonflikte mit dem Degen oder der Pistole aus. Immer wieder erhoben sich Klagen aus dem Kreis engagierter Publizisten, dienstbeflissener Beamter und aufgeklärter Minister, daß das »Vorurteil« alles andere als gebannt sei, vielmehr stetig breitere Kreise erfasse und »so zu sagen – zur Mode geworden« sei. Eine zeitgenössische Schätzung ging 1819 von »mindestens zweitausend in Teutschland jährlich vorfallenden Duellen« aus – eine Zahl, die Duellgegnern die Vergeblichkeit ihrer Kritik sinnfällig vor Augen führte.[40]

3. Fürsprache für das Duell

Allerdings zeitigte diese Kritik zumindest ein unmittelbares Ergebnis: Sie zwang die Anhänger des Duells, ihre Position grundsätzlich zu klären und zu legitimieren. Der aufklärerische Zeitgeist ließ es nicht zu, ein Verhalten lediglich durch den Hinweis auf seine bewährten Traditionen zu rechtfertigen, und auch die Betonung, daß es sich beim *Point d'honneur* um einen durch seine Träger gleichsam geadelten Standpunkt handelte, konnte dort nicht mehr überzeugend wirken, wo die Verfechter eines bürgerlich-nachständischen Gesellschaftsmodells auf den Abbau unvernünftiger, nicht funktional bestimmter Vorrechte drängten. Es bedurfte anderer, modernerer Argumente, um das Überleben des Duells theoretisch zu begründen und abzusichern. Sie lassen sich – analog der Darstellung duellkritischer Einwände – in sieben Punkten zusammenfassen.

Argument Nr. 1: Das Duell ist ein gesellschaftlich notwendiges Auskunftsmittel persönlicher Ehre. Selbst wenn die meisten Zeitgenossen des späten 18. und frühen 19. Jahrhunderts die Auffassung teilten, wonach wahre Ehre eine Sache des Gewissens und innerer Tugendhaftigkeit sei, gingen nicht alle so weit, diese innere Ehre zu verabsolutieren. Statt dessen betonten sie die gesellige Natur des Menschen und seine fundamentale Abhängigkeit von der Anerkennung und Achtung seiner Mitmenschen. Ohne diese Achtung sei die soziale Existenz ausgelöscht und der Mensch zum Eremitendasein genötigt. Achtung und Ehre aber richteten sich nicht nur nach den inneren Werten einer Person, die für die Außenwelt zudem allzuoft gar nicht recht erkennbar seien. Ebensowenig gaben sie sich nur mit dem Maßstab individueller Tüchtigkeit und Leistung für das Gemeinwesen zufrieden. Um von seinen Mitmenschen geachtet zu werden, mußte der Mann – und ausschließlich um Männer ging es in diesem Diskurs um Ehre und Achtung – Entschlossenheit und Tatkraft verkörpern, er mußte beherzt und konsequent auftreten und keinen Zweifel daran lassen, daß er seine Meinungen und seine Position in der Welt aktiv zu vertreten gewillt war.

So glaubte der badische Regierungsrat Johann Georg Schlosser 1776, es sei leichter und erlaubter, »sein Leben unverteidigt sich nehmen zu lassen, als seine, auch nur eingebildete Ehre. So lang wir mit Menschen leben müssen, müssen wir unter ihnen eine Stelle behaupten. Wer sich von ihr herunter stoßen, wer sich zur Verachtung treten läßt, ist schlimmer daran, als der Tote.« Ein solcher unbedingter Ehrenpunkt sei schon allein deshalb vonnöten, um die Autorität des Hausvaters nach innen und außen zu wahren, denn, fuhr Schlosser fort, »wie will sein Weib, sein Kind, sein Knecht sich seinem Schutz anvertrauen, wenn er selbst überall dem Angriff eines jeden mutwilligen Buben ausgesetzt ist?« Der aufgeklärte Beamte und Schwager Goethes hatte demnach prinzipiell nichts gegen Duelle einzuwenden, hielt sie vielmehr für ein probates Mittel, die Ehre zu verteidigen und die Achtung der sozialen Umwelt zu bewahren. Er schlug sogar vor, sie per Gesetz für straflos zu erklären, allerdings unter der Bedingung, daß sie »öffentlich..., mit Feierlichkeiten, unter dem Vorsitz eines Kriegsgerichtes, in der Hauptstadt, mit einigem Aufwand geschehen« müßten.[41]

Diesen Traum einer Neubelebung mittelalterlicher Zweikampftraditionen träumte Schlosser wohl allein, doch seine grundsätzliche Rechtfertigung des Duells als Instrument der Selbstbehauptung und Achtungssicherung fand viele Nachahmer. Der Jenaer Philosophieprofessor Fries hielt es 1818 für eine Forderung der »Selbstachtung, daß der Mensch tapfer und unerschütterlich jeder persönlichen Anmaßung eines Anderen gegen ihn entgegen trete«, und erachtete das Duell für ein durchaus angemessenes Mittel, dieser Anmaßung Grenzen zu setzen. Kurz und bündig erklärte der Kölner Landgerichtspräsident von Oppen 1833: »Wer sich zum Wurme macht, darf nicht klagen, wenn er getreten wird; wer ein schmachvolles Leben der Gefahr oder auch einem gewissen Tode vorzuziehen scheint, verliert selbst in der Achtung der Bessern; die völlige Unabhängigkeit von fremden Meinungen und Vorurteilen ist für diese Welt eine bloße Chimäre.«[42]

Überwog in solchen Verteidigungsreden die Idealisierung des Duells als Beweismittel männlicher Gradlinigkeit und Willenskraft, argumentierten andere Autoren weniger fundamentalistisch als pragmatisch. Unter der Voraussetzung, daß die »Atmosphäre der Meinung«, wie der Berliner Rechtsprofessor Jarcke 1831 schrieb, lebenswichtig für die soziale Geltung und Existenz eines Menschen sei, durfte es nach Ansicht des Göttinger Universitätslehrers Meiners die »unbefangene Vernunft« nicht mißbilligen, wenn man dieser Atmosphäre samt den damit verbundenen Vorteilen Leben und Gesundheit zum Opfer brachte. Allerdings – und hier machte sich der Rationalismus der Aufklärung bemerkbar – sollte die »Atmosphäre der Meinung« vernünftigen Beurteilungsmaßstäben unterworfen und jeder Ehrenhandel vorab auf seine inhaltliche Berechtigung geprüft werden.[43]

In diesem Sinne schlug der Hamburger Aufklärer Büsch 1777 einen neuen Verhaltenskodex vor, wonach ein Mann dann zum Duell schreiten dürfe, wenn seine »Cavalier-Ehre« ohne beweisfähigen Grund beleidigt worden sei, was eine gerichtliche Untersuchung zuvor bestätigen müsse.[44] Diese Idee trug einerseits der allgemeinen Auffassung Rechnung, Schande müsse mit Blut abgewaschen werden; auf der anderen Seite brach sie eine Lanze für Vernunft und Gerechtigkeit, wenn eine Beleidigung erst auf ihren Wahrheitsgehalt überprüft zu werden hatte, bevor sie im Fall, daß sie auf wissentlich falschen Voraussetzungen beruhte und sich folglich als absichtsvolle Schmähung entpuppte, durch ein Duell geahndet werden durfte. Vier Jahrzehnte später plädierte der Heidelberger Rechtsprofessor Roßhirt für die Einrichtung von Ehrengerichten, die bei Beleidigungen als Untersuchungs- und Vermittlungsinstanzen auftreten sollten, in jenen Fällen aber, in denen »des Mannes Selbständigkeit und Berufsfähigkeit auf andere Art nach den gegenwärtigen Ansichten nicht wohl gerettet werden kann«, Duelle gestatten dürften.[45]

Zwar ließen sich theoretisch sehr wohl Alternativen zum Duell denken, die die Ehrenhaftigkeit eines Mannes mit gleicher oder sogar besserer Wirkung verteidigen oder wiederherstellen konnten. Während Fries jede gesetzliche Tilgung der Beleidigung als »Privatfriedensbruch« für ausgeschlossen hielt und sie der »freien Verständigung zwischen den Parteien selbst« überlassen wollte, verwiesen vor allem Juristen immer wieder auf die Notwendigkeit, das Injurienstrafrecht so zu verbessern, daß es einen verläßlichen Schutz vor Beleidigungen biete. Solange auf diesem Gebiet keine Rechtssicherheit bestehe und das Gesetz, wie Roßhirt meinte, Eigentumsdelikte viel schärfer ahnde als Angriffe auf die Ehre, seien Duelle indes nicht zu vermeiden. Der bayerische Hofrat und Landshuter Rechtsprofessor Mittermaier ging 1819 sogar soweit, »jedem Zartfühlenden vom Gebrauche der Klagen abzuraten, welche besonders bei einfachen Beleidigungen, z. B. Vorwürfen der Dummheit, zu sehr erbaulichen Szenen führen«.[46]

Da die Form solcher Injurienprozesse nicht dazu angetan war, die Ehrenkränkung zu sühnen, sondern sie im Gegenteil durch die Anhäufung belastenden Materials wiederholte, aktenkundig machte und dabei sogar noch steigerte, und weil zudem empfindliche Strafen nicht ausgesprochen werden konnten, bot eine gerichtliche Klage keine praktikable Alternative zum Duell. Trotzdem mußte ein Weg gefunden werden, Duelle einer schärferen Kontrolle zu unterziehen, und dieses Mittel erblickten manche in einem korporativen Ehrengericht. Die Intervention einer Instanz, die zwischen Duellant und öffentliche Meinung trat, sollte die Unterscheidung zwischen »wahren« und »falschen« Duellen ermöglichen, die nach Ansicht vieler Zeitgenossen dringend erforderlich war, wenn das Duell eine moralisch unanfechtbare und seriöse Einrichtung werden sollte.[47] Gerade grundsätzliche Befürworter des Duells hatten das größte Interesse daran, das Duell vom Odium des rachesuchenden Raufhandels zu befreien und es durch seine Anpassung an die Zivilisationsstandards einer bürgerlichen Gesellschaft auch hier salonfähig zu machen.

Eine besonders geschickte Rechtfertigungsstrategie bestand darin, in die Offensive zu gehen und den Ehrenzweikampf als wichtiges Instrument »bürgerlicher Verbesserung« darzustellen:

Argument Nr. 2: Das Duell ist ein Mittel zur Zivilisierung der Gesellschaft. Bereits der englische Arzt Bernard Mandeville hatte zu Beginn des 18. Jahrhunderts in seiner vielbeachteten und rasch ins Deutsche übersetzten ›Bienenfabel‹ die Ansicht vertreten, Duelle übten einen ungemein positiven Einfluß auf die Verfeinerung des Umgangstons und die Zivilisierung der Oberschicht aus. Die Erwartung, für unehrenhaftes Verhalten sofort persönlich zur Rechenschaft gezogen zu werden und es möglicherweise mit dem Leben büßen zu müssen, weise, so Mandeville, die Vornehmen in ihre Schranken und produziere »Tausende von manierlichen und feingebildeten Herren in Europa, die ohnedem freche und unerträgliche Narren wären«.[48]

Diese These erfuhr im Laufe des 18. und frühen 19. Jahrhunderts mehrfache Neuauflagen. Justus Möser, allseits zitierfähiger Kronzeuge konservativer Zeitströmungen, lobte das Duell, weil es »wilden Ausbrüchen der Selbstrache« vorbeuge und sie »auf einen förmlichen und feierlichen Zweikampf« beschränke. Auf diese Weise »behielt die Natur ihr Recht«, streife sich aber ein Gewand über, das mit den Regeln sozialen Verhaltens in einer zivilisierten Gesellschaft nicht nur harmoniere, sondern sie sogar aktiv konstituiere.[49] Christian Garve, bürgerstolzer Adelsfreund, rühmte 1792 den Kulturfortschritt, den das Duell im Adel bewirkt habe: Es habe »viel dazu beigetragen, die Behutsamkeit nichts Anstößiges zu sagen, und die Aufmerksamkeit gefällig zu sein, unter den Gesellschaften seines Standes allgemeiner zu machen«. Dem Zweikampf hafte damit eine ausgesprochen dialektische Qualität an: »Was durch die Mangelhaftigkeit der gesellschaftlichen Einrichtungen veranlasset worden war, und in der Ungebundenheit der Leidenschaften seinen Ursprung nahm . . ., hat in seinen Folgen dazu beigetragen, der Gesellschaft wahre Vorzüge zu geben und jene Leidenschaften selbst zu bändigen.«[50]

Auch jener gelehrte Autor, der im Jahr zuvor das militärisch-adlige Duellprivileg einer scharfen Kritik unterzogen hatte, war davon überzeugt, daß ein allgemeiner, das Bürgertum einbeziehender Gebrauch des Degens »die Duelle nicht häufiger – wohl aber ein anständigeres gesellschaftliches Betragen mehr verbreiten« würde.[51] Und Johann Wolfgang von Goethe, der das Duell in vielen seiner Werke in Szene gesetzt hatte, äußerte sich 1827 in einer Unterhaltung mit dem Weimarer Kanzler Friedrich von Müller über Duelle: »Was kommt auf ein Menschenleben an? Eine einzige Schlacht rafft Tausende weg. Es ist wichtiger, daß das Prinzip des Ehrenpunkts, eine gewisse Garantie gegen rohe Tätlichkeiten, lebendig erhalten werde.«[52]

Gebe es das Duell nicht, ließe sich dieser Standpunkt zusammenfassen, würden Konflikte in weit brutalerer und ungeregelter Form ausgetragen, was dem kulturellen Niveau einer Gesellschaft sehr viel abträglicher sei. Darüber hinaus halte die Möglichkeit einer Herausforderung potentielle Ehrabschneider in Schach, die ihr die gesellschaftliche Eintracht zerstörendes Werk sonst hemmungslos ausführen würden. Wenn man wisse, daß jede Beleidigung ein Duell und damit das Risiko des eigenen Todes nach sich ziehen könne, befleißige man sich jener vornehmen Zurückhaltung und Rücksichtnahme, die eine humane, auf Toleranz und wechselseitigem Respekt beruhende bürgerliche Gesellschaft auszeichneten.

Für den Fall, daß die Präventivfunktion des Duells versagte, konnte es die Einhaltung gesellschaftlicher Anstandsregeln auch auf repressivem Wege erzwingen. Ein Beispiel gab der Berliner Aufklärer, Schriftsteller und Verleger Christoph Friedrich Nicolai in seinem 1799 erschienenen Roman ›Vertraute Briefe von

Adelheid B. an ihre Freundin Julie S.‹ Als sich der aufgeblasene Kammerjunker von X. auf den Teegesellschaften der von ihm umworbenen Witwe Adelheid B. zudringlich und unhöflich benimmt, wird er von einem älteren Obersten des Hauses verwiesen. In dem anschließenden Duell erweist sich der Junker als angstschlotternder Feigling und der Oberst als Wahrer guter Sitten, der seinen Gegner allgemeiner Lächerlichkeit preisgibt. Während ihr junger Schwager Gustav das Mittel des Duells als brutal und unkultiviert verwirft (»Diese Herren schätzen nichts, als wozu Fäuste nötig sind. Zuschlagen können sie, das ist ihre ganze Stärke«), verteidigt Adelheid B. den Oberst: »Zum Zielen gehört Besonnenheit und kaltes Blut; und wenn man jemand mit bloßem kaltem Zielen den Dünkel benehmen kann, so ist's ja menschenfreundlich!«[53]

Daß die angebliche Zivilisierungsaufgabe des Duells eine solche Wertschätzung erfuhr, mag nicht zuletzt auf die große Bedeutung zurückzuführen sein, die die Zeitgenossen einer Kultur der Geselligkeit zuerkannten.[54] Eine in privater und halböffentlicher Form gepflegte Geselligkeit bedurfte interner Kontrollmechanismen, um im Gleichgewicht zu bleiben und nicht auf das Niveau tyrannisierender Selbstdarstellungen herabzusinken. Diese Kontrollen waren um so wichtiger, als die gesellige Situation an sich schon einen schier unendlichen Raum möglicher Konflikte öffnete und Menschen zusammenführte, die ihre wechselseitigen Grenzen, ihre Schwächen und Stärken erst vorsichtig abtasten mußten.

In engstem Zusammenhang mit der Zivilisierungsthese stand das

Argument Nr. 3: Das Duell ist kein Instrument der Rache, sondern ein Medium der Versöhnung. Das Motiv der Rache, das nach Meinung von Duellkritikern den asozialen und amoralischen Charakter des Duells zementierte, hielten seine Verteidiger für höchstens nebensächlich oder bereits gänzlich überlebt. 1829 erklärte der preußische Offizier Joseph Maria von Radowitz, Rache sei »dem Wesen des Duells an und für sich genommen ganz fremd, ja es muß sogar die erste Pflicht des Duellanten sein, jedes Gefühl von Haß und Rache gegen seinen Gegner völlig aus seiner Seele zu verbannen«.[55] Komme es dem Beleidigten darauf an, sich an seinem Gegner zu rächen, werde er vernünftigerweise andere, weniger exponierte Wege wählen. In einem Duell laufe der Beleidigte ebenso große Gefahr, sein Leben einzubüßen, wie der Beleidiger. Als Vergeltungsmaßnahme sei es folglich weit schlechter geeignet als ein rascher, nicht angekündigter, den anderen überrumpelnder Gegenangriff.

Indem sich der Herausforderer dieser Möglichkeit unmittelbarer Rache und Strafe begab und sich auf einen Kampf mit gleichen Waffen, Chancen und Risiken einließ, übermittelte er dem Herausgeforderten die Botschaft, er akzeptiere ihn als ebenbürtigen Gegner, als Feind zwar, mit dem man um die eigene Selbstbehauptung ringen müsse, der aber als Gleicher auch ein potentieller Freund sei. Die Verwandlung des Feindes in den Freund vollzog sich dann im Medium des Kampfes, der eine existentielle Situation heraufbeschwor. Die Nähe des Todes unterzog beide Kämpfer einer Art ritueller Reinigung, in der alle negativen Gefühle des Hasses, der absichtsvollen Schädigung und Feindschaft abgestreift wurden. Im Augenblick höchster Gefahr erkannte man sein Gegenüber als Alter Ego, das sich dieser Gefahr in der gleichen Einsamkeit und Freiheit aussetzte wie man selber. »Ein neuer Bund ist geschlossen«, beschrieb von Oppen jene kathartische Konstellation; andere sprachen von Bruderschaft und lebenslanger Freundschaft, die einer solchen Begegnung folgten.[56]

Das Versöhnungsargument benutzte auch der preußische Geheime Obertribunalrat Klein, als er 1805 seine bedingte Zustimmung zum Zweikampf-Prinzip zu begründen suchte. Seiner Meinung nach trennte ein Duell die Menschen weniger stark und dauerhaft als andere Konfliktlösungsstrategien wie beispielsweise Beleidigungsklagen. Das Duell stelle vielmehr eine allgemein gebilligte Form dar, »unter welcher sich die Entzweiten einander wieder nähern können«, und ein solcher Vereinigungsprozeß sei dem sozialen Frieden letztlich nur nützlich. Klein ergänzte und begründete diese Auffassung mit einer These, die theoretische Reflexionen späterer Soziologen über soziale Differenzierung und die Funktionsweise moderner Gesellschaften in frappierender Weitsicht vorwegnahm. Er überlegte sich nämlich, daß Versöhnungs- und Wiederannäherungsformen wie das Duell auf der »höchsten Stufe der Kultur« überflüssig seien, denn »alsdann würde man die verschiedenen Verhältnisse der Gesellschaft genau von einander unterscheiden und sich selbst genug besitzen, um diese Verhältnisse nicht zu überschreiten. So könnte z. B. der gemeinschaftliche Militär- oder Zivildienst so betrieben werden, daß man den, welchen man nicht als Freund, nicht als Gesellschafter, ja nicht einmal als Menschen achten könnte, dennoch als Mitarbeiter an der Beförderung des gemeinschaftlichen Zweckes schonte.«[57] Um es abstrakter zu formulieren: Solange die Gesellschaft noch nicht so weit differenziert war, daß Menschen sich wechselseitig als Träger verschiedener Funktionen und Rollen wahrnahmen *und* die Person von der Rolle zu trennen vermochten, war die Versöhnung für das Funktionieren dieses vormodern-ständischen sozialen Systems lebenswichtig.

Aus dieser Argumentation ergab sich implizit, ohne daß Klein ausdrücklich darauf einging, das

Argument Nr. 4: Das Duell rettet die Integrität der Person und bewahrt sie vor destruktiven Spaltungsprozessen. Solange Ehre in ihrer ständisch gebundenen Form den »Schwung-Punkt«[58], das Lebensprinzip der Person und ihrer sozialen Umwelt bildete, ließ sich eine Differenzierung zwischen Person und Rolle kaum denken, geschweige denn propagieren und durchsetzen. Im ständischen Ehrbegriff spiegelte sich der Anspruch der Standesperson, als Gesamtpersönlichkeit anerkannt zu werden, die im Einklang mit den Regeln und Konventionen ihres Standes handelte und lebte. Eine Aufspaltung dieser Persönlichkeit in verschiedene Rollen hätte die Aufgabe des ganzheitlich konzipierten Ehrbegriffs und seinen Ersatz durch eine Vielzahl von Sonderehren bedeutet, die an den neuen Rollen klebten und keineswegs deckungsgleich waren.

In einem funktional differenzierten System gesellschaftlicher Rollen und Ehren konnte es nicht mehr dazu kommen, daß ein Beamter, dessen Frau intime Beziehungen mit einem Kollegen unterhielt, sowohl gesellschaftlich geächtet als auch im Dienst kaltgestellt wurde, bevor er diese Ehrenkränkung nicht durch ein Duell verglichen hatte. Ebensowenig wäre ein Offizier, der von einem anderen beleidigt worden war, ohne ihn dafür zu fordern, im Kameradenkreis untragbar geworden. Selbst wenn man einen Kollegen menschlich nicht schätzte und sein außerdienstliches Verhalten tadelnswert fand, konnte man doch mit ihm zusammenarbeiten – ein Gedanke, der dem 18. und frühen 19. Jahrhundert noch sehr fremd war. Hier zählte die ganze Person, die mit den Anschauungen ihres Standes durch Erziehung und Lebensweise untrennbar verwoben war. Hatte sie sich eines Vergehens gegen die ungeschriebenen Gesetze ihres Standes schuldig gemacht, blieb sie so lange ostraziert, wie sie dieses Vergehen nicht durch standesgemäße Genugtuung auslöschte.

Das Duell bot jene Genugtuung im Unterschied zu allen anderen Vergleichsmethoden, weil es die Person in einer einzigartigen und nicht kopierbaren Weise exponierte. Indem sie ihr Leben einsetzte, um ihre Ehre zu bewahren, gab sie zu erkennen, daß ihr die Ehre als unteilbar galt, und beharrte bis zur letzten Konsequenz auf ihrer Integrität, auf der Einheit von Denken und Handeln, auf der Authentizität ihrer Lebensführung.[59] Das Duell diente in diesem Sinne nicht nur der Versöhnung der Gegner, sondern stellte sich auch der »Entzweiung« der Persönlichkeit selber in den Weg – einer Entzweiung, die nach den Worten Hegels das bürgerlich-männliche Individuum im Gegensatz zum weiblichen in höchstem Maße auszeichne, gefährde und zum steten Kampf um die »selbständige Einigkeit mit sich« zwinge.[60]

Im Duell verschaffte sich folglich, wie einer seiner Anhänger 1804 schrieb, das »Interesse für die Erhaltung der Persönlichkeit der Staatsbürger« Ausdruck. Indem es die »Verwandlung der Persönlichkeit in Sache« verhindere, sei es keineswegs ein Akt der Barbarei, sondern eine »achtenswerte Institution, die nirgends fehlen sollte«.[61]

Argument Nr. 5: Das Duell schützt das Individuum vor staatlicher Einvernahme. Besonders wichtig schien das Duell in den neuzeitlichen politischen Systemen zu sein, die die Einzelpersonen als Untertanen oder Staatsbürger immer enger mit dem Staat vernetzten und ihre Eigenmotorik unterdrückten. Immer wieder erhoben Zeitgenossen des späten 18. und frühen 19. Jahrhunderts Bedenken gegen eine angeblich zu weitgehende Einbindung des Individuums in den Staat. Liberal gesinnte bürgerliche Aufklärer wollten die Person vor dem schwer kontrollierbaren Zugriff eines politisch kaum beeinflußbaren absolutistischen Staates schützen; bei romantischen Konservativen trat ein starker Affekt gegen den ihrer Meinung nach unerträglich rationalistischen Staat hinzu, der das Individuum allzu rasch aus korporativen Strukturen löste, um es seinen eigenen Herrschaftsstrategien rückhaltlos und unmittelbar unterwerfen zu können.

Sowohl bei Liberalen als auch bei Konservativen fand sich deshalb eine mehr oder weniger verhaltene Sympathie für das Duell, soweit es den Anspruch der Einzelperson manifestierte, »ohne alle Beziehung auf den Staat für sich selbst etwas [zu] gelten«.[62]

So wie der frühneuzeitliche Adel seine Ehrenautonomie als »Reservat ständischer Freiheit« jahrhundertelang gegen den fürstlichen Absolutismus verteidigt hatte, durfte der Staatsbürger des 19. Jahrhunderts das Duell als »letztes Asyl individueller Freiheit« betrachten, das dem Strafgesetz und der regulierenden Gewalt der Obrigkeit »unzugänglich« sei.[63] In dieser Überzeugung stimmten so unterschiedliche politische Charaktere wie der süddeutsche Vormärz-Liberale Carl Welcker und der preußische Konservative Hermann Wagener überein. Welcker bescheinigte Duellen ausgesprochen »gute Wirkungen«, indem sie als »Selbstgesetzgebung« der Ehre einen »Widerschein der sittlichen Freiheit« verkörperten. Seiner Anschauung nach bildete »die Herrschaft einer selbständigen persönlichen Ehre und Ehrengesetzgebung und einer männlichen mutvollen Gesinnung und Tüchtigkeit zu ihrer Verteidigung eine der herrlichsten Seiten unserer ganzen neueren Kultur..., und zugleich die kräftigste Schutzwehr nicht etwa bloß... gegen monarchische, sondern auch gegen republikanische Despotie und gegen die schmachvolle Herrschaft des Materialismus und der Gemeinheit«.[64] Zwanzig Jahre später konnte man in Wageners Staats- und Gesellschaftslexikon lesen: »Wir können und wollen nun einmal nicht die Ehre und das Recht des Einzelnen in dem absoluten omnipotenten Staat aufgehen lassen, und wir halten daher fest an dem... Recht und der Pflicht der Person, in Entstehung der rechten Hilfe der höheren Obrigkeit der eigene Verteidiger und Vertreter seines Reiches und seiner Ehre zu sein.«[65]

Im Duell widerstand aber nicht nur der entkorporierte Bürger seiner staatlichen Einvernahme, sondern:

Argument Nr. 6: Das Duell stellt die soziale Gleichrangigkeit männlicher Individuen her. Indem sich das Duell neben dem Gedanken der Freiheit (von obrigkeitlicher Intervention) auch der Idee der Gleichheit verschrieben hatte, schuf es eine Sphäre der Begegnung, in der Standesunterschiede bis zu einem gewissen Grad ihre Geltung einbüßten. Zunächst nur innerhalb des Adels, später auch über seine Grenzen hinaus überbrückte der Ehrenzweikampf soziale Distanzen, die sich zwischen den ökonomisch, kulturell und sozial äußerst heterogenen Teilen der gesellschaftlichen Elite auftaten. Der ärmste adlige Offizier konnte sich mit dem reichsten adligen Rittergutsbesitzer im Duell auf eine Stufe stellen, der jüngste Leutnant durfte den erfahrensten

Major zum Zweikampf fordern. Der Adel wahrte folglich mittels seines Ehrprinzips eine innere Geschlossenheit, die auf der Ebene der faktischen Besitz- und Lebensverhältnisse sehr viel seltener zu finden war als im Bereich kultureller Orientierungen und Verhaltensstandards.

Aus der Perspektive der einzelnen Standesperson wiederum bot das Duell die Chance, die gemeinsame Standeszugehörigkeit über alle signifikanten Unterschiede hinweg zu bekräftigen und, wie es in einer juristischen Abhandlung aus dem Jahre 1827 hieß, »dem Übermütigen und Mächtigen Grenzen zu setzen«.[66] Vor allem im Militär stellte dieser Balanceakt eine wichtige Strategie dar, die nach Alter und Dienstgrad äußerst verschiedenen Offiziere zu einem einheitlichen Corps zusammenzuschweißen und das potentiell fragmentierende Prinzip dienstlicher Subordination durch den potentiell vergemeinschaftenden Grundsatz sozialer Ebenbürtigkeit auszugleichen.

Das Duell konnte darüber hinaus aber auch als Mittel genutzt werden, Außenstehenden den Zugang zur adligen Standeskultur zu ebnen. Am einfachsten vollzog sich dieser Integrationsprozeß im Militär: Sobald Männer bürgerlicher Herkunft die Offizierslaufbahn eingeschlagen hatten, galt auch für sie der adlige *Point d'honneur*, und Standesunterschiede, die im zivilen Leben unüberbrückbar waren, ließen sich im Duell nivellieren.[67] Für manche Angehörige des Bürgertums, vornehmlich seiner akademisch gebildeten Schichten, versinnbildlichte das Duell daher die Möglichkeit, die sozialen Schranken, die sie vom Adel trennten, niederzureißen. In ihrer Optik erschien der männliche Ehrenzweikampf als ein Akt doppelter Versöhnung – der Menschen und der Stände.

Die bereits 1791 von einem ungenannt bleibenden Gelehrten erhobene Forderung, das Duell »allen Ständen gemein« zu machen und den »Vorzug« des Adels und Offizierstandes aufzuheben, beruhte auf der als entwürdigend empfundenen Erfahrung eines Nicht-Adligen und Nicht-Offiziers, vom Ehrenpunkt der Elite ausgeschlossen zu sein und für Beleidigungen gezüchtigt anstatt zum Duell gefordert zu werden. Das Verlangen nach Gleichstellung, auch wenn es für »alle Stände« ausgesprochen wurde, bezog sich wohl kaum auf Handwerker, Tagelöhner oder Bauern, sondern reflektierte das Bedürfnis der »höheren Bürgerklassen« (Christian Garve) nach einer Überwindung ihrer sozialen Deklassierung.[68]

Sehr deutlich trat dieser Wunsch in dem Trauerspiel ›Die Macht der Verhältnisse‹ hervor, das der Bruder Rahel Varnhagens, Ludwig Robert, 1819 veröffentlichte. Der bürgerliche Schriftsteller Weiß beneidet darin den Adel um seine Ehre, die ihm »als ein anerkanntes Erbgut von seinen Voreltern überkommen« sei, die er folglich besitze, ohne sie erwerben zu müssen. Er selber befindet sich als Pfarrersohn, dem ein solcher fest mit der Person verbundener Ehrbegriff nicht in die Wiege gelegt worden sei, permanent auf dem Prüfstand: »Ich muß gewissermaßen mich erst vor der Welt legitimieren, daß ich ... kein gemeiner Mensch bin.« Als sich ein adliger Oberst seiner Schwester nähert, ohne sie aber wegen des Standesunterschiedes als Heiratspartnerin in Betracht zu ziehen, stellt ihn Weiß zur Rede und erhält daraufhin eine Ohrfeige. Anstatt deswegen vor Gericht Klage zu erheben, wie es seinen Standesverhältnissen angemessen wäre, schickt Weiß dem Oberst eine Herausforderung. Was allgemein als Anmaßung empfunden wird, rechtfertigt er so: »Die Ehre ist kein Standes-, kein Erbrecht, kein Monopol – sie ist ein Gemeingut aller Menschen ohne Ausnahme.« Der Oberst jedoch ist, unterstützt von seinen Regimentskameraden, anderer Meinung und lehnt die Duellforderung ab, worauf ihn Weiß erschießt, um sich fortan als »Märtyrer der Ehre« zu betrachten, »der Ehre, die Eine Klasse von Menschen der anderen nehmen will«.[69]

Roberts Theaterstück beruhte auf einer Begebenheit, die sich 1811 in Berlin zugetragen hatte. Damals war der Dichter Achim von Arnim von Moritz Itzig, der sich durch dessen unhöfliches Betragen im Salon seiner Tante beleidigt fühlte, zum Duell gefordert worden; Arnim aber hatte Juden die Satisfaktionsfähigkeit prinzipiell abgesprochen und die Forderung abgelehnt. Obwohl Itzig ihn daraufhin ohrfeigte, ließ er sich nicht auf den gewünschten Zweikampf ein, sondern strengte eine Privatklage an, womit er seinen Gegner erneut auf eine Position sozialer Inferiorität verwies.[70]

Der zum Christentum übergetretene Ludwig Robert nun nahm diesen Vorfall zum Anlaß, ein »bürgerliches Trauerspiel« zu schreiben, das den jüdischen Emanzipationskonflikt auf eine allgemeinere Ebene hob. Anstelle der jüdischen Minderheit, die sich gegen ihre gesellschaftliche und kulturelle Ausgrenzung wehrte, ließ er die bürgerliche Klasse insgesamt gegen ihre vom Adel exekutierte Herabsetzung rebellieren. Daß sie dies, wie in jener Literaturgattung üblich, im Namen menschlicher Gleichheit tat, änderte nichts daran, daß es ihr im wesentlichen um eine Aufhebung der rechtlichen und sozialen Barrieren ging, die sie vom Herrschaftsstand des Adels trennten. Ehre und Duell spielten in diesem bürgerlichen Emanzipationsprozeß eine wichtige Rolle, weil sich hier persönliche und soziale Handlungsmotive in spannungsvoller Weise mischten und den Ehrenpunkt als Fokus bürgerlich-männlicher Identität installierten.

Argument Nr. 7: Das Duell schützt die Männlichkeit vor der Weiblichkeit. Eher zwischen den Zeilen und nur selten ausdrücklich formuliert fand sich dieses Fürsprache-Argument in den Texten des späten 18. und frühen 19. Jahrhunderts. Daß es sich bei all ihren Debatten um Ehre und Duell immer nur und ausschließlich um die Ehre von Männern handelte, war den publizierenden Zeitgenossen selbstverständlich und keiner besonderen Begründung wert. Frauen, so schien es auf den ersten Blick, blieben aus diesem Diskurs nahezu vollständig ausgeschlossen: Ihre Ehre stand nicht zur Diskussion, sie war ein für allemal festgeschrieben und entzog sich den Differenzierungen, die männliche Ehre für ihre Inhaber zunehmend zum Problem machten. Unabhängig davon, ob Autoren sich mit bürgerlicher oder Standesehre befaßten, ob sie über innere oder äußere, wahre oder falsche Ehre schrieben – stets hatten sie Männer im Sinn, und kaum jemals ließ sich jemand herab, weibliche Ehre überhaupt nur in den Blick zu nehmen. Offensichtlich stimmten alle Zeitgenossen darin überein, was die Ehre der Frauen ausmachte: ihre »Keuschheit« nämlich, das »schätzbarste Gut des Weibes«.[71] Was darunter zu verstehen war, erschloß sich von selber und schien keiner weiteren Beschreibung zu bedürfen.

Männliche Ehre dagegen zeichnete sich durch eine verwirrende Komplexität aus; sie war zudem Veränderungen unterworfen und sah sich in der Umbruchzeit des ausgehenden 18. und frühen 19. Jahrhunderts vielfältig divergierenden Ansprüchen ausgesetzt. Weibliche Ehre war von wechselnden Zeitläuften und Interpretationen augenscheinlich nicht abhängig, sie galt als gleichsam überzeitlich und immun gegen die Wandlungen der Außenwelt. Das verdankte sie ihrer Eigenschaft als einer an das Geschlecht – als angeblich unveränderbarer anthropologischer Kategorie – geknüpften Ehre, wogegen die Ehre von Männern in anderen Zusammenhängen verortet wurde. Männer, lautete die allgemeine Botschaft, waren zunächst einmal Mitglieder von Ständen, Staatsbürger, Berufsgenossen, Familienväter, Ehegatten, während Frauen zuvörderst Frauen, Geschlechtswesen waren.

Auf den zweiten Blick aber entpuppte sich die Rede über männliche Ehre auch als eine Auseinandersetzung über Geschlechteridentitäten. Die Betonung von Mut, Tapferkeit, Willenskraft und Entschlossenheit, mit denen jene Ehre verteidigt werden sollte, wies unmittelbar ins Zentrum männlicher Selbstbilder. Männer mußten stark und unbeugsam sein, um sich gegenseitig achten zu können und von Frauen geliebt zu werden. »Festigkeit und Härte«, formulierte der braunschweigisch-lüneburgische Hofrat Pockels zu Beginn des 19. Jahrhunderts, zeichneten den »männlichen Charakter« aus, der »seine Pläne mit fester ehrlicher Kraft ausführt« und »nicht der Sklave eines Mannes, noch weniger eines Weibes ist«. Dieser Charakter, der das »Regentenrecht« des Mannes über die Frau begründe, sei dann besonders schätzenswert, »wenn er seine Ehre bauet und rettet; wenn er selbst der Ehre große Opfer bringen kann, und wenn er lieber gar nicht da sein möchte, als mit Schande bedeckt zu leben. Die personelle Ehre des Mannes«, hatte Pockels beobachtet, »ist den rechtlichen Weibern so viel und oft noch mehr als ihm selbst wert.«[72]

Mehrfach kam der Hofrat darauf zurück, daß der Mann »so viel durch seine Ehre über das Weib vermag« – durch eine Ehre, wäre hinzuzufügen, die ihren sichtbaren Ausdruck in der Bereitschaft und Fähigkeit fand, sie um jeden Preis gegen Angriffe Dritter zu verteidigen. Die Begriffe »ehrhaft« und »wehrhaft« lagen nicht nur klangmäßig nah beieinander, sie gingen vielmehr im »männlichen Charakter« eine unauflösliche Symbiose ein. Im Duell zeigte sich nun, wie stark und belastbar diese Symbiose war; als »Vehikulum des Mutes und der Entschlossenheit« konnte es geradezu als eine Beweisprobe echter, unverfälschter Männlichkeit angesehen werden.[73]

Eine solche Beweisprobe schien um so notwendiger, je mehr das rauhe Männlichkeitskonzept im Verlauf des 18. Jahrhunderts seine ehedem unangefochtene Geltung zu verlieren drohte. Lange bevor Friedrich Schlegel seine Visionen von sanfter Männlichkeit und selbständiger Weiblichkeit zu Papier brachte, hatte bereits der »Dämon Empfindsamkeit seine Giftschale über die Erde aus[ge]schüttet« und alles zu vertilgen gesucht, was »nur die geringste Spur von Rauheit der Sitten an sich trug«. So wetterte 1787 ein unter dem Pseudonym Leo schreibender Autor gegen die »Epoche dieses allgemeinen Krieges«, der im Namen eines aufgeklärten Gefühlskultes gegen das Duell geführt werde. Das, was der Jurist Aschenbrenner als Vorteil »sanfter Mannheit« rühmte, nämlich die größere Biegsamkeit und Weichheit männlicher Menschen in »bürgerlichen Gesellschaften«, erschien dem selbsternannten Löwen als herber Verlust, als Verweiblichung, die fatale Folgen für die gesellschaftliche Ordnung nach sich ziehen würde. Vor allem im Militär müsse man solchen Neigungen auf das entschiedenste entgegentreten, denn hier sei die Kampfkraft der Truppe unmittelbar an das Vorhandensein männlicher Tugenden geknüpft. Deshalb dürfe auch das Duell in der Armee nicht verschwinden, sondern solle im Gegenteil begünstigt werden, damit sich der Offizier nicht daran gewöhne, »jede Beleidigung wie ein wehrloses Weib [sic] zu ertragen«. In Armeen ohne Duell, dessen war sich Leo sicher, würden Offiziere »nach und nach zu Weichlingen herabsinken« – ein unvorstellbarer Gedanke in einem Militärstaat wie Preußen, dessen Macht mit seiner Armee stieg und fiel.[74]

Aus dieser Perspektive nahm sich das Duell als ein Bollwerk gegen die drohende Feminisierung des Mannes aus, als Schutz harter Männlichkeit vor weicher Weiblichkeit. In erbitterter Gegenwehr gegen alle literarischen Versuche und gesellschaftlichen Tendenzen, das heroische Männlichkeitsideal mit sanfteren, empfindsamen Zügen auszustatten, behauptete sich im Duell der kämpferische Heldenmut eines »männlichen Charakters«, der physische Stärke, Tapferkeit und Entschlossenheit prämierte und alles Nachgiebige, Ausgleichende, Entgegenkommende schroff von sich wies.

Solche das Duell rechtfertigenden Argumente mit ihrer paradoxen Trias männlicher Freiheit, Gleichheit und Brüderlichkeit hervorgebracht zu haben war ein Verdienst der aufklärerischen Duellkritik. Ohne ihren massiven Angriff hätten sich die Anhänger dieser sozialen Konvention wohl kaum dazu genötigt gesehen, ihre Gründe und Motive offenzulegen. In dem Maße, wie das Duell öffentliche Kritik auf sich zog, mußten auch seine Befürworter aktiv werden. Auf beiden Seiten kamen dabei Argumente zum Vorschein, die an grundlegende Probleme einer Gesellschaft rührten, welche sich im Übergang von ständischer Gebundenheit zu funktionaler Differenzierung befand und ihren Mitgliedern erhebliche Unsicherheiten sozialer Orientierung und kultureller Selbstverortung zumutete.

Die im späten 18. und frühen 19. Jahrhundert entwickelten Argumente steckten das Feld der Debatte ab, auf dem bis weit ins 20. Jahrhundert hinein – mit einigen Akzentverschiebungen und Erweiterungen – um das Pro und Contra des Duells gestritten wurde. Eines jedoch war von Anfang an klar: Reichweite und Geltung der Argumente hingen weit weniger von ihrer inneren Stimmigkeit ab als von der gesellschaftlichen, politischen und kulturellen Macht jener Gruppen, die sie sich zu eigen machten – nicht zu vergessen den Staat und seine spezifische Interessenlage, die nicht unbedingt in der seiner sozialen Trägerschichten aufging.

III. Staatliche Duellpolitik zwischen Toleranz und Repression
Gesetzgebung und Rechtspraxis vom späten 18. bis zur Mitte des 19. Jahrhunderts

Wenn die aufgeklärten Kritiker des Duells den Staat als Gesetzgeber und Inhaber der höchsten Polizeigewalt besonders in die Pflicht nehmen wollten und ihn aufforderten, klar und unmißverständlich Stellung zum privaten Ehrenzweikampf zu beziehen, gaben sie damit zu erkennen, daß sie mit einer absolutistischen Schaukelpolitik nicht mehr zufrieden waren. Die Fürsten des 17. und frühen 18. Jahrhunderts, denen an der Konsolidierung ihrer Herrschaftsansprüche auch und gerade gegenüber dem Adel gelegen sein mußte, hatten das Duell zwar untersagt und mit hohen Strafen belegt. Ihre Duellmandate waren, wie spätere Beobachter vermerkten, mit Blut geschrieben, wurden jedoch niemals konsequent in die Praxis umgesetzt. Eben weil dem Monarchen der Adel als erster Stand des Staates so wichtig war, zögerte er, die Strafen zu vollstrecken, und suchte die Loyalität dieses Standes eher durch großzügige Begnadigungen zu gewinnen.

Auch der aufgeklärte Absolutismus der zweiten Hälfte des 18. Jahrhunderts machte sich diese Strategie von Peitsche und Zuckerbrot zu eigen und unterlegte ihr darüber hinaus eine besondere, politisch und habituell bestimmte Adelssympathie. Zugleich aber sah er sich immer häufiger von dem Anspruch aufgeklärter Selbstbeschränkung eingeholt, der den Monarchen dazu verpflichtete, seine gesamtstaatlich definierte Macht in ein System vernünftiger und gesetzlich normierter Zwecke einzubinden. Nicht nur die Untertanen, sondern auch der Landesherr selber sollte in den Gesetzen eine verbindliche Richtschnur seines Handelns finden und sie nicht durch intervenierende Akte absolutistischer Machtvollkommenheit konterkarieren. Wenn der Monarch diese seine Grundsätze zu vergessen schien, erinnerten ihn seine Beamten daran, die sich allein schon aus beruflichem Eigeninteresse gedrängt fühlten, den rechtlichen Grundlagen des von ihnen verwalteten Staates Geltung zu verschaffen.

In diesem Sinne bat etwa Carl Gottlieb Svarez den damaligen Kronprinzen und späteren preußischen König Friedrich Wilhelm III., sein Begnadigungsrecht bei Duellen »mit großer Behutsamkeit« auszuüben, damit das offiziell verbotene Delikt nicht als von allerhöchster Stelle begünstigt erscheine. Die bayerischen Stände ersuchten ihren König 1819 gar um den Erlaß eines besonderen Duellgesetzes, das die älteren, völlig unwirksamen Mandate ablösen und dem Duellverbot endlich den gebührenden Nachdruck verleihen sollte. Überall war man zudem an der Wende vom 18. zum 19. Jahrhundert darauf bedacht, die einzelnen Gesetze und Rechte zu einem allgemeinen Gesetzbuch zusammenzufassen und aufeinander abzustimmen, um für die in der Regel aus mehreren Provinzen mit jeweils verschiedenen Rechtskreisen zusammengesetzten Staaten zu einer einheitlichen Basis zu gelangen. Diese Kodifikationen sollten auch dem Duellverbot seinen systematischen Platz anweisen und den Behörden einen gültigen Leitfaden an die Hand geben, wie sie jenseits opportunistischer Kalküle, streng im Einklang mit Recht und Gesetz, mit Duellanten zu verfahren hatten.

Theorie und Praxis der Kodifikationen werden im folgenden am Beispiel Preußens und Bayerns untersucht. Beide Staaten erlebten in der ersten Hälfte des 19. Jahrhunderts, allerdings unter andersartigen politischen Bedingungen und rechtlichen Akzentuierungen, eine heftige Auseinandersetzung über das Duell, die sich in einer Vielzahl ministerieller und Gerichtsakten niedergeschlagen hat.[1] Auf der Grundlage dieses Materials kann eine Debatte nachgezeichnet werden, die im Medium des Duells zentrale Themen spätabsolutistischer bzw. frühkonstitutioneller Politik berührte: die Vereinbarkeit von allgemeinem Recht und ständischen Privilegien, den Emanzipationsprozeß des Bürgertums und das Selbstverständnis des Staates gegenüber einer in Bewegung geratenen bürgerlichen Gesellschaft.

1. Duellgesetzgebung im Zwiespalt
Allgemeines Verbrechen oder Sonderdelikt?

Als sich die Juristen um den von Friedrich II. mit der Ausarbeitung eines preußischen Landrechts beauftragten Großkanzler von Carmer in den 1780er Jahren mit der Sammlung und Ordnung des vorhandenen Rechtsmaterials beschäftigten, gingen sie selbstverständlich davon aus, das in zahlreichen Mandaten und Edikten ausgesprochene Duellverbot auch in die neue Gesamtkodifikation zu übernehmen. Carl Gottlieb Svarez, Carmers engster Mitarbeiter, der dem preußischen Kronprinzen zu Beginn der 1790er Jahre Rechtsunterricht erteilte, ließ keinen Zweifel an der absoluten Strafwürdigkeit des privaten Zweikampfs aufkommen: Abgesehen davon, daß er das staatliche Gewaltmonopol angreife, verletze er darüber hinaus »das erste Grundgesetz der bürgerlichen Gesellschaft, vermöge dessen die Mitglieder derselben schuldig sind, ihre Streitigkeiten nicht durch eigenmächtige Privatgewalt, sondern nach den Gesetzen des Staats durch die von ihm geordneten Richter entscheiden zu lassen«. Andererseits wußte Svarez sehr genau um die begrenzte Wirksamkeit strafrechtlicher Duellverbote: »Unter den Verbrechen, welche die Aufmerksamkeit der Gesetzgebung vorzüglich beschäftigt und dennoch bisher die Bemühungen derselben, sie durch Strafgesetze zu verhüten, fast ganz vereitelt haben, behaupten Duelle den ersten Platz.«[2]

Daran war auf den ersten Blick der »Kontrast der Gesetzgebung mit den Sitten«, bei näherem Hinsehen aber die staatliche Gesetzgebung selber schuld. Indem sie, wie man an den absolutistischen Duellmandaten studieren konnte, den Zusammenhang von Ehre und Zweikampf als gegeben betrachtete, versah sie das Delikt mit einem Glorienschein, der es aus der Masse »normaler« gewaltförmiger Konflikte heraushob. Mit der Entscheidung, dem Duell einen strafrechtlichen Sonderstatus anzuweisen, würdigte es der Gesetzgeber als Ausdruck prinzipiell ehrenhafter Gesinnungen. So sehr sich Fürsten gegen »Eingriffe in die Hoheits-Rechte des Staats« verwahren mußten, so wenig konnten sie sich doch dazu verstehen, den adligen Ehrenzweikampf als gewöhnliches »Polizeivergehen« zu klassifizieren.[3]

Auch das 1794 in Kraft tretende Allgemeine Landrecht löste diese Ambivalenz nicht auf. Einerseits kodifizierte es strenge Strafbestimmungen für Herausforderungen und Duelle und stand damit deutlich in der Tradition frühneuzeitlicher Duellmandate. Duellanten, die ihren Gegner getötet hatten, sollten zum Tode verurteilt werden; war das Duell ohne Blutvergießen ausgegangen, drohten ihnen der Verlust des Adels und ein mindestens zehnjähriger Freiheitsentzug. Hatte das Duell gar nicht stattgefunden, mußte der Herausforderer trotzdem mit drei bis sechs Jahren Haft rechnen; derjenige, der die Forderung angenommen hatte, wurde dafür mit einem bis drei Jahren Haft bestraft.[4]

Andererseits beherzigten die preußischen Gesetzgeber den Grundsatz, wonach das Duell eine besondere Strafmaterie darstellte, indem sie es unter dem Abschnitt ›Von Beleidigungen der Ehre‹ abhandelten. Das »Erhabene und Achtungswürdige«, das der für den strafrechtlichen Teil der Landrechts-Kodifikation zuständige Jurist Ernst Ferdinand Klein in den Ehrenzweikämpfen zu entdecken glaubte, fand damit rechtstechnische Anerkennung.[5] Es schützte zwar nicht vor Strafe, legte aber eine Milderung derselben »auf dem Wege der landesherrlichen Begnadigung« (Klein) zwingend nahe.

Den preußischen Landesherren bereitete diese im Gesetz angelegte Spannung keine Probleme. Als der Landrat von Struensee gegen den Prälaten von Puttkammer, der ihn 1805 anläßlich eines Streits um das Domkapitel zum Duell gefordert hatte, Anzeige erstattete, ordnete Friedrich Wilhelm III. eine strenge Untersuchung an und fügte hinzu: »Je häufiger diese Übertretungen jetzt vorkommen, desto strenger es damit gehalten werden muß.«[6] Vier Jahre später reagierte er äußerst ungehalten auf ein kriegsgerichtliches Urteil, das den Generalmajor von Rouquette von der Anklage freisprach, die Herausforderung des Regierungsreferendars von Schenckendorff angenommen zu haben: »Fälle dieser Art schwächen das Ansehen der Gesetze in einem hohen Grade. Ich kann es nicht gestatten, daß die Landesgesetze bei Duellen beseitigt und statt ihrer die sogenannten Gesetze der Ehre, die dem Edelmann, der nicht Offizier ist, ebensowohl wie dem Offizier, nach dem allgemein herrschenden Vorurteil zu statten kommen, angewendet werden.« Sodann wies er den Generalauditor der Armee an, derartige Urteile demnächst von sich aus aufzuheben und einen anderen, mit den Duellgesetzen übereinstimmenden Spruch zu veranlassen.[7]

Diese harte Linie war indes nur die eine Seite der Medaille. Wenn der König seinen Richtern aufgab, in ihrer Rechtsprechung die gesetzlichen Grundlagen streng zu beachten, bedeutete dies nämlich nicht, daß er es bei gesetzeskonformen Urteilssprüchen bewenden lassen wollte. Er machte vielmehr klar, daß es »bloß Meinem Befinden anheim gestellt werden muß, ob und inwiefern Ich das Vorurteil berücksichtigen und Gnade für Recht ergehen lassen will«.[8] Sein Kronrecht der Begnadigung wollte er sich nicht durch eine laxe Rechtsprechung verwässern lassen, und er bestand darauf, es in absoluter Machtvollkommenheit ausüben zu können. Indem er die von den Gerichten verfügten mehrjährigen Freiheitsstrafen auf ein Minimum von wenigen Wochen oder höchstens Monaten reduzierte, knüpfte er ein persönliches Band zwischen sich und den Duellanten und erneuerte durch sein gnadenvolles Entgegenkommen die exklusiven Beziehungen, die ihn mit der gesellschaftlichen Elite seines Landes verbanden.

Daß eine solche Herrschaftstechnik auf Kosten der Gerichte ging, die sich dabei auf die undankbare Rolle prinzipienfester, aber bedeutungsarmer Bestrafungsinstanzen verwiesen sahen, bildete einen Konfliktpunkt, der in der ersten Hälfte des 19. Jahrhunderts immer wieder angesprochen wurde. Im Unterschied zum 18. Jahrhundert stieß die eigenmächtige Intervention des Monarchen, der sich über die von ihm selber gegebenen Gesetze nach Belieben hinwegsetzte, bei der preußischen Justiz jetzt zunehmend auf Kritik. Das Berliner Kammergericht monierte 1809, daß »die Gesetze, welche zur Verhütung des Zweikampfs gegeben sind, durch die so oft wiederholte Begnadigung des Übertreters ihre Achtung und mit derselben ihren Zweck zu verlieren im Begriff stehen«.[9] Die Landesjustizkollegien, die in den 1820er Jahren um gutachterliche Äußerungen zum Duellverbot gebeten wurden, waren der gleichen Meinung, und der Revisor, der 1828 einen ersten Entwurf zu einem neuen preußischen Strafgesetzbuch vorlegte, schloß sich ihren massiven Vorbehalten an: »Nichts aber ist für das Ansehen der Gesetze und ihre Wirksamkeit verderblicher, als eine Inkonsequenz dieser Art und ein solcher Zwiespalt zwischen dem Willen der gesetzgebenden und dem der vollziehenden Staatsgewalt. Weit unschädlicher ist es gewiß, gar kein Strafgesetz zu geben, als ein gegebenes nicht zu vollstrecken; denn ein Verfahren der letzteren Art wird den Regierten entweder als ein Beweis der Schwäche oder der Willkür erscheinen.«[10]

Einen Ausweg aus dem Dilemma meinte man darin zu finden, die Strafen auf gesetzlichem Wege herabzusetzen und damit auch vollstreckbar zu machen. Diese beinahe einstimmig erhobene Forderung preußischer Gerichte wurde in die seit den späten 1820er Jahren erarbeiteten Strafrechts-Entwürfe aufgenommen und in dem neuen, seit 1851 gültigen Strafgesetzbuch verwirklicht. An die Stelle des obligatorischen Todesurteils für den Überlebenden eines tödlich verlaufenen Duells traten fortan zwei bis zwölf Jahre Festungsarrest; unblutige Zweikämpfe sollten mit drei Monaten bis fünf Jahren Haft geahndet werden.[11]

Nur sehr selten schöpften Richter den Spielraum aus, den ihnen das Gesetz einräumte; in der Regel verhängten sie die Mindeststrafe, die wiederum vom begnadigenden Landesherrn um die Hälfte bis zwei Drittel ermäßigt wurde.[12]

Im Ergebnis hatte sich damit für den einzelnen, vor Gericht gezogenen Duellanten kaum etwas geändert. Männer, die in der ersten Hälfte des 19. Jahrhunderts unter altem Recht wegen Duells verurteilt worden waren, hatten ihre Tat dank königlicher Gnadenbeweise gemeinhin nicht viel länger abbüßen müssen als jene, die anschließend von der neuen Rechtslage profitierten.[13]

Deutlich gewandelt hatte sich jedoch der Charakter monarchischer Intervention. Schließlich war es weitaus weniger dramatisch und effektvoll, eine zweijährige auf eine einjährige Haftstrafe zu reduzieren, als einen zum Tode oder zu jahrzehntelanger Haft Verurteilten zu zwölf Monaten Festungsarrest zu begnadigen. Selbst wenn das Resultat gleich blieb, war die symbolische und existentielle Macht des Gnadenakts geschrumpft – eine Entwicklung, die preußische Justizbehörden mit Genugtuung erfüllte. Obwohl die gesetzlichen Vorgaben nach wie vor nicht eingehalten wurden, hatte sich die vormalige Kluft zwischen Norm und Wirklichkeit doch erheblich verringert, die Glaubwürdigkeit der Gerichte erhöht.

Die politisch-moralische Signalwirkung des Duellverbots allerdings hatte, wie Kritiker einwandten, unter der Reform sehr gelitten. Viele Zeitgenossen betrachteten die gesetzlich verfügte Strafmilderung als bedenklichen Rückschritt, als Ausdruck offener staatlicher Privilegierung und Protektion einer kriminellen Tat. Vor allem Anhänger der bürgerlichen Opposition, die im Vormärz für die Aufhebung ständischer Vor- und Sonderrechte eintrat, wollten an härteren Strafen festhalten, um die Unvereinbarkeit des Duells mit den Prinzipien einer auf Recht und Gesetz gegründeten bürgerlichen Gesellschaft zu unterstreichen. In den (vor)parlamentarischen Debatten, die seit den 1830er Jahren in vielen deutschen Staaten über die Einführung neuer Strafrechtskodifikationen geführt wurden, fanden sie hinreichend Gelegenheit, ihre Duellkritik zu äußern und manchen rhetorischen Schaukampf mit Vertretern der konservativen Adelsfraktion auszufechten, die den Ehrenzweikampf in Schutz nahmen und am liebsten straflos gelassen hätten.[14]

In den süddeutschen Staaten, die bereits seit Beginn des 19. Jahrhunderts konstitutionelle Regierungssysteme besaßen, konnten sich die Liberalen dabei auf den verfassungsmäßig abgesicherten Grundsatz staatsbürgerlicher Rechtsgleichheit berufen. Dieser Grundsatz ließ es ihrer Meinung nach nicht zu, Duellanten durch Strafart und -dauer vor anderen, sozial weniger exklusiven Gesetzesbrechern auszuzeichnen. Manche Kritiker des Duells gingen sogar noch weiter: Sie empfanden die strafrechtliche Sonderstellung des Duelldelikts selber als Verletzung des verfassungsrechtlichen Gleichheitsprinzips. So argumentierte etwa 1850 eine Minderheit des Hallenser Richterkollegiums, das zwei Studenten wegen eines Pistolenduells verurteilen sollte. Nachdem der preußische König im Januar des Jahres eine Verfassungsurkunde verkündet hatte, die in Artikel 4 bestimmte: »Alle Preußen sind vor dem Gesetz gleich. Standesvorrechte finden nicht statt«, betrachteten einige Richter die gesamte Duellgesetzgebung als aufgehoben. Ihrer Meinung nach waren die Studenten jetzt nicht mehr wegen Duells zu belangen, sondern wegen Körperverletzung.[15]

In der Tat wäre es die logische Konsequenz des staatsbürgerlichen Gleichheitsgrundsatzes gewesen, das Duell nicht mehr als Sonderdelikt zu statuieren, sondern lediglich die daraus entstehenden Folgen unter Strafe zu stellen. Nach diesem Muster verfuhren schon seit Beginn des 19. Jahrhunderts die französische Gesetzgebung und Rechtsprechung, die gemeinhin als die bürgerlichsten der Epoche angesehen werden. Vom Duell war hier nicht mehr die Rede – was aber nicht bedeutete, daß Duellanten straflos ausgingen. Hatten sie ihren Gegner verletzt oder gar getötet, wurden sie nach den Strafbestimmungen über Körperverletzung und Totschlag verurteilt. Diese Gesetzgebung galt auch in den Rheinprovinzen und bildete für die preußischen Juristen und Rechtspolitiker einen ständigen Stein des Anstoßes.

Das rheinische Recht ging im Unterschied zum Allgemeinen Landrecht nicht davon aus, daß das Duell als Selbstjustiz die Hoheitsrechte des Staates verletze und deshalb ein strafbares Verbrechen darstelle. Nicht die Obrigkeit, argumentierten rheinische Justizbehörden, sei das Angriffsziel des privaten Ehrenzweikampfs, bedroht sei vielmehr die physische Integrität der beiden Duellanten. Diese Bedrohung finde nun aber im gegenseitigen Einvernehmen der Beteiligten statt. Gehe ein Duell daher ganz ohne Blutvergießen aus, sei es eine private Handlung und ohne jeden Belang für die Obrigkeit. Kämen hingegen Verletzungen oder gar Todesfälle vor, müsse die Staatsanwaltschaft ermitteln und ein Geschworenenprozeß stattfinden.[16] Doch selbst dann konnten Angeklagte, wie der Erste Generaladvokat beim Kölner Appellationsgerichtshof Boelling 1821 darlegte, mit einem Freispruch rechnen. Sie mußten lediglich nachweisen, daß sie ohne »bösliche Absicht« gehandelt hätten und »gegen ein beleidigendes und angreifendes Betragen sich zu verteidigen genötigt« worden seien.[17]

In diesem Sinne hielt 1836 das Kölner Assisengericht den Bonner Medizinstudenten Clachen, der seinen Gegner von Arnim im Duell getötet hatte, für unschuldig. Als »friedlicher« und »fleißiger« junger Mann sei er »von renommierten Händelmachern« eines studentischen Corps »zuerst auf das empfindlichste durch Schmähungen und Beschimpfungen gekränkt, dann durch den höchsten Grad moralischen Zwanges zur Annahme einer solchen Herausforderung gedrängt« worden. Überdies habe ihm als »ungeübtem und kurzsichtigem Schützen« jegliche Tötungsabsicht ferngelegen, und es sei unvertretbar, daß »nur die zufällige Richtung und Wirkung der Kugel... eine lebenswierige Zwangsarbeitsstrafe begründen« solle.[18]

Ähnlich wie das rheinische Recht verfuhr auch das bayerische. Da das seit 1813 geltende Strafgesetzbuch keine Regelungen zum Duell enthielt, urteilten die Gerichte nach den Bestimmungen über Körperverletzung und Tötung. Endete ein Duell ohne Blutvergießen, blieb es straflos – allerdings nur in jenen Teilen des bayerischen Staates, in denen das Duellmandat von 1779 keine Geltung besaß. Denn selbst im frühkonstitutionellen Bayern, dessen Gesetzgebung sich dem Grundsatz bürgerlicher Rechtsgleichheit verpflichtet sah, hatte man sich eine Hintertür offengelassen, durch die das Duell als besonderes Delikt doch wieder Einzug in Strafrecht und -praxis hielt. Die mit Gesetzeskraft versehenen Anmerkungen zum Strafgesetzbuch sahen vor, daß »Verbrechen oder Vergehen, welche nur besonderen Ständen eigen sind, z. B. den Militärpersonen die Duelle, welche nur unter Personen höheren Standes vorkommen«, speziellen Gesetzen, Mandaten oder Verordnungen überlassen bleiben sollten, »sofern nicht eine solche Handlung sich ohnehin nach den allgemeinen oder besonderen Bestimmungen des Strafgesetzbuchs zu einem Verbrechen oder Vergehen eigne«.[19] So oder so boten Duelle daher Anlaß zu gerichtlicher Intervention: Bei Tötungen und Verletzungen entschieden Gerichte auf strafgesetzlicher Grundlage, während sie bei unblutigen Duellen und bloßen Herausforderungen auf die Regelungen des letzten Duellmandats zurückgreifen konnten.

Diese Doppelbödigkeit des bayerischen Strafrechts stieß rasch auf harsche Kritik. Bereits 1819 nahm der Würzburger Rechtsprofessor Wilhelm Joseph Behr ein tödliches Duell in seiner Heimatstadt zum Anlaß, in der gerade erst zusammengetretenen Zweiten Kammer der bayerischen Ständeversammlung auf eine grundlegende Neufassung der Duellgesetze zu drängen. Beide Kammern beschlossen, den König um eine solche Revision zu bitten, was Max Joseph zusagte.[20] Auch die vom Staatsrat eingesetzte Kommission zur Revision des Strafgesetzbuchs von 1813 hielt es 1821 für »rätlich«, wieder gesonderte Duellbestimmungen einzuführen.[21]

Die Vorstellung vom Duell als Sonderdelikt blieb folglich auch im konstitutionellen Bayern lebendig, selbst wenn es fast ein halbes Jahrhundert dauerte, bis sie im neuen Strafgesetzbuch von 1861 offiziell festgeschrieben wurde.[22] In der Zwischenzeit mußten sich die Behörden in dem komplizierten Geflecht verwirrender Rechtsnormen und obrigkeitlicher Anweisungen zurechtfinden – eine sie oftmals überfordernde und blockierende Aufgabe.

Immer wieder führte die geltende Rechtslage bei bayerischen Polizeibehörden und Gerichten zu Verfahrensunsicherheiten, wie etwa der amtliche Umgang mit dem Duell beweist, das im Januar 1843 in Bamberg zwischen einem Leutnant Molitor und Freiherrn Friedrich von Guttenberg stattfand. Molitor, der schwere Verletzungen davongetragen hatte, teilte der Polizei auf Befragen mit, er habe sich die Verletzungen bei einer Fechtübung zugezogen. Das Kreis- und Stadtgericht Bamberg gab sich mit dieser Erklärung nicht zufrieden, sondern leitete eine Untersuchung wegen Zweikampfs gegen beide Verdächtige ein. Das Appellationsgericht als übergeordnete Behörde aber schlug den Prozeß nieder und empfahl, gegen Guttenberg wegen Körperverletzung zu ermitteln. Der Polizeisenat des Bamberger Magistrats wiederum ließ die Untersuchung auf sich beruhen, wogegen der Bürgermeister höchstpersönlich Einspruch erhob. Mit dem Argument, er halte den Beschluß des Senats »für gesetzwidrig, die Duelle befördernd«, wandte er sich an die oberfränkische Regierung in Bayreuth, die ihrerseits an der Lesart festhielt, daß Molitors Verwundung nach dessen eigener, unwiderlegbarer Aussage durch eine Fechtübung entstanden sei und folglich keine strafbare Handlung vorliege, gegen die die Obrigkeit einzuschreiten habe. Eine andere Auffassung vertrat der Münchener Innenminister, der die polizeiliche Bestrafung Guttenbergs wegen Körperverletzung für »unbedingt begründet« erachtete.[23]

In diesem Meinungs- und Entscheidungswirrwarr verschiedener staatlicher Instanzen spiegelte sich auf sehr anschauliche Weise die Vielfalt der Probleme, die »der Staat« in Konfrontation mit dem Phänomen »Duell« zu gewärtigen hatte. Da war zunächst die Mauer des Schweigens, die von den unmittelbar Beteiligten zum Schutz vor polizeilichen und gerichtlichen Nachforschungen errichtet wurde. Der sichtbar Verletzte leugnete standhaft, in ein Duell verwickelt gewesen zu sein, und solange es keine unbefangenen Augenzeugen gab, war es den Behörden so gut wie unmöglich, das Gegenteil zu beweisen. Oftmals hatten Duellanten einander vor dem Waffengang auf Ehrenwort versichert, absolutes Stillschweigen zu wahren, wie immer der Kampf auch ausgehe. Als die Münchener Polizei 1841 gegen zwei Offiziere und einen Studenten ermittelte, gaben die erheblich verwundeten Offiziere an, sie hätten sich die Verletzungen bei einem unglücklichen Sturz vom Pferd sowie »durch einen Fall, wobei ihm der Säbel aus der Scheide gerutscht«, selber zugezogen. Der Innenminister reagierte gereizt: »Zwei Duelle sind vorgekommen; sie sind mit den Einzelheiten in Jedermanns Munde, und für Jedermann eine unzweifelhafte Tatsache. Die vorgenommene Wundbeschau erhebt die Tatsache zur moralischen Gewißheit. In dem Augenblick aber, wo die öffentliche Behörde einschreitet, um das übertretene Gesetz zu handhaben, wird die Tatsache von den Beteiligten abgeleugnet und an die Stelle der von Jedermann gekannten Wahrheit eine handgreifliche Erdichtung gesetzt.«[24] In diesem Fall gelang es, die beteiligten Offiziere durch persönliche Intervention des Königs zu wahrheitsgemäßen Aussagen zu bewegen, so daß ein ordentliches Gerichtsverfahren stattfinden konnte, das mit der Verurteilung der Duellanten und Sekundanten zu maximal zwei Monaten Gefängnis bzw. Festungsarrest endete. Bei anderen Gelegenheiten waren die Behörden weniger erfolgreich und mußten vor der geschlossenen Phalanx der Geheimnisträger kapitulieren.

Aber auch die Ermittlungsinstanzen zeigten gemeinhin wenig Neigung, das Geheimnis zu lüften. Als 1841 zwei Säbelduelle zwischen bayerischen Offizieren und Studenten stattfanden, griff die Münchener Polizei nicht ein, weil, wie sich später herausstellte, einer der Duellanten mit dem Polizeidirektor verwandt war. »Überall«, kommentierte der Innenminister resigniert, »macht sich bei solchen Anlässen jenes nun schon seit Dezennien eingewurzelte verderbliche System geltend, persönliche Rücksichten höher zu stellen als die Amtspflichten und das Allgemeine den Individuen nachzusetzen, weil die Individuen schreien und schaden können, das Allgemeine aber stumm ist.« Ludwig I. schrieb an den Rand des Berichts: »Es dürfen keine persönlichen Rücksichten gelten«, und ließ einen anderen Polizeibeamten mit der Untersuchung beauftragen. Fast wie eine Selbstbeschwörung klang seine Marginalie vom folgenden Tag: »Ernst muß seine Majestät der König, wo das Recht auf seiner Seite, durchgreifen.«[25]

1842 wandte sich der König denn auch mit einem Reskript an alle Regierungspräsidenten und gab ihnen sein »Mißfallen« darüber kund, daß polizeiliche Ermittlungen und Bestrafungen bei mehreren bekanntgewordenen Duellen »hauptsächlich dadurch vereitelt wurden, daß die in solchen Fällen ungesäumt einzuschreitende polizeiliche Untersuchung entweder ganz unterblieben oder nicht mit pflichtmäßigem Ernste und Eifer geführt, sowie von den betreffenden Regierungspräsidenten unterlassen worden ist, ihren Obliegenheiten gegenüber diesem Versäumnis der untergebenen Behörde mit dem gehörigen Nachdrucke nachzukommen. Dieser mangelhafte Vollzug der bestehenden Gesetze und Verordnungen muß notwendig nicht nur zur Vermehrung solcher Frevel beitragen, sondern auch die Achtung vor dem Gesetze und das Ansehen der Obrigkeit im allgemeinen tief erschüttern.« Jedes Duell sei fortan unverzüglich anzuzeigen, woraufhin die Polizei »ohne die mindeste Säumnis« Urheber und Teilnehmer ermitteln und zur strafgerichtlichen Untersuchung bringen solle.[26]

Die bayerischen Gerichte befanden sich ihrerseits in einer schwierigen Situation, die durch die wiederholten königlichen und ministeriellen Verlautbarungen eher noch verwickelter wurde. Liefen diese doch darauf hinaus, das Duell als Sonderdelikt zu betrachten und zu ahnden, während das Strafrecht seinerseits eine solche Sonderbehandlung nicht verordnet hatte. Darüber hinaus war schwer nachvollziehbar, welche Erwartungen die Zentralregierung an eine strafpraktische Sonderstellung des Duells knüpfte. Sollten Duellanten strenger bestraft werden als »normale« Menschen, die sich einer Körperverletzung schuldig gemacht hatten? Oder war mit Rücksicht auf ihren exponierten sozialen Status und die überall betonte Ehrenhaftigkeit ihrer Motive mit besonderer Milde zu verfahren? Schließlich wußte man um die engen Beziehungen, die den König mit den gesellschaftlichen Eliten des Landes verbanden, und man kannte auch den Willen dieser Eliten, am Duell als Symbol und Höhepunkt ihres ausgefeilten Ehrenkodexes festzuhalten. Es blieb daher eine offene, durch königliche Reskripte nicht lösbare Frage, ob es lohnte, die soziale und politische Führungsschicht wegen eines Vergehens zur Rechenschaft zu ziehen, das zwar formal und abstrakt in die Hoheitsrechte des Staates eingriff, konkret aber selbst nach Meinung führender Rechtswissenschaftler »kein so großes Verbrechen ist, als für welches die Gesetzgeber neuerer Zeiten ihn [den Zweikampf] angesehen wissen wollen«.[27]

Im Zweifelsfall entschieden sich die Behörden zumeist dafür, von einem Duell nur dann offiziell Kenntnis zu nehmen, wenn eine amtliche Untersuchung wegen der Schwere der dabei vorgefallenen Verletzungen oder wegen eines besonderen öffentlichen Aufsehens nicht zu umgehen war. Die in einem solchen Fall verhängten Strafen waren überaus milde, da man Duellanten in Anlehnung an den Schöpfer des bayerischen Strafgesetzbuchs, den Rechtsprofessor Paul Johann Anselm Feuerbach[28], gemeinhin keine Tötungsabsicht unterlegte. So verurteilte 1847 das unterfränkische Appellationsgericht einen Würzburger Studenten, der seinen Gegner im Zweikampf erschossen hatte, zu acht Monaten Gefängnis; ein Münchener Kommilitone, der sechs Jahre zuvor zwei Offiziere in Säbelduellen erheblich verwundet hatte, kam mit zwei Monaten Haft davon.[29]

Über eine derart zurückhaltende Strafpraxis waren liberale Duellkritiker alles andere als glücklich. Daß das bayerische ebenso wie das rheinische Recht auf eine Sonderstellung des Duell-Delikts mehr oder weniger verzichteten, kam ihrer politischen Option für staatsbürgerliche Rechtsgleichheit zwar entgegen. Daß dieser Verzicht jedoch mit der weitgehenden Straflosigkeit von Duellanten einherging, paßte nicht ins bürgerliche Reformkonzept. Umgekehrt konnten konservative Zeitgenossen, die das Duell als exklusives Standesprivileg schätzten, nicht umhin, die strafrechtlichen Folgen des »egalitären« Modells zu loben. Zugleich aber nahmen sie Anstoß an einer Gesetzgebung, die Duellanten implizit mit gewöhnlichen Streithähnen gleichsetzte. In diesem Sinne plädierte etwa der Kölner Landgerichtspräsident von Oppen, der das Duell 1833 als »letztes Asyl individueller Freiheit« rühmte und seine ehrenhaften Beweggründe hervorhob, angesichts der Rechtslage in den Rheinprovinzen mehrfach für ein besonderes, landeseinheitliches Duellgesetz. Gerade weil er dem Duell positive Seiten abgewinnen konnte, sträubte er sich gegen Rechtsmeinungen, die es mit Mord oder absichtsvoller Körperverletzung identifizierten.[30]

Ähnlich argumentierte der preußische Revisor, der 1829 den ersten Entwurf des neuen Strafgesetzbuches begründete. Auf die Anregung einiger Justizkollegien, die spezielle Duellgesetzgebung des Allgemeinen Landrechts zugunsten einer allgemeinen Regelung fallenzulassen, reagierte er mit dem Hinweis auf gravierende Schwächen des rheinischen und bayerischen Rechts: Zum einen könne die Tatsache, daß das Duell in den Gesetzbüchern gar nicht erst auftauche, so gedeutet werden, als ob der Gesetzgeber es von jeder Strafe ausnehme. Wenn es aber doch, und zwar ausschließlich in seinen physischen Folgen, bestraft werden solle, sei der beabsichtigten Analogie zu Körperverletzung bzw. Totschlag oder Mord schärfstens entgegenzutreten. Zwischen einem geregelten Kampf und einem hinterlistigen Angriff lägen Welten, und die Motive eines Duellanten rangierten unstreitig um ein Vielfaches höher als die Beweggründe eines Mörders oder Totschlägers. Wolle man daher das Duell überhaupt strafen, was nach Ansicht des Revisors »nicht zweifelhaft sein kann, – so muß man es notwendig als ein eigenes Verbrechen im Gesetzbuche aufführen, da es in seiner Eigentümlichkeit mit keinem anderen Verbrechen völlig gleichgestellt werden kann«.[31]

Mit diesem Votum war die Streitfrage »Sonderdelikt« in Preußen jedoch keineswegs endgültig beantwortet. Immer wieder traten im Verlauf der langjährigen Strafrechts-Revisionsarbeiten Meinungsverschiedenheiten auf, die sich an diesem heiklen Punkt festmachten. Auch um die semantischen Bezüge und den systematischen Ort des Duellverbots in der neuen Kodifikation wurde heftig gerungen. Hatte Justizminister von Kamptz den Vorschlag unterstützt, »den Begriff des Duells auf den zur Beilegung einer Ehrensache unternommenen Zweikampf zu beschränken«, setzte sich die mit der Prüfung der Strafrechtsentwürfe betraute Staatsratskommission dafür ein, Ehrenkränkungen und Duelle, anders als im Allgemeinen Landrecht, zu entkoppeln.[32] Zwar sollte das Duell seinen juristischen Sonderstatus behalten, weshalb ihm im neuen Strafgesetzbuch ein eigener Abschnitt konzediert wurde. Zugleich aber fürchtete man, das Phänomen über dieses Zugeständnis hinaus ungebührlich zu privilegieren, wenn man es in eine allzu enge Verbindung mit Injurien stellte. Die Anerkennung einer solchen Affinität hätte, so resümierte der Strafrechtler Theodor Goltdammer 1852, der »Mißdeutung« Raum gegeben, »als betrachte der Gesetzgeber selbst das Duell als Schutzmittel gegen Ehrverletzungen«.[33]

Der Zweikampf fand folglich im preußischen Strafgesetzbuch von 1851 seinen Platz zwischen dem Titel 13 über »Verletzungen der Ehre« und dem Titel 15 über »Verbrechen und Vergehen wider das Leben«. Diese Zwitterposition markierte einen Kompromiß zwischen jenen Meinungen, die das Duell als Sonderdelikt aufgehoben wissen wollten, und anderen Vorstellungen, die es in der Tradition älterer Gesetzgebungen als direkte Folge einer Ehrenkränkung interpretierten und ihm damit gleichsam ein indirektes Adelszeugnis ausstellten. Gewissermaßen durch die Hintertür triumphierte die duellfreundliche Fraktion aber doch noch über ihre Kontrahenten, die sich mit ihrem Antrag, Duellanten mit normaler Gefängnishaft zu bestrafen, nicht durchsetzen konnten. Statt dessen sollten sie wie bisher zu Festungshaft verurteilt werden, für die das Gesetzbuch den unverfänglicheren Ausdruck »Einschließung« wählte. Die Privilegierung des Duells als eines exklusiven Standesdelikts fand deshalb auch in der zweiten Hälfte des 19. Jahrhunderts und unter neuem, seit 1871 für das gesamte Deutsche Reich verbindlichem Recht[34] ihre Fortsetzung, und Duellanhänger feierten im preußischen Strafgesetzbuch den »vollständigen und glänzenden Sieg der Zweikampfidee«[35] – ein Sieg, der in der Bundesrepublik erst 1969, als das erste Strafrechtsreformgesetz die besondere Strafbarkeit des Duells aufhob, für null und nichtig erklärt wurde.

2. Ständisches Duellprivileg und die Satisfaktionsfähigkeit des Bürgertums

Schrieb das preußische Strafgesetzbuch von 1851 einerseits die mittelbare staatliche Privilegierung des Duells in Form eines rechtlichen Sonderstatus kontinuierlich fort, hob es andererseits die noch im Allgemeinen Landrecht verankerte unmittelbare Privilegierung exklusiver »Duellstände« auf. Der Gesetzestext enthielt keinerlei Bestimmungen mehr, die den Täterkreis einschränkten, und beendete damit eine Debatte, die jahrzehntelang mit erbitterter Schärfe um das Sozialprofil »richtiger« Duellanten ausgefochten worden war.

Den Ausgangspunkt dieser Debatte bildete Paragraph 689 des 20. Titels, Teil II ALR, der die Geltungsgrundlage der Duellstrafen auf Personen des Adels- und Offizierstandes begrenzte. Forderten sich Nichtadlige und Nichtoffiziere zum Zweikampf heraus oder griffen einander mit Degen bzw. Pistole an, fiel dies nicht unter die Strafbestimmungen des Duells, sondern sollte »als ein Versuch zum Morde angesehen und bestraft werden«.[36] Damit erkannte der Gesetzgeber dem Zweikampf der Offiziere und Adligen ausdrücklich eine obrigkeitlich privilegierte Stellung zu; gleichzeitig signalisierte er Bürgern, Bauern und Unterschichten, daß ihnen ein solches Vorrecht nicht zustehe, sie mithin nicht »duellfähig« seien. Im gleichen Atemzug mit seinem Verbot verlieh das Landrecht dem Duell folglich ein besonderes Ansehen und räumte ihm eine soziale Vorrangstellung ein, die direkt an die Standeszugehörigkeit der Duelltäter geknüpft war.

Begründen ließ sich dies nur damit, daß bereits der typische Anlaß eines Duells, die Kränkung persönlicher Ehre, als ständisch gebunden wahrgenommen und beurteilt wurde. Schließlich galt der Ehrbegriff als ein hochsensibler Seismograph ständischer Gliederung, als ein getreuer Spiegel gesellschaftlicher Hierarchien. Je höher der Stand, desto größer sollte seine Ehre und desto empfindlicher sein Ehrgefühl sein. In dieser – nun auch rechtlich kodifizierten – Auffassung trat das Selbstverständnis des Ancien Régime deutlich zutage. Denn solange der Staat selber daran interessiert war, die ständische Struktur der Gesellschaft aufrechtzuerhalten und den Adel als ersten Stand zu bewahren, mußte er auch dessen spezifischen Ehrbegriffen Achtung zollen und sie gegenüber den Ehrbegriffen unterer Stände bevorzugen.

Dieses Interesse schuf sich im Beleidigungsstrafrecht Raum, in dem es darum ging, die Pyramide der sozialen Stände in eine Hierarchie des Ehrgefühls und der Ehrenstrafen zu übersetzen. Die Paragraphen 607 bis 636, Titel 20, Teil II ALR legten mit penibler Genauigkeit eine ständische Abstufung des Strafmaßes für Injurien fest und folgten dabei dem Grundsatz: Je höher der Stand, desto höher die Strafe. Beleidigungen unter »Leuten gemeinen Standes«, zu denen man Bauern, Handwerker und »Professionisten« rechnete, wurden mit weit geringeren Strafen geahndet als solche, die unter »Personen des höhern Bürgerstandes« vorkamen. Adlige, Offiziere und königliche Räte wiederum bestrafte das Gesetz für das gleiche Vergehen doppelt so hart wie die »höheren Bürger«. Diese negative Privilegierung verdankte sich der Vorstellung, das Ehrgefühl sei hier höher entwickelt als in den unteren Gesellschaftsschichten. Beleidigungen müßten daher unter Adligen schwerer wiegen und ernster genommen werden als Schimpfworte, die Bauern oder Angehörige des »gemeinen Bürgerstandes« untereinander wechselten.

Aus eben diesem Grund weigerten sich die preußischen Gesetzgeber auch, gewaltsame Auseinandersetzungen innerhalb des »Bürgerstandes«, sei es nun der gemeine oder der höhere, als Duelle zu bezeichnen und zu behandeln. Von einem Duell könne man lediglich dort sprechen, wo Männer mit einem kraft ihrer Standeszugehörigkeit besonders hoch entwickelten Ehrbewußtsein zur Waffe griffen. Ein solch hohes Ehrgefühl sei nur bei Adligen und Offizieren vorauszusetzen, die sowohl aufgrund innerständischer Traditionen als auch als Reflex ihrer bedeutungsvollen Stellung im Staat eine besondere Ehre und einen besonderen Ehrenkodex ihr eigen nennen dürften. Den »Bürgerstand« hingegen erachtete man als »weniger empfänglich für Beleidigungen«, weshalb ihm Duelle nicht gut anstünden.[37]

Unklar blieb dabei die Position hoher bürgerlicher Beamter. Rangierten sie im Injurienteil des Landrechts in einer Kategorie mit Adligen und Offizieren, fanden sie in den Duellparagraphen keine explizite Erwähnung. Zwar hatte der 1785 ausgearbeitete Entwurf auch »Personen des höhern Bürger-Standes, die in adligen Bedienungen stehen«, in den exklusiven Kreis der Duellfähigen einbeziehen wollen[38], doch tauchte diese Erweiterungsformel im endgültigen Gesetzestext nicht mehr auf. Allenfalls in ihrer Eigenschaft als Offiziere durften sich Bürgerliche duellieren; als zivile Staatsdiener schienen sie nur zu einem Mordversuch imstande zu sein. Daß diese Differenz nicht nur auf dem Papier stand, sondern auch praktische Wirkungen zeitigte, erfuhr jener höhere Staatsbeamte, dessen Duell mit einem Kollegen im frühen 19. Jahrhundert vor dem Berliner Kammergericht verhandelt wurde. Das Gericht sah sich aufgrund der landrechtlichen Bestimmungen gezwungen, die beiden Duellanten, von denen der eine adliger und der andere bürgerlicher Herkunft war, nach verschiedenen Gesetzen zu verurteilen und mit verschiedenen Strafen zu belegen. Diese »Inkonsequenz« trat hier

»besonders grell« hervor, weil der bürgerliche Beamte seiner dienstlichen Stellung nach sogar über seinem adligen Kollegen stand und beide »in der Gesellschaft einen ganz gleichen... Rang bekleideten«. Das Kammergericht machte das Justizministerium auf die seiner Meinung nach unhaltbare Rechtslage aufmerksam und bat um eine »authentische Deklaration«, gleiche Verbrechen mit gleicher Strafe zu belegen. »Diesem Antrag«, berichtete später der Kammergerichtsrat Mannkopff lakonisch, »ist aber nicht deferiert worden.«[39]

Statt dessen erfuhr die gesetzlich statuierte soziale Ungleichheit eine weitere Verstärkung, indem der König nur Strafen, die über adlige Duellanten verhängt worden waren, als milderungsfähig ansah. Nachdem Friedrich Wilhelm III. 1809 bestimmt hatte, daß ihm jedes Urteil, das in Duellsachen ergangen sei, zur Bestätigung vorgelegt werden sollte, informierte der Justizminister das Berliner Kammergericht zehn Jahre später davon, daß Urteile, von denen Bürgerliche betroffen seien, dieser Vorlagepflicht nicht unterlägen.[40] Zweikämpfe zwischen Männern bürgerlicher Herkunft interessierten den König nicht; für ihn war das Duell eine rein adlige Institution und sollte es auch bleiben.

Für die überwiegend bürgerlichen preußischen Richter stellte dieses zur Rechtsnorm erhobene Prinzip sozialer Ungleichheit eine Herausforderung dar, die sie in der ersten Hälfte des 19. Jahrhunderts immer wieder von neuem aufzunehmen suchten. Bereits die ständische Abstufung des Beleidigungsstrafrechts stieß auf scharfe Kritik, die sich vor allem an der Unterscheidung zwischen »höherem« und »gemeinem« Bürgerstand entzündete.[41] Aber auch die Scheidelinie zwischen höheren Bürgern und Angehörigen des Adels bzw. Offizierstandes hinsichtlich ihres Ehrverhaltens galt zusehends als bedenklich und mit den gesellschaftlichen Verhältnissen nicht mehr vereinbar. Mehr als einmal unternahm das Berliner Kammergericht als höchstes preußisches Gericht den Versuch, auf eine Änderung des inkriminierten Paragraphen 689 hinzuwirken, der bürgerliche Herausforderer und Duellanten nicht als solche anerkannte und sie statt dessen den entehrenden Strafen für absichtsvolle, hinterlistige Körperverletzung unterwarf.

Hatte sich das Gericht in den beiden ersten Jahrzehnten des 19. Jahrhunderts noch an die strafrechtlichen Differenzierungen gehalten, neigte es in den 1820er und 1830er Jahren dazu, die Duellgesetze »ohne Unterschied des Standes der Duellanten«

anzuwenden. Ein erneuter Umschwung setzte 1838 ein, als das Kammergericht, offenbar auf Druck von oben, zu seiner früheren Praxis zurückkehrte. In einem Prozeß gegen Sekundant und Kartellträger eines im Duell getöteten bürgerlichen Referendars stellten sich die Richter auf den Standpunkt, sie vermöchten »ein Duell zwischen Personen, die nicht zum Adel- oder Offizierstande gehören«, nicht »als solches im Sinne des Gesetzes anzuerkennen«. Zwar habe sich »der Kreis der Gesellschaft, innerhalb dessen die Gesetze der Ehre und die Satisfaktionsfähigkeit anerkannt werden«, in den letzten Jahrzehnten »erweitert«, doch sei die Gesetzgebung unverändert geblieben und befinde sich »noch auf demselben mittelalterlichen Standpunkte« wie zur Zeit der Redaktion des Allgemeinen Landrechts. Damals herrschte »überall die Ansicht, daß nur bei dem Adel- und Offizierstande die sogenannten Gesetze der Ehre Anwendung finden und einem Bürgerlichen die Satisfaktion im Wege des Zweikampfs, ohne sich den Ruf der Feigheit zuzuziehen, von einem Adeligen oder Offizier verweigert werden könnte, ja daß es sogar unehrenhaft und unzulässig sei, sich mit einem Bürgerlichen zu schlagen, der beleidigt worden, daß vielmehr die Beleidigung eines Bürgerlichen auf einem andern Wege gerügt werden müsse«.[42]

Indem sie diese Ansicht ausdrücklich als »mittelalterlich« bezeichneten, gaben die obersten Richter des preußischen Staates zu erkennen, daß sie sie nicht teilten und sogar mißbilligten; zugleich sahen sie sich jedoch verpflichtet, dem Buchstaben des Gesetzes getreu Recht zu sprechen. Diese Haltung spiegelte offenbar den zunehmenden Einfluß positivistischer Positionen in der deutschen Jurisprudenz wider, der sich seit dem Aufstieg des führenden Juristen Friedrich von Savigny zum preußischen Justizminister 1842, der mit der Revision der bisherigen Strafgesetze betraut wurde, noch weiter verstärkte.[43] So fragte denn auch das Kammergericht immer wieder einmal im Justizministerium an, ob es bei der derzeitigen Rechtslage geblieben sei. Als es 1844 über ein Pistolenduell zwischen zwei jungen Berliner Porträtmalern verhandelte und sich erkundigte, ob es das Urteil zur königlichen Bestätigung vorlegen solle, bekräftigte der Justizminister, daß der Vorfall »nicht als Duell angesehen werden« könne, und hielt somit an der buchstäblichen Gesetzesinterpretation fest.[44]

Gleichsam im Schatten dieser offiziellen Absichtserklärungen und Willensbekundungen setzte sich jedoch in der alltäglichen

Gerichtspraxis die Gleichstellung bürgerlicher und adliger Duellanten durch. Selbst dann, wenn die Gerichte bürgerliche Angeklagte gemäß den Vorgaben des Allgemeinen Landrechts wegen versuchten Mordes verurteilten, ließen sie sie ihre Strafe nicht anders als Adlige auf einer Festung absitzen. Zwar sahen die Paragraphen 798, 815 und 838 a, die in solchen Fällen als Rechtsgrundlage herangezogen wurden, »Festungs- oder Zuchthausstrafe« vor, und auch wenn das Allgemeine Landrecht offen ließ, ob mit Festungsstrafe Festungsarbeit, die »schwerste aller Freiheitsstrafen«, oder Festungsarrest als »eine der allergelindesten« gemeint war, kann man angesichts der brisanten Materie – Mord und Mordversuch – wohl vermuten, daß es hier die schärfere Variante im Sinn hatte. Diese Deutung wurde von den Richtern, die über bürgerliche Duellanten urteilen mußten, jedoch nicht nachvollzogen; sie verließen sich auf königliche Verordnungen aus den Jahren 1802 und 1821, die es richterlichem Ermessen anheimgestellt hatten, je nach Herkunft, Erziehung und Standeszugehörigkeit des Angeklagten über die Streitfrage »Arbeit oder Arrest« zu entscheiden.[45]

Angehörige des »höhern Bürgerstandes« nun waren nach Ansicht der Richter eindeutig zum Festungsarrest qualifiziert und eigneten sich weder für Festungsarbeit noch für die alternativ dazu angedrohte Zuchthausstrafe. Sie teilten demnach das Schicksal adliger Duellanten, denen ohne jedes Wenn und Aber in jedem Fall Festungsarrest auferlegt wurde – eine Strafe, die kaum als solche angesehen wurde und einer zusätzlichen Ehrung der Häftlinge gleichkam. Ihnen war es gestattet, »in ihren geräumigen Wohnungen auf der Zitadelle sich mit allen Bequemlichkeiten des Lebens zu umgeben, sich frei in den inneren Räumen der Festung zu bewegen, in der Festungsstadt zu wohnen, an dem geselligen Umgange daselbst und an allen Vergnügungen teil zu nehmen und selbst mit Urlaub des Kommandanten Reisen auf kurze Zeit zu machen«.[46]

Diese faktische Privilegierung im Strafvollzug setzte die rechtliche Privilegierung des Duelldelikts fort, und wenn bürgerliche Männer an letzterer nach dem Willen der Gesetzgeber auch nicht teilhaben durften, kamen sie nach dem Willen der Richter doch in jedem Fall in den Genuß der ersteren. Darüber hinaus verschaffte die rechtliche Diskriminierung bürgerlichen Duellanten sogar erhebliche Vorteile, nämlich ein nach den Vorgaben des Landrechts geringeres Strafmaß. Männer bürgerlicher Herkunft, die seit den späten 1830er Jahren wegen Mordversuchs statt wegen Duells angeklagt wurden, mußten mit einer Festungsstrafe zwischen vier und sechs Jahren rechnen, ihre Sekundanten mit zwei bis drei Jahren. Als dagegen der adlige Student von Nolcken 1845 vor Gericht stand, weil er sich mit dem Rittmeister von Kettler duelliert hatte, verurteilte ihn das Kammergericht zu fünfzehn Jahren Festungshaft und zum Verlust seines Adels.[47]

Ironischerweise hatten daher diejenigen bürgerlichen Duellanten, die in den 1820er und 1830er Jahren unter den »fortschrittlichen« Maximen gleicher Rechtsbehandlung abgeurteilt wurden, weit höhere Strafen zu gewärtigen als ihre Nachfolger. Das Oberlandesgericht Naumburg erkannte dem Studenten Schmidt, der sich mit einem Kommilitonen duelliert hatte, 1827 eine Festungsstrafe von zehn Jahren zu; eine gleich hohe Strafe ereilte 1838 den Referendar Westram wegen eines Pistolenduells mit einem Offizier. Dagegen bekam der Student Zurborn aufgrund eines 1841 mit dem Artilleriefähnrich von Bothwell ausgefochtenen Zweikampfs nur fünf Jahre Haft wegen versuchten Mordes zugesprochen.[48]

Letztlich aber war es relativ belanglos, nach welchen Paragraphen ein Duellant verurteilt wurde und wie hoch die Strafe war, die ihm das Gericht auferlegte. Daß er sie wirklich in ihrer ganzen Länge absitzen mußte, kam kaum jemals vor, denn in der Regel setzte der König das Strafmaß auf dem Gnadenweg bedeutend herab. So begnadigte er den zu fünfzehn Jahren Haft verurteilten Baron von Nolcken zu fünfzehn Monaten, und nachdem Nolcken zwei davon verbüßt hatte, erließ er ihm den Rest. Darüber hinaus machte er den Verlust des Adels, den das Kammergericht im Einklang mit den Bestimmungen des Allgemeinen Landrechts verfügt hatte, wieder rückgängig. Diese Milde ließ er nicht nur gegenüber Adligen walten. Selbst wenn adlige Duellanten den Vorzug genossen, daß die gegen sie verhängten Gerichtsurteile vom König bestätigt werden mußten, womit ihnen fast automatisch eine Begnadigung zuteil wurde, konnten auch bürgerliche Duellanten der königlichen Gnade teilhaftig werden, nachdem sie eine entsprechende Bitte ausgesprochen hatten. So wurde der Referendar Bracht, der 1841 ein Duell mit einem Kollegen ausgefochten hatte und deshalb 1842 wegen versuchten Mordes zu vier Jahren Festungshaft und »Amtsentsetzung« verurteilt worden war, zu acht Wochen begnadigt und durfte danach seinen Dienst wieder aufnehmen. Sogar die beiden Maler Strasdath und Böger, die sich 1842 auf Pistolen duelliert bzw. nach Meinung des Justizministers eben *nicht* duelliert hatten, kamen nach Einreichung von Gnadengesuchen in den Genuß einer drastischen, vom König gebilligten Haftverkürzung. Strasdath, der zu vier Jahren Festung verurteilt worden war, mußte nur ein Jahr absitzen, und sein Gegner Böger, der als Herausforderer sechs Jahre bekommen hatte, konnte die Festung nach fünfzehn Monaten wieder verlassen.

Obwohl die höchsten Justizbehörden des preußischen Staates und ihr oberster Dienstherr formell an der Unterscheidung zwischen adligen und nichtadligen Duellanten festhielten und diesen Grundsatz bis zur Revolution von 1848 immer wieder bekräftigten, handelten sie folglich im praktischen Ergebnis nach anderen Erwägungen. Mitglieder jenes »höhern Bürgerstandes«, den schon das Allgemeine Landrecht vom »gemeinen Bürgerstande« abgetrennt und näher an den Adel herangerückt hatte – ohne ihn doch rechtlich ganz mit diesem verschmelzen zu lassen –, galten zunehmend als satisfaktions- und duellfähig, und die Rechtsprechung trug diesem Umstand ebenso Rechnung wie der um Gnade gebetene Monarch.

Eine scharfe Grenzlinie zogen die bürgerlichen Richter Preußens dagegen zwischen Angeklagten des »höhern« und solchen des »gemeinen Bürgerstandes«. Zählten nach Auskunft des Posener Chefpräsidenten von Frankenberg zum höheren Bürgerstand »alle öffentlichen Beamten (die geringeren Subalternen, deren Kinder in der Regel dem Kanton unterworfen sind, ausgenommen), Gelehrte, Künstler, Kaufleute, Unternehmer erheblicher Fabriken«[49], gehörten Angehörige des »mittleren« und »niederen Bürgerstandes« nach Meinung der Gerichte eindeutig nicht in den Kreis potentieller Duellanten. Handwerker, kleinere Beamte, Handlungsgehilfen oder verabschiedete Unteroffiziere, die zum Duell herausgefordert hatten, wurden nicht zu Festungshaft, sondern zu Gefängnis- oder Zuchthausstrafen verurteilt. So belegte das Landgericht Freistadt den Ökonomiegehilfen Pohl, der den adligen Regierungsbeamten von Lehmann 1833 zu einem Pistolenduell gefordert hatte, mit einer vierjährigen Zuchthausstrafe, und der Zolleinnehmer Kuhn, der im gleichen Jahr dem Brabower Bürgermeister Rundeiler wegen beleidigender Äußerungen eine Duellforderung geschickt hatte, bekam dafür ein Jahr Gefängnis. Die Gerichte verfuhren in ihrer

Strafzumessung offensichtlich relativ willkürlich: Anders als Pohl wurde der Sattlermeister Schuler, der 1836 einen ebenfalls adligen Steueraufseher gefordert hatte, nur zu einer einjährigen Zuchthausstrafe verurteilt.[50]

Bei der Frage, ob sie auf Zuchthaus oder Gefängnis erkennen sollten, scheinen Richter die soziale Stellung des Geforderten berücksichtigt zu haben: Waren es Adlige, wurde diese potenzierte Übertretung der Standesgrenzen mit Zuchthaus für den Herausforderer geahndet; blieb die Forderung dagegen in den gleichen Kreisen, reichte eine Gefängnisstrafe aus. Dieser Verfahrensmodus entsprach den Regelungen des Injurienstrafrechts, das Beleidigungen zwischen Ungleichen schärfer strafte als solche zwischen Gleichen, zudem aber auch danach unterschied, ob »nach unten« oder »nach oben« beleidigt worden war.

Daß alle Männer, die weder zum Adel noch zum höheren Bürgertum zählten und sich trotzdem duellierten bzw. duellieren wollten, ausnahmslos in den normalen Strafvollzug eingegliedert wurden und nicht in den Genuß ehrenvoller Festungshaft kamen, verdeutlicht sehr genau, wo die faktische Distinktionslinie verlief zwischen jenen Schichten, die einen duellfähigen Ehrbegriff ihr eigen nennen durften, und anderen, für die das Duell nicht als angemessene Form der Konfliktregelung erachtet wurde. Es waren letztlich doch nicht *alle* Stände, auf die generalisierungsbedachte Richter und Juristen die Duellgesetze angewandt wissen wollten, sondern nur jene, die, wie Kammergerichtsrat Mannkopff 1840 präzisierte, »durch gleiche Stellung in der bürgerlichen Gesellschaft, durch gleiche Bildung des Geistes, durch gleiche ehrliebende Gesinnung und reges Ehrgefühl mit den erstgenannten [Adel und Offiziere], in gleichen Verhältnissen stehen«.[51] Pragmatisch ging er davon aus, daß Ehrenzweikämpfe außerhalb dieser Verhältnisse ohnehin »seltene Ausnahmen« blieben, weil hier weder innere Neigung noch äußere Zwänge zum Duell vorhanden seien. Eine Verallgemeinerung der Duellgesetze werde deshalb vermutlich kaum dazu führen, daß nun auch Männer unterer sozialer Schichten vermehrt zu Säbel und Pistole griffen, um ihre Streitigkeiten formvollendet und nach einem strengen Regelkodex auszutragen. »Weit eher« dagegen, so Mannkopff, »möchte die gesetzliche Beschränkung des Duells als solchem auf gewisse besonders bevorzugte Stände der Vertilgung der Sitte des Zweikampfs entgegenwirken und geeignet sein, dieselbe aufrecht zu erhalten, insofern nämlich, als in der Nichtanerkennung des Duells bei anderen Ständen leicht die Erhebung desselben zu einem Ehrenvorrechte für die Personen der ausgezeichneten Stände und eine ausdrückliche oder stillschweigende Begünstigung desselben bei diesen Ständen gefunden werden könnte«.[52]

Dieses Argument war bereits mehr als ein Jahrzehnt früher in den ersten Entwurf eines neuen Strafgesetzbuches eingeflossen, der die ständische Beschränkung des Duells aufzuheben trachtete. Im Rahmen der allgemeinen Gesetzesrevision wurden auch die Duellgesetze einer kritischen Sichtung unterzogen. Mehrere aufeinander folgende Entwürfe gelangten dabei zu sehr verschiedenen Urteilen, was ein bezeichnendes Licht auf den hohen gesetzestechnischen und gesellschaftlichen Streitwert des Zweikampfphänomens wirft. Die schärfsten Debatten entzündeten sich wiederum an der »Klassenfrage«. Fast uni sono hatten sich die Landesjustizkollegien in den 1820er Jahren negativ zum Paragraphen 689 geäußert, denn schließlich sei es, wie das Oberappellationsgericht Posen ausführte, »nicht zu verkennen, daß in der öffentlichen Meinung die Grenzen zwischen den Verhältnissen der verschiedenen Stände heute nicht so scharf gezogen sind als ehemals«. Dementsprechend sah der 1828 gedruckte erste Entwurf des Strafgesetzbuches auch keine soziale Einschränkung des Duellantenkreises mehr vor, und der Revisor begründete dies ein Jahr später mit den preußischen Reformen der ersten zwei Dekaden des 19. Jahrhunderts, die »die Grenzscheide zwischen dem Adel und Bürgerstande so erheblich verändert« hätten, daß eine rechtliche Diskriminierung des letzteren nicht mehr vertretbar sei.[53]

An dieser Sichtweise übte der revidierte Entwurf von 1833 massive Kritik. Sie sei vor allem deshalb »nicht zulässig«, weil sie der weiteren Verbreitung des Duells auch in jenen »Volksklassen« Vorschub leiste, zu deren Gesinnungen, Erziehung, Bestimmung und Beschäftigung es eigentlich »in dem grellsten Widerspruch« stehe. Bislang zeigten sich die »geringen Volksklassen« gegen den Duell-Bazillus noch immun, doch seien bereits »hin und wieder sparsame entgegengesetzte Ansichten und Fälle vorgekommen«, die »Folgen neuer, nicht zu begünstigender Theorien oder des ebensowenig zu begünstigenden Strebens nach allgemeiner Gleichheit« gewesen seien. Die Generalisierungstendenzen des ersten Entwurfs würden dieses Streben nach Meinung des zweiten Revisors nur erneut anheizen und zu einer bedeutenden Zunahme der Duelldelikte führen, was nicht im Interesse des Gesetzgebers liegen könne. Kompromißbereit zeigte sich der Verfasser, ein hoher Beamter des preußischen Justizministeriums, lediglich dort, wo es um die Gleichstellung einzelner Teile des Bürgertums ging. Allerdings sollte nicht der ganze »höhere Bürgerstand« am Duellprivileg des Adels und der Offiziere teilhaben dürfen, sondern lediglich seine beamtete Fraktion, »die Königlichen wirklichen Räte und die in deren Kategorie stehenden öffentlichen Beamten«.[54] Nur eine Spitzengruppe des Bürgertums, die in allerengster Beziehung zum Staat stand, war demnach ausersehen, mit dem Adel zu einer satisfaktionsfähigen Klasse zu verschmelzen – ein deutliches Indiz für das möglicherweise nicht ganz uneigennützige Bestreben hoher Beamter, das Duell zum Attribut und Ehrenzeichen einer staatsnahen Elite zu stilisieren und ihm so eine höhere politische Logik und Billigkeit zuzuerkennen.

Daß solche Tendenzen nicht nur in Preußen mit seinem von einem starken Adel und einer einflußreichen Bürokratie geprägten spätabsolutistischen Regierungssystem zu finden waren, sondern sich auch unter anderen politischen Vorzeichen entwikkelten, zeigt der Gesetzentwurf zum Duell, den der bayerische König Ludwig I. 1826 vorlegte. Er ging ganz selbstverständlich davon aus, daß Zweikämpfe außer beim Adel und bei Offizieren nur bei »Räten, Ratsrang oder einen höhern Habenden« in Übung seien.[55] Auch in den folgenden Jahren seiner Regierungszeit legte der König Wert darauf, das von ihm im übrigen nicht sonderlich geschätzte Duell auf eine schmale, sozial elitäre Personengruppe zu beschränken. Als sich 1841 ein Schüler des Münchener Polytechnikums mit zwei Offizieren duellierte, ordnete er dessen sofortige Relegation an und notierte, der Student müsse »nach großer Strenge der Gesetze behandelt werden. Es ist doch weit gekommen, wenn polytechnische Schüler herausfordern.«[56] Dem Leutnant Max Reschreiter, der im gleichen Jahr von einem Apothekergehilfen zum Duell gefordert worden war und die Forderung abgelehnt hatte, sprach er sein ausdrückliches Lob aus und fügte hinzu, er halte »es schon mit der Würde eines Offiziers nicht vereinbar, daß ein solcher mit einem Apothekergehilfen sich schlüge«.[57]

Demgegenüber wies jedoch die Kommission des bayerischen Staatsrats, die sich im Jahre 1826 mit dem königlichen Gesetzentwurf befassen mußte, darauf hin, daß eine soziale Verengung des Duelldelikts weder strafrechtlich zulässig noch den gesellschaftlichen Verhältnissen angemessen sei. Schließlich könnten auch unter anderen »Ständen« als Adligen, Offizieren und hohen Beamten Zweikämpfe stattfinden: »Man denke nur an Bankiers, an Staatsdiener, die sich zum Range von Räten nicht erheben; an Güterbesitzer, die, ohne von Adel zu sein, von ihren Renten leben, an Kapitalisten ... Man denke überhaupt an alle Jene, die zu den sogenannten gebildeten Ständen gehören. Warum sollten nicht unter allen diesen verschiedenen Arten von Personen Ehrenbeleidigungen vorfallen, und wenn sie vorgefallen sind, Zweikämpfe eintreten können?«[58] Daß von einer solchen Möglichkeit zunehmend Gebrauch gemacht wurde, betonte der Staatsrat Clemens Graf von Leyden. Stand »in früheren Zeiten ... nur der Ritter dem Ritter zur Rede«, sei diese Exklusivität mit dem Aufstieg eines gebildeten und ehrbewußten Bürgertums nach und nach hinfällig geworden: »Als das milde Licht der Aufklärung eine Annäherung zwischen diesen ehemals ganz getrennten Klassen der Gesellschaft bewirkt hatte, da fühlte man auch, daß der fortgesetzte Umgang notwendig eine Gleichheit der äußeren Formen herbeiführen und die wesentlichen Regeln des geselligen Lebens allen gemein sein müssen. Darum wurden auch Männer von Bildung, welche im Falle einer erlittenen Schmach zu diesen Herausforderungen ihre Zuflucht nahmen, in dem letzten Dezennium von Niemand mehr zurückgewiesen. Niemand fand es unter seiner Würde, einem vermöglichen und angesehenen Privatmann, der in der höhren Gesellschaft lebt und sie bei sich vereinigt, einem Gelehrten, einem großen Banquier, einem Assessor, welcher alle Verrichtungen höherer Staatsbeamter versieht und selbst unmittelbar auf der Vorstufe zu höheren Ämtern steht, im Falle einer Beleidigung jede Genugtuung zu geben, die er fordern könnte.«[59]

Diese soziale Ausweitung der satisfaktionsfähigen Gesellschaft über die ursprünglich allein duellberechtigte Schicht des Adels, der Offiziere und höchsten Beamten hinaus mußte nach Meinung bayerischer Minister und Staatsräte auch in der Gesetzgebung Niederschlag finden. Gleichwohl bestand Übereinstimmung darin, daß das Duell als soziale Konvention nicht gänzlich verallgemeinerungsfähig war und auch nicht werden sollte. Der »gemeine Haufen«, ließ 1826 Minister von Zentner verlauten, sei einer besonderen Duellehre weder zugänglich noch bedürftig und möge auch nicht, wie der Reichsrat von Arco zwei Jahre später anmerkte, durch eine zu allgemein gehaltene Formulierung gesetzlicher Bestimmungen dazu bewogen werden, »die Idee der Zweikämpfe« aufzugreifen.[60] Welche Formulierung nun aber dem staatlichen Interesse an einer begrenzten Erweiterung des satisfaktionsfähigen Personenkreises am besten entsprach, blieb lange Zeit strittig. Die Gesetzeskommission hatte verschiedene Berufsgruppen aufgelistet, die, angefangen von Landrichtern über Ärzte und Advokaten bis zu Kaufleuten und Künstlern, das Recht haben sollten, ihre üblicherweise in einem Duell geregelten Ehrenstreitigkeiten vor besonderen Ehrengerichten zu verhandeln. Staatsrat von Leyden schlug demgegenüber vor, anstelle einer solchen Aufzählung den Ausdruck »Männer von höherer Bildung« zu wählen, wogegen sein Kollege von Stürmer Bedenken anmeldete: »Was ist Bildung, was ist höhere Bildung, wo fängt sie an, wo hört sie auf?« Von Zentner äußerte sich noch deutlicher: »Dieser Zusatz ist viel zu allgemein, indem nach dem dermaligen Dünkel von Bildung auch der geringste Handwerksmann hierauf Anspruch machen würde.«[61]

Handwerker jedoch, soviel war allen Beobachtern klar, hatten im exklusiven Duellmilieu, dessen Schranken lediglich für Mitglieder der »höheren Bürgerklassen« durchlässig werden sollten, nichts zu suchen. Selbst in Bayern, das im Gefolge napoleonischer Expansionspolitik seit 1818 ein auf eine Verfassung gegründeter Staat war, konnte sich die Regierung nicht dazu durchringen, die elitäre Aura des Ehrenzweikampfs zu zersprengen. Parallel zur Wiederaufnahme spezieller Duellbestimmungen in das revidierte Strafgesetzbuch suchte man intensiv nach einer Möglichkeit, diese Aura so zu befestigen, daß sie den Distinktionsbedürfnissen der Oberschichten genügte, ohne doch die verfassungsmäßigen Grundlagen staatlicher Rechtspolitik zu verletzen. Schon bald aber mußte man einsehen, daß ein solcher Spagat die Grenzen des Machbaren überschritt. Hatte von Leyden noch gehofft, durch seine auf das Strukturmerkmal »höhere Bildung« zurückgreifende Kompromißformel »jeden Schein von einem Ausnahms-Gesetz zu entfernen, und den Vorwürfen derjenigen zuvorzukommen, welche geneigt sind, in allem, was nicht alle Stände der Gesellschaft zugleich umfaßt, eine konstitutionswidrige Ungleichheit wahrzunehmen«, belehrten ihn seine Kollegen im bayerischen Staatsrat rasch eines Besseren. Innenminister Graf von Armansperg warnte davor, »daß eine solche

Trennung der Staatsbürger in zwei Teile große Reibungen unter ausgezeichneten und ausgeschlossenen Klassen, ja eine wahre Spaltung der ganzen Gesellschaft und eine dem Zustande und den Fortschritten der Zivilisation nicht zusagende gesetzliche Scheidung der Nation in die gebildete und ungebildete Masse ... zu Folgen haben würde«. Noch schärfere Kritik übte Staatsrat von Stürmer an einer Gesetzgebung, die sich dem »Scheine der Parteilichkeit« öffne und »eine Art von schädlichem Kastengeist« sanktioniere, indem sie »einen neuen Adel der Ehre« schaffe: »Eine so geartete Gesetzgebung wird sich mit der Verfassungs-Urkunde kaum vereinigen lassen.«[62]

Diese Einwände wogen so schwer, daß die mit der Revision der Strafgesetzgebung betraute Staatsratskommission ihr ursprüngliches Anliegen, einen Gesetzentwurf über die Einrichtung sozial differenzierter Ehrengerichte vorzulegen, fallenließ. Der 1828 in beiden Kammern des bayerischen Parlaments verhandelte Entwurf verstand sich demgemäß nicht als ein »Ausnahmegesetz für Einzelne«, sondern als ein »allgemeines, für sämtliche Staatseinwohner gleiches Gesetz ..., weil die Ehre an sich, abgesehen von der Verschiedenheit ihrer äußern Bekleidung, kein Gegenstand eines besonderen Vorrechtes sein kann«. Eben diese mit dem »Grundpfeiler unserer Verfassung« harmonierende Verallgemeinerung verhinderte aber nach Ansicht der Abgeordneten die »zweckmäßige Ausbildung« von Ehrengerichten, die den Interessen der satisfaktionsfähigen »Klassen von Staatsbürgern« an einer besonderen, nur von Standesgenossen besetzten Vermittlungs- und Entscheidungsinstanz entgegenkommen müßten, wenn sie denn als wirksames Palliativmittel gegen Duelle fungieren sollten. Da sozial übergreifende und entsprechend heterogene Ehrengerichte ohne praktischen Erfolg bleiben müßten, versagte das Parlament dem Entwurf seine Zustimmung.[63]

Damit war der Versuch endgültig gescheitert, den Widerspruch zwischen dem verfassungsmäßig begründeten Imperativ gesetzlicher Gleichheit und den Klassenvorrechten einer auf ihre Exklusivität bedachten gesellschaftlichen Oberschicht aufzulösen oder zumindest justiziabel zu machen. Eine explizite, gesetzlich verbürgte Generalisierung duellfähiger Ehre wäre den Unterscheidungsbedürfnissen dieser Oberschicht zuwider gelaufen und fiel dem machtvollen Veto ihrer parlamentarischen Vertreter zum Opfer. Eine gesetzliche Sonderregelung für den relativ kleinen Kreis potentieller Duellanten wiederum hätte die in der Konstitution von 1818 niedergelegten Prinzipien verletzt und war in Bayern deshalb nicht mehr durchsetzbar.

Auch in Preußen näherte sich die Epoche ständischer Privilegierung ihrem Ende. 1840 sprach sich die Revisionskommission des preußischen Staatsrats definitiv gegen eine rechtliche Diskriminierung bürgerlicher Duellanten aus und erteilte anderslautenden Bestimmungen des neuesten Strafrechtsentwurfs eine klare Absage.[64] Ein weiterer Demokratisierungsschub ging von der acht Jahre später ausbrechenden Revolution aus. Seit Dezember 1848 sollte es »bei Bestrafung der Injurien« auf Standesunterschiede »ferner nicht mehr ankommen«[65], und daß sich die in der 1850 verkündeten Verfassungsurkunde festgeschriebene gesetzliche Gleichheit auch auf das Duellrecht auswirken mußte, leuchtete den preußischen Richtern und Justizbeamten unmittelbar ein. Die Richter des Hallenser Schwurgerichts, die im Frühjahr 1850 über das Duell zweier bürgerlicher Studenten verhandelten, waren denn auch mehrheitlich der Ansicht, daß die Regelung des Allgemeinen Landrechts, wonach bürgerliche Duellanten wegen Mordversuchs zu verurteilen seien, nach Aufhebung der Standesvorrechte durch die Verfassung nicht mehr anwendbar sei.[66] Das ein Jahr später in Kraft tretende Strafgesetzbuch kehrte dementsprechend zu dem Vorschlag des ersten Entwurfs von 1828 zurück und hob die formelle ständische Beschränkung des Duelldelikts auf.

Der seit der Jahrhundertwende beobachtbare Aufstieg des (höheren) Bürgertums zu einer satisfaktionsfähigen Klasse hatte somit die offizielle Anerkennung des Staates gewonnen, der fortan auf rechtliche Unterschiede zwischen bürgerlichen und adligen Duellanten verzichtete. Zugleich krönte er die Fusion von Adel und bürgerlicher Oberschicht im gemeinsamen Ehrenpunkt dadurch, daß er diesen von weiteren sozialen Nivellierungstendenzen abschirmte[67] und ihm eine eigenständige Position in der strafrechtlichen Systematik zubilligte. Selbst wenn er das Duell als strafwürdigen Tatbestand ansah, weil es die richterliche Gewalt des Staates negierte, erkannte er ihm doch prinzipiell mildernde Umstände zu, da es einem elitären Verhaltenskodex entstammte, in dem auch seine höchsten Repräsentanten sozialisiert worden waren.

Wenn das nunmehr konstitutionell eingebundene politische System auf diese Weise für seine gesellschaftlichen Eliten eine Art

Sonderrecht sanktionierte, trug es einerseits der ungebrochenen, sich sogar verstärkenden Kraft der Duellkonvention Rechnung, die, anstatt im Zuge gesellschaftlicher Umbauprozesse zu verschwinden, ihre Geltung auf soziale Gruppen ausdehnte, die ihr ursprünglich eher fern gestanden hatten. Andererseits war der Staat weit davon entfernt, die fortdauernde Existenz und Zählebigkeit des Duells bloß resignierend hinzunehmen. Vielmehr instrumentalisierte er es dafür, die enge Bindung an seine sozialen Trägerschichten zu intensivieren und sich ihrer Loyalität zu versichern, indem er ihren Distinktionsbedürfnissen ein obrigkeitlich geschütztes Betätigungsfeld zuwies. Darüber hinaus schätzte er das Duell als soziales Integrationsmedium, das bei der gewünschten internen Homogenisierung staatsnaher Schichten und Korporationen nützliche Dienste leisten konnte.

Diese Vorzüge wogen im Selbstverständnis des Staates weit schwerer als die Nachteile, die er sich in Form öffentlicher, zunehmend von der liberalen Presse gebündelter Kritik am Doppelstandard seiner Rechtsnormen einhandelte. Wie energisch er sich gegen jene Kritik immunisierte und dem Duell als formell verbotener, tatsächlich aber tolerierter, wenn nicht gar geförderter Institution die Treue hielt, läßt sich am deutlichsten am Beispiel des Militärs demonstrieren. Hier, im Offizierkorps nicht nur der preußischen Armee, besaß der Ehrenzweikampf eine seiner stärksten Bastionen, und hier verschaffte sich auch das Interesse des Staates, ihn nicht nur passiv zu dulden, sondern aktiv zu propagieren, den entschiedensten Ausdruck.

IV. Offiziersehre und Duellpflicht
Das Militär als soziale Bastion des Ehrenzweikampfs

Daß Duelle in der Armee eine mächtige Bastion fanden und hier besondere obrigkeitliche Unterstützung genossen, ist gesellschaftsgeschichtlich von hoher Brisanz, sobald man sich die prominente Rolle des Militärs in Staat und Gesellschaft des 19. Jahrhunderts vergegenwärtigt. Vor allem in Preußen, in weniger ausgeprägter Weise aber auch in Bayern, Sachsen oder Württemberg repräsentierte die Armee einen Staat im Staate, der sich, unter direkter königlicher Kommandogewalt stehend und mit einer eigenen Gerichtsbarkeit ausgestattet, nachdrücklich von der zivilen Gesellschaft abhob. Zugleich aber wirkte sie auf vielfältige und sehr massive Weise in die Zivilgesellschaft hinein, ein Vorgang, der gemeinhin mit dem Begriff der »sozialen Militarisierung« umschrieben wird.[1]

Dieser bereits im 18. Jahrhundert einsetzende Prozeß erfuhr im 19. Jahrhundert eine deutliche Verstärkung. Mit der Einführung allgemeiner Wehrpflicht, der Verbürgerlichung des Offizier-»Standes« und dem Aufbau eines Reserveoffizierkorps steigerte sich der Einfluß, den die Armee auf die »bürgerlichen Verhältnisse« auszuüben vermochte. Darüber hinaus schufen die militärischen Erfolge der preußisch-deutschen Truppen in den 1860er und frühen 1870er Jahren, besonders aber ihr mit »Blut und Eisen« besiegelter Beitrag zur nationalen Einigung ein öffentliches Klima, das dem weittragenden Konsens über die Dominanz des Militärs im Kaiserreich unbedingt förderlich war.

Von dieser Entwicklung blieben der militärische Ehrenkodex und das Duell nicht unberührt. Ihre korporativen Funktionen wandelten sich ebenso wie ihre äußere Akzeptanz und Ausstrahlung, und auch die staatliche Duellpolitik war wechselnden Konjunkturen unterworfen. Spätestens seit den 1880er Jahren geriet sie zunehmend unter parlamentarischen Legitimationsdruck, dem sie sich immer weniger entziehen konnte. Obwohl der extrakonstitutionelle Status des Militärs im Kaiserreich nicht ernsthaft ins Wanken kam, traf die von Sozialdemokraten, Linksliberalen und Zentrumspolitikern formulierte Kritik am militärischen Duellzwang doch einen empfindlichen Nerv des wilhelminischen Staates, wie die allerdings nur bruchstückhaft überlieferten Reaktionen der zuständigen Ministerien und Kabinette bezeugen.

Wenn daher im folgenden das Duell der Offiziere in seinen Innen- und Außenverhältnissen untersucht wird, geschieht dies auch und vor allem mit Rücksicht auf die politische Dimension und die gesellschaftlichen Weiterungen des militärischen Ehrenkodexes. Lassen sich doch in einer solchen Analyse wichtige gesellschaftsgeschichtliche Themen anschneiden: die Beziehungen zwischen Militär und Bürgertum, der Zusammenhang von militärischen Sonderrechten und allgemeiner, zunehmend konstitutionell eingebundener Regierungsgewalt, nicht zuletzt aber auch die Konflikte zwischen obrigkeits- und militärtreuen Konservativen, ambivalenten Liberalen sowie kritischen Sozialdemokraten und Katholiken.

1. Bürgerliche Ehre contra militärische Ehre

Als der Erste Vereinigte Landtag Preußens 1847 in Berlin tagte, kam es bei der Debatte über einen von der Regierung vorgelegten Gesetzentwurf über die Bescholtenheit von Abgeordneten zu einer erregten und äußerst kontrovers geführten Auseinandersetzung um die Bedeutung und Reichweite des militärischen Ehrbegriffs. Die preußische Regierung hatte vorgeschlagen, die Verurteilung durch ein militärisches Ehrengericht als Bescholtenheitszeugnis zu erachten und dem Verurteilten sein passives Wahlrecht abzuerkennen. Gegen eine solche Übertragung militärischer Vorstellungen auf das zivile politische Leben erhob sich empörter Protest, der vor allem von den bürgerlich-städtischen Abgeordneten der Rheinprovinz formuliert wurde. Der Kölner Großkaufmann und Bankier Gustav Mevissen verwies ebenso wie sein Aachener Kollege David Hansemann darauf, daß ein Mann nur dann für bescholten gelten könne, wenn er mit den Strafgesetzen des Staates in Konflikt geraten sei. Solange er keine strafbaren, mit dem Rechtsbewußtsein und den Sitten der bürgerlichen Gesellschaft unvereinbaren Handlungen begangen habe, sei seine bürgerliche Ehre intakt. »Ein jeder Versuch, andere Kriterien aufzufinden«, war nach Ansicht Mevissens »mißlich und gefährlich. Am gefährlichsten ist der Versuch, eine spezielle ständische Ehrenhaftigkeit der allgemeinen bürgerlichen Ehrenhaftigkeit zu substituieren.«

Eine solche Tendenz witterte er in dem Anliegen der Regierung, dem Ausspruch eines militärischen Ehrengerichts auch in nichtmilitärischen Verhältnissen verbindliche Kraft zuzuerkennen. Die Kriterien, von denen sich jene Gerichte bei ihrer Entscheidung leiten ließen, waren bekanntermaßen ganz anders definiert als die, nach denen die »äußere Ehre« normaler Staatsbürger zu beurteilen sei, da, wie Mevissen kritisch-resigniert feststellte, »noch im heutigen Jahrhundert die Begriffe von Standesehre und die Begriffe von allgemeiner bürgerlicher Ehre streng geschieden sind«. Während beispielsweise das Duell unter Offizieren »Ehrensache« sei, gelte es nach bürgerlichen Rechtsgrundsätzen als Kriminaldelikt – ein Konflikt, den der rheinische Bürger »zur Zeit in unserem Staate« für nicht lösbar hielt.

Um so mehr müsse man aber darauf achten, daß sich ständische Ehrkonzepte nicht verallgemeinerten und unter der Hand zur verbindlichen Richtschnur gesellschaftlichen und politischen Verhaltens entwickelten. Ebenso wie der westfälische Abgeordnete Ludwig Delius lehnte auch der Krefelder Bankier von Beckerath eine Allgemeinverbindlichkeit militärischer Standesbegriffe entschieden ab und warnte zudem vor einer möglichen »Kluft« zwischen militärischem und bürgerlichem Leben. Gegenüber den wortgewaltigen Befürwortern einer besonderen militärischen Duellehre wandte von Beckerath ein: »Wenn das Duell als ein *Grundpfeiler* des Offizierstandes erklärt wird, so frage ich Sie, kann eine Übereinstimmung des Militär- und Bürgerstandes dadurch befördert werden? Können wir das Duell auch als Grundpfeiler des Bürgerstandes betrachten? Der Grundpfeiler des Bürgerstandes ist die Achtung gegen das Gesetz, das Gesetz aber sagt: Du sollst nicht töten.«[2]

Beckerath bezog sich hier implizit auf den »Fall Anneke«, der den prinzipiellen Konflikt zwischen militärischem und bürgerlichem Ehrbegriff besonders markant offenbart hatte. Der preußische Leutnant Fritz Anneke war 1846 aus der Armee entlassen worden, weil er sich, wie das Ehrengericht befand, »durch seine in der Verteidigung offen ausgesprochenen Ansichten über das Duell, das er nicht als eine für den Offizierstand notwendige und zu achtende Institution betrachtet, sondern ein Standesvorurteil nennt, ... in entschiedenen Gegensatz mit einem der Grundpfeiler« gesetzt hatte, auf denen der Offizierstand beruhte. Anneke hatte es abgelehnt, sich mit einem Kameraden zu duellieren, der ihn daraufhin beim Ehrengericht anzeigte. Das Gericht hielt diese Weigerung für eine Verletzung der Standesehre, wobei aber nicht Feigheit oder prinzipielle Unehrenhaftigkeit der Grund für Annekes Handeln gewesen seien, sondern dessen Empfänglichkeit für kommunistische und demokratische Ideen: »Nur von den herrschenden Zeiten ist er bestimmt worden. Indes verläßt er selbst dadurch schon die Basis des Offizierstandes.«[3]

Anneke, der in der Tat enge Kontakte zu westfälischen Demokraten unterhielt, hatte seine Geschichte veröffentlicht, um ein helleres Licht auf die »Kluft zwischen Heer und Volk«, den »Gegensatz zwischen Soldat und Bürger« zu werfen und der liberalen Öffentlichkeit Material an die Hand zu geben, gegen den »Offiziers- und Adels-Dünkel« politisch-publizistisch vorzugehen.[4] Schließlich war es ungemein schwierig, Genaueres über innermilitärische Strukturen und Ereignisse zu erfahren, da die Armee eine äußerst zurückhaltende Informationspolitik betrieb. Ehrengerichtliche Verfahren fanden unter dem Siegel strengster Geheimhaltung statt, und nur selten drangen ihre Ergebnisse nach außen. Eine solche Abschottung förderte zwar die Zirkulation von Gerüchten, verhinderte aber auch die Formierung einer gründlichen, auf konkrete Geschehnisse bezogenen und mit gesicherten Erkenntnissen aufwartenden politischen Kritik.

Doch selbst wenn der Öffentlichkeit, wie im Fall Anneke, Beweise dafür vorlagen, wie sich militärische Behörden und Einrichtungen über allgemeine Rechtsgrundsätze hinwegsetzten und eigene, mit der bürgerlichen Rechtsauffassung kollidierende Verhaltensstandards einforderten, blieb ihr Protest erfolglos. Zu zahlreich und mächtig waren die konservativen Militäranhänger, die die Armee gegenüber jeglicher Kritik von außen zu immunisieren suchten und ihren Kodex offensiv in Schutz nahmen. Diese Erfahrung machten die bürgerlichen Abgeordneten im preußischen Landtag 1847, deren Vorstöße gegen eine exklusive militärische Standes- und Duellehre an der geschlossenen Phalanx adliger Ständevertreter abprallten. Ihre Einwände gegen die Absicht der Regierung, Männer wie Anneke, der nur wegen seiner Gesetzestreue von einem militärischen Ehrengericht verurteilt sei, nicht als Landtagsabgeordnete zu akzeptieren, fanden weder beim preußischen Kriegsminister noch bei den Repräsentanten der Rittergutsbesitzer oder in der Herrenkurie Gehör. Der pommersche Abgeordnete Graf Schwerin erklärte ihnen: »Wer nicht für fähig erachtet wird, die Waffen, des Königs Rock zu tragen, der kann auch nicht mehr für politisch unbescholten, für fähig gehalten werden, die ständischen Rechte auszuüben.« Sei jemand anderer Meinung, verletze er »das Prinzip unserer Wehrverfassung, des edelsten Kleinodes, was wir in Preußen haben«.[5]

Nur eine Minderheit des im Landtag vertretenen Adels war der Ansicht, militärische und bürgerliche Ehre müßten nicht unbedingt deckungsgleich sein. Ein unabhängiger Kopf wie der westfälische Liberale Georg Freiherr von Vincke leistete es sich sogar, den Regierungsantrag abzulehnen, weil er den Verfahrensmodus militärischer Ehrengerichte, die »nach ungewöhnlichen Formen und unbekannten Normen« entschieden, für zu wenig transparent hielt. Die meisten Adligen jedoch schlossen sich dem Standpunkt des Prinzen Wilhelm von Preußen an, der zwar konzedierte, daß der Offizierstand ein »exzeptioneller« sei, aber »hinsichtlich des Ehrenpunktes nur insofern, als er die Ehrenhaftigkeit als auf das höchste Stadium getrieben darstellt«.[6]

Prinz Wilhelm, der spätere preußische König und deutsche Kaiser, war es auch, der 1848 scharfe Kritik an »jenen Aposteln der Anarchie« übte, deren Hauptaugenmerk sich darauf richte, »die Offiziersehre zu untergraben«. Er nahm statt dessen den Offizierstand explizit von dem zeittypischen »Prinzip der Nivellierung« aus und begründete dessen Anspruch auf eine besondere Ehre so: »Wer sich aber einem Beruf widmet, der das Einsetzen des eigenen Lebens für allgemeine Zwecke verlangt, wer zugleich die Verantwortung übernimmt, Andere durch seinen Befehl in den Tod zu führen, der muß sich auch eine Gesinnung und Richtung bewahren, die nicht mit dem gewöhnlichen Maßstabe gemessen werden kann.«[7]

Weniger berufsständisch als politisch hatte der streitbare Prinz zwei Jahre zuvor im preußischen Staatsrat argumentiert, als es um die Revision des Injurienstrafrechts ging. In einem Minderheitenvotum plädierte er dafür, an der bisherigen Regelung festzuhalten, wonach die Beleidigung von Offizieren härter bestraft wurde als die von Zivilpersonen. Immerhin habe »die Ehre und eben deshalb auch die Ehrenkränkung beim Offizierstande einen ganz anderen Charakter und eine ganz andere Bedeutung als bei den anderen Ständen ... Die Ehre und Ehrenhaftigkeit sei für den Offizierstand das erste Erfordernis, die erste und höchste Bedingung seines Berufs. In diesem Sinne sei die gegen Offiziere begangene Ehrenkränkung, als seine wesentliche Bedingung, ja seine Existenz angreifend, ein besonders schweres Verbrechen, was um so mehr eine schwerere Ahndung erheische, als die Gesetzgebung, namentlich die des Preußischen Staats, auf Erhaltung und Belebung des Gefühls der Ehrenhaftigkeit im Offizierstande, dem er zum großen Teil seine Macht verdanke, vorzugsweise Bedacht nehmen müßte. Das Interesse des Staats an der Ehre des Offizierstandes, was bei keinem andern Stande in gleichem Maße eintrete, weil die Ehrenhaftigkeit des Offizierstandes die Basis für die Sicherheit und Existenz des Staats sei, scheine ein vollkommen durchgreifender Grund, um Injurien gegen Offiziere anders zu behandeln als Injurien gegen andere Personen.«[8]

Diese Argumentation besaß in Preußen eine lange Tradition. Bereits im späten 18. Jahrhundert hatte König Friedrich Wilhelm II. Maßnahmen getroffen, die Ehre seiner Offiziere zu privilegieren. Da Zivilisten, die einen Offizier beleidigt hatten, seiner Ansicht nach zu gelinde bestraft wurden, erließ er 1788 eine Verordnung, die diese heikle Materie militärfreundlicher regeln sollte. Darin suchte der König Verständnis zu wecken für die »besonderen Verhältnisse des Militärstandes«, in denen »Beleidigungen der Ehre bei einem Offizier sowohl an sich sehr oft in einem höhern Grade kränkend als in Ansehung ihrer Folgen für denselben, in den meisten Fällen, weit nachteiliger sind als für eine Zivil-Person«. Hatte ein Zivilist einen Offizier beleidigt, sollte er folglich zu Freiheitsstrafen zwischen drei und sechs Monaten verurteilt werden. Waren die Beleidiger gar adliger Herkunft oder hohe bürgerliche Beamte, erhöhte sich die Haftdauer auf drei Monate bis drei Jahre, denn solche Konfrontationen konnten leicht, wie die Verordnung andeutete, zum Duell führen und damit »Ruhe, Ordnung und Sicherheit im Staat« gefährden.[9] Umgekehrt sollten Offiziere, die eine Zivilperson beleidigt hatten, »nach dem Grad der Verschuldung«, der sich nach dem Stand des Beleidigten richtete, mit Arrest auf der Garnisonswache oder auf einer Festung bestraft werden.[10]

Anstatt Ehrenstreitigkeiten zwischen Zivil- und Militärpersonen vorzubeugen, gaben diese Bestimmungen und ihre praktische Umsetzung Anlaß zu neuen Konflikten. In den Augen von Zivilisten wurden Offiziere von den Militärgerichten viel zu milde behandelt, was letztere mit dem Hinweis auf die empfindliche Ehre der Angeklagten rechtfertigten. Einem Offizier sei es eben nicht zuzumuten, der von ihm beleidigten Zivilperson private Genugtuung in Form einer Entschuldigung, Abbitte oder

Ehrenerklärung zu geben. Statt dessen erhielt er für die Beleidigung von seinem Vorgesetzten einen Verweis, der dem Kläger vom Gericht mitgeteilt wurde. Offiziere wiederum monierten, daß zivile Gerichte bürgerliche Beleidiger häufig nur zu Geldstrafen verurteilten. Als sich der vermögende Elbinger Kaufmann Baumgart 1799 mit einem Leutnant von Platen anlegte, weil letzterer einen betrunkenen Soldaten mit Kolbenstößen zur Wache trieb, ließ ihm das Gericht die Wahl zwischen vier Wochen Gefängnis oder fünfzig Dukaten Geldstrafe. Darüber beschwerte sich Generalmajor von Kalkreuth beim König, was Friedrich Wilhelm III. »sehr gegründet« fand. In einer Kabinettsordre befahl er, Baumgart die Strafe »körperlich abbüßen zu lassen«, weil es »dem Platen allerdings keine Genugtuung sein kann, wenn der Baumgart als ein bekannter wohlhabender Mann die ihm zugefügten Beleidigungen mit einer ihm gar nicht empfindlich fallenden Geldstrafe abbüßet«. Schließlich würden Offiziere im umgekehrten Fall mit persönlichen Haftstrafen belegt. »Es würde daher äußerst erniedrigend für den Militärstand, dem Ehre die Stelle aller Glücksgüter vertreten muß, sein, daß derjenige, der Geld besitzt, einen Vorzug vor dem, der Gesundheit und Leben dem Staat opfert, genießen« sollte. Den Einwand des Marienwerder Regierungspräsidenten, daß ein Kaufmann »seine Tätigkeit nicht bloß zu seinem Wohlstande, sondern auch zum Vorteile des Staats und seiner Mitbürger« ausübe, ließ der König nicht gelten.[11]

Immer wieder kam es auch in der ersten Hälfte des 19. Jahrhunderts zu Konflikten zwischen dem preußischen König, der die Ehre seiner Offiziere eifersüchtig bewachte, und zivilen Gerichten, die dieses Ehrenvorrecht nicht akzeptieren wollten. Die Richter sahen in der 1844 erneuerten Verordnung, wonach Zivilpersonen, die einen Offizier beleidigt hatten, immer mit einer Freiheitsstrafe und nie mit Geldstrafe zu belangen waren, eine gravierende Ungerechtigkeit. Schließlich wurden im umgekehrten Fall Offiziere gemäß den Bestimmungen des seit 1845 geltenden Militärstrafgesetzbuchs nur zu einfachem Stubenarrest verurteilt, der in der eigenen Wohnung abgesessen werden konnte. Die Kommission des preußischen Staatsrats, die sich in den 1840er Jahren mit der Revision des Strafgesetzbuchs befaßte, lehnte es ebenfalls ab, diese Ungleichheit in das neue Strafrecht zu übernehmen. Sie begründete ihr Votum 1846 mit dem Argument, man habe »unter den jetzigen Verhältnissen bei der vielfachen Vermischung der Stände, sowie bei der Militärpflicht des ganzen Volkes pp. Ursache, zur Erhaltung der Eintracht der Stände, bei aller Berücksichtigung der eigentümlichen Verhältnisse des Offizierstandes, die Ehrenhaftigkeit des Bürgerstandes zu wahren und darauf zu sehen, daß dieser durch eine auffallende Ungleichheit in der Behandlung im Vergleich mit dem Offizierstande nicht verletzt werde«.[12]

Dieses Plädoyer leuchtete König Friedrich Wilhelm IV. jedoch nur bedingt ein. Ähnlich wie sein Bruder Wilhelm scheute er vor einer Nivellierung militärischer Ehre zurück und wies die Empfehlung der Staatsratskommission, Offiziere für die Beleidigung einer Zivilperson fortan mit geschärftem Stubenarrest oder Festungshaft zu belegen, mit dem Bemerken von sich, eine solche Strafe sei »unverträglich mit der dienstlichen Stellung der höheren Offiziere«.[13] Wo immer er dazu Gelegenheit fand, intervenierte der König zugunsten des Militärs und schirmte den exklusiven Ehrbegriff seiner Offiziere gegen die sich verstärkende Kritik aus Öffentlichkeit und Bürokratie ab.

Eine solche Politik trug der besonderen Beziehung Rechnung, die der Monarch zur Armee unterhielt. Seit das Militär im Prozeß innerer Staatsbildung zu einer »Grundsäule der monarchischen Staatseinheit«[14] und zu einem direkten Herrschaftsinstrument des absolutistischen Fürsten geworden war, profitierten seine Offiziere unmittelbar von der Ehre und vom Glanz ihres obersten Befehlshabers, dem sie durch einen persönlichen Treueeid verpflichtet waren. Eine derart enge Bindung zahlte sich für sie in einer bevorzugten Ehre aus, die ihnen, wie Zeitgenossen spöttelten, zwei Drittel ihres Lohnes ersetzte und für die Landesherren eine ausnehmend kostengünstige Münze war, »ihrer Kasse zu Hilfe« zu kommen.[15]

Jene Privilegierung setzte sich auch unter den (semi)konstitutionellen Bedingungen des »bürgerlichen« 19. Jahrhunderts fort. Nach sozialem Status und Ehre war der Offizier, wie Prinz Friedrich Karl von Preußen 1860 betonte, »der erste nach dem König« und in manchem dessen direkter Stellvertreter, der »mit seinem Leben für die ›Person‹ des Königs« einstand. Eine Beleidigung des Monarchen war folglich »für jeden Offizier eine persönliche Beleidigung« und mußte entsprechend geahndet werden.[16]

Diesem Grundsatz folgte 1844 der preußische Leutnant von Leithold, als er, in einem Königsberger Biergarten sitzend, die respektlosen Kommentare eines Gerichtsreferendars namens Schade über König Friedrich Wilhelm IV. hörte. Der Offizier forderte den Referendar zu einem Pistolenduell und nahm auch dann nicht davon Abstand, als Schade sich schriftlich bei ihm entschuldigte und eine Ehrenerklärung abgab. Das Duell fand statt, Schade wurde tödlich verletzt. Bei seiner Vernehmung sagte von Leithold aus, er habe sich von Schades Äußerungen über den König in seiner persönlichen und »Beamten-Ehre« beleidigt gefühlt. Als Offizier habe er darauf »naturgemäß nur im Wege des Zweikampfs« reagieren können.[17]

Bei den Spitzen des preußischen Staates traf Leitholds Verhalten auf ungeteilte Zustimmung. Innenminister von Arnim bezeichnete es als »durchaus ehrenwert«, und der Oberpräsident der Provinz Preußen schrieb nach Berlin: »Der Eindruck, den das Benehmen des von Leithold gemacht hat, hoffe ich, soll noch gute Früchte tragen; wenn er auch vor dem Gesetz nicht zu rechtfertigen sein sollte.«[18] Anderer Meinung war die Königsberger Bürgerschaft. Obwohl die Beerdigung des Referendars nach dem Willen der Behörden »möglichst in der Stille« vonstatten gehen sollte, folgten dem Sarg mehrere hundert vorwiegend junge Leute. In dieser »zahlreichen Leichenbegleitung« sah der Oberpräsident »kein gutes Zeichen«, sondern »eine Demonstration wenigstens gegen das Militär, insbesondere den Offizierstand«. Schades Grab wurde zudem von »exaltierten Frauenzimmern« »mehrmals mit frischen Blumenkränzen« geschmückt, und noch Monate nach dem Vorfall gab die »sogenannte öffentliche Stimme«, wie der hohe Beamte dem Innenminister meldete, im »Partei-Kampf über das unglückliche Duell ... gerade nicht die loyalsten Gesinnungen kund«.[19]

Loyalität, wie sie der Oberpräsident verstand, hätte bedeutet, den Offizier als Repräsentanten des monarchischen Prinzips zu würdigen, seinem Ehrbegriff Vorrang einzuräumen und zu akzeptieren, daß, in den Worten des Klevener Oberprokurators Lombard von 1821, »in einem Militärischen Staate wie dem unsrigen die Aufrechterhaltung des point d'honneur eine der Bedingungen seiner Existenz« sei.[20] Statt dessen auf Recht und Gesetz zu pochen, das strafrechtliche Duellverbot zu zitieren und auf die Möglichkeit einer gerichtlichen Beleidigungsklage hinzuweisen zeugte von einem als bedenklich empfundenen Mangel an Verständnis und Respekt für die militärischen Fundamente des preußischen Staates.

Der anläßlich des Königsberger Duells ebenso wie in den vormärzlichen Ständeversammlungen anklingende Widerspruch gegen eine militärische Standesehre, die der allgemeinen staatsbürgerlichen Ehre vor- und übergeordnet war, gewann in der Revolution von 1848/49 an Schärfe und Eindeutigkeit. Hatten Liberale wie Beckerath 1847 noch konzediert, daß das Militär »auf einem Gebiete steht, auf welchem allerdings andere Rücksichten maßgebend sein müssen als im bürgerlichen Leben«,[21] galten solche Sonderkonditionen ein Jahr später zunehmend als anachronistisch. Der Entwurf eines Gesetzes über die deutsche Wehrverfassung, den das Frankfurter Paulskirchenparlament 1848 vorlegte, bestimmte denn auch klar und unmißverständlich: »Die Ehrengerichte sind abgeschafft.« Der Ausschuß für Wehrangelegenheiten hielt es sogar für überflüssig, diese Vorgabe näher zu begründen – sie »möchte sich wohl von selbst rechtfertigen«.[22] In einem demokratischen Volksheer, wie es den liberalen Parlamentariern vorschwebte, war für eine herausgehobene militärische Ehre und ihr zugeordnete Kontrollorgane schlicht kein Platz mehr.

Genauso argumentierten die bürgerlichen Abgeordneten des sächsischen Landtags, der sich im März 1849 mit dem Bericht einer Deputation zur Revision der Kriegsartikel und des Dienstreglements für die sächsische Armee befaßte. Die Deputation hatte vorgeschlagen, die seit 1833 bestehenden Ehrengerichte für Offiziere aufzuheben und damit der »militärischen Sonderehre« ihren institutionellen Rückhalt zu nehmen. Sei es doch die Funktion dieser Sonderehre, »den Soldaten durch das Vorurteil seiner bevorzugten Stellung feindselig vom Volke zu trennen«. Ein solcher »Kastengeist«, beschied die Deputation, war wohl »die traurige Notwendigkeit des feudalistischen Staates, der sich auf das Vorrecht und die Bajonette stützte, mit dem bürgerlichen der Bildung und des politischen Bewußtseins ist er gänzlich unvereinbar«. In der Aussprache über den Deputationsbericht kam das tiefsitzende Unbehagen an der sozialen Exklusivität und Arroganz des militärischen Ehrbegriffs deutlich zum Ausdruck. Während der sächsische Kriegsminister an der Notwendigkeit eines spezifischen militärischen Ehrenpunkts festhielt, betonten die Vertreter des sächsischen Bürgertums, daß »die besondere Ehre, welche man bisher dem Kriegerstande zuzuerkennen geneigt war«, spätestens seit der Einführung der allgemeinen Wehrpflicht »in der allgemeinen Staatsbürgerehre aufgehen«

müsse. Ihrer Ansicht nach war die adlig durchtränkte Offiziersehre, wie sie die Ehrengerichte der Armee normierten und verwalteten, mit der »Stellung eines konstitutionellen Offiziers« unvereinbar; vor allem bürgerliche Offiziere müßten sich von ihr lossagen, weil sie sonst »ihre Vorfahren im Grabe noch unehrlich machten«. Überdies habe die Revolution die Grundlagen exklusiver Standesehren hinweggeräumt: »Wir haben jetzt keine Stände mehr, wir haben nur noch Berufe«, verkündete der Abgeordnete Köchly selbstbewußt und ließ anstelle einer auf Tradition und Askription beruhenden Standesehre lediglich individuelle »Berufstüchtigkeit« als Maßstab sozialer Achtung gelten.[23]

Damit war er seiner Zeit jedoch, wie sich rasch herausstellte, weit voraus. Trotz anhaltender Opposition gegen den privilegierten, jeglicher öffentlichen und parlamentarischen Kontrolle entzogenen Sonderstatus des Militärs blieb dieser auch in der zweiten Hälfte des 19. Jahrhunderts im wesentlichen unerschüttert. Gerade im Kaiserreich, dessen Gründung dem Sieg der preußisch-deutschen Armee über Frankreich folgte, erfreute sich das erfolgsgekrönte Offizierkorps besonderer sozialer Wertschätzung, was die nun vor allem von den sogenannten »Reichsfeinden« – Sozialdemokraten, Katholiken, Linksliberalen – vorgebrachte Kritik an seiner staatlich sanktionierten Hegemonie politisch entwertete.

In konservativen, aber auch in nationalliberalen Kreisen übte man demgegenüber Zurückhaltung. Wie schwer sich die Nachfahren der Mevissen, Delius und Hansemann damit taten, die Prinzipien bürgerlicher Ehre gegen den Primat des Militärischen zu verteidigen, zeigte sich etwa 1896, als der »Fall Brüsewitz« die Öffentlichkeit erregte. In Karlsruhe hatte ein Leutnant von Brüsewitz den Techniker Siepmann, von dem er sich beleidigt fühlte, mit seinem Degen erstochen. Da Siepmann aufgrund seiner Herkunft und sozialen Stellung nicht als satisfaktionsfähig galt, hatte der Offizier zum Mittel der »Ehrennotwehr« gegriffen, um seine verletzte Ehre wiederherzustellen. In Presse und Parlamenten wurde dieser Vorfall ausführlich kommentiert; im Reichstag bewog er Abgeordnete des linksliberalen Freisinns zu einer Interpellation, über die zwei Sitzungstage lang debattiert wurde. In diesen Auseinandersetzungen kam die gespaltene Einstellung des Bürgertums zur Offiziersehre sehr deutlich zum Ausdruck. Der nationalliberale Abgeordnete Bassermann legte im Namen seiner Parteifreunde ein prinzipielles Loyalitätsbekenntnis zur

Armee und ihren Grundsätzen ab: »Wir sind stolz auf das deutsche Offizierkorps ... und gönnen ihm eine gewisse bevorzugte Stellung auch sehr gern.« Demgegenüber beharrte der Abgeordnete der Freisinnigen Volkspartei Lenzmann auf einer allgemeinen Ehrengleichheit: »Ich kenne eine besondere Ehre eines besonderen Standes nicht. Die Ehre des Arbeiters, des Handwerkers, des Landwirts, des Kaufmanns, des Juristen, des Beamten ist ebenso hochstehend wie die Ehre des Offiziers. Die Ehre ist ein absoluter Begriff, der nach meinem Dafürhalten in sich nicht steigerungsfähig ist.«[24]

Doch hatten letztlich auch die Vertreter der staatstragenden Schichten des deutschen Bürgertums Schwierigkeiten damit, ein Verhalten, wie es der Leutnant von Brüsewitz gezeigt hatte, zu rechtfertigen. Hans Delbrück, liberal-konservativer Historiker und Publizist, sann in den Preußischen Jahrbüchern darüber nach, wie »das Bürgertum vor so furchtbaren Ereignissen, wie jetzt in Karlsruhe, zu schützen« sei. Offensichtlich war Brüsewitz selbst jenen Zeitgenossen, die wie Bassermann oder Delbrück der Armee und ihrem »stolzen und feinen Ehrgefühl« mit Zustimmung begegneten, zu weit gegangen, als er den unbewaffneten Siepmann niederstreckte. Delbrück hielt »eine gewisse Selbsthilfe des Offiziers bei tätlichen Beleidigungen« denn auch für »ein Übel« – allerdings unter den gegebenen, von ihm ausdrücklich gebilligten Verhältnissen für ein notwendiges: »Die einfache Forderung, der Offizier soll wie ein Zivilist seinen Beleidiger verklagen, ist nicht durchführbar.«[25]

Mit dieser Empathie für die Verhaltenszwänge und -privilegien des Offizierkorps hatte sich das nationalliberale Bürgertum des späten Kaiserreichs sehr weit von den Standpunkten seiner vormärzlich-liberalen Vorfahren entfernt, und auch jenem seinen Namen nicht nennenden Gelehrten, der bereits 1791 das militärische Recht der Ehrennotwehr als Herabwürdigung des zivilen Bürgers kritisiert hatte, wären die Auffassungen, die hundert Jahre später publizistische und parlamentarische Repräsentanten bürgerlicher Bildungs- und Besitzschichten in dieser Frage vertraten, sehr fremd vorgekommen. Die Differenz zwischen dem Anonymus von 1791 und Hans Delbrück war allerdings weniger in ihren Zielen und Wünschen begründet als im gesellschaftlichen Umfeld, in dem sie sich jeweils befanden. Bereits der Gelehrte, der sich über die Vorrechte des Militärs empörte, träumte davon, sie auch seiner eigenen Klasse zugänglich zu machen, was zu jener Zeit unmöglich schien. Ein Jahrhundert später hatte sich das Blatt gewendet: Der Militärstaat hatte große Teile des Bürgertums aufgesogen und ließ sie an den Privilegien seines »ersten Standes« partizipieren. Das kritische Potential, das das Bürgertum des Vormärz gerade wegen seines zivilen Charakters noch ausgezeichnet hatte, war in dem Maße verschwunden, wie sich die Söhne und Enkel dieser Bürger aktiv und passiv mit dem Militärsystem verbanden und sich dessen Normen und Verhaltenskodizes zu eigen machten. Der jahrzehntelange Konflikt zwischen militärischer und bürgerlicher Ehre war damit zwar nicht gelöst, aber doch in einer neuen Synthese von Bürgertum und Militär aufgehoben. Zeitgenossen, die an der Antinomie beider Ehrbegriffe festhielten, rückten zunehmend an den linken Rand des Meinungsspektrums, von wo aus sie die bürgerlichen Deserteure an deren ursprüngliche Glaubenssätze erinnerten und ihren Abfall mit erbitterter Schärfe attackierten.

2. Ehrenkodex und Duell im Offizierkorps

Während der bürgerliche Ehrbegriff, wie ihn Mevissen im Einklang mit der (rechts)philosophischen Literatur seiner Zeit formulierte, in beruflicher Pflichterfüllung und staatsbürgerlichem Respekt vor dem Gesetz bestand, verfügten Offiziere im Duell über ein sehr viel ausdrucksstärkeres Ehrenzeichen, von dem sie trotz aller Kritik nicht lassen wollten. Zur Rechtfertigung des Zweikampfs als »Auskunftsmittel« militärischer Ehre verwies man zum einen auf die Tradition adlig-militärischer Ehrenwahrung, zum anderen auf die besondere Affinität des Duells zum soldatischen Charakter. Letzterer zeichne sich durch Gradlinigkeit, Entschlußkraft und Mut aus, der sich im Augenblick der Gefahr bis zur Lebensverachtung steigern könne. Ein Offizier, der diese Eigenschaften vermissen lasse, habe seinen Beruf verfehlt und sei für die Armee schon allein deshalb untragbar, weil er seinen Untergebenen ein schlechtes Beispiel gebe und damit die Kampfkraft der Truppe schwäche. Um der Mannschaft im Krieg ein Vorbild an persönlicher Bravour und Konsequenz sein zu können, müsse er die ihm zugeschriebenen Charaktermerkmale auch im Frieden pflegen und zur Schau stellen.

So argumentierte 1839 der preußische General von Müffling in einem amtlichen Gutachten, in dem er nachzuweisen suchte, daß das Duell für Offiziere »die einfachste Lösung eines auf jede andere Art unausführbaren Problems« sei. Nur im Zweikampf finde der Offizier Gelegenheit, »seinen Mut praktisch [zu] bewähren« und »seiner Stellung ... mit Ehre zu genügen«.[26] Ehre und Mut, hieß es 1805 auch bei einem Autor aus Militärkreisen, seien »das unverletzliche Eigentum des Kriegers«, das im Duell verteidigt und bestätigt werde: »Die Welt muß es wissen, daß Ehre ihm alles und Gefahr nichts gilt.«[27]

»Die Welt« war in diesem Fall identisch mit den Standesgenossen des Duellanten, die peinlich genau darauf achteten, daß ihr auf den Besitz von Ehre und den Beweis von Mut ausgerichteter Verhaltenskodex von keinem Mitglied des Offizierstandes verletzt wurde. Die Ehre des Offiziers war per definitionem Standesehre, korporativ verfaßt, normiert und kontrolliert. Für sie galt in besonderer Weise die Beobachtung Georg Simmels, der zu Beginn des 20. Jahrhunderts ebenso wie Max Weber Ehre als Medium ständischer Vergesellschaftung begriff, aber intensiver als Weber auf die Verknüpfung von individueller und Standesehre hinwies. Ehre sei, so Simmel, neben Moral und Recht ein zentrales Mittel sozialer Selbsterhaltung, das von jenen »Sondergruppierungen« genutzt werde, welche zwischen Gesellschaft und Individuum stünden. Während das Recht die »Selbsterhaltungsform« der Gesellschaft und Moral die des Individuums sei, repräsentiere Ehre ein Standesphänomen, das sich um so deutlicher auspräge, je größer die innere Kohäsion des Standes sei. Zweck der Ehre sei es, einen sozialen Kreis »in seinem Zusammenhalt, seinem Ansehen, der Regelmäßigkeit und Fördersamkeit seiner Lebensprozesse« zu stabilisieren und gegen andere ›Kreise‹ oder Stände abzuschließen. Dabei nehme sie zwischen Moral und Recht eine Mittelstellung ein, indem sie »äußere Zwecke durch innere Mittel« bewirke: »Ihre Verletzung wird von Strafen bedroht, die weder die reine Innerlichkeit des moralischen Vorwurfs noch die körperliche Gewalt der rechtlichen Sphäre besitzen.« Auf diesem Wege gelinge es, die von der Korporation verwaltete und eingeforderte Ehre in individuelles Handeln zu übersetzen, oder, in Simmels Worten, »dem Individuum die Bewahrung seiner Ehre als sein innerlichstes, tiefstes, allerpersönlichstes Eigeninteresse zu infundieren«. In einer solchen Übertragung »sozialer Pflicht« in »individuelles Heil« liege die »spezifische Leistung« der Ehre, die sie zu einem ungemein erfolgreichen Stabilisator ständischer Formationen erhebe. Gerade wegen der »rein personalen Form ihrer Erscheinung und ihres Bewußtseins« konstituiere sie »eine der wunderbarsten, instinktiv herausgebildeten Zweckmäßigkeiten zur Erhaltung der Gruppenexistenz«.[28]

Den besten Beweis für die Angemessenheit dieser soziologischen Kategorisierungen führte das Offizierkorps, das aufgrund seiner sozialen Abgeschlossenheit optimale Bedingungen für die Ausformung einer besonderen, korporativ normierten und individuell praktizierten Ehre bot. Sie übernahm, wie sich der preußische General von Borstell 1821 ausdrückte, die Funktion eines »Bindungs- und Verwarnungsmittels«, das besser als alle Disziplinargesetze in der Lage sei, den Offizierstand »in sich einig und rein und bei den Gebildeten und Ungebildeten in allen Volksständen in Achtung [zu] erhalten«.[29] Stellte sie einerseits die korporative Gleichheit der Offiziere unabhängig von Dienstalter und Rangstufe her, sicherte sie andererseits die innere Homogenität des Standes, der Ehre als ein verbindliches Lebensprinzip statuierte. Als solches fungierte sie zugleich als Unterscheidungszeichen gegenüber Außenstehenden, als ein besonderes Distinktionsmerkmal des Offizierkorps, dessen Ehre so hoch zu veranschlagen war, daß sie das Opfer physischer Verletzung allemal wert schien.

Was diese Ehre inhaltlich auszeichnete, blieb weithin unausgesprochen; wenn überhaupt Versuche zu einer positiven Definition unternommen wurden, mündeten sie in der Regel in eine Beschwörung des »ritterlichen Sinns«, der allen Offizieren eigen sein müsse. Darunter verstand man nach Ansicht des Herzogs Karl zu Mecklenburg, der den Dienstvorschriften des preußischen Gardekorps 1828 eine entsprechende Vorrede voranstellte, die »allgemeine Achtung jedes Standes, persönliche Bescheidenheit und feines Betragen gegen achtbare Frauen«.[30]

Besser ließ sich die militärische Standesehre offensichtlich durch das kennzeichnen, was sie nicht war. Mit einem Katalog solcher Negativ-Definitionen wartete eine Verordnung auf, die Friedrich Wilhelm IV. 1843 über Ehrengerichte im preußischen Heer erließ. Zu den »Handlungen und Unterlassungen«, die mit der Offiziersehre nicht vereinbar seien, gehörten danach unter anderem »Mangel an Entschlossenheit«, Schulden, unpassender gesellschaftlicher Umgang, Mangel an Verschwiegenheit, Neigung zu unmäßigem Alkoholkonsum und Glücksspiel.[31] Jenseits solcher manifesten Verfehlungen, derer sich Offiziere schuldig machen konnten und die im schlimmsten Fall zu ihrer Entfernung aus der Armee führten, konnten Ehrverletzungen aber auch im Umgang der Offiziere untereinander vorfallen. Dem Aktionsfeld persönlicher Beleidigungen waren dabei keine Grenzen gesetzt: Ein abschätziges Wort, ein ironischer Blick, die Unterlassung eines Grußes, das Übergehen eines Kameraden bei einer gesellschaftlichen Einladung – all dies konnte als Angriff auf die individuelle Ehre gedeutet werden. Schlimmer noch als Schimpfwörter oder Unterlassungshandlungen waren Tätlichkeiten – eine Ohrfeige, ein Schlag mit dem Stock oder Degen. Solche Verletzungen der physischen Integrität rangierten ungefähr auf gleicher Stufe wie Einbrüche in die »häusliche« oder »Familienehre« eines Offiziers. Hatte ein Kamerad seine Tochter oder Ehefrau verführt, galt dies ebenso wie eine direkte körperliche Mißhandlung als Ehrenkränkung, die durch keine Entschuldigung oder Abbitte wieder gut gemacht werden konnte.[32]

Verfehlungen dieser Art wurden selbst dann, wenn sie sich ausschließlich zwischen zwei Offizieren abgespielt hatten, von der Gesamtheit der Standesgenossen aufmerksam registriert und beobachtet. Beleidigungen waren niemals Privatangelegenheiten, sondern tangierten stets das Offizierkorps als Ganzes. Obgleich jeder Offizier auf seine »persönliche Ehre« zu achten hatte, handelte er dabei immer auch, wenn nicht sogar in erster Linie als Standesperson. Gerade weil die militärische Standesehre hoch über allen anderen Ehren angesiedelt war, mußte sie im Innern des Standes, wie General von Borstell vermerkte, »zart behandelt und makellos erhalten« werden. Jeder einzelne Offizier stand für die Korporation insgesamt ein, ebenso wie letztere ihre Mitglieder vor äußeren Angriffen bedingungslos in Schutz nahm. Die homogene und geschlossene Struktur des Offizierkorps beruhte demnach auf einer inneren Disziplin, die nur durch Internalisierung und strenge korporative Kontrolle des militärischen Ehrenkodexes erreicht wurde.

Wie intensiv diese Kontrolle wirklich war und welche Verhaltensanstrengungen sie den Mitgliedern des Offizierstandes abverlangte, zeigte sich vor allem dann, wenn die Verinnerlichung der Standespflichten nicht vollständig gelungen war. Als der badische Leutnant Anton Ferdinand Waizenegger 1830 von einem Regimentskameraden als »hundsföttischer Kerl« bezeichnet wurde, erwarteten alle Offiziere von ihm, diese Beleidigung mit einer Duellforderung zu beantworten. Das tat er auch, doch wurde der Zweikampf durch Vermittlung seines Kommandanten zunächst vereitelt. Vor allem jüngere Offiziere begegneten ihm daraufhin mit Hohn und Spott, weil er den »Hundsfott« auf sich sitzen ließ. Waizenegger sah sich dadurch veranlaßt, seinen Beleidiger erneut zu einem Säbelduell zu fordern, aber jener bestand auf Pistolen, worauf sich wiederum Waizenegger nicht einlassen wollte. Er besprach sich mit einem älteren Kapitän des Regiments und bat um eine nochmalige Schlichtung des Konflikts. Dies lehnte der Kapitän mit der Bemerkung ab, »es stünden ihm [Waizenegger] nur zwei Wege offen; entweder müsse er sich zur Rettung seiner Ehre auf Pistolen schlagen oder seine Angelegenheit gerichtlich anhängig machen; in welchem letzteren Falle er übrigens in den Augen seiner Kameraden nur noch mehr verlieren würde«.[33]

Der Ehrenkodex des Offizierkorps ließ dem beleidigten Offizier keine andere Wahl, als die Beleidigung mit einem Duell zu ahnden. Eine gerichtliche Klage, wie sie das zivile Strafrecht in solchen Fällen anheim stellte, kam für ihn offensichtlich nicht in Frage. Den Ursachen dieser Abstinenz spürte die preußische Kommission nach, die sich in den 1830er Jahren mit einer Revision der Militärgesetzgebung befaßte und in diesem Zusammenhang auch den Komplex »Ehre und Duell« behandelte. Sie sah den »viel tieferen und edleren Grund« des Zweikampfs in dem »Gefühl, daß das gewöhnliche Gesetz, welches sich darauf beschränkt, den Beleidiger zu bestrafen, hiermit der verletzten Ehre nicht diejenige rechte Genugtuung gibt noch geben kann, die für sie ein unbedingtes Bedürfnis der ferneren Existenz ist. Es kommt dem an seiner Ehre Gekränkten gar nicht darauf an, daß sein Beleidiger bürgerlich bestraft werde, aber mehr als an seinem Leben liegt ihm daran, daß dieser Beleidiger selbst und mit ihm die Welt eine andere, bessere Überzeugung von seinem Wert gewinnen, als die ausgesprochene war. Dazu gibt es für den Gekränkten nur ein Mittel: nämlich eine Tugend zu bewähren, vor deren reinem Licht die Verleumdung zu Schanden werden muß, und welche anzuerkennen der Gegner selbst gezwungen wird. Eine solche Tugend ist die Lebens-Verachtung, da, wo es Ehre, Recht und Wahrheit gilt, und der kriegerische Geist des Rittertums, dem eben diese Tugend am besten entsprach, hat sie darum von jeher als Beweisführung für den ganzen Wert des Mannes gern erwählt und gern gelten lassen. In diesem der Duellsitte innewohnenden Element der Ehre und Wahrheit beruht ihre wunderbare Macht und Lebenskraft.«[34]

Macht und Lebenskraft besaß das Duell keineswegs nur in der preußischen Armee, deren Offiziere, wie General von Borstell 1821 vermerkte, die »zarte Ansicht der eigenen und Standesehre und – mit ihr eng verbunden – die Beibehaltung des Duell-Prinzips als gebieterisch« anerkannten.[35] Auch im badischen, württembergischen oder bayerischen Militär galt ein Offizier, der seine angegriffene Ehre nicht im Zweikampf verteidigte, als Außenseiter, der von seinen Kameraden gemieden wurde. Das mußte etwa in den 1840er Jahren der bayerische Leutnant Reschreiter erfahren, der die Herausforderung eines Apothekergehilfen nicht angenommen hatte, worauf letzterer ihn als »Hundsfott« beschimpfte. Zwar verurteilte das Gericht, dem Reschreiter die Herausforderung angezeigt hatte, den Gehilfen deswegen zu vierzehn Tagen Gefängnis, doch betrachteten weder Reschreiter noch seine Kameraden diese Strafe als geeignete Genugtuung für die empfangene Beleidigung. Von Offizieren anderer Abteilungen bekam Reschreiter Äußerungen zu hören, »welche mir nicht gleichgültig sein können und für mich mit nachteiligen Folgen in jeder Hinsicht verbunden sein müssen«. »Die Achtung seiner Kameraden verlierend«, sah der Leutnant für sich »ein jammervolles Leben« voraus. Hätte er sich dagegen mit dem Apothekergehilfen duelliert, wären die Beleidigung gesühnt und sein guter Ruf im Offizierkorps erhalten geblieben.[36]

Daß allein schon das Gerücht, eine Forderung zum Duell abgelehnt zu haben, schwerwiegende soziale Folgen nach sich ziehen konnte, erlebte 1823 der bremische Hauptmann Carl Ludwig Wermuth. Beim Bürgermeister beklagte er sich darüber, daß ihn jene Unwahrheit in die »unglücklichste und verderblichste« Lage versetzt habe, »in der ein Offizier sich befinden kann«. Im gleichen Jahr schickte der Bremer Leutnant Bornemann dem dortigen Major Eelking eine Duellforderung, weil er sich von einem Artikel Eelkings im Bremischen Unterhaltungsblatt beleidigt fühlte und »als Mann von Ehre nicht durch Worte auf Beleidigungen erwidern« könnte.[37]

Auch das Militär der freien Reichsstadt Hamburg, dessen Offiziere überwiegend dem wohlhabenden Kaufmanns- und Freiberuflerbürgertum entstammten, akzeptierte das Duell als probates Mittel zur Wiederherstellung verletzter Ehre.[38] 1826 kam es zwischen dem Kommandeur des Bürgermilitärs, Oberst von

Stephani, und dem vier Jahre zuvor verabschiedeten Major a.D. to der Horst zu einem Pistolenduell, das ein bezeichnendes Licht auf die Ehrbegriffe hanseatischer Offiziere warf. To der Horst hatte sich 1825 mit einer Schrift an die Öffentlichkeit gewandt, in der er seinem Ärger auf Stephani, der an seiner Stelle zum Kommandeur ernannt worden war, freien Lauf ließ. Stephani habe diese Position nur deshalb bekommen, weil er der Schwiegersohn eines Senators sei. Ansonsten zeichne er sich durch »eben so große Unwissenheit in Dienstsachen« aus wie »durch die Unwahrhaftigkeit seines Charakters«.[39]

Aufgrund dieser Schrift erhob das Militärdepartement des Hamburger Rates Anklage gegen den Major, der daraufhin zu sechs Wochen Arrest verurteilt wurde. To der Horst jedoch legte bei der Universität Göttingen Berufung ein, deren juristische Fakultät das Urteil für unrechtmäßig erklärte, so daß der Hamburger Rat es wieder aufheben mußte. Erst nachdem das amtliche Verfahren abgeschlossen war, forderte Stephani seinen Beleidiger zum Duell, das im September 1826 bei Harburg stattfand und mit einer Verwundung des Majors endete. Stephani, der deswegen ebenso wie sein Sekundant zunächst vom Dienst suspendiert und unter Hausarrest gestellt wurde, rechtfertigte sein Verhalten gegenüber dem Rat durch die »nachfolgenden ehrerbietigen Vorstellungen«: »Es war nicht bloß meine Ehre, die eine solche Genugtuung erforderte. Hätte ich sie auch dem Gesetze zum Opfer bringen und mich in irgend einen Winkel der Erde verbergen wollen, so würden die Offiziere der hiesigen Garnison bei jeder Veranlassung darüber mit fremdem Militär in Händel geraten sein. Es war also nicht bloß Notwehr, sondern zugleich Pflicht gegen die Garnison, und somit gegen die Stadt selbst, die Genugtuung zu verlangen.«

Darüber hinaus handelte Stephani nach eigenem Bekunden unter Druck der »öffentlichen Meinung«, die sich »schon längst« für das Duell ausgesprochen habe und ihn tadele, »daß ich nicht sogleich zur Herausforderung geschritten war«. Wegen dieses Vorwurfs, der offensichtlich vor allem aus den Kreisen seiner Standesgenossen an ihn herangetragen worden war, hatte sich Stephani mit der Bitte an den Rat gewandt, beim preußischen König um ein ehrengerichtliches Gutachten nachsuchen zu dürfen. Der Rat hatte dies erlaubt, worauf das Ehrengericht Stephani das Zeugnis ausstellte, daß er »den Gesetzen der Ehre« nicht zuwider gehandelt habe, als er »seine notwendige persönliche Genugtuung bis zur Beendigung der öffentlichen Sache verschob«. Dieser Ausspruch, der dem Kommandeur in einem Schreiben des Hamburger Ratssyndikus mitgeteilt wurde, wusch ihn von dem öffentlichen Tadel einer zu zögerlichen Ehrenwahrung rein, verpflichtete ihn zugleich aber dazu, to der Horst zum Duell zu fordern, sobald die amtliche Untersuchung abgeschlossen war: »Konnte ich unterlassen, was das Ehrengericht, dem ich mich mit Vorwissen meiner hohen Oberen, wenn auch nicht mit ausdrücklicher Genehmigung unterworfen hatte, notwendig fand?«[40]

In Stephanis Rechtfertigungsschreiben fanden sich die wichtigsten Merkmale und Bezugspunkte militärischer Duellehre aufgelistet: der Zusammenhang von persönlicher und Standesehre, der Ausschluß gerichtlicher Klage und Genugtuung, der massive korporative Handlungsdruck und die Erwartung gesellschaftlicher Isolation für den Fall, daß dem Druck nicht nachgegeben wurde. Stephanis Bemerkung, daß diese Maximen für alle deutschen Armeen verbindlich seien und ihre Verletzung das hamburgische Militär bei Offizieren anderer Staaten in Mißkredit bringen würde, war dabei durchaus zutreffend. Zugleich verwies die Tatsache, daß er sich zwecks Erwehrung des Vorwurfs unehrenhaften Handelns an ein preußisches Ehrengericht wandte, auf die Vorrangstellung, die das preußische Militär bereits zu dieser Zeit mindestens im norddeutschen Raum genoß und die es gerade in Ehrensachen seit den 1870er Jahren im ganzen Deutschen Reich einnahm. Bereits vor der Reichsgründung hatte Preußen mit den süddeutschen Staaten geheime Bündnisverträge abgeschlossen, die darauf abzielten, die Militärverfassung dieser Staaten nach preußischem Vorbild umzugestalten.[41] Die Reichsverfassung von 1871 führte die »gesamte Preußische Militärgesetzgebung« dann in allen Teilstaaten des Deutschen Reichs ein und erkannte dem Kaiser, der in Personalunion preußischer König war, die Funktion eines Oberbefehlshabers zu. Selbst wenn Bayern und Württemberg Sonderrechte aushandeln konnten und an ihrer eigenen, weitaus liberaleren und transparenteren Militärgerichtsbarkeit festhielten, übernahmen sie doch alle Verordnungen, die die institutionelle Regelung von Ehrenkonflikten im preußischen Heer berührten[42] – ein untrüglicher Beweis für den Modellcharakter, den der preußische Umgang mit Fragen militärischer Standesehre auch in den bei weitem nicht so militärfrommen Staaten Süddeutschlands besaß.

3. Militärische Ehrengerichte und staatlicher Duellzwang

Daß es überhaupt Institutionen gab, die sich professionell mit der Ehre von Offizieren befaßten, war eine Innovation des 19. Jahrhunderts und verdankte sich hauptsächlich dem Interesse des Staates, das Duell auch dort, wo es seinen mächtigsten und legitimsten Rückhalt fand, unter Kontrolle zu bringen. Gerade wenn man es wie der bayerische Kriegsminister von Manz 1858 vom militärischen Standpunkt für »bedenklich« hielt, den Zweikampf ganz zu unterdrücken und auszurotten,[43] mußte man darauf bedacht sein, ihn »in der Art [zu] beschränken, daß er nur aus gegründeten und hinlänglich wichtigen Ursachen stattfinden kann«. So argumentierte 1817 der bayerische Feldmarschall von Wrede, der bereits 1806 vorgeschlagen hatte, sogenannte Duellgerichte in der Armee einzusetzen. Unter der von Wrede nicht anders als von seinen preußischen Standesgenossen geteilten Voraussetzung, daß die Ehre des Offiziers »einen gewissen Vorzug, einen allgemein anerkannten besonderen Wert« habe, müsse dem Offizier ein Mittel an die Hand gegeben werden, sie »nach seinen eigentümlichen Begriffen« zu verteidigen. Diese Aufgabe falle den neu zu schaffenden, aus Offizieren zusammengesetzten Ehrengerichten zu, die sich als schiedsrichterliche Instanz zwischen Beleidiger und Beleidigten schieben sollten. Ihnen gebühre es, darüber zu entscheiden, ob die Ehrenkränkung so gravierend gewesen sei, daß sie ein Duell rechtfertige. Falls sie diese Frage bejahten, konnten sie den Zweikampf zulassen; falls sie sie verneinten, sollten sie den Streit durch eine Ehrenerklärung des Beleidigers für den von ihm Beleidigten zu schlichten suchen.[44]

Diese Idee des bayerischen Feldmarschalls, Ehrengerichte über die Zulässigkeit von Duellen beschließen zu lassen, stieß im bayerischen Staatsrat auf massive Kritik. Justizminister von Reigersberg wandte sich dezidiert gegen eine solche seiner Meinung nach ungesetzliche Kompetenz und gegen Ausnahmeregelungen für das Militär: »Wenn der Zweikampf an sich nach den Gesetzen der bürgerlichen Ordnung und der Moralität nicht gebilligt werden darf, so kann ihn auch kein Gericht zulassen, erlauben oder gar gebieten.« Unterstützung erfuhr er von den höchsten Militärjuristen, und auch Staatsrat von Stürmer protestierte vehement gegen die Absicht, »dem unbesiegbaren Dämon zuvorkommend einen Altar zu bauen«, auf dem mit der Würde der

Gesetze zugleich auch die Ehre des Zivilstandes geopfert werde.[45]

Stürmer plädierte sogar dafür, von der Einrichtung besonderer militärischer Ehrengerichte gänzlich abzusehen: »Keine Gesetze! Keine Gerichte! Man toleriere, wie bisher, was man zu ändern weder Willen noch Kraft hat!« Grobe Mißstände sollten auf dem Disziplinarweg geahndet werden, ohne das im Militär gewohnheitsrechtlich verbreitete Duell von Staats wegen gleichsam zu legalisieren. Mit dieser Ansicht konnte er sich jedoch selbst in Bayern nicht durchsetzen.[46] Obwohl auch das Generalauditoriat 1818 die Einführung militärischer Ehrengerichte für unzulässig erachtet hatte, fanden sich in den Dienstvorschriften von 1823 genaue Anweisungen zur Bildung solcher Gerichte, denen auch »Ehrenbeleidigungen der Offiziere durch Worte oder Tätlichkeiten« unterworfen werden sollten. Offizieren, die diese Vorschrift nicht befolgten und sich unter Umgehung des Ehrengerichts duellierten, wurde die Entlassung angedroht.

Von einer Befugnis der Ehrengerichte, einen Zweikampf ausdrücklich zu billigen, war in den Dienstvorschriften nicht mehr die Rede – offenbar hatte die scharfe ministerielle und militärjuristische Kritik Früchte getragen. Trotzdem scheinen viele Ehrengerichte ihre Kompetenzen auf diesem Gebiet überschritten zu haben, weshalb ihnen König Ludwig I. in einer allerhöchsten Entschließung 1826 »eine solche die Gesetze illudierende Auslegung des Auftrages« untersagte. Die Tatsache, daß das Verbot 1834 erneuert werden mußte, verweist darauf, daß es nicht oder zumindest nicht durchgängig befolgt wurde. In Offizierskreisen begründete man diese Unterlassung damit, daß Ehrengerichte überhaupt nur dann, wenn sie in begründeten Fällen ein Duell erlauben dürften, als Entscheidungsinstanz anerkannt würden. Sei ihnen diese Möglichkeit genommen, müsse man davon ausgehen, daß Offiziere in Konfliktfällen auf die Einschaltung eines Ehrengerichts verzichteten, da es, wie das bayerische Generalauditoriat 1856 eingestand, »nach den ihm gegebenen Normen für eine erlittene Ehrenbeleidigung des Offiziers nicht immer vollständigen Ersatz bieten und die öffentliche Meinung, insbesondere jene der Standesgenossen, nicht immer zufrieden stellen« könne.[47]

1855 berichtete ein Referent im bayerischen Kriegsministerium dem König über ein Duell, das im Jahr zuvor zwischen einem Hauptmann von Heeg und einem pensionierten Oberzollamtskontrolleur namens Klüber stattgefunden hatte, wobei letzterer tödlich verletzt worden war. Klüber hatte Heeg in einem Würzburger Wirtshaus laut vernehmlich als »Hundsfott« bezeichnet, worauf ihn der Hauptmann zum Duell forderte. Erst am Tage nach dem Zweikampf informierte Heeg den Kommandeur; dieser berief ein Kriegsgericht ein, das den Hauptmann wegen »des militärischen Verbrechens der sich selbst verschafften Genugtuung unter Umgehung des Ehrengerichts und des gemeinen Vergehens der Tötung aus grober Fahrlässigkeit im Duell« zur Entlassung aus der Armee und einem achtzehnmonatigen Festungsarrest verurteilte. Das Generalauditoriat bestätigte die Rechtmäßigkeit dieses Urteilsspruchs, bat den König aber gemeinsam mit dem Kriegsgericht, die Entlassung aufzuheben und die Haftstrafe auf sechs Monate zu reduzieren. Es begründete seinen Antrag mit dem Argument, die Bezeichnung »Hundsfott« habe Heegs Standesehre so tief verletzt, »daß ein Widerruf oder eine Abbitte zur Sühnung nicht ausgereicht hätten«. Dem Hauptmann sei es daher nicht zu verübeln, daß er das Ehrengericht umgangen habe, dessen eingeschränkte Kompetenzen ihm keinen »Schutz gegen weitere Nachteile« geboten hätten. Sowohl der vortragende Referent als auch der Kriegsminister schlossen sich dieser Argumentation an, und der König genehmigte den Antrag. Heeg wurde nach fünfeinhalb Monaten aus der Haft entlassen und konnte seinen Dienst sofort wieder aufnehmen.[48]

Da der »öffentlichen Meinung« des bayerischen Offizierkorps die ehrverbürgenden Leistungen eines Ehrengerichts bei gravierenden Injurien nicht ausreichten, gehörte »das Bedürfnis der Abhaltung« solcher Gerichte nach Auskunft des Kriegsministers von 1858 »zu den seltenen Erscheinungen«. Um dies zu ändern, bedurfte es, so Manz am Ende seines ausführlichen Berichts, einer Ausdehnung ihrer Befugnisse, aber nicht nach württembergischem, sondern nach preußischem Vorbild. Hatten die Gerichte in der württembergischen Armee die Möglichkeit, bei schweren persönlichen Ehrenbeleidigungen zwischen Offizieren von einer Vermittlung Abstand zu nehmen und den Beteiligten zu erklären, sie müßten die Ehrensache unter sich ausmachen, »wie es die Ehre ihres Standes erfordere«, waren die preußischen Ehrengerichte zu solchen Zugeständnissen offiziell nicht ermächtigt, statt dessen aber mit sehr viel weitergehenden Aufgaben und Zuständigkeiten bei der Ahndung unehrenhaften Verhaltens in Offizierskreisen ausgestattet.[49]

In der Tat besaß die preußische Armee die ausgefeiltesten ehrengerichtlichen Bestimmungen, die 1843 in zwei königlichen Verordnungen niedergelegt worden waren. Ein halbes Jahrhundert früher war die Anregung der Landrechts-Juristen, Ehrengerichte für Offiziere einzusetzen, um auf diese Weise zu verhindern, daß Ehrenstreitigkeiten in jedem Fall in einem Duell endeten, bei den Militärbehörden noch auf erbitterten Widerstand gestoßen. Das Oberkriegskollegium teilte dem Großkanzler und Justizminister von Carmer 1791 mit, es müsse der mit der Einsetzung von Ehrengerichten verbundenen »Umschaffung des Militär-Charakters« seine Zustimmung verwehren. Dieser Charakter, der sich durch »standhafte Unerschrokkenheit in jeder Gefahr und äußerste Empfindlichkeit für jeden Angriff, der die Ehre oder Person verletzen kann« sowie durch den »ungesäumten Entschluß, dergleichen Angriff von sich zu entfernen«, auszeichne, stehe mit der »mehreren Ausbreitung der Zweikämpfe im Militärstande« in unmittelbarer Verbindung. Wolle man Duelle nun, wie im Entwurf des Allgemeinen Landrechts vorgesehen, durch Ehrengerichte verhindern und »zur gänzlichen Ausrottung« bringen, bestehe die Gefahr, damit zugleich auch dem »militärischen Charakter« Schaden zuzufügen und den »jetzt noch so ausgezeichneten Geist der königlichen Armee [zu] verändern«. Das vorgeschlagene Ehrengericht sei »mit der Ambition eines Offiziers nicht wohl zu vereinigen«, und »wenngleich diese Ambition in gewissem Verhältnis nach der Moralität auf Vorurteilen beruhet«, hätten jene Vorurteile »bis jetzt, wie es notorisch ist, einen so nützlichen Einfluß auf die königliche Armee gehabt..., daß deren Geist und Charakter sie auf die erste Stufe des Ruhms erhoben haben«.[50]

Friedrich Wilhelm II. schloß sich dieser Argumentation umgehend an und erteilte Carmers Ehrengerichts-Idee eine klare Absage. Auch er befürchtete »nachteilige Wirkungen auf den Esprit« der Armee und verfügte, das Landrecht solle es bei den bereits publizierten Duellgesetzen, -mandaten und -verordnungen bewenden lassen.[51] Als die Zuversicht in den »Geist und Charakter« des preußischen Heeres jedoch angesichts der Erfolge französischer Revolutionstruppen seit 1792 zu schwinden begann und das preußische Offizierkorps spätestens seit der Niederlage in Jena und Auerstedt 1806 von der »ersten Stufe des Ruhms« abtreten mußte, war der Weg frei für eine grundlegende

Reorganisation der Armee, in der sich auch die Frage der Ehrengerichte neu stellte. Eine königliche Verordnung von 1808 gab Offizieren das Recht, Ehrengerichte zu bilden und Standesmitglieder, die sich eines unehrenhaften Handelns und Denkens schuldig gemacht hatten, mit Dreiviertelmehrheit für eine bestimmte Zeit von der Beförderung auszuschließen. Der korporative Zug dieser Bestimmungen wurde in einer Kabinettsordre von 1821 dahingehend abgeschwächt, daß die Beschlüsse des Ehrengerichts fortan vom König bestätigt werden mußten. Dafür durften Ehrengerichte außer auf den Verlust des Avancements auch auf Dienstentlassung und Entfernung aus dem Offizierstand erkennen, also sehr viel höhere Strafen empfehlen.[52] Ihre Macht war zwar formell beschnitten, sachlich aber bedeutend gesteigert worden.

Im Unterschied zum Konzept des ersten Landrechts-Entwurfs von 1785 waren die 1808 institutionalisierten Ehrengerichte zunächst nicht dazu ausersehen, Ehrenstreitigkeiten der Offiziere untereinander zu vereiteln und dadurch Duellen vorzubeugen. Statt dessen sollten sie den ungeschriebenen Ehrenkodex des Offizierkorps repräsentieren und darüber wachen, daß sich ihm jeder einzelne Offizier in seinem dienstlichen und außerdienstlichen Verhalten unterwarf. Erst 1821 dehnte Friedrich Wilhelm III., offenbar unter dem Eindruck sich mehrender Zweikämpfe in der Armee, die Kompetenz der Ehrengerichte auch auf die Schlichtung interner Ehrenhändel aus.[53] Daß der König hierbei nicht nur an Vermittlungsdienste dachte, sondern dem Ehrengericht auch Straffunktionen zuwies, geht aus einer Kabinettsordre von 1829 hervor, die dem Offizierkorps einschärfte, »daß diejenigen schonungslos behandelt werden sollen, die durch vorsätzliche Verletzung des Anstandes und freche Beleidigung den Anreiz zum Zweikampf geben«. Der König fuhr fort: »Ich will in Meiner Armee die persönliche Ehre der Offiziere heilig geachtet, aber eben darum auch gegen jeden frechen, unwürdigen Anfall geschützt wissen. Wenn es Beschimpfungen gibt, die nach den noch herrschenden Ansichten diese persönliche Ehre in dem Maße verletzen, daß sie vermeintlich nur durch Blut wieder gereinigt werden kann, so macht sich derjenige, der fähig ist, eine solche niedrige Beschimpfung leichtfertig auszusprechen, eben dadurch unwürdig, dem Stande ferner anzugehören, für dessen Heiligtum ihm der Sinn gebricht, und seine Entfernung aus dem Stande ist zugleich für den ungebührlich

Gekränkten die vollgültigste Genugtuung, die Ich als eine solche überall anerkannt wissen will.«

Um den Ernst seiner Verordnung zu unterstreichen, bestrafte der König einen Leutnant Witte, der einen Kameraden so schwer beleidigt hatte, daß dieser ihn zum Duell forderte, mit der Entfernung aus dem Offizierstand – der schärfsten Strafe, die einen Offizier treffen konnte. Dem Kriegsminister trug er auf, jene Entscheidung der Armee mitzuteilen, damit sie »den Offizieren derselben bei Beurteilung ähnlicher Fälle zur Richtschnur diene«.[54] Dennoch scheint das konsequente Verhalten des Königs wenig Nachahmung gefunden zu haben. Bereits 1828 hatte der General Hans von Zieten darauf aufmerksam gemacht, daß »selbst höhere Offiziere das Ungebührliche des Zweikampfs nicht einsehen wollen« und jüngere Kameraden, die »oft unüberlegt in ihren Ausdrücken sind«, nicht »mit allem Nachdruck« in ihre Schranken wiesen.[55] Offensichtlich war die Duelltradition in der Armee so stark verwurzelt, daß selbst die außergewöhnlich energischen Initiativen Friedrich Wilhelms III., sie unter Bereitstellung angemessener Surrogate zu brechen, am passiven Widerstand des Offizierkorps scheiterten. Die Immediatkommission zur Revision der Militärgesetzgebung, die 1837 Entwürfe über Ehrengerichte und militärische Duellstrafen vorlegte, äußerte sich denn auch sehr skeptisch über die Wirksamkeit solcher Surrogate. Sie deutete an, daß Offiziere das Ehrengericht bislang vor allem deshalb nicht einschalteten, »um nicht als Denunzianten aufzutreten«, und hielt die Erwartung für unrealistisch, »daß durch diese Ausdehnung der ehrengerichtlichen Kompetenz das aus der Standesgesinnung hervorgehende Vorurteil, daß das Duell unter Umständen für den Offizier unerläßlich sei, sofort beseitigt werden dürfte«.[56]

Die von der Kommission ausgearbeiteten Entwürfe trafen im Staatsrat auf teilweise heftige Kritik: Sowohl Kriegsminister von Rauch als auch Justizminister von Mühler erachteten eine besondere, nur für Offiziere gültige Duellverordnung nicht für ratsam und empfahlen, entweder ein allgemeines, auch Zivilpersonen einbeziehendes Duellgesetz zu erlassen oder entsprechende Bestimmungen in das neue Strafgesetzbuch aufzunehmen.[57] Erst die Thronbesteigung Friedrich Wilhelms IV. und die Ernennung Hermann von Boyens zum preußischen Kriegsminister sprengten die politischen Blockaden und führten 1843 zu zwei Verordnungen über Ehrengerichte und Zweikämpfe im Offizierkorps, die militärisches Sonderrecht festschrieben und selbst dann, als das Strafgesetzbuch von 1851 die Duellmaterie verbindlich regelte, Offiziere von dieser Regelung zunächst befreiten.[58]

Während die erste Verordnung die Kompetenzen der Ehrengerichte festlegte und gegenüber den bisherigen Bestimmungen erheblich erweiterte, nahm sich die zweite speziell des Duells an. Diese Trennung verdeutlichte das Interesse des Staates, zum einen die Offiziersehre genauer zu definieren, zu normieren und einer doppelten, korporativ-staatlichen Kontrolle zu unterwerfen, was in Form eines kodifizierten Katalogs militärischer Ehrverletzungen sowie expliziter Verfahrensregeln für die Zusammensetzung und Spruchfassung der Ehrengerichte geschah. Zum anderen aber ging es darum, wie der Vorspann zur zweiten Verordnung erklärte, Zweikämpfe der Offiziere, die »oft wegen der unbedeutendsten Veranlassungen« stattfänden, »soviel als möglich zu verhüten«, indem das Ehrengericht der Standesgenossen als Schiedsrichter zwischen die Parteien trat und den Streit zu vermitteln suchte. Schwere Beleidigungen sollten fortan, wie bereits 1829 angeordnet, durch die ehrengerichtliche Bestrafung des Beleidigers geahndet werden, wodurch sich ein Zweikampf erübrigte. Gaben sich die Beteiligten mit einer solchen Lösung des Konflikts nicht zufrieden, mußte sie der Ehrenrat auf die – ebenfalls neu geregelten – Duellstrafen aufmerksam machen. Nützte auch diese Warnung nichts und kam es trotzdem zu einem Duell, besaß der Ehrenrat das Recht, »auf dem Kampfplatz zu erscheinen, und wenn es ihm in Vereinigung mit den Sekundanten nicht möglich sein sollte, eine Ausgleichung herbeizuführen, als Kampfgericht den Gang und das Ende des Zweikampfs zu regeln«. Ein so überwachtes Duell wurde höchstens disziplinarisch bestraft, während Duellanten, die den Ehrenrat absichtlich umgangen hatten, einen kriegsgerichtlichen Prozeß zu erwarten hatten, der ihnen je nach Ausgang des Duells und individueller Schuld Haftstrafen zwischen zwei Monaten und acht Jahren bescherte.

Diese Bestimmungen, von verschiedenen Seiten als in sich widersprüchlich und inkonsequent kritisiert,[59] führten zwar dazu, daß Ehrengerichte häufiger angerufen wurden, bei erfolgloser Vermittlung Zweikämpfe aber nicht verhindern konnten, sondern ihnen durch die Anwesenheit des aus Standesgenossen zusammengesetzten Ehrenrats gleichsam offizielle Weihen verliehen. Auch die Gründe, mit denen jene Anwesenheit gerechtfertigt wurde, ließen die staatliche Doppelmoral deutlich erkennen: Wenn es schon nicht gelang, das Duell gänzlich zu unterdrücken, sollten doch »so viel als möglich Ehre und Sitte« darin gewahrt bleiben, wozu die kontrollierende Gegenwart des Ehrenrats und die strenge Beachtung der Duellregeln beitragen konnten.

Daß auch die Verordnung von 1843 dem Duellkodex verhaftet blieb, zeigte sich überdies an der Verpflichtung des Ehrenrats, der Anzeige eines Offiziers nachzugehen, der entgegen der Erkenntnis des Ehrengerichts seinen Gegner forderte, von diesem aber eine Ablehnung erhielt. Hier sollte der Ehrenrat »möglichst genau ... ermitteln, weshalb der Geforderte die persönliche Genugtuung verweigerte«.[60] In dieser Anweisung brach sich die traditionelle Auffassung Bahn, daß die Verweigerung eines Duells ein Zeichen von Feigheit und deshalb unehrenhaft sei. Selbst wenn das Ehrengericht das Duell untersagt hatte, galt demnach nicht etwa nur eine seiner Entscheidung widersprechende Herausforderung als Verstoß gegen die Standespflichten, sondern auch deren in Einklang mit dem ehrengerichtlichen Beschluß stehende Ablehnung.

Solche Dissonanzen beleuchten den Grad der Übereinstimmung, die zwischen den Militärbehörden des preußischen Staates und den Konventionen seines Offizierkorps herrschte. Sie verrieten darüber hinaus die persönliche Handschrift des duellerfahrenen Kriegsministers,[61] der nie einen Hehl daraus machte, daß er das Duell und die in ihm verkörperte Identität von Mut und Ehre in der preußischen Armee nicht missen wollte. 1841 äußerte er sich über einen jungen Offizier, der körperlich mißhandelt und der Feigheit bezichtigt worden war: Ihm könne »keine gerichtliche Ehrenerklärung das ersetzen, was er in der öffentlichen Meinung für immer verlor, und ihm bleibt nur das einzige Mittel übrig, eine Gelegenheit zu suchen, in der er Beweise seines Mutes geben kann; das ist nicht bloß Vorurteil«.[62] Etwas vorsichtiger argumentierte Boyen sechs Jahre später auf dem preußischen Landtag, als er sich angesichts der massiven bürgerlichen Kritik am Zweikampf nicht über dessen Für und Wider auslassen wollte, aber dennoch darauf beharrte, daß Offiziere, solange sie »die Annehmlichkeiten des Standes genießen« wollten, sich seinen »Gesetzen fügen« müßten. Sollten Offiziere, wie der brandenburgische Rittergutsbesitzer von Massow zu bedenken gab, Duelle aus religiösen, also durchaus ehrenwerten Motiven ablehnen, durften sie nach Ansicht Boyens »nicht warten, bis ein solcher Fall vorkommt, sondern erklären, ich kann mit diesen Gesetzen nicht einverstanden sein und will ausscheiden«.[63]

Diese Äußerung des preußischen Kriegsministers aus dem Jahre 1847 liest sich wie ein vorgezogener Kommentar zu den Ereignissen, die 1864 einen öffentlichen Eklat auslösten. Am 2. März jenes Jahres wurde der katholische Leutnant Xaver von Schmising-Kerßenbrock, der beim elitären Ersten Garderegiment in Potsdam diente, von einem Kameraden in einer größeren Gesellschaft beleidigt. Der Leutnant schaltete einen Vermittler ein, dessen erster Ausgleichsversuch mißlang. Bevor er zum zweitenmal beim Beleidiger vorsprach, bat er seinen Auftraggeber um eine Forderungsvollmacht für den Fall, daß auch der zweite Versuch scheiterte. Schmising-Kerßenbrock gab diese Vollmacht nicht, sondern stellte statt dessen eine Anzeige an den Ehrenrat des Regiments in Aussicht. »Auf die Erklärung des Andern, daß die Zuziehung des Ehrenrates im Regimente nicht üblich sei [sic] und bei fortgesetzter Weigerung, eine Herausforderung ergehen zu lassen, ihm, dem Vermittler, Konflikte erwachsen würden«, erklärte der Leutnant, »daß die katholische Kirche das Duell und jede Beteiligung daran verbiete, er sonach keine Forderung erlassen könne und die weitere Vermittlung anheimstellen müsse«. Der Vermittler setzte seine Bemühungen um einen friedlichen Vergleich zwar erfolgreich fort, informierte aber parallel dazu den Regimentskommandeur über die prinzipielle Duellverweigerung des katholischen Kameraden. Der Kommandeur befragte auch die ebenfalls bei der Garde dienenden Brüder des Leutnants nach ihrer Ansicht zum Duell, bevor er alle Unterlagen am 3. Mai 1864 nach Berlin schickte. Elf Tage später erging eine Kabinettsordre des preußischen Königs, der die drei Grafen ohne Angabe von Gründen aus dem preußischen Militär entließ. Weder das Immediatgesuch des katholischen Feldprobstes noch die empörte Eingabe, die 55 westfälische und rheinische Adlige dem König zu überreichen versuchten, vermochten diese Entscheidung zu revidieren. Wilhelm I. zog sich auf seine höchste Kommandogewalt zurück und verweigerte den Kritikern sogar das Recht, nach den Gründen der Entlassung zu fragen.[64]

Die »Gesetze« der militärischen Standesehre, von denen Boyen 1847 so affirmativ gesprochen hatte, verboten mithin nicht nur die praktische, sondern bereits eine theoretische Distanzierung vom Duell, und der preußische König, vor allem seit er Wilhelm I. hieß, war fest entschlossen, diesen Gesetzen autoritative Geltung zu verschaffen, selbst wenn er sich damit die Loyalität des katholischen Adels verscherzte.[65] So weit mochte die pietistisch-hochkonservative Hofkamarilla um Ludwig von Gerlach nicht gehen. Vor allem der pommersche Gutsherr Adolf von Thadden sorgte sich um das bisher so gut funktionierende Einverständnis zwischen Konservativen und »römischen Notablen« und wirkte auf Gerlach ein, er möge als »wirklicher geheimer Kronjurist« einen vermittelnden Artikel in der Kreuzzeitung schreiben, um die Sachlage zu klären und die Gemüter abzukühlen. Gerlach jedoch lehnte dieses Ansinnen unter Hinweis auf die »konfusen« Grundsätze staatlicher Gesetzgebung und kirchlicher Lehrmeinung zum Duell ab. Am deutlichsten bildete sich diese »Konfusion« seiner Ansicht nach in den Verordnungen über militärische Ehrengerichte ab: »Sie lenken ein in die wahre Lehre, daß das Duell als Form anzuerkennen ist«, enthielten aber eine unauflösliche Antinomie, »indem sie die Form *zugleich*, neben dieser Anerkennung, zulassen und strafen«.[66]

Auch Wilhelm I., der seit 1861 auf dem preußischen Königsthron saß und zehn Jahre später zum deutschen Kaiser gekrönt wurde, störte sich an den Ehrengerichtsverordnungen seines Vorgängers. Nachdem sie durch die Reichsverfassung von 1871 in den Armeen aller deutschen Teilstaaten eingeführt worden waren, ließ er 1872 eine Kommission hoher Offiziere zusammentreten und ihre Revision vorbereiten.[67] Das Ergebnis dieser Arbeit fand zwei Jahre später Eingang in eine Allerhöchste Verordnung, die die Kompetenzen der Ehrengerichte neu regelte, zugleich aber die 1843er Bestimmungen über militärische Zweikämpfe ersatzlos aufhob. Lediglich in der umfangreichen Einleitung, die die königlichen Erwartungen an das Ehrverhalten seines ersten Standes in nie dagewesener Ausführlichkeit präzisierte, wurde das Thema »Duell« kurz berührt. Nach wie vor sollte der Offizier spätestens dann, wenn er eine Herausforderung erlassen oder erhalten hatte, den Ehrenrat davon informieren, der »da, wo die Standessitte es irgend zuläßt«, einen Sühneversuch unternehmen mußte. Falls dieser Versuch scheiterte, sollte er darauf hinwirken, »daß die Bedingungen des Zweikampfes zur Schwere des Falls in keinem Mißverhältnis stehen«. Beim Duell selber sollte ein Mitglied des Ehrenrats als Zeuge anwesend sein und darauf achten, »daß bei Vollziehung des Zweikampfes die Standessitte gewahrt wird«. Bestrafung hatten

Duellanten nur dann zu erwarten, wenn sie sich durch Regelverletzungen oder unzumutbare Beleidigungen gegen die Standesehre vergangen hatten. »Einen Offizier«, beschloß Wilhelm I. seine einleitenden Bemerkungen, »welcher imstande ist, die Ehre eines Kameraden in frevelhafter Weise zu verletzen, werde Ich ebensowenig in Meinem Heere dulden, wie einen Offizier, welcher seine Ehre nicht zu wahren weiß.«[68]

Damit war der vorsichtige Versuch, das Duell zu begrenzen und ehrengerichtlich zu determinieren, vorerst beendet und durch einen expliziten staatlichen Duellzwang ersetzt worden. Anders als die meisten seiner Vorgänger verzichtete Wilhelm I. darauf, diesen Zwang als unwillentliche Konzession an die »Standessitte« zu rechtfertigen. Für ihn, ebenso wie für die Mehrzahl der hohen Militärs, die den Kommissionsentwurf ausgearbeitet hatten, war das Duell eine unentbehrliche Pflichtübung der Offiziere, wichtig für den inneren Korpsgeist und unerläßlich für ihr Ansehen in der zivilen Welt.

Daß diese Einstellung keine preußische Eigenart war, die der in diesem Staat besonders ausgeprägten Wertschätzung militärischer Strukturen und Verhaltensformen zugeschrieben werden könnte, zeigen die Ausführungen des bayerischen Kriegsministers aus dem Jahre 1912. Zwar werde, hieß es darin, auf bayerische Offiziere kein formeller Duellzwang ausgeübt, doch sei es »selbstverständlich, daß ein Offizier, der sich den übernommenen Verpflichtungen nicht unterwerfen will, aus der Gemeinschaft – dem Stande – ausscheiden muß ... Jeder, der zum Offizier befördert wird, weiß durch die Erziehung und die Tradition, daß von ihm nicht nur persönlicher Mut auf dem Schlachtfelde verlangt wird, sondern auch unter Umständen die Verteidigung seiner Ehre mit der Waffe, und stillschweigend unterwirft er sich diesen Standesanforderungen, die der Pflege höchster Mannestugenden gelten.« »Schwächliche Elemente, die diesen Anforderungen nicht genügen können«, seien »aus dem Stande zu entfernen«. Auf die zunehmende Kritik katholischer Kreise und die publizistisch verstärkten Fälle religiöser Duellverweigerung anspielend, fügte das Ministerium hinzu: »Wem religiöse Bedenken oder andere das Gewissen drücken, wende sich eben einem anderen Stande zu.«[69]

Keine religiösen Bedenken gegen das Duell hegte der katholische General von Loë, der 1872 der von Wilhelm I. berufenen Kommission angehörte und 1885 seine Gedanken über militärische Ehrengerichte zu Papier brachte. Obwohl seine Kirche den Zweikampf strikt verurteilte und Duellanten mit Exkommunikation drohte,[70] billigte der General das Duell als »einzige standesgemäße Genugtuung«, die ein beleidigter Offizier erlangen könne. Seiner Meinung nach waren Ehrengerichte nicht dazu da, das Duell zu verhindern, sondern sollten dem Beleidigten dann, wenn seine Forderung abgelehnt worden war, den nötigen Schutz gewähren. Er begrüßte denn auch die Absicht der Verordnung von 1874, »den Offizier für den Schutz seiner Ehre vollständig selbständig« zu stellen.[71]

Noch deutlicher nahm 1888 der Chef der Admiralität von Caprivi, der 1872 ebenfalls der Revisionskommission angehört hatte, in einem Erlaß an das Offizierkorps der Marine zum Duellzwang Stellung. Der spätere Reichskanzler setzte sich zunächst mit Schwung über den offenkundigen Widerspruch zwischen strafgesetzlichem Duellverbot und militärischer Duellkonvention hinweg. Zwar habe die neuere Gesetzgebung die gerichtliche Bestrafung des Zweikampfs verfügt, jedoch »ohne daß dadurch Änderungen im Verhalten der Offiziere bei Beleidigungen und Streitigkeiten bedingt wären. Denn es muß nach wie vor von dem Offizier verlangt werden, daß er den Anforderungen der Standessitte genügt, auch wenn die allgemeinen Gesetze ihn deshalb mit Strafe bedrohen. Wo die eigene Ehre und die des Offizierstandes auf dem Spiele steht, kann die von dem Gesetz verlangte Bestrafung nicht ins Gewicht fallen.«

Darüber hinaus stimmte er, ähnlich wie General von Loë, der Entmachtung des Ehrenrats zu und begrüßte es, daß »der alte Grundsatz, daß jeder Offizier selbst der Hüter seiner eigenen Ehre sein müsse, wieder zur Geltung gekommen und eine Bevormundung der Einzelnen in Bezug auf die standesgemäße Bewahrung und Reinigung ihrer Ehre aufgegeben ist«. Die Entscheidung, ob er sich duellieren wolle oder nicht, müsse jetzt jeder Offizier »nach seinem innersten Gefühl treffen. Er allein ist dafür verantwortlich, daß das geschieht, was die Standessitte fordert. Verletzte Ehre«, fuhr Caprivi in einem Atemzug fort, »kann nicht schnell genug gereinigt werden, und auf eine nicht anders zu sühnende Beleidigung muß die Herausforderung innerhalb 24 Stunden erfolgt sein.« Im Prinzip gelte, daß lieber einmal zu oft als einmal zu wenig herausgefordert werden solle, »ein energischer Entschluß immer besser ist als zu langes Überlegen«.[72]

Sechs Jahre später fühlte sich der Kaiser bemüßigt, diesen Grundsatz erneut in Erinnerung zu rufen und seine Offiziere in fast wortgleicher Diktion davor zu warnen, ihre Ehrenhändel an den Ehrenrat zu delegieren. Offenbar legten der Oberste Kriegsherr und seine Berater allergrößten Wert darauf, daß das Duell dem einzelnen Offizier nicht nur als äußerer, korporativ oktroyierter Verhaltenszwang erschien, sondern zum inneren Bedürfnis wurde. Nur dann, wenn die Standespflicht, wie es in einer Kabinettsordre Wilhelms II. aus dem Jahre 1900 hieß, dem Offizier »in Fleisch und Blut« übergegangen sei, konnte man gewiß sein, daß sie »zur Richtschnur in dem ganzen dienstlichen und außerdienstlichen Leben der Offiziere« wurde.[73]

Es war demnach nicht so sehr Mißtrauen gegenüber dem Ehrenrat, das zur Betonung individueller Verantwortung in Duellsachen führte, sondern eher das Interesse an der Verwurzelung des Ehrenpunkts im Denken und Handeln jedes einzelnen Offiziers. Daß ein solches Mißtrauen zudem völlig unbegründet gewesen wäre, zeigte die alltägliche Praxis. Immer wieder drangen Fälle an die Öffentlichkeit, in denen der Ehrenrat selber einen Zweikampf anberaumte und etwaige Zweifel an der Notwendigkeit eines kämpferischen Austrags mit der Autorität der Standesgenossenschaft beiseite schob. Diese im Reichstag mit großer Ausführlichkeit und Schärfe behandelten Fälle sowie die immer ungeduldigere Kritik von Parlament und Presse an den offenkundigen, staatlich geschützten Verstößen gegen geltendes Recht führten 1896 zu einer Initiative der preußischen Regierung, das ehrengerichtliche Verfahren zu reformieren, um dem Ehrenrat wieder mehr präventive Kompetenzen zuzuweisen.[74]

In zähen Verhandlungen zwischen Militärkabinett und preußischem Kriegsministerium einigte man sich darauf, die Befugnisse des Ehrenrats so zu erweitern, daß ihm der Auftrag erteilt werde, »in wirksamerer Weise als dies seither geschehen, auf tunlichste Ausgleichung von Privatstreitigkeiten der Offiziere ohne Anwendung des Zweikampfs hinzuarbeiten«.[75] Am 1. Januar 1897 erging eine königliche Verordnung, die Bestimmungen zur »Ergänzung« der in der Einführungsordre von 1874 niedergelegten Vorschriften enthielt. Danach sollte der Ehrenrat »hinfort grundsätzlich bei dem Austrage von Ehrenhändeln mitwirken« und sich »mit dem gewissenhaften Bestreben« um »einen gütlichen Ausgleich« bemühen.[76] Obwohl der preußische Kriegsminister immer wieder Bedacht nahm, die ungemein positiven Wirkungen dieser Verordnung herauszustreichen und auf die angeblich deutlich zurückgehenden Duellzahlen zu verweisen, blieben die parlamentarischen Kritiker des Duells skeptisch. Der SPD-Abgeordnete von Vollmar meinte, die neue Verordnung sei höchstens ein »Milderungsmittel«, aber kein »Heilmittel«, und zitierte als Beleg ihren Anfangssatz: »Ich will, daß Zweikämpfen Meiner Offiziere mehr als bisher vorgebeugt wird.« Von einer gänzlichen Abschaffung des Duells sei nicht die Rede.[77]

Wie nah er der Wahrheit mit seiner Interpretation war, konnte Vollmar angesichts der fast vollständigen militärischen Nachrichtensperre nicht wissen. Zwar gelangten immer wieder Offiziersduelle, die einen tödlichen Ausgang gefunden hatten, zur Kenntnis der Öffentlichkeit, aber genaue Informationen über Motive, Hergang und Folgen waren nur durch gezielte Indiskretionen zu erlangen. Ein solcher Fall, der ein erregtes parlamentarisches Nachspiel zur Folge hatte und die Regierung zu hektischer politisch-rhetorischer Betriebsamkeit anspornte, ereignete sich 1901 in Insterburg. Ein junger Offizier namens Blaskowitz hatte wenige Tage vor seiner Hochzeit in sinnlos betrunkenem Zustand zwei Kameraden tätlich angegriffen, die den Ehrenrat einschalteten und Blaskowitz, der sich des Vorfalls gar nicht mehr erinnern konnte, zum Duell forderten. Der Zweikampf fand statt, ohne daß der Ehrenrat einen Versöhnungsversuch unternommen hätte, und Blaskowitz starb kurz darauf an der empfangenen Schußverletzung. Angesichts der einmütigen Verurteilung dieses Duells im Reichstag distanzierte sich sogar der Kriegsminister und betonte, daß »bei einer derartigen Veranlassung«, womit er auf die alkoholbedingte Unzurechnungsfähigkeit des Leutnants anspielte, »die Möglichkeit eines Ausgleichs vorhanden sein müßte«.[78] Die politische Kritik änderte jedoch nichts daran, daß der Kaiser den Gegner Blaskowitz', der vom Kriegsgericht zu zwei Jahren Festungshaft verurteilt worden war, wie in zahllosen Fällen zuvor und danach bereits nach acht Monaten begnadigte und damit neue Vorwürfe aus linksliberalen, katholischen und sozialdemokratischen Kreisen auf sich zog.

Daß Wilhelm II. keineswegs bereit war, den militärischen Duellzwang zu lockern oder gar aufzuheben, zeigt seine Reaktion auf ein Duell, das 1900 zwischen zwei Marineoffizieren in Kiel stattgefunden hatte. Auf einer Auslandsreise war der Oberleutnant Strauß vom Marinezahlmeister Rönnebeck geohrfeigt worden, was er dem Ehrenrat seines Schiffes meldete. Noch während seiner Abwesenheit trat daraufhin in Kiel ein Ehrengericht zusammen, das Strauß vorwarf, seine Ehre nicht in standesgemäßer Form »gegen eine Beleidigung gröbster und schwerster Art« gewahrt zu haben. Obwohl Strauß Rönnebeck sofort nach Beendigung der Reise forderte und sich mit ihm in Gegenwart eines Mitglieds des Ehrenrats duellierte, entschied letzterer, den Oberleutnant der Verletzung der Standesehre für schuldig zu erklären und seine Entfernung aus dem Offizierkorps zu beantragen. Wilhelm II. bestätigte diesen Beschluß, weil Strauß »bei seinem offenbar schwachen Charakter« in der Sühneforderung versagt und »in völlig energieloser Weise Genugtuung gesucht« habe. Zugleich erließ der Kaiser eine äußerst scharf formulierte Allerhöchste Ordre an seine Offiziere, in der er auf den Fall Strauß Bezug nahm und sein »Bedauern« darüber kundtat, »daß der Geist der ehrengerichtlichen Bestimmungen ... nicht alle Teile des Seeoffizierkorps durchdrungen hat«. Interessanterweise erwähnte er an dieser Stelle nur die Verordnung von 1874, nicht aber die Ergänzungsordre von 1897, die den korporativ unterstützten Ausgleich nahelegte. Statt dessen erneuerte er den Appell an die Eigenverantwortlichkeit jedes Offiziers und ließ keinen Zweifel daran, daß eine Intervention des Ehrenrats »das Recht des Mannes nicht schmälern soll, sich für schwere Beleidigungen, bei denen es einen Ausgleich nicht gibt, ungesäumt Genugtuung zu verschaffen«.[79]

Damit war jedem Offizier wieder einmal vor Augen geführt, daß sein Oberster Kriegsherr von ihm ein energisches, beherztes Verhalten in Ehrensachen erwartete. Trotz massiver Kritik in Parlament und Öffentlichkeit hielten Kaiser und Militärkabinett unbeirrt daran fest, daß für einen Offizier, der aus welchen Gründen auch immer ein Duell verweigerte, in Armee und Marine kein Platz sei. In den Jahren vor dem Ersten Weltkrieg kam es deshalb immer wieder zu Kraftproben zwischen Reichstag und Regierung, die vor allem den Kriegsminister vor heikle Loyalitätsprobleme stellten. Da ihm ein offenes Bekenntnis zum militärischen Duellzwang nur die Zustimmung der Konservativen eingebracht hätte, vermied er es tunlichst, die übrigen Parteien durch eine realistische Beschreibung der Verhältnisse zum Widerstand zu reizen. Als sich Kriegsminister von Einem 1906 in Absprache mit dem Reichskanzler hinter das Prinzip des Offizierkorps stellte, »in seinen Reihen kein Mitglied [zu] dulden, welches nicht bereit ist, gegebenenfalls mit der Waffe für seine Ehre einzutreten«[80], intervenierten die Fraktionsführer des Zentrums direkt in der Reichskanzlei, um ihr höchstes Befremden über diese Erklärung auszudrücken. Ein Vertreter des Reichskanzlers suchte sie zu besänftigen und wies darauf hin, »daß es in dieser Frage außerordentlich schwer sei, den in der Armee herrschenden Anschauungen und gleichzeitig der Ansicht der Mehrheit des Reichstages gerecht zu werden«. Gegenüber dem Reichskanzler erinnerte er daran, daß Einems Erklärung, die vom Militärkabinett gebilligt worden sei, »auch den Intentionen seiner Majestät Rechnung tragen« mußte.[81]

Gelang es in diesem Fall noch einmal, das Zentrum, auf dessen politische Loyalität die Regierung angewiesen war, durch eingehende Verhandlungen mit dem Kriegsminister und eine dilatorische Erklärung im Reichstag zufriedenzustellen,[82] kam es 1912 erneut zu einem dramatischen Konflikt. Vom Zentrumsabgeordneten Erzberger auf einen Fall angesprochen, in dem ein Sanitätsoffizier ein Duell abgelehnt hatte und deshalb zur Einreichung seines Abschiedsgesuchs veranlaßt worden war, stellte sich Kriegsminister von Heeringen ausdrücklich hinter die Entscheidung des Ehrengerichts, die vom Kaiser bestätigt worden war. Auch die vom Reichskanzler von Bethmann Hollweg sanfter formulierte spätere Erklärung Heeringens, die Duellverweigerung stehe »in einem so scharfen Widerspruch zu den in der Armee und in weiten Kreisen darüber hinaus tatsächlich herrschenden Anschauungen über die Wiederherstellung verletzter Ehre, daß Offiziere, die im gegebenen Falle den Zweikampf verweigern, in einen Gegensatz zu Grundüberzeugungen ihrer Kameraden geraten, der nicht ertragen werden kann«, vermochte die Wogen parlamentarischen Unmuts nicht zu glätten.[83] Das Zentrum wollte vielmehr das Reichsmilitärgesetz dahingehend geändert wissen, daß die ehrengerichtliche oder disziplinarische Verfolgung eines Offiziers, der ein Duell abgelehnt hatte, ausdrücklich auszuschließen sei. In einer persönlichen Unterredung verdeutlichte Bethmann Hollweg den Zentrumsabgeordneten Spahn und Gröber, daß eine solche Änderung für Wilhelm II. »unannehmbar« sei, da sie »in die Kommandogewalt des Kaisers in unverträglicher Weise« eingreife und »außerdem das deutsche Offizierkorps tatsächlich desorganisiere«. Falls der Zentrumsantrag eine parlamentarische Mehrheit finde, werde die Regierung den Reichstag auflösen.

Auf eine solche Zuspitzung wiederum wollte es das Zentrum nicht ankommen lassen. Man einigte sich schließlich darauf, daß sich der Kriegsminister im Reichstag bereit erklären sollte, auf eine strikte Durchführung der Kabinettsordre von 1897 hinzuwirken. Im Gegenzug beschränkte sich das Zentrum auf eine Resolution, in der es an den Reichskanzler appellierte, »alsbald Schritte zu tun, die geeignet sind, die Zweikämpfe zu beseitigen«, ohne daran aber konkrete Sanktionen zu knüpfen. Bethmann Hollweg wies Heeringen überdies an, seine Erklärung »in freundlicher Form« zu halten, um das Entgegenkommen des Zentrums zu honorieren.[84]

Die politische Krise war damit zwar beseitigt, doch in der Duellfrage war man, abgesehen von höflichen Verlautbarungen, keinen Schritt weiter gekommen. Beide Seiten hatten großen Wert darauf gelegt, ihr Gesicht nicht zu verlieren, was ihnen das wechselseitige Verständnis für ihre jeweiligen Handlungszwänge erleichterte. Das Zentrum, das sich als Sachwalter katholischer Interessen verstand und seit 1886 im Reichstag mit wechselnder Intensität gegen das Duell Front gemacht hatte, wollte seinetwegen keine Parlamentsauflösung riskieren; die Regierung wiederum handelte unter dem Druck des Kaisers, der aus Korfu empörte Telegramme an Bethmann Hollweg schicken ließ und ihn anwies, »an bewährtem Standpunkt in dieser Frage jedenfalls« festzuhalten und auf dem Grundsatz zu bestehen, »daß dem Reichstag Einmischung in Fragen Kommandogewalt nicht zusteht«.[85]

Reichskanzler und Kriegsminister standen, wie die sich mehrenden Konflikte mit dem Reichstag sehr deutlich zeigten, in der Duellfrage ganz im Schatten des Kaisers und seines Militärkabinetts,[86] das alle Initiativen des Parlaments, den obrigkeitlichen Umgang mit Offiziersduellen zu ändern, blockierte. Sowohl Heeringen als auch der damalige Staatssekretär des Reichsmarineamts von Tirpitz versuchten 1912, den Chef des Militärkabinetts, General von Lyncker, davon zu überzeugen, er müsse einen politischen Kompromiß schließen, um »dem Zentrum eine Brücke für einen Rückzug in der Duellsache zu bauen« und in einer Zeit, »die so reich an Konflikten nach Außen und Innen ist, einen neuen Zusammenstoß mit der ausschlaggebendsten Partei im Reichstage [zu] vermeiden«. Tirpitz schlug vor, die Kabinettsordre von 1897 von neuem einzuschärfen und »vielleicht« etwas zu umschreiben, »ohne wesentlich anderes zu sagen«, und

Heeringen pflichtete ihm, »unbeschadet des strengen Festhaltens unseres grundsätzlichen Standpunktes«, bei. Das Militärkabinett jedoch verweigerte rigoros jede Form der Zusammenarbeit und beließ damit den Kriegsminister in der undankbaren Position, sich gegenüber dem Kaiser zur »Aufrechterhaltung des Duellzwanges in der Armee« bekennen zu müssen, im Reichstag dagegen einen solchen Zwang beharrlich zu leugnen und, wie der SPD-Abgeordnete Haase sarkastisch kommentierte, »ein platonisches Bekenntnis zum Gesetz und zur Rechtsordnung« abzulegen.[87]

4. Das Militär in der bürgerlichen Gesellschaft
Bürgerliche (Reserve-)Offiziere und Duellsozialisation

Daß dieser Zielkonflikt im Kaiserreich offenbar nicht lösbar war, verweist erneut auf den gleichsam extrakonstitutionellen und übergesetzlichen Status des Militärs, der vom Obersten Kriegsherrn gegen jede Kritik verteidigt und abgesichert wurde. Indem er das Duell als Standespflicht der Offiziere nicht nur tolerierte und schützte, sondern autoritativ einforderte, setzte sich der Kaiser über gültige Rechtsnormen hinweg; obwohl die Zweikampfbestimmungen des Reichsstrafgesetzbuchs seit 1873 formell auch für Offiziere galten, wurden sie nicht als verbindliche Verhaltensrichtschnur akzeptiert. »Wie wir als Offiziere zu handeln haben«, war 1896 im offiziösen ›Militär-Wochenblatt‹ zu lesen, »das ist uns vorgeschrieben durch Befehle, Verordnungen und durch die festen Sitten und Traditionen unseres Standes. Das sind unsere Gesetze, das ist unsere Obrigkeit. Kommen wir dadurch in Konflikt mit den Reichsgesetzen, so sind wir bereit, die Folgen zu tragen.«[88]

Hatte ein solch dezidiertes Ausnahme-Bewußtsein militärischer Führungsschichten hundert Jahre früher, als die Herrschaftsgewalt absolutistischer Fürsten noch weitgehend unangefochten war und der »Kriegerstand«, wie Hermann von Boyen aus eigener Erfahrung wußte, einen »abgeschlossenen Teil der Nation« bildete,[89] wenig Anstoß erregt, geriet es im Zeichen fortschreitender gesellschaftlicher und politischer Demokratisierungsprozesse zunehmend unter Druck. In einer auf Rechtsgleichheit gegründeten und auf konstitutionell abgesicherte politische Partizipationschancen bedachten bürgerlichen Gesellschaft war der Sonderstatus des Militärs ein Ärgernis, seine Protektion von höchster Stelle eine ständige Provokation.

Wenn Kaiser und Militäradministration trotz massiver öffentlicher Kritik und wachsendem parlamentarischen Widerstand[90] an dieser Protektion festhielten, mußten sie es mit der Herausforderung ernst meinen. Tatsächlich spricht manches für die Vermutung, daß der obrigkeitliche Duellzwang als politisches Signal gedacht war, welches die exzeptionelle Position des Militärs und seine besondere Loyalitätsbeziehung zur obersten Staatsgewalt betonen sollte. Daß die Zweikampfverordnung von 1843 unmittelbar nach der Gründung des Kaiserreichs aufgehoben und durch eine sehr viel laxere Regelung ersetzt wurde, daß sich der praktische Duellzwang seit den 1870er Jahren erheblich verstärkte, deutet auf das Interesse hin, die exklusive und privilegierte Rolle des Offizierkorps hervorzuheben und vor (staats)bürgerlicher Nivellierung zu bewahren. Damit lenkte man zugleich die Aufmerksamkeit auf die militärischen Fundamente des neuen, semikonstitutionellen Staatswesens und führte allen Nichtmilitärs ihre inferiore Position klar vor Augen.[91]

Die Reaktion der »Zivilisten« auf diese Demonstration ständisch-militärischen Elitedenkens war zwiespältig. Daß das Duell als Ausdruck jener elitären (Ein-)Stellung den normativen Prinzipien und Verkehrsformen einer bürgerlichen Gesellschaft widersprach, wurde von niemandem bestritten. Trotzdem konnten sich breite bürgerliche Kreise nicht dazu verstehen, es in Bausch und Bogen zu verdammen. Daß Zweikämpfe, zumal im Militär, durchaus ihre guten Seiten hätten, zuweilen sogar eine unersetzbare Notwendigkeit darstellten, hörte man nicht nur von konservativen Politikern. Auch die Führer der Nationalliberalen Partei, Rudolf von Bennigsen ebenso wie Ernst Bassermann, bekannten sich mehrfach als gemäßigte Duellanhänger, die zwar »frivole« Zweikämpfe ablehnten, in ernsten Fällen aber ein Duell richtig und zulässig fanden.[92] Dies trug ihnen die scharfe Kritik der Sozialdemokraten ein, die der Partei des Bürgertums vorwarfen, ihren Kampf gegen das Duell »aus Rücksichtnahme auf die vollständig veränderte Position, die Sie als Vertreter der Bourgeoisie in der heutigen Staats- und Gesellschaftsordnung einnehmen«, eingestellt zu haben.[93]

In der Tat verwiesen die Redner der nationalliberalen Reichstagsfraktion immer wieder auf ihre Verpflichtung, den »Anschauungen weiter Kreise, beachtenswerter Kreise, die auch heute noch unter bestimmten Umständen das Duell für eine Notwendigkeit erachten«, Rechnung zu tragen.[94] Offensichtlich dachten sie dabei an die eigenen Mitglieder und Wähler, die überwiegend dem Besitz- und Bildungsbürgertum entstammten. Dieses Bürgertum hatte in der zweiten Hälfte des 19. Jahrhunderts seine Haltung zum Militär und damit auch zum Duell deutlich revidiert und stand beidem sehr viel aufgeschlossener gegenüber als im Vormärz. Bebels Vorwurf hatte folglich einen zentralen Nerv bürgerlichen Selbstverständnisses getroffen, und als klarer, rhetorisch begabter Analytiker zögerte der sozialdemokratische Parteiführer nicht, die Gründe für diesen historischen Abfall oder Verrat immer wieder zu benennen.

Als wichtigstes Scharnier im Verhältnis Bürgertum und Militär sah er den Reserveoffizier an, der im Kaiserreich zur neuen bürgerlichen Identifikationsfigur geworden sei. Ihm sei es zu verdanken, daß »in großen Kreisen des Bürgertums das Duellwesen gebilligt und wenigstens ebenso sportmäßig betrieben wird wie in den aristokratischen Kreisen«. Während man noch vor wenigen Jahrzehnten »im ganzen Deutschen Reich kaum einen Mann von Ansehen im Bürgertum fand, der es gewagt hätte, das Duell zu verteidigen, das gesamte Bürgertum vielmehr mit ganz vereinzelten Ausnahmen der entschiedenste Gegner und Feind des Duellwesens war«, habe »das Einjährig-Freiwilligensystem mit seiner Wirkung der Reserveleutnantskarriere moralisch ungeheuer verheerend gewirkt«. Große Heiterkeit erntete Bebels Äußerung: »Wir leben ja heute überhaupt im Reserveleutnantszeitalter . . ., und der Moralkodex des Reserveleutnants ist der Moralkodex der bürgerlichen Klassen geworden.«[95]

Tatsächlich hatte die im Zuge der preußischen Heeresreform zwischen 1859 und 1865 geschaffene Institution des Reserveoffiziers im Bürgertum großen Anklang gefunden. Söhne des Bürgertums, die sich, anstatt zum zwei- bzw. dreijährigen Militärdienst eingezogen zu werden, als Einjährig-Freiwillige meldeten, konnten sich nach ihrem selbstfinanzierten Militärjahr und erfolgreich bestandener Abschlußprüfung als Offiziersaspiranten der Reserve führen lassen und das Patent nach mehreren Übungen, erneuten Prüfungen und ihrer Wahl durch das Offizierkorps erwerben. Dieser Weg war lang und kostspielig, setzte er doch nicht nur eine gymnasiale Bildung voraus, sondern auch entsprechende Geldmittel.[96] An seinem Ende aber winkte ein militärischer Titel, der seinen Trägern in Staat und Gesellschaft hohes Ansehen verschaffte und manche sonst verschlossene Tür öffnete. Viele junge Männer aus bürgerlichem Haus, die es sich nur irgend leisten konnten, unterbrachen daher ihre Ausbildung für ein Jahr, um des »Königs Rock« anzuziehen, und auch wenn ihnen dabei, wie dem jungen Max Weber, die »Poesie« dieses Ausdrucks gründlich verging und sie das Militär als »widerwärtiges Zwangsverhältnis« kennenlernten, waren sie doch nach Kräften bemüht, »weiter zu avancieren« und nach Abschluß des Militärjahres die »Beförderung zum Unteroffizier mit Qualifikation zum Reserveoffizier« in der Tasche zu tragen.[97]

Was für den Staat ein relativ kostengünstiges Mittel war, die infolge der Heeresreform wachsende Armee mit einer entsprechenden Anzahl von Führungskadern zu versorgen, stellte für die Söhne des Bürgertums eine verlockende Möglichkeit dar, bürgerliche Existenz und militärisches Prestige miteinander zu vereinbaren. Eine solche Kombination schien ihnen attraktiver als eine eindimensionale militärische Karriere, die Männern bürgerlicher Herkunft zwar seit 1808 prinzipiell offenstand, in einer weiterhin adlig dominierten und geprägten Institution wie der Armee jedoch mit gravierenden Zurücksetzungen und Blockierungen verbunden war. Auch wenn der bürgerliche Anteil unter den Offizieren im Verlauf des 19. Jahrhunderts kontinuierlich anstieg – in Preußen von ca. 10 Prozent 1806 über 35 Prozent im Jahre 1860 auf 70 Prozent 1913[98] –, blieben die Aufstiegschancen bürgerlicher Offiziere relativ begrenzt. Je höher der militärische Rang, desto niedriger war die bürgerliche Präsenz. Waren 1913 bereits drei von vier Leutnants bürgerlicher Herkunft, gehörte noch jeder zweite General und Oberst dem Adel an. Darüber hinaus gab es Waffengattungen und Regimenter, die bis zum Ende des Kaiserreichs mehr oder weniger ausschließlich dem Adel vorbehalten waren. Bürgerliche konnten dagegen zumeist nur in weniger angesehenen Infanterieregimentern sowie dort, wo besondere technische Kompetenzen gefragt waren wie in Artillerie, Train und Ingenieurkorps, zu höchsten Stellungen aufsteigen.[99]

Für bürgerliche Männer, die ihren Lebensberuf nicht im Militär suchten, deren Einstellung zur Armee sich aber im Gefolge der Freiheitskriege gegen Frankreich und der Einführung allgemeiner Wehrpflicht verbessert hatte, gab es bereits seit 1813 die Möglichkeit, sich als Landwehroffiziere wählen und ausbilden zu lassen und in dieser Eigenschaft bürgerlichen Erwerb und militärische Funktion zu verbinden. Der 1819 einsetzende Abbau der Landwehrregimenter und die stärkere Präsenz von Linienoffizieren trugen jedoch dazu bei, daß diese Möglichkeit in den 1820er und 1830er Jahren immer weniger genutzt wurde. Die höchst unvollkommene Erfassung der Wehrpflichtigen erleichterte es dem Bürgertum, sich vom Militär fernzuhalten und die erneute, von den Militärbehörden der Restaurationszeit geförderte Trennung von Armee und Gesellschaft seinerseits nachzuvollziehen.[100] Erst die Revolution von 1848/49, die das auf politische Veränderungen drängende Bürgertum mit einem unerwartet massiven und artikulierten Protestpotential unterbürgerlicher Schichten konfrontiert hatte, relativierte die bürgerliche Distanz zur Armee. Das Bürgertum schloß seinen Frieden mit dem preußischen Militärstaat, zollte ihm seit den militärischen Siegen der 1860er und frühen 1870er Jahre sogar glühende Bewunderung und ließ seine Söhne als Einjährig-Freiwillige dienen, vorzugsweise nicht mehr bei den abgehalfterten Landwehrtruppen, sondern in angesehenen Linienregimentern.[101]

Im Militär selber wurde diese Entwicklung mit großer Skepsis beobachtet. Die Vorbehalte gegen das »bürgerliche Element« waren unter adligen Offizieren und militärischen Beamten nie versiegt, und je mehr bürgerliche Linien-, Landwehr- und Reserveoffiziere in die Armee aufgenommen wurden, desto zahlreicher und mahnender wurden die Stimmen, die vor einem Verlust an innerer Homogenität und Corpsgeist warnten.[102] Einen unmittelbaren Reflex fanden solche Mahnungen in den Bemühungen um eine Kodifikation der Offiziersehre. Gerade der militärische Ehrenkodex schien besonders geeignet, die sozial heterogenen Teile zusammenzuschweißen und die bürgerlichen Neulinge so zu sozialisieren, daß sie sich dem »Geist« der Armee bedingungslos anpaßten.[103] Es war deshalb wohl kein Zufall, daß in dem Moment, in dem sich die preußische Armee bürgerlichen Offizieren öffnete, die ersten Bestimmungen über Ehrverletzungen im Offizierstand erlassen und korporative Institutionen geschaffen wurden, die die Offiziersehre zu bewachen und zu kontrollieren hatten. Kriegsminister von Boyen, der an der Reorganisation der Heeresverfassung nach dem Frieden von Tilsit beteiligt gewesen war, wies 1847 ausdrücklich auf den Zusammenhang zwischen Ehrengerichten und der Verbürgerlichung des Offizierkorps hin, auch wenn seine Formulierung, daß »der Gedanke der Ehre« damals »nicht in dieser oder jener höheren

Klasse, sondern in allen Ständen des Volkes geweckt« werden sollte, die soziale Reichweite der Maßnahmen enorm überschätzte.[104]

Die hohen Integrationsleistungen der Ehre sollten demnach dazu benutzt werden, bürgerliche Aspiranten, die gemeinhin mit anderen Werthaltungen aufgewachsen waren als ihre adligen Kameraden, an die Gepflogenheiten und Mentalitäten des Offizierkorps heranzuführen. Ehrengerichte unterstützten und korrigierten diesen Anpassungsprozeß, der zudem von verstärkten Bemühungen um die individuelle Verankerung des adlig-militärischen Ehrbegriffs begleitet wurde. In der im Verlauf des 19. Jahrhunderts eher zu- als abnehmenden Betonung einer korporativen Duellpflicht kann man daher auch eine Reaktion auf die fortschreitende Verbürgerlichung des Offizierkorps erkennen, deren potentiell destabilisierende Folgen auf diese Weise minimiert werden sollten.

Ein solcher Zusammenhang läßt sich besonders schlüssig für die kaiserliche Marine rekonstruieren, in deren Offizierkorps das Bürgertum stark vertreten war. Gerade weil Wilhelm II. seine imperialen Hoffnungen auf die Flotte setzte und sie dem Landheer gleichberechtigt zur Seite stellen wollte, zeigte er sich sehr daran interessiert, die gesellschaftliche Position der Seeoffiziere aufzuwerten. Mehrfach schärfte er ihnen die Grundsätze ehrenvoller Konfliktbewältigung ein und forderte sie zu mehr Entschlossenheit und Tatkraft im Umgang mit duellfähigen Ehrverletzungen auf. Dieses Mißtrauen beruhte aber wohl eher auf Vorurteilen als auf realen Erfahrungen. Ob sich Marineoffiziere wirklich weniger duellierten als ihre Kameraden im Heer, wie zuweilen behauptet wurde,[105] ist mehr als fraglich. Genaue Duellziffern liegen weder für das Seeoffizier- noch für das Landoffizierkorps vor. Zwar gab der Kriegsminister seit den 1890er Jahren im Reichstag gelegentlich die Zahl militärischer Duellfälle bekannt, doch waren diese Zahlen unvollständig und irreführend. Die Grundgesamtheiten variierten ebenso wie die Parameter, nach denen die Statistiken zusammengestellt wurden. Handelte es sich manchmal um Duelle, wurden in anderen Fällen Duellanten gezählt. Unklar war auch, ob die genannten Zahlen[106] nur aktive Offiziere einbezogen, oder ob auch Reserveoffiziere, zur Disposition gestellte und verabschiedete Offiziere, die nach wie vor militärischer Gerichtsbarkeit unterstanden, inbegriffen waren.

Im übrigen galt, daß die gerichtlich erfaßten und bestraften Duelle, wie der Jurist Jaffé 1912 meinte, zu den wirklich stattgefundenen Duellen »ganz offenbar in gar keinem Verhältnis« standen,[107] was auf das Militär mindestens ebenso zutraf wie auf den zivilen Bereich. Die Tatsache, daß das Kriegsministerium zwischen 1890 und 1894 bei 30–34 000 aktiven Offizieren lediglich 68 Duelle und 1913 bei mehr als 75 000 aktiven und Reserveoffizieren gar nur 16 Duelle registrierte,[108] sagt über die reale Häufigkeit von Zweikämpfen im Offizierkorps überhaupt nichts aus. Selbst wenn die Kriegsgerichte offiziell gehalten waren, gegen Duellanten zu ermitteln, kam eine solche Untersuchung in der Regel nur dann zustande, wenn das Duell einen tödlichen Ausgang genommen hatte. Waren die Gegner »nur« verletzt worden, suchten sie den Grund dieser Verletzung vor den Behörden nach Möglichkeit zu verbergen. Anzeigen von außen oder aus dem Kameradenkreis wären als böswillige Denunziation interpretiert worden und unterblieben daher. Angesichts der wohlbekannten kaiserlichen Zweikampfsympathien sahen die Kriegsgerichte zudem keinen Grund, einschlägigen Gerüchten auf eigene Faust nachzugehen, so daß die Dunkelziffer bei militärischen Duellen wahrscheinlich noch sehr viel höher lag als bei zivilen.

Verfügen wir schon nicht über verläßliche Duellstatistiken für die gesamte Armee, fehlt es erst recht an Zahlen über die Häufigkeit von Zweikämpfen und ihre Teilnehmer bei einzelnen Waffengattungen und Regimentern. Quantitativ abgesicherte Aussagen über bürgerliches im Vergleich zu adligem Duellverhalten lassen sich daher nicht treffen. Dennoch scheint es in bürgerlich dominierten Truppenteilen nicht weniger kämpferisch zugegangen zu sein als in solchen, die fest in adliger Hand waren. Werner von Siemens, Sohn aus bürgerlicher Familie, berichtete aus seiner Studienzeit an der Berliner Artillerie- und Ingenieurschule 1835 bis 1838 von mehreren Duellen, an denen er teils als Hauptperson, teils als Sekundant teilgenommen hatte: »Diese Duelle hatten nur in wenigen Fällen gefährliche Verwundungen zur Folge, übten aber insofern eine sehr nützliche Wirkung aus, als sie einen gesitteten Umgangston unter den jungen Leuten herbeiführten.« Als Leutnant der Artillerie sekundierte er 1840 einem Kameraden, der einen Zweikampf mit einem Infanterieoffizier ausfocht.[109]

Auch in der Marine, die zuweilen mit dem »Hause Schulze« verglichen wurde, wohingegen das Heer dem »Hause Hohenzollern« ähnele,[110] gehörte das Duell zum normalen Umgangsstil. Nicht anders als die jungen Artillerie- und Ingenieurstudenten kamen auch die Fähnriche der Marineschulen schon sehr früh in Kontakt mit dem gar nicht so heimlichen Lehrplan des militärischen Ehren- und Duellkodexes. 1902 fand in der Kieler Marineschule ein Schlägerduell zwischen zwei Fähnrichen statt, das durch Indiskretion zur Kenntnis eines Journalisten gelangte, ein empörtes Presseecho provozierte und bei den Militärbehörden die Befürchtung einer parlamentarischen Anfrage wachrief. Den mehrfachen Hin- und Rückfragen läßt sich entnehmen, daß solche Duellkämpfe in der Schule gang und gäbe waren, in der Regel sogar unter Aufsicht eines älteren Vorgesetzten stattfanden und damit gleichsam als institutionalisierter Austrag eines Ehrenhandels anerkannt wurden. Die Leitung der Marineschule stellte sich denn auch dezidiert hinter die Fähnriche, die wegen einer tätlichen Beleidigung zu den Waffen gegriffen hatten: »Wäre den beiden Gegnern dieser Weg verschlossen worden, so läßt sich mit Bestimmtheit annehmen, daß sie durch die eigene gereizte Stimmung verleitet, sich zu weiterem unüberlegten Handeln hätten hinreißen lassen und damit ihre weitere Laufbahn auf das Spiel gesetzt hätten.« Der Inspekteur des Bildungswesens der Marine schloß sich dieser Argumentation in einem geheimen Schreiben an das Reichsmarineamt an: »Vom militärischen Standpunkte aus, wie auch unter gebildeten Männern dieses Alters und dieser Lebensstellung überhaupt, kann ein versöhnender Ausgleich solcher Mißstimmung nicht sachlicher, gemäßigter und auf den in der Entwicklung begriffenen Charakter in nicht günstiger wirkender Weise herbeigeführt werden, [als] wie es hier geschehen ist.«[111]

Wie selbstverständlich auch in der Marine das Duell als übliche Ehrenkonvention betrachtet wurde, geht darüber hinaus aus dem »Schulbeispiel« eines ehrengerichtlichen Falls hervor, das die Bildungsinspekteure dem Staatssekretär des Reichsmarineamts 1913 zur curricularen Genehmigung vorlegten. In dem Fall, der den Fähnrichen als Unterrichtsmaterial präsentiert werden sollte, ging es um einen Ehrenhandel zwischen einem angetrunkenen Leutnant und einem Kieler Studenten. Er endete in einem Zweikampf, »dessen wesentliche Phasen kenntlich gemacht sind, soweit sie für die Veranschaulichung der für uns maßgebenden Gebräuche von Interesse sind. Daneben läuft bestimmungsgemäß das ehrengerichtliche Verfahren weiter.«

Schöner und akkurater hätte man die Praxis des Ehrenkodexes gar nicht schildern können, und jeder Journalist oder SPD-Parlamentarier hätte mit einem solchen Material eine neue Antimilitärkampagne starten können, die die Militärbehörden in große Begründungsschwierigkeiten versetzt hätte. Der Staatssekretär gab denn auch kein grünes Licht: »Eine amtliche Herausgabe oder auch nur eine Vervielfältigung als Unterrichtsmittel ist (unter den zeitigen innerpolitischen Verhältnissen ganz) ausgeschlossen... Allgemein gültige Anordnungen für die Behandlung von Ehrensachen lassen sich nicht geben. Vieles bleibt am besten ungeschrieben.« Im ersten Entwurf des Schreibens setzte er in Klammern dahinter: »Duellfrage«.[112]

Die Devise des Staatssekretärs, in der Duellfrage vieles ungeschrieben zu lassen, bewies sehr deutlich, wie vorsichtig Militärbehörden vor dem Ersten Weltkrieg agieren mußten, wenn sie ihren duellfreundlichen Standpunkt gegenüber den ihnen unterstellten Offizieren durchsetzen wollten. Als sich ein Seekadett 1913 weigerte, sich mit einem Ingenieur zu duellieren, kommentierte der Vertreter des Kommandanten der Seeschiffe: »Wenn einem solchen Menschen nun der Zweikampf befohlen wird, er lehnt ihn ab und er wird dann entlassen, so ist weiter damit zu rechnen, daß der Vater des Betreffenden durch irgendeinen Reichstagsabgeordneten die Sache zu öffentlicher Verhandlung bringt. In der Duellfrage wird die Stellung des Offizierkorps immer schwieriger, m. E. muß deshalb mit größter Vorsicht gehandelt werden, ein direkter Befehl zum Erlaß einer Forderung oder zur Annahme einer solchen darf heutzutage nicht mehr gegeben werden.«[113]

Um so wichtiger war es, daß jeder einzelne Offizier von sich aus wußte, daß er eine schwere Beleidigung mit einer Duellforderung zu beantworten hatte, ohne dazu vom Ehrenrat oder Vorgesetzten aufgefordert werden zu müssen. Daß auch die überwiegend bürgerlichen Marineoffiziere diese Lektion gelernt hatten und hinter ihren Armeekameraden nicht zurückstanden, geht aus den dokumentierten Duellfällen deutlich hervor; allenfalls zeichneten sich die »Schulzes« vor den »Hohenzollern« durch besondere Forschheit aus. So duellierte sich 1893 der Kapitän zur See Valette mit dem Leutnant von Biskupski, der seinen Kommandanten Valette bei der Einreichung einer Beschwerde umgangen hatte, weil er ihn wegen umlaufender Gerüchte über dessen angebliche »Mutlosigkeit gelegentlich eines schweren

Wetters auf See und Ableugnung von beleidigenden Äußerungen gegen einen Offizier« nicht mehr achten könne. Nachdem eine kriegsgerichtliche Untersuchung diese Vorwürfe entkräftet hatte, forderte Valette den Leutnant zum Duell, womit nach Angabe des Ehrengerichts auch »der persönliche Teil« des Konflikts seine Erledigung gefunden hatte.[114]

Daß Marineoffiziere nicht nur den im Militär besonders gravierenden Vorwurf der Feigheit mit einer Duellforderung beantworteten, sondern auch andere, von der Standesgenossenschaft weniger hart sanktionierte Anlässe für duellfähig erachteten und sich vor allem gegenüber Zivilisten keine Blöße gaben, zeigte das Duell, das 1904 zwischen dem Essener Rechtsanwalt Niemeyer und dem Kieler Oberleutnant zur See Donner stattfand. Niemeyer hatte Donner vorgeworfen, ihm seine Braut »systematisch abwendig« gemacht zu haben, und seinen Freund beauftragt, Donner deshalb zur Rede zu stellen und eventuell zu fordern. Der Kartellträger legte dem Oberleutnant zunächst nahe, Niemeyer ohne Zweikampf Satisfaktion zu geben, was dieser aber »unbedingt von sich wies und eine andere Genugtuung als die mit der Waffe entschieden ablehnte«.[115]

Zuweilen legten Seeoffiziere sogar eine übertriebene Forschheit an den Tag, die ihnen durchaus zum Nachteil gereichen konnte. Als der Marineassistenzarzt Griese 1901 mit einem Ingenieurstudenten in eine Prügelei geriet, ließ er ihn am nächsten Morgen zu einem Pistolenduell auf sehr geringe Entfernung fordern. Dies lehnte der Student mit der Bemerkung ab, er werde prinzipiell jedes Pistolenduell verweigern. Damit befand sich Griese in einer ausweglosen Situation, aus der ihm auch der Ehrenrat nicht heraushalf, indem er einen Ausgleich für unmöglich erklärte. Nach Meinung des Kaisers, der den Arzt auf Antrag des Ehrenrats mit schlichtem Abschied aus der Marine entließ, hätte Griese nicht auf der Pistolenforderung bestehen, sondern ein Säbelduell vorschlagen sollen, um wenigstens so »einen standesgemäßen Austrag des Wirtshausstreits herbeizuführen«. Bevor seine Ehre durch die empfangenen (und ausgeteilten) Schläge für immer verletzt bliebe, wäre es angesichts der Haltung seines Gegners besser gewesen, die Forderung zu mildern, um überhaupt ein Duell ausfechten zu können.[116]

Eine besondere, letztlich aber kontraproduktive Loyalität zum militärischen Ehrenkodex bewies 1907 Vizeadmiral von Ahlefeldt, Chef der Marinestation der Nordsee in Wilhelmshaven. Ahlefeldt hatte es abgelehnt, mit dem Marineschiffbaumeister Cleppien gesellschaftlich zu verkehren, weil dieser ein Jahr zuvor als Reserveleutnant mit schlichtem Abschied aus dem Reserveoffizierkorps entlassen worden sei. In der Tat hatte das Ehrengericht Cleppien einer Verletzung der Standesehre für schuldig erklärt, weil er die Forderung eines anderen Reserveoffiziers »ohne stichhaltigen Grund« abgelehnt hatte. Der Vizeadmiral hielt den Schiffbaumeister deshalb weder für gesellschafts- noch für satisfaktionsfähig und wies dessen Forderung zum Duell zurück, weil Cleppien eine »kavaliermäßige Erledigung« des Konflikts nicht mehr beanspruchen könne. Das Marinekabinett jedoch, das sich mit der Beschwerde des Baumeisters über diese Behandlung befaßte, war anderer Auffassung. Es bezog sich auf die »Allerhöchstens ausgesprochene Willensmeinung«, wonach die mit schlichtem Abschied entlassenen Offiziere »nicht ohne Weiteres als satisfaktionsunfähig anzusehen« seien; da sie weiterhin berechtigt seien, den Offizierstitel zu führen, müßten aktive Offiziere ihnen gegenüber »die äußeren Formen« wahren, ohne sich aber auf einen »intimeren, persönlichen Verkehr« einzulassen. Vizeadmiral von Ahlefeldt hätte Cleppiens Duellforderung demnach »im Prinzip« annehmen müssen. Daß er »rundweg die Genugtuung für eine von ihm ergangene Beleidigung ablehnte, bringt ihn in einen Gegensatz mit den im Offizierkorps herrschenden Anschauungen und setzt ihn in eine schiefe Stellung gegenüber seinem Offizierkorps, dessen Leiter er sein soll, und als welcher er Seiner Majestät dafür verantwortlich ist, daß sich ein geläutertes Ehrgefühl in dem aktiven Offizierkorps der Marine und des Beurlaubtenstandes erhalte«. Da der Kaiser entschlossen war, auf diesen Fall »dieselbe Strenge anzuwenden, die für die Armee Geltung hat«, legte der Chef des Marinekabinetts, Admiral von Müller, dem Vizeadmiral nahe, seinen Abschied einzureichen.[117]

Ahlefeldt war damit über eine allzu buchstabengetreue Auslegung des Duellkodexes gestolpert und hatte offenbar den militärischen Zeitgeist nicht hinreichend begriffen, der Offizieren eher ein Duell zu viel als eins zu wenig nachsah. Diesen Grundsatz hätte er nicht nur den offiziellen Anweisungen der Militäradministration entnehmen können,[118] sondern auch den offiziösen Handbüchern und Ratgebern, die vermehrt seit den 1880er Jahren auf den Markt kamen. Alle Autoren, in der Regel höhere Offiziere, empfahlen ihren Kameraden übereinstimmend, den

Begriff der Satisfaktionsfähigkeit möglichst weit zu fassen und sie dem Gegner niemals von vornherein abzusprechen, da ein solches Verhalten »leicht den Eindruck der Feigheit« erwecken könne.[119]

Es fällt auf, daß sich jene Ratgeberliteratur mehrheitlich an Reserveoffiziere wandte, jenes große, vorwiegend bürgerliche Offizierskontingent, dessen Mitglieder nur wenige Wochen im Jahr Dienst taten und im übrigen ihren Zivilberufen nachgingen. Daß diese schwer zu kontrollierende Gruppe einen »unsicheren Faktor« darstellen und den bewährten militärischen Korpsgeist aufsprengen könnte, war eine stete Sorge der Militärbehörden. Bereits 1874 hatte Wilhelm I. in einem beschwörenden Appell an die Offiziere des Beurlaubtenstandes die Erwartung geäußert, »daß, wie sie fortdauernd Anteil an der Standesehre haben, sie der Verpflichtung, für die Wahrung dieser Ehre zu sorgen, auch in ihren bürgerlichen Verhältnissen stets eingedenk bleiben werden«.[120] Auch sein Enkel betonte wiederholt die Pflicht der Reserveoffiziere, »bei Ausübung ihres geschäftlichen Erwerbslebens ihrer Stellung als Offizier eingedenk [zu] sein«, und schärfte den Kommandeuren ein, sie eingehend in »Ehrenangelegenheiten, Pflichten des Reserveoffiziers und sein Verhalten bei Ehrenhändeln und Zwistigkeiten aller Art« zu unterweisen.[121] Bereits vor ihrer Wahl zum Reserveoffizier mußten sie sich über ihre Haltung zum Duell äußern, und selbst nachdem diese Befragung aufgrund massiver parlamentarischer Proteste in Preußen 1895 und in Bayern 1907 für unzulässig erklärt worden war, ging man in den Kriegsministerien davon aus, daß den »Reserve-Offizieraspiranten bekannt sein muß, welche Grundsätze für jeden Offizier zur Wahrung seiner Ehre maßgeblich sind«.[122] 1914 schrieb ein Jurist und Reserveoffizier der Kölnischen Volks-Zeitung: »Ich weiß heute noch nach fünf Jahren genau Tag und Stunde und Örtlichkeit, wo uns Einjährigen im Offiziersunterricht gesagt wurde: Sie werden zwar nicht mehr gefragt, welchen Standpunkt Sie bezüglich des Duells einnehmen, aber es wird ohne weiteres von Ihnen erwartet, daß Sie als zukünftige Offiziere den Zweikampf als berechtigte Institution anerkennen und demgemäß handeln.«[123]

Über die genauen Regeln und Vorschriften des militärischen Ehren- und Duellkodexes gaben aber nicht nur Vorgesetzte und ältere Kameraden Auskunft, sondern zunehmend auch die erwähnten Ratgeber und Handbücher. Das erste deutsche[124]

Nachschlagewerk über »die konventionellen Gebräuche beim Zweikampf« wurde 1882 in der Militärzeitung für Reserve- und Landwehroffiziere veröffentlicht und erschien bereits ein Jahr später als Buch, weil es »allseitiges Interesse in der Armee erregt« hatte. Es enthielt die bislang mündlich überlieferten Regeln, die bei einem Duell zu beachten waren, und reagierte nach Aussage des Verfassers, eines älteren aktiven Offiziers, auf den Mangel solcher Überlieferung im Offizierkorps des Beurlaubtenstandes. Obwohl es darauf aufmerksam machte, daß es keine »offiziell genehmigten Vorschriften« zusammenfaßte, sondern nur Traditionen weitergeben wollte, galt es im Offizierkorps bald als offiziöses Regelhandbuch, das den Offizier über die allgemein gültigen und von ihm zu befolgenden Verhaltenserwartungen bei Ehrenhändeln informierte.

Er erfuhr darin, welche Beleidigungen ein Duell mit welchen Waffen nach sich ziehen mußten, wem er in jedem Fall Satisfaktion zu geben hatte, wieviel Zeit zwischen Beleidigung, Forderung und Austrag des Duells verstreichen sollte, wo und wann der Zweikampf am besten stattfand, welche Kleidung vorgeschrieben war und wie man sich verhielt, wenn Gendarmen die Duellanten aufgespürt hatten und den Zweikampf zu verhindern suchten.[125] Darüber hinaus waren die entsprechenden Verordnungen zum ehrengerichtlichen Verfahren und die Duellbestimmungen des Strafgesetzbuchs abgedruckt, was den Offizier aber keinesfalls von einer Duellforderung abschrecken sollte. Der preußische Oberst Spohn, der 1911 einen dreibändigen ›Ratgeber in Ehrenfragen‹ publizierte, beantwortete die Frage, ob der Zweikampf verboten sei, zwar ausweichend, aber doch eindeutig: Die Verordnung von 1897 spreche kein Verbot aus, sondern wolle Duellen lediglich »mehr als bisher vorbeugen«. In erster Linie sei der Offizier »selbst der berufene Hüter seiner Ehre und muß daher auch selbst für sein Tun und Lassen die volle Verantwortung tragen«.[126] Noch deutlicher äußerte sich ein Major Krafft, der 1914 ein ›Lehr- und Lesebuch‹ für den »jungen Infanterie-Offizier« vorlegte. Er animierte Offiziere nicht nur zum Ungehorsam gegen das Gesetz, sondern auch zur Übertretung der kaiserlichen Verordnungen, damit schwere Beleidigungen sofort angemessen zurückgewiesen werden könnten. Die Einleitung eines ehrengerichtlichen Verfahrens nehme soviel Zeit in Anspruch, daß der beleidigte Offizier Gefahr laufe, die Angelegenheit »kalt werden« zu lassen.[127]

Wie stark die Nachfrage nach Ratschlägen dieser Art war, zeigt sich an den hohen Verkaufsziffern der Regelbücher: Die »konventionellen Gebräuche« erschienen 1911 bereits in der 7. Auflage. Offenbar deckten sie ein allgemeines Bedürfnis nach Orientierung, das zwar besonders bei Reserveoffizieren vorausgesetzt wurde, wohl aber auch bei ihren aktiven Kameraden, von denen immer mehr bürgerlicher Herkunft waren und somit nicht über eine »eingeborene Theorie des Duells« verfügten, vorhanden war. Daß sie wenn auch keinen offiziellen, so doch einen offiziösen Charakter trugen und bei den Militärbehörden freundliche Aufnahme fanden, geht daraus hervor, daß beispielsweise der Vortrag des preußischen Offiziers von Dewitz über Duelle und Duellregeln in der bayerischen Armee mit dem Auftrag zirkulierte, ihn »in geeigneter Weise zur Kenntnis des Offizierkorps zu bringen«. Selbst wenn der Auftraggeber, Generalmajor von Hoffmann, ausdrücklich bemerkte, »daß derselbe nicht als Vorschrift aufzufassen ist«, mußten die Offiziere doch zumindest den Eindruck gewinnen, es liege im Interesse ihrer Vorgesetzten, daß sie sich die Regeln einprägten und sie bei der nächsten Gelegenheit anwandten.[128]

Die schriftliche Kodifikation der Duellregeln trug aber nicht nur dem Informationsbedürfnis bürgerlicher (Reserve-)Offiziere Rechnung und kam dem Bemühen der Militärbehörden um die wirksame Integration der sozialen Fremdlinge entgegen. Sie leistete darüber hinaus auch einer formellen Institutionalisierung des Zweikampfs Vorschub, der sich von einer mündlich überlieferten, vom Vater auf den Sohn vererbten und unter Offizierskameraden weitergegebenen Tradition zu einer nachlesbaren, erlernbaren Konvention wandelte. Doch ebenso wie die Definition und Formalisierung militärischer Ehre führte auch diese Ver-Regelung des Duells zu einer prekären Ambivalenz: Bezweckte sie einerseits die Verstetigung eines kollektiven Handlungsmusters, öffnete sie auf der anderen Seite einer systematischen, bewußt vollzogenen Verletzung dieser Formen und Regeln Tür und Tor. In dem Augenblick, in dem eine Tradition festgeschrieben und in ein genau umgrenztes und kodifiziertes Regelkorsett eingeschnürt wurde, hatte sie ihre fraglose Geltung eingebüßt und konnte als Kunstprodukt erscheinen, das äußerer Mittel zu seiner Stabilisierung bedurfte.

Eben dieses Schicksal ereilte auch das Duell, das gerade durch die angestrengt-verbissenen Bemühungen der Militärbehörden, es in einem stetig wachsenden und sozial heterogenen Offizierkorps zu verankern, seinen gleichsam »natürlichen«, in jahrhundertealter Tradition erworbenen Charakter abstreifte und zu einer zwar gemeinhin eingehaltenen, prinzipiell jedoch auch verletzbaren Standespflicht gerann. Der junge Offizier, der ohne militärische Familiensozialisation in der Armee avancierte, mußte die Regeln des Ehren- und Duellkodexes ebenso lernen wie den Umgang mit Waffen und Logistik. Es war ein äußeres Wissen, das er sich anzueignen hatte, und die Verordnungen, Lehr- und Regelbücher trugen letztlich nur dazu bei, den Eindruck von Äußerlichkeit zu verstärken. Ob die zunehmenden Appelle an individuelle Verantwortung und Ehrenpflicht die Internalisierung des Pflichtenkanons erzwingen konnten, bleibt fraglich. Im Zweifelsfall mußte die Androhung hoher Strafen helfen, duellunwillige oder -säumige Offiziere zu disziplinieren und gegebenenfalls aus der Armee zu entfernen.

Solange das Militär aufgrund außenpolitischer Erfolge und innenpolitischer Privilegierung ein extrem hohes gesellschaftliches Ansehen genoß, waren solche Normverletzungen jedoch eher selten. Auch und gerade Reserveoffiziere scheinen sich dem Ehrenkodex, der ihnen mit so großem Nachdruck zur Kenntnis gebracht wurde, bereitwillig unterworfen, bisweilen des Guten sogar zu viel getan zu haben. Immerhin sah sich Wilhelm II. 1913 zu der Mahnung veranlaßt, »Meinungsverschiedenheiten im Beruf, die durch sachliche Erörterung oder gerichtliche Entscheidungen zu erledigen wären«, nicht als »persönliche Beleidigungen« zu werten und zu behandeln.[129]

Damit reagierte der Kaiser auf die Meldung, daß sich Reserveoffiziere noch häufiger als ihre aktiven Kameraden duellierten: Waren zwischen 1897 und 1904 von 10000 aktiven Offizieren jährlich 3,5 in Duelle verwickelt, waren es bei den Offizieren des Beurlaubtenstandes 4,7.[130] Ebenso wie hauptberufliche Offiziere bürgerlicher Herkunft ihren Klassennachteil augenscheinlich dadurch auszugleichen suchten, daß sie die Gesetze der Ehre besonders penibel beachteten und befolgten, legten Reserveoffiziere offenbar großen Wert darauf, sich der Ehre, des »Königs Rock« tragen zu dürfen, würdig zu erweisen. Sie hatten ihre Lektion gelernt und zögerten nicht, das neuerworbene Wissen anzuwenden. Unter den Augen der Standesgenossen, die nicht nur während der militärischen Dienstzeit, sondern auch im bürgerlichen Alltag übereinander wachten, eskalierte so mancher harmlose Streit zu einem Ehrenhandel, der nur im Duell verglichen werden konnte.

Da der Titel eines Reserveoffiziers den Zugang zur »guten Gesellschaft« des Kaiserreichs garantierte, mochte man ihn nicht ohne Not verlieren, indem man es in einem Beleidigungskonflikt an der notwendigen Konsequenz fehlen ließ. Darauf verwies 1891 der bayerische Grenzoberkontrolleur und Reserveleutnant Max Schaaf, der für den Fabrikvolontär und Fähnrich der Reserve Ernst Piloty als Kartellträger tätig geworden war. Piloty, der von einem anderen Reserveleutnant im Wirtshaus geohrfeigt worden sei, habe seinen Beleidiger geradezu zum Duell herausfordern *müssen*, wenn er »seine Anwartschaft zum Reserveoffizier nicht preisgeben wollte«. Auch er selber, Schaaf, habe sich aufgrund seiner militärischen Stellung wie auch im Hinblick auf seine neue berufliche Position gezwungen gesehen, »dem Austrage des Zweikampfs meine Mitwirkung zu leihen«.[131]

Daß ein solcher »Zwang« auch eintrat, wenn die berufliche und soziale Position des Betreffenden bereits gefestigt war, belegt die hier stellvertretend für viele ähnliche Fälle dokumentierte Duellaffäre des Hamburger Senators und Bankiers John von Berenberg-Goßler aus dem Jahre 1912. Der Senator, zugleich preußischer Rittmeister der Reserve, war von Graf Walter von Königsmarck, Rittmeister a. D. und Mitglied des Berliner Union-Klubs, in seiner Eigenschaft als Vorstandsmitglied des Hamburger Rennklubs zum Duell gefordert worden. Vorausgegangen war ein Zwischenfall beim Hamburger Derby, als Königsmarck, der in seiner Loge auf einen Stuhl geklettert war und trotz mehrfacher Aufforderung nicht wieder herabstieg, auf Anordnung des Klubvorstandes von einem Schutzmann vom Platz geführt wurde. Der beleidigte Graf ließ daraufhin mehrere Mitglieder des Vorstands zum Duell fordern. Berenberg-Goßler teilte dies seinem Ehrenrat mit, der ihm nahelegte, sich bei Königsmarck zu entschuldigen, wozu sich der Senator auch bereitfand. Königsmarck jedoch lehnte den Ausgleichsvorschlag ab. »Um nicht den Anschein zu erwecken, daß er sich der Austragung der Forderung zu entziehen suche«, ließ Berenberg-Goßler seinem Gegner mitteilen, er nehme die Forderung an. Das Duell fand statt, nach zweimaligem Kugelwechsel erklärte sich Königsmarck »für befriedigt« und versöhnte sich mit seinem Kontrahenten.[132]

Dieser Zweikampf und seine Vorbereitungen bildeten überall

das Tagesgespräch, verdrängten selbst an der Börse alle anderen Themen und wurden in zahllosen Presseartikeln verhandelt. In der Hamburger Bürgerschaft kam es darüber zu einem erregten politischen Disput. Liberale, Konservative und Abgeordnete des linken Zentrums sprachen Berenberg-Goßler ihre »besondere Freude darüber aus, daß ein Hamburger Senator so tapfer einer frivolen Herausforderung entgegengetreten ist«. Ein Dr. Diestel gab gar die Überzeugung seiner Senatskollegen kund, »daß Herr von Berenberg-Goßler nicht nur als Offizier, sondern auch als Bürger gar nicht anders handeln konnte, wie er gehandelt hat«. Widerspruch legten einzig die Sozialdemokraten ein: »Als Bürger hatte Herr von Berenberg-Goßler die Pflicht, die Gesetze zu achten, und als Senator hatte er diese Pflicht erst recht.«[133]

Nicht nur der Ehrenzweikampf eines Hamburger Patriziers und preußischen Reserveoffiziers, sondern auch diese Reaktion einer parlamentarischen Körperschaft in einem durch und durch bürgerlichen Stadtstaat werfen ein helles Licht darauf, welche Anerkennung das Duell als soziale Konvention im deutschen Kaiserreich genoß.[134] Von den Militärbehörden als Standespflicht der Offiziere institutionalisiert, hatte der ehemals ausschließlich im Adel beheimatete Ehrenzweikampf durch Vermittlung bürgerlicher und Reserveoffiziere auch im Bürgertum Fuß gefaßt, in dessen maßgebenden Schichten der militärisch-adlige Ehrbegriff das Konzept bürgerlicher Ehre zunehmend verdrängte und überformte. Abgesehen vom katholischen Zentrum, das sich aus religiösen Gründen gegen das Duell aussprach, unter politischem Druck seinen Widerstand jedoch aufgab oder zumindest abschwächte, waren die Sozialdemokraten neben kleinen linksliberalen Gruppierungen die einzige Partei, die dezidiert am Begriff bürgerlicher Ehre festhielt und nicht nur das Militärsystem, sondern auch dessen bürgerliche Proselyten einer scharfen Kritik unterzog. Sozialdemokraten durften deshalb auch keine Reserveoffiziere werden – was sie in einzelnen Fällen nicht daran hinderte, sich ebenfalls zu duellieren. Schließlich war das Militär nicht die einzige Institution, in der der Duellkodex heimisch war. Auch auf Universitäten konnte er eingeübt werden und von da aus seinen Siegeszug ins bürgerliche Leben antreten.

V. »Scholarenehre« und akademischer Duellcomment Von der studentischen Mensur zur satisfaktionsfähigen Gesellschaft

Daß das Offizierkorps nicht die einzige soziale Institution war, die ihren Mitgliedern das Duell zur Lösung persönlicher Konflikte nahelegte, war Zeitgenossen des 19. Jahrhunderts wohlbekannt. So mancher Abgeordnete, der in den Landesparlamenten oder im Reichstag zur »Duellfrage« Stellung bezog, trug die Spuren eines Zweikampfs unübersehbar im Gesicht, ohne je Offizier gewesen zu sein. Auch Ferdinand Lassalle, einer der sozialdemokratischen Gründerväter, der 1864 in einem Duell sein Leben ließ, hatte den Duellkodex nicht beim Militär gelernt, sondern während seiner Studentenzeit. Unmittelbar nach der Immatrikulation an der Breslauer Universität 1843 war er einer Burschenschaft beigetreten, die ihn mit den Regeln studentischer Ehrenhändel bekannt gemacht hatte. Regelmäßige Fechtübungen, die er nach Abschluß des Studiums fortsetzte, erhöhten nicht nur seine physische Gewandtheit und Leistungsstärke, sondern hielten auch die Erinnerung an den eigentümlichen Modus akademischer Ehrenwahrung in ihm wach.

Wie vertraut ihm dieser Ehren- und Duellkodex zeit seines Lebens blieb, zeigt eine Episode aus dem Jahr 1858, als er von einem Berliner Militärbeamten zum Säbelduell gefordert wurde. In die Studentensprache zurückfallend, schrieb er darüber an Karl Marx in London: »Schon als mir jene Forderung überreicht wurde, empfand ich einen äußerst starken Trieb, sie auf Pistolen umstürzend, anzunehmen.« Da er sich jedoch mehrfach als Duellgegner bekannt hatte, gewann die »Prinzipienreiterei« die Oberhand, und er lehnte die Forderung ab, so schwer es ihm, wie er der Gräfin Hatzfeldt eingestand, auch fiel, »meinen Prinzipien zuliebe den Trieb meines Blutes zu unterdrücken«. Sechs Jahre später warf er jene Prinzipien dann bedenkenlos über Bord und forderte den Vater seiner abtrünnigen Geliebten aus gekränktem »Mannesbewußtsein« zum Zweikampf.[1]

Für den späteren sozialdemokratischen Parteiführer August Bebel, der alljährlich im Reichstag eine fulminante Rede gegen das Duell als Auswuchs des deutschen Militarismus und Feudalismus hielt, bedeutete Lassalles Duelltod eine schwere politische Bürde. Immer wieder mußte er sich den höhnisch-schadenfrohen Einwand anhören, daß ja auch, wie es der preußische Kriegsminister 1896 formulierte, »einer Ihrer Parteiheiligen« im Zweikampf gefallen sei, und immer wieder distanzierte er sich von Lassalles »Dummheit«: Sie sei nur damit zu entschuldigen, »daß es vor 31 Jahren geschah und nicht am Ende des 19. Jahrhunderts, wo wir im Zenith der bürgerlichen Kultur stehen«. Doch war Lassalle nicht das einzige prominente schwarze Schaf der Sozialdemokratie, das deren bürgerlicher Prinzipientreue zuwider gehandelt hatte. Auch Wilhelm Liebknecht und Bruno Schoenlank wurden noch posthum von Bebel dafür getadelt, daß sie in ihrer Studentenzeit einem Corps beigetreten waren und an studentischen Duellen teilgenommen hatten.[2]

Das Argument, solche Fehltritte lägen lange zurück und dürften in einer Zeit entfalteter »bürgerlicher Kultur« nicht mehr vorkommen, besaß allenfalls eine politische Logik. Historisch läßt sich die These, der studentische Ehrenhabitus trage zutiefst unbürgerliche Züge und sei ausschließlich feudalen Traditionen verhaftet, kaum halten. Wenn sich liberale Parteiführer und Universitätsprofessoren, an deren Bürgerlichkeit niemand hätte zweifeln wollen, gegen Ende des 19. oder zu Beginn des 20. Jahrhunderts explizit hinter den studentischen Ehren- und Duellkodex stellten, wenn Max Weber, der diesem Kodex in bürgerlichen Berufszusammenhängen jegliches Existenzrecht absprach, als fast 50jähriger Hochschullehrer Duellforderungen »nach akademischem Brauch« ergehen ließ, kann dies nicht nur als Ausdruck »feudaler Prätentionen« verstanden werden. Die »Scholarenehre«, wie sie Weber etwas abschätzig nannte, war kein billiges Imitat adlig-militärischer Ehrenmodelle, sondern besaß einen spezifischen Eigensinn, der sie selbst für prinzipienfeste Bürger attraktiv machte. Daß dieser Eigensinn nicht nur Jugendlichen einleuchtete, sondern auch erwachsene Männer in seinen Bann zog, läßt zudem vermuten, daß der akademische Duellcomment kein bloßes Phänomen einer abgegrenzten Jugendkultur war,[3] sondern, wie der Zentrumsabgeordnete Gröber 1895 im Reichstag meinte, »eine der Hauptquellen ... für die im späteren Leben vorkommenden ... Duelle«.[4]

Den studentischen Ehrenkodex als Teil bürgerlicher Kultur zu verorten, bedeutet jedoch nicht, seine Beziehungen zum militärischen und adligen *Point d'honneur* zu leugnen. Ebensowenig soll die These, daß die akademische Duellsozialisation Folgen im

Erwachsenendasein zeitigte, über deren besondere, nur aus spezifisch studentischen Lebensformen erklärbare Qualität hinwegtäuschen. Immerhin fanden die meisten aktenkundig gewordenen Zweikämpfe im 19. Jahrhundert unter Studenten statt – ein Faktum, das es geboten erscheinen läßt, studentische Ehre und studentische Duelle sowohl in ihrem Eigenwert als auch in ihrer gesellschaftlichen »Anschlußfähigkeit« genauer zu untersuchen.

1. Studentischer Comment und Verbindungswesen bis zur Mitte des 19. Jahrhunderts

Bereits zu Beginn des 19. Jahrhunderts schätzte ein duellfreundlicher Zeitgenosse, daß etwa die Hälfte der mindestens zweitausend Duelle, die jährlich in Deutschland ausgefochten würden, »den Universitäten heimfallen dürfte«.[5] Studenten waren damit neben Adligen und Offizieren die dritte Gruppe, die Konflikte im Duell auszutragen pflegte und dies offenbar mit außergewöhnlichem, die anderen Gruppen noch überflügelndem Eifer tat. Schon die Duellmandate des 17. und 18. Jahrhunderts hatten vermerkt, daß in studentischen Kreisen ein besonderer Duellzwang ausgeübt würde, indem Studenten einen Kommilitonen, der von einem anderen beleidigt worden wäre, durch deutliche Mißfallensbekundungen und soziale Isolation »zu Nehmung eigenmächtiger Revanche und Satisfaktion durch formale Duelle oder gefährliche Rencontres zu encouragieren und anzuhetzen« trachteten.[6] Auch die Tatsache, daß Landesherren spezielle, an Studenten gerichtete Verordnungen erließen, in denen sie das Duell ausdrücklich verboten, deutet auf eine außerordentlich starke Verbreitung des Zweikampfs im universitären Milieu hin.[7]

Diese Verbreitung erklärt sich zum einen durch den seit dem 17. Jahrhundert gewachsenen Einfluß des Adels in jenem Milieu. Um für adlige Studenten attraktiv zu sein, paßten sich viele Universitäten den Bedürfnissen ihrer Wunschklientel an, stellten Fechtmeister an und richteten Fechtböden ein, auf denen sich die selbsternannten Nachfahren mittelalterlicher Ritter in der »noblen Passion« des Fechtens üben konnten.[8] Zwar repräsentierten adlige Studenten immer nur einen kleinen Teil der Gesamtstudentenschaft; selbst in Göttingen, der vornehmsten norddeutschen Universität, lag ihr Anteil gegen Ende des 18. Jahrhunderts nur zwischen 13 und 18 Prozent.[9] Dennoch vermochten sie den allgemeinen studentischen Lebensformen ihren Stempel aufzudrücken, was sich vor allem in Kleidungsgewohnheiten sowie in der Kultivierung eines extrem empfindlichen und reizbaren Ehrbegriffs äußerte.

Daß sich die Praxis, Ehrenhändel im Duell auszutragen, auf Studenten jeglicher sozialer Herkunft ausdehnte, wurde zum anderen dadurch erleichtert, daß die studentische Existenzweise dieser Praxis einen ausnehmend großen Entfaltungsraum bot. Die meisten Studenten waren sehr jung, wenn sie die Universität bezogen, und tauschten relativ abrupt die bislang gewohnte familiale Gebundenheit gegen eine beinahe grenzenlose individuelle Freiheit in einer zunächst völlig unbekannten gesellschaftlichen Umwelt ein. Ein solcher Wechsel mußte zwangsläufig persönliche Unsicherheiten und soziale Statusprobleme hervorrufen, die die Universität und ihre Lehrer nur in Ausnahmefällen aufzufangen wußten; sowohl der Lehrstoff als auch die Art seiner Vermittlung waren wenig dazu angetan, die Aufmerksamkeit der jungen Studierenden so zu fesseln, daß sie im Studium den Halt fanden, den sie angesichts des Verlusts vertrauter Umgebungen und Orientierungen dringend benötigten.

Einen besseren Ersatz boten die studentischen Verbindungen, die an allen Universitäten in mehr oder weniger großer Zahl bestanden und nach regionalen, landsmannschaftlichen Prinzipien organisiert waren. Sie schützten den Universitätsneuling vor Vereinzelung und Vereinsamung und gaben ihm überschaubare Verhaltensregeln an die Hand, mit deren Hilfe er im akademischen Milieu Fuß faßte und sich im Kreis seiner Kommilitonen zurechtfand. Als der Pfarrersohn Friedrich Christian Laukhard um die Mitte der 1770er Jahre die Universität Gießen bezog, traf er dort bald nach seiner Ankunft pfälzische Landsleute, »welche mich zustutzten und mit dem Kommang ... vertraut machten«. Dabei ging es nicht so sehr um die Vermittlung allgemeiner »Sitten und Lebensart«, sondern, wie sich Laukhard später als erfahrener Student ausdrückte, um »das rechte *Avec,* wie der Bursche auf Universitäten leben soll«. Der »Kommang« bzw. Comment regelte damit in erster Linie den Umgang der Studenten untereinander, ihre Zusammenkünfte (Kommerse), ihre Lieder und Trinkrituale, ihre Sprache und ihre Konflikte. Wer den Comment beherrschte, galt als »honoriger Bursch«; er kannte weder Verhaltensunsicherheiten noch soziale Isolation, sondern war aufgehoben in einer Gemeinschaft Gleicher.[10]

So erging es auch dem jungen Laukhard, der dem »Kränzchen« seiner Pfälzer Kommilitonen beitrat und hier »Duzbrüder« gewann, mit denen er die reichlich bemessene freie Zeit seines Studentendaseins ausfüllte. Um ein »recht honoriger Bursch« zu werden, reichte es jedoch nicht aus, die Burschenlieder zu kennen oder auf den Kommersen das Glas zum rechten Zeitpunkt zu heben und zu senken. Die »Honorigkeit« bewies sich vor allem dann, wenn es galt, Konflikte zu meistern. Dazu bot sich Laukhard bald eine passende Gelegenheit. Als ein anderer Gießener Student namens Avemann, der dem Pfälzer Kränzchen nicht angehörte und im Ruf eines »Erzrenommisten und Schlägers« stand, ihn als »Fuchs«[11] bezeichnete, verbat er sich diesen Ausdruck, worauf Avemann ihm ins Gesicht lachte. Darüber geriet Laukhard so in Zorn, daß er ihn »einen dummen Jungen nannte. Hierauf hob er die Hand auf, um mich zu maulschellieren. Meine Freunde hielten ihn zurück und erklärten dem Großsprecher, daß er Desavantage sei und daher von mir Satisfaktion fordern müßte«. Zwei Tage später fand die »Balgerei« statt, auf die sich Laukhard mit Fechtübungen vorbereitet hatte. Er selber wurde dabei leicht am Arm verwundet, fügte jedoch seinem Gegner eine derbere Verletzung zu, »und der Skandal hatte ein Ende«. Sein Erfolg verschaffte ihm großes Ansehen und die Aufnahme in eine geheime, auf Exklusivität bedachte Studentenverbindung, »die nun glaubte, ein sehr respektables Mitglied in meiner Person zu acquirieren«.[12]

Diese Episode beleuchtet einen zentralen Ausschnitt studentischer Lebensformen und Comment-Regeln, wie sie in der zweiten Hälfte des 18. Jahrhunderts nicht nur in Gießen üblich waren.[13] Um sich im Kreis der Kommilitonen Respekt zu verschaffen, hatte ein Student offensichtlich sehr darauf bedacht zu sein, ein »forsches« Verhalten an den Tag zu legen und auf Beleidigungen sofort und unmißverständlich zu reagieren. Sobald auch nur der Eindruck entstand, daß ein anderer es an der gebotenen Achtung vor der eigenen Person fehlen ließ oder deren »Demarkationslinien« gar absichtlich überschritt, mußte er nachdrücklich in seine Schranken gewiesen werden. Dafür stand ein festes Formelrepertoire zur Verfügung, das in genau geregelter Abfolge abzurufen war. Ein Wort ergab das andere, eine Beleidigung wurde durch die nächstschwerere abgelöst. Dem abschätzigen Gelächter Avemanns folgte Laukhards »dummer Junge«, worauf Avemann mit einer Ohrfeige antworten wollte. Die

Ohrfeige hätte sodann einen Peitschenhieb nach sich ziehen müssen, womit die höchste Eskalationsstufe eines Beleidigungskonflikts erreicht gewesen wäre. Im vorliegenden Fall wurden die Möglichkeiten des Repertoires nicht voll ausgeschöpft, weil Avemann von Laukhards Freunden daran gehindert wurde, ihn zu »maulschellieren«. Das bedeutete zugleich, daß er sich, wie der terminus technicus lautete, in »Desavantage« befand, im Hintertreffen nämlich, da er Laukhards »dummen Jungen« auf sich »sitzen lassen« mußte, ohne es ihm mit einer schärferen Beleidigung heimzahlen zu können.[14] Folglich blieb ihm kein anderer Ausweg, als Laukhard zum Duell zu fordern und sich auf diese Weise von der empfangenen Beleidigung zu reinigen.

Daß Laukhard es auf diese Forderung hatte ankommen lassen, indem er der Anmaßung des als »Renommist« berüchtigten Avemann beherzt entgegengetreten war, daß er zudem als junger Student dem erfahrenen »Schläger« im Duell erhebliche Blessuren zufügte, erhöhte seinen persönlichen Wert in den Augen der Kommilitonen. Die übrigen Mitglieder des Pfälzer Kränzchens waren stolz darauf, einen so mutigen Mann in ihren Reihen zu haben, und andere Verbindungen suchten ihn abzuwerben und für sich zu gewinnen, um damit ihre eigene Reputation zu verbessern. Offensichtlich hing diese ganz entscheidend davon ab, wie die Verbindungsstudenten in der Öffentlichkeit auftraten, ob sie Angriffe auf ihre Person oder auf den Verband mit Verve zurückwiesen oder ob sie Konflikten auswichen und Nachgiebigkeit zeigten. Nachgiebigkeit und Konfliktscheu aber waren in der studentischen Kultur des späten 18. Jahrhunderts nicht gefragt, sondern zogen sehr rasch den Vorwurf der Feigheit auf sich, der, wie der Göttinger Professor Meiners 1802 anmerkte, einem sozialen Todesurteil gleichkam. Ein Student etwa, der »sich ungestraft hudeln ließe, oder einem Duell auswiche, oder ein bevorstehendes Duell der akademischen Obrigkeit anzeigte« und deshalb als feige anzusehen wäre, müßte die Universität über kurz oder lang verlassen, denn die kollektive Verachtung seiner Mitstudenten würde »wahrscheinlich alle seine künftigen Glücks-Entwürfe stören oder erschweren«.[15]

Ebenso stand es in den Gesetzen und Verfassungen der studentischen Verbindungen, die seit dem Ende des 18. Jahrhunderts zunehmend schriftlich kodifiziert wurden. »Jeder Student«, hieß es im Kränzchen-Comment aus Frankfurt/Oder von 1798, »wird des Verschisses[16] fähig, wenn er für wahre Beleidigungen nicht Satisfaktion nimmt oder gibt«, und die »Constitution« der Erlanger Landsmannschaft Baruthia von 1803 bestimmte: »Jeder Aufgenommene muß versprechen, daß er sich stets fleißig, anständig und ordentlich betragen will, so wie es einem Mann von Bildung und Ehre zukommt. Insbesondere darf er keine Beleidigung von andern Studierenden auf eine feige Art auf sich sitzen lassen, sondern muß seine Ehre immer, soviel in seinen Kräften steht, mit dem Schläger auf eine honorige Weise zu verteidigen suchen.«[17]

Auch wenn diese Regeln nur für solche Studenten formale Geltung beanspruchten, die einer Verbindung angehörten, wirkten sie doch weit über deren Kreis hinaus. Selbst dort, wo die Korporationen nicht, wie in Heidelberg um 1820, 60 bis 75 Prozent aller Studenten zu ihren Mitgliedern oder Anhängern zählen konnten, vermochten sie den Umgang der Studenten untereinander und ihre Begriffe von Anstand und Ehre nachhaltig zu prägen.[18] Schließlich kam die hohe Wertschätzung von Mut und Entschlossenheit den altersspezifischen Bedürfnissen der jungen Männer entgegen, die ihre Unsicherheiten durch besonders forsches Auftreten zu überspielen suchten. Die Tatsache, daß selbst Worte wie »sonderbar«, »komisch« oder »merkwürdig« dem Göttinger Comment gemäß als Beleidigungen galten und eine Forderung zum Zweikampf nach sich ziehen mußten,[19] legt den Schluß nahe, daß das Selbstwertgefühl der Studenten nur sehr gering ausgebildet war. Der in der Verfassung der Erlanger Franconia von 1810 niedergelegte Anspruch, »uns männlich in allen Verhältnissen zu zeigen«[20], ruhte daher allem Anschein nach auf tönernen Füßen; erst indem man die Männlichkeit »zeigte«, erwarb man sie auch. Der Comment fungierte damit gleichsam als Curriculum maskuliner Orientierungen und Verhaltensmuster, das aus Jünglingen Männer formte.

Dieser Bildungsprozeß vollzog sich hauptsächlich durch den Code der Ehre, wie denn auch »Comment« nach dem Verständnis Jenaer Studentenverbände von 1809 nichts anderes als die »Norm« bedeutete, »nach welcher sich jeder Student in Ehrensachen richten muß«.[21] In der Tat lesen sich die überlieferten Comments aus dem späten 18. und frühen 19. Jahrhundert wie Ehrbreviere und Duellratgeber, verzeichneten sie doch minutiös jede mögliche Beleidigung, ordneten ihr die entsprechende Reaktion zu, legten Zeit, Ort und Modalitäten des Zweikampfs fest, beschrieben seinen üblichen Verlauf und die Bedingungen, zu denen »Satisfaktion genommen« werden konnte. Sehr viel früher als das Offizierkorps gab die Studentenschaft ihren Vorstellungen von Ehre und Ehrenhändeln eine schriftliche Form, verpackte sie in Gesetze und Regeln, die sich jedes Mitglied einer Verbindung einprägen mußte und die auch über deren Grenzen hinaus bekannt und anerkannt waren.

Eine solche Verschriftlichung schien schon allein deshalb geboten, weil die Studentenschaft im Unterschied zum Offizierkorps eine extrem fluide Gruppe war. Kaum ein Student besuchte die Universität länger als drei Jahre, so daß das Rekrutierungspotential der Verbindungen ständig wechselte und eine nur mündliche Weitergabe des Ehren- und Duellkodexes nicht ausreichte. Darüber hinaus sprach auch die soziale Heterogenität der Studenten für eine schriftliche Kodifikation. Gerade weil man aufgrund der bürgerlichen Herkunft der meisten Studenten nicht davon ausgehen konnte, daß sie die Regeln des Ehrenpunktes habituell beherrschten, war es um so wichtiger, jene Regeln aufzuschreiben.

Die nahe Verwandtschaft zwischen studentischem Ehrenkodex und aristokratischem *Point d'honneur* verlieh ersterem in den Augen bürgerlicher Studenten höhere Weihen, durften sie doch auf diesem Umweg an einer Verhaltenskultur teilhaben, von der sie ansonsten rigoros ausgeschlossen geblieben wären. Die hohe Anerkennung der Ehrenregeln im studentischen Milieu erklärt sich deshalb nicht allein aus dem altersbedingten Bedürfnis, Mut und Stärke, wenngleich in geordneten Formen, zu demonstrieren, sondern auch aus ihrem sozialen Zeichencharakter. Beide Wurzeln prägten die Sprache des Comments, den Goethe, seit 1788 mit der Oberaufsicht über die Universität Jena betraut, als »abenteuerliches Gesetz« bezeichnete, das versuche, »die Leidenschaften und das Betragen eines Bauern, eines Schülers und eines Edelmanns zu vereinigen«.[22] In der Tat standen Idiome der Vulgärsprache (»Schisser«, »Verschiß«, »Anschiß«) und Ausdrücke, deren Ursprung in den mittelalterlichen und frühneuzeitlichen Zweikampfritualen lag, neben französischen Vokabeln aus der adligen Duell- und Fechtnomenklatur (Comment, Satisfaktion, Avantage, Kontrahage, Sekundanten, Rencontre, Revokation, Deprekation). All diese verschiedenen Elemente verbanden sich zu einem eigentümlichen Studentenjargon, der den Anspruch der jungen »Akademiker«, einer »eigenen Kaste« anzugehören, unterstrich.[23]

Daß der Begriff der Ehre, in dem sich diese auf feinen Unterschieden zum respektierlichen bürgerlichen Leben beruhende Identität verdichtete, dem adligen *Point d'honneur* mehr oder weniger direkt nachempfunden war, spielte für das Selbstverständnis der Studenten eine wichtige Rolle. So sehr sie sich als besondere Gruppe fühlten und die Studentenwelt als eine von der »Alltagswelt der Philister« getrennte »Burschenwelt mit eigentümlichen Sitten und Gebräuchen, Festen und Waffen, Liedern und Melodien, ja mit eigener Sprache« rühmten,[24] so sehr waren sie andererseits darauf bedacht, ihre gesellschaftliche Nähe zu den staatstragenden Schichten hervorzukehren. Studentische Ehre fungierte dabei als wichtigstes Bindemittel, das zum einen eine Vergemeinschaftung aller Satisfaktionsfähigen garantierte, zum anderen aber jene Klassen der Gesellschaft, die nicht als satisfaktions- und duellfähig galten, vom Umgang mit Studenten ausschloß. Mit welchen Gruppen man sich auf eine Stufe stellte, geht aus den Commentbestimmungen deutlich hervor. So legte der Jenaer Comment von 1809 fest, daß dortige Studenten außer mit ihresgleichen mit Offizieren, Adligen, »allen denen, die Hofratsrang haben«, und Akademikern im Satisfaktionsverhältnis stünden.[25] Kam es mit Angehörigen dieser Schichten zu Beleidigungskonflikten, mußten sie im Duell verglichen werden. Andere Maßstäbe galten bei Streitigkeiten mit Handwerkern, Kaufleuten, Bauern oder Arbeitern. Hier traten die Gesetze der Ehre nicht in Kraft; anstatt den Beleidiger zum Duell zu fordern, verprügelte man ihn oder zeigte ihn bei der Polizei an.

So wie der studentische Ehrenkodex die äußeren Grenzen des Studenten-»standes« markierte und dessen Platz im gesellschaftlichen Gefüge bestimmte, wirkte er im Innern der Gruppe vereinheitlichend und nivellierend. Soziale Herkunftsunterschiede wurden eingeebnet und durch eine gewollte Gleichheit der Umgangs- und Kommunikationsstile ersetzt. Immer wieder war in den Comments und ›Constitutionen‹ der Studentenverbände des frühen 19. Jahrhunderts davon die Rede, daß Privilegien und Hierarchien, die in der Außenwelt noch Bestand hätten, im Innern der Verbindungen abgeschafft seien. »Keiner«, hieß es etwa in der Verfassung der Erlanger Westphalen von 1802, »darf sich aber einen Vorzug von ihm anmaßen, am wenigsten kann dies wegen der Geburt geschehen, da es nur Einen Adel gibt, nämlich den, der durch eigenes Verdienst erworben wird.«[26] Statt nach

Geburts- und Herkunftsunterschieden gliederte sich die Rangordnung der Verbindungsstudenten nach der Dauer ihrer Mitgliedschaft.[27] Das Anciennitätsprinzip war damit an die Stelle des ständischen Geburtsprinzips getreten, die grundsätzliche Gleichheit der Mitglieder, die sich auch in der vertrauten Duz-Form äußerte, hatte die individuell unveränderbare Ungleichheit der ständischen Ordnung ersetzt.

Gerade Studenten bürgerlicher Herkunft scheinen diese Erfahrung brüderlicher Gleichheit sehr geschätzt zu haben. Der Arzt Adolf Kußmaul, der 1841 einem Heidelberger Corps beigetreten war, erinnerte sich an jenen Schritt mit den Worten: »Jetzt gehörte ich zu der studentischen Ritterschaft, worin Prinzen und Barone, Beamten- und Bauernsöhne einander als freie und gleiche Burschen ehrten.«[28] In ähnlicher Manier hatte bereits in den 1770er Jahren der Göttinger Professor Michaelis die sozialen Folgen des studentischen Ehren- und Duellkodexes gerühmt und ihm einen positiven Einfluß auf die »Niederdrückung des dummen Ahnenstolzes und Gleichheit der Adligen mit den Bürgerlichen« konzediert. Hätte sich zu jener Zeit außerhalb der Universität kein Adliger auf einen Zweikampf mit einem Bürgerlichen eingelassen, war es offenbar unter Studenten nicht mehr »ratsam«, »ein Duell unter Prätext des Adels und ungleichen Standes des Provozierenden auszuschlagen«. Eine solche Weigerung wäre im Koordinatensystem der Studentenwelt nicht als Ausdruck berechtigten Standesdünkels, sondern als Zeichen von Feigheit interpretiert worden und hätte den Betreffenden als »Schisser« qualifiziert, der die soziale Achtung seiner Mitstudenten ein für allemal verspielt hatte.[29]

Selbst wenn Kußmauls geschöntes Bild einer studentischen Ritterrepublik die realen Verhältnisse nicht ganz zutreffend wiedergab, war der soziale Überbrückungseffekt studentischer Ehre nicht zu verkennen. Gewiß waren auch in der Studentenwelt soziale Herkunftsunterschiede nicht ganz verschwunden, und es hat sogar den Anschein, als ob sie sich im Verlauf des 19. Jahrhunderts wieder verstärkten. So wie es im Militär einige Regimenter und Waffengattungen gab, zu denen sich der Adel drängte, existierten auch bestimmte Studentenverbindungen, die vorzugsweise Sprößlingen des Adels und der bürgerlichen Oberschicht offenstanden. So sehr diese aber einerseits auf soziale Exklusivität halten mochten, so selbstverständlich war es auf der anderen Seite, daß sich ihre Mitglieder bei Streitigkeiten mit Angehörigen anderer, weniger vornehmer Verbindungen auf den Boden des allen gemeinsamen Ehrenkodexes stellten. Ungeachtet seines konflikthaften Anlasses konstituierte sich somit im Duell eine Art Freundschaftsbund, der die Klassengegensätze, die möglicherweise von den einzelnen Verbindungen akzentuiert wurden, in der individuellen Kampfbegegnung aufhob. »Durch ein Duell«, hieß es denn auch im Jenaer Comment von 1809, »sind die Schlagenden näher miteinander verbunden und per se in Bruderschaft«, was durch Bruderkuß und Brüderschafts-Trinken bekräftigt wurde.[30]

Dieser Freundschaftssymbolik kam vor dem Hintergrund innerstudentischer Rivalitäten und Konkurrenzbeziehungen eine besondere Bedeutung zu. Ohne das Duell und den ihm unterliegenden Ehrenkodex wäre der studentische »Staat«, von dem Heinrich Laube sprach, in ein amorphes, in viele untereinander heillos zerstrittene Gruppen geteiltes Gebilde zerfallen. Die seit der zweiten Hälfte des 18. Jahrhunderts parallel zur bürgerlichen Vereinsentwicklung zunehmende organisatorische Fraktionierung der Studentenschaft bedurfte gleichsam eines institutionellen Gegengewichts, das man in der Kodifikation gemeinsamer Ehrengesetze zu finden glaubte. Es waren vor allem die verschiedenen landsmannschaftlichen Verbindungen, die sich um die Jahrhundertwende zu Kartellen zusammentaten, ihre Regeln in Form allgemeiner Comments aufeinander abstimmten und einen sogenannten Seniorenconvent (SC) einrichteten, der die Einhaltung der Regeln überwachen und als Schiedsgericht fungieren sollte. Dagegen wahrten die Orden gemeinhin strengstes Stillschweigen über ihre internen Strukturen und Gebräuche, wobei jedoch die zuweilen von der Polizei sichergestellten Dokumente belegen, daß sie sich, wie auch Laukhard aus seiner Gießener Zeit berichtete, kaum von den Ehrenusancen der anderen, weniger exklusiven und geheimnisumwitterten Verbindungen unterschieden.[31]

Sowohl die Orden, die ihre Mitglieder nicht nach regionalen Prinzipien, sondern nach Gesinnungsgemeinschaften rekrutierten, als auch die landsmannschaftlich gebundenen Kränzchen und späteren Corps verfolgten den Zweck, mit Hilfe ihrer Gesetze und Verfassungen »ein gewisses Ansehen auf der Akademie zu behaupten«.[32] Dieses Ansehen gewannen sie nicht zuletzt dadurch, daß ihre Mitglieder den Ehrenkodex sehr genau nahmen und jederzeit bereit waren, für ihre Ehre bzw. die der Verbindung ein Duell zu »kontrahieren«. »Um das Ansehen der Verbindung zu begründen«, hieß es dazu 1794 in der Stiftungsurkunde des westfälischen Kränzchens an der Universität Erlangen, müsse es »jedem Mitglied zur ersten Pflicht gemacht werden, genau auf seine Ehre zu halten und dieselbe, wenn sie von jemandem, der überhaupt fähig ist zu beleidigen, angetastet ist, auf die bei braven Burschen übliche Art zu rächen«.[33] Zu solchen Übergriffen und Beleidigungen kam es um so häufiger, je mehr sich die Studenten unterschiedlichen Verbindungen anschlossen, die wiederum untereinander um Reputation und Zulauf konkurrierten. Dies erzeugte eine Atmosphäre latenter Konfliktbereitschaft, in der ein halber Blick, ein hingeworfenes Wort genügten, um eine Duellforderung zu provozieren.

Daran änderte sich auch nichts, als sich um 1815, unter dem Eindruck der erfolgreichen nationalen Mobilisierung gegen die französische Fremdherrschaft, eine studentische Bewegung formierte, die sich anschickte, mit dem Wahlspruch »Ehre, Freiheit, Vaterland« die bisherige landsmannschaftliche Zersplitterung der Studentenschaft zu überwinden und, gleichsam als Vorhut nationaler Einheit, einen Bund aller Studenten unabhängig von ihrer lokalen und sozialen Herkunft zu schaffen. Eben dieses Avantgarde-Bewußtsein führte dazu, daß die neue, unter dem Namen »Burschenschaft« auftretende Bewegung sich von jenen Elementen studentischen Lebens zu distanzieren suchte, die zur bürgerlichen Außenwelt in allzu schroffem Gegensatz standen. Dazu gehörten die unmäßigen Trinkrituale ebenso wie die zahllosen und zumeist aus völlig unbedeutendem Anlaß stattfindenden Zweikämpfe. Schließlich vertrage es sich nicht mit dem »Adel der Akademiker«, wie ein Heidelberger Burschenschafter meinte, »daß sie sich blindlings den sinnlichen Regungen überlassen«. Vielmehr erfordere es dieser »höhere Adel«, »die gemeine rohe Sinnlichkeit des nach Freiheit ringenden Geistes zur Unterwerfung zu zwingen«.[34]

Der Berliner Jurastudent und Burschenschafter Christ wandte sich 1819 im Namen mehrerer Kommilitonen noch energischer gegen das »Gaukelspiel des Zweikampfes«, das »die Gewalt des Körpers über die Macht der Vernunft erheben will«, und plädierte für drastische Maßnahmen, um die Studenten von der »rohen Herrschaft dieser Körperwelt« zu erlösen. Christ und seinen Mitstreitern galt das Duell als »Verhinderung jeder wahrhaften Vereinigung unter Studierenden« und als Ausdruck eines vom

Rest der Nation abgetrennten studentischen Kastengeistes. Die Einheit des Volkes, die in den Befreiungskriegen gegen Napoleon erstmals aufgeblitzt sei, dürfe nicht durch die Beibehaltung von Sonderehren gestört werden, sondern verlange nach einem ständeübergreifenden, auf das Ganze bezogenen Ehrbegriff als »Widerschein des allgemeinen Selbstbewußtseins eines Volkes«. Der studentischen Duellehre sei jener umfassende Allgemeinheitsanspruch völlig fremd; sie kreise letztlich nur um sich selber, indem sie »ewig sich selbst gebiert und ewig sich selber verschlingt«. In einem burschenschaftlichen Verband, der sich als Vorkämpfer nationaler Einheit verstehe, dürften eine solche Ehre und ihre »kleinlichen Zwecke« keinen Raum mehr haben. Auch das Duell müsse daraus verschwinden, verachte es doch »die Gefahr nicht um des Vaterlandes und um des Staates, sondern um der eigenen Persönlichkeit willen« und erhebe »in dieser Verachtung das eigene Ich über das große Ich des Volkes«.[35]

Eine derart radikale, politisch motivierte Entindividualisierung des Ehrbegriffs überstieg allerdings den Bewußtseinshorizont der meisten Studenten, und selbst in der Berliner Burschenschaft befanden sich Christ und seine zwölf Gesinnungsgenossen mit ihrer kompromißlosen Duellgegnerschaft in der Minderheit. Obwohl sie sich gegen den von der Mehrheit erhobenen Feigheitsverdacht ausdrücklich zur Wehr setzten, wurden sie in »Verruf« getan und mußten die Verbindung verlassen. Auch in den Heidelberger und Tübinger Burschenschaften konnten sich Duellkritiker nicht behaupten. Zwar stimmte man darin überein, die »übertriebene bisherige Anwendung« des Duells zu beschränken und seinen Gebrauch bei »zufälligen, vorübergehenden Anlässen« zu verhindern. Bei Beleidigungen allerdings, »welche die heiligsten Gefühle, die unverletzbare Persönlichkeit verwunden«, sei jeder fremde Richter »unzulässig«. Schaffe man das Duell ab, müsse man damit rechnen, daß solche Konflikte äußere Formen annähmen, die dem »Adel der Akademiker« nicht angemessen seien. Der Tübinger Burschenschafter Franque begründete die permissive Haltung seines Verbandes 1817 damit, daß »uns Tübingen zu lieb war, als daß wir hätten dazu beitragen sollen, daß es anderen deutschen Universitäten gegenüber als Schule dastehen sollte, wo Faust und Prügel gilt«. Statt dessen wollte man dem »Mißbrauch« dadurch steuern, daß man ein studentisches Ehrengericht schuf, welches Ehrenhändel zu vermitteln suchte, ohne jedoch das Duell in jedem Fall auszuschließen.[36]

Allerdings, und das leugnete auch Franque nicht, war die Burschenschaft trotz solcher Initiativen von ihrem Ziel, studentische Duelle auf das unbedingt notwendige Maß einzuschränken, weit entfernt. Bereits ihre bloße Existenz bildete einen steten Stein des Anstoßes, wollten sich doch die Landsmannschaften mit der von der neuen, »allgemeinen« Verbindung beanspruchten Führungsrolle nicht abfinden. Es kam daher immer wieder zu Konflikten und Streitigkeiten, wobei es, wie Franque ohne Umschweife eingestand, selbstverständlich war, »daß unsere Verbindung feindliche Angriffe und Beschimpfungen von anderen Studierenden, die als Störer des Guten angesehen werden, mit Kraft abweisen mußte, wozu natürlich der Zweikampf ihr einziges durchgreifendes Mittel war«.[37] Gerade weil es die Burschenschaft wagte, von »Mißbräuchen« des Duells zu sprechen und bei minder schweren Beleidigungen für eine friedliche Lösung einzutreten, mußten ihre Mitglieder jeden Anschein persönlicher Feigheit zu vermeiden trachten. Ein Burschenschafter, der, wie sich der »teutsche Gelehrte« Ernst Münch an seine Freiburger Studentenzeit um 1818 erinnerte, »irgend eine Verzagtheit gegenüber der Klinge« zeigte, hätte »den moralischen Kredit des Ganzen gefährdet«.[38] Studenten dagegen, die eine Beleidigung nicht »kalt werden« ließen, gereichten der Korporation zur Zierde. Wurden sie gar, was selten genug geschah, wegen eines Duells polizeilich zur Rechenschaft gezogen und zu Haftstrafen verurteilt, galten sie als Helden, denen die ganze Verbindung ihre Reverenz erwies. Als zwei Tübinger Burschenschafter 1827 nach verbüßtem Festungsarrest in die Stadt zurückkehrten, bereiteten ihnen ihre Kommilitonen einen rauschenden Empfang. Sie holten sie, wie der Regierungskommissär Hofacker dem württembergischen Innenministerium indigniert berichtete, in »zwei vierrössigen Chaisen« ab und brachten sie ins Verbindungslokal, um die wiedergewonnene Freiheit zu feiern.

Die beiden Duellanten, die ihrem Verband durch ihr tatkräftiges Verhalten große Ehre gemacht hatten, waren für die Zukunft über jeden Feigheitsvorwurf erhaben. Deshalb konnten sie auch die wüste Provokation eines Anhängers der Landsmannschaften, der ihnen aus nichtigem Anlaß ein Duell aufzwingen wollte, mit dem Argument zurückweisen, jener sei »als ein barscher und grober Mensch bekannt, der überall Händel anfange, wo er hinkomme, und brauche hier nicht zu renommieren«. Als letzterer daraufhin das ganze Arsenal der vom Comment als schwere Beleidigung klassifizierten Ausdrücke ausschöpfte, sie »Hundsfötter, dumme Jungen, feige Büchsiers« nannte und zum Schluß sogar Ohrfeigen auszuteilen begann, brachte ihm auch dies kein Duell ein, sondern eine handfeste Tracht Prügel.[39]

Studenten, die noch keinen Ruf als beherzte Duellanten erworben hatten, wäre ein solches Verhalten übel angekreidet worden, und auch das Ansehen ihrer Verbindung hätte darunter gelitten. Es nimmt daher nicht wunder, daß gerade auch die Burschenschaften angesichts ihrer von den traditionellen Verbindungen angefeindeten Stellung strenge Ehrenregeln für ihre Mitglieder festlegten, um »Schwächlinge« und Feiglinge fernzuhalten und die äußere Reputation der Verbindung zu heben.[40] Der Zwang, sich im studentischen Konfliktmilieu zu behaupten, führte im übrigen dazu, daß die Ehrengerichte ihre Funktion, Streitigkeiten nach Möglichkeit zu vermitteln, nur höchst rudimentär wahrnahmen. Vielmehr schälte sich sehr rasch die Tendenz heraus, das Ehrengericht sogar als institutionellen Rückhalt des Ehren- und Duellkodexes zu benutzen. Obwohl die Burschenschaft einerseits Wert darauf legte, den individuellen Charakter des Ehrbegriffs zu betonen, und es dem »Gefühle eines Jeden« überließ, »ob er seine Ehre für verletzt hält oder nicht«, stellte sie andererseits Einrichtungen und Vorschriften bereit, die dieses Gefühl kollektiv normierten. Die ursprüngliche Absicht, nur dann den »rächenden, richtenden, ehrlichen Stahl« zu ergreifen und »als Mann und Held für Ehre und Wahrheit« zu kämpfen, wenn man sich »an seinen Menschenrechten« gefährdet und beleidigt fühlte, wurde unter dem massiven Außendruck rasch aufgegeben und machte einer weiten Auslegung der »Menschenrechte« Platz, die von den Ehrengerichten nicht nur mitgetragen, sondern oftmals geradezu initiiert wurde.[41]

Die akademischen Behörden, denen die disziplinarische Kontrolle der Studenten oblag, standen dieser Entwicklung machtlos gegenüber. Zwar hatten die Universitätsstatuten Duelle streng verboten sowie Übertretungen dieses Verbots mit empfindlichen Strafen belegt. Auch gegen studentische Verbindungen, vor allem gegen Orden und Burschenschaften, in denen sie politische Unruhefaktoren erblickten, gingen die Landesherren energisch vor. Der gewünschte Erfolg solcher Maßnahmen blieb jedoch aus – nicht zuletzt deshalb, weil die akademische Obrigkeit ihre Drohungen nur selten wahrmachte und die Strafen kaum jemals wirklich vollstreckte.[42] Zu tief saß die Angst vor einer kollektiven Vergeltung der Studenten in Form von Abwanderung und Verrufserklärungen, wie es in Jena 1792 geschah, als die Studenten aus Protest gegen die scharfe polizeiliche und militärische Unterdrückung der Orden aus der Stadt auszogen. Darüber hinaus waren die Meinungen der auch als akademische Richter fungierenden Professoren zum Duell ganz und gar nicht eindeutig. Die meisten scheinen ihm durchaus positive Seiten abgewonnen zu haben, fühlten sich wohl gar an ihre eigene Studentenzeit erinnert, wie jener Professor, der sich »jährlich in seinen Vorlesungen rühmt, daß er sich in seinem Leben nicht habe foppen lassen, daß er in einem Vierteljahre 14mal vom Leder gezogen« habe.[43] Andere, so der Göttinger Universitätslehrer Meiners 1802, betonten eher die prinzipiellen Vorteile des studentischen Duells, das »die jungen Leute bescheidener, vorsichtiger und höflicher« mache sowie einen Streit ein für allemal und ohne »endlose Fehde« beende.[44]

Gewiß gab es auch Professoren wie Fichte, der sich dezidiert gegen den *Point d'honneur* der Studenten wandte und ihm, 85 Jahre vor Below, »wahre Undeutschheit und Ausländerei« vorwarf. Bereits in Jena hatte er sich scharf gegen die studentischen Orden gewandt, in denen der auf französischen »Schein« statt auf deutsches »Sein« gegründete Ehrenpunkt kultiviert werde, und war deshalb von Ordensmitgliedern so massiv attackiert worden, daß er die Stadt mitsamt seiner Familie verließ. Als erster Rektor der neugegründeten Berliner Universität hoffte er, daß sich die traditionellen studentischen Gepflogenheiten dort nicht würden etablieren können, wurde aber schon bald eines anderen belehrt. Nach häufigen Meinungsverschiedenheiten mit dem akademischen Senat über Disziplinfragen bat er 1812 um die Enthebung vom Rektoramt, da er sich angesichts der professoralen Mehrheitsverhältnisse nicht imstande sah, einen Studenten, der sich nicht duellieren wollte und seinen Beleidiger statt dessen bei der Universitätsbehörde angezeigt hatte, vor der Verachtung seiner Kommilitonen zu schützen. Was Fichte als »eine höhnende Herausforderung der Obrigkeit« empfand, interpretierten seine Professorenkollegen »als eine bloße Ehrensache« der Studenten untereinander, die keine ausdrückliche Intervention der Behörde erforderte.[45]

Hinter dieser Haltung vermutete Fichte den Einfluß Schleiermachers, dessen 1808 publizierte Schrift ›Gelegentliche Gedanken über Universitäten‹ unter Studenten und Lehrenden zirkulierte und, so Fichte, den studentischen Exzentrizitäten theoretische Rückendeckung gab. In der Tat hatte Schleiermacher darin der studentischen Freiheit – in ihrer doppelten Bedeutung als Lernfreiheit und Freiheit von den Konventionen der späteren bürgerlichen Existenz – eine glühende Ovation dargebracht und sie als notwendiges Korrelat des deutschen Wissenschaftsbegriffs bezeichnet. Als »heilsames Gegengewicht« gegen die »Gleichförmigkeit und Charakterlosigkeit« des außerstudentischen Lebens müsse sie zwangsläufig Ausdrucksformen annehmen, die jenem Leben fremd seien. Dazu gehöre auch der Zweikampf, der zwar »bürgerlichen Ständen eine panische Furcht« einjage, im studentischen Milieu aber »eine höchst natürliche und unvermeidliche Erscheinung« sei. Auch Schleiermacher rühmte das Duell als ein Mittel, Gleichheit unter den Studenten zu stiften – eine Gleichheit, die jungen Akademikern kraft ihrer Stellung vor der Wissenschaft eigen sein müsse, die aber vom staatlichen Beleidigungsstrafrecht, das die Ehre ständisch abstufe, negiert werde, weshalb denn auch eine gerichtliche Beleidigungsklage für Jünger der Wissenschaft nicht in Frage komme. Darüber hinaus verkörpere sich im Duell das Interesse der Studenten, »ihrer Person die höchste Würde zu verschaffen«, was es zu einem unverzichtbaren Instrument männlicher Charakterbildung mache.[46]

Diesen Gedanken Schleiermachers »in deutschem Sinn« konnte sein nicht weniger auf jenen Sinn bedachter Kollege Fichte keinesfalls zustimmen, befand sich damit aber offensichtlich in einer Minderheitenposition. Ungeachtet mancher kritischer Stimmen[47] scheinen die meisten Professoren die Duellkonventionen ihrer Studenten toleriert, wenn nicht gar gebilligt zu haben, und nicht selten konnten sich duellierende Studenten darauf berufen, von ihren Lehrern brillante Rechtfertigungen der verbotenen Tat vernommen zu haben. So führten Studenten des Tübinger theologischen Seminars, die 1816 an Fechtübungen der landsmannschaftlichen Verbindungen teilgenommen hatten und deshalb vom Inspektorat zur Rechenschaft gezogen wurden, Argumente für die »Zulässigkeit des Duells« an, die sie nach eigenem Bekunden in den Vorlesungen des Professors Eschenmayer gehört hatten.[48]

In den Kultusministerien stieß eine solche Komplizenschaft auf scharfe Ablehnung, und auch die als permissiv und tolerant wahrgenommene Haltung der akademischen Rektoren, Senate und Disziplinarkommissionen gab oftmals Anlaß zu staatlicher Intervention. Immer wieder forderten die Regierungen die Universitätsbehörden auf, studentische Duelle, die die »Autorität der Gesetze und der akademischen Obrigkeit« untergruben, schärfer zu verfolgen, in jedem Fall disziplinarisch, d. h. je nach Schwere des Zweikampfs mit Karzer oder Verweisung von der Universität für eine bestimmte Zeitdauer zu bestrafen. Wenn Verwundungen vorgefallen waren, sollten Duellanten dem normalen, außeruniversitären Gerichtsverfahren überantwortet werden.[49] Vor allem die studentischen Verbindungen, in denen sie, so der preußische Kultusminister 1835, die »Hauptquelle der Duelle« erblickten, waren den Regierungen ein Dorn im Auge, beförderten sie doch, wie der bayerische Innenminister 1812 mit Blick auf die Verhältnisse an den Universitäten Erlangen und Landshut meinte, die »Trennung der Studierenden in Parteien gegen einander« und riefen somit eine Menge überflüssiger Streitigkeiten hervor.[50] Aber selbst die mehrmalige Auflösung dieser Verbindungen oder auch das 1819 in den Karlsbader Beschlüssen verhängte, 1824 erneuerte und erst 1848 formell aufgehobene Verbot der Burschenschaften verfehlten ihre Wirkung. Die studentischen Korporationen existierten im geheimen fort, was ihre Attraktivität eher noch steigerte.

Angesichts dieser Situation bevorzugten die Universitätsbehörden in der Regel eine sehr viel weichere Gangart, die nicht selten den Unmut höherer Stellen hervorrief. Zu einem offenen Konflikt kam es 1869 zwischen der Universität Bonn und dem preußischen Kultusministerium. Anlaß war die schwere Verwundung Herbert von Bismarcks, des ältesten Sohnes des preußischen Ministerpräsidenten, der als Jurastudent und Corpsmitglied an einem studentischen Duell teilgenommen hatte. Das Ministerium pochte daraufhin auf eine Verschärfung der Duellstrafen und entsandte einen Regierungskommissar, der die Verhältnisse genauer unter die Lupe nehmen sollte. Rektor und Senat aber protestierten gegen einen solchen Eingriff in ihre Autonomie und wehrten sich gegen ein von der Regierung erwogenes erneutes Verbot studentischer Verbindungen. Obwohl sie zugaben, daß letztere den Fleiß der Studenten und deren wissenschaftliches Engagement nicht eben förderten, ersuchten sie doch darum, »jedes Verbot auf diesem Gebiete zu vermeiden. Seit Jahren nämlich ist gerade durch die volle Freiheit, die auch hier dem Vereinsrechte gewährt wird, ein wesentlicher Reiz des früheren Zustandes, der Reiz des verbotenen Genusses, weggefallen.« Bei »ruhigem Gewährenlassen«, prognostizierte der Bonner Rektor, würden die Verbindungen »in nächster Zukunft ... völlig aussterben, und dann auch das Unwesen der Duelle unter unserer Studentenschaft verschwinden«.[51]

Diese Prophezeiung sollte sich als falsch erweisen, wirkte jedoch plausibel genug, um den preußischen Kultusminister von Mühler zu überzeugen. Letzterer zog sich darauf zurück, nur die »verderblichen Auswüchse des Verbindungswesens« beseitigen zu wollen, und auch von einem allgemeinen Verbot der Studentenduelle war nicht mehr die Rede. In einer Verfügung an alle preußischen Universitäten hieß es daher 1870: »Jede Studenten-Verbindung, deren Mitglieder aus nichtigen Gründen Zweikämpfe veranlassen und dadurch zeigen, daß der Hauptzweck der Verbindung in der Pflege von Kampfspielen besteht, wird aufgelöst ... Jeder Studierende, welcher ein Duell ohne Zuziehung eines approbierten Arztes, ein Duell auf Pistolen oder Säbel, ein Duell auf Schläger ohne Anwendung der üblichen Bandagen und Schutz-Apparate, namentlich ohne eine genügend sichernde Kopfbedeckung vollzieht, wird – unbeschadet der sonst verwirkten Strafen – mindestens mit dem consilium abeundi belegt.«[52]

Die Verfügung enthielt eine klar erkennbare Lücke: Schlägerduelle im sogenannten Paukwichs waren von der Strafverschärfung nicht betroffen. Sie fielen offenbar selbst nach Meinung des Ministers unter die Kategorie »Kampfspiele«, die, wenngleich nicht ausdrücklich gestattet, doch als studentische Konvention akzeptiert und toleriert wurden. So hatte es auch der Bonner Universitätskurator Beseler als »weise« empfohlen, »wenn man die Studenten-Duelle zwar nicht erlaubt, aber sie mit Nachsicht behandelt und bestraft, solange sie nicht durch Abweichung von den bisher üblichen Formen einen besonders gefährlichen Charakter annehmen. Nur so wird eine umsichtige Disziplin an den Universitäten es in der Hand behalten, einerseits rücksichtlich der Zahl und der Gefährlichkeit der Duelle einen heilsamen Einfluß auszuüben und andererseits dem Prügel-Comment vorzubeugen, welcher nun einmal mit der ganzen Organisation deutscher Universitäten unvereinbar ist und letztere in der Meinung der Nation tief herabsetzen würde.«[53]

In der Tat trug nicht zuletzt ihr spezifischer Ehren- und Duellkodex dazu bei, Studenten in der Öffentlichkeit als »einen eigenen Stand, eine von den übrigen Einwohnern abgesonderte Klasse« erscheinen zu lassen.[54] »In ganz Deutschland«, meinte der Königsberger Professor Karl Rosenkranz 1837, »macht man sich vom Studenten kein anderes Bild, als daß er zu fechten verstehe. Das Rappier ist ein von ihm unabtrennbares Accessorium: ein eigener Zauber scheint in dem gefährlichen Stahl zu ruhen, obwohl die Zeit längst vorüber ist, wo der Student nie anders ging, als mit dem Degen an der Seite.«[55] Anstatt daß jeder Student, wie noch im 18. Jahrhundert weithin üblich, seine eigene Klinge besaß, befanden sich die Waffen seit dem frühen 19. Jahrhundert zumeist im Besitz der Verbindungen, die sie nach Bedarf an ihre Mitglieder, aber auch an andere, »wilde« Studenten ausliehen.

Unter dem Einfluß der Korporationen, die als Hüter des Comments und der Waffen auftraten, entwickelte sich das studentische Duell nicht nur zu einem Markenzeichen akademischer Kultur, sondern nahm darüber hinaus zunehmend eigene, von den Duellen anderer gesellschaftlicher Gruppen abweichende Züge an. Fanden Duelle außerhalb des studentischen Milieus entweder mit Pistolen oder Säbeln statt, wobei die Pistole im Verlauf des 19. Jahrhunderts immer mehr in den Vordergrund trat, dominierte bei studentischen Zweikämpfen der Schläger, eine leichte, degenähnliche Fechtwaffe, die sowohl zum Hauen als auch zum Stechen geeignet war. Um sich vor den möglicherweise gefährlichen Hieben und Stößen zu schützen, trugen Studenten einen besonderen »Paukwichs«, der in den 1820er Jahren aus einer wattierten, später ledernen Paukhose, Fechthandschuhen, Seidentüchern um Hals und Handgelenk und einem Filzhut bestand.[56] Diese »sorgfältige Vermummung« (Mohl) gehörte ebenso notwendig zu einem studentischen Duell oder, wie es im Jargon hieß, zu einer »Paukerei« wie die relativ große Öffentlichkeit, in der es sich abspielte. Außer den obligatorischen Sekundanten, Zeugen und Ärzten, die die Commentmäßigkeit des Zweikampfs begutachten bzw. medizinische Hilfe leisten sollten, konnten Kommilitonen und Verbindungsbrüder der Paukanten zuschauen und deren Fechtkünste mit Kennerblick goutieren. Das studentische Duell war ein Massenereignis, das zwar vor den Universitätsbehörden geheim gehalten wurde, im Kreis der jungen Akademiker aber hohe Publizität genoß.[57]

Mit ernsthaften Ehrenzweikämpfen hatten solche Paukereien oder Mensuren, wie sie in der zweiten Hälfte des 19. Jahrhunderts zunehmend genannt wurden, immer weniger gemein. Fechtwaffe und -methode sowie die angelegte Schutzkleidung schlossen lebensgefährliche Verletzungen weitgehend aus,[58] und auch der Anlaß einer studentischen Mensur unterschied sich gemeinhin deutlich von den außerhalb des universitären Milieus geltenden Duellgepflogenheiten. Kontrahagen, wie Verabredungen zum Zweikampf in der Studentensprache hießen, waren keine Reaktion auf wirklich empfundene Ehrverletzungen, sondern dienten einzig und allein dem Zweck, wie der ehemalige Heidelberger Corpsstudent Kußmaul rückblickend konstatierte, sich »auf der Mensur zu messen, um durch Pauken Ansehen zu gewinnen«.[59] Dieses Ansehen kam wiederum direkt den Verbindungen zugute, denen die Paukanten angehörten und die in der Regel großen Wert darauf legten, nur mutige und kampferprobte Studenten in ihren Reihen zu zählen. Jeder Student, der einer Korporation beitreten wollte, mußte daher vorher eine Waffenprobe ablegen und durchlief somit eine Art Mannbarkeits- und Initiationsritual, das ihm den Zutritt zu einer neuen Welt angeblich vollkommener Freiheit, Gleichheit und Brüderlichkeit eröffnete.[60] Auch nach seiner feierlichen Aufnahme war er verpflichtet, eine Anzahl von Mensuren zu fechten, um sich und seine Verbindung im Ruf der Schneidigkeit zu erhalten.[61]

Die Corps,[62] die diese Mutproben am weitesten trieben, gingen denn auch folgerichtig um die Mitte des 19. Jahrhunderts als erste dazu über, klassische Ehrenhändel und Kampfspiele organisatorisch voneinander zu trennen, indem sie die sogenannte Bestimmungsmensur einführten. Um »auf Mensur« zu gehen, war es nunmehr nicht mehr notwendig, das Mitglied eines anderen Corps – innerhalb der eigenen Verbindung durften keine Zweikämpfe gefochten werden – formell zu beleidigen und gefordert zu werden, sondern Mensuren wurden fortan durch »Bestimmung« arrangiert. Die mit dieser Aufgabe betrauten »Chargierten« stellten Namenlisten zusammen und ordneten die Kämpfenden einander zu. Jedes persönliche Motiv war aus solchen Kampfbegegnungen verschwunden; hier ging es nur noch darum, Kräfte zu messen, Mut und Standfestigkeit zu bezeugen und sich dadurch als wertvolles Verbindungsmitglied zu profilieren.

Auch die Burschenschaften gerieten seit den 1860er Jahren in den Sog dieser Entwicklung. Bis dahin hatten sie sich von den systematischen Paukereien der Corps eher ferngehalten, und noch 1852 schrieb der junge Student Heinrich von Treitschke, der sich in Bonn einer Burschenschaft angeschlossen hatte, seinem Vater: »Wir treten den Raufereien der Corps prinzipiell gegenüber und suchen das Duell dadurch wieder zu Ehren zu bringen, daß wir keine Händel suchen und nur in ernsten Fällen, nach dem Ausspruche eines Ehrengerichts, dann aber ordentlich, losgehen.«[63] Fünfunddreißig Jahre später dagegen fand der Burschenschafter Pusch begeisterte Worte für die Bestimmungsmensur, in der er, anders als Treitschke, »keineswegs eine Beförderung, sondern eine Einschränkung der rohen Rauflust« erblickte und die er als ein Mittel »zu dem hohen Zwecke« ansah, »durch Abhärtung und Erhöhung des persönlichen Mutes den Studenten zu kraftbewußter Männlichkeit heranzubilden«.[64]

Diese Männlichkeit bewies sich darin, daß der Paukant den Mensurplatz ohne ein Zeichen von Furcht betrat und auch während des Kampfes nichts von sich gab, das als Indiz für Schwäche und Feigheit gedeutet werden konnte. Schon die Comments des frühen 19. Jahrhunderts hatten denjenigen einen »Schisser« geziehen, der vor den Hieben seines Gegners hinter die Mensurlinie zurückwich. In der zweiten Jahrhunderthälfte verschärften sich die Anforderungen. »Das erste Erfordernis« einer guten Mensur, berichtete Pusch 1887, »ist jetzt das ›Stehen‹. Wir sind nicht mehr damit zufrieden, daß jeder Couleurstudent überhaupt auf die Mensur tritt, sondern wir verlangen von ihm, daß er ohne Zucken die Hiebe hinnimmt, welche er nun einmal nicht pariert hat.«[65]

Auch die Fechtweise selber hatte sich gewandelt: Anstatt ihren Stolz in einen ästhetisch vollendeten, Angriff und Verteidigung gleichermaßen betonenden Fechtkampf zu setzen, verschmähten Paukanten der 1880er Jahre, wie der preußische Justizminister mißfallend bemerkte, »die Beobachtung der hergebrachten kunstgerechten Regeln der Deckung als von Feigheit zeugend« und schlugen gleichzeitig aufeinander los.[66] Was Fechtmeistern als Verhöhnung ihrer Kunst und derber »Naturalismus« erscheinen mußte,[67] galt Studenten als Ausdruck höchster Forschheit und Schneidigkeit. Daß es deswegen zu schweren Verwundungen kam und Verbindungsstudenten manchen Zeitgenossen »lebhaft an eine Platte mit gehackten Beefsteaks« erinnerten,[68] störte sie nicht, im Gegenteil; zeugten doch Narben im Gesicht, sogenannte Schmisse, von besonderem Mut und Tapferkeit.

Wichtiger noch als beherztes Drauflosschlagen war offenbar die Fähigkeit, Schläge regungslos und ohne ein Zeichen von Angst oder Schmerz hinzunehmen. Darin wollte man ein zentrales »Charaktererziehungsmittel« erkennen, das für das spätere Leben von mindestens ebenso großem Wert sei wie die Gewöhnung an mutvolle Aggressivität. In der Sprache der 1880er Jahre klang das so: »Hat man erst einige Male ruhig dem Gegner ins Auge geschaut, während die Schläger sich kreuzten, und nicht gezuckt, wenn ein Hieb nach dem anderen saß und das warme Blut den Körper hinunterrann, dann wird man auch in schwierigen Lebenslagen leichter die Fassung bewahren und nicht nur körperliche, sondern auch Seelenschmerzen leichter ertragen.«[69]

Erleichtert wurde dieser Gestaltwandel studentischer Mensuren durch die Fortschritte der Chirurgie, vor allem die Entdeckung der Antisepsis. In dem Maße, wie Wunden durch die Behandlung mit entzündungshemmenden Mitteln schneller heilten, erhöhten sich nicht nur die Durchschnittszahlen gefochtener Mensuren pro Student, sondern auch die Anforderungen an seine Standfestigkeit. Verletzungen, die nach dem Urteil des Jenaer Arztes Eichholz »früher unbedingt für Abfuhr erklärt wurden, weil sie damals andere Gefahren im Gefolge zu haben pflegten, werden heute als unbedeutende »Krätzer« erklärt und der Fortgang der Mensur durch dieselben nicht beeinflußt«. Selbst wenn Wunden stark bluteten, brach der anwesende Paukarzt die Mensur nicht ab; es mußten schon »Nasenspitzen abgehauen« und »Hautlappen abgeschält« werden, um ihn vor Ablauf der vorgeschriebenen 15-Minuten-Frist zum Einschreiten zu bewegen. Im offiziellen Paukkomment für die deutschen Universitäten von 1897 hieß es dazu: »Wird einem Paukanten die Arterie durchgeschlagen, so stehen Sekundant, Testant und Paukarzt mit ihrem Ehrenwort dafür, daß dieselbe während der Mensur nicht abgedreht, resp. mit blutstillenden Mitteln gestillt wird.«[70]

Auch unter den mehr oder weniger fachkundigen Händen des Arztes, dessen Stelle oftmals ein Medizinstudent höheren Semesters vertrat, durfte der Verletzte keinen Laut von sich geben, obwohl die Wundversorgung nicht eben sanft zu nennen war. Eichholz etwa sprach sich entschieden gegen die Anwendung schmerzlindernder oder betäubender Medikamente aus, weil dadurch »ein moralischer Zweck« der Mensuren, »nämlich mit

Standhaftigkeit Schmerz ertragen zu lernen,« verloren gehe und eine allgemeine »Verweichlichung« gefördert werde.[71] Gerade jener Verweichlichung, die von vielen Zeitgenossen als typisches Kennzeichen der Epoche wahrgenommen und geschmäht wurde, sollte die studentische Mensur ja vorbeugen, wie man in zahlreichen Broschüren, Artikeln und Memoiren mensurerfahrener Verbindungsstudenten nachlesen konnte.

Trotz »Schmerz und Gefahr«, deren stoische Bewältigung selbst einen modernen Amerikaner wie Mark Twain in ihren Bann zog und ihn zu einem glühenden Bewunderer des deutschen Studentenduells werden ließ,[72] empfanden viele Studenten diese Mensuren als zu spielerisch, um wirkliche Beleidigungskonflikte stilvoll und commentmäßig auszutragen. Für normale Bestimmungsmensuren mochten Schläger, Binden und Bandagen angemessen scheinen, zur Erledigung eines Ehrenhandels aber verkörperten sie zu wenig Ernsthaftigkeit. Nur ein knappes Viertel der jährlich etwa 8000 Schlägermensuren, die in den 1890er Jahren an deutschen Hochschulen stattfanden, entfiel daher auf leichte Ehrenduelle, die unabhängig von den üblichen Pauk- und Mensurritualen kontrahiert wurden; gut 6000 dagegen waren Bestimmungsmensuren.[73]

Gerade weil die Schlägermensur immer mehr den Charakter eines turniermäßigen Waffenspiels annahm, griffen Studenten dann, wenn sie sich persönlich beleidigt fühlten, lieber zu Säbel und Pistole oder verzichteten auf die Schutzkleidung. Schon Heinrich von Treitschke hatte sich als junger Burschenschafter in den 1850er Jahren über den Comment hinweggesetzt und einen Corpsstudenten, der ihn »auf pöbelhafte Weise« beleidigt hatte, zu einem Pistolenduell gefordert. Seinem Vater gegenüber rechtfertigte er sich damit, »daß ich eine Ehrensache nicht durch eine solche Spielerei ausfechten wollte«, wie sie eine studentische »Schlägerpaukerei« seiner Meinung nach darstellte.[74] Gemeinhin richtete sich die Waffenwahl nach der Schwere der vorgefallenen Beleidigung: Konnten leichte, dem Studentenjargon entnommene Injurien (»dummer Junge«) noch mit einem Schlägerduell gesühnt werden, bedurfte es bei gröberen Beschimpfungen (»gemeiner Lump«, »Kneifer«, »Hundsfott«, »Flegel«, »Prolet«) und vor allem bei Tätlichkeiten eines Säbel- oder gar Pistolenduells. Selbst angedeutete, aber nicht ausgeführte Ohrfeigen mußten ein schweres Duell nach sich ziehen, wie der Würzburger Corpsstudent Moschel 1883 erfuhr. Er war fälschlich davon ausgegangen, daß eine Klage beim corpsstudentischen Ehrengericht ausreichte, um diese eher symbolische Beleidigung zu ahnden, wurde aber vom Seniorenconvent, dem Gesamtvorstand lokaler Corps, eines Besseren belehrt. Weil er den Beleidiger nicht ohne Umschweife gefordert hatte, erteilte ihm der SC einen commentmäßigen Verweis, worauf Moschel seinem Gegner sofort eine Pistolenforderung überbringen ließ – eine Botmäßigkeit, die er zwei Tage später mit dem Leben bezahlte.[75]

Der ungemein starke Einfluß der Verbindungen auf das Verhalten ihrer Mitglieder, die in Commentfragen mehr oder weniger sanft auf den rechten Weg geleitet wurden, spiegelte sich nicht zuletzt auch in dem Auftrag, beleidigende Angriffe gegen die Korporation mit gefährlichen Waffen zurückzuweisen. Ohnehin drängt sich der Eindruck auf, daß solche Angriffe im Selbstverständnis korporierter Studenten schwerer wogen als Beleidigungen der eigenen Person.[76] Als der mittlerweile bereits promovierte und daher nicht mehr aktive Treitschke 1855 in Heidelberg von mehreren Corpsstudenten als »dummer Junge« tituliert wurde, konterte er mit der Bemerkung, »sie sollten nicht glauben, daß ein gebildeter Mensch solche kindischen Beleidigungen berücksichtigen würde«. Darauf entspann sich »ein Wortwechsel, der von mir ziemlich malitiös, aber doch ruhig, und von ihnen wirklich pöbelhaft gemein geführt wurde... Ich mäßigte mich so lange ich konnte«, obwohl die Corpsstudenten Treitschke sogar mit seiner Schwerhörigkeit aufzogen. Erst als sie seine Burschenschaft als feige hinstellten, forderte er ihren Anführer zum Pistolenduell – dies verstand sich, so Treitschke, »von selbst«, und er handelte »von vorn herein mit dem Bewußtsein..., daß ich moralisch verpflichtet war, in diesem Falle die Gesetze zu übertreten«.[77]

Mit dieser Loyalität dankte der gewesene Student seiner Bonner Verbindung nicht nur für das »Musterleben der reinsten Genüsse«, das er in ihrem Kreis geführt hatte, sondern auch und vor allem für die Erfahrung »tätiger Teilnahme an einem größeren Ganzen«, die ihm in einer Zeit, »wo die Subjektivität sich so anmaßend hervordrängt«, besonders wertvoll schien.[78] Treitschke verlieh damit einem Gefühl Ausdruck, das viele seiner Kommilitonen mit ihm teilten: Subjektivität bedeutete ihm so viel wie Vereinzelung, Herauslösung aus der Gemeinschaft und ihren idealen Zwecken, Verfolgung egoistischer Interessen unbekümmert um das Wohl des Ganzen. Je dominanter die wirtschaftliche Sphäre des Berufs und Erwerbs im 19. Jahrhundert wurde, je stärker Leistungsdenken, Karrierismus und Gewinnstreben den Wertehorizont bürgerlicher Männer prägten, desto massiver meldete sich Protest an gegen den »materialistischen« Zeitgeist. Lange bevor die Jugendbewegung der Jahrhundertwende diesen Protest bündelte, wehrten sich junge Männer und ihre älteren Mentoren gegen das, was der badische Professor und liberale Politiker Carl Welcker 1847 die »eigentümlichste Gefahr unserer heutigen Zivilisation – den Materialismus« nannte und wovon der preußische Konservative Hermann Wagener 1867 sprach, wenn er vor der »Erschlaffung und dem Versinken in den Schmutz der materiellen Interessen und der persönlichen Feigheit und Gesinnungslosigkeit« warnte.[79]

Einen zumindest temporären Schutz vor dieser Gefahr schienen die studentischen Verbindungen zu bieten, indem sie die jungen Studenten in eine vorgeblich nur idealen Zwecken dienende Gemeinschaft einbanden. Sie erzogen ihre Mitglieder nicht, wie ein Burschenschafter 1887 trotzig erklärte, »zu Sklaven eines Berufs, die nur ihre Kaste lieben«, sondern zu »Menschen«, zu »kräftigen, selbstbewußten Männern, die ihr Vaterland lieben«. Ihnen ging es weder um Wissenschaft noch um Berufsvorbereitung, sondern um eine »allgemeine männliche Erziehung«, die über aller Fachbildung thronte und geeignet war, den »materialistischen Interessengeist, welchen der wirtschaftliche Fortschritt in alle Kreise zu tragen droht, zu mildern«.[80]

Auch die Corps verwahrten sich dagegen, in den Universitäten »bloße Unterrichtsanstalten« zu sehen, und verstanden sich als »Freundschaftsbündnisse« und »Erziehungsinstitute«, die die Formung und »Hingabe der ganzen Persönlichkeit bezwekken«. Im Gegensatz zu den »Philisterseelen«, die »alles und jedes nur vom Utilitätsstandpunkt betrachten«, legten die Corps Wert darauf, ihren Mitgliedern eine andere, scheinbar weniger materiell bestimmte Weltsicht nahezubringen, die sich in Begriffen wie Freiheit, Ehre, Patriotismus ausdrückte.[81] Den oft erhobenen Vorwurf, die Verbindung knebele die Freiheit ihrer Mitglieder und unterwerfe sie einem Terrorismus des Kollektivs[82], parierten sie mit Hinweisen auf die Dialektik von Dienst und Herrschaft und auf das Prinzip der Freiwilligkeit: Corpsstudenten, hieß es in einer Rechtfertigungsschrift aus dem Jahre 1886, »dienen freiwillig, um einst herrschen zu können«.[83] Einen beredten Fürsprecher fand diese Dialektik in dem Berliner Philosophie- und Pädagogikprofessor Paulsen, der 1902 ein einflußreiches, im In- und Ausland viel gelesenes Buch über deutsche Universitäten veröffentlichte. Darin rühmte er die Verbindungen als »treffliche Schule des Gemeinschaftslebens«, aber auch der »Selbsterziehung«. Darüber hinaus wies er ihnen eine wichtige Funktion als »Vorschule auch des öffentlichen Lebens« zu, indem sie halfen, »die Fähigkeiten der Selbstzucht und des Regiments« zu entwickeln.[84]

Wie hoch die Attraktivität solcher Erziehungsleistungen für ihre studentische Klientel wirklich war, läßt sich kaum ermessen. Sicherlich schlossen sich viele Studenten einer Verbindung an, um der Vereinzelung und Vereinsamung am fremden Hochschulort zu entgehen, und genossen die gebundene Freiheit, die ihnen das an organisierten Vergnügungen nicht eben arme Korporationsleben bot. Neben Kommersen, Paukereien und idealen Werten lockte aber zweifellos auch der materielle Nutzen, den die Mitgliedschaft in einer Verbindung abwarf. In dem Maße, wie ehemalige Verbindungsmitglieder hohe und höchste öffentliche Positionen bekleideten, konnten sie nachwachsenden Generationen eine persönliche Unterstützung gewähren, die für die erfolgreiche Karriere im für Akademiker nach wie vor maßgebenden Staatsdienst von unschätzbarem Vorteil war. Eine solche erwartbare Bevorzugung war um so wertvoller, je mehr Studenten in die Universitäten strömten und nach dem Examen auf den akademischen Arbeitsmarkt drängten. In dieser Konkurrenzsituation verschaffte die Zugehörigkeit zu einer der, wie Max Weber sie 1904 nannte, »Avancementsversicherungsanstalten« bessere Startchancen.[85]

Besondere Einstellungs- und Laufbahnprivilegien genossen ehemalige Corpsstudenten, die gemeinhin der gesellschaftlichen Oberschicht des Adels und höheren Bürgertums angehörten und diese soziale Homogenität in ihrem Verbindungsleben durch einen extrem hohen finanziellen Aufwand zu wahren wußten. Sie besetzten die Spitzen der Verwaltung und flochten ein Netz persönlicher Protektion, das von höchster Stelle gefördert wurde. Bismarck selber war Corpsstudent gewesen, und auch Wilhelm II. blieb dem »Geist«, den er als Mitglied des exklusiven Bonner Borussen-Corps kennengelernt hatte, zeit seines Lebens treu. Als das Corps ihm zu Ehren 1891 einen Festkommers veranstaltete, rühmte er in seiner Dankesrede die Corpserziehung als »die beste Erziehung, die ein junger Mann für sein späteres

Leben bekommt«, und pflichtete den Ausführungen des Festredners Professor Moldenhauer bei, der »die schwere, aber schöne Pflicht des Gehorsams, das freie Beugen vor der Autorität« als wichtigstes Element dieser Erziehung hervorgehoben hatte.[86] Aber auch die Burschenschaften konnten sich über einen Mangel an obrigkeitlichem Wohlwollen nicht beklagen. In dem Maße, wie sie ihre liberal-avantgardistischen Züge ablegten, die bismarcksche Reichseinigung als Erfüllung ihrer nationalen Programmziele begrüßten und sich zu loyalen, geradezu staatstragenden Institutionen wandelten, bauten staatliche Behörden ihr tiefsitzendes Mißtrauen ab und ließen sich vorbehaltloser auf akademische Konventionen ein.

Eine solche Politik des Gewährenlassens fiel ihnen um so leichter, als die Zahl hoher Beamter und Minister ständig wuchs, die in ihrer Studentenzeit selber Verbindungsmitglieder gewesen waren. Als Friedrich Theodor Althoff, Leiter der Hochschulabteilung im preußischen Kultusministerium, 1886 die Berichte der Universitäten über das Duellwesen durchsah und feststellte, daß eine genaue Statistik »nach der Natur der Sache« fehle, weil die Schlägermensuren »sich in den meisten Fällen der Kognition der Behörde entziehen«, merkte er für die Beamten seiner Abteilung an: »Wie dies ermöglicht wird, das ist vielen der Herren wohl noch aus eigener Erfahrung bekannt.«[87]

Jene Erfahrung beflügelte auch die Äußerungen Wilhelms II. auf dem Bonner Festkommers 1891. »Wir, die wir Corpsstudenten gewesen sind«, betonte der Kaiser, sollten dem Unverständnis des »Publikums« gegenüber »unseren Mensuren« keinen Tribut zollen. Schließlich würden durch Mensuren »der Mut und die Kraft des Mannes gestählt« und »*der* Grund von Festigkeit erworben, der später im großen Leben wichtig ist«. Bereits sein Vorredner hatte die »vielgeschmähten Narben im Gesicht der Corpsstudenten« als »Bürgschaft« dafür bezeichnet, »daß der ganze Mann, der für seine und seines Corps Ehre, ohne zu zukken, dem Gegner mit blanker Waffe gegenübergestanden hat, auch später bis zum letzten Blutstropfen dem Vaterlande die Treue halten wird«.[88]

Auch in den Parlamenten fanden Mensuren wortgewaltige Fürsprecher, vor allem unter nationalliberalen und konservativen Fraktionsvertretern. Mit dem Argument, »der deutsche Mann soll wehrhaft in jedem Sinne sein und soll dazu erzogen werden«, trat der württembergische Abgeordnete, Theologe und Universitätskanzler von Weizsäcker 1897 für studentische Waffenkämpfe ein.[89] Dem bayerischen Innenminister von Feilitzsch war es 1885 »immer noch lieber ..., wenn Ehrenhändel auf diesem Wege ausgetragen werden als auf andere Weise, welche sich für anständige Männer nicht ziemt«,[90] und der nationalliberale Parteiführer von Bennigsen erkannte in den Mensuren sogar ein Präventionsmittel gegen Duelle: »Wer in Korps oder einer schlagenden Verbindung gewesen ist, wiederholt auf der Mensur, der hat meiner Meinung nach eine größere Leichtigkeit und Sicherheit im späteren Leben, eine schwere Beleidigung einfach ohne Duell auszutragen wie irgendein anderer.«[91]

Von ähnlichen Vorzügen wußten preußische Universitätsrektoren zu berichten, und der zuständige Ministerialbeamte Althoff fand ihre Ausführungen über die »guten Seiten des Mensurwesens ... sehr bemerkenswert«. So habe der Rektor der Münsteraner Akademie betont, »daß, seitdem die Studierenden ihre Ehrenhändel im Zweikampfe auszuführen begonnen haben, die früher hier leider sehr häufigen und für die Ehre der Akademie höchst nachteiligen Fälle roher Prügelei zwischen Studierenden nicht mehr vorgekommen sind«. Auch der Kieler Rektor habe eindringlich davor gewarnt, die staatliche Unterdrückung der Mensuren könne plebejischen Konfliktformen Tür und Tor öffnen. Darüber hinaus sei zu erwarten, daß ein wie auch immer bewirkter Rückgang üblicher Schlägermensuren das »ernste und wirkliche Duell« mit Pistole oder Säbel überhand nehmen lassen werde. Eine solche Tendenz könne man bereits bei jenen Verbindungen beobachten, die es unterließen, »die Übungen mit dem Schläger methodisch zu kultivieren«. »Sie sehen also«, schloß Althoff sein Resümee, »das studentische Mensurwesen hat auch seine guten Seiten, und es ist nicht wohlgetan, so leichthin und schlechtweg darüber abzuurteilen.«[92]

Der hohe preußische Beamte nahm nicht nur die vermeintlichen Vorzüge der Mensuren wohlwollend zur Kenntnis, sondern hatte auch nichts gegen die Praxis der meisten Universitäten einzuwenden, bei gewöhnlichen Mensuren »eine gewisse Nachsicht« zu üben, sprich sie zu ignorieren, bei schärferen Forderungen aber strenger einzuschreiten.[93] Er setzte sich damit bewußt über die Rechtsprechung des Reichsgerichts hinweg, das Schlägermensuren 1880 und 1883 höchstrichterlich als Duelle mit tödlichen Waffen bezeichnet hatte, die als solche nicht in die Disziplinarkompetenz der Universität fielen, sondern normalen

Strafgerichten überantwortet werden sollten. Weder die Rechtswissenschaft noch die Strafverfolgungsbehörden schlossen sich dieser Meinung an,[94] und auch der Verwaltung ging eine solche Rechtsauffassung, die sich auf die potentielle Tödlichkeit der Duellwaffe stützte, zu weit. Zwar wurden Staatsanwälte, die die Polizeibehörden explizit anwiesen, hergebrachte Studentenmensuren zu übersehen, zurückgepfiffen.[95] Trotzdem kam es kaum jemals zu einer polizeilichen Anzeige, und wenn doch, war dies, wie etwa in Marburg 1887, das Verdienst eines neuangestellten Gendarmen, der sich in den Gepflogenheiten der Behörde noch nicht auskannte.[96] In solchen Fällen, in denen die Gerichte in der Regel drei Monate Festungshaft über die Angeklagten verhängten, folgte die Begnadigung gleichsam auf dem Fuße. Obwohl er sich damit in krassen Widerspruch zum Leipziger Reichsgericht setzte, begründete beispielsweise der badische Justizminister 1883 seine Begnadigungsempfehlung für zwei Freiburger Burschenschafter, die wegen einer Bestimmungsmensur verurteilt worden waren, mit dem Argument, es handele sich bei einer solchen Mensur »um eine Waffenübung und nicht um einen Zweikampf im gewöhnlichen Sinne des Kampfes zur Verteidigung der Ehre«.[97]

Als sportliche »Waffenübungen« und noble »Tapferkeitsspiele« erfreuten sich Mensuren folglich breiter sozialer und politischer Anerkennung.[98] Auch ihre studentische Anhängerschaft wuchs zusehends: Immer mehr Studenten schlossen sich Vereinen und Verbindungen an, und immer mehr dieser neu entstehenden Turn-, Gesang- und wissenschaftlichen Fachvereine übernahmen den Ehrenkodex und die Mensurrituale der schlagenden Traditionsverbände. Um die Jahrhundertwende gehörte bereits jeder zweite Student einer Korporation an, und kurz vor dem Ersten Weltkrieg gaben ungefähr zwei Drittel aller korporierten Studenten Satisfaktion.[99]

Wollte man sich im ›wehrhaft‹-nationalistischen Klima jener Zeit behaupten, durfte man es nicht an Beweisen persönlichen Muts fehlen lassen. Gerade akademische Aufsteiger und Außenseiter lernten diese Lektion sehr schnell, wie sich an der raschen Verbreitung schlagender Verbindungen an Technischen Hochschulen ablesen läßt. Für viele der unter sozialen Minderwertigkeitskomplexen leidenden TH-Studenten und früheren Polytechnikums-Schüler war es ungemein wichtig, dem Überlegenheitsanspruch der Universitätsstudenten mit dem Schläger entgegenzutreten und ihr Prestige durch dessen demonstrativ häufigen Gebrauch zu steigern.[100] Doch selbst Organisationen, die ein solches »konsequentes Schlagen«, wie Treitschke es nannte, in Form von Bestimmungsmensuren und schnellen Kontrahagen ablehnten, mochten auf Waffensatisfaktion nicht prinzipiell verzichten. Die Verbände der Deutschen Freien Studentenschaft etwa schafften eigene Waffen an, um ihren Mitgliedern den commentmäßigen Austrag eines Ehrenhandels zu erleichtern.[101]

Ein prinzipielles Mensur- und Duellverbot propagierten nur die katholischen Studentenverbindungen und kleinere protestantische Verbände, die sich wie der 1841 gegründete Wingolf überwiegend aus Theologiestudenten rekrutierten. Schloß sich die Mehrzahl korporierter katholischer Studenten ihren eigenen, konfessionell gebundenen Verbindungen und Vereinen an und lieferte damit ein klares Beispiel für die Abgrenzung des katholischen Milieus auch in seinem – ohnehin unterrepräsentierten – bildungsbürgerlichen Segment,[102] gehörte die überwältigende Masse protestantischer Verbindungsstudenten den nach sozialer Herkunft und Habitus exklusiveren, nicht konfessionell beschränkten schlagenden Korporationen an. Ihr religiöses Bekenntnis verlangte nicht jene grundsätzliche Ablehnung des Duells, die die katholische Kirche von ihren Gläubigen forderte (wenn auch, wie die kriminalstatistisch erfaßte Zahl katholischer Duellanten bewies, häufig erfolglos).[103] Während Päpste und Konzilskongregationen nicht nur das Duell kompromißlos verurteilten, sondern seit den 1890er Jahren auch studentische Mensuren ausdrücklich verboten und mit Exkommunikation bestraften,[104] zeigte sich die protestantische Kirche, die mit den maßgebenden, dem Duell eher positiv gegenüberstehenden gesellschaftlichen und politischen Kräften eng liiert war, gespalten. Obwohl führende Kirchenmänner den Zweikampf als Selbstmord und Auflehnung gegen die Obrigkeit kritisierten,[105] brachen auf den Synodalversammlungen, die sich im späten 19. und frühen 20. Jahrhundert mit diesem Thema befaßten, immer wieder heftige Kontroversen aus. Nicht wenige Synodalen, als Adlige und/oder Akademiker mit dem Duellkodex wohlvertraut, erklärten unumwunden, sich im Zweifelsfall einem Duell weder entziehen zu können noch zu wollen.[106] Die meisten protestantischen Studenten, die einer Korporation beitreten wollten, nahmen daher keinen Anstand, sich schlagenden Verbindungen anzuschließen, und selbst Söhne hoher protestantischer Geistlicher und Theologiestudenten beteiligten sich an Mensuren und »richtigen« Duellen. Letzteren war sogar erlaubt, eine Gesichtsmaske aufzusetzen, um keine Schmisse davonzutragen, die etwaige duellkritische Konsistorialräte und Superintendenten davon abgehalten hätten, sie später einmal einzustellen.[107]

Auch jüdische Studenten ließen sich von der religiös motivierten Duellkritik[108] nicht abschrecken und fochten nicht weniger Mensuren und Ehrenhändel aus als ihre protestantischen Kommilitonen. Entweder als Mitglieder nichtkonfessioneller schlagender Verbindungen oder, unter dem Druck eines im Kaiserreich erstarkenden, gesellschaftlichen und innerstudentischen Antisemitismus, in eigenen jüdischen Korporationen praktizierten sie einen wehrhaften Ehrenkodex, der ihnen um so wichtiger scheinen mußte, je häufiger sie wegen ihrer ethnisch-konfessionellen Zugehörigkeit angegriffen wurden. Zwar kam es an deutschen Universitäten vor 1920 nicht zu ähnlich heftigen antisemitischen Ausbrüchen wie in Österreich, wo deutschnationale Verbindungen 1896 beschlossen, jüdische Studenten nicht mehr als satisfaktionsfähig zu betrachten, da sie »der Ehre nach unseren deutschen Begriffen völlig bar« seien.[109] Dennoch wurden jüdische Studenten auch in Deutschland immer wieder mit Ressentiments konfrontiert, die seit den 1880er Jahren, offenbar in Zusammenhang mit der Gründung eines dezidiert antisemitischen Vereins deutscher Studenten, deutlich zunahmen.[110]

Um sich dagegen zur Wehr zu setzen, griffen sie auf die Gepflogenheiten des studentischen Comments zurück. Als der Breslauer Medizinstudent Max Ehrenfried 1888 von einem ihm unbekannten Kommilitonen auf offener Straße als »Judenjunge« tituliert wurde, forderte er ihn auf Pistolen, und als sein Gegner diese Forderung mit Rekurs auf einen Beschluß seiner Burschenschaft, die nur ein Säbelduell für zulässig hielt, ablehnte, schlug er ihm öffentlich ins Gesicht und nahm sich auf diese Weise selber »Satisfaktion«.[111] Ähnlich prompt und beherzt reagierte 1890 der Freiburger Medizinstudent Eduard Salomon, der von mehreren Corpsstudenten als »krummer Judenjunge« beschimpft wurde und ihnen darauf erklärte, sie möchten sich als »moralisch geohrfeigt« betrachten. Dieses Codewort brachte ihm erwartungsgemäß drei Duellforderungen ein, die er selbstverständlich annahm, ohne sie jedoch sämtlich realisieren zu können: Bereits der zweite Kugelwechsel des ersten Duells bescherte ihm eine tödliche Verletzung.[112] Sein mutiges Verhalten trug ihm sogar die Anerkennung des Karlsruher Stadtrabbiners ein, der ihn in seiner Grabrede als »Helden Juda's« rühmte. Salomon sei ein »deutscher Student« und »jüdischer Mann« gewesen, »der bereit war, mit seinem eigenen Leben es zu bezeugen, daß in unserer Brust das Ehrgefühl nicht weniger wach und rege, nicht weniger tief und mächtig ist, als in der Brust Jener, welche als die Wächter deutscher Ehre und als die Pächter deutscher Vaterlandsliebe sich betrachten«. Ausdrückliches Lob spendete der Rabbiner dem toten Studenten dafür, daß »Du ein scharf ausgeprägtes jüdisches Ehrgefühl Dir bewahrt und in einer Weise bekundet hast, durch welche die Gegner Deines Stammes verstummen müssen«.[113]

Aus eben diesem Grund gewöhnte sich auch der jüdische Student Willy Liebermann einen ausgesprochen forschen Umgangsstil an. Bereits als Mitglied eines Würzburger bzw. Gießener Corps hatte der aus einer reichen, 1873 nobilitierten Berliner Fabrikantenfamilie stammende Chemiestudent seine »schwierige Sonderstellung« durch häufige Mensuren zu den »allerschwersten« Bedingungen stabilisieren müssen. Spätestens 1886/7, als er während seines Straßburger Militärjahrs ständige Zurücksetzungen seines Vorgesetzten hinzunehmen hatte, »ward es mir gewiß, daß ich mir wohl das Vergnügen machen müßte, das einzige Mittel, das nie versagte, anzuwenden, um die mutigen Ritter des Judenhasses, die sich so sehr überlegen vorkamen, vor mich auf die gleiche Ebene als Gleichberechtigte zu bringen: das Duell«. Nach Ablauf der Dienstzeit, die ihm nicht die begehrte, für Juden in Preußen jedoch so gut wie unerreichbare Qualifikation zum Reserveoffizier eingebracht hatte, forderte er seinen Vorgesetzten deshalb zum Duell, um »an ihm ein Exempel zu statuieren«.[114]

3. Akademikerehre – Offiziersehre

In diesem Konflikt spiegelte sich mehr als »nur« der Wunsch eines jungen jüdischen Mannes aus bester Familie, sich gegen offene oder versteckte Angriffe auf seine jüdische Identität zur Wehr zu setzen. Das Duell war für den Studenten auch ein Mittel, den Anmaßungen des Offiziers entgegenzutreten und sich als Nichtoffizier, wie Liebermann so treffend formulierte, »auf die gleiche Ebene« zu bringen. Mochte eine solche Gleichstellung für jüdische Männer, denen die Offizierskarriere verschlossen blieb, von besonderem Reiz sein, war die Konkurrenz zwischen Studenten und Offizieren wesentlich weiter verbreitet und seit langem eingespielt.

Während Studenten sich einerseits entschieden »nach unten« abzugrenzen suchten[115] und Bezeichnungen wie »Prolet«, »Kuli« oder »plebejisch« zu den verletzendsten, immer mit einem Duell zu ahndenden Schimpfwörtern zählten, legten sie auf der anderen Seite großen Wert darauf, die Anerkennung der gesellschaftlichen Oberschichten, allen voran der Offiziere, zu gewinnen. Daß sie sich letzteren schon aufgrund ihres Ehrenkodexes ebenbürtig fühlten, zeigte sich bereits an den Comments des späten 18. und frühen 19. Jahrhunderts. Unter den Gruppen, denen Verbindungsstudenten bei Beleidigungen Satisfaktion gaben, nahmen Offiziere neben Adligen, »honetten« Studenten und Akademikern eine bevorzugte Stellung ein. So kannte etwa der Hallenser Comment von 1799 ein eigenes Kapitel »vom Duell mit Offizieren«, in dessen Bestimmungen der Stolz, mit einem Offizier in einen Ehrenhandel verwickelt zu sein, deutlich zum Ausdruck kam.[116]

Hundert Jahre später hatte sich daran noch wenig geändert. Studenten strichen ihre soziale Gleichrangigkeit mit Offizieren heraus und betonten die Analogie zwischen studentischen und militärischen Ehrbegriffen.[117] Als sie zu Beginn des 20. Jahrhunderts allerdings versuchten, diesen Gleichheitsanspruch vertraglich zu kodifizieren, erlitten sie eine harte Abfuhr. 1902 lancierten die Burschenschaften eine nationale Kampagne zur Verminderung der Pistolenduelle und baten die Kriegsminister der einzelnen Länder, bei Konflikten zwischen Studenten und Offizieren grundsätzlich »dem Säbel als der ritterlichen Waffe vor der Pistole den Vorrang verschaffen zu helfen«. Im übrigen sollten eventuelle Schlichtungsverhandlungen künftig vor paritätisch zusammengesetzten Ehrengerichten stattfinden, denn es sei ein für Studenten »unwürdiger Zustand«, sich dem Schiedsspruch eines Offiziersehrenrats ohne eigene Interessenvertretung beugen zu müssen. Ausdrücklich verwiesen die Burschenschafter darauf, »daß es bei den gleichen Anschauungen der Offiziere und satisfaktionsgebenden Studenten in Ehrenangelegenheiten nicht schwer sein müßte, über die jetzt bestehenden Meinungsverschiedenheiten hinweg zu einer beide Teile befriedigenden Lösung der Duellfrage zu gelangen«.[118]

Offiziere sahen das etwas anders und witterten in der Studenteninitiative den Versuch, so Generalleutnant von Boguslawski, »anderen Ständen den eigenen Comment aufzwingen zu wollen«.[119] Eine solche Anmaßung wiesen sie scharf zurück. Sich von Studenten vorschreiben zu lassen, was ritterlich sei und was nicht, gehe entschieden zu weit. Statt dessen müsse, wie ein hoher Offizier seinen Untergebenen 1912 erneut einprägte, bei Ehrenhändeln mit Studenten »stets ganz besonders die Wahrung des erhabenen Offizierstandes« beachtet werden: »Wer mit Offizieren Streit anfängt, muß fühlen, daß keine Spielerei vorliegt, sondern der Einsatz des Lebens zur Frage kommt.« Knapp und befehlend gab er den Offizieren mit auf den Weg, sie sollten bei solchen Konflikten, sofern sie nicht gänzlich zu umgehen seien, »ruhig und zielbewußt aus Gegner alles herausdrücken, was nur möglich« sei. Selbst wenn der Offizier der beleidigende Teil gewesen sei, solle er bei einem gütlichen Ausgleich »Bedauern oder Entschuldigung ... wenn dies angängig nicht zuerst abgeben, sondern Gegner dieses zuschieben«.[120]

Angesichts dieser Haltung war den studentischen Resolutionen wenig Erfolg beschieden, und ein Burschenschafter merkte denn auch vorsichtig an, daß sich militärische Kreise »in die Frage der vollständigen Gleichberechtigung der Offiziere und Studenten in Ehrenangelegenheiten« nur langsam hineindächten.[121] Auch der preußische Kriegsminister sah sich außerstande, »bezüglich etwaiger Zweikämpfe zwischen Offizieren und Studenten besondere Vereinbarungen zu treffen«, denn immerhin sei das Duell vom Gesetz verboten, so daß es sich jeder förmlichen, offiziellen Regelung verschließe. Im übrigen, meinte von Goßler in rhetorischer Leugnung eines korporativen Duellcomments, »muß es Jedem überlassen bleiben, seine Ehre zu wahren, denn jeder Einzelne ist der Träger und Hüter seiner Ehre«. Anstatt seinen – von den Absendern der Resolutionen ohnehin weit überschätzten – Einfluß auf das Offizierkorps geltend zu machen, appellierte der Kriegsminister an die Studenten, Ehrenhändel mit Offizieren nach Möglichkeit ganz zu vermeiden. Wenn der Staat Universitätsstädte mit Garnisonen belege und Studenten und Offiziere in eine nähere Verbindung bringe, geschehe dies im Interesse der Studenten, denen damit die Ableistung eines einjährig-freiwilligen Militärjahres erleichtert werde. Jener Zweck sei aber, so Goßler, »verfehlt, wenn irgendwelche Spannung zwischen dem Offizierkorps und der Studentenschaft sich entwickeln sollte«.[122]

Eine solche Spannung war indes nicht durch Ermahnungen aus der Welt zu schaffen, und obwohl manche Chronisten meinten, sie habe sich im Verlauf des 19. Jahrhunderts vermindert,[123] legt der Blick auf die zahlreichen Duelle zwischen Offizieren und Studenten vor allem seit der Jahrhundertmitte eher das Gegenteil nahe. In dem Maße, wie sich die Distanz zwischen Militär- und Zivilbevölkerung seit der Einführung allgemeiner Wehrpflicht verringerte und sich junge Bürgersöhne um eine »Nebenkarriere« als Landwehr- oder Reserveoffizier bemühten, häuften sich die Berührungs-, damit zugleich aber auch die Konfliktpunkte zwischen Studenten und Offizieren. Wenn Studenten während des Studiums oder kurz danach ihr einjährig-freiwilliges Militärjahr absolvierten, fügten sie sich an relativ untergeordneter Stelle in eine Hierarchie ein, deren schroffe Form und rigide Disziplin oftmals Unmut und Verdruß in ihnen hervorriefen. An eine beinahe grenzenlose akademische Freiheit gewöhnt, mußten sie sich nun in einer strengen, durch strikte Subordination gekennzeichneten Ordnung zurechtfinden und den Anweisungen der vorgesetzten Offiziere ohne Murren Folge leisten.[124]

So manchem jungen Mann mit ausgeprägtem, in der studentischen Subkultur gefestigtem Selbstbewußtsein fiel dies schwer, zumal dann, wenn seine Vorgesetzten kaum älter waren als er selber und ihre Befehlskompetenzen ostentativ vorführten. So kam es immer wieder zu harten Auseinandersetzungen, die häufig, ähnlich wie im Fall Liebermann, in Herausforderungen und Duellen gipfelten. 1887 etwa forderte der Freiburger Corpsstudent Reich einen Leutnant, der ihm vor versammelter Mannschaft Straßenkot ins Gesicht geschleudert hatte, nach beendigter Dienstzeit zum Zweikampf.[125] Mit einer Beschwerde und einer etwaigen disziplinarischen Bestrafung des Offiziers, wie sie das Militärrecht vorsah, konnte sich der Student kaum zufriedengeben. Nur ein Duell erschien ihm als angemessene Sühne der empfangenen Beleidigung und bekräftigte seinen Anspruch, von dem Offizier gleichrangig und ehrenvoll behandelt zu werden.

Ein solches Gleichheitsbegehren artikulierte sich bereits im 18. Jahrhundert, als Studenten kraft ihres Status als akademische Bürger von der militärischen Dienstpflicht befreit waren. Diese Vorzugsstellung stärkte ihr Selbst- und Standesbewußtsein und führte in Universitätsstädten, die mit Garnisonen belegt waren, zu häufigen Konflikten. Wenn etwa die Göttinger Universitätsgesetze Studenten ermahnten, »gegen die Garnison sich bescheiden und friedlich zu betragen« und ihr »die gehörige Achtung zu erweisen«, deutet dies darauf hin, daß es an den gewünschten Achtungsbezeugungen nicht selten mangelte. In der Tat kam es im ausgehenden 18. Jahrhundert vielfach zu statusbedingten Streitigkeiten zwischen Offizieren und Studenten, die immer häufiger die Form regelhafter Ehrenhändel annahmen.[126] Nicht nur in Göttingen, auch in anderen Universitätsstädten wie Halle oder Landshut waren »Skandale« an der Tagesordnung, die sich zumeist an Konkurrenzfragen entzündeten. Studenten lehnten es ab, Offizieren auf der Straße auszuweichen oder ihnen im Theater den Vortritt zu lassen.[127] Sowie sie sich durch das vielleicht etwas abschätzige Verhalten eines Offiziers beleidigt fühlten, provozierten sie ihn zum Duell; Offiziere ihrerseits benutzten den Zweikampf dazu, Respektlosigkeiten der Studenten zurückzuweisen. Selbst in Bayern erreichte die »schädliche Spannung zwischen Militär und den Studenten« solche Dimensionen, daß das Armeeministerium die Offizierkorps 1819 anwies, sich eines besonders zurückhaltenden Benehmens zu befleißigen.[128]

Obwohl der Grundsatz, »sich mit jungen Leuten, insbesondere Studenten wegen geringfügiger, nur durch jugendlichen Übermut und Roheit herbeigeführter Veranlassungen nie zu schlagen«, den in Universitätsstädten stationierten Offizieren immer wieder eingeprägt wurde, hörten die Konflikte nicht auf. 1841 wurde dem bayerischen Kriegsminister berichtet, daß »sich in neuerer Zeit derlei mutwillige Beleidigungen von Offizieren durch Studenten öfter ereignen«.[129] Offenbar fühlten sich Studenten durch die Zurückhaltung der Offiziere erst recht gereizt, und auch letztere zeigten sich unzufrieden mit den ihnen auferlegten Verhaltensmaßregeln. Ein Münchener Generalleutnant gab zu bedenken, daß »das bisherige besonnene Benehmen der Offiziere von den Studierenden leicht als Feigheit ausgelegt werden, daher ihnen zu fortgesetzten Reibungen und Beleidigungen der Offiziere Anlaß darbieten möchte«. Als ein Offizier, der einem Studenten auf einem Ball »unartiges« Betragen vorgeworfen hatte und deshalb zum Duell gefordert worden war, die Forderung ablehnte, wurde ihm bedeutet, die Studierenden sähen sich »gezwungen, wenn Offiziere ihnen ferner Satisfaktion versagen würden, selben Ohrfeigen zu geben oder ins Gesicht zu spukken«.[130]

Eine Duellverweigerung von Offizieren erschien den Studenten als soziale Zurücksetzung, auf die sie mit äußerster Empfindlichkeit und Gereiztheit reagierten. Taten sie sich doch ohnehin schwer damit, das hohe gesellschaftliche Ansehen der Offiziere zu akzeptieren: »Mit beschämtem Mißmute«, erinnerte sich Robert von Mohl an die Tübinger Kasinobälle des frühen 19. Jahrhunderts, nahmen Studenten den »Vorzug der Militäruniformen vor unsern schwarzen Fräcken« zur Kenntnis. Siebzig Jahre später hatte sich daran, trotz oder vielmehr gerade wegen der sozialen Annäherung zwischen Militärs und Zivilisten, wenig geändert. »Die Studenten«, schrieb ein Offizierskreisen nahestehender Autor 1887, »möchten gern überall die erste Rolle spielen und beneiden den Offizier, daß er ihnen Konkurrenz macht.«[131] Auch wenn Studenten auf Bällen mittlerweile kaum noch im schlichten schwarzen Frack, sondern angetan mit Mütze und Couleurband erschienen, lief ihnen die Ausgehuniform der Offiziere allemal den Rang ab.

Lediglich Corpsstudenten konnten sich prestigemäßig mit Offizieren messen und wurden von letzteren als ebenbürtig betrachtet. Beide Gruppen pflegten einen offenbar »überaus regen Verkehr«, der nicht zuletzt daraus resultierte, daß viele Offiziere selber Corpsstudenten gewesen waren und dem gleichen Sozialmilieu entstammten.[132] Burschenschafter, deren Herkunft weniger angesehen und vornehm war, gehörten hingegen nicht zu jenem exklusiven Kreis, was auch Max Weber während seines Straßburger Militärjahres 1883/84 erfahren mußte. Daß Corpsstudenten bei der Empfehlung zum Reserveoffizier »eo ipso bevorzugt« wurden, merkte er sehr bald; er selber mußte viel Geld und noch mehr Mühe darauf verwenden, eine ähnlich »günstige Stellung in der Kompagnie« zu erlangen. Zu Hilfe kam ihm dabei sein persönlicher Spaß am Mensurenfechten. »Öfteres Pauken«, schrieb er an seinen Vater, sei fürs Avancieren ausgesprochen vorteilhaft, da es »hier in Offizierskreisen sehr imponiert und begünstigt wird«.[133]

Die Offizierkorps schätzten es, wenn ihre Einjährig-Freiwilligen studentischen Verbindungen angehörten und einen Umgangsstil mitbrachten, der ihrem eigenen in vieler Hinsicht ähnelte. Als der preußische Kultusminister von Mühler 1870 angesichts mehrerer Duelle von Corpsstudenten, die als Einjährig-Freiwillige unter militärischer Jurisdiktion standen, beim Kriegsminister anfragte, ob er Soldaten die Mitgliedschaft in Studentenverbindungen nicht schlichtweg verbieten könne, zog sich dieser darauf zurück, daß eine solche Zugehörigkeit »der militärischen Disziplin nicht unbedingt zuwider« laufe. Schließlich enthielten die Verfassungen sehr vieler Korporationen Bestimmungen etwa über »Regelungen von persönlichen Differenzen unter den Beteiligten..., deren Einfluß auf die Erziehung junger Leute zu Offizieren der Reserve nicht zu unterschätzen ist«.[134]

Geringeren Wert legte man im Militär auf einen Offiziersersatz aus nichtschlagenden Verbänden. Mitglieder katholischer Studentenverbindungen, die weder Mensuren fochten noch Duelle zuließen, hatten große Schwierigkeiten, die Qualifikation zum Reserveoffizier zu erhalten. In den Prüfungsgesprächen wurden sie unverblümt nach ihrer Einstellung zum Zweikampf gefragt, und auch nachdem diese Inquisition nach scharfen Protesten aus dem katholischen Lager formell abgeschafft worden war, gab es immer wieder Fälle, in denen Einjährig-Freiwilligen, die einer nichtschlagenden Verbindung angehörten, das Avancement versagt blieb. Oft wurden sie von ihren »schlagenden« Kommilitonen beim Offizierkorps angeschwärzt, die damit den innerstudentischen Zwist im Militär fortsetzten.[135]

Wie stark umgekehrt auch die Militärerfahrung und der sehnliche Wunsch, zum Reserveoffizier befördert zu werden, den Umgang der Studenten bzw. gewesenen Studenten untereinander prägten, zeigt ein Duell, das 1884 bei Konstanz zwischen den beiden Vizefeldwebeln der Reserve Kritzler und Zimmermann stattfand. Die jungen Männer, die ihr Studium gerade abgeschlossen hatten und sich im juristischen Vorbereitungsdienst befanden, waren zu einer achtwöchigen Übung »behufs Darlegung der Qualifikation zum Reserveoffizier« einberufen. Auf dem Heimweg von einer Gefechtsübung zog Kritzler Zimmermann wegen dessen besserer militärischer Leistungen auf, was letzterer mit den Worten abschnitt: »Lassen Sie mich mit dem dummen Geschwätz in Ruhe!« Darauf rief ihm Kritzler zu: »Sie Esel!« Seiner Erwartung, von Zimmermann deswegen zum Duell gefordert zu werden, kam dieser jedoch nicht nach, da er das Schimpfwort nach eigenem Bekunden schlicht überhört hatte. Kritzler wartete einen Tag ab und informierte dann das Offizierkorps, wovon er auch den völlig überraschten Zimmermann in Kenntnis setzte. Jener meldete den Vorfall daraufhin ebenfalls seinem Vorgesetzten und sah die Sache damit als erledigt an. Diese Auffassung wurde jedoch in Offizierskreisen nicht geteilt, weshalb Zimmermann Kritzler nach einem fehlgeschlagenen Versöhnungsversuch fordern ließ. Nun lehnte aber Kritzler die Forderung mit dem Argument ab, er betrachte Zimmermann nicht mehr als satisfaktionsfähig, weil er ihn gemäß den überlieferten Regeln des Duellkodexes zu spät gefordert habe. Erst nachdem der Regimentsoberst bei der Paroleausgabe öffentlich bekannt gegeben hatte, daß jeder Vizefeldwebel, solange er den Säbel trage, satisfaktionsfähig sei, nahm Kritzler die Forderung an. Sein Onkel, der Geheime Justizrat und Professor Dernburg aus Berlin, der für den wegen Zweikampfs verurteilten Neffen um Gnade bat, rechtfertigte dessen Verhalten damit, »daß vor Allem die in dem deutschen Offizierkorps herrschenden Anschauungen seinen Neffen in Rücksicht auf seine künftige Stellung als Reserveoffizier veranlaßt hätten, die ihm überbrachte Herausforderung anzunehmen«. Daß Kritzler die Forderung nach Kräften provoziert hatte, ließ Dernburg lieber unerwähnt.[136]

In diesem Konflikt spiegelte sich nicht nur der zweifellos vorhandene, hier aber wohl übersteigert wahrgenommene Anpassungsdruck des Offiziers-Ehrenkodexes gegenüber Außenseitern, die beim Militär weiterkommen wollten. Das Verhalten Kritzlers wies darüber hinaus deutliche Parallelen zum studentischen Comment auf, sowohl was die sprachliche Form der Insulte als auch was den sklavischen Regelgehorsam anbetraf, der in solcher Rigidität zu dieser Zeit nur in Studentenkreisen üblich war. Studentische Duellsozialisation und militärischer Duellzwang hatten sich hier gleichsam wechselseitig hochgeschaukelt, obwohl beide Kontrahenten keine Studenten mehr waren. Auch als »Philister« blieben sie offenbar den Gepflogenheiten treu, die sie als Studenten erlernt hatten, und nahmen den studentischen Ehrenkodex mit in ihr bürgerliches Leben. In dem Maße, wie dieser Gestus seit der Mitte des 19. Jahrhunderts durch den Militärdienst verstärkt, ja verdoppelt wurde, konnten sich ihm Männer, die beide Schulen durchlaufen hatten, kaum noch entziehen.

Gemeinhin zeitigte aber bereits die studentische Comment-Erziehung langfristige Wirkungen in der späteren Lebensführung. Ebenso wie mensurerprobte Jünglinge nicht zögerten, ihre kämpferische Kompetenz und Einstellung in ernsthaften Duellen unter Beweis zu stellen, griffen auch Akademiker, die der studentischen Flegelphase längst entwachsen waren, immer wieder auf die damals eingeübten Formen und Usancen zurück. Als etwa der preußische Offizier von Donop den lippischen Anwalt Meyer 1839 als »dummen Jungen« titulierte, rastete bei Meyer das alte Eskalations- und Avantagemuster ein: »Ich muß es mit Erröten gestehen«, schrieb er in seiner Verteidigungsschrift, »daß in dem Augenblicke der längst vergessene Studenten-Comment sich in meine Gedanken eindrängte« und ihn zu der Erwiderung bewog, von Donop sei »der infamste Hundsfott«.[137]

Hätte ihn seine Erinnerung im Stich gelassen, wäre er möglicherweise von seiner früheren Verbindung in die Pflicht genommen worden. Eben dies widerfuhr 1885 dem Berliner Architekten Bornemann, der, nachdem er von einem Kollegen namens Krause öffentlich geohrfeigt worden war, zunächst »nichts Weiteres veranlaßt« hatte. Krause zeigte den Vorfall daraufhin der Korporation an, der Bornemann während seines Studiums an der Berliner Technischen Hochschule angehört hatte. Sie gab ihrem ehemaligen Mitglied auf, Krause zu fordern, was Bornemann auch tat. Diese Botmäßigkeit läßt sich nur dadurch erklären, daß Studentenverbindungen sich als Organisationen verstanden, denen man sein Leben lang angehörte – ein Anspruch, der durch die Einrichtung von Altherren-Verbänden im Kaiserreich institutionell bekräftigt wurde. Verhielt sich ein Mitglied so, daß es der Verbindung mißfiel, konnte sie sozialen Druck ausüben, dem sich der Gemaßregelte zu beugen hatte, wollte er nicht das Risiko gesellschaftlicher Isolation eingehen. Aus diesem Grund reagierte auch der Architekt Bornemann prompt auf das Gebot, die tätliche Beleidigung Krauses mit einer Duellforderung zu beantworten. Krause selber, ein verheirateter Endzwanziger, hatte die Regeln des akademischen Comments augenscheinlich besser internalisiert und legte großen Wert darauf, sie im »Philister«-Dasein angewandt zu wissen.[138]

Keiner offiziellen Aufforderung bedurfte auch der ehemalige Burschenschafter Ferdinand Lassalle, der fünfzehn Jahre nach seiner Studentenzeit nicht vergessen hatte, wie man einen Ehrenhandel formvollendet beilegte. Und selbst ein Freigeist wie Heinrich Heine, 1797 geboren und von der Göttinger Universität Anfang der 1820er Jahre wegen Duells mit dem Consilium abeundi belegt, nahm noch als Vierzigjähriger keinen Anstand, politische und persönliche Widersacher vor die Klinge zu fordern. Seine Einstellung zum Ehrenpunkt wurde im übrigen von den Männern seines politischen und literarischen Umfeldes geteilt: von Jakob Venedey, dem späteren Demokratenführer im Frankfurter Paulskirchenparlament, über Karl Gutzkow, Schriftstellerkollege des Jungen Deutschland, bis hin zu Julius Campe, Heines Hamburger Verleger.[139]

Nicht anders als Heine hielt Karl Marx, geschworener Feind bürgerlicher und feudaler Prätentionen, noch im Londoner Exil am Habitus der von ihm bekämpften Klassen fest. 1852 erwog er, sich einem Baron von Brüningk im Duell zu stellen. Brüningk hatte sich über in Emigrantenkreisen kursierende und von Marx kolportierte Gerüchte empört, die seine Frau als russische Agentin verdächtigten. Marx wiederum bestritt, jene Gerüchte in die Welt gesetzt zu haben; falls dies dem Baron jedoch nicht genüge, wolle er sich »zu der gewöhnlichen Satisfaktion unter Gentlemen« bereit erklären.[140] Der Duellcomment war ihm aus seiner Zeit als Bonner Jurastudent wohlbekannt, als er sich 1836 zum Ärger seines Vaters auf einen Zweikampf eingelassen hatte. Heinrich Marx, preußischer Rechtsanwalt und Justizrat, hatte seinen Sohn damals ermahnt, vernünftig zu sein und nicht aus »Furcht vor der Meinung« einer »Neigung« oder »Sucht« anheimzufallen, die ihm und seinen Eltern »die schönsten Lebenshoffnungen rauben« könne. Daß das Duellieren in irgendeiner Weise »mit der Philosophie verwebt« sei, sprich idealistische Beweggründe haben könne, hielt er als Mann der Praxis für völlig abwegig.[141]

Nicht alle Väter standen dem Zweikampf derart ablehnend gegenüber, vor allem dann nicht, wenn sie selber in ihrer Studentenzeit »gepaukt« hatten. Christian Ferdinand Siemens etwa erzählte seinen beiden Söhnen Werner und Hans so spannende Geschichten über seine Göttinger Duellerfahrungen, daß die Jungen sich die Regeln genau einprägten und bei Streitigkeiten darauf zurückgriffen. Anstatt dem »Holzcomment« zu huldigen und mit Fäusten aufeinander loszuprügeln, trugen die neun- bzw. siebenjährigen Knaben ihre Konflikte im förmlichen Duell aus. Bei einem gefährlicheren Ausgang schützte sie das vor dem väterlichen Zorn, da der Vater »doch gerechterweise nicht strafen konnte, was er selbst getan hatte und für ehrenhaft hielt«.[142]

Diese kindliche Einübung in den Ehrenkodex der Erwachsenen setzte sich auf dem Gymnasium fort, dessen Schüler angesichts der rigiden Schuldisziplin nicht nur von den Annehmlichkeiten studentischer Freiheit und männlicher Duellselbständigkeit träumten, sondern dem Traum zuweilen bereits blutigen Tribut zollten.[143] 1851 duellierten sich zwei 15- bzw. 17jährige Gymnasiasten in Posen, weil der eine sich »ehrenrührig« über den anderen geäußert hatte, der das Leihgeld für einen ausgeliehenen Sattel nicht bezahlt hatte. Der Fünfzehnjährige wurde erschossen.[144] Sechzig Jahre später kam es zwischen einem Unterprimaner und einem Obersekundaner in Rudolstadt zu einem tödlichen Pistolenduell. Die beiden Freunde hatten sich in das gleiche Mädchen verliebt. Als der eine den anderen bei einem Spaziergang mit der Angebeteten traf, ließ er aus gekränktem Stolz eine beleidigende Bemerkung über die junge Dame fallen, was deren Kavalier mit einer Forderung quittierte.[145]

Da ihr Verhalten beim Duell in hohem Grade symbolhafte Züge zeigte – beide Schüler hatten auf ihre *weißen* Hemden in der Höhe des Herzens *rotseidene* Schleifen geheftet, auf die die *schwarzen* Mündungen der Pistolen gerichtet werden sollten, der eine trug ein Buch von Nietzsche bei sich, der andere Liebesgedichte –, steht zu vermuten, daß dieser Zweikampf kein »normaler« im Sinne des studentischen Ehrenkodexes war, sondern übersteigerter jugendlicher Liebes- und Todessehnsucht entsprang. Trotzdem deutet die Tatsache, daß zwei Gymnasiasten, der eine Sohn eines Reichsgerichtsrats, der andere aus einer Majorsfamilie stammend, ein Duell verabredeten, darauf hin, daß der Duellstandpunkt seinen schaurig-verlockenden Schatten aus der studentischen Subkultur auch auf jüngere Altersgruppen warf oder dort dank väterlicher Vorbilder bereits einprogrammiert gewesen war. Verstärkt durch Studentencomment und Militärzeit entwickelte sich daraus allmählich eine stabile Duelldisposition, die Männer mit akademischem Hintergrund oder, wie es im 19. Jahrhundert hieß, »Gebildete« neben Offizieren und Studenten zur drittgrößten Duellanten-Gruppe werden ließ.

4. Beamte, Bildungsbürger und Bourgeois
Zivile Stützen der satisfaktionsfähigen Gesellschaft

Auffällig war der hohe Anteil jüngerer Beamter an dieser Gruppe. Rechtsreferendare und Assessoren im Alter zwischen Mitte 20 und Mitte 30 stellten ein beträchtliches Kontingent jener Männer, die im 19. und frühen 20. Jahrhundert wegen Zweikampfs und Herausforderung vor Gericht gestellt wurden. Dagegen vermochte auch die ernste Mahnung des preußischen Justizministers nichts auszurichten, der 1837, nachdem unter den Referendaren des Koblenzer Landgerichts mehrere Duelle stattgefunden hatten, nachdrücklich darauf hinwies, »daß des Königs Majestät nicht wollen, daß Ihre Diener des Zweikampfs sich schuldig machen«. Der Minister drohte Beamten, die dem königlichen Wunsch zuwiderhandelten, ihre Entlassung oder Versetzung an. Ein offizielles gerichtliches Verfahren jedoch sollte nach Möglichkeit nicht eingeleitet werden, da es geeignet sei, die »Würde des Dienstes« und die »Achtung der öffentlichen Beamten« in den Augen der Öffentlichkeit herabzusetzen.[146]

Aus anderen Gründen votierten die drei Minister von Mühler, von Arnim und von Bodelschwingh 1843 dafür, gegen die des Duells überführten Arnsberger Gerichtsreferendare Mettingh und Gilow sowie deren Sekundanten und Zeugen keine Kriminaluntersuchung zu eröffnen. Ein Prozeß, meinten sie, sei nicht nur wegen des unblutigen Ausgangs, sondern auch mit Rücksicht auf die Karrierepläne der jungen Männer – sämtlich Söhne höherer und höchster Beamter – wenig sinnvoll. Der Corpsgeist des Beamtentums äußerte sich nun aber nicht nur darin, daß die Vorgesetzten der Duellanten – vom Oberlandesgerichtspräsidenten über den Regierungspräsidenten bis zu Ministern – für eine bloß disziplinarische Rüge eintraten. In ihrem Bemühen, die Angelegenheit herunterzuspielen, drückten sich darüber hinaus eine weitherzige Toleranz und Billigung des Duellstandpunktes aus, der mitunter sogar die Form eines expliziten korporativen Duellzwangs annehmen konnte. Hätte Gilow die Forderung Mettinghs abgelehnt, wäre ihm nach Aussage der Minister die »gänzliche Vernichtung seiner geselligen Existenz im Verhältnisse zu seinen Alters- und Standesgenossen« gewiß gewesen. In dieser »üblen Lage« hätte wohl »fast Niemand anders gehandelt«. Auch den Zeugen, die eigentlich verpflichtet gewesen seien, den Zweikampf anzuzeigen, könne man keinen ernstlichen Vorwurf machen, da sie eine solche Anzeige »den herrschenden Ansichten zufolge, der Verachtung ihrer Standesgenossen preisgegeben haben würde«.[147]

Was einem Beamten zustieß, der sich den »herrschenden Ansichten« widersetzte, erfuhr der Kölner Regierungsrat Roitzsch, der 1816 einen höheren Justizbeamten schwer beleidigt hatte, deshalb gefordert worden war, die Forderung aber ablehnte. Seine Kollegen fanden dieses Verhalten so empörend, daß sie die weitere Zusammenarbeit mit ihm aufkündigten. Roitzsch wurde daraufhin von der Kölner Regierung beurlaubt, und der Oberpräsident Graf zu Solms-Laubach empfahl seine Versetzung in eine andere Provinz. Auf die Vorhaltung der zuständigen preußischen Minister von Schuckmann und von Bülow, Solms-Laubach habe in dieser Angelegenheit nicht unbefangen genug gehandelt und eine »cavaliermäßige Ansicht« gezeigt, stellte sich der Oberpräsident ausdrücklich hinter die ihm untergebenen Beamten: »Ew. Exzellenz werden es nicht tadelhaft finden, daß, nachdem der Skandal einmal eingetreten und nicht mehr zurückzunehmen war, ich die Ehre des Collegii, an dessen Spitze ich stehe, der Schonung des Geh. Regierungsrats Roitzsch vorzog.« Die »Ehre des Collegii« erforderte es demnach, einen Staatsdiener, der einer Duellforderung nicht nachgekommen war, aus seinen Reihen zu verstoßen – eine Praxis, die die Berliner Exzellenzen zwar offiziell mißbilligen mußten, deren soziale Logik sie aber nicht bestritten.[148]

Gerade höhere Beamte, die sich als Angehörige einer staatstragenden Elite fühlten und ein ausgeprägtes ständisches Sonderbewußtsein kultivierten, pflegten auch einen äußerst strengen Ehrbegriff, der einen Zweikampf in gewissen Situationen zwingend vorschrieb. So konnte der Brandenburger Gerichtsreferendar Heinrich Simon, der seinen Freund und Kollegen Bode 1828 im Duell erschoß, mit hoher Gewißheit davon ausgehen, daß »in dem vorliegenden Falle unter hunderttausend Menschen bis auf einen vielleicht alle dahin gekommen wären, wo ich jetzt stehe«. Empfand er seinen Beamtenstatus im späteren Leben auch zunehmend als politischen Hemmschuh, zollte er dem korporativen Duellkodex doch immer wieder persönlichen Tribut. Nicht nur als junger Mann geriet er mehrfach in Situationen, die einen Zweikampf geboten erscheinen ließen; noch als fast vierzigjähriger Stadtgerichtsrat zögerte er 1844 nicht, den Königsberger Stadtgerichtsdirektor Reuter, der ihn wegen seiner liberalen Haltung zur Frage richterlicher Unabhängigkeit scharf angegriffen und beleidigt hatte, zum Pistolenduell zu fordern.[149]

Auch sein Kollege Carl Twesten wich 1861 der Duellforderung nicht aus, die ihm der Chef des preußischen Militärkabinetts, Freiherr Edwin von Manteuffel, überbringen ließ. Manteuffel hatte sich von einer politischen Kritik des liberalen Beamten persönlich beleidigt gefühlt; als sich Twesten weigerte, die kritischen Äußerungen zurückzunehmen, kam es zum Zweikampf. Für Twesten war es eine Sache des Prinzips, Manteuffels Forderung anzunehmen und seine politische Überzeugung nicht zu widerrufen. Der Richter, der ihn nach dem Duell zu einer dreimonatigen Festungshaft verurteilte, führte strafmildernd ins Feld, Twesten habe sich der Forderung schon deshalb nicht entziehen können, »weil er annehmen mußte, daß er dadurch in der Achtung seiner Standesgenossen verlieren würde«.[150] Ein anonymer Kommentator dieser Affäre gab Twesten ausdrücklich darin Recht, daß er die Forderung akzeptiert habe; nur indem er seiner Kritik »in voller Mannhaftigkeit« Nachdruck verliehen habe, konnte er seine persönliche Glaubwürdigkeit auch und gerade gegenüber der Armee, die er in seiner Broschüre angegriffen habe, wahren. Hätte Twesten das ihm angetragene Duell abgelehnt, hätte er damit zwar »das Gefühl einer höheren staatsbürgerlichen Ehre« dokumentiert, seine politische Botschaft jedoch durch dieses angebliche Zeichen persönlicher Feigheit diskreditiert.[151]

Anderer Meinung war der Journalist, der dem Stadtgerichtsrat in der liberalen Berliner Volkszeitung vorwarf, gegen die bürgerliche »Standesehre« verstoßen zu haben: »Seine Pflicht wäre es gewesen, jede Provokation zu dem Duell durch die Erklärung zu beantworten, daß er die Ehre habe, dem Stande des Bürgertums anzugehören, der sich glücklich der Barbarei des Faustrechts entwunden hat.« Twesten dagegen rechtfertigte sich damit, er habe sich eben »in seiner Eigenschaft als *Staatsbürger* geschlagen«, um zu bezeugen, daß er sich das Recht zur Kritik militärischer Einrichtungen nicht durch eine Forderung zum Duell nehmen lasse, und um dem Eindruck vorzubeugen, politische Schriftsteller seien nur »feige Großsprecher«. Nicht wenige seiner Kollegen pflichteten ihm darin bei und erklärten, sie hätten an seiner Stelle ebenso gehandelt.[152]

Gerade als Beamte ließen sich bürgerliche Männer nicht davon abhalten, dem in der Studentenzeit eingeübten und korporativ abgesicherten Duellkodex ihre persönliche Reverenz zu erweisen. Sowohl bei Konflikten untereinander als auch bei Ehrenhändeln mit Offizieren galt vielen von ihnen ein Zweikampf als das beste und ihrer sozialen Stellung angemessenste Mittel, den Zwist in einer für beide Seiten ehrenhaften Weise zu beenden. Sie nahmen damit, in voller Kenntnis der Gesetzeslage, ein Privileg für sich in Anspruch, das der Staat, wie man wußte, eigentlich nur seinen Militärs konzediert hatte. Daß auch seine zivilen Diener daran teilhaben wollten und die »deutsche Scholarenehre«, wie Max Weber 1917 kritisierte, zum »maßgebenden« Prinzip der Bürokratie erhoben,[153] verdankte sich ihrem Wunsch nach Gleichrangigkeit – einem Wunsch, den schon Studenten in Vorwegnahme ihrer künftigen Rolle hegten und der sich bei den »fertigen« Beamten um so häufiger Ausdruck verschaffte.

Passende Gelegenheiten für derartige Manifestationen sozialer Ebenbürtigkeit gab es genug. Da zivile und militärische Staatsdiener gemeinhin einen engen gesellschaftlichen Verkehr pflegten, blieben Reibungen nicht aus.[154] Auf öffentlichen Bällen und in Wirtshäusern kam es immer wieder zu Konflikten zwischen Beamten und Offizieren, die intensiv um den gesellschaftlichen Vorrang konkurrierten. Als etwa der Klevener Leutnant Neesen das Benehmen des Landgerichtsreferendars Savels auf einer Tanzveranstaltung 1876 als »wenig taktvoll« bezeichnete, ließ ihn Savels auf Pistolen fordern. Wie sein Vater, selber Landgerichtsrat, rechtfertigend ausführte, habe Savels sich durch Neesens Vorwurf »tief verletzt« gefühlt. Das Urteil des Offiziers über gesellschaftliche Umgangsformen wurde als ungebührliche Anmaßung und Überheblichkeit empfunden, die der junge Beamte, der sich überdies als Einjährig-Freiwilliger im militärischen Subordinationsverhältnis befand, unbedingt zurückweisen wollte.[155]

Duellforderungen waren aber nicht nur ein Mittel, den sozialen Geltungsanspruch höherer Beamter gegenüber Offizieren zu demonstrieren. Sie konnten darüber hinaus dazu dienen, bürgerlich-adlige Standesdifferenzen innerhalb der Beamtenschaft zu überbrücken[156] oder interne Streitigkeiten und Rivalitäten auszugleichen. Zudem fanden sie beileibe nicht bloß unter jugendlichen Referendaren statt, sondern auch unter Gymnasiallehrern und Universitätsprofessoren fortgeschrittenen Alters. Wie die Beispiele Hönigers oder Max Webers zeigten, zogen letztere zwischen wissenschaftlichem Streit und persönlicher Beleidigung oft keine klare Grenze. Belows These, deutsche Professoren hätten »zu viel Selbstgefühl, um sich dem Duellcomment zu unterwerfen«,[157] hielt der Realität daher nicht stand. Zwar kam es selten zu einem wirklichen Duell unter Hochschullehrern, doch wurden Forderungen weit häufiger gewechselt, als es der streitbare Duellgegner wahrhaben wollte.[158] Zwischen Herausforderung und Duell aber bestand kein prinzipieller Unterschied, denn auch der Herausforderer handelte unter dem Einfluß des Duellcomments und akzeptierte die Regeln einer sogenannten ritterlichen Ehrenwahrung.

Neben Staatsdienern verschiedenster Berufszugehörigkeit tauchten in den Gerichtsakten vor allem Rechtsanwälte und Ärzte als notorische Duellantengruppe auf – ein statistischer Befund, der angesichts der starken Präsenz von Medizin- und Jurastudenten in schlagenden Verbindungen nicht wunder nimmt. Bei Rechtsanwälten trat hinzu, daß sie, die in ihrem Beruf ständig mit beamteten Juristen zu tun hatten, hinter dem ausgeprägten Ehrenkodex der Staatsdiener nicht zurückstehen wollten. Sowohl untereinander als auch gegenüber Richtern und Staatsanwälten achteten sie daher sehr genau auf ihre empfindliche Ehre und waren mit Duellforderungen schnell bei der Hand. Ein typischer Fall ereignete sich 1892 in Hamburg, wo sich der Rechtsanwalt Elkan und der Gerichtsreferendar Coutinho in einem Zivilprozeß gegenüberstanden, in dem es um die Lieferung von Migränestiften ging. Coutinho hatte vor dem Prozeß im Gespräch mit Elkan die Bemerkung fallengelassen, er habe den fraglichen Migränestift auch schon benutzt, bat den Rechtsanwalt aber, diese Tatsache in seinem Plädoyer nicht zu erwähnen. Als Elkan sich über diese Bitte hinwegsetzte, nahm ihn Coutinho nach der Verhandlung mit den Worten zur Seite: »Hören Sie mal, Herr Dr. Elkan, das war aber ordinär«, worauf Elkan entgegnete: »Wenn Sie noch etwas sagen, so schlage ich Ihnen in das Gesicht.« Der Referendar beantwortete diese Beleidigung mit einer Forderung zum Pistolenduell, die Elkan selbstverständlich annahm.[159]

Gerade Rechtsanwälte, die seit 1878 in staatlich installierten Anwaltskammern zusammengefaßt waren, kultivierten einen Ehrbegriff, der dem der eigentlichen Staatsdiener unmittelbar nachempfunden war. Jede Anwaltskammer hatte ein Ehrengericht eingesetzt, das als rein korporative Institution fungierte und Verfehlungen der Anwälte gegen die Ehre des »Standes« ahndete. Oberste Entscheidungsinstanz war der Ehrengerichtshof für deutsche Rechtsanwälte, der darüber wachte, daß sich Anwälte in Beruf und Privatleben eines ehrbewußten Verhaltens befleißigten.[160] Obwohl der Gerichtshof, der sich jeweils zur Hälfte aus Anwälten und Richtern des Leipziger Reichsgerichts zusammensetzte, wegen seines halbstaatlichen Charakters den Duellcomment nicht als offizielles Ehrengesetz absegnen konnte, zeigte er in seiner Spruchpraxis doch ein ausnehmend großes Verständnis für die »einmal bestehenden oder doch weit verbreiteten gesellschaftlichen Anschauungen«, wonach Ehrenhändel zwischen Gebildeten mit der Waffe auszutragen seien. Einem Anwalt, der sich mit einem Kollegen nach wechselseitigen Verbalbeleidigungen im Gericht geprügelt hatte, erteilte der Gerichtshof eine ernste Rüge, denn es sei »eines Rechtsanwalts nicht würdig, in dieser Weise sich selbst Recht zu schaffen«. Forderte ein Anwalt einen anderen aber zum Duell, weil er sich von ihm persönlich beleidigt fühlte, mochte dieses Verhalten bei den Ehrenrichtern »unter Umständen eine gewisse Entschuldigung« finden. Als ein von einem Richter geforderter Anwalt den Herausforderer bei der Staatsanwaltschaft und in der Presse denunzierte, ließ das Gericht keinen Zweifel daran, »daß er hiermit seine eigene äußere Achtung schwer schädigte, insofern nach der herrschenden Sitte jede Indiskretion und die Denunziation wegen erfolgter Herausforderung nicht als anständig gilt«.

Der Ehrengerichtshof war weit davon entfernt, dieser Sitte die Gefolgschaft aufzukündigen. Er nannte es »zwar nicht gerechtfertigt, aber doch verzeihlich«, wenn Rechtsanwälte zur Waffe griffen, anstatt, wie es ihnen beruflich nahegelegen hätte, eine Beleidigungsklage anzustrengen. Er erkannte an, »daß der Angeschuldigte durch den grundlosen Vorwurf der Satisfaktionsunfähigkeit tief gekränkt werden mußte«, und äußerte sich hoch befriedigt darüber, daß ein Standesgenosse, der sich zunächst mehrfach für eine angebliche Beleidigung entschuldigt hatte und deswegen den Verdacht der Feigheit auf sich lenkte, diesen Verdacht durch eine Duellforderung und einen anschließenden Pistolenzweikampf entkräftete.[161] Damit stellte er sich gewissermaßen selber mit einem Bein auf den Boden des Duellcomments, den er zwar einerseits als ungesetzlich ablehnen und bekämpfen mußte, dem er aber andererseits seine legitime Geltung für einen großen Teil der Rechtsanwälte nicht absprach.

Nach dem Vorbild dieser körperschaftlich verfaßten Ehrengerichtsbarkeit erreichte es um die Jahrhundertwende auch die Ärzteschaft, den Staat zur gesetzlichen Einrichtung von Ehrengerichten und eines zentralen Ehrengerichtshofs zu bewegen. »Viele Ärzte«, schrieb damals ein Kritiker, »denken, daß auch der ärztliche Stand ein besonderes Ansehen gewinnen wird, wenn er ... staatliche Ehrengerichte hat.«[162] Man orientierte sich dabei an Offizieren und eben Rechtsanwälten, deren Ehre offenbar so hoch stand, daß sie der Staat eines besonderen Schutzes und einer institutionalisierten Kontrolle für wert befand. Lange bevor der »Ärztestand« als solcher in den Genuß staatlicher Anerkennung kam, beriefen sich allerdings Mediziner bereits auf ihr »Recht« als Akademiker und womöglich Reserveoffiziere, ihre persönliche Ehre im Zweikampf zu verteidigen. Damit verbanden sie aber noch keinen speziellen Anspruch, in ihrer Eigenschaft als ärztliche Standesgenossen gewürdigt und geachtet zu werden. Das änderte sich erst mit der staatlichen Aufwertung (und Einvernahme) der Ärzteschaft seit 1887/1899, ohne daß jedoch die ärztlichen Ehrengerichte ihre Vorbilder in Offiziers- und Anwaltskreisen jemals erreichten.

Ärzte, Rechtsanwälte, Professoren, Beamte – diese Berufsgruppen gelten gemeinhin als wichtigste Elemente des Bildungsbürgertums, einer sozialen Formation, die in Deutschland seit dem Ende des 18. Jahrhunderts maßgebliche kulturelle Leitbilder definierte und deren Habitusformen eine hohe gesellschaftliche Prägekraft entfalteten. Dieses Bildungsbürgertum hatte sich zunächst aufgrund seiner Bildung bzw. seiner akademischen Ausbildung, später durch seine Nebenkarrieren im Offizierkorps der Reserve, einen festen Platz im Kreis der satisfaktionsfähigen Gesellschaft erobert und den Duellkodex in beeindruckender Intensität und Konsequenz inkorporiert. Wie aber verhielt sich das Wirtschaftsbürgertum, die Bourgeoisie als die andere, seit der Jahrhundertmitte an Macht und Einfluß zunehmende Fraktion des Bürgertums zum Duell?

Die Antwort lautet kurz und knapp: Solange diese Bourgeoisie klein, schwach und ohne nennenswerte politische, soziale und kulturelle Ausstrahlung war, stand sie dem Ehrenpunkt ablehnend oder höchstens gleichgültig gegenüber. In dem Maße aber, wie mit ihrer wirtschaftlichen Bedeutung auch ihre gesellschaftliche und politische Macht wuchs, geriet auch sie in den Sog der akademisch-militärischen Duellkultur. Je mehr Unternehmer und Bankiers ihre berufliche Ausbildung an einer Universität oder Technischen Hochschule vervollständigten, je häufiger sie den Status von Reserveoffizieren erwarben, desto mehr Wirtschaftsbürger tauchten später in den Duellantenkarteien der Gerichte und Polizeibehörden auf. Zuweilen verschaffte ihnen auch die Nobilitierung das immer begehrtere Zertifikat der Satisfaktionsfähigkeit, das ihnen im frühen 19. Jahrhundert, als nur Adlige, Offiziere, Studenten und hohe Beamte als duellfähig galten, noch vorenthalten worden war. Daß der jüdische Bankier Moritz von Haber aus Karlsruhe, der 1843 den badischen Offizier Georg von Sarachaga im Duell erschoß, für seinen Gegner überhaupt satisfaktionsfähig war, verdankte er hauptsächlich dem Adelstitel, der seinem Vater als badischem Hofbankier 1829 verliehen worden war.

Wie sehr dem 45jährigen Haber daran gelegen war, seinen Ruf als Ehrenmann gegen alle Anfeindungen zu bewahren, zeigt der Anlaß seines Zweikampfs: Als er an einem Ball in Baden-Baden teilnehmen wollte, wurde ihm dies vom Festkomitee mit der Begründung verwehrt, er sei nicht mehr satisfaktionsfähig. Schließlich habe er vor fünf Jahren die Beschimpfung »Hundsfott« – die schlimmste, die man »auf einen Mann anwenden kann« – ruhig auf sich sitzen lassen. Eine solche Beschuldigung wog schwer in einem internationalen Milieu hochrangiger Ballgäste, am »Sammelplatz der sogenannten Gebildeten aller Länder«, die die Kunde »nach allen Weltgegenden« verbreiten konnten. Alle Versuche Habers, seine Satisfaktionsfähigkeit zu behaupten, indem er den damaligen Beleidiger, einen Offizier von Göler, zum Duell forderte, scheiterten an dessen Weigerung, die vom gesamten Offizierkorps unterstützt wurde. Die Situation, die offenbar von den Gegnern des als liberal verschrieenen Bankiers und Günstlings der badischen Großherzogin planmäßig eingefädelt worden war, um ihn gesellschaftlich und politisch kaltzustellen, schien ausweglos, bis sich ein russischer Offizier gleichsam stellvertretend mit Göler duellierte. Der Tod beider Duellanten schuf eine neue Lage: Zum einen entlud sich der antisemitische Volkszorn über Haber, dessen Haus von einer aufgebrachten Menge zerstört und geplündert wurde; zum anderen aber schob Gölers Kamerad von Sarachaga, um den toten Freund zu rächen, die sorgsam aufgehäuften Bedenken gegen Habers Satisfaktionsfähigkeit beiseite und provozierte den Bankier in aller Öffentlichkeit zum Duell. Selbstverständlich nahm Haber dieses Angebot dankbar an, sah er doch darin, wie er später vor Gericht aussagte, die Chance, »mir von den unendlichen Anfeindungen meiner Gegner Ruhe zu verschaffen« und seine tief gekränkte und verletzte Ehre wiederherzustellen. Durch das Duell mit einem Offizier waren seine Satisfaktionsfähigkeit über jeden Zweifel erhaben und seine gesellschaftliche Position rehabilitiert, so daß ihn auch diejenigen Männer, die ihm zuvor den Gruß verweigert und seinen Umgang gemieden hatten, wieder als ihresgleichen akzeptierten.[163]

Zu seinem Sekundanten hatte Haber den 33jährigen Berliner »Forstmann« Carl Arendt gewählt, sein Zeuge und Kartellträger war der 27jährige Stuttgarter Kaufmann Thouret. Letzterer hatte ihm schon im Konflikt mit Göler zur Seite gestanden, ohne sich aber »auf die Anordnungen« zu verstehen, weshalb er sich bei einem Offizier Rat holte. Im Zweikampf mit Sarachaga scheint er jedoch die Regeln des Ehrenpunktes bereits beherrscht zu haben, und auch Arendt, der als Absolvent einer Forstlehranstalt Erfahrungen mit dem Duellcomment hatte sammeln können,[164] zeigte in den Verhandlungen mit den Offizieren, die die Interessen Sarachagas vertraten, keine Verhaltensunsicherheit.[165]

Daß der studentische Ehrenkodex auch für junge Kaufleute attraktiv sein konnte, bewies das Beispiel Friedrich Engels'. Nachdem ihn sein Vater, ein Barmer Textilfabrikant, kurz vor dem Abitur vom Gymnasium genommen hatte, absolvierte er drei Jahre lang eine solide kaufmännische Ausbildung in einem großen Bremer Handelshaus. Sein Lebensgefühl aber war studentisch; er langweilte sich im Comptoir und beneidete seine studierenden Freunde: »Die ganze hiesige Welt ist nicht zum Zechen zu bringen, es sind alles Philister, ich sitze mit meinem Rest burschikoser Lieder, mit meinem renommistischen studiosistischen Anhauch allein in der großen Wüste.« Viermal wöchentlich ging er zur Fechtstunde und zögerte nicht, die hier erworbenen Kenntnisse in die Praxis umzusetzen. »Zwei Duelle«, schrieb er einem Freund 1841, »hab ich hier in den letzten vier Wochen gehabt, der Erste hat revoziert, nämlich den dummen Jungen, den er mir, nachdem ich ihn geohrfeigt, aufbrummte, und hat die Ohrfeige noch ungesühnt sitzen; mit dem Zweiten hab ich mich gestern geschlagen und ihm einen famosen Anschiß über die Stirn beigebracht, so recht von oben herunter, eine ausgezeichnete Prime.«

Die Sprache dieser Briefe war ebenso studentisch wie die Heldentaten, deren sich Engels vor seinen studierenden Freunden rühmte. Obwohl er sich in einem gänzlich unakademischen Milieu bewegte, übernahm er mit großem Vergnügen die ihm offenbar aus der Gymnasiastenzeit und aus Erzählungen seiner ehemaligen Klassenkameraden bekannten Verhaltensformen, lange bevor er sie in seinem Berliner Militärjahr, als er den Kontakt mit Studenten intensivierte, persönlich in Augenschein nehmen konnte. Daß er im übrigen mit seiner Vorliebe für Duelle im Haus seines Bremer Lehrherrn nicht alleinstand, verdankte er den beiden kleinen Söhnen des Prinzipals, die sich, auf Warenkisten herumtanzend und mit Flinte und Säbel bewaffnet, formvollendet zum Zweikampf herauszufordern pflegten.[166]

Obwohl viele junge Kaufleute offenbar nicht abgeneigt waren, sich einem Duell zu stellen oder zumindest assistierend daran mitzuwirken, hielt sich vor allem in Beamtenkreisen das Vorurteil, sie seien eigentlich nicht satisfaktionsfähig. Kaufleuten, die sich duellierten, war 1836 in einem Konversationslexikon zu lesen, werde dies »als eine lächerliche Überhebung angerechnet«.[167] 1844 wagte es der Königsberger Referendar Schade nicht, »einen Kaufmann zum Sekundanten [zu] nehmen . . ., indem dies gegen den Comment sei«.[168] Gerade auch Studenten, die in der Regel sehr auf ihre soziale Abgrenzung gegenüber Nichtstudenten bedacht waren und das Duell als einen »Ehren-Vorzug, als ein Zeichen der Selbständigkeit und als eine Unterscheidung von den Gewerbsgenossen« kultivierten,[169] schlossen letztere von ihrem Ehrenkodex unnachsichtig aus. Das änderte sich erst, seitdem immer mehr junge Wirtschaftsbürger ihre Militärzeit mit dem Reserveoffizierspatent beendeten oder die kaufmännische Ausbildung durch ein Hochschulstudium ergänzten. Die Berichte der preußischen Universitätsbehörden aus den 1880er und 1890er Jahren vermerkten auffällig häufige Zweikämpfe zwischen Studenten und Kaufleuten, und selbst Offiziere scheinen die früher eher verachteten Jünger des Geldes immer öfter als Ehrenmänner und Duellpartner akzeptiert zu haben.

Bereits 1860 hatte der bayerische Offizier Scheffer den Augsburger Großhändler Eduard Scheler zum Duell gefordert, und auch sein Kommandeur erblickte in dieser Forderung keinen sozialen Fehltritt. Offenbar zählte Scheler allein schon wegen seines Reichtums und gesellschaftlichen Ansehens zum Kreis der Satisfaktionsfähigen, ohne daß es eines formellen akademischen oder militärischen Qualifikationsnachweises bedurft hätte. Scheler selber erachtete es für selbstverständlich, eine Ehrensache durch die »unter Männern von Ehre übliche Form der Ausgleichung« zu regeln. Obwohl er, wie er zugab, »in meiner sozialen Stellung und als Familienvater keine besondere Vorliebe für Duelle« hegen könne, lasse er sich doch durch »keine Rücksicht abhalten«, den »nach dem Urteile von Standesgenossen und der Sitte gemäß« einzig richtigen Weg zur »Wiederherstellung verletzter Ehre und gegenseitiger Achtung« zu gehen. Es müsse allerdings eine »wahre Ehrensache« sein und kein vorgeschobener, unmaßgeblicher Beleidigungskonflikt, der keinesfalls durch ein Duell, sondern nur durch eine gerichtliche Injurienklage beigelegt werden könne.[170]

Eine solche »wahre Ehrensache« war es 1894 für den Berliner Fabrikbesitzer de la Croix, sich mit dem Liebhaber seiner Frau, einem Arzt, zu duellieren. Zwei Jahre später bestand der Duisburger Kaufmann und Reserveleutnant Lehnkering auf einem Duell mit dem Gerichtsreferendar Rotberg, der ihn zuvor als »Lump« bezeichnet hatte, diesen Ausdruck zwar zurücknahm, dafür aber das Verhalten des Kaufmanns, der ihn bei einer jungen Dame wegen unsittlichen Lebenswandels angeschwärzt hatte, »taktlos« nannte.[171] Ebenfalls 1896 nahm der Kaufmann, Fabrikantensohn und Reserveleutnant Max Irlbeck in München die Duellforderung des Studenten Rosenblum an. Irlbeck hatte Rosenblum, der ihn auf einer Tanzveranstaltung angeblich nach studentischer Manier »fixiert«, d. h. unverwandt angestarrt hatte, gegenüber seinen Freunden als »Saujud, oder Judenbengel, oder Lausbub« tituliert. Das hörte der Student und fragte ihn daraufhin, ob er »Student oder Offizier«, mit anderen Worten: satisfaktionsfähig und -willig sei. Irlbeck antwortete ihm, er sei Reserveoffizier, und nahm Rosenblums Pistolenforderung an.[172] Alle drei Duelle endeten mit tödlichen Verletzungen.

Nie wäre es dem 24jährigen Irlbeck in den Sinn gekommen, auf Rosenblums Frage zu antworten, er sei Kaufmann und Fabrikantensohn, zudem Katholik und daher nicht bereit, sich auf ein Duell einzulassen. Sein Status als Reserveoffizier stellte alles andere in den Schatten, und der damit vereinnahmte militärische Ehrbegriff ließ religiösen Bedenken, moralischen Skrupeln oder politischer Distanzierung keinen Raum. Irlbeck, Lehnkering und eine ganze Reihe weiterer Männer aus wirtschaftsbürgerlichen Kreisen mögen August Bebel vor Augen gestanden haben, als er 1896 im Reichstag davon sprach, der Moralkodex des Reserveleutnants sei zum Moralkodex der bürgerlichen Klasse geworden. Ähnlich äußerte sich fünf Jahre später der über Duellwesen und militärischen Ehrbegriff vortragende Referent auf einer Versammlung des Demokratischen Vereins in München. Die »bürgerlichen Anschauungen« über Ehre seien »mehr und mehr im Rückschritt, während die militärischen Anschauungen immer größere Kreise des Bürgertums mit in ihren Bereich ziehen«. Der Vereinsvorsitzende und Landtagsabgeordnete Ludwig Quidde sprach in diesem Zusammenhang 1910 von einer »Korruption des bürgerlichen Geistes«.[173] Andere Duellkritiker vertraten demgegenüber die Ansicht, daß nicht das Militär, sondern die Studentenschaft der Hauptherd jener Korruption sei, und wiesen wie der bayerische SPD-Führer Georg von Vollmar darauf hin, »daß der Duellunfug in viel höherem Maße auf den Universitäten herrscht«.[174] Die offiziellen Duellstatistiken schienen ihnen Recht zu geben: Von den jährlich etwa 50 zivilen Duellen, die Anfang der 1890er Jahre zur Anklage gebracht wurden, entfielen nach Angabe des Reichsjustizamts drei Fünftel auf das »Studentenleben«, d. h. pro Jahr ungefähr 30. Im Offizierkorps dagegen kamen damals nur etwa 14 Duellfälle jährlich vor die zuständigen Militärgerichte.[175]

Dieser Streit über die wichtigste Quelle des »Duellunfugs« läßt sich nicht zuletzt wegen der sehr unzuverlässigen Statistiken kaum entscheiden. Duellantenkarrieren wurden sowohl im Militär als auch auf der Universität vorbereitet, wobei Männer, die beide Institutionen durchlaufen hatten, eine doppelte Zweikampfsozialisation genossen. Ob diese Sozialisation immer praktische Folgen zeitigte, mag demgegenüber zweitrangig bleiben. Sicherlich fochten nicht jeder ehemalige Student und nicht jeder Reserveoffizier in ihrem Leben ein Duell aus, doch konnte kein Angehöriger dieses Personenkreises mit Bestimmtheit ausschließen, irgendwann einmal direkt oder vermittelt in eine solche Affäre verwickelt zu werden. Zwar übten die sozialen Institutionen, die den Zweikampf als legitimes Mittel der Konfliktregelung betrachteten oder gar proklamierten, keine lückenlose Kontrolle über das Verhalten ihrer Mitglieder aus, und es gab immer wieder Fälle, in denen sich Männer dem Zwang zum Duell, dem sie kraft ihrer gesellschaftlichen Stellung in mehr oder weniger offener Form ausgesetzt waren, zu entziehen suchten und wirklich entzogen. Von einem massiven Widerstand innerhalb jener Kreise, die im Ruf der Satisfaktionsfähigkeit standen, war jedoch im Kaiserreich nichts zu spüren; eher traf das Gegenteil zu.

Diese Loyalität einem Ehrenkodex gegenüber, der seit jeher und gegen Ende des 19. Jahrhunderts mit wachsender politischer Schärfe als elitär, ungesetzlich und unmodern angegriffen wurde, läßt sich nicht nur mit dem Hinweis auf den institutionellen Rückhalt erklären, den das Duell im Militärsystem und in studentischen Verbindungen fand. Ohne vom »Sinn« eines Zweikampfs überzeugt zu sein, hätten nicht Tausende von Männern ihr Leben zur Disposition gestellt, Abschiedsbriefe an ihre nächsten Angehörigen geschrieben und Todesangst ausgestanden. Sozialer Zwang allein hätte ein solches Opfer nicht zuwege gebracht; hinzutreten mußte das, was Duellanhänger die »ideale Seite« des Zweikampfs nannten und als ihr »individuelles Heil« (Simmel) jenseits und oberhalb aller »sozialen Pflichten« verinnerlicht hatten.

VI. Freiheit, Gleichheit, Männlichkeit
Innenansichten der Duell-Kultur

In den beiden vorangehenden Kapiteln wurde gezeigt, wie und warum gesellschaftliche Institutionen im 19. Jahrhundert dazu beitrugen, daß in einer nicht länger ständisch geprägten Lebenswelt sozialer Eliten eine ihrem Ursprung nach adlige Konvention adaptiert und reproduziert wurde. Ihre überraschenden Erfolge und erstaunliche Durchschlagskraft könnten dazu verleiten, es bei einer solchen funktionalen Betrachtung bewenden zu lassen und das Fortleben des Duells im 19. Jahrhundert damit als »erklärt« anzusehen. Ausgeblendet bliebe dabei allerdings eine Dimension, die Duellkritiker zwar stets nur mit Hohn und Spott bedachten, die aber für Duellanten und alle Männer, die kraft ihrer gesellschaftlichen Stellung dazu werden konnten, von allergrößter Wichtigkeit war: das persönliche Erleben, die freimütig eingestandenen oder eher verborgenen Motive, sich auf ein Duell einzulassen, die Selbstbilder satisfaktionsfähiger Individuen und ihre sozialen Inszenierungen.

Wischt man diese nicht einfach als »Verblendung« beiseite, sondern versucht, sie bei aller gebotenen kritischen Distanz ernst zu nehmen und zu »verstehen«, zeigt sich sehr rasch, daß die gesellschaftliche und kulturelle Bedeutung des Duells weder in der platten Kopie viel beneideter aristokratischer Umgangsformen noch in blindem Gehorsam gegenüber sozial-institutionellen Zwängen aufging. Obwohl ihr eine gewisse Berechtigung nicht abzusprechen ist, greift deshalb auch die beliebte These sozialdemokratischer Duellgegner zu kurz, die hohe Anerkennung des Duellcomments in bürgerlichen Kreisen verdanke sich schlicht der Tatsache, daß letztere, um noch einmal den scharfzüngigen Bebel zu zitieren, »die Allüren und Manieren der Aristokratie nachäfften« und sich, wie sein Parteifreund Wendel 1914 diagnostizierte, »bei ihrem krankhaft zurückgebliebenen Klassenbewußtsein« einer Unsitte »anbequemten, eben weil sie feudal ist«.[1]

Warum das Duell gerade auch für bürgerliche Männer ein so großes Faszinosum war, daß sie nicht nur unzählige hehre Worte zu seiner – und ihrer – Rechtfertigung und Verklärung fanden, sondern ihm auch ihr Leben zu opfern bereit waren, läßt sich vielmehr erst durch eine Innenansicht des Duells plausibel machen, die darüber hinaus aufschlußreiche, weit über dieses Problem hinausweisende Einsichten in das Selbstverständnis und in die kulturellen Leitbilder bürgerlicher Eliten erlaubt.

1. Der diskrete Charme der Aristokratie und die Persönlichkeit des Bürgers

Daß das Duell im Verlauf des 19. Jahrhunderts sein adliges Profil weitgehend verlor und sich zu einer Veranstaltung des Bürgertums entwickelte, bildet sich auch in der notgedrungen fragmentarischen Duellstatistik ab, die dieser Arbeit zugrunde liegt. Von den 232 preußischen Duellanten, deren zwischen 1800 und 1869 vorgefallene Zweikämpfe archivalisch rekonstruierbar sind, waren immerhin 101 adliger Herkunft, was einem Anteil von 44 Prozent entsprach. Bei den 303 Duellanten, die zwischen 1870 und 1914 Spuren in preußischen Gerichts-, Ministerial- und Kabinettsakten hinterließen, betrug der Adelsanteil dagegen nur noch 19 Prozent.[2]

Binnen eines Jahrhunderts hatte sich folglich ein Verhaltensmodell »verbürgerlicht«, dessen Ursprung in der frühneuzeitlichen Adelskultur wurzelte und das von der Aristokratie bislang eifersüchtig gehütet worden war. Allein der Adel, hieß es 1804 in einem Vorläufer späterer Duellhandbücher, könne »über die Ehre richtig urteilen«, während Nichtadlige »keine Wissenschaft hätten, wie und auf welche Art ein Duell geführt werden müsse«.[3] Adlige Männer wuchsen von klein auf in einem Ambiente heran, das großen Wert auf die zeremonielle Demonstration von Ehre und Ritterlichkeit legte. Das Duell, meinte der selbstbewußte Standesvertreter von Chézy 1842, sei ein »letzter Überrest von der so sehr gesunkenen Größe des Adels«. So richtig er es deshalb fand, die Verpflichtung zum Ehrenkampf auch »auf den Stand der Waffen und auf diejenigen Edelleute, welche noch hohe Namen tragen, ohne eigentlich dem Range ihrer Vorfahren mehr anzugehören«, auszudehnen, so scharf verurteilte er das Duell in »gewöhnlichen bürgerlichen Verhältnissen«.[4]

Doch schon um die Jahrhundertmitte stand Chézy mit dieser Auffassung relativ allein. Lediglich der selbsternannte Adelsadvokat und oldenburgische Staatsrat Lorenz Hannibal Fischer leistete ihm 1852 Sekundantendienste, als er die »Ritterehre« als »spezifische Standeseigenschaft« des Adels rühmte. Nur dieser besitze dank seiner sozialen und materiellen Stellung die notwendige »sittliche Freiheit«, um uneigennützig und »im Geist der Ritterlichkeit« handeln zu können, während das Bürgertum »den Vermögens- und Nahrungserwerb sich zur notwendigen Lebensaufgabe machen muß«.[5] Auch der schleswig-holsteinische Kammerherr von Moltke hatte dem Adel 1830 einen Hang zum Idealen und eine »edle Unabhängigkeit des Charakters« konzediert, die der »Bürgerstand« angesichts seiner Gebundenheit an ökonomische Mittel und Beschränkungen zwangsläufig vermissen lasse. Der kulturelle Vorsprung, den sich der Adel dank der jahrhundertelangen »Sicherheit« seines erblichen Status habe erobern können, sei vom Bürgertum, das unablässig um seine gesellschaftliche Anerkennung kämpfen müsse, nicht so schnell aufzuholen. »Freie Sitte«, »Courtoisie« könnten letztlich nur dort gedeihen, wo ökonomische und gesellschaftliche Bedingungen über lange Zeit stabil geblieben seien: »Das Edle muß durch lange Angewöhnung zur Natur geworden sein.«[6]

Ob auch der Ehrenzweikampf auf diese Weise zur adligen »Natur« geworden war, ließ Moltke im Unterschied zu Fischer jedoch offen – eine Diskretion, die seinem bürgerlichen Gegenspieler, der im Jahr darauf unter dem Pseudonym Kahldorf eine von Heinrich Heine eingeleitete Adelskritik publizierte, sofort auffiel. Anders als Moltke sah Kahldorf im Duell überhaupt die einzige überlieferungswürdige Adelstradition: »Wäre der Adel nicht gewesen, hätte das Rittertum nicht geblüht, wir würden von dieser Sitte nichts mehr wissen, und jenes kriegerische Prinzip, welches die Ehre des Freien seinem eigenen Schutz anvertraut, würde die konventionellen Formen unseres gesellschaftlichen Lebens nicht haben erträglich machen, mildern und ausgleichen können.« Ausdrücklich nahm der bürgerliche Autor das Duell und die in ihm enthaltene »höhere Autonomie der Ehre« in Schutz, ohne sie aber allein dem Adel überlassen zu wollen; vielmehr fand er sie »in der Brust des gebildet-fühlenden Mannes begründet«, d.h. Bildung anstelle erblicher Privilegien entschied darüber, ob ein Mann jener Ehre teilhaftig war oder nicht.[7]

Ähnlich hatte 1826 der bayerische Staatsrat von Leyden argumentiert, als er vorschlug, Bildung bzw. höhere Bildung als gemeinsames Kennzeichen duell- und ehrengerichtsfähiger Männer zu bestimmen, und ihr damit gleichsam nobilitierende Kraft zuerkannte. Ein solcher Definitionsversuch berücksichtigte nicht nur das in der bayerischen Verfassung verankerte Prinzip bürgerlicher Rechtsgleichheit, sondern trug darüber hinaus dem Umstand Rechnung, daß immer mehr Angehörige der bürgerlichen Oberschicht, die sich durch ihr ökonomisches und kulturelles Kapital von der Masse des Klein- und mittleren Bürgertums abhoben, Anspruch auf ein besonderes Ehrbewußtsein anmeldeten und ihn durch Duelle und Herausforderungen bekräftigten. »In unsern Zeiten«, schrieb bereits 1804 der Autor des anfangs zitierten Gebrauchs-Buchs, wende auch »der aufgeklärte gut Erzogene und vermögende Bürgerliche« adlige Beleidigungsfinessen an und »nötigt dadurch den Adel, selbst sich mit ihm zu duellieren«.[8] In dem Maße, wie Adel und höheres Bürgertum in den Salons der Jahrhundertwende eine bildungsbeflissene Geselligkeit pflegten, wie adlige und bürgerliche Beamte und Offiziere beruflich und gesellschaftlich miteinander verkehrten und es adligen Männern freistand, ohne sozialen Statusverlust die Töchter reicher bürgerlicher Beamter oder Kaufleute zu heiraten, empfand der Adel den Ehranspruch des Bürgertums nicht mehr als soziale Anmaßung, sondern akzeptierte ihn als legitimes Zeichen einer gesellschaftlichen und kulturellen Fusion beider »Stände«. Daß ein Adliger einem von ihm beleidigten Bürgerlichen die Genugtuung mit der Waffe verweigerte und ihn an ein Gericht verwies, kam im 19. Jahrhundert immer seltener vor. Zwar erklärten württembergische Offiziere noch 1808, »daß sie sich nie mit Bürgerlichen schlagen würden«, doch nahm 1820 der gewiß nicht weniger vornehme Hannoveraner Offizier von Blumenhagen keinen Anstand, den Hamburger Senatorensohn Jencquel zu einem Pistolenduell zu fordern.[9]

Die Tatsache, daß gerade Bildung, »aufgeklärte gute Erziehung« oder das, was das Berliner Kammergericht 1799 »Geisteskultur« genannt hatte[10], als prägende Merkmale der nach Satisfaktionsfähigkeit strebenden bürgerlichen Oberschicht galten, weist auf die große Bedeutung hin, die jenen Merkmalen im Emanzipationsprozeß des deutschen Bürgertums zukam. Dieser Prozeß vollzog sich in einem sozialen Raum, der durch die trotz aller Veränderungen über lange Zeit ungebrochene Vorherrschaft des Adels und eine damit zusammenhängende Schwäche bürgerlich-kapitalistischer Orientierungen gekennzeichnet war. Dem an politischen und gesellschaftlichen Reformen interessierten

»dritten Stand« blieb daher zunächst kaum eine andere Wahl, als seine Partizipationsansprüche auf dem Gebiet der Kultur zu begründen. Ohne auf vererbte Standesprivilegien zurückgreifen zu können, mußten seine männlichen Angehörigen bemüht sein, sich durch individuelle Leistung und Bildung einen Platz im beruflich-gesellschaftlichen Gefüge des Ancien Régime zu erobern. In dem Maße, wie Karrieren im Staatsdienst immer stärker formalisiert und an akademische Qualifikationsnachweise gebunden wurden, entwickelte sich »Bildung« zu einem für das Bürgertum zentralen Vehikel sozialen Aufstiegs.[11]

Über ihre unmittelbar lebenspraktische und karrieredienliche Verwendung hinaus enthielt diese Bildung aber auch einen ideologischen Überschuß, in dem bürgerliche Leitbilder und Emanzipationswünsche formuliert und theoretisch-ästhetisch gerechtfertigt werden konnten. Der gebildete Bürger las, und die Literatur, die er entweder allein oder in einer der vielen Lesegesellschaften konsumierte, handelte von seinen eigenen, als »allgemein menschlich« apostrophierten Ansprüchen und Problemen. Neben dem bürgerlichen Trauerspiel war es vor allem die neue Gattung des Bildungsromans, in dem sich der Bürger als positiver Held entdeckte, der in konfliktreicher Auseinandersetzung mit der Außenwelt heranreifte und eine unverwechselbare Identität als Bürger, Mann und Mensch ausbildete. Dieses Bildungserlebnis erschöpfte sich nun aber keineswegs in der Aneignung fachlicher Kompetenzen, sondern erfaßte idealiter die ganze Person, die sich in einem Prozeß stetiger, wenngleich nicht linearer Selbstvervollkommnung befand und die Entfaltung aller ihrer Talente und Anlagen zum individuellen und gesellschaftlichen Nutzen anstrebte.

Ein solcher ganzheitlicher Bildungsanspruch, von der Weimarer Klassik im Rückgriff auf antike und humanistische Traditionen verbindlich formuliert, stand von Anfang an in einem prekären Spannungsverhältnis zu »normalen« bürgerlichen Lebensläufen, wie sie sich in Beamten- und Kaufmannskarrieren materialisierten. Der Held des klassischsten aller Bildungsromane, Goethes Wilhelm Meister, verläßt denn auch den heimatlichen Herd und begibt sich auf die Reise. Gegenüber seinem Schwager, einem rechtschaffenen, biederen Kaufmann, beharrt er auf seinem Traum, »mich selbst, ganz wie ich dabin, auszubilden«. Er will kein Bürger werden, der nur »leisten und schaffen« soll, sondern wünscht, »eine öffentliche Person zu sein und in einem weitern

Kreise zu gefallen und zu wirken«. Bewundernd und neidvoll blickt er auf den Adel: »In Deutschland ist nur dem Edelmann eine gewisse allgemeine, wenn ich sagen darf, personelle Ausbildung möglich. Ein Bürger kann sich Verdienst erwerben und zur höchsten Not seinen Geist ausbilden; seine Persönlichkeit geht aber verloren.« Der Edelmann dagegen »darf überall vorwärts dringen, anstatt daß dem Bürger nichts besser ansteht, als das reine, stille Gefühl der Grenzlinie, die ihm gezogen ist. Er darf nicht fragen: ›Was bist du?‹ sondern nur: ›Was hast du?‹ ... Er soll einzelne Fähigkeiten ausbilden, um brauchbar zu werden, und es wird schon vorausgesetzt, daß in seinem Wesen keine Harmonie sei noch sein dürfe, weil er, um sich auf *eine* Weise brauchbar zu machen, alles übrige vernachlässigen muß.«[12]

Ganz ähnliche Betrachtungen hatte 1792 der Universitätsprofessor Christian Garve angestellt, als er sich mit der Definition des »bürgerlichen Airs«, verglichen mit Kultur und Habitus des Adels, auseinandersetzte. Obwohl er sich selber, nicht ohne Stolz, als Mann des »Bürgerstandes« bezeichnete, geizte er doch nicht mit Kritik an dem unvollkommenen, linkischen, gezwungenen Benehmen seiner Standesgenossen. Nicht anders als Goethes Alter Ego Wilhelm Meister, der den »vornehmen«, »freien Anstand« des Adels und dessen ausgeglichenen, auf öffentliche Repräsentation bedachten Persönlichkeitskult bewunderte, lobte auch Garve die Vorzüge des aristokratischen Ambientes, in dem die »größte Feinheit der Sitten, die vollkommenste Politur des gesellschaftlichen Umgangs, der wahrhaft gute Ton« herrschten.[13] Selbst wenn sich dort manches Künstliche, Übertriebene und Gestelzte eingeschlichen haben mochte, waren Frauen und Männer der adligen Gesellschaftsschicht, daran ließ Garve keinen Zweifel, dem Ideal menschlicher Vollkommenheit und kosmopolitischen Weltbürgertums doch wesentlich näher als die Angehörigen des »dritten Standes«, eingeschlossen die herausgehobene bürgerliche Oberschicht der Gelehrten und reichen Kaufleute.

So wenig sich nun aber die »bürgerlichen Verhältnisse« ändern ließen, die den auf die selbsttätige Sicherung seines Lebensunterhalts angewiesenen Bürger ungleich stärker als den materiell sorglosen Adligen in ihren Bann zogen und seine Flügel stutzten, so sehr konnten nach Ansicht bürgerlicher und adliger Reformer des frühen 19. Jahrhunderts Bildung und Erziehung auch im Jüngling bürgerlicher Herkunft den Keim individuellen Perfektibilitäts-Strebens pflanzen. Das Konzept neuhumanistischer Bildung, das in der 1810 gegründeten Berliner Universität[14] seinen institutionellen Niederschlag fand, beharrte auf einer engen Verbindung von Fach- und allgemeiner Menschenbildung. Dieses Doppelprogramm berufspraktischer Kenntnisse und zweckfreier Betätigung ließ »Bildung« zu einer wichtigen Säule der modernen bürgerlichen Welt, gleichzeitig aber auch zu deren theoretischer Negation und Kritik werden. Schließlich honorierte die bürgerliche Gesellschaft nicht nur Leistung, Talent und Innovation, womit sie den handfesten Aufstiegsinteressen des Bürgertums entgegenkam; sie beruhte darüber hinaus auf einem Prinzip strikter Arbeitsteilung und Spezialisierung, dem sich das Ideal von Ganzheitlichkeit und umfassender Persönlichkeitsentwicklung, wie es die neuhumanistische Bildungsidee hegte, scharf widersetzte.

In der Betonung klassischer Fächer, Geschichte und Literatur und der Geringschätzung von bloßem »Nützlichkeitswissen« schuf sich der Bürger mithin eine heroische Utopie, die ihre Nähe zum adligen Lebensstil nicht verleugnete. In ihrem Mittelpunkt stand die allseitige Ausformung der Persönlichkeit, die schon Goethes Wilhelm am Adel fasziniert hatte. Ein »Edelmann« durfte statt Waren oder Gelehrsamkeit gleichsam sich selber produzieren und hierbei einen hohen Perfektionsgrad erlangen: »Da er mit seiner Figur, mit seiner Person, es sei bei Hofe oder bei der Armee bezahlen muß, so hat er Ursache, etwas auf sie zu halten und zu zeigen, daß er etwas auf sie hält.«[15] Ein solch ausgefeiltes Persönlichkeitszeremoniell, das die adlige Lebensführung und der ihr zugrunde liegende Begriff ständischer Ehre vorschrieben, schien auch den »neuen Bürgern« des späten 18. und 19. Jahrhunderts so attraktiv, daß sie es sich im Rahmen der durch Bildung konstituierten Individualitätskultur anzueignen suchten.

In den reorganisierten Gymnasien und ihrem klassischen Curriculum fand diese Kultur ihre stabilsten und erfolgreichsten Multiplikatoren. Selbst wenn das, was hier unter dem Etikett humanistischer Bildung gelehrt und gelernt wurde, schon bald zu einem leblosen Kanon abfragbaren, für den Erwerb von Qualifikationsnachweisen notwendigen Wissens gerann,[16] erfreute sich das individualistische Leitbild in Selbstzeugnissen, Festreden und programmatischen Verlautbarungen ungeschmälerter Zustimmung. Generationen junger Männer wuchsen in dem

Glauben heran, ihre Identität als »autonome Persönlichkeit« finden und sie in »steter, aber auch fruchtbarer Spannung mit allen überpersönlichen Lebensmächten ... behaupten und entwikkeln« zu müssen.[17] Die moderne bürgerliche Gesellschaft kam diesem oftmals bedrückenden Anspruch einerseits insoweit entgegen, als sie Männer aus korporativ-ständischen Bindungen löste, ihnen die Chance bot, sich verschiedenen sozialen Kreisen anzuschließen und, wie es Georg Simmel 1908 formulierte, gerade in der »Kreuzung« jener Kreise die spezifische »Eigenart« ihrer »Persönlichkeit« zu entdecken.[18] Andererseits aber brachte der Prozeß gesellschaftlicher Differenzierung auch Gefahren mit sich: Nicht jedem Mann gelang es, sich im überreichen Angebot individueller Optionen zurechtzufinden und die verschiedenen, womöglich auseinanderstrebenden Teile seiner Persönlichkeit so zusammenzufügen, daß ein unverwechselbares Ganzes daraus entstand. Die Klagen über den Verlust von »Gleichgewicht« (Wilhelm Meister) und »Harmonie« (Friedrich Schlegel) im männlichen Lebensentwurf, schon zu Beginn der bürgerlichen Epoche laut vernehmbar, hörten denn auch nicht auf, sondern verdichteten sich gegen Ende des Jahrhunderts zu einem vor allem in jugendlichen und Intellektuellenkreisen scharf artikulierten Protest gegen die »Zerrissenheit« der modernen Gesellschaft.

Spurenelemente einer solchen Revolte fanden sich in der Neigung vieler bürgerlicher Männer, den adligen Ehrbegriff als scheinbar immateriell, zweckfrei und in der Person wurzelnd für sich zu reklamieren und ihm im Duell, das den Kult der autonomen Persönlichkeit auf die Spitze trieb, ein heroisches Denkmal zu setzen. Das Ansinnen des Duellanten, »durch sich selbst den Wert seiner Person zu behaupten«, wie es der Jurist Cucumus 1821 umschrieb,[19] kam den Anhängern eines emphatisch gesteigerten Individualitätsbegriffs unmittelbar entgegen.

Wenn Männer bürgerlicher Herkunft das Duell zunehmend als »Mittel für die Selbsterhaltung der Persönlichkeit«[20] akzeptierten und praktizierten, handelten sie daher nicht nur als soziale Aufsteiger, die sich der Umgangsformen jener Klasse befleißigten, um deren Anerkennung sie kämpften und in die sie aufgenommen werden wollten. Vielmehr eröffnete ihnen das Duell zugleich die Möglichkeit, den eigenen, aus einem antiständischen Bildungsethos entspringenden Anspruch auf individuelle Integrität eindrucksvoll und glaubhaft zu inszenieren. »Die Duellidee«, behauptete 1914 der »überzeugte Duellant« von

Schulmann, »wurzelt im Gefühl der unabhängigen, wehrhaften Persönlichkeit, und darin liegt ihre Berechtigung.« Entschieden verwahrte er sich dagegen, im Duell nur den Ausdruck gesellschaftlichen Zwangs zu sehen. Zwar lasse sich nicht leugnen, daß manche Institutionen und Verbände einen solchen Druck ausübten, doch solle man sich vor einer »Überschätzung dieser gesellschaftlichen Einwirkung hüten« und statt dessen »den im einzelnen Individuum liegenden Faktoren« größere Beachtung schenken.[21]

Solche Faktoren meinte der preußische Staatsanwalt Günther 1864 im »Wesen der modernen Bildung« zu entdecken. Immerhin trete das Duell fast ausschließlich »in den gebildeten Ständen« auf, die »in sich selbst die Höhe der Kultur ihrer Zeit darstellen«. Diese auffällige Sympathie müsse »ihren Grund gerade in einem der Bildung selbst angehörigen Momente« haben, nämlich in dem Sinn für *»persönliche Ehre«* und unbedingte Achtung der »Persönlichkeit«.[22] Die Auffassung, daß ein »großer Teil bürgerlicher, hochgebildeter Männer dem Duell ... allen Ernstes ipso facto« huldige, teilte auch ein österreichischer Hauptmann, als er 1897 einen »Blick in die Vergangenheit und Zukunft« der Duellfrage tat. In dem Maße, wie das Bürgertum an Selbstbewußtsein gegenüber dem Adel gewonnen und »sich fühlen gelernt« habe, sei das Duell in seinen Reihen heimisch geworden. Dies lasse sich jedoch keinesfalls auf eine »Nachäffung adliger Gewohnheiten« zurückführen; vielmehr pflegten »bürgerliche Gebildete« das Duell um seiner selbst willen.[23]

Daß es nicht »Bürgerliche schlichtweg«, sondern bürgerliche *Gebildete* waren, die das Duell als persönliche Verhaltensoption akzeptierten, suchte der Offizier vor dem Hintergrund einer »Psychologie des Erwerbs« zu erklären. Je weiter man »dem unmittelbaren Erwerbsbedürfnisse entrückt« sei, desto näher stehe man dem Duell und seinem an immateriellen Werten orientierten Ehrbegriff. »Wer täglich nur *verdienen* muß oder will, nimmt gar leicht nicht immer dieselbe Rücksicht auf seine Ehre, welche mehr zu achten und zu schützen Jener leichter in der Lage ist, der ohne unmittelbare Sorge für das Morgen der Allgemeinheit bloß *dient.*« Daher sei es nicht verwunderlich, wenn Studenten, Offiziere und Beamte innerhalb des Bürgertums die glühendsten Anhänger des Duells seien, während ihm Kaufleute oder Unternehmer größere Vorbehalte und weniger Verständnis entgegenbrächten.[24]

Verdienst contra Dienst, Interesse contra Ehre – in diesen prägnanten Formeln bündelte sich eine Kritik am Zeitgeist, die keineswegs immer nur konservativer Provenienz war. Gerade auch im (national)liberalen Bildungsbürgertum des Kaiserreichs herrschten vielfach Abwehr und Mißtrauen gegen den grassierenden »Materialismus«, dem durch die Betonung »kulturaristokratischer« Werte und »extremer« Individualität gegenzusteuern sei.[25] Das Duell erschien vielen Zeitgenossen des 19. Jahrhunderts als ein demonstrativer Protest gegen all das, was ihnen an der bürgerlichen Gesellschaft mißfiel. Der Liberale Carl Welcker bezeichnete es 1847 als »kräftigste Schutzwehr ... gegen die schmachvolle Herrschaft des Materialismus und der Gemeinheit«, und Konservative zählten es 1865 »zu den wenigen Gegengewichten gegen die materialistische Richtung unserer Zeit«. Ein Leipziger Burschenschafter rühmte es 1871, weil es »vom Wege des materiellen Gewinnes« und der »Krämer-Moral« wegführe, und ein Mitglied der Deutschen Adelsgenossenschaft erklärte es 1896 zum Bollwerk gegen »die naturalistisch-realistische Entwicklung des Nützlichkeits-, Erfolgs-, Macht- und Genuß-Kults«.[26]

Das Duell galt jedoch nicht nur als Antipode bürgerlich-egoistischen Erwerbssinns; mit ihm trotzte der Bürger auch gegen einen allzu mächtigen, ubiquitären Staat, der ihn, wie es schien, als wesenlosen »Baustein« betrachtete und nach Belieben »verbauen« wollte.[27] Indem er sich duellierte, demonstrierte er, »daß nicht jegliche Individualität und Selbstachtung in dem allgemeinen Urbrei des modernen »Staatsbürgertums« aufgehe, das nur Massen und Majoritäten kennt und unter »Ehre« nichts weiter verstehen will, als sich mit dem toten Buchstaben des Gesetzes abgefunden zu haben«. Während ein »moderner Staatsbürger« seiner »ganzen Persönlichkeit« entsagen müsse, »um als Atom in eine unberechenbare Masse aufzugehen«, beharre der Duellant auf seiner »persönlichen Würde« und stehe »mit seiner Person für seine Person ein«.[28]

Mit ähnlichem Pathos wetterte 1866 der Konservative von Gauvain gegen den »omnipotenten Staat«, der den Entfaltungsraum des Individuums immer mehr einzuschränken suche, während das Duell die »individuelle Obrigkeit« wiederherstelle und vor dem staatlichen Zugriff schütze.[29] Aber auch Liberale bestanden auf dem Recht der männlichen Person, ihre Integrität selbständig und ohne Einmischung des Staates zu wahren. So erklärte etwa Friedrich Römer, einer der liberalen Wortführer im württembergischen Landtag, 1838 anläßlich einer Debatte über Duellstrafen, er könne »dem Staate nicht das Recht zuerkennen, mir durch den Strafrichter zu verbieten, über meinen Leib, mein Leben und meine Gesundheit zu verfügen«, und votierte deshalb für ein niedriges Strafmaß.[30] Nicht anders beanspruchte der preußische Liberaldemokrat Heinrich Simon nach Auskunft seines Freundes und Biographen Jacoby »das Recht des Mannes, Angriffe seiner Ehre selbst zurückzuweisen, erachtete in dieser Selbstwehr der Ehre ein unveräußerliches Mannesrecht und erkannte nach Lage der gesellschaftlichen und staatlichen Zustände im Duell das geregelte Mittel zum Gebrauch jenes Rechts«.[31]

Das bedeutete nun aber keineswegs, daß sich Römer oder Simon als bedingungslose Anhänger des Ehrenzweikampfs verstanden. Vielmehr zeigt sich gerade an der Person Heinrich Simons, wie ambivalent das Verhältnis vieler bürgerlicher Männer des 19. Jahrhunderts zum Duell tatsächlich war. Beharrte der alles andere als obrigkeitsfromme Beamte einerseits darauf, in Fragen der Ehre völlig eigenverantwortlich zu handeln und keinen höheren Richter zu akzeptieren, gestand er andererseits unumwunden ein, daß das Duell auf »Vorurteilen« beruhe, deren Logik im Einzelfall schwer begreiflich sei: »Wenn ich auf den Anfang des veranlassenden Wortstreits zurück gehe«, schrieb er nach dem Duell mit Bode 1828 an seine Eltern, »wenn ich den Faden zu diesem suche, endlich auf die erbärmlichste, nichtsbedeutende Veranlassung komme, und nun die gräßlichen Folgen übersehe, dann wird mir's bange um's Herz, und ich sehe den Plan nicht.« Eine »unsichtbare Macht« habe ihn »fortgetrieben«, die Macht einer Konvention, der er sich so wenig zu entziehen vermochte wie die meisten Mitglieder der satisfaktionsfähigen Gesellschaft.[32]

Dennoch war der aristokratische Ehrenkodex für Simon längst nicht nur Konvention und Vorurteil; er befolgte ihn zweifellos nicht nur aufgrund »äußeren Drucks«, sondern auch aus »innerer Überzeugung«, wie es der Jurist Kohlrausch 1906 formulierte.[33] Selbst Karl Marx billigte dem Ehrenzweikampf 1858 eine gewisse Berechtigung zu, sofern es dabei um »ein wichtiges persönliches Verhältnis« gehe. Finde ein Duell dagegen nur »aus Höflichkeit gegen die sog. ›öffentliche Meinung‹« statt, sei es eine »reine Farce«, eine »Standeszeremonie« und daher von jedem Demokraten »mit dem zynischsten Hohn zurückzuweisen«.

Obwohl er der Meinung war, »daß das Duell an sich nicht rationell ist«, und es für die »Reliquie einer vergangnen Kulturstufe« hielt, brachte Marx Verständnis dafür auf, daß sich Männer seiner bedienten. »Individuen können«, schrieb er an Lassalle, »in solch unerträgliche Kollision miteinander geraten, daß ihnen das Duell als einzige Lösung erscheint«. Hier zeuge es dann von der »Einseitigkeit und Borniertheit der *bürgerlichen* Verhältnisse«, solchen Kollisionen keinen adäquaten Raum zu bieten, sondern auf Recht und Gesetz zu verweisen. Daß sich Bürger zuweilen dagegen wehrten und, um ihre »Individualität« zu behaupten, auf »gewisse feudale Formen« zurückgriffen, erschien Marx als plausibel und legitim. Deshalb ließ er das Duell als *»pis aller«,* als unvermeidliches Übel »in ausnahmsweisen Umständen« gelten und sprach ihm nur dann, wenn es nicht als Ausdruck von Individualität, sondern als »konventionelle Form« daherkam, vom Standpunkt der »revolutionären Partei« jedes Existenzrecht ab.[34]

Diese Billigung des Duells seitens eines sozialistischen Berufsrevolutionärs wirkt dann weniger überraschend und befremdlich, wenn man sich vor Augen hält, daß Marx selber als Gymnasiast und Student viele Jahre lang im deutschen Individualitäts-Kult sozialisiert worden war und daß diesem Kult zudem von Anfang an durchaus widerständige, gesellschaftskritische Momente eigneten. Ähnlich wie der Adel der Frühen Neuzeit kraft des Duells gegen seine Einvernahme durch den monarchischen Absolutismus opponiert hatte, legten Bürger im 19. Jahrhundert Widerspruch gegen »bürgerliche Verhältnisse« und staatliche »Omnipotenz« ein und beharrten auf der »Herrschaft einer selbständigen persönlichen Ehre und Ehrengesetzgebung«.[35] Dabei gerieten sie zwar mit manchen Normen des bürgerlichen »Daseinsentwurfs« in Konflikt, denn um »Arbeit«, »Leistung«, »Vernunft« oder »Öffentlichkeit« ging es im Duell sicher nicht. Andere bürgerliche Leitbegriffe jedoch ließen sich mit dem ursprünglich adligen Ehrenpunkt durchaus versöhnen, kamen seiner Integration in das Konzept bürgerlicher Lebenführung sogar unmittelbar entgegen. Das dem Bildungsbegriff inhärente Individualitäts- und Totalitätsstreben, die Orientierung an »Selbständigkeit« und »Selbstverantwortlichkeit« sowie die damit verknüpfte »Ablehnung staatlicher Gängelung und Fürsorglichkeit« fanden im Duell Widerhall und Verstärkung.[36] Aber auch das Interesse des Bürgertums an ständischer Abschließung gegen unterbürgerliche Schichten konnte durch die Übernahme der aristokratischen Duellpraxis befriedigt werden – was um so leichter fiel, je deutlicher sich die »gebildeten Stände« zu einer »Geistesaristokratie« mit eigenem, in der neuhumanistischen Bildungsidee wurzelndem Anspruch auf Ehre entwickelten.[37]

Ein zentrales Kennzeichen dieser Ehre war ihre antimoderne Stoßrichtung, ihre Bindung an einen Begriff autonomer Persönlichkeit, die gegen die zeitgenössischen Differenzierungsprozesse rebellierte und, in den Worten Carl Welckers, »den ganzen Menschen« in all seinen »sinnlichen und moralischen Trieben« umfaßte.[38] Durch eine Beleidigung fand sich daher auch der »ganze Mensch« in seiner »Existenzberechtigung« angegriffen und sah keine andere Reaktionsmöglichkeit, als seine »ganze Persönlichkeit der andern angreifenden entgegenzuwerfen«.[39] Da die Ehre der Person als unteilbar galt, mußte jede Ehrverletzung als Verletzung der Person erscheinen, die sodann im Duell ihr »ganzes Sein zur Wahrung der seelischen Integrität« einsetzte.[40] Damit dokumentierte das beleidigte Individuum, daß es sich seiner modischen, im Zuge gesellschaftlicher Arbeitsteilung zunehmenden Aufspaltung in »tausend Seelen«, in eine »Armee voneinander unabhängiger Wesen« widersetzte und statt dessen auf der Einheit von »Kopf und Herz« bestand.[41]

Die gesellschaftliche Entwicklung des 19. Jahrhunderts allerdings entzog solchen Sehnsüchten immer merklicher ihren Geltungsgrund, und die dem Militär bereits im 18. Jahrhundert oktroyierte Trennung von Persönlichem und Dienstlichem setzte sich auch im zivilen Leben allmählich durch. Als etwa der bayerische Innenminister von Abel 1841 von einem Grafen von Lodron, den er wegen Herausforderung und tätlicher Angriffe auf einen Offizier polizeilich belangt hatte, beleidigt und aufgefordert wurde, »zu weiterer Verhandlung und Austragung der Sache auf der Grenze zu erscheinen«, stellte er sich auf den Standpunkt, »daß hier nicht von einem Privatinjurienhandel, sondern von einer Beleidigung der Amtsehre die Rede« sei, und strengte gegen den Grafen einen gerichtlichen Prozeß an.[42]

Hätte sich Abel als Person beleidigt gefühlt, hätte er wahrscheinlich anders reagiert. Da er jedoch die inkriminierten Anweisungen als Minister gegeben hatte, ging er mit dem Schmähbrief des streitbaren Grafen distanzierter um. Eine solche Differenzierung zwischen Amt und Person nahm 1874 auch der Hanauer Amtsrichter Wilhelm Osius vor, als er wegen beleidigender Bemerkungen über den dortigen Oberbürgermeister Carl Cassian von letzterem zum Pistolenduell gefordert wurde. Osius erklärte, »daß seine auf Cassian bezüglichen Äußerungen lediglich die dienstlichen Beziehungen desselben, nicht dessen Persönlichkeit betroffen hätten und er die Ehrenhaftigkeit des Cassian vollständig anerkenne«. Damit gab sich der Oberbürgermeister zufrieden. Nun könnte man vielleicht vermuten, der Amtsrichter habe die Unterscheidung zwischen dienstlicher und persönlicher Beleidigung dazu benutzt, dem ihm angetragenen Zweikampf aus dem Wege zu gehen. Dagegen spricht jedoch der weitere Fortgang der Geschichte. Als sich nämlich Cassian mit dem Ersuchen an die Regierungsbehörden wandte, den Amtsrichter wegen dessen beleidigender Äußerungen disziplinarisch zu bestrafen und ihn selber »in seiner Dienstehre zu schützen«, zog Osius seine Ehrenerklärung zurück und bestand auf der Austragung des Duells, das denn auch unter scharfen Bedingungen stattfand und mit einer leichten Verwundung des Richters endete.[43]

Es waren mithin weder Feigheit noch prinzipielle Vorbehalte gegen das Duell, die die beiden gesellschaftlich wie beruflich etablierten und der jugendlichen Heißspornphase mit 57 bzw. 39 Jahren längst entwachsenen Männer dazu bewogen hatten, den Zweikampf zunächst zu vermeiden. Vielmehr schien sich in ihren Köpfen die Vorstellung festgesetzt zu haben, daß Handlungen, die jemand kraft seiner beruflichen Stellung beging, anders zu beurteilen seien als solche, die er als Privatperson verantwortete. Während es für jene gleichsam neutrale, unpersönliche Instanzen gab, die über Recht und Unrecht entschieden, reservierte man sich für diese nach wie vor die Möglichkeit, persönliche Genugtuung zu fordern und zu geben.[44]

Daß zwischen Berufs- und persönlicher Ehre allmählich ein großer Unterschied gemacht wurde, läßt sich auch den Fällen entnehmen, die vor den Ehrengerichtshöfen für Ärzte und Rechtsanwälte verhandelt wurden. Hatte ein Arzt oder Anwalt versucht, Konkurrenten durch unlautere Mittel aus dem Feld zu schlagen, brachte ihm dieses unkollegiale Verhalten in der Regel eine ehrengerichtliche Klage ein. War es hingegen zu persönlichen Beschimpfungen gekommen, lag eine Duellforderung in der Luft. So eskalierte etwa 1887 ein Wortwechsel zweier Anwälte, die sich als Prozeßgegner vor Gericht gegenüberstanden, durch den Vorwurf der Feigheit zu einer Prügelei, die ein Pistolenduell nach sich zog. Sechs Jahre zuvor hatten sich zwei Amtsrichter in Flatow duelliert, weil der eine den anderen als »Lümmel« bezeichnet hatte und dafür geohrfeigt worden war.[45] Ein solcher Affront ließ sich nicht mit dem Hinweis auf amtliche Pflichten und berufliches Engagement versachlichen, sondern wurde als persönlicher Angriff verstanden und mit einer Forderung zum Zweikampf beantwortet.

Einen eindeutiger dienstlichen Hintergrund dagegen besaß die Pistolenforderung, die der 39jährige Rechtsanwalt und Notar Julius Zilesch dem Stolper Staatsanwalt Settegast 1897 zukommen ließ. Zilesch hatte sich »durch einen den Vorwurf eines Erpressungsversuchs aussprechenden Satz« in der von Settegast verfaßten Anklageschrift gegen seinen Mandanten beleidigt gefühlt. Settegast aber zeigte Zilesch an und erklärte unumwunden, daß er »in keinem Falle die Entscheidung darüber, ob er pflichtmäßig gehandelt, von der Fertigkeit des Herrn Zilesch im Schießen abhängig machen werde«.[46] 1903 bezeichnete es denn auch der Karlsruher Rechtsanwalt Julius Fischer als »Erfahrungstatsache«, »daß Personen, die mit absoluter Bestimmtheit am Prinzip des Zweikampfes festhalten, denselben für unnötig erklären, wenn sie in ihrem Beruf angegriffen und beleidigt worden sind«.[47] Gegen die Anschuldigung, falsch oder unqualifiziert gehandelt zu haben, konnte sich der Bürger als Beamter, Kaufmann oder Angestellter offenbar bequem vor Gericht verteidigen, das die Tatsachen prüfte, den guten Ruf des Gescholtenen wiederherstellte und den Schuldigen bestrafte. Für die »sachlich beziehungslose« persönliche Ehre dagegen[48] erwies sich ein solches Prüfungsverfahren als zu grobmaschig; ihre Verletzung war nicht justiziabel, sondern forderte die Person selber auf den Platz, damit sie ihr Recht auf Unverletzlichkeit behauptete.

Dies war »in einer Zeit wie der unsren, wo nicht gehandelt, sondern bloß geschrieben wird«,[49] für viele Männer augenscheinlich von großem Reiz. Geschrieben und geredet, argumentiert und diskutiert wurde im Duell gerade nicht. Weder machte der Beleidigte seinem Gegner Vorwürfe oder suchte ihn durch Anführung von Beweisen vom Gegenteil seiner Aussagen zu überzeugen, noch ließ sich der Beleidiger zu Erklärungen darüber herab, *warum* er beleidigt hatte. Entscheidend war vielmehr, *daß* er es getan hatte und dafür die volle Verantwortung übernahm. Auch das Angebot, sich förmlich für eine Beleidigung zu entschuldigen, konnte die Verantwortung nicht schmälern. Obwohl beispielsweise der Theologiestudent Claussen 1868 dem von ihm geohrfeigten Leutnant Pruss öffentlich Abbitte leistete, gab sich dieser damit nicht zufrieden und forderte Claussen zum Duell, was jener annahm, um nicht, wie der preußische Justizminister verständnisvoll interpretierte, »seinen eigenen Anschauungen von Mannesehre zuwiderzuhandeln«.[50] Selbst dann, wenn dem Beleidiger gar nicht bewußt war, sein Gegenüber in dessen Ehre gekränkt zu haben, selbst wenn ihm jede Beleidigungsabsicht ferngelegen hatte, war er verpflichtet, sich einer Duellforderung nicht zu verweigern. So hatte Wilhelm von Humboldt, als er den preußischen Kriegsminister 1815 veranlaßte, eine Konferenz bei Metternich zu verlassen, dies gewiß nicht beleidigend gemeint; entscheidend war jedoch, daß Boyen darüber anders dachte. Als Humboldt ihn kurz nach dem Vorfall noch einmal darauf ansprach, fand er Boyen »in solcher Heftigkeit, daß ich ihm gleich sagte, es sei gut, mir tue die Sache leid, ich verteidige sie als eine Übereilung nicht, indes geschehen sei geschehen, ich sei aber bereit, mich mit ihm zu schlagen. Er sagte, das habe er nur gewollt, und nun gewann unsere Unterredung wenigstens mehr Ruhe.«[51]

Auch Carl Twesten hatte 1861 den von ihm als »unheilvollen Mann« kritisierten Freiherrn von Manteuffel nicht beleidigen wollen, und noch auf dem Kampfplatz versicherte er ihm, »daß es mir nicht in den Sinn gekommen ist, die Ehrenhaftigkeit Ihres Charakters anzugreifen und Ihnen irgend welche persönliche Beleidigung zuzufügen«.[52] Da Manteuffel sich jedoch in seiner persönlichen Ehre getroffen fühlte, gab es keine Alternative zum Duell, denn nur dadurch konnte er, wie es in einer Definition des Duell-»sinns« aus den 1830er Jahren hieß, »der öffentlichen Meinung und seinen Standesgenossen insbesondere« zeigen, »daß er nicht der Mann, der eine solche Beleidigung ertrage, und daher ihrer wert, sondern ein ehrenhafter Mann sei, der Leib und Leben daran setzt, um dies zu betätigen«. Auf die »individuelle Meinung des Beleidigers von seinem Wert« legte der Beleidigte dabei weniger Gewicht, und auch »Rachsucht« spielte bei der Herausforderung keine Rolle, denn schließlich bezweckte das Duell »weder die Zurücknahme der Beleidigung noch die Bestrafung des Beleidigers«.[53] War aber genau dies das Ziel gerichtlicher Auseinandersetzung und Konfliktschlichtung, so wird klar, warum ein Beleidigungsprozeß das Duell nicht zu ersetzen vermochte, entließ er doch den in seiner Ehre Angegriffenen aus der Verantwortung, »mit seiner Person für seinen Ruf und seine Würde einzustehen«.[54]

Eine solche persönliche Haftung indes war verlangt, wollte der bürgerliche Mann in einer Epoche »sich verdichtender sozialer Abhängigkeiten«[55] vor sich selber und in den Augen seiner gesellschaftlichen »peers« nicht als jemand erscheinen, der seiner Autonomie freiwillig entsagte. Selbst ein scharfer Kritiker des Duells wie Lujo Brentano erwartete »für die persönliche Verletzung der dem anderen geschuldeten Achtung und für persönliche Beleidigungen Haftung mit der Person« und rümpfte die Nase über die englische Praxis, Ehrenkränkungen mit Geldstrafen zu ahnden. Dieses dem »Zeitalter der Bourgeoisie« angepaßte Prinzip des »kontobuchartigen Vergleichens von Leistung und Gegenleistung« sei der immateriellen Aura persönlicher Ehre gänzlich unangemessen.[56] Nicht anders mochten Theodor Fontane, der das Duellritual in seinen Romanen der blanken Inhumanität überführt hatte, die englischen, »alles mit Moneten begleichenden Zustände ... auch keineswegs als ein Ideal erscheinen«.[57]

Verantwortung zu übernehmen für das eigene Tun, mit der »ganzen Person einzutreten« für »Worte und Handlungen« und sich nicht »hinter dem Schilde des omnipotenten Staates in Sicherheit zu bringen«[58] – dies war ein Anspruch, der dem bürgerlichen Persönlichkeitsmodell und seinem Vollkommenheitsstreben eingeschrieben war. Die Männer, die ihm nachhingen, besaßen ein stark ausgeprägtes, tendenziell narzistisches Selbstgefühl, das sämtlichen Äußerungen ihrer Person große Wichtigkeit beimaß und ihnen jeden Anschein von Beliebigkeit oder Inkonsequenz zu nehmen suchte. Im Duell gelangte dieses Selbstgefühl zu voller Geltung, indem hier, wie ein scharfsichtiger und von solcher Radikalität offensichtlich faszinierter Autor 1906 anmerkte, »jede Lebensäußerung über den Bereich des Augenblicks und der Laune« hinausgriff: »Durch die zum Grundsatz erhobene Unverzeihlichkeit all seiner Worte und Taten hebt der Duellpflichtige das Niveau seines ganzen Lebens, weil nun alles belangreich, inhaltsschwer, relevant wird.«[59]

Hielt diese »enorm gesteigerte Pietät« sich selber gegenüber den bürgerlichen (und adligen) Mann zu erhöhter Selbstdisziplin und genauer Selbstbeobachtung an, forderte sie ihm dann, wenn er die penibel gezogenen Grenzen persönlicher Achtung überschritten oder aber den Eindruck hatte, ein anderer sei ihm zu nahe getreten, ein kompromißloses Verhalten ab. Je mehr er auf die innere und äußere Integrität seiner Persönlichkeit hielt, desto schärfer – und schematischer – mußte er auf reale oder vermutete Angriffe reagieren. Was er als einen solchen Angriff ansah, oblag dabei im wesentlichen seiner eigenen Interpretation. Gewiß gab es bestimmte Ausdrücke und Verhaltensweisen, die sich nicht schickten und von allen Angehörigen der satisfaktionsfähigen Gesellschaft in stillschweigendem Übereinkommen als beleidigend gewertet wurden. Dennoch waren der persönlichen Empfindlichkeit keine gewohnheitsrechtlichen Grenzen gesetzt, so daß die Anlässe, die zu einer Duellforderung führten, äußerst vielfältig waren. Eine abschätzige Bemerkung, eine falsche Bewegung konnten einen Wortwechsel nach sich ziehen, in dessen Verlauf das Codewort ausgesprochen wurde, dem unweigerlich eine Duellforderung folgen mußte.

Eine solche Situation stellte Thomas Mann in seinem 1924 erschienenen Roman ›Der Zauberberg‹ nach, der ein beeindrukkendes Panorama der Vorkriegsgesellschaft und ihrer ideologischen Grundströmungen entwarf. Während einer der ebenso erbittert wie scharfzüngig geführten Debatten zwischen den beiden Antipoden Naphta und Settembrini schilt letzterer die Ausführungen des ersteren als »Schlüpfrigkeiten« und »Zweideutigkeiten«, worauf Naphta ihn auffordert, nach seinen Worten zu sehen. Settembrini aber steigert seine Vorwürfe bis zu dem Punkt, daß er Naphtas Argumentation als »Infamie« bezeichnet, was dieser, in seiner persönlichen Ehre getroffen, mit einer Forderung zum Zweikampf quittiert. Den Einwand Hans Castorps, es handele sich hier gar nicht um wahre Beleidigungen oder Beschimpfungen, sondern um abstrakte und geistige Dinge, die niemals auf dem Wege persönlicher Ehrenwahrung zu regeln seien, läßt Settembrini nicht gelten. Auch und vor allem Geistiges sei imstande, »Konflikte und Leidenschaften zu zeitigen von der Härte derjenigen, die das reale Leben mit sich bringt, und die keinen anderen Ausweg lassen als den des Waffenganges«. Zugleich müßten gerade Intellektuelle, die sich vom »Urstande der Natur« besonders weit entfernt hätten, Bedacht nehmen, diesen Ausweg auch wirklich zu beschreiten und sich der »radikalen Situation«, dem »körperlichen Kampf« zu stellen: »Es ist Sache jedes Mannes, sich in aller Entfernung vom Natürlichen dieser Lage gewachsen zu halten. Er kann täglich in sie geraten. Wer für das Ideelle nicht mit seiner Person, seinem Arm, seinem Blute einzutreten vermag, der ist seiner nicht wert, und es kommt darauf an, in aller Vergeistigung ein Mann zu bleiben.«[60]

Als der Autor dieser erhaben-pathetischen Sätze 1910 selber in jene »Lage« geriet und von dem Hannoveraner Privatdozenten Theodor Lessing wegen eines beleidigenden Artikels telegraphisch gefragt wurde, ob er bereit sei, für seine Ansichten »mit der Waffe einzutreten«, zeigte er sich ihr nicht gewachsen. Sein duellerfahrener Schwiegervater, der Münchener Mathematikprofessor Pringsheim, gab ihm, um Rat gebeten, den erlösenden Hinweis, die Anfrage wegen gravierender Formfehler einfach abzulehnen, was Mann wohl auch nur zu gern tat. Pringsheim selber hatte seinerzeit energischer gehandelt, als er, der Richard Wagner leidenschaftlich verehrte, in Bayreuth mit einem Wagnerkritiker in Streit geraten war und sich mit ihm duellierte.[61]

Besonders »vergeistigten« Akademikern mochte das Duell als persönliche Herausforderung erscheinen, die Kopflastigkeit ihres Daseins zu korrigieren und Herz und Kopf, Körper und Geist, Leidenschaft und Vernunft auf dem Feld der Ehre miteinander zu versöhnen. Wenngleich es immer wieder Stimmen gab, die im Zweikampf nichts als brutale Gewalt erkennen wollten, überwog doch die Meinung, daß ein Duell Männern weit mehr abverlange als bloße »tierische« Körperkraft. Fechtexperten betonten, daß es nicht nur körperlicher Gewandtheit und Stärke bedürfe, um die Klingen zu kreuzen, sondern daß auch »der Geist dabei nicht untätig bleibe«.[62] Sehr viel deutlicher kam dieses »geistige« Element beim Pistolenzweikampf zum Vorschein. Hier entschieden nicht physische Geschicklichkeit und behende Bewegungen über den Ausgang, sondern eine ruhige Hand und ein scharfes, nicht vor Angst flackerndes Auge. In jedem Fall war es eine große Anstrengung, dem immer vorhandenen Risiko des Todes gefaßt und gelassen zu begegnen und das »physische System«, wie sich Professor Paulsen ausdrückte, der »Herrschaft des Willens« zu unterwerfen.[63] Manche Duellanhänger gingen sogar soweit, dem Duell geradezu antikörperliche, rein geistig-idealische Züge zuzuschreiben, indem es »nur unter Überwindung des so starken Hanges am Leben, des mächtigsten tierischen Triebes, erfolgen« könne.[64] Der Körper, jenes »unverantwortlich genießen« wollende »Fleisch«, müsse gleichsam gezwungen werden, das ihm innewohnende Lebensprinzip aufzugeben und sich der Möglichkeit des Todes auszusetzen. Im Duell triumphierte damit noch einmal der Wille, das geistige Prinzip, über das physische, das letztlich nur dazu da sei, den Anspruch des Individuums auf »Souveränität« und »Eigenmacht« zu unterstreichen und zu realisieren.[65]

Obwohl Duellanten gemeinhin wenig geneigt waren, über ihre inneren Gefühle vor einem Zweikampf Auskunft zu geben, läßt sich doch aus einzelnen, verstreuten Zeugnissen das Ausmaß der Konflikte rekonstruieren, die jener Kampf zwischen »Wille« und »Fleisch« in ihnen auslöste. Heinrich Laube erinnerte sich an sein erstes Duell als Hallenser Burschenschafter: Es »beengte mir die Nerven recht unbehaglich, und ich mußte mich moralisch zur Herzhaftigkeit zwingen«.[66] Ohne Paukwichs und schützende Bandagen war die nervliche Anspannung womöglich noch größer. Willy Liebermann schilderte die Nacht vor dem Duell mit seinem vorgesetzten Offizier als »häßlich« – er schrieb Abschiedsbriefe an Verwandte und fand nur wenig Schlaf, bis ihn am nächsten Morgen Freunde abholten: »Von diesem Augenblick ab ist alles Ruhe und Kraft.«[67] Unruhig, kraftlos und verzagt hatte er sich folglich gefühlt, als er mit sich und seinen Gedanken allein gewesen war, den möglichen Tod vor Augen. Obwohl tatsächlich nur ein Bruchteil der Zweikämpfe tödlich endete,[68] konnte kein Duellant sicher sein, den Kampfplatz lebendig und unverletzt zu verlassen. Das Risiko zu sterben war immer präsent, und nur wenige Männer mögen so leichtfertig darüber hinweggegangen sein wie ein Georg von Sarachaga, der sich für den Abend nach dem Duell mit einer Dame zum Ball verabredete. Auch Ferdinand Lassalle scheint die Möglichkeit seines eigenen Todes nicht wirklich ernst genommen zu haben; zwar hatte er seinem Sekundanten am Morgen vor dem Duell sein Testament übergeben, doch ging er offensichtlich fest davon aus, den Zweikampf unverletzt zu überstehen. Die Vorhaltungen Oberst Rüstows, »daß er auf der Mensur nicht allein stehe, und daß jede Kugel treffen könne«, ließen ihn gänzlich unbeeindruckt; noch unmittelbar vor dem Duell zeigte er nicht die geringste Aufregung, sondern trank ruhig seinen Tee.[69]

Vielleicht aber war diese demonstrative Gelassenheit nur eine besonders perfekte Camouflage und Selbstinszenierung; wie er die Nacht vor dem Duell verbracht hatte, wissen wir nicht. Otto von Bismarck, der 1852 von dem liberalen Abgeordneten von

Vincke zum Pistolenduell gefordert worden war, hielt am Abend vor dem festgesetzten Termin eine Betstunde mit seinem Pfarrer ab und schrieb später in einem Brief an seine Schwiegermutter, er habe sich »dem Tode nahe gefühlt« und sich »darauf vorbereitet«. »Traurige Gedanken« hätten ihn in der Nacht und am Morgen vor dem Duell heimgesucht, und vor allem der an seine Frau Johanna, die mit dem dritten Kind schwanger ging, habe ihn noch auf dem »hübschen Platz im Walde am Seeufer« bei Sonnenschein und Vogelgezwitscher beinahe »weich« werden lassen.[70] Selbstverständlich hatte er seiner Frau nichts von dem bevorstehenden Duell erzählt, ebenso wie Wilhelm von Humboldt seine im fernen Berlin weilende Gattin erst nach dem Wiener Zweikampf mit Boyen von der überstandenen Gefahr informierte. Zwar habe er, wie er Caroline berichtete, sehr wohl daran gedacht, »daß die Sache auch sehr ernsthaft werden könnte«, doch seine Verantwortung als Ehemann und mehrfacher Familienvater wog offensichtlich leichter als die Loyalität gegenüber dem Ehrenkodex seiner Klasse.[71]

Wenngleich manche Männer der Ansicht waren, Duelle seien nur Ledigen erlaubt, weil die Pflichten eines Familienvaters höher rangierten als die Verbindlichkeiten des Duellcomments,[72] ließen sich andere nicht von familialen Rücksichten beeinflussen: Immerhin 250 der 1470 Männer, die zwischen 1901 und 1914 im Deutschen Reich aufgrund von Zweikampfdelikten verurteilt wurden, waren verheiratet. »In einer Ehrensache«, befand 1843 der eine Frau und zwei Kinder hinterlassende 31jährige Sarachaga, »solle man keinerlei Rücksicht auf seine Familie nehmen.«[73] Nach diesem Motto verfuhr 1856 auch der Berliner Polizeipräsident von Hinckeldey, als er den Rittergutsbesitzer von Rochow zum Duell forderte. Erst nach seinem Tod fanden seine Angehörigen die Briefe, in denen er seinen Schritt rechtfertigte und sich von ihnen verabschiedete.[74]

Ob Eugenie (»Mathilde«) Mirat, die Lebensgefährtin Heinrich Heines, von dessen Duellvorbereitungen wußte, ist unklar. Zumindest die Ahnung eines ungewöhnlichen Ereignisses aber mag sie beschlichen haben, als sich Heine wenige Tage vor seinem Zweikampf mit Salomon Strauß 1841 mit ihr trauen ließ und damit ihre nach sechsjähriger wilder Ehe arg in Mitleidenschaft gezogene Ehre »durch gesetzliche und kirchliche Autorität« wiederherstellte. Offenbar teilte er die burschikose Auffassung seines Verlegers Campe nicht, der ihm aufmunternd geschrieben hatte: »Was ist es denn, sich schlagen, eine Wunde ist nichts, die heilt wieder; ich selbst habe Schußwunden und bin so gesund als ein Fisch im Wasser.« Der in seinen beruflichen und literarischen Äußerungen oft so kaltschnäuzige Dichter schien zarter besaitet zu sein: Er schloß die Möglichkeit einer tödlichen Verwundung nicht aus und traf vorsorglich Anstalten, »Mathildes Position in der Welt zu sichern«.[75]

Trotz dieser liebevollen und von Verantwortungsgefühl zeugenden Geste wäre Heine nicht so weit gegangen, Mathilde zuliebe auf den »Holmgang« mit Strauß zu verzichten. Das männliche Individuum begab sich einsam, bar jedes familialen Anhangs, auf das Feld der Ehre, wo es nur die Gesellschaft von Männern zuließ, die es in seinem Vorhaben unterstützten und ihm das Gefühl vermittelten, in einer Gemeinschaft Gleichgesinnter aufgehoben zu sein. Beim eigentlichen Waffengang trat dann auch diese Gemeinschaft zurück, und beide Duellanten standen sich, umrahmt zwar von Sekundanten, Zeugen und Ärzten, als einzelne gegenüber, Auge in Auge mit dem Tod, der in Gestalt einer Kugel oder eines Säbelhiebs des Gegners auf sie wartete.

In dieser existentiellen Situation ruhig und gefaßt zu bleiben, erforderte ein hohes Maß an Selbstbeherrschung und Affektkontrolle. Auch dies war ein Teil des heimlichen Lehrplans, den das Duell verkörperte. So gingen die schriftlichen Duellratgeber und -kodizes, die gegen Ende des 19. und zu Beginn des 20. Jahrhunderts auf dem Buchmarkt erschienen, zwar wie selbstverständlich davon aus, daß sich Duellanten in einem »anormalen Gemütszustande« befanden. Zugleich aber verlangten sie von ihnen, ihrer »Aufregung oder übergroßen Nervosität« Herr zu werden und sich in vollendeter Disziplin zu üben. Fiel ein Duellant vor Nervenanspannung in Ohnmacht oder wurde er »von unbezwinglicher Furcht gelähmt«, galt er fortan für satisfaktionsunfähig.[76] Ebensowenig statthaft war allerdings auch die entgegengesetzte Reaktion, die der Direktor der Prager Fechtschule Gustav Hergsell diskret mit dem Begriff »Übereilung« umschrieb. Offenbar kam es vor allem bei Duellen mit blanken Waffen – Säbeln, Schlägern oder Degen – häufig vor, daß Duellanten die von ihnen verlangte Selbstbeherrschung und Zurückhaltung vergaßen und unter Mißachtung des Reglements überstürzt auf den Gegner eindrangen. Hier mußten die Sekundanten einschreiten, die sich zudem in Kampfpausen zwischen die Gegner stellen sollten, »um jede Übereilung ... hintanzuhalten« und ihre Klienten zu »überwachen«.[77] Der ideale Lehrbuch-Duellant war mithin einer, der sich in jeder Phase distanziert und höflich benahm, absolute »Ruhe und Kaltblütigkeit« ausstrahlte und seine Gefühle so unter Kontrolle hatte, daß er, nachdem er seinen Schuß abgegeben hatte, die »Antwort des Gegners in vollkommener Unbeweglichkeit« erwartete.[78] »Je mehr man seine Empfindungen und Affekte beherrscht, je kälter und verschlossener man erscheint«, stand 1887 in den Duell-Regeln des österreichischen Oberleutnants Sebetič zu lesen, »desto mehr wird man dem Gegner moralisch oder physisch gewachsen sein.«[79]

Die hier propagierte, hochartifizielle und nur unter größter Anstrengung erreichbare persönliche Gelassenheit und Kaltblütigkeit fand ihre Parallele in einem bürgerlichen Erziehungsideal, das es verbot, Triebe, Passionen und Affekte ungeläutert an die Oberfläche treten zu lassen, und statt dessen verlangte, sie zu sublimieren und in produktive, zielgerichtete Energien zu verwandeln. In diesem Sinn empfahl sich das Duell dem »Gebildeten« als ein Mittel, »sich gegen das Übermaß der eigenen Leidenschaft zu schützen«,[80] indem es ihr in Gestalt genau einzuhaltender Regeln Zügel anlegte. Anstatt im ersten, ungebremsten Zorn über die empfangene Beleidigung Gleiches mit Gleichem zu vergelten, in unflätige Schimpftiraden auszubrechen oder eine Prügelei anzuzetteln, kämpfte der Beleidigte seine unmittelbaren Rachegefühle nieder und forderte sein Gegenüber formvollendet zum Duell, in dem solche »niederen Instinkte« keine Rolle mehr spielen sollten.

Das Duell bot demnach nicht nur Gelegenheit, den emphatischen, ebenso ideologischen wie wirklich empfundenen Anspruch des bürgerlichen (und adligen) Individuums auf persönliche Integrität und Autonomie durch den Einsatz von Leib und Leben zu bekräftigen, sondern es erlaubte ihm auch, seinen Emotionen einen sehr persönlichen, aber doch kontrollierten und gleichsam gereinigten Ausdruck zu verschaffen. Es hob somit die Trennung von »Herz« und »Kopf«, von Passion und Ratio in einem Verhaltensmodell auf, das gerade dadurch seine schillernde Ambivalenz von Freiheit und Zwang, von Narzismus und sozialer Normierung gewann.

2. Das Reglement: disziplinierte Gewalt, Todeserwartung, Versöhnung

Großen Wert legten Duellanhänger darauf, ihren Modus persönlicher Konfliktbewältigung von den weniger formell geregelten und distanzierten »Händeln« sozialer Unterschichten zu unterscheiden und ihm eine höhere Moralität beizumessen. Immer wieder äußerten sie sich irritiert und indigniert über die rohe Gewalt, die sie in den Faustkämpfen und Messerstechereien nichtbürgerlicher Männer zu erblicken meinten. Vorzugsweise bemühte man das Bild grobschlächtiger, schwitzender, ineinander verkeilter Metzgergesellen, um den Kontrast zu den feinen, kühlen und gelassenen Duellanten höherer Klassen zu akzentuieren. Gerade diese vor Kraft strotzenden, mit blutigem Fleisch hantierenden und ihr brutales Gewerbe angeblich auch im persönlichen Umgang nicht verleugnenden Arbeiter wurden als abschreckendes Gegenbeispiel zitiert, wenn es galt, die Eleganz und Ästhetik des »ritterlichen« Duells hervorzuheben und seine Legitimität zu begründen. Schließlich war es ja eines der beliebtesten Rechtfertigungsargumente für das Duell, seine Funktion als Prügelprophylaxe zu betonen und darauf zu verweisen, daß sein Verschwinden mit der Einführung des berüchtigten »Holzcomments« in der »gebildeten« Gesellschaft einhergehen würde.

Folgt man dieser Argumentation, fällt der große Stellenwert auf, den die Anwendung von Gewalt in Auseinandersetzungen zwischen Männern »besserer Kreise« augenscheinlich besaß. Studenten, Offiziere und Akademiker praktizierten ein Konfliktverhalten, das mit einem auf friedlichen Interessenausgleich und vernünftige Kommunikationsbereitschaft bedachten bürgerlichen Tugendkanon nur schwer zu vereinbaren war. Gleichwohl wußte es sich in der bürgerlichen Gesellschaft des 19. Jahrhunderts mit Erfolg zu behaupten und fand hier einflußreiche Fürsprecher. So ließ etwa der berühmte Rechtslehrer Rudolf von Ihering 1872 keinen Zweifel daran, daß er den »mutigen Kampf« für eine »Pflicht der moralischen . . . und physischen Selbsterhaltung« erachtete, und bezeichnete Duelle neben Kriegen und Revolutionen als »Szenen desselben Dramas: des Kampfes um's Recht«. Daß direkte Gewalt dabei eine wichtige, unverzichtbare Rolle spielte, war für Ihering offenbar selbstverständlich und keiner Problematisierung bedürftig. Ebenso wie er, nicht anders als die allermeisten seiner Zeitgenossen, den Krieg als legitime

Form internationalen Konfliktmanagements billigte, erkannte er auch die Gewalt, die sich in einem Duell äußerte, als berechtigt, notwendig und erwünscht an.[81]

Hatte die bürgerliche Gesellschaft das Gewaltprinzip aus ihren Verkehrsformen gemeinhin ausgeschlossen, gestand sie ihm in der Ausnahmesituation des Krieges einen Raum zu, in dem es sich, durch gewisse Konventionen lediglich oberflächlich »zivilisiert«, beinahe schrankenlos ausleben durfte. Durch das Duell nun überwinterte jenes Prinzip auch im unkriegerischen Alltag, was seine Anhänger mit dem Hinweis auf systematische Analogien von Krieg und Ehrenzweikampf zu rechtfertigen suchten. Solange man auf den Krieg nicht verzichten wolle, hieß es immer wieder, müsse man auch das Duell, das auf dem gleichen »Naturgesetz« beruhe, tolerieren.[82] Nicht zufällig dachte der Schriftsteller Hermann Bahr mitten im Ersten Weltkrieg, als »rohe Gewalt allein jetzt das irdische Leben der Menschen regiert«, über dieses »Naturgesetz« nach. Als »alter Duellant, wenn auch schon seit Jahren außer Dienst«, begriff er das Duell als Ausdruck »der letzten irdischen Wahrheit«, wonach »Recht, Gewissen, Geist, Gemüt oder wie wir sonst immer die vermeintlichen Mächte der menschlichen Gesellschaft nennen mögen, nur vorgeschoben, nur glänzende Fassade, nur gelinde Täuschung sind, darin aber sitzt verborgen der Herr des Lebens selbst: die nackte Gewalt«.[83]

Im Duell brach diese Gewalt jedoch nicht, wie Bahr meinte, »nackt« und »roh« in das zivilisierte »bürgerliche Leben« ein, sondern streifte sich ein »würdiges und ästhetisches« Gewand über.[84] Das war das Verdienst einer »Kampfordnung«, die, nach den Worten des Jenaer Philosophieprofessors Fries, »jedem das Recht der gleichen Vorteile im Kampf zugesteht«. Damit gestaltete sich der Ehrenzweikampf genaugenommen zu einem »wahren Mittelding zwischen Krieg, in welchem alle Gewalt und List gilt, und Frieden, in welchem nur das Recht waltet«.[85] Im Duell wurde, um eine Formulierung von 1804 aufzugreifen, die »Gewalt« gezwungen, »gerecht zu sein«,[86] und zwar durch den Einsatz verbindlicher Regeln, die ihre Ausübung steuerten, überwachten und in Grenzen hielten. Ohne diese Regeln war das Duell kein Duell mehr – ein Faktum, dem auch die staatliche Gesetzgebung Rechnung trug, als sie ausdrücklich nur regelkonforme Zweikämpfe als strafrechtlich privilegierte Duelle gelten ließ, Kämpfe ohne festes Reglement dagegen unter die allgemeinen Vorschriften über Körperverletzung, Totschlag oder Mord subsumierte.

Wenn Duellanhänger immer wieder betonten, daß der »geordnete Zweikampf einen unverkennbaren Fortschritt zur Zivilisation« markiere und den »Prügeleien« der »Schulknaben oder Ackerknechte« unbedingt vorzuziehen sei,[87] verrieten sie damit einen sozialen Distinktionswillen, der der »Sprache« des Duells unmittelbar eigen war. Anders als Männer aus kleinbürgerlichem, bäuerlichem oder proletarischem Milieu trugen Mitglieder der satisfaktionsfähigen Gesellschaft ihre Konflikte nicht spontan, in sofortiger Reaktion auf erfahrene Kränkungen aus, ebensowenig wie sie sich auf einen Kampf einließen, in dem nur körperliche Kraft und Wendigkeit über den Ausgang entschieden. Zweikämpfe unter »Ehrenmännern« fanden demgegenüber erst geraume Zeit nach ihrem Anlaß statt und zeichneten sich durch ihre intellektuell beherrschten Formen aus.

Die soziale Bedeutung jener Formen war durchaus ambivalent. Einerseits paßten sie dem Duellanten ein Verhaltenskorsett an, das das auf Affektkontrolle und Selbstdisziplin zielende Sozialisationsprogramm harmonisch abrundete. Dementsprechend wiesen Duellanhänger wiederholt darauf hin, daß Männer, die als »Ungebildete« weder über die Fähigkeit noch die Bereitschaft zu Triebverzicht und Selbstbeherrschung verfügten, das komplizierte Reglement gar nicht zu befolgen vermochten. Es bedurfte offenbar gewisser, anerzogener Voraussetzungen, um die Duellregeln verstehen und anwenden zu können. Andererseits läßt sich die Tatsache, daß solche Regeln überhaupt notwendig waren, aber auch als Beleg für die immer noch mangelhafte Ausbildung des gewünschten Sozialverhaltens deuten.

Blickt man auf die Entwicklungsgeschichte des männlichen Ehrenzweikampfes zurück und vergegenwärtigt sich die lange frühneuzeitliche Übergangsphase, in der Raufhändel und Duelle oftmals kaum voneinander zu unterscheiden waren, leuchtet die Doppelfunktion der Duellregeln als gesellschaftliches Zivilisierungs- und Differenzierungsinstrument unmittelbar ein. Die ungeschriebenen, gleichwohl allen Teilnehmern bekannten Regeln waren dazu da, das Duell als ehrenhaften, auf Gleichheit und Fairness bedachten Kampf zu institutionalisieren und ihm den Charakter einer mit List und Tücke, Wut, Zorn und Rachegelüsten vermengten Prügelei zu nehmen. Eine solche »Veredelung« vollzog sich nicht von heute auf morgen, sondern es dauerte bis weit ins 18. Jahrhundert hinein, bis das Duell jener feierliche, genau geregelte zeremonielle Akt geworden war, der die Spuren ungezügelter Raufereien und Balgereien früherer Jahrhunderte erfolgreich abgestreift hatte.

Mochten duellkritische Zeitgenossen des 19. Jahrhunderts diesen Akt auch als »Geziere« abtun, durch das »Leute von Stande ... von dem gemeinen Haufen sich ausnehmen wollten«, zog er zuweilen sogar den »Vorwurf der Überfeinerung« auf sich, weil er wahren Gefühlen zu wenig Raum lasse und das Individuum an eine allzu strenge Kandarre der Selbst- und Fremddisziplin lege,[88] scheinen doch die meisten Männer, die dem Duell freundlich gesonnen waren, sein Reglement als sinnvoll und hilfreich akzeptiert zu haben. Regelverletzungen kamen im 19. Jahrhundert sehr viel seltener vor als noch im 18. und wurden sofort zum Gegenstand heftiger, empörter Kritik. Gegenüber den zahlreichen Fällen aus dem 17. und frühen 18. Jahrhundert, in denen sich Duellanten von Zorn und Rachegefühlen hatten überwältigen lassen und das Gebot wechselseitiger Fairness und Zurückhaltung verletzten, ähnelten die Duellanten des 19. Jahrhunderts braven Musterschülern, die die Duellregeln peinlich genau befolgten und persönliche Regungen wie Angst, Haß oder Vergeltungswillen geschickt dahinter verbargen.

Charakteristisch für das »bürgerliche Zeitalter« war aber nicht nur, daß Männer besser gelernt hatten, ihre Affekte zu kontrollieren und sich disziplinierter zu verhalten. Auch die Regeln selber veränderten sich und paßten sich dem bürgerlichen Sozialisationsprogramm noch schmiegsamer an. War es beispielsweise im studentischen Milieu des späten 18. und frühen 19. Jahrhunderts üblich gewesen, eine empfangene Beleidigung mit einer schwereren zu erwidern und sich damit »in Avantage« zu setzen, legten spätere Comments großen Wert darauf, solche Eskalationen zu vermeiden. Anstatt sich gegenseitig in Schimpfworten und Tätlichkeiten zu überbieten, sollte fortan bereits die erste Injurie eine Duellforderung veranlassen. Auf diese Weise gebot man dem unwürdigen Schauspiel Einhalt und verpflichtete Studenten auf ein Verhalten, das der erklärten Absicht, Konflikte weniger »roh« und unkultiviert auszutragen, entgegenkam. Männer der »guten«, der satisfaktionsfähigen Kreise zeichneten sich eben gerade dadurch aus, daß sie eine Ehrenkränkung ohne Zeichen persönlicher Erregung oder Verletztheit hinnahmen und den Konflikt auf einer anderen, sehr viel distanzierteren Ebene fortsetzten. Sowie eine als solche empfundene Beleidigung vorgefallen war, hörte jeder persönliche Kontakt zwischen den Kontrahenten auf. Um zu verhindern, daß der ersten Kränkung weitere folgten, schaltete man Kartellträger und Sekundanten ein, die sich, häufig in Personalunion, mit größerer Unbefangenheit und Unvoreingenommenheit um eine friedliche Lösung bemühten und dann, wenn dies unmöglich schien, die Bedingungen und Modalitäten des Zweikampfs aushandelten. Beleidiger und Beleidigter sahen sich gemeinhin erst auf dem Kampfplatz wieder und mußten sich auch hier eines höflich-distanzierten Benehmens befleißigen, worüber die anwesenden Sekundanten und Zeugen wachten. Keinesfalls durften sie einander durch Blicke oder Worte zu reizen versuchen, sondern sollten nach einer knappen Begrüßung schweigend warten, bis die Sekundanten ihre Vorbereitungen abgeschlossen hatten und ihnen die Plätze anwiesen.

Nicht immer gelang es, die Gegner so vollständig voneinander zu isolieren, daß es bei der ersten Beleidigung blieb. Heinrich Heine etwa, dessen Sekundanten zurücktraten, gewann dadurch seine »Sprechfreiheit« wieder und benutzte sie dazu, um Salomon Strauß in den »herbsten Ausdrücken« für einen »elenden Lügner« und eine »feige Memme« zu erklären. Daß das Duellreglement eine solche direkte Intervention eigentlich nicht vorsah, war Heine wohlbekannt: »Nachdem ich Ihnen ein Cartel geschickt und Sie es angenommen, wollte ich Ihr Ohr nur noch durch Pistolenschüsse, keineswegs aber durch Worte verletzen, weder schrieb noch sprach ich eine Silbe über Sie, und ich enthielt mich sogar einer Beantwortung Ihres impertinenten Briefes, den Sie mir direkt adressierten, obgleich Sie, unter den vorwaltenden Umständen, mir nur durch meine Sekundanten irgend eine Mitteilung machen lassen konnten.«[89] Da menschliche Beziehungen stets komplizierter und komplexer waren, als ein Regelkodex ahnen und vorhersehen konnte, war es unumgänglich, daß er nicht durchweg in allen Details befolgt wurde. Im großen und ganzen aber war seine disziplinierende Wirkung unübersehbar.

Diszipliniert wurden nicht nur Gesten, Blicke oder Worte, sondern auch Gefühle. Gewiß konnte es niemandem verboten werden, Angst und Wut zu empfinden; indem der Duellcomment das Ausagieren solcher Empfindungen jedoch untersagte und zu verhindern suchte, legte er ihnen Zügel an, die wiederum auf ihre Intensität zurückwirkten. Der förmliche, immergleiche, in überlieferten »Gebräuchen« und »Gesetzen« institutionalisierte Ablauf eines Duells trug dazu bei, Erregung zu dämpfen und Emotionen abzuspalten. Obwohl man eine Beleidigung als individuelle Kränkung erfuhr, hatte man darauf in einer festgelegten, streng ritualisierten Handlungskette zu reagieren, die subjektiven Äußerungen wenig Raum ließ. Ein solcher Schematismus entlastete die Handelnden davon, sich selber Gedanken über die Voraussetzungen und Konsequenzen ihres Verhaltens machen zu müssen, und bot ihnen ein von ihren »peers« gebilligtes Ventil an, durch das sie ihre persönliche Verletztheit in dosierter, alle »überflüssigen« Gefühle radikal zurückdrängender Form veröffentlichen konnten.

Als überflüssig galt in jedem Fall der Impuls, Rache für die empfangene Beleidigung zu nehmen. Selbst wenn ein solcher Vergeltungswunsch aufkam, war doch allen Beteiligten unmittelbar einsichtig, daß ein Duell kein geeignetes Mittel darstellte, diesen Trieb zu befriedigen. So sprach Heine Strauß gegenüber zwar davon, er wolle an ihm »ein großes Exempel . . . statuieren« und ihn »züchtigen für die Unverschämtheit, womit Sie in meiner Abwesenheit die Lüge herumbrachten, Sie hätten mich am hellen Tag mit Prügel, Schlägen, Ohrfeigen, kurz mit den idealsten Insulten malträtiert«.[90] Zugleich aber war ihm klar, daß er selber auf dem Platz bleiben konnte, wie denn tatsächlich Straußens Kugel seine Hüfte streifte und ihn mehrere Tage lang ans Bett fesselte. Auch Ferdinand Lassalle war von Rachegedanken erfüllt, als er 1858 wegen Nichtannahme einer Duellforderung auf offener Straße verprügelt wurde: »Ich hätte einen *immensen* Genuß«, schrieb er der Gräfin Hatzfeldt, »die Bestie jetzt auf Pistolen zu fordern; er würde meiner Kugel schwerlich entgehen«.[91] Sechs Jahre später, nachdem seine Versuche, die Tochter eines adligen bayerischen Diplomaten zu heiraten, an dem entschiedenen Widerstand der Eltern gescheitert waren, trieb ihn neben verletzter Ehre »brennender Rachedurst«, den Vater der Angebeteten zum Duell zu fordern, und er war sich als geübter Pistolenschütze sicher, den Zweikampf unverletzt zu überstehen. Dennoch kam alles ganz anders, und bereits die erste Kugel seines Gegners traf ihn tödlich. Obwohl er Sophie von Hatzfeldt gegenüber geäußert hatte, dieser Kampf sei »kein Duell, er ist Rache!«, war es eben doch ein Duell, in dem Chancen und Risiken auf beiden Seiten gleich verteilt waren und niemand den Ausgang vorhersagen konnte.[92]

Gerade die grundsätzliche Gleichheit der Kontrahenten war es, die das Duell von allen Formen geplanter Körperverletzung oder Blutrache unterschied und es selbst in den Augen vieler seiner Kritiker »veredelte«. Es ging nicht darum, den Gegner zu übervorteilen und ihn hinterrücks anzugreifen, sondern man stand sich gleichsam mit offenem Visier und gleichen Waffen gegenüber. Die Sekundanten sorgten dafür, daß diese Grundregel eingehalten wurde; sie wählten ein Terrain aus, das beiden Duellanten gleiche Bewegungs- und Sichtmöglichkeiten bot; sie achteten darauf, daß Lichteinfall und Windverhältnisse die Gleichheit der Zielchancen nicht störten; sie kontrollierten die Waffen und nahmen gestolperte oder anderweitig kampfunfähige Duellanten aus der Schuß- oder Fechtlinie.

Konnten die äußeren Bedingungen eines Ehrenzweikampfs für beide Parteien gleich gestaltet werden, mußten sich die individuellen Voraussetzungen einer Egalisierung zwangsläufig entziehen. Daß Männer mit sehr verschiedener physischer und psychischer Ausstattung aufeinandertrafen, ließ sich nicht vermeiden und lieferte Kritikern ein gewichtiges Argument gegen die im Duell angeblich optimal verwirklichte Chancengleichheit. Notorische Raufbolde und geübte Schützen, hieß es, könnten schwächeren Partnern ungestraft das »Recht des Stärkeren« oktroyieren. Letztlich sei das Duell deshalb kein Ausdruck zivilisierter Umgangsformen, sondern verkörpere einen »Kriegerkanon«, in dem kämpferische Überlegenheit soziale Ehre begründe.[93]

Diese auf den ersten Blick überzeugende Argumentation läßt jedoch zweierlei außer Acht: die eigentümliche Logik eines Ehrenzweikampfs, die nicht das Ergebnis, sondern die Handlung als solche prämierte, sowie die Intervention des Zufalls. Schließlich war der Ausgang des Kampfes absolut ungewiß und unter keinen Umständen prognostizierbar. Selbst erfahrene Fechter konnten sich ihres »Erfolges« niemals sicher sein, gelang es doch sogenannten Naturalisten immer wieder, ihre Taktik mit unkonventionellen Hieben, Stößen und Stichen zu durchkreuzen. Eine noch sehr viel größere Rolle spielte der Zufall bei Pistolenduellen. Als Heinrich Simon 1828 zum Duell gefordert wurde, nahm er sich fest vor, so tief zu schießen, daß der Kampf »möglichst unschädlich« endete. Wie er nach dem Duell schrieb, habe er sich »weder durch Hitze, Furcht oder Zorn« von seinem Entschluß abbringen lassen. Trotzdem traf er Bode tödlich.[94] Ähnlich erging es 1847 dem Würzburger Studenten Ferdinand Hedenus. Obwohl sein Duellgegner, ein Offizier, im Gebrauch der Schußwaffe geübt war, ging dessen Kugel fehl; Hedenus aber, auf dem rechten Auge fast erblindet und linkshändig schießend, traf den Leutnant mitten in die Stirn: »Die Kugel drang unter Zerschmetterung des Hirnknochens bis zum hintern Teil des Schädels vor und verursachte den notwendigen und augenblicklichen Tod des Getroffenen.«[95] Dieser Tod war weder geplant noch vorhersehbar gewesen, sondern ein Produkt des Zufalls – eines Zufalls, der die dem Duellprinzip innewohnende Egalisierungstendenz verstärkte und ein etwaiges Kompetenzgefälle zwischen den Duellanten ausglich.

Insgesamt scheint dem Moment der Gleichheit im Verlauf des 19. Jahrhunderts zunehmend größere Beachtung geschenkt worden zu sein. Während Pistolenduelle noch um die Jahrhundertwende fast immer mit aufeinanderfolgenden Schußwechseln verabredet wurden – der Beleidigte hatte den ersten Schuß, und erst nachdem er ihn abgegeben hatte, durfte sein Gegner zielen und schießen[96] –, kam in der zweiten Jahrhunderthälfte das Duell »auf Kommando« in Übung, bei dem der Unparteiische von eins bis drei oder fünf zählte und beide Duellanten in der Zwischenzeit ihre Pistolen abfeuern mußten. Ein solches Reglement betonte die Gleichheit der Duellanten und verminderte die Nervenanspannung, die mit dem früheren Modus unweigerlich verbunden war. Unbeweglich stehenbleiben und den Schuß des Gegners abwarten zu müssen, nachdem man selber gefehlt hatte, erforderte eine beinahe übermenschliche Selbstbeherrschung, die zwar von manchen Duellanhängern als Mutprobe propagiert, von anderen aber als unerträgliche Belastung verworfen wurde.[97] Gleichzeitiges Schießen vermittelte demgegenüber das Gefühl, selber handeln zu können und nicht als wehrlose Zielscheibe dienen zu müssen. Ebenso schien das immer häufiger angewandte »Schießen mit Vorrücken« den Verhaltensspielraum der Duellanten zu vergrößern, indem sie sich bewegen konnten und nicht starr und in »gerader Haltung« (Barbasetti) auf ihrem Platz verharren mußten.

Wenn das Duellreglement mithin beiden Duellanten die gleichen Handlungsmöglichkeiten zugestand, verzichtete es darauf, die unterschiedliche Ausgangssituation – der eine hatte beleidigt, der andere war beleidigt worden – zu berücksichtigen. Ebensowenig wie es dem Beleidigten unbedingt Gerechtigkeit widerfahren ließ – schließlich konnte auch er im Duell fallen –, fragte es nach Schuld und Verantwortlichkeit. Zwar durfte der Beleidigte die Waffen wählen, doch war dieses Vorrecht in dem Maße nur noch eine Formsache, wie sich im 19. Jahrhundert die Pistole als gebräuchlichste Waffe durchsetzte und Säbel- oder Schlägerforderungen in den Geruch kamen, weniger ernsthaft gemeint zu sein. Dem Geforderten stand es nicht an, ein Pistolenduell abzulehnen und eine andere Waffe vorzuschlagen, wollte er sich nicht dem Verdacht der Feigheit aussetzen. So beharrte etwa Heinrich Heine 1841 auf seiner Pistolenforderung an Salomon Strauß, der sich lieber auf Säbel schlagen wollte, was Heine mit dem Argument ablehnte, Säbelduelle würden »in Deutschland als eine unschuldige Studentenbalgerei betrachtet«. Ihm aber sei es ernst mit dem Duell, und wenn Strauß einen Pistolenzweikampf verweigere, sei er eine »feige Memme«. Dieser Vorwurf wog offenbar so schwer, daß sich Strauß trotz inneren Widerstrebens auf das Pistolenduell einließ.[98]

Umgekehrt war es durchaus möglich, daß eine Säbelforderung vom Geforderten »gesteigert« oder, wie es in der Studentensprache hieß, »umgestürzt« wurde. Als 1842 der lippische Leutnant von Kerßenbruch von seinem Kameraden von Donop auf Säbel gefordert wurde, wandte er ein, er sei »aus der Übung und könnte nicht schlagen. Eine Forderung auf Pistolen aber wollte ich annehmen«. Kerßenbruch äußerte daraufhin einem anderen Offizier gegenüber, er begreife nicht, »wie von Donop eine Forderung habe ausschlagen können. Ich fügte den Grund hinzu: da doch ein guter Offizier auf seine Waffe sich schlagen müsse. Ich vermutete, daß er sich hinter die Pistolen stecken wolle. Der Leutnant Falkmann erwiderte: Die Welt könnte das Umgekehrte glauben. Ich, hierüber aufgebracht, nahm nach einer Stunde die Forderung auf Pistolen an.«[99]

Allein die Feigheits-Anspielung seines Kameraden bewog den Leutnant, auf sein Recht, über die Duellwaffen zu entscheiden, zu verzichten und den Vorschlag seines Gegners zu akzeptieren. Da ein Pistolenduell als gefährlicher galt, weil es häufiger als ein Duell auf blanke Waffen tödliche Verletzungen hervorrief, bezeugte es größeren Mut und erschien allgemein als ehrenhafter. Obwohl längst nicht jedes Pistolenduell ein blutiges Ende nahm und die üblichen Duellpistolen mit glatten Läufen keine hohe Trefferquote erzielten, war doch die Gefahr unzweifelhaft größer als bei einem Säbel- oder gar Schlägerduell. Eben deshalb bevorzugten es Offiziere, die damit ihren Anspruch, nur ernsthafte Zweikämpfe auszutragen, bekräftigten. Studenten indes hielten lange Zeit an blanken Waffen fest und suchten Offiziere noch im frühen 20. Jahrhundert für diesen ihrer Meinung nach ritterlichen Duellmodus zu gewinnen.

Anhänger des Säbel- und Schlägerduells verwiesen zur Rechtfertigung ihrer Haltung vor allem auf die Form der kämpferischen Konfrontation. Standen sich die Gegner bei einem Pistolenzweikampf in mehr oder weniger großer Entfernung gegenüber, detachiert, kühl, ohne körperlichen Kontakt, waren sie sich bei einem Kampf mit blanken Waffen so nah, daß sie einander ins Auge sehen und berühren konnten. Beschränkte sich die körperliche Aktivität beim Pistolenduell darauf, ein paar abgemessene Schritte zu tun und den Arm mit der Waffe zu heben, brachte der Nahkampf mit Säbel oder Schläger den ganzen Körper ins Spiel. Im Unterschied zum Pistolenduell, dem der Charakter eines Kampfes deshalb von manchen Beobachtern ganz abgesprochen wurde, konnten die Kämpfenden im Säbel- oder Schlägerduell alle Register ihres Könnens ziehen und waren überdies nicht nur auf Angriff, sondern auch auf Verteidigung programmiert. Dem Pistolenschützen blieb demgegenüber nur die Möglichkeit, auf seinen Gegner zu schießen, ohne sich selber vor der Kugel des anderen schützen zu können. Allenfalls durfte er eine Seitwärtsstellung einnehmen, um möglichst wenig Angriffsfläche zu bieten – eine Vorsichtsmaßnahme, die beleibteren Duellanten indes kaum etwas nützte.[100]

Eben weil dem Pistolenduell »das charakteristische Merkmal eines ehrlichen Kampfes, nämlich Wechsel des Angriffs und der Verteidigung« fehlte, neigten »ritterliche Naturen« dazu, blanke Waffen vorzuziehen.[101] Als der Gießener Student Münch 1826 von einem Leutnant von Geyer auf Pistolen gefordert wurde, wollte er sich nur auf ein Säbelduell einlassen, da »bei den Akademikern die Ansicht herrsche, daß ein Pistolenduell in der Regel von ihnen für Feigheit gehalten werde«.[102] Ganz ähnlich argumentierte 1890 der Landgerichtsrat Medem, der sich als Alter Herr einer studentischen Verbindung energisch für die Einschränkung des Pistolenduells einsetzte: »Nur dazu gehört persönlicher Mut, wenn man das scharfe Eisen sich vor den Augen flimmern, die Spitze des Degens nach dem Herzen zielen sehen soll, und kühlen Sinn und eine feste Hand dabei bewahren, um mit der eigenen Waffe Schlag und Stoß zu parieren. Zum Pistolenduell ist Mut in diesem Sinne gar nicht vonnöten; niemandem wird verübelt, wenn er statt in die Mündung der auf ihn gerichteten Pistole zur Seite blickt.«[103] Anderen Zeitgenossen mißfiel jedoch gerade diese betonte Körperlichkeit des Säbelduells, in dem die Kämpfenden »säbelfuchtelnd, füßestampfend, keuchend, schwitzend, hüpfend herumhauen«. Pistolenduelle erschienen demgegenüber als »reinlicher«.[104] Außerdem stellten sie Gleichheit zwischen den Gegnern her, weil Körperkraft und Geschicklichkeit keine Rolle spielten und es lediglich darauf ankam, genau zu zielen und mit ruhiger Hand zu schießen.[105]

Die Absicht, größtmögliche Gleichheit unter den Duellanten zu gewährleisten, wurde theoretisch nur dort durchbrochen, wo eine besonders schwerwiegende Ehrenkränkung vorlag. Hatte ein Mann einen anderen geschlagen oder dessen Frau verführt, besaß der Beleidigte nach übereinstimmender Auffassung der zahlreichen Duellratgeber nicht nur das Recht, die Duellwaffen zu bestimmen, sondern er durfte auch den ersten Schuß abgeben. Auf diese Weise hielt ein Anflug von Gerechtigkeitsdenken doch wieder Einzug in das ansonsten von der Schuldfrage gänzlich abstrahierende Zweikampf-Reglement, auch wenn es längst nicht immer gelang, diese Chance zu »verwandeln«. So verlief das Duell zwischen den beiden württembergischen bzw. bayerischen Offizieren Lienhardt und Schuster, die 1907 um eine Ladnerin konkurrierten, unblutig; Schuster, der von Lienhardt als »Schuft« beschimpft und dem der Hut vom Kopf geschlagen worden war, hatte zwar als tätlich Beleidigter den ersten Schuß, der jedoch trotz der Verwendung gezogener und mithin treffsicherer Pistolen angesichts einer Entfernung von 35 Schritten – ca. 26 Metern – fehlging.[106]

Das dem schwer Beleidigten in den gleichsam mit Gesetzeskraft ausgestatteten Duellkodizes zugesprochene Recht, als erster zu schießen und auf diese Weise einen Vorsprung vor dem Beleidiger zu gewinnen, scheint aber durchaus nicht immer in Anspruch genommen worden zu sein. Offenbar hatte sich das »ritterliche« Gleichheitsprinzip dem Bewußtsein duellfähiger Männer so tief eingeprägt, daß sie selbst bei gravierenden Ehrenkränkungen darauf verzichteten, den ihnen zustehenden Vorteil wirklich zu nutzen. Als der Landrat Adolf von Bennigsen 1902 dem Domänenpächter Oswald Falkenhagen im Duell gegenüberstand, hätte er nach landläufiger Meinung allen Grund gehabt, auf dem ersten Schuß zu bestehen: Immerhin hatte Falkenhagen eineinhalb Jahre lang intime Beziehungen zu Bennigsens Ehefrau unterhalten. Trotzdem entschied sich Bennigsen für ein Duell auf Kommando, bei dem die Gegner ihre Schüsse innerhalb einer kurzen, vom Unparteiischen vorgegebenen Zeit ohne festgelegte Reihenfolge abgeben mußten. Die ersten Kugelwechsel, bei denen immer Falkenhagen zuerst schoß, verliefen unblutig; im dritten Gang stürzte Bennigsen, tödlich in den Unterleib getroffen, womit das Duell, das »bis zur Kampfunfähigkeit« verabredet gewesen war, sein Ende fand.

Obwohl alle Beteiligten – außer dem tags darauf verstorbenen Bennigsen, der keine Aussage mehr machen konnte – übereinstimmend zu Protokoll gaben, daß die Bestimmung »bis zur Kampfunfähigkeit« »nicht den Sinn hatte, bis einer von den Duellanten getötet sei, sondern den, bis daß einer eine Wunde empfangen habe, die die Fortsetzung des Kampfes verhinderte«, mutete diese Behauptung wenig glaubhaft an. Wenn Bennigsen kurz vor dem Duell den Vorschlag der Sekundanten ablehnte, die Forderung auf einen zehnmaligen Kugelwechsel zu »ermäßigen«, mußte er es auf ein Duell auf Leben und Tod angelegt haben, zumal die Entfernung zwischen ihm und Falkenhagen mit 15 Schritten oder 11 Metern nicht gerade weit bemessen war. Die Formulierung »bis zur Kampfunfähigkeit« war damit nur eine unverfängliche Umschreibung dafür, daß einer der beiden Duellanten auf dem Platz bleiben sollte – eine Absicht, die sich auch erfüllte, allerdings nicht zu Bennigsens Gunsten.

Falkenhagen selber gab an, er habe »den Kampfplatz mit dem Willen betreten . . ., nicht zu treffen, sondern seine Schuld mit dem Leben oder einer Verwundung zu büßen. Erst als ihm der Gegner mit der Schußwaffe gegenübergestanden habe, sei ihm unwillkürlich der Gedanke gekommen, sich wehren zu müssen.« Trotzdem habe er nicht auf Bennigsen gezielt, als er seine Schüsse abgab. Ob auch dies nur eine Schutzbehauptung war, um die Geschworenen milder zu stimmen, läßt sich nicht ermessen. Immerhin konnten Falkenhagens Angaben nicht widerlegt werden, und daß er, ohne zu zielen, getroffen hatte, war kein Gegenbeweis, sondern bereits in einer Vielzahl anderer Fälle vorgekommen. Zudem brachte ihm Bennigsens Tod sechs Jahre Festungshaft ein, während eine bloße Verwundung, sofern das Duell dann überhaupt zur Kenntnis der Staatsanwaltschaft gelangt wäre, mit drei oder vier Monaten abgegolten worden wäre.[107]

Nicht nur staatliche Gesetze belegten Duelle, die den Tod eines Duellanten herbeigeführt hatten, mit höheren Strafen als solche, die gänzlich unblutig oder allenfalls mit einer leichten Verletzung abgelaufen waren. Auch die ungeschriebenen und geschriebenen Gesetze der satisfaktionsfähigen Gesellschaft hielten Zweikämpfe, die auf Leben und Tod verabredet wurden, für unbotmäßig und untersagten den Sekundanten, Bedingungen festzusetzen, die einen tödlichen Verlauf wahrscheinlich machten. Besonders in diesem Punkt hatte sich das Duell des 19. Jahrhunderts sehr weit von seinen Vorläufern in der Frühen Neuzeit entfernt. Ziel des modernen Ehrenzweikampfes war nicht die Tötung des Gegners, sondern der Beweis eigenen Mutes, das »Sich-Stellen«.[108] Nicht Rachetriebe sollten sich im Duell ausleben können, sondern der Wunsch, die persönliche Ehre durch die Demonstration von Todesverachtung und Entschlossenheit intakt zu halten.

Ohne das Bewußtsein allerdings, getötet werden zu können, auch wenn der andere es nicht ausdrücklich darauf anlegte, wäre das Duell zu einem beliebigen Spiel denaturiert, weshalb Duellratgeber immer wieder davor warnten, den Ernst des Ehrenzweikampfes durch allzu leichte Kampfbedingungen zu untergraben. Nur das Risiko des Todes konnte jenen kathartischen Effekt hervorbringen, der die eigentliche Substanz des Duells ausmachte: Indem der Beleidigte sich jenem Risiko aussetzte, zeigte er seinem Gegner und seiner Umwelt, daß er den Mut aufbrachte, für das, was er für seine Ehre hielt, mit seinem Leben einzustehen; der Beleidiger wiederum sühnte den Angriff auf die Ehre des anderen damit, daß auch er dem Tod mutig-gefaßt ins Auge blickte.

Obgleich die meisten Zweikämpfe ohne Blutvergießen endeten, wurde doch, abgesehen von den studentischen Schlägermensuren, gemeinhin Bedacht genommen, die potentielle Tödlichkeit des Waffengangs präsent zu halten und den Ernst der Situation zu betonen. Säbelduelle etwa sollten durchaus kämpferisch ausgefochten werden, wobei zumindest leichte Verwundungen nicht auszuschließen waren. Nach Ansicht des österreichischen Hauptmanns und Verfassers eines Duellkodexes, Gustav Hergsell, machte es »einen kläglichen Eindruck, ein Duell mit blanken Waffen unblutig, d. h. resultatlos verlaufen zu sehen«.[109] Auch gefährliche Hiebe waren erlaubt, durften aber nicht in der Absicht geschlagen werden, den Gegner tödlich zu verletzen. Ohnehin hatte der Angegriffene bei einem Säbelduell immer die Chance, den Hieb abzuwehren, so daß der Kampf, von den Sekundanten aufmerksam beobachtet und kontrolliert, kaum in ein mörderisches Gemetzel ausarten konnte. Grundsätzlich anders war die Situation beim Pistolenduell. Hier lag das Tötungsrisiko deutlich höher; zugleich aber ließ es sich leichter umgehen, indem man einige Meter am Gegner vorbeischoß. Ein solches Verhalten wurde von den Duellratgebern scharf kritisiert, die darin eine »verwerfliche Handlungsweise«[110] erblickten und dem Duellanten im Wiederholungsfall die Satisfaktionsfähigkeit absprachen. Als Grundregel jedes Zweikampfes gelte, so das für deutsche Offiziere maßgebende Handbuch, »daß beide Duellanten die Absicht haben, von ihrer Waffe Gebrauch zu machen«. Allerdings könne ein Duellant aus »schwerwiegenden moralischen Bedenken« daneben schießen, dürfe dies jedoch nicht »in demonstrativer Weise« zu erkennen geben.[111]

Ein Verhalten, wie es Thomas Manns Romanfigur Settembrini praktizierte, der für alle sichtbar in die Luft schoß, galt als schwerer Regelverstoß und Affront gegen das, was der österreichische Oberleutnant Ristow in seinem »Ehrenkodex« als die »ernste und heilige Sache« des Duells beschrieb.[112] In der Realität kam es deshalb auch nicht sehr häufig vor; nur in Fällen, in denen jegliches persönliche Engagement der Beteiligten fehlte und das Duell ausschließlich des sozialen Zwanges wegen stattfand, konnte es geschehen, daß Duellanten sich bewußt und ostentativ über das Reglement hinwegsetzten. So weigerte sich 1836 der Breslauer Referendar Westram, die Pistole auf seinen Gegner, einen Offizier namens von Decker, abzuschießen, und feuerte statt dessen auf einen seitwärts stehenden Baum. Westram hatte Decker im Streit »gemeines« Betragen vorgeworfen und war deshalb von dem Leutnant gefordert worden, ohne jedoch zum Duell bereit zu sein. Erst als Decker ihn persönlich ersuchte, »ihm Satisfaktion zu geben, indem davon seine Existenz als Offizier abhänge«, willigte Westram ein. Während Decker in der »geständlichen Absicht« schoß, seinen Gegner am Arm zu verwunden, betrachtete Westram sein Entgegenkommen an diesem Punkt für beendet und verzichtete auf eine gezielte Schußabgabe.[113]

Wieviele Duellanten ihren Gegner wirklich ins Visier genommen haben, läßt sich nicht sagen, zumal die Treffgenauigkeit damaliger Duellwaffen sehr zu wünschen übrig ließ und Sekundanten darauf achteten, daß nicht gezogene Pistolen mit Zielvorrichtung, sondern solche mit glatten Läufen benutzt wurden. Immerhin bot gerade das Pistolenduell die Möglichkeit, zwar der Form Genüge zu tun, aber dennoch unauffällig danebenzuschießen – ohne daß man allerdings jemals sicher sein konnte, ob der Gegner sich ebenso verhielt. Eine eindringliche Schilderung dieser im höchsten Grade unklaren und ambivalenten Situation gab Wilhelm von Humboldt seiner Frau nach dem Duell mit Kriegsminister von Boyen: »Ich bin ganz offenherzig, bis er geschossen hatte, im Zweifel gewesen, ob er wirklich auf mich schießen wollte oder nicht. Auf der einen Seite war es zwar klar, daß die größte Unannehmlichkeit bei diesem Duell für den Verwundenden war. Denn, da wir beide jetzt nötig sind,[114] so würde der Verdruß und Vorwürfe gehabt haben. Aber auf der anderen Seite war er in so wahrem Zorn gewesen und auch geblieben und schien doch an sich so ernsthafte Ideen über die Sache zu haben, daß es auch anders sein konnte. Er zielte wirklich lange und gerade auf mich, aber ich sah, daß im Augenblick des Abdrückens er der Pistole eine andere Richtung gab.« Humboldt selber hielt seine Pistole dann so sichtbar zur Seite, daß Boyen den Schuß nicht gelten lassen wollte. »Ich versicherte ihm erst, daß es, wenn ich gerade auf ihn hielte, nicht anders sei, da ich so nur um so eher fehlte. Als er aber ernsthaft weiter in mich drang, sagte ich ihm, es könne mir nicht in den Sinn kommen, ihn, nachdem ich schon Veranlassung zur Sache gegeben hätte, noch zu verwunden, und so zu tun, als schösse ich, wie er getan hätte, könnte ich auch nicht, weil ich dazu meines Schusses gar nicht mächtig genug sei.«[115]

Solcherart ertappt, gab sich Boyen schließlich mit Humboldts entschiedener Weigerung zufrieden, obschon es ihm offensichtlich wichtig gewesen war, den Ernst der »Sache« bis zum letzten Moment zu wahren. Vielleicht war er sich selber erst beim Abdrücken der Pistole klar geworden, ob er gezielt auf sein Gegenüber schießen sollte oder nicht. Selbst ältere, erwachsene Männer verspürten in jenen Augenblicken zwischen Leben und (möglichem) Tod Empfindungen, die ihnen bisher fremd gewesen sein mochten, und machten in einem Duell Erfahrungen mit sich selber, die ihnen, wie Humboldt schrieb, »in hohem Grade merkwürdig« waren.[116] Der feste Vorsatz, auf jeden Fall danebenzuschießen, konnte sich auf dem Kampfplatz in sein Gegenteil verwandeln; statt wie geplant »Edelmut« und christliche

Nächstenliebe zu bezeugen, brach, wie der preußische Generalleutnant von Viebahn 1902 aus eigener Erfahrung zu berichten wußte, spätestens beim zweiten oder dritten Kugelwechsel »die selbstsüchtige menschliche Natur« durch und handelte nach dem Motto: »Lieber das fremde Leben vernichten, als das eigene vernichten lassen.«[117]

Auch Otto von Bismarck scheint von seinen Gefühlen überrascht gewesen zu sein, als er 1852, wenige Tage vor seinem 37. Geburtstag, als verheirateter Mann, Familienvater und Diplomat dem liberalen Politiker von Vincke im Duell gegenüberstand. Obwohl er vor dem Waffengang im Zweifel gewesen war, ob er auf Vincke schießen sollte, tat er es dann doch, »ohne Zorn« zwar, aber wohl gezielt. Seiner Schwiegermutter berichtete er über seine Emotionen unmittelbar nach dem Schuß: »Ich kann nicht leugnen, als ich durch den Dampf sah und mein Gegner aufrecht stehn blieb, hinderte mich eine Empfindung des Mißbehagens, in den allgemeinen Jubel, der Bodelschwingh Tränen vergießen ließ, einzustimmen; die Ermäßigung der Forderung [von ursprünglich vier auf einen Kugelwechsel] war mir verdrießlich, und ich hätte das Gefecht gern fortgesetzt.« Erst später, »bei ruhigem Blut«, änderte er seine Meinung und war »sehr dankbar, daß es so kam«.[118]

Sicherlich hatte Bismarck nicht den Wunsch gehabt, seinen Gegner zu töten, was dem Anlaß des Duells auch unangemessen gewesen wäre. Wenngleich die Beziehung zwischen den in ihrer politischen Auffassung so verschiedenen Männern seit längerer Zeit getrübt war, hielt sich die persönliche Kränkung, die Vincke zur Duellforderung bewogen hatte,[119] durchaus im Rahmen, und auch Vincke selber lag sehr an einer möglichst glimpflichen Konfliktlösung. Trotzdem war Bismarck enttäuscht, daß seine Kugel nicht getroffen hatte und Vincke, ebenso wie er selber, unverletzt geblieben war. Eine Spur von Bedauern fand sich auch in der Tagebucheintragung Leopold von Gerlachs, mit dem sich Bismarck vor dem Duell beraten hatte und der ihm versichert hatte, er befinde sich »im Stande der Notwehr und gerechten Kriege«. Drei Tage nach dem Zweikampf notierte Gerlach, das Duell sei nun, »ohne daß etwas herausgekommen, vorübergegangen«.[120] Wäre Blut geflossen, hätte es wohl einen tieferen Eindruck hinterlassen.

Die Frage, warum der unblutige Ausgang des Duells weder Bismarck noch seinen politischen Mentor beglückte, ist nicht leicht zu beantworten. Eine mögliche Erklärung ihrer Unzufriedenheit könnte darin liegen, daß Bismarck und sein politischer Freund den liberalen Freiherrn für seine scharfe Kritik an der preußischen Regierung und den Konservativen hätten maßregeln und ihm einen Denkzettel verpassen wollen. Gegen diese Interpretation spricht, daß solche politischen Motive gemeinhin eine längere Halbwertzeit besaßen und auch »bei ruhigem Blut« hätten nachwirken müssen. Plausibler klingt die Vermutung, Bismarck könnte befürchtet haben, daß ihm ein unblutiger Zweikampf, in dem auf jeder Seite nur eine Kugel gewechselt worden war, als Spielerei angekreidet würde, als Posse im Stil jener aus Frankreich wohlbekannten politischen Duelle, die deutsche Beobachter eben wegen der dabei obwaltenden Gefahrlosigkeit als Kindereien abtaten.[121] Die Spontaneität seiner Gefühle jedoch und der vor dem Duell empfundene Zweifel, ob er überhaupt auf Vincke zielen sollte, lassen auch diese Deutung als unbefriedigend erscheinen. Vielleicht ist deshalb der Schlüssel für sein Verhalten in jener christlichen Mystik des Bluts zu suchen, auf die Duellanten und Duellanhänger in Selbstzeugnissen oder programmatischen Erklärungen gelegentlich anspielten, ohne dieses heikle Thema doch jemals zum Gegenstand expliziter Erörterungen zu machen. Dem pietistischen Kreisen nahestehenden Bismarck, der darauf bestand, vor dem Duell das Abendmahl zu nehmen, der noch auf dem Kampfplatz ein Gebet sprach und sich während des Duells »so fest in gläubiger Zuversicht und so ergeben in Gottes Willen« fühlte wie niemals zuvor, mag eine solche Empfindung durchaus zuzutrauen sein.[122]

Daß Blut Schmutz und Sünde abwusch, daß es reinigende, kathartische Kräfte besaß, war ein in den Duellschriften des 19. Jahrhunderts stets wiederkehrender Topos, und auch der Begriff des Opfers tauchte häufig auf.[123] Dahinter läßt sich unschwer die Botschaft des Neuen Testaments entdecken, das Lebensopfer Jesu sei die Bedingung für das Weiterleben der Menschheit gewesen, und sein vergossenes Blut habe die Sünden der Welt weggeschwemmt. In welcher Beziehung diese Idee einer durch Opfer und Blut ermöglichten Wiedergeburt zum Duell stand, fand sich am deutlichsten in den Ausführungen eines Heidelberger Burschenschafters aus dem Jahre 1817 ausgedrückt: »Das Leben wird aufs Spiel gesetzt, oder vielmehr der Anspruch darauf aufgegeben, und nur in der Bluttaufe erhalten die Kämpfenden das Leben zurück.« Zugleich vollziehe sich dabei eine folgenschwere Metamorphose: »Diese Bluttaufe hat den Flecken des Hasses abgewaschen, die siegende Liebe hat den Stachel der Feindschaft zerbrochen.« »Nicht die Vernunft«, hatte der Burschenschafter hinzugefügt, »kann dieses begreifen, aber dem Gefühl drängt es sich auf, und von ihm wird es erfaßt und als unabwendbar erfühlt.«[124]

Die Überzeugung, daß Blut Haß in Liebe, Feindschaft in Freundschaft – »Blutsbrüderschaft« – verwandeln könne, teilte auch der christlich-romantischen Strömungen offensichtlich weniger verbundene Offizier Ristow, der sie fast ein Jahrhundert später in die nüchternen Worte kleidete: »Die Wunde beruhigt und besänftigt das Gemüt der Gegner und führt zur Versöhnung, während ein unblutiger oder fast unblutiger Kampf, weit entfernt davon, das Dekorum eines Gentlemans zu wahren und seinem verletzten Ehrgefühl Genüge zu leisten, ihn verbittert, so daß der Streit nicht selten ein beklagenswertes Nachspiel hat, da er eben keine genügende Lösung fand.«[125] Ob mit Blut oder ohne Blut – immer ging es im Duell um Versöhnung, um die Wiederannäherung miteinander verfeindeter Männer, die auf anderem, weniger gefährlichem Weg offenbar nicht oder nur sehr viel schwerer zu erreichen war. Wilhelm von Humboldt etwa war nach seinem Zweikampf mit dem preußischen Kriegsminister »überzeugt, daß ich jetzt auf immer mit Boyen im Reinen bin, was, wenn ich auch auf die beste und anständigste Weise das Duell vermieden hätte, nie der Fall gewesen sein würde«. Bereits unmittelbar im Anschluß an den Waffengang sprachen beide Duellanten »viel und sehr gut miteinander« auf einer Donaubrücke, und nur einem unsensiblen Beobachter wäre die Symbolträchtigkeit dieses Ortes entgangen.[126] Der bayerische Offizier Hell entdeckte »das Rätsel tiefer und wahrer Versöhnung vorher erbittertster Gegner nach einem Duell« in der Erfahrung des Kampfes und dabei empfundener »Todesnähe«, die bei beiden Duellanten »den innersten Kern zum Vorschein« bringe: »Dieser tiefe, innere, unmittelbare Kampf von Charakter gegen Charakter, von Mannes-Wille zu Wille begründet ein sonst ganz unbekanntes Sichnähertreten; die gegenseitige Achtung kann dadurch sogar steigen, bis zu einer Höhe, wie sie sonst nirgend zu finden.«[127]

Die meisten Zeitgenossen, die im 19. Jahrhundert zum Duell Stellung bezogen, hegten für solche tiefenpsychologischen Vorgänge wenig Interesse und beschränkten sich, wie der Generaladjudant des preußischen Königs, Leopold von Gerlach, auf die knappe Diagnose, der Zweikampf beinhalte »eine gegenseitige Anerkennung der Ehrenhaftigkeit«, weshalb »nach dem Duell eine wenigstens äußerliche Versöhnung eintreten« müsse.[128] Daß gerade auf letztere großer Wert gelegt wurde, wirft ein bezeichnendes Licht auf die innere Verfassung der satisfaktionsfähigen Gesellschaft, die solche Rituale für notwendig hielt. Eben weil der Kreis derer, die dazugehörten oder dazugehören wollten, sehr klein, überschaubar und relativ abgeschlossen war, mußten Konflikte so gelöst werden, daß sie ihn nicht zersprengten und den Gleichklang nicht dauerhaft störten. Dieser Gleichklang war nicht nur gesellschaftlich, sondern auch beruflich von eminenter Bedeutung. In derart eng gewirkten Korporationen wie dem Offizierkorps, der Beamtenschaft und manchen freien Berufen wie Rechtsanwälten und Ärzten konnten gravierende Unverträglichkeiten einzelner Mitglieder den Zusammenhalt des Ganzen negativ beeinflussen und Wirkungen zeitigen, die nicht nur für die interne Harmonie, sondern auch für die Außenwahrnehmung der Korporation von Nachteil waren. Eine permanente persönliche Spannung zwischen Humboldt und Boyen etwa hätte die Handlungsfähigkeit der preußischen Delegation auf dem Wiener Kongreß zweifellos geschwächt, ebenso wie solche Spannungen unter Regimentskameraden und Beamtenkollegen zu Unruhe und Berührungsängsten führen konnten, die letztlich das ganze berufliche und soziale Umfeld der Betroffenen in Mitleidenschaft zogen.

Angesichts solcher erwartbarer Fernwirkungen schien es den einzelnen und ihren sozialen »peers« oftmals sinnvoll, persönliche Konflikte durch ein Duell endgültig beizulegen und sich auf diesem Weg gegenseitiger Achtung und Ehrerbietung zu versichern. Zwar gelang es längst nicht immer, die von Gerlach erwähnte »äußere Versöhnung« mit einer inneren zu besiegeln; gerade dann, wenn das Duell durch eine sehr schwere Beleidigung, beispielsweise Ehebruch, veranlaßt worden war, blieb es bei der förmlichen Geste. Dennoch zeigte sich besonders in solchen Extremsituationen, wie fest das Bewußtsein, sich als Ehrenmann in einer Gesellschaft von Ehrenmännern zu bewegen, jedem einzelnen Mitglied dieser Gesellschaft eingeschrieben war. Anstatt den Ehebrecher, wie manche Zeitgenossen empfahlen, in einer Tat »des aufflammenden gerechten Zorns« niederzuschießen oder durchzupeitschen,[129] schickte man ihm eine Duellforderung und erwies ihm damit eine Ehre, deren er nach Ansicht von Duellkritikern eigentlich nicht mehr würdig war. Indem sich der beleidigte Ehemann auf eine Stufe mit ihm stellte, behandelte er ihn weiterhin als seinesgleichen und wahrte die Gleichheit aller Ehrenmänner, die als internes Band und Bestandsgarantie der satisfaktionsfähigen Gesellschaft zu gelten hatte. Wie eng diese Gesellschaft zusammenhielt, läßt sich nicht nur an der Bereitschaft ablesen, jedem ihrer Mitglieder prinzipiell lautere Beweggründe zuzugestehen und ihm das Prädikat der Satisfaktionsfähigkeit lediglich im äußersten Notfall abzuerkennen. Wesentlich eindrucksvoller noch war die Solidarität, die Familienangehörige jener Männer, die im Duell getötet worden waren, den »Tätern« bezeugten. So ließ 1828 der Bruder des im Duell mit Heinrich Simon gefallenen Referendars Bode den Todesschützen fragen, ob er ihn in der Untersuchungshaft besuchen dürfe,[130] und 1846 reichte der Königsberger Bankdirektor und Vater des getöteten Studenten Richard MacLean eine Gnadenbitte für den zu Festungshaft verurteilten Duellgegner seines Sohnes ein.[131] Im gleichen Jahr bat der preußische Minister von Bodelschwingh, dessen Sohn in einem Pistolenduell gefallen war, um Gnade für dessen Gegner und ersuchte den König, die gerichtliche Untersuchung niederzuschlagen.[132] Die Trauer über den Verlust des Bruders oder Sohnes vermochte nicht darüber hinwegzutäuschen, daß der Tote nach den »Gesetzen« der eigenen Klasse gestorben war, daß er ebensogut seinen Gegner hätte treffen und damit zum Angeklagten werden können und daß es deshalb keinen Grund gab, den Überlebenden aus der Gemeinschaft der Satisfaktionsfähigen auszugrenzen.

Nicht zuletzt in dieser über den Tod hinausreichenden Solidarität spiegelte sich jene eigentümliche Verquickung von Sozialem und Privatem, von kollektivem Zwang und Individualität, die das Duell in seinem Reglement und seinen typischen Erscheinungsformen auszeichnete. Zwar erlaubte es das äußerst effektvolle Zweikampf-Zeremoniell, die »Persönlichkeit« gebührend in Szene zu setzen. Doch auch wenn er sich auf dem Duellplatz als einsames, mit sich selber und einem schußbereiten Gegner konfrontiertes Individuum empfinden mochte, auch wenn er alle Bindungen seiner familialen, beruflichen und sozialen Existenz aufzugeben bereit war, bloß um seine persönliche »Ehre« zu retten, steckte jeder Duellant in einem »Gehäuse der Hörigkeit«, das ihm zumindest seine äußeren Bewegungen detailliert vorschrieb. Angefangen von dem Moment, in dem eine Beleidigung vorfiel, bis zum Ende des Waffengangs spulte mit beinahe mechanischer Präzision ein Film ab, dessen immergleiches Drehbuch allen Beteiligten feste Rollen zuwies und sie wie Marionetten hin und her schob. Wenn trotzdem alle das Gefühl hatten, ihr eigenes Spiel zu spielen und unter individueller Verantwortlichkeit zu handeln, lag dies einzig und allein daran, daß das Drehbuch auf spannungsvolle Effekte nicht verzichtete und den Ausgang des Films grundsätzlich offen ließ. Eben diese Kontingenz aber war es, die dem Duell trotz aller spielerisch-schematischen Elemente eine Aura des Geheimnisvoll-Tragischen verlieh, die seine in Anlässen, Formen und Regeln durchscheinende banale Konventionalität übertönte, ja zuweilen sogar ganz vergessen ließ.

Ausdrücklich betont wurde diese Aura durch die Formen bzw. Förmlichkeit des Zweikampfs und seiner Vorbereitung. Wenn Duellanten den Kampfplatz im schwarzen Gesellschaftsanzug zu betreten hatten, signalisierten sie damit sowohl soziale Konformität als auch das Bewußtsein, eine ernste, möglicherweise todernste Situation bewältigen und diesem Ernst in ihrer Kleidung Ausdruck verschaffen zu müssen. Ebenso unterstrich die Gegenwart von Sekundanten, Zeugen, Ärzten und einer begrenzten Anzahl von Zuschauern den theatralisch-bedeutungsvollen Zug des Auftritts: Um effektvoll zu handeln und vielleicht sogar zu sterben, bedurfte es einer gewissen Öffentlichkeit, die davon Kenntnis nahm. Nicht zufällig gehörten die Anwesenden der gleichen Gesellschaftsschicht an wie die beiden Duellanten; auch sie entstammten dem Kreis der Satisfaktionsfähigen, dessen Valenzen und Regeln sie zugleich repräsentierten und überwachten.

In dieser Präsenz direkter »peers« kann man ein weiteres Indiz dafür erblicken, daß Duellanten nicht nur von höchst individuellen Motiven geleitet wurden, sondern auch einer mehr oder weniger scharf empfundenen sozialen Pflicht genügten. Nur in Ausnahmefällen allerdings trat der gesellschaftliche Charakter eines Zweikampfs so offen zutage wie bei jenem Duell, das 1816 in dem schlesischen Kurort Bad Landeck zwischen den Grafen Berghaus und Königsdorff ausgefochten wurde. Als die beiden Kurgäste, die im Salon nach einem Wortwechsel »handgemein« miteinander geworden waren, nach einem Tag und einer Nacht hektischer Betriebsamkeit den Ort verließen, um sich an der nahe gelegenen Grenze zu Österreich zu duellieren, begleitete sie »eine große Menge von Herrschaften«. »Wenn es angenehme Witterung gewesen wäre«, notierte der Landecker Bürgermeister mit leichter

Ironie, »hätte man glauben können, es wäre etwa eine Partie de plaisir arrangiert worden, oder man feierte irgend ein Ereignis der Vorzeit.« Statt dessen stellten sich die beiden Grafen, an der Grenze angekommen, in Schußposition, wechselten jeweils eine Kugel, und als diese fehlte, zog man »der Vollständigkeit wegen... vom Leder«. Das Gefecht dauerte jedoch nicht lange, Blut wurde nicht vergossen, die Kämpfenden versöhnten sich »und kehrten mit der übrigen Gesellschaft fröhlich und munter nach dem Bade zurück, und erschienen bald darauf wieder in der Gesellschaft«. Die »bisher bestandene gesellschaftliche Harmonie«, vermerkte der Bürgermeister befriedigt, sei durch den Vorfall »im geringsten nicht unterbrochen worden«.[133]

Obwohl das Duell durchaus ernst gemeint war, beide Duellanten vorher ihren letzten Willen aufsetzten und einen Platz an der Landesgrenze wählten, um sich der bei einem tödlichen Ausgang drohenden Verhaftung durch die Flucht entziehen zu können, nahm das Duell den Gestus eines Gesellschaftsspiels an, das unter den aufmerksamen und sensationsbegierigen Augen einer größeren Anzahl von Standesgenossen stattfand. Allerdings hatte man auch hier Bedacht genommen, nach außen hin strengstes Stillschweigen zu wahren, damit die Behörden nichts davon erfuhren und das »Vergnügen« störten: »Unter den Kurgästen«, berichtete der Bürgermeister an die Provinzregierung, »hörte man gar nicht laut davon sprechen, und wenn jemand um diesen oder jenen Umstand sich näher erkundigen wollte, schien es der andere entweder nicht genau bemerkt oder aus der Acht gelassen zu haben.«[134]

Spätere Duellratgeber hielten eine solche Diskretion augenscheinlich nicht mehr für selbstverständlich und warnten deshalb davor, die Nachricht eines bevorstehenden Zweikampfes offenherzig zu verbreiten. Allzu leicht konnte diese Information in falsche Hände geraten und die örtliche Polizei auf den Plan rufen. In solchen Fällen, empfahl das für Deutschland maßgebende Handbuch, solle man den Zweikampf unterbrechen und ihn »so bald wie möglich« an anderer Stelle fortsetzen. Im übrigen seien Ort und Zeit des Duells so zu wählen, »daß Störungen durch das Eintreffen fremder Zeugen nicht zu befürchten sind«.[135] Diesem Rat folgend, bevorzugten Duellanten und ihre Sekundanten einsame Waldlichtungen und die frühen Morgenstunden – eine Vorsichtsmaßregel, die den romantisch-geheimnisumwitterten Zug des Ehrenzweikampfs zusätzlich verstärkte.

Das in der Regel klug und erfolgreich eingefädelte Versteckspiel mit den Gesetzeshütern und die allen Beteiligten auferlegte »strengste Verschwiegenheit«[136] täuschten jedoch nur oberflächlich darüber hinweg, daß ein Duell niemals nur eine intime Privatangelegenheit war, sondern eine gesellschaftliche Inszenierung vor einer repräsentativen Öffentlichkeit von Standesgenossen. Die anwesenden Zeugen und Sekundanten garantierten nicht nur die Commentmäßigkeit des Zweikampfs, sondern auch die Verbreitung seiner Kunde in jenen Kreisen, auf die es ankam und deren Zustimmung Duellanten mindestens ebenso wichtig nahmen wie die Demonstration ihrer aufrechten männlichen Persönlichkeit.

3. Männergeschichten – Frauengeschichten
Von der Lust und Last, ein Mann zu sein

Daß diese Persönlichkeit männlichen Geschlechts war, spielte sowohl im Duelldiskurs als auch im Selbstbewußtsein potentieller und realer Duellanten eine eminent wichtige Rolle. Begriffe wie »Männlichkeit«, »Mannesbewußtsein«, »Mannesstolz«, »Manneswert«, »Manneswürde«, »Mannesheiligkeit« waren immer dann zur Stelle, wenn es darum ging, Identität und Motive von Duellanten genauer zu beschreiben. Eigentlicher Zweck des Duells, befand 1864 der Berliner Kammergerichtspräsident Adolph von Kleist stellvertretend für viele seiner Zeitgenossen, sei es, die »Manneswürde« zu bewahren, indem es »Männlichkeit, d. h. das Bewußtsein des persönlichen Muts«, unter Beweis stelle.[137] Und auch Heinrich Heine erklärte 1837 seinem Verleger auf die Frage, warum er in der letzten Zeit nur wenig hätte arbeiten können, kurz und knapp: »Weibergeschichten und Männergeschichten, nämlich Liebesklatschereien und Duelle.«[138]

Duelle waren allein schon deshalb »Männergeschichten«, weil sie grundsätzlich nur unter Männern ausgetragen wurden. Zwar geisterten immer wieder einmal Nachrichten über Frauenduelle durch die Presse, die jedoch als exotische Ausnahmefälle galten und dementsprechend kommentiert wurden. 1864 berichtete die Neue Preußische Zeitung degoutiert über ein »Damen-Duell« in Berlin: »Die Waffen bestanden zum Glück nicht aus Säbeln oder Pistolen, sondern in zwei biegsamen Stöcken; eine Freundin der beiden Duellantinnen war die Unparteiische dieses eigentümlichen Zweikampfes, der damit endete, daß beide die Stöcke wegwarfen und mit Fäusten aufeinander losschlugen, bis sie durch das Einschreiten mehrerer Männer getrennt wurden. Die eine der Duellantinnen soll eine starke Beschädigung des rechten Auges davongetragen haben, und beide Emanzipierte waren so übel zugerichtet, daß sie zur Vermeidung noch größeren Skandals in Droschken nach Hause fahren mußten.« Bissiger Zusatz der Redaktion: »Auch ein Fortschritt, aber gewiß keiner zu Ehren dieser Damen!«[139]

Gerade die Kreuzzeitung, die für männliche Duellanten immer ein offenes Ohr hatte und deren späterer Chefredakteur von Hammerstein selber eine stattliche Reihe von Herausforderungen und Zweikämpfen vorweisen konnte, reagierte auf weibliche Duellanten indigniert, herablassend und abwehrend. Daß Frauen in eine so eindeutig männlich definierte Domäne einbrachen, war nicht zu entschuldigen, sondern ein Zeichen des Zeitgeistes, der unbedingt bekämpft werden mußte. Die seit den 1840er Jahren beobachtbare Furcht vor den »Emanzipierten«, die männliche Herrschaftspositionen angriffen und sich männliche Symbole – Zigarren, Hosen und nun auch noch Duelle – zu eigen machten, fand in den einsamen Duellantinnen ein willkommenes Objekt. Selbst wenn, wie Zeitgenossen immer wieder erleichtert hervorhoben, solche »Mannweiber« und »duellierenden Furien« zumindest in Deutschland – in Frankreich scheint dies anders gewesen zu sein – mit der Lupe zu suchen waren,[140] galt ihr Verhalten doch als gefährliches Menetekel, das man einerseits lächerlich zu machen versuchte, andererseits aber doch als ernstzunehmende Bedrohung maskuliner Privilegien begriff. 1858 ermahnte der Hallenser Philosophieprofessor Erdmann seine Studenten: »Vielleicht wird, daß jetzt die Frauen nicht nur Schlittschuh laufen und rauchen, sondern daß einige derselben auch anfangen, sich zu duellieren, ambitiöse junge Männer dahin bringen, sich zusammenzunehmen, damit die Weiber es ihnen nicht zuvortun. Es wäre Zeit.«[141] Vor allem in der zweiten Hälfte des 19. und im frühen 20. Jahrhundert, als die Frauenbewegung immer mehr von sich reden machte und weibliche Forderungen nach gleichen Chancen und Rechten nicht mehr zu überhören waren, beharrte die Männerwelt der Satisfaktionsfähigen eifersüchtig auf ihrem Duellmonopol und suchte es wortgewaltig zu verteidigen.

Dennoch war die Angst, daß Frauen dieses Monopol zerstörten und Konflikte untereinander fortan ebenfalls mit Pistole oder Säbel austrügen, eher vorgeschoben. In Wirklichkeit fürchtete man sich weniger vor duellierenden Frauen als vor Männern, die sich nicht mehr duellierten und unter dem Druck der »Verhältnisse« auf dieses unverwechselbare Insignium von Männlichkeit verzichteten. Das Duell erschien in dieser Perspektive geradezu als Bollwerk gegen die schleichende »Feminisierung« der Gesellschaft, die sich im öffentlichen Leben, aber auch in der Welt von Technik und Industrie immer deutlicher abzuzeichnen begann. »Weil die Frau nicht Mann werden kann«, diagnostizierte 1902 der streitbare Duellanhänger von Wimpffen, »macht sie den Mann zum Weibe«, eine Verwandlung, die dem Mann alle geschlechtstypischen Energien und Eigenschaften raube und ihn zu einem »lendenlahmen Neutrum« degenerieren lasse.[142] Vor solchen Zeichen des »Verfalls« warnte in den 1890er Jahren auch der Berliner Rechtsprofessor Otto Gierke, wenn er darauf verwies, daß »die Männlichkeit den Männern abhanden« komme, und seine Geschlechtsgenossen aufrüttelte: »Sorgen wir vor allem, daß unsere Männer Männer bleiben!«[143]

Tatsächlich schien das traditionelle Bild starker, kraftvoller, autonomer Männlichkeit in der modernen Gesellschaft allmählich überlebt. Die wachsende Einförmigkeit und Standardisierung industrieller Produktion, die sich von körperbetonter Virilität immer deutlicher distanzierende Technik, die Erfahrung der »Vermassung« und Entindividualisierung in den schnell wachsenden Großstädten – all das trug dazu bei, daß Männer sich ihrer Männlichkeit nicht mehr sicher waren. Selbst der Krieg, jene zutiefst männliche Situation, bot offensichtlich nicht unbedingt die Gewähr, die gefährdete Männlichkeit zu stabilisieren. Zwar vermittelte das Militär im 19. Jahrhundert zweifellos eine »Erziehung zur Männlichkeit«, die »auch im Bürger halbvergessene Manneseigenschaften« zu wecken versprach.[144] Doch entging es aufmerksamen Zeitgenossen nicht, daß, wie die Frauenrechtlerin Helene Lange 1912 konstatierte, »selbst für die Kriegsführung ... heute die Wichtigkeit des Ingenieurs und Technikers gegenüber der des Soldaten unendlich gestiegen« sei und nicht so sehr persönlicher Mut, sondern technische Intelligenz und Präzision über Erfolg und Scheitern einer militärischen Operation entschieden.[145]

Die stupende Beredsamkeit, mit der Studenten, Offiziere, Professoren, Beamte und sonstige Akademiker vor allem in der zweiten Jahrhunderthälfte die »Männlichkeit« des Duells priesen und die Notwendigkeit hervorhoben, den Ehrenzweikampf als Markenzeichen des männlichen Geschlechtscharakters zu bewahren, erhält vor diesem Hintergrund eine besondere Bedeutung. Die Betonung angeblich typisch männlicher Eigenschaften und Fähigkeiten wie Kaltblütigkeit, Eindeutigkeit, Selbstbeherrschung, Selbständigkeit, Freiheitsdrang, Willenskraft und Mut, die sich im Duell einen vollendeten Ausdruck verschafften, nahm geradezu beschwörend-verschwörerische Formen an, als ob es gelte, sie vor dem drohenden Zerfall zu retten. Solange sich Männer noch duellierten, blieben sie wahre Männer, die ihrem Geschlecht Ehre machten und zeigten, daß sie in einer geschlechterdualistisch konzipierten Welt auf der richtigen, Macht und Autonomie verkörpernden Seite standen.[146]

Als diese Welt an der Wende vom 18. zum 19. Jahrhundert unter bürgerlichen Vorzeichen neu definiert worden war, hatte der Geschlechterdiskurs nicht nur den weiblichen, sondern auch den männlichen »Charakter« in seinen Umrissen und Strukturen festgelegt. Ausgehend von den unterschiedlichen Handlungs- und Wirkungssphären der Geschlechter wies man ihnen die dazu passenden emotionalen und psychischen Merkmale zu, die gleichwohl nicht als sozial bedingt, sondern als »Natur« und »Anthropologie« interpretiert wurden. Relativ offenherzig hatte um 1800 noch der braunschweigische Hofrat Carl Friedrich Pockels über die gesellschaftlichen Zusammenhänge dieser »Geschlechtscharaktere« Auskunft gegeben. In seiner vierbändigen Studie über »den Mann« mit dem bezeichnenden Untertitel »Ein anthropologisches Charaktergemälde seines Geschlechts« rekurrierte er zwar auch auf »Natur«, wenn er etwa von der »physischen Gefühlshärte« des Mannes oder der »glücklichen Abhängigkeit« der Frau »von dem Mann« sprach. Im gleichen Atemzug aber konzedierte er, daß die bei Männern zu beobachtende »Festigkeit und Härte des Charakters« in mindestens ebenso großem Maße aus ihren Lebensumständen und ihrer gesellschaftlichen Position entspringe. »Der Mann«, hieß es da, »ist zur Industrie, zur Anstrengung berufen; er muß für sich und andere wirken, Pläne machen, wählen und verwerfen.« Sein »größerer Geschäftskreis«, seine »notwendigere Vieltätigkeit und Arbeitsamkeit« formten aus ihm »nach und nach« einen »männlichen Charakter«, der durch Erziehung und Erfahrung stets neu reproduziert werde.

Im Unterschied zur Frau, deren »Region des Glücks und der Tätigkeit das Wohl ihres Gatten, ihrer Kinder« sei und deren »weiblicher Charakter« daher anders gestaltet sei, zeichnete sich der Mann laut Pockels durch Aktivität, Egozentrik, unverrückbare Grundsätze, Entschlossenheit, Kraft und Außenorientierung aus – sämtlich Eigenschaften, ohne die er im »Tumult der Weltgeschäfte« und im »Treiben und Jagen, sich in der Welt einen *Ehrenplatz* zu erringen«, nicht reüssieren könne. Eben um diesen Ehrenplatz aber ging es im Leben von Männern, die sich aus der Masse emporheben und eine besondere, allseits anerkannte Rolle spielen wollten. Obwohl Pockels, seinem Untertitel getreu, immer nur von »dem Mann« sprach und den Gattungssingular nicht weiter differenzierte, bezogen sich seine Ausführungen doch offenkundig vor allem auf Männer bürgerlicher Herkunft. Für sie mußten Ehrgeiz und Ehrtrieb, »Treiben und Jagen« sehr viel wichtiger sein als für Männer aus adligem, bäuerlichem oder handwerklichem Milieu, deren Lebensentwürfe zu jener Zeit noch weitgehend vorprogrammiert waren und sich in relativ invariablen, ständisch eingefaßten Bahnen bewegten.

Der bürgerliche Mann kämpfte aber nicht nur um eine herausragende Stellung, die ihm soziale Ehre und Achtung eintrug; nach Pockels war der »männliche Charakter« gerade auch dadurch definiert, daß er die »personelle Ehre« pflegte und ihr, soweit erforderlich, »große Opfer« brachte.[147] Ob der bürgerliche Hofrat mit solchen Wendungen auf das Duell anspielte, das ja seit dem frühen 19. Jahrhundert auch unter Männern seiner sozialen Kreise zunehmend in Übung kam, muß offenbleiben. Andere Zeitgenossen behandelten diesen Punkt weniger diskret. Daß Ehre, Duell und Männlichkeit eng zusammengehörten, war für den badischen Liberalen Carl Welcker eine ausgemachte Sache. Männliche Ehre bewies sich seiner Meinung nach in einer »mutvollen Gesinnung und Tüchtigkeit zu ihrer Verteidigung«, und da jene Gesinnung im Duell ihren feierlichsten und erhabensten Ausdruck fand, erachtete er es als »für die Ausbildung von Ehre und Männlichkeit förderlich«.[148]

Ein solches Ineinssetzen von männlicher Ehre und Mut begegnet uns in den Elogen der Duellanhänger ebenso wie in den Selbstbeschreibungen von Duellanten auf Schritt und Tritt. Nicht nur Offiziere, für die Mut zum Berufserfordernis stilisiert wurde, sondern auch Studenten, Beamte, Freiberufler, die ihren Lebensunterhalt in der Regel an Schreibtisch und Katheder verdienten, legten allergrößten Wert darauf, ihren persönlichen Mut über allen Zweifel zu erheben und auf diese Weise, so schien es zumindest, auch ihre Ehre unbefleckt zu erhalten. So manche Forderung zum Duell verdankte sich einzig und allein dem Drang, Mut zu beweisen, und auch die Annahme einer Forderung erfolgte nicht selten aus ähnlichen Beweggründen. Selbst dann, wenn die Beteiligten versöhnlich gestimmt und innerlich bereit waren, auf die Vermittlungsbemühungen der Sekundanten einzugehen, zeigten sie sich nach außen fest zum Duell entschlossen. So weigerte sich beispielsweise der Bauamtspraktikant Andreas Schachner, der den bayerischen Leutnant Guido Schauer 1881 einen »Lausbuben« genannt hatte und deshalb zum Duell gefordert worden war, hartnäckig, diese Beleidigung zurückzunehmen, obwohl er »sein Unrecht vollkommen einsah«. Da er jedoch befürchtete, »es könnte ihm ein Eingehen auf die [Sühneversuche] als ein Mangel an persönlichem Mut gedeutet werden«, wies er sie »schroff von der Hand« und bezahlte dafür mit seinem Leben.[149]

In den Duellratgebern jener Zeit traf ein solches Verhalten auf ungeteilte Zustimmung. Wenngleich der Kodex Sekundanten dazu verpflichtete, sich intensiv um einen gütlichen Vergleich der Parteien zu bemühen und selbst auf dem Kampfplatz noch einen Versöhnungsversuch zu unternehmen, erachteten »Praktiker« dies als reine Formsache. Erst nach dem Duell durfte sich der Beleidiger entschuldigen und sein Bedauern darüber ausdrükken, »daß er nicht vor dem Kampfe seine Entschuldigung anbieten konnte«.[150] Auch das Kampfverhalten selber mußte Mut und Entschiedenheit ausdrücken. Schoß ein Duellant sichtbar daneben, setzte er sich sofort dem Verdacht aus, seinen Kontrahenten »zur Gegenseitigkeit aufzufordern«. Ein derart »ostensibles Verfahren« galt gemeinhin nicht als rücksichtsvoll, großzügig oder christlich motiviert, sondern als Zeichen persönlicher Feigheit.[151] Darauf verwies 1898 der Chemiker Alfred Robitseck, der den Münchener Studenten Fritz Ollendorf im Duell getötet hatte. »Daß ich nicht in die Luft schoß«, erklärte er vor Gericht, »hat seinen Grund in meiner Befürchtung, es möchte mir das als eine Inanspruchnahme der Schonung von Seiten meines Gegners ausgelegt werden.« Eine solche Fehldeutung wollte er sich um so weniger gefallen lassen, als Ollendorf ihm bereits vor dem Waffengang wegen seiner anfänglichen Weigerung, die Forderung anzunehmen, Feigheit vorgeworfen hatte.[152]

Für feige gehalten zu werden, war für Männer der satisfaktionsfähigen Kreise offenbar eine der größten Bedrohungen, auf die sie sofort mit dem Gegenbeweis antworteten. Die Bezeichnungen »Hundsfott«, »Feigling« oder »Memme«, die allesamt den persönlichen Mut des Betreffenden anzweifelten, zogen denn auch mit ziemlicher Sicherheit eine Duellforderung nach sich. Lehnte jemand eine Forderung ab, geriet er ebenfalls sofort in Verdacht, aus Feigheit gehandelt zu haben. Sich selbstbewußt darüber hinwegzusetzen, fiel Männern in der Regel ungeheuer schwer. »Es ergreift einen ein *zu* komisches Gefühl, wenn man in der Lage ist zu fürchten, daß einem der oder jener etwa Feigheit vorwerfe«, notierte Ferdinand Lassalle 1858, nachdem er eine Duellforderung aus prinzipiellen und commentmäßigen Gründen zurückgewiesen hatte. »Freilich riskierte ich früher alle anderen Arten von Vernichtung, nur nicht grade den Vorwurf der Furcht, der meiner Eitelkeit ... besonders schmerzlich fällt.«[153] Als furchtsam, schwach und feige zu gelten, kam für Lassalle also einer »Vernichtung« seines männlichen Ehranspruchs gleich, mit der er sich nur widerstrebend abfand.

Wenn männliche Ehre in der gesellschaftlichen Oberschicht des 19. und frühen 20. Jahrhunderts auf weite Strecken identisch war mit der Anerkennung von Mut und Lebensverachtung, entsprach sie ziemlich genau dem, was der preußische Generalleutnant von Boguslawski 1896 als Ehre des »Kriegerstandes« kennzeichnete.[154] Mit einer solchen Gleichsetzung von »männlich« und ›militärisch‹ warteten nicht nur Offiziere auf. Auch Zivilisten, die sich im Kaiserreich mit dem Phänomen männlicher Ehre auseinandersetzten, dachten in ähnlicher Richtung. So beschrieb Hans Delbrück 1896 die »psychologische Grundstimmung« des Duells damit, »daß zur vollen männlichen Persönlichkeit auch der Mut gehört, sich selbst für seine Sache einzusetzen. Diesen Mut zu haben ist die Ehre des Mannes.« Der Kieler Strafrechtsprofessor Max Liepmann fand männliche Ehre 1909 in »persönlichem Mut und Zuverlässigkeit«: »Die Ehre des Mannes besteht darin, daß man sich auf ihn, auf sein Wort und seine Tatkraft verlassen kann.« Und für den Berliner Universitätslehrer Paulsen beruhte Ehre auf »Mut, Unabhängigkeit und Wahrhaftigkeit«, wobei er dem Mut eindeutig Priorität einräumte. »Ein Mann ohne Mut, ein Mann, der für eine Sache, die es wert ist, nicht auch das Leben in die Schanze zu schlagen bereit ist, verdient nicht den Namen eines Mannes.«[155]

Solche mit mehr oder weniger Pathos vorgetragenen Definitionen zeigten sehr deutlich, wie sehr sich das Ideal des militärischen Mannes auch in den Köpfen von Nichtmilitärs eingenistet hatte. Obwohl, wie selbst Delbrück zugestand, »persönlicher Mut und physische Tüchtigkeit« in der modernen Gesellschaft immer weniger funktionale Bedeutung beanspruchen konnten, waren sie »noch heute [1896] sehr hochgeschätzte männliche Eigenschaften«.[156] Diese Hochschätzung reflektierte zweifellos den enormen Stellenwert, den das Militär in der bürgerlichen Gesellschaft Deutschlands besaß – einen Stellenwert, der sich seit den erfolgreichen Kriegen der 1860er und 1870er Jahre noch erheblich erhöhte. War nun, wie Gustav Freytag in seinen Lebenserinnerungen festhielt, »endlich die Zeit gekommen ..., wo *der Mann* das Schicksal des Volkes beherrschte«,[157] ließen sich auch Zivilisten mehr und mehr dazu verleiten, ihren Geschlechtscharakter durch Anleihen bei den heldenhaften Siegern aufzupolieren.

Als eine ausschließlich männliche Institution, deren Mitglieder Tag für Tag in größter Nähe und relativer Abgeschlossenheit nach außen miteinander umgingen, erzeugte das Militär ein soziales Klima, in dem Männlichkeit gleichsam unter einer Glasglocke wuchs und gedieh. Den Selbstbeschreibungen von Offizieren folgend, zeichnete sie sich vor allem durch zweierlei aus: durch betonte Forschheit und Schneidigkeit, die jederzeit die Bereitschaft erkennen ließen, nicht nur zu reden, sondern auch zu handeln, sowie durch eine hohe Wertschätzung von Kameradschaft. Beides konnte der Offizier in seinem Berufs- und Lebenszusammenhang nicht entbehren: Als Kamerad, der für die anderen einsprang und das gleiche von ihnen erwarten durfte, fügte er sich den männerbündischen Strukturen des Militärs ein; zugleich aber mußte er sich als Vorgesetzter seiner Mannschaft auch davon lösen können und als männliches Individuum erscheinen, das über genügend persönliche Durchsetzungskraft und Herrschaftswillen verfügte, um seine Untergebenen »führen« und auf ihre Gefolgschaft rechnen zu können. Ein heroisch gesteigertes Individualitätsbewußtsein gehörte deshalb ebenso zum Männlichkeitsethos des Offizierkorps wie der Schulterschluß mit dem Kollektiv, dem Männerbund der Gleichgesinnten.

In dem Maße nun, wie immer mehr bürgerliche Männer seit der Einführung allgemeiner Wehrpflicht als Einjährig-Freiwillige und Reserveoffiziere in engen Kontakt mit militärischen Sitten und Gepflogenheiten kamen, entwickelte sich das Militär auch für sie zu einer »Schule der Männlichkeit«, wie Friedrich Paulsen 1902 emphatisch schrieb.[158] Selbst »Ungediente« orientierten sich am militärischen Vorbild. Das erhellt ein Vorfall, der sich 1869 in Bayern zutrug. Mehrere junge Juristen saßen im Wirtshaus beisammen und unterhielten sich über die im Volksmund so genannte »Krüppelsteuer«, ein von Militärdienstuntauglichen zu entrichtendes Wehrgeld. Als sie einen wehrgeldpflichtigen Kollegen scherzhaft als »Krüppel« titulierten, konterte dieser, »daß er sich trotzdem getraue, es mit einem Offizier aufzunehmen«. Ein am Nebentisch sitzender Oberleutnant stellte ihn »darüber zur Rede«, worauf der Jurist den Offizier zum Säbelduell forderte.[159] Wenn jemand »es mit einem Offizier aufnehmen« konnte, galt dies offenbar als über jeden Zweifel erhabener Männlichkeitsbeweis, der im Duell so überzeugend wie nirgendwo sonst zu führen war.

Eine dem militärischen Modell unmittelbar nachgebildete Männlichkeitserziehung genossen Bürgersöhne zudem an den Universitäten, wo sie sich als Verbindungsstudenten darin übten – um noch einmal Paulsen zu zitieren –, »sich dem Ganzen ein- und unterzuordnen und zugleich sich in dem Ganzen selbst zu erhalten und durchzusetzen«.[160] Kantiger Schliff und aufrechte, bis zur Steifheit reichende »Haltung« in allen denkbaren und undenkbaren Situationen zeichneten den Verbindungsstudenten ebenso aus wie die Fähigkeit, sich den strengen Hierarchien und Regeln der Organisation und ihren männerbündischen Aktions- und Gesellungsformen reibungslos anzupassen. »Probleme«, erinnerte sich Max Weber an seine Zeit als Heidelberger Burschenschafter, »gab es nicht für uns – wir waren überzeugt, alles, was vorkam, irgendwie mit einer Mensur lösen zu können.« Die »ausgeprägte innere Schüchternheit und Unsicherheit der Knabenjahre«, so Weber weiter, sei durch die »übliche Dressur zur ›Schneidigkeit‹ im Kouleurleben und als Unteroffizier« restlos beseitigt worden. Ihre Stelle nahm ein Männlichkeitsbewußtsein ein, das großen Wert auf formale Haltung legte und auch im späteren Leben nie davor zurückscheute, sich seiner selbst durch Proben männlichen Mutes und Kampfgeistes zu versichern.[161]

Die »Fortifikationslinien« (Paulsen), die ein solcherart »dressierter« Mann um seine Person zog, ließen ihm wenig Spielraum. Sein Anspruch, von anderen Männern in seiner Männlichkeit respektiert und geachtet zu werden, erlegte ihm zugleich die Pflicht auf, Andeutungen mangelnden Respekts sofort zu registrieren und zu beantworten. Gerade weil der Männerbund seinen Mitgliedern solidarisches Verhalten und innere Geschlossenheit verordnete, erhielten Verletzungen dieser Solidarität ein besonderes Gewicht. Unhöflichkeit, auffälliges Nichtgrüßen, Ausschluß aus der Geselligkeit signalisierten dem Betroffenen, daß er die Anerkennung des anderen verloren hatte. Noch deutlichere Zeichen der Mißachtung setzten Ausdrücke wie »dummer Junge«, »Flegel«, »Lausbube«, »Lümmel«, die darauf abzielten, das Gegenüber zu infantilisieren. Am beleidigendsten aber waren neben Worten, die den Mut oder die Wahrhaftigkeit (»Lügner«, »Betrüger«) anzweifelten, Schläge, vor allem Ohrfeigen. Sie wurden als abgrundtiefe Demütigung empfunden, als entmännlichender Akt, der nur durch ein Duell, als männliche Tat par excellence, aus der Welt geschafft werden konnte. In diesem Sinn sprach der preußische Justizminister Beseler 1907 davon, »daß das Duell bei uns jetzt nicht lediglich darauf beruht, daß die Ehre verletzt wird, sondern mittelbar auch darauf, daß die Mannhaftigkeit des Verletzten angegriffen wird und daß er nun in dem Duell die Wiederherstellung seiner angezweifelten Mannhaftigkeit sucht«.[162]

Besonders deutlich kam der Zusammenhang von Ehre und Männlichkeit in einem Konflikt zum Ausdruck, der sich 1896 in Königsberg ereignete. Auf einem Maskenball wurde der als Matrose verkleidete Gerichtsassessor Ernst Borchert von einem ebenfalls kostümierten, stark angetrunkenen Mann »derb in das Gesäß gekniffen und aufgefordert, ihm ein Glas Bier zu bringen«. Derart ostentativ als Servierfräulein behandelt zu werden, trieb dem Assessor die Zornesröte ins Gesicht. Er konterte mit der Bemerkung, er finde das Betragen des anderen »louismäßig« und würde ihn am liebsten dafür ohrfeigen. Nachdem er aufgrund verschiedener Andeutungen davon ausgehen konnte, es mit einem »satisfaktionsfähigen Menschen« zu tun zu haben, setzte er alles daran, seinen Beleidiger zum Duell zu bewegen, scheiterte aber zunächst an dessen demonstrativer, offenbar dem Alkohol geschuldeter Gleichgültigkeit. Borchert jedoch mochte den massiven Angriff auf seine Mannesehre nicht auf sich sitzen lassen. Als er erfuhr, daß der andere Offizier und als solcher unbedingt duellpflichtig war, machte er deshalb aus seiner Freude keinen Hehl. Ein paar Ohrfeigen reichten aus, um den lethargischen Leutnant zu einer Forderung zu motivieren und Borchert jene Genugtuung zu verschaffen, deren er angesichts der handgreiflichen Verletzung seiner maskulinen Identität so dringend bedurfte.[163]

Diese Geschichte beleuchtet nicht nur die äußerste Empfindlichkeit, mit der Männer auf Angriffe gegen ihre Geschlechtsehre reagierten; sie zeigt auch, daß solche Angriffe nur dann durch die Mutprobe eines Zweikampfes pariert werden mußten, wenn sie von einem Mitglied des exklusiven Männerbundes ausgegangen waren. Als der Gerichtsassessor zu Beginn des Konflikts den Eindruck gewann, sein Gegenüber sei satisfaktionsunfähig – Grund dieser Annahme: Der Offizier hatte Borcherts Ohrfeigendrohung nur »mit einem geringschätzigen Lächeln« anstelle einer sofortigen Duellforderung beantwortet –, hielt er die Angelegenheit »für erledigt«. Männer, die aufgrund ihrer sozialen Herkunft und Stellung nicht zur satisfaktionsfähigen Gesellschaft gehörten, konnten gar nicht beleidigen, weil man auf ihre Achtung keinen Wert legte. War ein Akademiker von einem Tagelöhner oder Fabrikarbeiter beschimpft worden, fühlte er sich nicht als Person, sondern allenfalls sozial getroffen – und hängte dem Beleidiger eine gerichtliche Klage an. Georg von Vincke erklärte 1847 gar, er würde unter diesen Umständen selbst bei einem tätlichen Angriff »keine Notiz davon nehmen, mich in keine Erörterung mit einem solchen Menschen einzulassen haben, mit einem Menschen, der zu tief unter mir steht, und der in Bezug auf Ehre mir nicht ebenbürtig, also nicht einmal würdig ist, daß ich ihn mit dem Stock berühre. Vielmehr würde in diesem Falle meine Ehre ganz intakt geblieben sein.«[164]

Keiner seiner Standesgenossen, kein Angehöriger der satisfaktionsfähigen Gesellschaft hätte Vincke deswegen einen Vorwurf gemacht oder ihn eines unmännlichen, unehrenhaften Verhaltens bezichtigt. Die männliche Duellehre – oder, um die Austauschbarkeit der Begriffe noch einmal zu betonen, die ehrenhafte Männlichkeit der Duellanten – war schließlich alles andere als klassenneutral, und auch der Mut, der dazu gehörte, sie zu wahren und »rein«zuhalten, war nicht verallgemeinerbar. In seiner disziplinierten, affektgereinigten Ausdrucksform setzte man ihn nur bei jenen Männern voraus, die sich durch formale Bildungs- und Offizierspatente einen Platz im Kreis des elitären Männerbundes gesichert hatten. All das, was sich außerhalb dieses satisfaktionsfähigen Kreises abspielte, konnte die persönliche Integrität seiner Mitglieder niemals so tangieren, wie es Übergriffe und Achtungsverletzungen untereinander vermochten.

Ebenso wie ein Gerichtsassessor, Arzt oder Offizier nicht von einem Schneider- oder Metzgergesellen in seiner persönlichen Ehre und Männlichkeit gekränkt werden konnte, zeigte er sich auch für Beleidigungen, die Frauen gegen ihn aussprachen, prinzipiell unempfänglich. »Keine Gesellschaft«, meinte 1898 ein Duell-Autor, »wird die Ehre eines Mannes durch den Schimpf eines Weibes, und sei er noch so arg, für verletzt halten.«[165] Niemals – außer in Romanen[166] – wäre ein Mann auf den Gedanken verfallen, eine Frau, die ihn beleidigt hatte, zum Duell zu fordern; allenfalls konnte er überlegen, sie gerichtlich zu verklagen.[167] Eine Frau durfte, so der Verfasser eines Duellkodexes, »für eine Beleidigung, die sie begangen hat, nicht verantwortlich gemacht werden. Genugtuung kann in diesem Falle von ihrem Beschützer verlangt werden.«[168] Diesem Grundsatz folgte 1876 der Referendar und Reserveoffizier Zacher, der auf einem Fest mit der Gattin des Kreisgerichtsrats Maeckelburg in Streit geriet und von ihr als »gemeiner Mensch« tituliert wurde. Anstatt sie dafür direkt und persönlich zur Rechenschaft zu ziehen, wandte sich Zacher an ihren Mann und forderte von ihm »eine Aufklärung dieses Benehmens«. Von nun an war der Konflikt Männersache: Maeckelburg hielt mit seiner Frau Rücksprache, kehrte dann zu Zacher zurück und beleidigte ihn seinerseits mit Ausdrücken wie »dummer Junge« und »gemeiner Lümmel«. Als er ihm außerdem noch Ohrfeigen androhte, revanchierte sich Zacher mit einer Pistolenforderung.[169]

Untätig mußten Frauen auch dann bleiben, wenn sie selber beleidigt worden waren. Laut übereinstimmender Auffassung der Duellhandbücher war es die Aufgabe ihrer »natürlichen Beschützer«, von dem Beleidiger, sofern er männlichen Geschlechts war, für seine Verfehlung Genugtuung zu verlangen. Die Beleidigung ging gleichsam über die Frau hinweg auf ihren Gatten über oder, falls sie unverheiratet war, auf ihren Vater, »der hierdurch in direkter Weise getroffen wird, als wenn sich die Frau nicht zwischen dem Angreifer und ihrem Beschützer befinden würde«.[170] Die Frau als ursprünglich Angegriffene verschwand gänzlich aus dem Blickfeld und räumte den Kampfplatz, um ihn Männern zu überlassen.

Von einer solchen Erfahrung wußte etwa Marianne Weber zu berichten. Als 1910 im Anschluß an die Heidelberger Tagung des

Bundes deutscher Frauenvereine ein Zeitungsartikel erschien, in dem ein junger Dozent die Frauenbewegung als Verband von Witwen, Jüdinnen, unverheirateten und sterilen Frauen sowie solchen, die sich den Mutterpflichten bewußt entzögen, verunglimpfte, geriet Max Weber in »weißglühenden Zorn« über diese eindeutig an die Adresse seiner Gattin gerichtete Schmähung. Offenbar bedurfte es großer Überredungskünste, ihn daran zu hindern, »sogleich zu[zu]greifen«. Zunächst forderte Marianne Weber den Dozenten auf, seine Anwürfe zurückzunehmen, und erst als jener darauf nicht einging, »erfolgte unter ihrem Namen eine öffentliche Züchtigung, an deren schneidender Schärfe jeder den Mitverfasser erkannte«. Des weiteren erklärte sich Weber bereit, die »Ehre seiner Frau« im Duell zu »vertreten«, womit der Disput endgültig in einen Konflikt unter Männern überführt worden war.[171]

Weber selber hätte sein Verhalten wahrscheinlich, wenn man ihn danach gefragt hätte, als »ritterlich« bezeichnet und sich damit auf ein Verhaltenskonzept berufen, das im satisfaktionsfähigen Bund der Ehrenmänner hohen legitimatorischen Wert beanspruchte. Nicht nur der Umgang von Männern untereinander sollte den Geboten einer verklärten Ritterlichkeit folgen und Gleichheit, Fairness und Mut widerspiegeln; auch und vor allem das Benehmen dem anderen, »schutzlosen« Geschlecht gegenüber hatte sich an diesem Ideal zu orientieren und sich durch Zuvorkommenheit, Schutz und Verehrung auszuzeichnen. Ebenso wie es galt, der Ehre einer Frau nicht zu nahe zu treten (sofern die Frau der gleichen Gesellschaftsschicht angehörte!), sollte sie dann, wenn sie verletzt worden war, in »ritterlicher« Repräsentation von dem dafür zuständigen »natürlichen Beschützer« verteidigt werden.

Ein solcher Stellvertretungsgedanke leitete sich aus verschiedenen Wurzeln her. Zum einen entsprang er der von der bürgerlichen Gesellschaft des 19. Jahrhunderts übernommenen und verschärften Vorstellung, Frauen seien keine rechtsfähigen Wesen, sondern unterstünden der Vormundschaft ihrer Väter bzw. Ehemänner. Als Unmündige seien sie daher weder in der Lage, Verantwortung für ihr Handeln zu übernehmen, noch dürften sie sich selbständig gegen Angriffe Dritter zur Wehr setzen. Diese im Allgemeinen Landrecht von 1794 niedergelegten und im familienrechtlichen Teil des 1900 in Kraft tretenden Bürgerlichen Gesetzbuchs weitgehend fortgeschriebenen Grundsätze bildeten sich auch in den informellen »Gesetzen« des in den sozialen Oberschichten gültigen Ehrenkodexes ab.

Die Tatsache, daß Frauen das Recht und die Fähigkeit abgesprochen wurden, ihre Ehre mit eigener Kraft zu verteidigen, rührte aber zum anderen von der spezifischen Qualität dieser Ehre her. Weibliche Ehre war in noch viel stärkerem Ausmaß als die Ehre von Männern als Geschlechtsehre definiert, die an die körperlich-sexuelle Integrität der Frau gebunden war.[172] Verlor sie diese Integrität, indem sie ihren Körper einem Mann hingab (oder hinzugeben gezwungen war), der dazu kein »Recht« hatte, büßte sie auch ihre Ehre ein. Es war nur folgerichtig, daß solcherart verlorene Körper-Ehre nicht durch eigenen körperlichen Einsatz wiederhergestellt werden durfte. Die durch einen Mann verletzte Ehre konnte nur durch einen Mann »geheilt« werden: entweder, bei unverheirateten Frauen, auf dem Wege der Eheschließung oder, bei verheirateten Frauen, durch ein Duell zwischen Ehebrecher und Ehemann.

Besonders deutlich trat dieser Zusammenhang in einer Begebenheit zutage, die sich 1904 in Berlin ereignete. Damals hatte der 45jährige, verheiratete Hauptmann Joachim von Levetzow die zwanzig Jahre jüngere, ledige Margaretha Gaup kennengelernt und intime Beziehungen zu ihr angeknüpft. Beide trafen sich mehrfach in einer Absteige. Als dies ein Jahr später dem Bruder der jungen Dame, die mittlerweile mit einem Berliner Bankier verheiratet war, zu Ohren kam, sah sich dieser, ebenfalls Offizier, »als der älteste männliche Vertreter seiner Familie zu einer Herausforderung des Hauptmanns a. D. v. Levetzow zum Zweikampf auf Pistolen genötigt, um sich für die ihm und seiner Familie zugefügte schwere Beleidigung Genugtuung zu verschaffen«.[173] Zunächst hatte der Gatte Margaretha Gaups den verflossenen Liebhaber zur Rechenschaft ziehen wollen, zumal Margaretha anfangs vorgab, von Levetzow verführt und vergewaltigt worden zu sein. Als sich aber herausstellte, daß sie die Beziehung freiwillig eingegangen war, betrachtete ihr Mann den Ehrenhandel als gegenstandslos und überließ das Feld seinem Schwager. Indem Margaretha ihre Jungfräulichkeit dem falschen Mann geopfert hatte, nämlich einem, der bereits verheiratet war und ihre durch den unehelichen Beischlaf verletzte Ehre nicht durch eine nachträgliche Eheschließung reparieren konnte oder wollte, war nicht nur ihre eigene Ehre, sondern auch die ihrer Familie in Mitleidenschaft gezogen worden. Ihr Bruder handelte daher gleichsam in doppelter Funktion: als ihr Stellvertreter und in eigenem Namen.

Hätte Margaretha Gaup *nach* ihrer Heirat mit dem Hauptmann geschlafen, wäre es Sache ihres Gatten gewesen, sich in seiner »häuslichen« oder »Familienehre« verletzt zu fühlen und den Offizier zum Duell zu fordern. Der Bankier wäre damit aber nicht in erster Linie als Geschlechtsvormund seiner Frau aufgetreten, sondern als ein in seiner persönlichen Ehre gekränkter Mann. Indem ein anderer Mann in den »befriedeten Bezirk seiner Familie« eingedrungen wäre, hätte er sich »an einem überaus kostbaren Gute des Ehemannes« vergriffen, »welches durch die Intimität der ehelichen Beziehungen gewissermaßen einen Teil der eigenen Persönlichkeit desselben« konstituierte. Der Ehebruch dokumentierte »eine eklatante Geringschätzung dieser Persönlichkeit und bildet somit einen scharfen Affront gegen die Wehrhaftigkeit des Gatten«.[174] Wurde der Affront durch eine Duellforderung zurückgewiesen, bewies der Ehemann, daß er nicht bereit war, die Enteignung seiner Ehefrau zu dulden und den massiven Angriff auf seine Männlichkeit klaglos hinzunehmen. Trotz der Beteuerungen vieler Zeitgenossen, es gebe gar keine männliche Sexual- oder Geschlechtsehre,[175] agierte der Gatte in einem solchen Fall unverhohlen die sexuelle Kränkung aus, die ihm der Ehebruch zugefügt hatte. Auf dem Duellplatz zeigte er sich selber, seiner Frau, dem Ehebrecher und der ganzen Gesellschaft, daß er immer noch Manns genug war, seine im Bett des Nebenbuhlers angezweifelte Männlichkeit im mutigen, todesverachtenden Kampf zu verteidigen. Nicht verletzte Liebe, sondern verletzte Männlichkeit und Ehre bewogen den Ehemann zu diesem Schritt, von dem er seine Frau in der Regel – sofern er es dann noch konnte – erst nach dem Duell in Kenntnis setzte. Selbst wenn die Ehe längst zerrüttet war und die Ehegatten getrennt lebten, forderte die gekränkte Männerehre gebieterisch ein Duell – ein deutlicher Beweis dafür, daß der »Kampf ums Weib« höchstens den formellen Anlaß, keineswegs aber das eigentliche Motiv des Ehrenzweikampfs abgab.

Als der Stabsarzt Scholz den 42jährigen verwitweten Hauptmann Karl von Eckartsberg wegen Ehebruchs mit seiner Frau 1904 zum Duell forderte, beabsichtigte er damit sicherlich nicht, seine Ehe zu retten, die er selber mehrfach gebrochen hatte. Die Ehe hatte von Anfang an nicht funktioniert, und spätestens als sie ihren Mann mit dem Dienstmädchen erwischte, entschloß sich Frau Scholz, sich von ihm zu trennen. Während seiner zweijährigen Abkommandierung nach Ostasien ging sie ein Verhältnis mit seinem Regimentskameraden Eckartsberg ein, wovon Scholz nach seiner Rückkehr erfuhr. Obwohl er selber in China und Japan »anscheinend kein sittlich einwandfreies Leben geführt« hatte, forderte er den Hauptmann zum Pistolenduell, das unter schwersten Bedingungen – gezogene Pistolen mit Visier, zehn Schritte Distanz und dreimaliger Kugelwechsel – stattfand. Im zweiten Gang erhielt Scholz eine schwere Schußverletzung in Kinn und Hals; sein Gegner blieb unverletzt.[176]

Daß die Gesellschaft der Ehrenmänner ein Verhalten, wie es Scholz an den Tag legte, erwartete, zeigten die Vorkommnisse in Kiel 1899, als der 36jährige Kapitänleutnant Alfons von Bentheim mit schlichtem Abschied aus der Marine entlassen wurde, weil er Kameraden, die mit seiner Frau geschlafen hatten, nicht zum Duell gefordert hatte. Als Bentheim nach seiner Rückkehr von einer Auslandsreise erfuhr, daß seine Frau zwischenzeitlich intime Beziehungen zu mehreren Offizieren unterhalten hatte, reichte er die Scheidung ein, unterließ es aber, diejenigen Schritte zu tun, zu denen er nach Ansicht des Offizierkorps »zur Sühne des Geschehenen verpflichtet war«. Vom Ehrengericht befragt, warum er die betreffenden Offiziere nicht sofort gefordert habe, erklärte er, erst den Scheidungsprozeß abwarten zu wollen, um seine Kinder bei einem für ihn ungünstigen Duellausgang nicht einer »minderwertigen Frau« überlassen zu müssen. Das Ehrengericht ließ dieses Argument nicht gelten, »da die Wahrung der Ehre allen anderen Rücksichten vorangestellt werden mußte«.[177]

Rief Bentheims Verhalten bei seinen Kameraden und Vorgesetzten nur Unverständnis hervor, konnte ein Mann wie der Landrat Adolf von Bennigsen, der 1902 den Liebhaber seiner Frau zum Duell forderte, der Zustimmung seiner sozialen Kreise gewiß sein. Bennigsens Gattin, Mutter von fünf Kindern, hatte eineinhalb Jahre lang ein sexuelles Verhältnis mit dem Domänenpächter Oswald Falkenhagen unterhalten, der bei Bennigsens täglich ein- und ausging und mit dem Ehemann Skat spielte. Als Bennigsen davon erfuhr, übersandte er Falkenhagen eine Pistolenforderung, die jener sofort annahm. Das Hannoveraner Schwurgericht, das Falkenhagen nach dem für Bennigsen tödlich verlaufenden Duell zu sechsjähriger Festungshaft verurteilte, zog strafverschärfend in Erwägung, daß der Domänenpächter dem Landrat durch den »lange Zeit hindurch fortgesetzten Ehebruch mit dessen Frau den größten Schimpf angetan hat, der einem Ehemann zugefügt werden kann, einen Schimpf, unter dem auch die angesehene Familie des Getöteten und seine Kinder zu leiden haben würden; ferner, daß er trotz seiner sträflichen Beziehung zur Frau seines Gegners weiter in dessen Hause gesellig verkehrt hat«.[178] Diese massive Aufkündigung männlicher Loyalität konnte nach Ansicht des satisfaktionsfähigen Männerbundes nicht anders beantwortet werden als mit einer männlichen Tat, durch die Bennigsen seine so empfindlich gekränkte Ehre als Mann wiederherstellte.

Auch Armand von Ardenne, Adjutant des preußischen Kriegsministers, griff 1886 zu diesem Mittel, als er von der Liaison zwischen seiner Frau Elisabeth und dem Amtsrichter Emil Hartwich erfuhr. Obwohl die Affäre Jahre zurücklag, schickte er dem Mann, den er als Freund des Hauses geschätzt hatte, eine Pistolenforderung. Anders als im Duell Bennigsen/Falkenhagen überlebte damals der betrogene Ehemann, der sofort danach die Scheidungsklage einreichte und Theodor Fontane zu einem Roman inspirierte, der das Duell als gesellschaftliche Konvention sehr kritisch unter die Lupe nahm.[179]

Ohne den sozialen Druck, dem Männer der »besseren« Kreise in solchen Fällen ausgesetzt waren, unterschätzen zu wollen, scheinen doch gerade Zweikämpfe, die aus Anlaß eines Ehebruchs vereinbart wurden, in dieser Konventionalität nicht aufgegangen zu sein. Ein Mann wie Bennigsen gehorchte wohl kaum nur einem gesellschaftlichen Zwang, als er Falkenhagen zum Duell forderte. Allenfalls könnte man sagen, daß er unter dem Zwang stand, seine Männlichkeit zu behaupten, und dafür einen Weg wählte, der ihn mit seinem Gegner direkt, beinahe hautnah konfrontierte. Indem ihm das Duell erlaubte, Eigenschaften, die als wesentliche Züge von Männlichkeit galten, zu demonstrieren und auszuspielen, gewann er vor sich selber, vor seinem Angreifer und dem immer präsenten, wenn auch nicht physisch anwesenden Publikum seine Glaubwürdigkeit als Mann zurück.

Selbst Männer, die dem Duell mit großen Vorbehalten begegneten, die viel an seinen Formen und Anlässen auszusetzen hatten, hielten es in solchen Situationen für legitim und notwendig – ein überzeugender Beleg für die prinzipielle Zustimmung, deren sich das Duell als Manifestation des männlichen Geschlechtscharakters, der männlichen Persönlichkeit gerade auch im Kaiserreich erfreute.

Konnte sich diese Männlichkeit zweifellos am besten dort entfalten, wo Frauen im Spiel waren, bildeten Ehebruch oder Eifersucht doch keineswegs die häufigsten Anlässe eines Zweikampfs. Der preußische Kriegsminister gab 1913 im Reichstag bekannt, daß von den insgesamt 53 Offizieren, die seit 1897 als Duellanten verurteilt worden seien, nur ganze 14 wegen »unerlaubten Verkehrs mit Frauen« in ein Duell verwickelt wurden. Demgegenüber hätten in 32 Fällen tätliche, in 7 wörtliche Beleidigungen den Anlaß zum Zweikampf gegeben.[180] Diese Statistik läßt sich durch die Auswertung archivalischer Quellen unschwer bestätigen. Dennoch fällt auf, daß sehr viele, wenn nicht sogar die meisten duellträchtigen Konflikte unter Männern in einem gesellschaftlichen Umfeld entstanden, das durch die prominente Gegenwart von Frauen gekennzeichnet war. Bevorzugter Ort, an dem Duelle verabredet wurden, waren gesellige Veranstaltungen, Bälle, Tanztees, private Festlichkeiten, auf denen sich beide Geschlechter mischten. Unter den aufmerksamen Augen potentieller Heiratskandidatinnen suchten sich Männer gegenseitig in ihrer Männlichkeit zu übertreffen. Jede Berührung, jede Tabakqualmwolke konnte ihnen willkommener Anlaß sein, einen Streit vom Zaun zu brechen und sich als Helden zu präsentieren. Gerade angesichts der relativ scharfen Trennung männlicher und weiblicher Sphären in der bürgerlichen Gesellschaft des 19. Jahrhunderts, die sich auch auf der Ebene von Gesten, Sprache und Blicken deutlich ausprägte, schien es bei solchen Begegnungen offenbar reizvoll, das männliche Persönlichkeitsinventar in seiner ganzen Fülle in Szene zu setzen und den anwesenden Damen einen bleibenden Eindruck des »männlichen Charakters« zu vermitteln.

Doch selbst dann, wenn Frauen bei einem solchen Konflikt nicht zugegen waren, konnte man mit Sicherheit davon ausgehen, daß ihnen die Kunde eines Zweikampfes zu Ohren kommen würde. Daß es eine für Männer schmeichelhafte Kunde war, zog kaum jemand ernsthaft in Zweifel. Um ihren Angebeteten zu imponieren, erfanden Liebhaber zuweilen sogar ein Duell. So erhielt eine junge Frau namens Fanny Caspers zu Beginn des 19. Jahrhunderts Besuch von ihrem ungeliebten Bräutigam, einem Arzt, dessen Arm in einem Verband steckte. »Er erzählte, er habe um Fannys willen ein Duell gehabt. Diese war anfangs betroffen, dann aber stellte sie mit dem angeblichen Duellanten ein solches Kreuzverhör von allerlei Fragen an, daß sich bald zeigte, wie er Komödie gespielt hatte, um seiner Braut mehr Liebe zu sich einzuflößen.«[181]

Die Ehre einer Frau im Duell zu verteidigen, brachte Männern demnach Ruhm, Ehre und die ewige Dankbarkeit der von so viel Ritterlichkeit und Mut »Betroffenen« ein.[182] Für die Frau dagegen, die solcherart zum Anlaß eines männlichen Ehrenhandels geworden war, stellte sich die Situation sehr viel ambivalenter dar. Mochte sie sich einerseits, wie der katholische Duellgegner Graf Stolberg 1820 tadelte, »mit dem Erkühnen des Betörten, der in ihrem Dienste seine Seele in Gefahr stürzt«, brüsten und sich in ihrer »Eitelkeit« geschmeichelt fühlen, konnte andererseits ihr Ruf Schaden nehmen. Selbst wenn sie ohne eigenes Zutun und gegen ihren erklärten Willen ein Duell provoziert hatte, trübte allein schon das öffentliche Gerede, das dadurch ausgelöst wurde, »den Glanz ihres guten Rufes«.[183] Etwas blieb immer »hängen«, getreu der viktimologischen Devise, daß das Opfer an der Tat nie ganz unschuldig gewesen sein könne. Anständige Frauen, hieß es denn auch, achteten durch ihr eindeutiges, fehlerfreies Verhalten darauf, keinen Grund zu ehrenrühriger Nachrede zu geben;[184] ein Duell, das ihretwegen stattfand, mußte daher zwangsläufig Zweifel an ihrer makellosen Moral wecken. Endete der Zweikampf gar tödlich, hatten sie massive Vorwürfe und, im schlimmsten Fall, soziale Ächtung zu gewärtigen.

Frauen, die ein Duell ›schuldhaft‹ verursachten, traf das Urteil der öffentlichen Meinung mit besonderer, existenzvernichtender Wucht. Ihr Fehltritt, ihre eheliche Untreue etwa, wurden durch den Ehrenhandel allgemein publik und prägten sich dem kollektiven Gedächtnis als gesellschaftlicher Skandal unauslöschlich ein. Der männliche Ehrenkodex erlegte daher auch Frauen immense Verhaltenszwänge auf – ohne sie aber, gewissermaßen als Ausgleich, an dem partizipieren zu lassen, was das Duell als Akt autonomer Selbstbestätigung für viele Männer so attraktiv machte. Waren sie nicht jederzeit peinlich darauf bedacht, ihre Ehre bzw. das, was aus männlicher Sicht dafür galt, unversehrt zu erhalten, stürzten sie ihren »natürlichen Beschützer« in einen vielleicht tödlichen Konflikt, der zwar *seine* Ehre rettete, die *ihre* jedoch faktisch zerstörte oder zumindest schwer belastete.[185]

Bezeichnenderweise wurde diese fundamentale Asymmetrie in der zeitgenössischen Duell-Debatte kaum jemals angesprochen, geschweige denn problematisiert. Anstatt Frauen als die eigentlich Leidtragenden der konventionellen Ehrbegriffe wahrzunehmen, neigte man vielmehr dazu, sie für die Zweikämpfe der Männer aktiv verantwortlich zu machen. Nicht ein ins Absurde übersteigerter Männlichkeitskult, sondern die Schwäche des »starken Geschlechts«, leichtsinnigen Verführungen der Frauen nicht widerstehen zu können, galt vielen Duellkritikern als Quelle des Übels. Um so eindringlicher appellierten sie an die potentiellen Verursacherinnen, ihre gefährliche Macht nicht zu mißbrauchen, Duellanten gesellschaftlich zu boykottieren und sich als züchtige »Weiserinnen« auf den »verschlungenen Pfaden männlicher Ehre« zu betätigen: »Wohl mische sich die Frau nicht in den ernsten Streit der Männer. Wo aber ein unseliges Vorurteil die Wurzeln der Familie anzunagen droht, da frommt auch ihr ein Wort.«[186] Die Wirkung solcher Appelle scheint jedoch begrenzt gewesen zu sein. Vorwurfsvoll monierte 1903 der Zentrumsabgeordnete Bachem auf der 50. Generalversammlung der Katholiken Deutschlands, daß »man oft von ganz katholischen Damen Bemerkungen nach dieser Richtung hört: Das Duell ist allerdings eine scheußliche Sache, aber ein Duellant ist doch ein recht pikanter und interessanter junger Mann, den muß man sich ansehen. (Heiterkeit)«. Noch größere Heiterkeit erntete sein nächster Satz: »Das ist ja in einem gewissen Sinne erklärlich aus der Natur des weiblichen Geschlechts heraus.«[187]

Wie sehr sich Bachem und die heiteren katholischen Bürger auch über diese »Natur« belustigen mochten – Tatsache war, daß Frauen dort, wo sie auf ein weibliches Rollenmodell festgelegt wurden, das ihnen kaum Spielräume für autonomes Handeln zugestand, ihre sozialen Geltungsansprüche nur durch Männer befriedigen konnten. Immerhin verkündete ein einflußreicher Pädagoge wie Friedrich Paulsen noch 1889, die Frau habe »keine selbständige Ehre, weder politisch noch sozial, sie hat Teil an der des Mannes. Der Ehrtrieb, der in ihr ist, kann also nur indirekt Befriedigung finden: dem Mann anziehend zu sein, ist für sie unter allen Umständen der gewiesene Weg zu jedem Ziel.«[188] Wenn sich aber Frauen nur im Schatten von Männern bewegen, als Spiegelbilder von Männern erscheinen durften, konnte es nicht überraschen, daß sie Männer bevorzugten, die Kraft und Stärke demonstrierten und deren »Ehrenschild«, um eine beliebte zeitgenössische Wendung zu benutzen, so blank geputzt war, daß sich Frauen ungetrübt darin spiegeln konnten. Solange sich Frauen durch Männer definierten und sich einander als »Frau

Bankdirektor«, »Frau Regierungsrat« oder »Frau Rechtsanwalt« vorstellten, durfte sich eigentlich niemand darüber wundern, daß sie für Männer schwärmten, die den Ansprüchen, die ihre »Natur«, ihr Geschlechtscharakter ihnen auferlegten, vollauf gerecht wurden. Die von manchen beklagten, von anderen geschätzten »Sympathien« des »weiblichen Geschlechts« für das Duell und das darin verkörperte männliche Heldentum waren deshalb nur folgerichtig und die in christlichen Romanen stilisierte weibliche Abwehr in der sozialen Wirklichkeit wohl nicht häufiger anzutreffen als ihr männliches Pendant.[189]

Wenn Frauen zuweilen sogar größere Begeisterung für das Duell aufzubringen schienen als Männer, läßt sich dies gleichfalls aus dem ihrer Lebenssituation entspringenden Bedürfnis erklären, in Männern das zu lieben, was ihnen selber nicht gestattet war und worin sich Männer dezidiert von Frauen unterschieden. Ebenso wie Männer eine Vorliebe für »weibliche« Frauen an den Tag legten, begeisterten sich Frauen für »männliche« Männer – ein im polaren, auf Komplementarität bedachten Geschlechterverständnis des ›bürgerlichen‹ 19. Jahrhunderts mühelos nachvollziehbarer Mechanismus.[190] So riet der Dichter Georg Weerth, der sich in seinem 1849 erschienenen parodistischen Schnapphahnski-Roman auch über das Duell als Mannbarkeitsritual lustig machte, jedem Mann, sich wenigstens einmal in seinem Leben zu duellieren, denn: »Kann man den Frauen ein größeres Vergnügen machen, als wenn man ihnen beweist, daß man ein Mann ist?«[191]

In diesem Sinn bestärkte Caroline von Humboldt ihren Gatten nachträglich in seinem Entschluß, sich mit Boyen zu duellieren: »Wie es einmal war, so hätte ich selbst, wenn ich bei Dir gewesen wäre und Du mich wert gefunden hättest, mit mir darüber zu sprechen, Dir keinen anderen Rat geben können, als wie Du es gemacht hast. Es ist immer kurios, was man für aufgeerbte Empfindungen über ein Duell hat, sie lassen sich nie wegräsonnieren, und ich ließe nie eins zweifelhaft.« Wilhelm war demgegenüber weniger bestimmt und reagierte leicht pikiert: »Ich muß sehr über Dich lachen, mein gutes Kind, was Du für recht adlige Ideen über Duelle hast.«[192] Ob es nun nur die Ideen einer standesbewußten Adligen waren oder auch die einer auf ihre Weiblichkeit bedachten Frau, ist eine Interpretationsfrage, die sich ebenso an Sophie von Hatzfeldt richten ließe. Während Lassalle sich noch 1858 als grundsätzlicher Gegner des Duells verstand, stimmte sie darin nach eigenem Bekunden nicht mit ihm überein.[193] Die oft beschriebene »Duellschwärmerei« vieler nichtadliger Frauen spricht denn auch dafür, die Haltung der beiden Damen nicht so sehr als adlige Prätention, sondern vor allem als Ausdruck eines polaren Geschlechterdenkens zu werten.

Je mehr sich dieses Denk- und Wahrnehmungsmodell jedoch auf weiblicher Seite abschwächte und modifizierte, desto wahrscheinlicher wurde es, daß Frauen die für sie nicht nur schmeichelhafte Geschlechtersymbolik des männlichen Ehrenzweikampfs mit kritischerem Blick betrachteten. »Bis jetzt«, notierte Generalleutnant von Boguslawski kurz nach der Jahrhundertwende, hätten Frauen »die Betätigung von Energie und Mut« bei Männern sehr geschätzt, doch lasse das Auftreten der Frauenbewegung Schlimmes befürchten: »Frauenrechtlerische Ausartung« wolle »jetzt des männlichen Schutzes entbehren können«.[194] Im Deutschen Adelsblatt legte ein Standesgenosse namens von Stenglin 1895 dar, daß zwischen weiblicher Emanzipationsanstrengung und männlichem Ritterlichkeitsangebot ein grundlegender Widerspruch bestehe: Ritterlichkeit könne es »zwischen Gleichberechtigten nicht geben, weil diese Ungleichheit, nämlich die Rücksicht erheischende Schwäche des einen Teils, voraussetzt«.[195]

Tatsächlich ließen Frauen, die Stärke und Autonomie zunehmend auch für sich selber beanspruchten, Männern immer weniger Spielraum, sich als ihre »natürlichen Beschützer« zu gerieren. So mancher Mann wäre scharf zusammengezuckt, hätte er 1912 Helene Langes bissige Attacke gegen »Duellsitte und Patriarchalismus« gelesen: »Diese merkwürdige und für jede selbstbewußte Frau so befremdende Art, zu formulieren: wenn ›einem Mann seine Frau oder Tochter verführt wird‹. Als ob man sagte, ›wenn einem seine Katze gestohlen wird‹. Diese unbewußte Herabdrückung der Frau unter das Maß persönlicher Verantwortlichkeit, das in einem solchen Fall dem Mann als Schuldigen oder Rächer zugeschoben wird. Ihr Ausgeschaltetsein aus dem Austrag des Falls, den die Männer als Besitzer unter sich erledigen und dieser Begriff der ›Familienehre‹, die nichts anderes als eine erweiterte Mannesehre ist, die von der Frau zwar verletzt, aber nicht behauptet werden kann.«[196]

Ob unter Helene Langes Leserinnen viele solcher selbstbewußten Frauen waren, die ein Duell zwischen Ehemann und Liebhaber als persönliche Demütigung empfunden hätten, ist schwer zu entscheiden. Immerhin scheint es selbst Marianne Weber ihrem Gatten alles andere als übelgenommen zu haben, daß er ihre »Ehre« im Duell vertreten wollte. Dennoch ließen der Aufbruch der Frauenbewegung und ihre spätestens seit der Jahrhundertwende unübersehbaren Erfolge auf dem Gebiet weiblicher Bildungs- und Erwerbschancen das männliche Selbstbewußtsein nicht gänzlich ungeschoren. In dem Maße, wie Frauen ihre Handlungsspielräume ausdehnten und die eng gezogenen Grenzen ihres »weiblichen Charakters« überschritten, mußten sich auch Männer neu orientieren und sich allmählich von liebgewordenen, aber auch belastenden Zeichen ihrer Männlichkeit trennen. Das Duell war eines dieser Zeichen, das sich zwar noch in den letzten Jahren des Kaiserreichs hoher Popularität erfreuen konnte, dessen Tage aber – nicht zuletzt wegen der bereits eingeleiteten Veränderungen in den Beziehungen der Geschlechter – gezählt waren.

VII. Die Götterdämmerung des Duells im 20. Jahrhundert

Wenn das soziokulturelle Milieu, in dem der männliche Ehrenzweikampf des 19. Jahrhunderts gedieh, in den drei letzten Kapiteln im wesentlichen als eine in sich geschlossene Welt ohne Brüche, Abweichungen und Wandel geschildert worden ist, entsprang dieses Bild dem Bemühen, die äußeren Stützen und inneren Verlockungen des Rituals sichtbar zu machen. Anders als jene Historiker, die dazu neigen, dem Duell im »bürgerlichen« Zeitalter jede gesellschaftliche Relevanz abzusprechen, und die es als vormodernes, feudales Phänomen klassifizieren, das in der bürgerlichen Gesellschaft ein nur noch anachronistisches, gekünsteltes Dasein gefristet habe, versuchte ich zu zeigen, daß seine eigentümliche Zeichensprache auch in der Epoche bürgerlicher Emanzipation und Hegemonie problemlos verstanden wurde, daß sie sogar neue Bedeutungen hinzugewann und darüber hinaus von mächtigen, für die kulturelle und soziale Reproduktion der bürgerlichen Klasse zentralen Institutionen (Militär, Universität) programmiert und vermittelt wurde. Daß aus diesem Blickwinkel möglicherweise der Eindruck entstehen konnte, das Duell habe sich ungeteilter Zustimmung erfreut und sei von allen Mitgliedern der »besseren« Kreise gleichermaßen gehegt und gepflegt worden, war nahezu unvermeidlich.

Spätestens dann aber, wenn man nach dem weiteren Schicksal des Ehrenzweikampfes fragt und sich dem 20. Jahrhundert zuwendet, ist es an der Zeit, den inneren Bruchstellen und äußeren Veränderungen nachzuforschen, die für das allmähliche Abbröckeln der Duellkultur verantwortlich waren. Bereits die Tatsache, daß nach dem Ersten Weltkrieg nur noch sehr wenige Zweikämpfe bekannt wurden, deutet auf eine tiefe Erschütterung dieser Kultur hin. In der Tat war das politische, kulturelle und gesellschaftliche Klima der Weimarer Republik dem Duell nicht gerade förderlich. Doch selbst die verbissenen Anstrengungen der Nationalsozialisten, den an das Duell geknüpften männlichen Ehrbegriff wieder aufzuwerten und propagandistisch zu inszenieren, führten augenscheinlich nicht zur Revitalisierung einer Konvention, die noch im 19. Jahrhundert ausgesprochen lebendig gewesen war, obwohl sie in den letzten Jahren des Kaiserreichs zunehmend in die Defensive geriet und Anzeichen innerer Auszehrung und äußerer Erschöpfung nicht mehr zu übersehen waren.

Die Bedingungen jenes langsamen, aber unaufhaltsamen Niedergangs offenzulegen ist die Absicht dieses Abschlußkapitels, das dabei im Blick auf den Wandel noch einmal die Stabilisatoren des Duells in der bürgerlichen Epoche erkennen läßt und einen Ring schließt, der mit den auf Leben und Tod gehenden Ehrenhändeln des frühneuzeitlichen Adels begonnen hatte und mit den absurden Mantel- und Degenspielen bundesdeutscher Korporationsstudenten endete.

1. Krisensymptome im Kaiserreich

Daß Duelle und Duellanten im 19. Jahrhundert nicht nur Fürsprecher, sondern auch Gegner fanden, war angesichts der bereits in der aufklärerischen Debatte des späten 18. Jahrhunderts ausgetauschten Argumente kaum anders zu erwarten. Die das Duell als unmoralisch, unchristlich, ungesetzlich, irrational und antimodern verurteilende Kritik ließ im bürgerlichen Jahrhundert nicht etwa nach, sondern nahm an Intensität und Häufigkeit eher noch zu. Seit sich die Presse als wichtiges Organ öffentlicher Meinung etabliert hatte, wurde vor allem in sozialdemokratischen und liberalen Zeitungen jeder Duellfall, soweit er zur Kenntnis eines Journalisten gelangte, notiert und kommentiert. Die millionenfache Verbreitung solcher Nachrichten und Analysen in der Tagespresse verhalf dem Duell zu einer – überwiegend negativen – Popularität, die es nie zuvor besessen hatte und die es in den letzten Jahrzehnten des Kaiserreichs zu einem Dauerthema politischer Diskussionen werden ließ.[1] Die Duellfrage, schrieb Hans Delbrück 1896, sei das, »wofür die öffentliche Meinung sich wirklich interessiert«,[2] und ein Mitglied des Preußischen Herrenhauses meinte 1907, sie gehöre »zu den brennendsten« Problemen, »die in der gegenwärtigen Zeit die Welt bewegen«. Überdies stehe sie »im engsten Zusammenhang ... mit der allgemeinen sozialen Frage«[3] – eine Anspielung auf die Sozialdemokratie, die das Duell als widergesetzliches Klassenprivileg bekämpfte und den zurückhaltenden staatlichen Umgang damit als Beispiel unverhüllter Klassenjustiz brandmarkte. Schon aus diesem Grund, hatte 1896 der nationalliberale Reichstags-Abgeordnete Rudolf von Bennigsen argumentiert, sei es »für uns – für die oberen Klassen, will ich einmal sagen, und die mittleren bürgerlichen Klassen« sehr wichtig »und bedeutungsvoll, wenn wir einen solchen Gegensatz zwischen Sitte und Gesetz aus der Welt schaffen, welcher von den Sozialdemokraten nur dazu benutzt und ausgebeutet wird, um die Unzufriedenheit agitatorisch im Lande zu verbreiten«.[4]

In der Tat riefen Berichte über Duellanten, ihre in der Regel äußerst milde Bestrafung und die fast automatisch erfolgende Begnadigung in weiten Teilen der Bevölkerung Unverständnis und Unmut hervor. In Hamburger Arbeiterkneipen verschaffte sich die Empörung ebenso Luft wie in Münchener Volksversammlungen, die die Demokratische Volkspartei beispielsweise 1896 zum Thema militärischer Duellehre einberief. 1200 Männer, darunter nach Angaben des anwesenden Polizeibeamten »¼ Sozialdemokraten«, waren gekommen, um zwei Stunden lang den scharfen Angriffen Ludwig Quiddes gegen das »Überhandnehmen des Duellwesens« in den »gebildeten Ständen« zu lauschen und ihm wiederholt »enthusiastisch« zu applaudieren.[5]

Angesichts dieser massiven und politisch gut organisierten Gegenbewegung hatten es die Anhänger des Duells zunehmend schwerer, die Öffentlichkeit von seiner Existenzberechtigung zu überzeugen. Zwar provozierte die besonders in den 1890er Jahren enorm expandierende Anti-Duell-Literatur immer wieder Bekenntnisse zugunsten des Ehrenzweikampfs, doch war die Zahl der offen und ohne Umschweife positiven Stellungnahmen eher gering. Die meisten Autoren, die für das Duell Partei ergriffen, hielten sich dabei sehr zurück: Kaum einer begrüßte es ohne Einschränkung, fast alle übten Kritik an beklagenswerten »Auswüchsen« und unseriösen Begleiterscheinungen. Wenn dennoch immerhin jeder zweite Verfasser einer Duellbroschüre den Zweikampf unter Umständen für notwendig und sinnvoll erachtete, zeigt dies, daß er als Symbol zentraler Werte und Selbstbilder der »guten Gesellschaft« des Kaiserreichs noch immer hoch im Kurs stand.[6] Freiheit, Selbstverantwortung, Männlichkeit waren Ideale, die es nach Meinung seiner Anhänger zu bewahren und gegen jede Kritik zu verteidigen galt, während der korporative Zwang zum Duell, den das Militär und Teile der Beamten- und Akademikerschaft ausübten, überwiegend negativ beurteilt wurde. Der baltische Adlige von Vietinghoff-Scheel, der 1901 den »Stacheldraht des Duellzwangs« für unbedingt wünschenswert hielt, um »Exzessen in Verkehrston und Verkehrsformen« vorzubeugen,[7] stand mit seiner Meinung relativ allein. Im allgemeinen Trend dagegen lag der Privatdozent Swoboda, als er es dem persönlichen Empfinden jedes einzelnen anheimstellen wollte, ein Duell auszukämpfen oder nicht, und jede Form konventionellen Zwanges als »verwerflich« ablehnte.[8]

Diese Tendenz zur Individualisierung bildete sich auch in der Diskussion darüber ab, welche Konflikte als duellfähig zu betrachten seien. Angesichts der massiven öffentlichen Kritik an der Vielzahl männlicher Zweikämpfe, die durch offensichtliche Lappalien verursacht wurden,[9] setzte innerhalb der satisfaktionsfähigen und -willigen Gesellschaft ein Prozeß des Umdenkens ein. Nur noch schwere Beleidigungen sollten mit einem Duell gesühnt werden dürfen, während leichtere Ehrverletzungen im gütlichen Vergleich beizulegen seien.[10] Selbst unter Offizieren mußte nicht mehr jede persönliche Kränkung zu einer Duellforderung Anlaß geben, sondern konnte durch Vermittlung des Ehrenrats und die formelle Entschuldigung des Beleidigers aus der Welt geschafft werden.[11] Auch die Tatsache, daß es sehr viel häufiger zu Herausforderungen kam als zu Duellen, spricht dafür, daß es durchaus möglich war, einen Waffengang zu vermeiden, sofern triftige Gründe geltend gemacht wurden.

Als beispielhaft dafür mag der Konflikt zwischen dem Berliner Staatswissenschaftler Adolf Wagner und dem Großindustriellen und konservativen Reichstagsabgeordneten von Stumm-Halberg aus dem Jahre 1895 gelten. Wagner hatte Behauptungen des Politikers, kathedersozialistische Professoren behinderten andersdenkende Kollegen in ihrer Karriere und hetzten Studenten gegen sie auf, als »leichtfertige Verleumdung« bezeichnet, wodurch Stumm sich beleidigt fühlte und veranlaßt sah, ihn zu einem Pistolenduell zu fordern. Der Professor fand es zwar lächerlich, »wie in unserer sozial aufgeregten Zeit Leute einigen Temperaments, die sich persönlich gar nicht einmal kennen, selbst noch im Alter von sechzig Jahren... aneinander geraten können«, lehnte die Forderung aber nicht von vornherein ab, da er sich zu jenen »ernsten, dem Duell nicht prinzipiell gegnerischen Männern« zählte, die im akademischen Bürgertum des Kaiserreichs so außerordentlich häufig zu finden waren. Er billigte Stumms Forderung sogar eine gewisse Berechtigung zu, da die während des Konflikts gefallenen Ausdrücke »in das Gebiet persönlicher Differenzen... hinübergelangt« seien und den Boden sachlichpolitischer Auseinandersetzung verlassen hätten. Trotzdem wollte er die Forderung nicht unbesehen annehmen, da sie ihm dem Anlaß nicht angemessen schien. Statt dessen ließ er Stumm durch seinen Kartellträger vorschlagen, ein Ehrengericht »ruhiger, unparteiischer Männer« einzuberufen und es darüber entscheiden zu lassen, »ob die ganze Angelegenheit wirklich ein Rencontre auf Leben und Tod rechtfertige«.

Stumm jedoch ging auf dieses Angebot nicht ein, sondern plazierte auf der Titelseite einer von ihm kontrollierten Zeitung die Redaktionsnotiz, Wagner habe es »unter nichtigen Vorwänden« abgelehnt, ihm die »unter Ehrenmännern übliche Genugtuung zu gewähren«, weshalb er »das Urteil über die Person und das Verhalten des Professors Wagner allen anständig Denkenden« überlasse. Wagner, dadurch gereizt, veröffentlichte eine Gegenerklärung, in der er ausdrücklich betonte, er habe die Forderung nicht abgelehnt, sondern ein Ehrengericht einschalten wollen. Sein Verhalten sei ihm von »kompetenten Personen, welche im Prinzip das Duell unter gewissen Umständen für berechtigt, ja für notwendig halten, als völlig korrekt bezeichnet worden«.

Auch wenn ihm dies den Vorwurf der liberalen Presse eintrug, Stumms Forderung nicht sofort als ungesetzlich zurückgewiesen zu haben, bestand Wagner darauf, richtig gehandelt zu haben. Über den »Zwiespalt« zwischen formellem Duellverbot und lebendiger Duellkonvention vermochte er nach eigenem Bekunden »nicht hinwegzukommen, und ich bin, wie so viele, geneigt, auch der gesetzwidrigen und nach dem bestehenden Recht strafbaren Anschauung, Sitte und Handlungsweise hier doch in gewissem Maße Rechnung zu tragen«. Schließlich könne man sich nicht ohne weiteres von den »Leidenschaften« und »Anschauungen der Gesellschaftskreise, zu denen man gehört«, abnabeln. Allerdings dürfe ein Duell nur in wirklich ernsten Fällen stattfinden, um es nicht zu einer »Posse«, einem »Lotteriespiel«, einer »Frivolität« herabzuwürdigen. Ernst und schwer sollten denn auch die Bedingungen sein, unter denen es ausgekämpft würde: »Wer zum Duell fordert und wer ein Duell annimmt, soll genötigt sein, an den wirklichen Ernstfall zu denken. Das allein entspricht der einzigen Idee im Duell, welche mir berechtigt erscheint, das allein der Würde der Institution als einer statt der gesetzlichen Entscheidungsinstanz in Streitfällen fungierenden.« Auf diese Weise, meinte Wagner, »käme man ebenso zu einer Verminderung der Duelle wie zur Hebung des Ansehens der Institution des Duells unter denen, welche sich duellieren, wie in der öffentlichen Meinung überhaupt«.[12]

In dieser Argumentation des kathedersozialistischen Professors spiegelte sich das Unbehagen eines bürgerlichen Individualisten, der sich gleichwohl den Verhaltensimperativen seiner Klasse verpflichtet fühlte, an der sozialen Positionsveränderung des Duells, wie sie vor allem seit der zweiten Hälfte des 19. Jahrhunderts zu beobachten war. Die enorme Ausweitung der durch formale Bildungs- und Offizierspatente konstituierten satisfaktionsfähigen Gesellschaft im Zuge einer explosiven Steigerung der Studentenzahlen und einer wachsenden Anzahl von Reserveoffizieren hatte das Duell, das noch zu Beginn des 19. Jahrhunderts ein ausschließliches Stilmittel kleiner privilegierter Kreise gewesen war, potentiell in ein Massenphänomen verwandelt. In dem Maße, wie sich der einst relativ enge und geschlossene Kreis der Satisfaktionsfähigen vergrößerte und zunehmend unüberschaubare Dimensionen erreichte, büßte auch das Duell seinen Wert als soziales Distinktionsmerkmal ein. Die Tatsache, daß jeder Lehrer, jeder Apotheker und Ingenieur seine persönlichen Konflikte im Duell austragen konnte, zerstörte auf die Dauer den elitären, für seine Attraktivität unerläßlichen Auserwähltheits-Nimbus des männlichen Ehrenzweikampfs. Je häufiger man am Frühstückstisch von Duellen las, desto trivialer und entbehrlicher wurden sie, zumal dann, wenn sie wegen geringfügiger Ursachen vereinbart wurden und ohne Blutvergießen endeten. Eine solche Banalisierung und Veralltäglichung, die das ehemals glaubhafte Pathos des Duells allmählich aushöhlte, wollten Männer wie Wagner, Weber oder die Verfasser der zahlreichen Duellhandbücher dadurch verhindern, daß sie Duelle seriöser und damit zugleich seltener zu machen suchten. Auf diese Weise bliebe ihnen jener dramatisch-ästhetische Glanz erhalten, in dem sich auch bürgerliche Männer gern sonnten.

Daß der Verlust sozialer Exklusivität der Duellkonvention langfristig den Todesstoß versetzen würde, hatten ihre Kritiker immer wieder behauptet und prophezeit. »Wahrlich«, mutmaßte bereits 1826 der bayerische Regierungsrat von Braunmühl, »es möchte wohl kein besseres Mittel geben, die Duelle unter den gebildeten Klassen verschwinden zu sehen, als wenn selbe unter dem Volke gemein würden.«[13] Daß solche Spekulationen noch zu Beginn des 20. Jahrhunderts angestellt wurden,[14] deutet jedoch darauf hin, daß die Wirklichkeit sie nach wie vor nicht eingeholt hatte. Zwar hörte man zuweilen von Herausforderungen oder Duellen unter Zigarrenarbeitern, Schuhmachergesellen, Marineheizern oder Friseurgehilfen,[15] doch waren solche Fälle so rar, daß sie den elitären Charakter des Duells nicht ernsthaft gefährdeten. Wenn der preußische Justizminister 1871 anläßlich eines Pistolenduells zwischen zwei Berliner Kellnern anmerkte, daß es in ihrem »Stande« eigentlich nicht üblich sei, »Händel durch Zweikampf zum Austrage zu bringen«,[16] beschrieb er einen sozialen Sachverhalt, der sich auch in den folgenden Jahrzehnten nicht änderte.

Obwohl sich satisfaktionsfähige Kreise weiterhin erfolgreich gegen kleinbürgerliche und proletarische Milieus abschotteten, scheint die immense Ausweitung jener Kreise selber dazu geführt zu haben, daß sich die alte soziale Oberschicht allmählich vom Duell distanzierte. Dieser Prozeß spiegelte sich nicht nur im absoluten Rückgang der Zahl adliger Duellanten,[17] sondern auch in der starken Beteiligung der Aristokratie an der organisierten Anti-Duell-Bewegung, die zu Beginn des 20. Jahrhunderts einsetzte. Die Gründung der deutschen Anti-Duell-Liga 1902 ging auf eine Initiative des europäischen Hochadels zurück,[18] und unter ihren Mitgliedern fanden sich viele bekannte Namen alter Adelsgeschlechter. Unter den 921 Männern, die 1901 eine Erklärung gegen das Duell unterzeichneten, waren immerhin 116 Adlige[19] – ein Faktum, das die Kölner Ortsgruppe der Liga als Indiz dafür wertete, daß »die tonangebenden höchsten Gesellschaftskreise sich von der Unsitte zurückziehen, die infolge der außerordentlichen Zunahme des Universitätsstudiums und der stets wachsenden Zahl der Reserveoffiziere sich in Volksschichten eingebürgert hat, die noch vor einigen Jahrzehnten von ihrer ›Satisfaktionsfähigkeit‹ keine blasse Ahnung hatten«.[20]

Erklärte Absicht der Liga war es, »in den für die Duellfrage in Betracht kommenden Kreisen die Überzeugung von der Verwerflichkeit und Zwecklosigkeit des Duells durch Wort und Schrift [zu] wecken und [zu] festigen und denen, die auf Grund dieser Überzeugung ein Duell ablehnen, den erforderlichen gesellschaftlichen Rückhalt [zu] gewähren«.[21] Dieses Ziel suchte sie durch eine äußerst rührige Agitation und ein weitverzweigtes Organisationsnetz zu erreichen. Sechs Jahre nach ihrer Gründung besaß sie bereits 20 Ortsgruppen mit etwa 4000 Mitgliedern, überwiegend Akademikern. Die in der Regel von Adligen geleiteten Ortsgruppen entfalteten ein reges Vereinsleben, luden zu Vorträgen ein, formulierten Petitionen und erarbeiteten Vorschläge zur Rechtsänderung, etwa zur schärferen Bestrafung des Ehebruchs und anderer Beleidigungen. Vierteljährlich erschienen die ›Mitteilungen der Deutschen Anti-Duell-Liga‹, die den Mitgliedern kostenlos zugingen und als »Sprechsaal für Duellgegner« fungierten. Hier wurden einlaufende Meldungen über vorgefallene und geplante Duelle gesammelt und kommentiert, juristisch-moralische Grundsatzfragen erörtert, über eigene Aktivitäten berichtet und Erbauliches abgedruckt.

Besonderen Wert legte man darauf, jene Kreise zu gewinnen, in denen das Duell seine stärkste Bastion besaß: Offiziere und Akademiker. Professoren wurden gezielt angesprochen und um ihre Unterstützung gebeten; 1907 konnte die Liga melden, daß ihr mittlerweile 200 Universitätslehrer angehörten, von denen man ein energisches Eintreten gegen das Duell unter ihren Studenten erwartete.[22] Weniger Erfolg hatte die Mitgliederwerbung im Offizierkorps; nur einzelne inaktive, verabschiedete Offiziere traten der Liga bei. Trotzdem scheint das Offizierkorps durch das organisierte Auftreten hochrangiger Duellgegner verunsichert worden zu sein. Zwar kam es in Deutschland nicht, wie in Österreich, zu einer formellen Unvereinbarkeitserklärung des Kriegsministers, der Offizieren den Beitritt zur Liga ausdrücklich untersagte; seine deutschen Kollegen waren sich der Duelltreue ihrer Offiziere entweder gewisser oder aber hielten die Liga nicht für so gefährlich, daß sich eine offizielle Stellungnahme lohnte. Dennoch war in den Schriften von Offizieren, die das Duell verteidigten, eine deutliche Gereiztheit zu spüren, und die Schärfe, mit der sie den Bestrebungen der Anti-Duell-Liga entgegentraten, verriet die Furcht vor einem möglichen Erfolg.[23] Selbst wenn das Duell, wie der christliche Duellgegner und Generalleutnant a. D. von Viebahn 1902 angab, in der Armee noch fest verankert war, gab es doch auch hier Anzeichen für eine Aufweichung des Prinzips: »Daß es heute für viele Offiziere ›eine Duellfrage‹ gibt, auf welche Antwort erbeten wird, beweist die große Veränderung. Früher gab es keine ›Frage‹ über den Zweikampf, sondern nur ein ehernes Gesetz, welches von allen die gleiche Anschauung forderte.«[24]

Die Antiduellbewegung selber war geschickt genug, aufkeimende Zweifel und Unsicherheiten innerhalb der nach außen immer noch weitgehend geschlossen wirkenden Phalanx militärischer und akademischer Duellanhänger nicht durch radikale und moralisierende Angriffe zuzuschütten. Immer wieder betonte sie ihr Verständnis für Männer, die in Extremsituationen zur Waffe griffen, und nie ging sie soweit, Duellanten alle ehrenhaften Motive in Bausch und Bogen abzuerkennen. Indem sie ausdrücklich darauf verzichtete, ihren Mitgliedern das förmliche Versprechen abzunehmen, sich unter keinen Umständen zu duellieren, trug sie überdies der selbst unter Duellkritikern sehr verbreiteten Auffassung Rechnung, bestimmte Konflikte wie etwa Ehebruch erforderten mit zwingender Notwendigkeit einen Zweikampf. Auf dem ersten Internationalen Antiduellkongreß, der 1908 in Budapest stattfand, verteidigte der Jenaer Professor Dinger diesen Modus mit dem Hinweis, andernfalls sei es »sehr vielen von unseren Akademikern gar nicht möglich, dauernd in der Liga zu bleiben«: »Wir bekämpfen das Duell als einen Unfug, aber wir wollen durchaus anerkennen, daß solange die Sitte besteht, wir die bestehende Sitte in gewisser Hinsicht respektieren, lediglich um zu zeigen, daß wir nicht das sind, wofür man uns halten will« – nämlich Feiglinge. Ginge die Liga von diesem Grundsatz ab, träte er selber sofort aus ihr aus.[25]

Ob aus Angst vor dem Vorwurf der Feigheit oder im ehrlichen Bewußtsein, schwerste persönliche Kränkungen nur mit Säbel oder Pistole heilen zu können – viele Mitglieder der satisfaktionsfähigen Gesellschaft des Kaiserreichs hielten theoretisch und praktisch am Duell fest, und auch in den Reihen der Anti-Duell-Liga war man mehr als skeptisch, ob die prinzipielle Akzeptanz des Ehrenzweikampfs in breiten Kreisen des deutschen Bürgertums schnell würde überwunden werden können. Gegen allzu optimistische Erwartungen sprach allein schon der Anpassungsdruck, dem Männer im akademischen und Reserveoffiziers-Milieu ausgesetzt waren. Trotz ihres wohlorganisierten Auftretens war die Liga längst nicht mächtig genug, Dissidenten in einem Beziehungsnetz aufzufangen, das sie über den Verlust alter sozialer Kontakte hätte hinwegtrösten können. Da sie zudem im Verdacht stand, einseitig katholisch geprägt und beeinflußt zu sein, hatte sie es schwer, in den überwiegend protestantischen Zirkeln der satisfaktionsfähigen Gesellschaft überhaupt Gehör zu finden.

Zu stark waren aber auch die kulturellen Konnotationen des Duells, zu lebendig seine Symbolkraft, als daß es dem Ansturm der Duellgegner auf Anhieb erlegen wäre. Eher scheint das geistige Klima des späten 19. und frühen 20. Jahrhunderts, das sich vor allem in bildungsbürgerlichen Gruppen zu einer Mischung aus angestrengtem Persönlichkeitskult, männlichem Authentizitätsbemühen und Tatendrang verdichtete, dem Duell als »radikaler Situation« (Thomas Mann) erneuten Auftrieb gegeben zu haben. In der schwülen Atmosphäre des Fin de siècle und der Vorkriegsjahre bestand offenbar ein großer Bedarf an Zeichen, die dem »männlichen Charakter« Ausdruck verschafften und ihm jene Eindeutigkeit und Geschlossenheit verliehen, die in einer als halbherzig, unbestimmt und »feminisiert« empfundenen, sich unerhört rasch verändernden sozialen Umwelt einen heftig ersehnten Kontrapunkt darstellten.

2. Krieg, Revolution, Republik
Die Zerstörung des satisfaktionsfähigen Milieus und das Fortleben von Duell-Enklaven

Auch die Kriegsbesessenheit großer Teile des männlichen Bildungsbürgertums in den Jahren vor 1914 und die Begeisterung, mit welcher der Kriegsausbruch schließlich begrüßt wurde, verdankten sich nicht zuletzt dem Bedürfnis nach einer gigantischen Mutprobe, die das in immer engere soziale, politische und ökonomische Fesseln gelegte bürgerliche Individuum befreien und vor dem vorgeblichen Erstickungstod retten sollte. »Der Krieg«, schrieb der junge Frontoffizier Ernst Jünger in seinem erstmals 1920 erschienenen autobiographischen Roman ›In Stahlgewittern‹, »mußte es uns ja bringen, das Große, Starke, Feierliche. Er schien uns männliche Tat.«[26]

Viele Männer stellten sich den Krieg als eine Art Duell im Großen vor. Studenten, die sich, getrieben von »auflodernder Männlichkeit«, freiwillig zur Front gemeldet hatten, fühlten sich an ihre Mensurerfahrung erinnert: »Dazu gehört straffe Selbstdisziplin«, berichtete ein 24jähriger Medizinstudent nach Hause, »da festzustehen auf Mensur ohne Wimpernzucken.« Doch bald schon wich diese Burschenromantik tiefer Ernüchterung: »Die ganze Kampfesweise ist es, die abstößt«, meinte der Gießener Student Alfred Buchalski bereits im Oktober 1914, »kämpfen wollen und sich nicht wehren können! Der Angriff, der mich so schön dünkte, was ist es anders als der Drang: hin zur nächsten Deckung da vorn gegen diesen Hagel tückischer Geschosse. Und der Feind, der sie entsendet, nicht zu sehen!«[27]

Mit einer solchen anonymen, hochtechnisierten Tötungsmaschinerie hatte das klassische Duell tatsächlich nichts gemein, und das Heldentum, das in monatelangen Verschleißkämpfen hinter Erdwällen und in Schützengräben bewiesen werden wollte, war mit dem heroischen Gestus eines aufrechten, dem Gegner Auge in Auge gegenüberstehenden Duellanten kaum vergleichbar. Anstatt in ihrer »Autonomie« und »Individualität« bestärkt zu werden, erlebten Männer 1914 bis 1918 ihre endgültige Unterwerfung unter das Diktat von Technik und industrieller Kriegsführung. Das beklemmende Lebensgefühl der Vorkriegszeit, nur ein Rädchen in einer nicht mehr kontrollierbaren Maschine zu sein, in formloser Masse unterzugehen, wiederholte und verstärkte sich in den zermürbenden Stellungskämpfen und Materialschlachten des Krieges, statt hier, wie so viele es sich gewünscht hatten, im Stahlbad wahrer Männlichkeit weggewaschen zu werden.

Die militärische Niederlage trug das ihre dazu bei, das Konzept der heldenhaften männlichen Persönlichkeit zu untergraben. Die im Zuge von Revolution und republikanischer Staatsgründung freiwerdenden, auf Demokratisierung und Entmilitarisierung gerichteten politischen Strömungen der Nachkriegszeit versetzten ihm einen weiteren schweren Schlag. Die Konfrontation mit einem Staat, der sich politischen und sozialen Kräften öffnete, welche noch kurz zuvor als innere Feinde bekämpft worden waren, ließ das Selbstverständnis und die Werthaltungen bürgerlicher Männer nicht unberührt. Hatten sich die Mitglieder der satisfaktionsfähigen Gesellschaft im Kaiserreich auf die praktische Solidarität der politischen Führung verlassen können, mochten sie dem neuen System nicht mehr bedingungslos trauen. Die obrigkeitliche Duldung oder gar Förderung einer besonderen Duellehre hatten mit der Entmachtung der alten Eliten automatisch aufgehört; daß die Republik Nachsicht walten ließe, wenn ihre Staatsdiener und -bürger in ihrem ungesetzlichen Treiben fortführen, war angesichts der schon aus dem Kaiserreich bekannten, ausgesprochen duellkritischen Einstellung der in den ersten Koalitionsregierungen dominierenden Parteien kaum zu erwarten.

In der Tat besaßen das Duell und der ihm korrespondierende elitäre Ehrbegriff in der nachrevolutionären Aufbruchsphase wenig politischen Rückhalt. Vor allem im Offizierkorps, das nach Ansicht linker und linksliberaler Gruppen der Hauptstützpunkt des Duells im wilhelminischen Deutschland gewesen war, sollten seine Wurzeln radikal beseitigt werden. Dementsprechend bestimmte die Weimarer Verfassung in Artikel 105, militärische Ehrengerichte seien aufgehoben. Ähnlich wie siebzig Jahre zuvor das Frankfurter Paulskirchenparlament diese Gerichte als Ausdruck militärischen Kastengeistes hatte abschaffen wollen, konnte sich auch die Weimarer Nationalversammlung nicht dazu verstehen, den überlieferten Anspruch der Offiziere auf eine besondere, herausgehobene Standesehre positiv zu sanktionieren.[28] Für das weitere Schicksal des Duells als sozialer Konvention wesentlich wichtiger war jedoch eine Zäsur, die dem Weimarer System von außen oktroyiert wurde: die im Versailler Friedensvertrag verfügte Abrüstung der Armee und die Abschaffung der allgemeinen Wehrpflicht. Das 100 000-Mann-Heer der 1920er Jahre einschließlich seiner 4000 Offiziere war weder militärisch noch gesellschaftlich ein Machtfaktor; sein Charakter als Berufsheer brachte es zudem mit sich, daß die intensiven Querverbindungen zwischen Bürgertum und aktivem Offizierkorps, die sich in der Institution des Reserveoffiziers gebündelt hatten, nicht mehr existierten. Einer der haltbarsten Transmissionsriemen, der die Vorstellung militärischer Duellehre auf bürgerliche Schichten übertragen hatte, war damit gekappt worden.

Die Verkleinerung des Offizierkorps von immerhin 34 000 Offizieren gegen Kriegsende auf 4000 war nur *ein* Indiz für den tief gesunkenen Stern dieser sozialen Gruppe.[29] Für ihr Selbstverständnis mindestens ebenso verheerend war der Verlust direkter kaiserlicher Protektion und Legitimation. Hatte sich das Militär der Vorkriegszeit im Glanz wilhelminischer Machtvollkommenheit sonnen können, war es mit dieser Nähe zum Thron seit dem Sturz der Monarchie endgültig vorbei. Statt auf den Kaiser mußten Offiziere ihren Treueeid nunmehr auf die Verfassung der Republik ablegen – einer Republik, die gerade in ihren Kreisen wenig politische Sympathie genoß. Statt des »Königs Rock« trugen sie jetzt die Uniform einer parlamentarischen Demokratie; statt als Stellvertreter königlich-kaiserlicher Ehre handelten sie unter dem Oberbefehl eines vom Volk gewählten Reichspräsidenten, der in den ersten sechs Jahren der Republik ein Handwerker, Zivilist und Sozialdemokrat war.

Dennoch gewinnt man den Eindruck, als habe sich das zahlenmäßig geschrumpfte und gesellschaftlich entmachtete Offizierkorps gleichsam aus Trotz gegen diese Konstellation um so fester zusammengeschlossen und an seinen überlieferten Traditionen und Gepflogenheiten festgehalten. So legte der Chef der Marineleitung bereits 1921 ein Bekenntnis »zu den alten Auffassungen von Ehre, Pflicht und vornehmer Denkungsart des Offiziers« ab, und das Kommando der Kieler Marinestation beschwor 1925 den »alten Korpsgeist«, den es zu bewahren und zu pflegen gelte.[30] Offiziere, die den »alten Auffassungen« zuwiderhandelten, wurden scharf gerügt und über ihre »Berufspflichten« aufgeklärt. 1922 wurden drei Leutnants zur See verwarnt, weil sie auf die Beleidigung eines betrunkenen Kameraden »nicht mit dem nötigen Nachdruck sofort alles veranlaßt haben, um ihre persönlich angegriffene Ehre und Würde als Offizier wiederherzustellen«.[31] Das gleiche Schicksal ereilte zwei Jahre später einen Leutnant Lange, der in einem Kieler Lokal mit Studenten in Streit geraten war und ihre Beleidigungen »passiv« geduldet hatte. Daß er auf die Anwürfe, er sei ein »Kneifer« und offenbar »nicht satisfaktionsfähig«, nicht sofort »energisch Genugtuung« gefordert habe, interpretierte der Kommandeur der Kieler Marineschule, Korvettenkapitän Heinze, als »eine Schädigung des Ansehens des Offizierstandes und eine Verletzung der Standesehre«. Auch der Chef der Marineleitung rügte Langes Verhalten und verwies auf die »Berufspflichten des deutschen Soldaten«, der darauf bedacht sein müsse, »seine und seines Berufes Ehre mit allen Mitteln und unter vollem Einsatz seiner Person zu schützen«. Offensichtlich sei sich der Leutnant »der in Ehrenfragen geltenden Regeln und Grundsätze« nicht bewußt gewesen, ebenso wie »auch bei einem Teil der zur Beurteilung herangezogenen jüngeren Offiziere nicht die richtige Auffassung über die Pflichten zur Wahrung der Soldatenehre« bestehe. Es sei daher unbedingt notwendig, »durch eingehende und nachdrückliche Belehrung hierüber Klarheit im Offizierkorps zu schaffen«.[32]

Klarheit schufen 1926 die vom Chef der Heeresleitung, General von Seeckt, erlassenen Vorschriften zur Wahrung der Ehrenhaftigkeit in der Armee, die die »Berufspflichten des deutschen Soldaten« speziell für Offiziere in diesem offenbar nach wie vor kitzligen Punkt erläuterten und ergänzten. Gleich zu Beginn betonte Seeckt die Kontinuität der Ehrbegriffe: »Die für das alte Heer gültigen Grundsätze für die Ehrenhaftigkeit und die Wahrung der Ehre der Gesamtheit und des Einzelnen haben an ihrer Bedeutung auch für das neue Heer nichts verloren.« Er wolle sie deshalb unverändert lassen und vertraue darauf, »daß die Jugend des Heeres in den gleichen Grundsätzen erzogen wird, in denen wir älteren Offiziere aufgewachsen sind«. Von jedem Offizier sei zu erwarten, daß er ein »besonders gesteigertes Gefühl für die eigene Ehre und die des Heeres« besitze und dieses Gefühl auch vorbildhaft zum Ausdruck bringe.

Was nun folgte, war ein nur unwesentlich veränderter Aufguß der kaiserlichen Verordnungen von 1874 bzw. 1897, der die erklärte Absicht der Weimarer Verfassung, die neuerliche Reifizierung militärischer Sonderehre zu unterbinden, unverhohlen unterlief. An die Stelle der verbotenen Ehrengerichte traten von den Offizieren gewählte Ehrenräte, deren Kompetenz sich von der ihrer kaiserlichen Vorläufer faktisch kaum unterschied. Sie konnten sogenannte Unwürdigkeitsverfahren gegen Offiziere durchführen, die sich angeblich gegen die Standesehre vergangen hatten, und erstellten Gutachten, auf deren Grundlage der Chef der Heeresleitung seine Entscheidung traf. Bei Streitigkeiten zwischen Offizieren sollte der Ehrenrat den Sachverhalt aufklären und sich gutachterlich darüber äußern, auf welche Weise die verletzte Ehre zu reparieren sei. Hielt er einen gütlichen Ausgleich des Ehrenhandels nicht für möglich, war es Sache des Chefs der Heeresleitung, »über die weitere Behandlung und Erledigung« des Konflikts zu befinden. Bei Beleidigungen zwischen Offizieren und Zivilpersonen dagegen, die der Ehrenrat für nicht ausgleichsfähig erachtete, blieben alle »weiteren Schritte« den betroffenen Offizieren selber überlassen – eine schon aus den Verordnungen des Kaiserreichs wohlbekannte Umschreibung dafür, daß einem Duell nichts mehr im Wege stand.

Doch auch bei Ehrenstreitigkeiten unter ihresgleichen waren Offiziere keineswegs an die Empfehlung des Ehrenrats gebunden. Nicht anders als im Kaiserreich galt in der Weimarer Republik der Grundsatz, es sei die »vornehmste Pflicht jedes Einzelnen ..., selbst Hüter seiner Ehre zu sein«.[33] Die Vorschriften von 1926 waren noch genauer: »Durch die Pflicht und das Recht der Vorgesetzten, über die Ehre des Offizierkorps und seiner Mitglieder zu wachen, ist dem Einzelnen nicht die Pflicht und das Recht genommen, unter voller Berücksichtigung der im Offizierkorps herrschenden Auffassungen und nach Einholung des Rates älterer erfahrener und vom allgemeinen Vertrauen getragener Kameraden selbst der letzte Richter über seine eigene Ehre zu sein.« Was dies konkret heißen mochte, deuten die folgenden

Sätze an: »Bei der Prüfung des zur Wahrung seiner Ehre einzuschlagenden Weges hat der Offizier die möglichen äußeren Nachteile abzuwägen und auf Grund dieser Überlegung seine Entscheidung zu treffen. Wer seine Ehre auch bis zu den letzten Folgerungen wahrt, wird die gesetzlichen Folgen tragen müssen, ohne damit der Achtung seiner Kameraden verlustig zu gehen.«[34] Ohne daß das Wort »Duell« auch nur einmal auftauchte, ließen die Bestimmungen keine Zweifel daran, daß die »letzte Folgerung« eines Ehrenhandels nach wie vor der Zweikampf sei und daß sich das Offizierkorps diese Konvention weder durch Gesetze noch durch Politik streitig machen lasse. Zwar müsse ein sich duellierender Offizier damit rechnen, gerichtlich belangt zu werden, doch könne eine Verurteilung weder seine Ehre mindern noch die Achtung seiner Kameraden schmälern.

Wie stark die Position des Offizierkorps und wie unanfechtbar seine Ehrauffassung vor allem in den letzten Jahren der Republik wieder geworden waren, zeigte sich in dem Moment, als der Reichstag darauf drängte, dem gesetzlichen Duellverbot Taten folgen zu lassen. 1925 beantragte die SPD-Fraktion, Offiziere, die wegen Zweikampfs verurteilt worden waren, ohne Wenn und Aber aus dem Dienst zu entlassen. Obwohl der parteilose Reichswehrminister Gessler – der sich, dies ein Novum im Vergleich zum Kaiserreich, ausdrücklich als Duellgegner bekannte – erklärte, er wisse von keinem einzigen Duell in der Reichswehr, weshalb eine formelle Verbotsvorschrift entbehrlich und die ganze Frage »durchaus nicht brennend« sei, beharrten die Sozialdemokraten auf ihrem Antrag und gewannen dafür auch die Unterstützung des Zentrums, der Bayerischen Volkspartei (BVP) und der Deutschen Demokratischen Partei (DDP). Ein Zentrumsabgeordneter berichtete über ein »erst kürzlich stattgehabtes Vorkommnis . . ., gelegentlich dessen ein höherer Offizier an einen Offiziersaspiranten die Frage gestellt hätte, wie er zum Duell stehe mit dem Hinzufügen, daß jetzt wieder die gleichen Bestimmungen maßgebend wären mit ihren Folgen wie im alten Heere«. Im übrigen gelte das aus dem Kaiserreich stammende Handbuch über konventionelle Gebräuche beim Zweikampf »auch jetzt noch als inoffizieller Ehrenkodex der Reichswehr«. Selbst wenn die Duellfrage in der Armee bislang wenig praktische Konsequenzen gezeitigt habe, müsse man doch, so ein SPD-Sprecher, »allgemein gegen das Duell Front machen« und deutliche politische Zeichen setzen.[35]

So große Bedenken der Reichswehrminister auch gegen solche Zeichen hegen mochte, die geeignet seien, »der Einfügung des Offizierkorps in das neue Staatswesen Hemmungen zu bereiten«, so sehr auch die konservativen und Rechtsparteien, von der DVP über die DNVP bis zu völkischen Gruppierungen, dagegen agitierten, weil sie darin, wie der nationalsozialistische Abgeordnete und spätere Innenminister Frick polemisierte, ein Diktat des »undeutschen, jüdischen Geistes des Pazifismus, des Defaitismus, der nationalen Ehr- und Würdelosigkeit« erblickten[36] – der Antrag der SPD wurde mehrheitlich angenommen. Der seit Eberts Tod 1925 amtierende Reichspräsident von Hindenburg jedoch, der sich als Generalfeldmarschall des Ersten Weltkriegs den Traditionen der kaiserlichen Armee nach wie vor verpflichtet fühlte, lehnte es rundweg ab, das im Parlament beschlossene Gesetz zu unterzeichnen. Offizielle Begründung: Das Gesetz verstoße gegen den Gleichheitsgrundsatz der Verfassung, indem es »denselben Tatbestand, der bei Privatpersonen oder Staatsbeamten und Staatsangestellten nur zu einer Festungsstrafe führt, beim Offizier zum Anlaß der Dienstentlassung, d.h. des Existenzverlustes nimmt«.[37]

Daß dieses Argument lediglich vorgeschoben war, geht aus einer Protokollnotiz des Reichsministeriums hervor. Auf den Vorschlag des Justizministers, man solle Hindenburg fragen, ob seine Bedenken ausgeräumt seien, wenn die Entlassungsvorschrift auf Beamte ausgedehnt werde, erwiderte Staatssekretär Meißner, dies sei wohl nicht der Fall. Nur die Umwandlung der Muß-Vorschrift in eine Kann-Vorschrift könne den Reichspräsidenten dazu bewegen, dem Gesetz zuzustimmen und eine politische Krise zu vermeiden.[38] Eine fakultative Bestimmung, das wußte Hindenburg, war so gut wie keine und änderte nichts an der bisherigen Praxis, die der Armeeführung völlig freie Hand ließ.

Die Rücktrittsdrohung des Reichspräsidenten verfehlte ihre Wirkung nicht. Die Regierung beeilte sich, die Vorschrift der obligatorischen Dienstentlassung zu streichen, und erlangte in zähen Verhandlungen die Zustimmung der Regierungsparteien, die davor zurückscheuten, wie ein Zentrumsabgeordneter resigniert feststellte, die Angelegenheit zu einer »Reichspräsidentenkrisis« und »Regierungskrisis« eskalieren zu lassen. Lediglich die SPD verschloß sich einem solchen »Kompromiß«, und der preußische Ministerpräsident Otto Braun übte scharfe Kritik an der Reichsregierung, die »nicht den Mut gehabt habe«, Hindenburg in seine Schranken zu weisen. Offenbar werde letzterer »von einer bestimmten Gruppe mehr und mehr in einer Richtung getrieben, die letzten Endes nicht seiner Stellung diene und eines Tages noch dem Deutschen Reich zum Verhängnis werden könne«.[39]

Ob es in dieser Frage wirklich der Einwirkung »gewisser unverantwortlicher Gruppen« bedurft hatte, um den Reichspräsidenten zu seiner ablehnenden Haltung zu bewegen, bleibt fraglich; als hoher Offizier, der seit den 1860er Jahren in der preußischen Armee gedient hatte, mochte er sich wohl auch aus eigenem Antrieb gegen die in innere Militärverhältnisse eingreifende parlamentarische Initiative zur Wehr gesetzt haben. Nicht anders als im Kaiserreich empfand das Offizierkorps der Weimarer Republik solche Interventionen als unerhörte Zumutung, als Angriff auf seinen entschlossen verteidigten Autonomieanspruch, der sich gerade im Ehrenpunkt besonders markant abbildete. Daß es dabei nicht nur auf Hindenburg, sondern auch auf die konservativen Parteien bis hin zu den Nationalsozialisten zählen konnte, war den Debatten und Verhandlungen von 1925/26 deutlich zu entnehmen.

An politischen Rechtfertigungsargumenten fehlte es den militärischen Verfechtern einer kämpferischen Duellehre keineswegs. Als der bayerische Regierungsrat und BVP-Abgeordnete Probst Anfang der 1920er Jahre die in Militär und Studentenschaft beobachtbaren Tendenzen einer Fortsetzung bzw. Neubelebung der Duellkonvention scharf anprangerte, erschien im Deutschen Offizierblatt eine bissige Replik. Gegen Probsts Vorwurf, diese Kreise hätten nichts aus Krieg und Revolution gelernt, wenn sie an ihrem »veralteten Unfug« und »einfältigen Standesdünkel« festhielten, wies das Blatt darauf hin, es seien gerade jene »Kreise des deutschen Bürgertums« gewesen, die ihre »Pflicht vor dem Feind« erfüllt und dem »Revolutionswahnsinn mit Einsatz ihres Lebens die Stirne geboten« hätten. Dabei habe ihnen eine »männliche und kampfesfreudige Erziehung« geholfen, die auch weiterhin unersetzlich und über jede politische Kritik erhaben sei: »Die Ehrbegriffe des deutschen Mannes sind Imponderabilien, die sich nicht mit oberflächlichen Parteidoktrinen aus der Welt reden lassen.«[40]

Probst hatte sich in seiner Attacke speziell auf die Ehrenordnung bezogen, die bayerische Offiziersverbände 1921 mit schlagenden Studentenverbindungen vereinbart hatten und die die noch im Kaiserreich unlösbaren Spannungen und Konkurrenzkonflikte zwischen beiden Gruppen aufhob. Unter dem Einfluß der gemeinsamen Kriegserfahrung, aber auch im Schulterschluß gegen das duellfeindliche Klima der Nachkriegszeit legten Offiziere und Studenten ihre Differenzen über den Austrag von Ehrenhändeln bei und einigten sich auf ein verbindliches Verfahren, in dem paritätisch besetzte Ehrengerichte über Zulässigkeit und Bedingungen gegenseitiger Duellforderungen entschieden. Ein ähnliches Abkommen schlossen die Offiziersverbände, die sich vorwiegend aus den verabschiedeten Offizieren des alten kaiserlichen Heeres rekrutierten, 1927 sogar mit denjenigen studentischen Verbindungen, die das Duell prinzipiell ablehnten. Indem man die konträren Standpunkte in der Duellfrage anerkannte, suchte man auf der Basis beidseitiger Toleranz Ehrenkonflikte ohne Waffengang zu schlichten.[41]

Auch Studentenverbindungen untereinander einigten sich darauf, den jahrzehntelangen Streit um das Satisfaktionsprinzip zu begraben, und dokumentierten 1921/22 mit der Unterzeichnung des Erlanger Verbände- und Ehrenabkommens ihr Interesse, »die korporativen Gegensätze, die die Studentenschaft gespalten haben und noch spalten, zu überbrücken«. 1926 erklärten die katholischen Verbände, die das Duell nach wie vor strikt verwarfen, sie wollten sich am politischen »Kampf gegen das Waffenstudententum« in keiner Weise beteiligen, sondern achteten dessen Auffassung »von der Verteidigung seiner Ehre« als »Ausdruck seiner sittlichen Weltanschauung«. Im Gegenzug verpflichteten sich die waffenstudentischen Verbände, keinem Studenten, der »aus sittlicher Überzeugung Gegner des Zweikampfes ist, Verachtung zu bezeigen, weil er eine Herausforderung zum Zweikampf unterlassen oder nicht angenommen hat«.[42]

Diese überraschende Tolerierungspolitik erklärt sich hauptsächlich aus der politischen Situation der Weimarer Zeit, als sich das Gros organisierter Studenten in einer Abwehrfront gegen die Republik sammelte.[43] Wer »mit Rücksicht auf die Notlage des Vaterlandes die akademische Einheitsfront« erstrebte – so die katholischen Verbände 1926 –, durfte internen Differenzen kein großes Gewicht beimessen. Die Mensurfrage, die im 19. Jahrhundert die Studentenschaft nachhaltig gespalten hatte, war deshalb in der Weimarer Republik kein Zankapfel mehr. Die nichtschlagenden Verbindungen tolerierten die Prinzipien der Waffenstudenten, und letztere ließen davon ab, ihren Standpunkt als den einzig legitimen und ehrenvollen durchzusetzen.

Auch die Waffenstudenten untereinander waren übereingekommen, ihre bereits kurz vor dem Krieg begonnene Zusammenarbeit fortzusetzen und gemeinsam dafür einzutreten, ihre Vorstellungen studentischer Ehre und Genugtuung im neuen, ihnen nicht gerade wohlgesonnenen Weimarer Staat beizubehalten und zu verteidigen. In der Tat war die Mensurpraxis der schlagenden Verbindungen in der unmittelbaren Nachkriegszeit immer wieder scharf attackiert worden. Im Mai 1919 bat der Marburger Arbeiterrat den preußischen Justizminister, Maßnahmen zur Beseitigung des »Mensurenunwesens« zu ergreifen, das »in der letzten Zeit in den hiesigen studentischen Kreisen einen nie gekannten Umfang angenommen habe«. In »weiten Kreisen der Bevölkerung« herrsche darüber so »starke Mißstimmung«, daß der Arbeiterrat »den Ausbruch von Unruhen« nicht ausschließen wollte. Die städtische Polizei könne nichts gegen die Mensuren unternehmen, da sie zumeist in den umliegenden Dörfern geschlagen würden. Der dafür zuständige Landrat wiederum erkläre, ihm fehlten gesetzliche Handhaben, um dagegen einzuschreiten.[44]

Hier irrte der Landrat, der dem Arbeiterrat im übrigen »große Übertreibungen« unterstellte.[45] Da Mensuren aufgrund der Rechtsprechung des Reichsgerichts aus den 1880er Jahren als Zweikämpfe mit tödlichen Waffen galten, waren sie ebenso wie Säbel- oder Pistolenduelle strafgesetzlich verboten. Trotzdem hatte sich bereits im Kaiserreich die Praxis durchgesetzt, sie nicht zur Anzeige zu bringen, da sie von den meisten Rechtslehrern und Verwaltungsjuristen als relativ ungefährliche Paukereien betrachtet wurden, die das Todesrisiko durch entsprechende Schutzkleidung und -vorkehrungen verminderten.[46] Dieser Auffassung trug auch der 1913 vorgelegte Entwurf eines revidierten deutschen Strafgesetzbuchs Rechnung, der das studentische Schlägerduell straflos lassen wollte.[47]

Interessanterweise hielt der 1919 veröffentlichte Entwurf eine solche Sonderstellung der Mensuren nicht mehr »für angebracht«.[48] Er reagierte damit vermutlich auf die scharfe Kritik linker, linksliberaler und katholischer Kreise an der staatlichen Duldung studentischer Duelle, die auch das badische Justizministerium 1920 veranlaßte, »aus politischen Gründen ... zu dieser

Frage erneut Stellung zu beziehen«.[49] Politikern fiel ein solcher Kurswechsel offenbar sehr viel schwerer als Juristen. Als ihm ein DDP-Abgeordneter 1919 den Brief »eines vernünftigen Referendars – rara avis« zuschickte, der sich als Alter Herr einer Burschenschaft für die Abschaffung der Mensur als »Klassenprivileg« aussprach, konnte der preußische Innenminister Heine (SPD) dem nur beipflichten. Selbstverständlich seien Mensuren ein »ungesetzlicher Unfug«, dessen Beendigung »vielen Leuten sehr gefallen« würde. Ebenso richtig sei, »daß die Duldung, die bisher diesen Torheiten gewährt wurde, heutzutage nicht zeitgemäß wäre«. Andererseits wisse man, »daß von einem Vorgehen gegen die Mensuren an den Universitäten eine neue Oppositionsstimmung in der Studentenschaft zu erwarten ist«. Das wolle er, Heine, jedoch in Kauf nehmen, »denn diese Gesellschaft ist doch für *uns* verloren«. Anderer Meinung war sein Parteigenosse und Ministerkollege Haenisch, zuständig für Wissenschaft, Kunst und Unterricht, der sich dezidiert gegen schärfere Maßnahmen wandte. »Die Spannung ist in den studentischen Kreisen auf das äußerste gestiegen. Würde jetzt ein solches Verbot ergehen, so würden die regierungsfeindlichen Strömungen in der Studentenschaft aus weiten Kreisen der Beamtenschaft, zu denen zumeist die Altherrenverbände gehören, noch weitere Stärkung erhalten; wahrscheinlich würde sich eine festgeschlossene Phalanx gegen die Regierung bilden, und das alles um eines Unwesens willen, das der Gesamtheit schließlich doch keinen unmittelbaren Schaden verursacht.«[50]

Selbst sozialdemokratische Minister nahmen daher aus politischen Erwägungen davon Abstand, die Behörden zu einer schärferen Gangart gegen studentische Mensuren anzuhalten. Auch die neuerliche Bekräftigung der reichsgerichtlichen Rechtsprechung im Jahre 1926, als die Leipziger Richter trotz einiger gegenteiliger Voten den Freispruch zweier Studenten, die eine Bestimmungsmensur ausgefochten hatten, aufhoben, führte nur in Baden und Hamburg zu Erlassen an die Staatsanwaltschaften, »im Interesse des sozialen Friedens« nunmehr gegen Schlägermensuren vorzugehen.[51] Obwohl der preußische Ministerpräsident Braun ebenfalls für ein scharfes Eingreifen der Polizei plädierte, vermochte er sich doch gegen den Widerstand aus Innen- und Wissenschaftsministerium nicht durchzusetzen. Mit ähnlichen Argumenten wie 1919 wurde davor gewarnt, »die gerade beginnende gesunde Entwicklung der Studentenschaft in der Richtung der Bejahung des neuen Staates zu stören«; ein Ministerialdirektor beschwor gar die Abwanderung der Studenten aus Preußen, wenn ihnen dort Mensuren nicht mehr erlaubt seien. Im übrigen solle man »Preußen nicht in einen Kampf ziehen lassen, den es nicht durchführen könne. Preußens Autorität werde dadurch nicht gesteigert werden«.[52]

Da fast alle Länder einen Alleingang fürchteten und keine Konflikte mit den Waffenstudenten und ihren bürgerlichen Seilschaften riskieren wollten, entschied man sich dafür, das Urteil des Reichsgerichts einfach zu ignorieren und alles beim alten zu lassen.[53] Geschah es einmal, daß ein übereifriger Beamter diesen allgemeinen Konsens verletzte, wurde er von seinem Vorgesetzten »zurückgepfiffen«. So erging es etwa dem Merseburger Regierungspräsidenten Grützner, der dem Hallenser Universitätskurator gleich nach seinem Amtsantritt 1925 mitteilte, er fühle sich »als Staatsbeamter verpflichtet«, dem Strafgesetz gegen Studentenmensuren in seinem neuen Amtsbereich Geltung zu verschaffen. Trotz der Einwände des Kurators wies er die Polizeibehörden unmittelbar nach Bekanntwerden des Reichsgerichtsurteils von 1926 an, »der Abhaltung derartiger Zweikämpfe ihre besondere Aufmerksamkeit zuzuwenden und gegen ihnen bekannt werdende Fälle dieser Gesetzesverletzung unnachsichtlich vorzugehen und sie zur Anzeige bei der Staatsanwaltschaft zu bringen«. Davon alarmiert, wandte sich der Kurator in einem Privatschreiben – »um freier sprechen zu können« – an den zuständigen Ministerialdirektor im preußischen Wissenschaftsministerium und bat ihn in dieser »besonders wichtigen, aber auch delikaten Angelegenheit« um seine Unterstützung. Innenminister Severing (SPD) forderte Grützner daraufhin auf, die Mensurenjagd einzustellen, und legte ihm die politischen Bedenken dar, die einer rigorosen polizeilichen Bekämpfung studentischer Duelle entgegenstünden.[54]

Diese Bedenken waren auch in dem Privatschreiben des Universitätskurators angeklungen, der zudem als ehemaliger Corpsstudent keinen Zweifel daran gelassen hatte, daß er Mensuren an sich weder verwerflich noch für den Staat gefährlich fand. Im Gegenteil könne man »in diesen politisch so gespannten Zeiten... sehr zufrieden sein, daß die Studenten ihre überflüssige Zeit und Kraft mit so harmlosen Dingen verbrächten«. Scharf kritisierte er das gegen Waffenstudenten gerichtete politische Kesseltreiben, hinter dem er die Absicht vermutete, »die Studentenschaft in ihrer heutigen Korporations-Form, für die die Studenten-Mensur einen wichtigen Grundpfeiler bilde, zu zerschlagen«. Eine solche Strategie müsse unweigerlich »neuen Zündstoff« in die »schon reichlich erregte Studentenschaft« hineintragen, die die Kampfansage der Verwaltung nicht unbeantwortet lassen würde. Schließlich sei der Korporationsgedanke »heute sicher wesentlich stärker« in der Studentenschaft verankert »als zu der Zeit, in der ich selbst Korpsstudent war. Die studentische Mensur spielt heute, soweit ich sehe, noch eine stärkere Rolle als in meiner Studentenzeit.« Der Versuch, sie zu kriminalisieren und mit Polizeigewalt auszurotten, könne daher nur massive Gegengewalt provozieren.[55]

In der Tat waren die schlagenden Verbindungen der Weimarer Zeit nicht bereit, den staatlichen Angriff auf eines ihrer wichtigsten Merkmale und Symbole kampflos hinzunehmen. Ihr enormer Zulauf zeugte davon, daß sie sich innerhalb der Studentenschaft einer großen und offenbar stetig wachsenden Zustimmung erfreuten. Im Rahmen der anhaltenden Korporierungsbewegung, die zu Beginn der 1930er Jahre etwa 80 Prozent aller männlichen Studenten erfaßte, hatten die waffenstudentischen Verbände die größten Rekrutierungserfolge aufzuweisen. Fast 50 000 Studenten gehörten ihnen an, was bedeutete, daß sich 6 von 10 männlichen Studierenden, die sich überhaupt organisierten, einer schlagenden Verbindung anschlossen.[56] Selbst wenn sich in diesen 1932/33 erhobenen Zahlen die politisch aufgeheizte Atmosphäre der späten Weimarer Jahre spiegelte, fanden waffenstudentische Korporationen doch auch in ruhigeren Phasen einen festen Rückhalt in der Studentenschaft. Dazu trug die in den Herkunftsschichten der Studenten weit verbreitete Oppositionshaltung zum Weimarer »System« ebenso bei wie der Wunsch vieler Studenten, der gerade an den Universitäten besonders sichtbaren Frauenemanzipation mann- und wehrhaft entgegenzutreten. Je mehr Studentinnen an die Hochschulen kamen – ihre Zahl verfünffachte sich zwischen 1914 und 1931 –, desto stärker mochten viele ihrer männlichen Kommilitonen die Notwendigkeit empfinden, sich in die männliche Wagenburg schlagender Verbindungen zurückzuziehen und ihren »Geschlechtscharakter« hier in seiner reinsten Form zu kultivieren.

Aber auch die in harter Münze meßbaren Vorteile einer solchen Mitgliedschaft sorgten für ihre anhaltende, im Zeichen hoher Akademikerarbeitslosigkeit sogar noch wachsende Attraktivität. Trotz Revolution und Republik hatte sich das soziale Profil der höheren Beamtenschaft, auf die ein großer Teil der Studenten seine Karrierewünsche richtete, nicht wesentlich verändert. Die Alten Herren spielten in Staat und Wirtschaft nach wie vor eine tragende Rolle und konnten ihren jüngeren Bundesbrüdern unschätzbare Plazierungshilfe leisten.[57] Darüber hinaus stellten sich die Altherrenverbände, nicht anders als im Kaiserreich, in der Öffentlichkeit schützend vor die Verbindungen. Mehrfach wandten sie sich als einflußreiche »pressure group« an Parlamentarier, um vor einer Verschärfung der Duellparagraphen im Strafgesetzbuch zu warnen und für Bestimmungsmensuren Straffreiheit zu fordern – immer mit dem Hinweis auf die »Saat des Grolls und der Verbitterung«, die in »Hunderttausenden deutscher Männer und Jünglinge« angesichts der gegen ihre innerste Überzeugung gerichteten »Maßnahmen der Gewalt und der Unterdrückung« aufkeime.[58]

Die Handschrift alter Waffenstudenten spürte man auch in den Eingaben der Universitäten, Technischen Hochschulen und Rektorenkonferenzen, die 1927 und 1931 an Reichstag und Reichsrat appellierten, Schlägermensuren von jeder gesetzlichen Strafe auszunehmen.[59] Und Alte Herren waren es wohl auch, die die Deutsche Gesellschaft für Chirurgie 1930 zu einer einschlägigen Stellungnahme zur Mensurfrage veranlaßten. Wunschgemäß bezeichnete sie Mensuren als reine Kampfspiele, deren Verletzungsgefahr um vieles geringer sei als die anderer männlicher Sportarten. Ihr »sachverständiges Urteil« sprach sich deshalb ebenfalls dafür aus, studentische Schlägermensuren nicht zu bestrafen und das geplante »Ausnahmegesetz gegen die Studenten« fallenzulassen.[60]

Aber auch die Studenten selber opponierten heftig gegen die im Rahmen einer allgemeinen Strafrechtsreform angestellten Überlegungen, Mensuren ausdrücklich unter die Zweikampfparagraphen zu rubrizieren. Abordnungen des Allgemeinen Deutschen Waffenrings (ADW), in dem sich fünf große schlagende Verbindungen zusammengeschlossen hatten, wurden im Reichsjustizministerium vorstellig und unterbreiteten dort ihre Sicht der Dinge. Abgesehen davon, daß die Bestimmungsmensur als reines Waffenspiel kein Duell sei und deshalb auch nicht als solches bestraft werden dürfe, könne sie auch keinesfalls, wie Sozialdemokraten und Zentrumspolitiker immer wieder hervorhöben, als Vorübung zum ernsthaften Zweikampf gelten; statt dessen lenke sie »nachweislich, indem sie dem jugendlichen Kampfgeist ein sportliches Betätigungsfeld gibt, vom eigentlichen Duell ab«. Darüber hinaus wandte sich der Waffenring dezidiert gegen eine Strafverschärfung für die »richtigen« Duelle, die von verschiedenen Parteien erwogen wurde. Eine vollständige Streichung des Zweikampf-Abschnitts im Strafgesetzbuch, wie sie die preußische Regierung in bester aufklärerischer Tradition empfahl, lehnte der ADW als »untragbar« ab und beharrte demgegenüber auf der »Sonderstellung« des Duells, die aber, wie er betonte, kein Ausfluß eines angeblichen »Klassenvorrechts« sei. Schließlich gehörten den Waffenverbindungen mittlerweile »Söhne aus allen Bevölkerungsschichten« an, »wie Arbeiter-, Beamtenschaft, freie Berufe aller Kategorien«. Im übrigen sei ihnen selber daran gelegen, Duelle als »letzte Konsequenz auf wirklich wesentliche und unlösbare Streitfälle« zu beschränken. So habe man durch eine ausgeklügelte Ehrenordnung und ein obligatorisches ehrengerichtliches Verfahren sicherzustellen versucht, »jeden leichtfertigen Anlaß zu einem Duell aus der Welt« zu schaffen. In dieser geläuterten Form müsse der Duellstandpunkt jedoch unbedingt aufrechterhalten werden. Zwar verlange man nicht, daß das Gesetz Duelle prinzipiell straflos lasse, doch wehre man sich gegen jede vorgesehene Strafverschärfung. Wer Duellanten zu Gefängnis und Amtsenthebung verurteile, setze sich über die ehrenhaften Motive hinweg, die einem Duell immer zugrundelägen, und treibe »die heute ohnehin zum Radikalismus neigende akademische Jugend in einen unerwünschten Gegensatz zum Staate hinein«.[61]

Diese Argumentation zeigt, wie geschickt die schlagenden Verbindungen politisch zu taktieren wußten. Indem sie den Klassencharakter des Duells leugneten und betonten, »nicht nur Akademikern, sondern allen ehrenhaften Menschen ohne Unterschied der sozialen Stellung, sofern sie die gleiche Anschauung in Ehrenfragen haben«, Genugtuung geben zu wollen, nahmen sie jenen links-liberalen Kritikern den Wind aus den Segeln, die den männlichen Ehrenzweikampf als angemaßtes Vorrecht einer kleinen elitären Gruppe geißelten. Daß es »gleiche Anschauungen in Ehrenfragen« faktisch nur bei Männern aus den gleichen gesellschaftlichen Kreisen geben konnte, blieb wohlweislich ungesagt. Auch in der scharfen Abgrenzung gegenüber dem Boxen, das als gefährlicher Kampfsport gleichwohl nicht verboten war, kam ein kaum kaschierter sozialer Überlegenheitsanspruch zum Ausdruck, den die Waffenstudenten in ihrer öffentlichen Selbstdarstellung tunlichst zu vermeiden suchten. Während Boxen immer wieder als roh, blutrünstig und brutal dargestellt wurde, glänzte die Bestimmungsmensur als ein »hoch veredelter Sport«, der zudem »von der Einstellung auf Sensation, Rekord und Geldverdienen vollkommen frei« sei.[62] Statt »roh« hätte es auch »proletarisch«, statt »veredelt« »bürgerlich« heißen können, um die sozialen Milieus der beiden Zweikampf-Formen präziser zu kennzeichnen.[63]

Der große Zulauf, den waffenstudentische Verbände vor allem in der Spätphase der Weimarer Republik verbuchen konnten und der ihnen in immer stärkerem Maße die Söhne von Angestellten und mittleren Beamten zuführte,[64] beruhte daher vermutlich auch auf ihrem noch immer relativ elitären Profil, das insbesondere soziale Aufsteiger anzog. Das Prinzip, schwere persönliche Konflikte mit Säbel oder Pistole auszutragen, infizierte auf diese Weise auch solche gesellschaftlichen Gruppen, die noch im Kaiserreich aus dem illustren Kreis der Ehrenmänner ausgeschlossen gewesen waren. In den Parteien der »Weimarer Koalition« rief diese Entwicklung große Besorgnis hervor. Wenn sozialdemokratische und Zentrumsabgeordnete in den Parlamenten immer wieder die Strafbarkeit der Bestimmungsmensuren beschworen und betonten, daß letztere »mit dem ernsten Zweikampf untrennbar« zusammenhingen,[65] ging es ihnen nicht so sehr um die Mensuren als vielmehr darum, eben jene Übertragung zu verhindern und die soziale Diffusion des »Duellstandpunktes« in Schichten, die ihm bislang ferngestanden hatten, zu unterbinden. Der politische Kampf um den »neuen Mittelstand« fand auch hier eine, wenngleich eher marginale, Plattform.

Marginal war dieser Streit, der auf parlamentarischer Ebene vor allem zwischen SPD und Zentrum einerseits sowie Deutschnationalen und Völkischen andererseits ausgetragen wurde, nicht zuletzt auch deshalb, weil die Befürchtung, das Duell könne über die schlagenden Verbindungen breitere Bevölkerungskreise erreichen und an Attraktivität gewinnen, offensichtlich jeder materiellen Grundlage entbehrte. Der DNVP-Abgeordnete Hanemann hatte völlig recht, als er 1929 meinte, »man höre so gut wie überhaupt nichts mehr von Zweikämpfen«.[66] Zwar verzeichnete die Kriminalstatistik des Deutschen Reichs auch in der Weimarer Republik eine steigende Zahl von Zweikampf-Verurteilungen, die sich in den späten 1920er Jahren fast wieder auf dem Niveau der Vorkriegszeit einpendelte. Zugleich ging jedoch der Anteil der ernsten Duelle an den bestraften Fällen deutlich zurück. War in den frühen 1890er Jahren etwa jeder dritte von der Kriminalstatistik erfaßte Zweikampf eine studentische Schlägermensur gewesen, entfielen 61 der 71 Verurteilungen, die beispielsweise 1928 wegen Zweikampfvergehen erfolgten, auf Bestimmungsmensuren und nur zehn auf einen »Ehrenhandelszweikampf«.[67]

Diesen auffälligen Umschwung durch ein gesteigertes Interesse der Strafverfolgungsbehörden an studentischen Mensuren zu erklären ist angesichts der unverändert permissiven Haltung jener Behörden nicht plausibel. Auch die Vermutung, die Justiz habe »richtige« Duellanten durch die Maschen des Gesetzes schlüpfen lassen, erscheint vor dem Hintergrund der Vorkriegspraxis und des noch duellkritischeren Klimas der Weimarer Jahre kaum als wahrscheinlich. So spricht viel dafür, daß die auf einen wirklichen Ehrenhandel zurückgehenden Duelle tatsächlich sehr viel seltener geworden waren – ein Eindruck, der sich bei der Durchsicht der zu diesem Thema gesammelten Zeitungsartikel aus der Weimarer Republik noch verstärkt.[68] Obwohl die Aufmerksamkeit linker und liberaler Journalisten keineswegs nachgelassen hatte, konnten sie nur über wenige Ehrenhändel berichten. In der Regel handelte es sich dabei nicht einmal um Duelle, sondern lediglich um Herausforderungen.[69]

Auch die Autoren der Duellschriften, die in den 1920er Jahren erschienen, bestätigten »das heute nur noch geringe Ausmaß« männlicher Ehrenzweikämpfe und konstatierten, man könne »das Duellprinzip in einem gewissen Grade als durchbrochen ansehen«. Vor allem im Militär kämen Duelle so gut wie gar nicht mehr vor, und nur in akademischen Kreisen seien sie noch verbreitet. Allerdings habe sich auch hier die Überzeugung durchgesetzt, ausschließlich bei gravierenden Ehrenkränkungen Waffengenugtuung zu fordern, wobei Ehrengerichte den Beleidiger in besonders schweren Fällen immer häufiger für satisfaktionsunfähig erklärten und damit den Weg zur gerichtlichen Klage ebneten.[70]

Bei dem Versuch, diesen offenkundigen Bedeutungsrückgang des Duells zu erklären, nahm der Jurist Pantenburg 1928 Zuflucht zu einer Generalklausel: Der »demokratische Zug der Zeit« sei es gewesen, der »manche überlieferte Vorurteile von höheren Ehrbegriffen einzelner Stände zum Schwinden gebracht« habe.[71] Ob er mit dieser Analyse recht hatte, ist sehr zu bezweifeln. Gewiß schuf die duellkritische Haltung der »Weimarer Koalitions«parteien ein politisches Klima, in dem sich Duellfreunde kaum entfalten konnten, und auch der Verlust kaiserlicher Patronage in einer parlamentarischen Republik hatte die politische Schonzeit für Duellanten abrupt beendet. Andererseits aber profilierten sich konservative und völkische Parteien als neue/alte Statthalter des Duellprinzips, und selbst wenn es in den Weimarer Parlamenten seltener zu offen apologetischen Bekenntnissen der Duellanhänger kam als noch zu Kaisers Zeiten, stand die politische Öffentlichkeit doch keineswegs eindeutig auf seiten der Duellgegner.

Weitaus wichtiger als solche äußeren Einflüsse war die Umbildung des Duellmilieus selber, die dem Prinzip der Waffengenugtuung seinen soziokulturellen Nährboden entzog. Dazu trug zunächst die Entmilitarisierung der Weimarer Gesellschaft bei, die sich in der Errichtung einer kleinen Berufsarmee mit einem zahlenmäßig unbedeutenden Offizierkorps widerspiegelte. Mochte letzteres auch formell am tradierten Ehren- und Duellkodex festhalten, hatte es seine soziale Ausstrahlung doch weitgehend eingebüßt. Weder aus sich heraus noch vermittelt durch die nunmehr funktionslosen und von der Armee abgekoppelten Reserveoffiziere vermochte es jene prägende gesellschaftliche Rolle zu spielen, die es im Kaiserreich so eindrucksvoll und folgenreich ausgefüllt hatte. Auch die Zehntausende verabschiedeter Offiziere, die nach dem Versailler Vertrag mit einer zivilen Karriere vorlieb nehmen mußten, scheinen den Duellstandpunkt in ihrem neuen Leben nicht sonderlich gepflegt zu haben. Ohne festen korporativen Rückhalt, ohne kaiserlichen Schutz fehlte ihnen offenbar der Antrieb, ihre ohnehin gedemütigte Ehre im Zweikampf zu verteidigen.[72]

Neben der Entmachtung des Militärs war die Destabilisierung des Bürgertums in den Krisenjahren der Weimarer Republik ein weiterer Faktor, der den Niedergang des Duells verantwortete. Die beschleunigte berufliche Fragmentierung des Bildungsbürgertums, der Aufstieg eines »neuen«, den Idealen bürgerlicher Kultur und Bildung nur bedingt verpflichteten Mittelstandes aus kaufmännischen und technischen Angestellten, Inflation und Akademikerarbeitslosigkeit unterhöhlten den noch im 19. Jahrhundert unumstrittenen Hegemonieanspruch der »Gebildeten«. Die Zersplitterung eines vormals homogenen, sozial exklusiven

Kulturbegriffs, neue Formen der Massenkommunikation und avantgardistische Tendenzen in den Künsten trugen das ihre zur Schwächung des Bildungsbürgertums bei.[73]

In dem Maße, wie es mit seiner sozialen Homogenität auch seine kulturelle Definitionsmacht verlor, lockerten sich die für seine Angehörigen bislang verbindlichen Umgangsformen und Verhaltensstile. Die sukzessive Ausfransung des »Milieus« im Zuge beruflicher und sozialer Differenzierungsprozesse ging einher mit der Befreiung des Bürgers aus dem Korsett tradierter und kanonisierter Normen, Rollenerwartungen und Konventionen. Auch das Duell und die in ihm repräsentierten Werthaltungen blieben von diesen Tendenzen nicht verschont. Offenbar fühlten sich immer mehr erwachsene bürgerliche Männer an den Ehrenkodex der in Auflösung begriffenen satisfaktionsfähigen Gesellschaft nicht länger gebunden und zogen es vor, Beleidigungen vor Gericht zu ahnden oder schlicht zu übersehen.[74]

Dieser Umschwung kam auch in der öffentlichen Duelldebatte deutlich zum Ausdruck. Hatten Akademiker im Kaiserreich immer wieder emphatisch vom männlichen Ehrenzweikampf geschwärmt, blieben sie in den Nachkriegsjahren stumm. Auf dem Buchmarkt erschienen fast nur noch juristische Dissertationen zum Duell; der ideologische Meinungsstreit war in einen wissenschaftlichen überführt worden. Die Themen, die in den Broschüren und Artikeln der Vorkriegszeit mit Verve und Inbrunst behandelt worden waren – Individualität, Selbstverantwortung, Männlichkeit –, hatten ihren Reiz offenbar verloren. An einer durch Mut und Entschlossenheit geprägten Männlichkeit festzuhalten war angesichts der Erfahrungen des Krieges und der sich wandelnden Beziehungen zwischen den Geschlechtern kaum noch gefragt. Nicht weniger atavistisch und letztlich aussichtslos mochte der Versuch anmuten, den starren Persönlichkeitskult der wilhelminischen Ära in ein Zeitalter hinüberzuretten, das Innovation, Beweglichkeit und die Rationalisierung von Lebensverhältnissen auf seine Fahnen schrieb. Daß die bürgerliche Epoche, in der sich die »autonome Persönlichkeit« nach Ansicht Friedrich Meineckes noch hatte behaupten können, endgültig vorüber war, empfanden nicht nur Intellektuelle wie Kurt Tucholsky oder Thomas Mann.

Selbst wenn schlagende Studentenverbindungen und ihre Alten Herren immer noch auf der theoretischen Möglichkeit eines Duells beharrten und sich damit, wie Willy Liebermann in seinen ›Erinnerungen eines deutschen Juden‹ meinte, als eine »Insel« im Meer zusammenbrechender deutscher Ehrbegriffe entpuppten,[75] wurde diese Möglichkeit praktisch immer seltener genutzt. Das Argument der Duellkritiker, »von der einfachen Schlägermensur bis zum Zweikampf auf Säbel oder Pistole sei nur ein Sprung«,[76] hielt der Wirklichkeit nicht mehr stand, denn trotz der Zunahme studentischer Bestimmungsmensuren ging die Zahl ernsthafter Duelle zurück. Die Zweikampfkultur der Waffenstudenten hatte ihre gesellschaftliche Anschlußfähigkeit somit weitgehend verloren, dafür aber einen enorm gesteigerten Eigenwert gewonnen. Obwohl sie immer noch von einer besonderen Ehren-Aura umgeben war, drang sie über das studentische Milieu nicht mehr hinaus. Sich dank »körperlicher Gewandtheit, Mut, Geistesgegenwart und Selbstbeherrschung« im männlichen Kampf zu bewähren[77] wurde nach dem Ersten Weltkrieg zum unangefochtenen Privileg männlicher Jugendlicher, die während der Studienzeit ihre Mannbarkeitstaufe erlebten. Sobald sie die Hochschule verließen, legten sie den kämpferischen Gestus ab und befleißigten sich ziviler Umgangsformen. Wie sehr sich auch die Waffenkämpfe der Universitätsjahre in der späteren Erinnerung an die »schönsten Zeiten ihres Lebens«, die der greise protestantische Kirchenrat Schiller 1933 beschwor, verklären mochten – in den offenbar weniger schönen Zeiten als Berufsmensch und Familienvater fanden solche Beweise kühner Männlichkeit und heldenmütiger »Selbstzucht« keinen selbstverständlichen Platz mehr.

3. Nationalsozialistischer Männlichkeitskult und Duellmystik

Schiller veröffentlichte seine Hommage an die Mensur als »wesentlichem Teil akademischer Studentenpoesie« im April 1933,[78] wenige Tage nachdem der nationalsozialistische Reichskommissar Kerrl die Staatsanwaltschaften in einer Rundverfügung aufgefordert hatte, von der Verfolgung studentischer Schlägermensuren fortan abzusehen. Einen Monat später wurde das Strafrecht geändert und die Studentenmensuren ausdrücklich für straflos erklärt.[79] Damit exekutierten die neuen Machthaber eine politische Linie, die sie bereits in der Weimarer Republik parlamentarisch verfochten hatten und die ihnen bei den Waffenstudenten große Sympathien verschaffte. Ende 1930 hatte der

NSDAP-Abgeordnete Frick im Reichstag beantragt, Schlägermensuren gesetzliche Straffreiheit zuzubilligen, worauf sich Vertreter des ADW in einem vertraulichen Schreiben an den konservativen Reichsminister Treviranus wandten und vor den fatalen Wirkungen warnten, die eine Ablehnung dieses Antrages seitens der »bürgerlichen Parteien« auf die »leicht erregten Gemüter der aktiven Waffenstudenten haben müßte«. Schon die letzten Studentenschaftswahlen hätten ein »ungeheures Anwachsen der nationalsozialistischen Stimmen« gezeigt, »das vielleicht früher oder später auch eine Gefahr für die waffenstudentischen Verbände bedeuten kann«.[80]

So sehr die schlagenden Verbindungen die »sozialistische« Komponente der NS-Politik fürchteten und die Angriffe von Hitlerjugend (HJ) und Nationalsozialistischem Deutschen Studentenbund (NSDStB) gegen ihren »bürgerlichen Kastengeist« als bedrohlich empfanden,[81] so einhellig begrüßten sie doch die nationalsozialistische Politik zugunsten ihrer Mensuren. Anfang Mai 1933 wandten sich denn auch 13 Berliner Landsmannschaften an den preußischen Justizminister, um ihm für die Aufhebung des Mensurverbots zu danken. Damit sei der deutschen Studentenschaft »wieder die Freiheit gegeben, sich einem Sport zu widmen, der sicher eine gute Schulung auch für die Aufgaben bedeutet, die in Zukunft der deutschen Jugend zum Schutze des Vaterlandes obliegen«. Bevor sie den Minister zu ihrem nächsten Mensurtag einluden, versäumten die Landsmannschaften nicht, ihm zu versichern, daß sie »ihren Dank nicht nur mit Worten, sondern zu gegebener Zeit auch mit Taten abzustatten« wüßten.[82]

Auch Reichskommissar Kerrl begründete die strafrechtliche Freigabe der Mensuren mit ihrem »sportlichen und erzieherischen Wert«, dem »eine Zeit, welche die Erziehung der männlichen Jugend im Geiste des Sports und der Wehrhaftigkeit mit allem Nachdruck zu fördern entschlossen ist«, Geltung verschaffen müsse. »Die Freude an der Mensur«, fuhr er fort, »entspringt dem Kampfgeist, der in der akademischen Jugend nicht gehemmt, sondern gestärkt werden muß. Mensuren stählen den persönlichen Mut, verlangen Selbstbeherrschung und stärken die Willenskraft. An der Unterbindung der studentischen Mensuren hat die Öffentlichkeit daher kein Interesse.«[83]

Der Nationalsozialismus beließ es jedoch nicht dabei, Studenten ihren »wehrhaften Sport« zu gönnen. Vielmehr suchte er die in der Weimarer Zeit zerrissenen oder zumindest brüchig gewordenen Fäden zwischen Mensur und Ehrenhandel wieder fester zu knüpfen und das Duell neu zu beleben. Aus ihrer Vorliebe für den männlichen Ehrenzweikampf hatten völkische Politiker bereits vor 1933 keinen Hehl gemacht. So bestand der Reichstagsabgeordnete von Ramin 1926 auf dem Recht des Mannes »auf seinen eigenen Körper« und meinte, kein Dritter solle sich in eine Angelegenheit einmischen, die zwei Männer in wechselseitigem Einverständnis unter sich regeln wollten.[84] Der bayerische Landtagsabgeordnete und -oberbibliothekar Rudolf Buttmann vertrat im gleichen Jahr die Auffassung, wer dem »pazifistischen Dogma« nicht anhänge, dürfe »das, was dem Volke erlaubt sein muß, auch dem einzelnen nicht verwehren«. Dort, »wo es um das Höchste und Letzte, um seine persönliche und seiner Familie Ehre« gehe, könne sich der »einzelne Staatsbürger« nicht mit einem »gewissen Zufälligkeiten ausgesetzten Spruch irgendeines Vertreters einer staatlichen Instanz« begnügen, sondern müsse selber »für Reinheit und Ehre« eintreten. Allerdings gelte dieses Recht für alle männlichen Bürger unabhängig von ihrer sozialen Stellung, für Bauernburschen ebenso wie für Studenten und ältere Akademiker.[85]

Dieser Verallgemeinerungsanspruch, mit dem sich Nationalsozialisten scharf vom elitären Gestus der satisfaktionsfähigen Gesellschaft absetzten, blieb in den 1920er Jahren noch blasse Theorie. Als die drei völkischen Reichstagsabgeordneten von Graefe, Wulle und Henning 1924 den DVP-Politiker Cremer, der sie in einer Parlamentssitzung als Hochverräter bezeichnet hatte, auf Pistolen forderten, bezogen sie sich darauf, daß Cremer im Kaiserreich Reserveoffizier gewesen sei und daher für Beleidigungen Waffengenugtuung zu geben habe. Sie betrachteten mithin die »Gesetze« des hergebrachten, sozial exklusiven Duellcomments nach wie vor als gültig und fühlten sich ihnen persönlich verpflichtet.[86]

Mit nationalsozialistischer Volksgemeinschafts-Ideologie ließ sich eine solche Haltung jedoch nicht vereinbaren. Der Nationalsozialismus gehe, so der damalige Staatssekretär im Reichsjustizministerium Freisler 1936, von einer Ehrauffassung aus, die »nicht abstammungs-, bildungsbesitz- oder standesgebunden« sei.[87] »Deutsche Ehre«, hieß es dementsprechend in der Ehrenordnung der SA von 1933, »ist nicht gebunden an Geld, Besitz, Titel, Stand und Rang. Deutsche Ehre ist Soldatenehre und deshalb gebunden an Vaterlandsliebe, Treue, Mannhaftigkeit, Kameradschaft und Ehrlichkeit.« Auch die Schieds- und Ehrengerichtsordnung der SS aus dem Jahre 1935 bestimmte: »Die Ehre aller SS-Männer hat, ohne Rücksicht auf Dienstgrad und Dienststellung, Herkommen und Beruf den gleichen Wert.« Indem aber diese allgemeine männliche Ehre, die keine sozialen Abstufungen mehr kennen sollte, so eindeutig an militärische Figurationen und Merkmale geknüpft blieb, war es nur folgerichtig, den Zweikampf als Inkarnation militärischer Männlichkeit wieder zu Ehren kommen zu lassen. Sowohl SA- als auch SS-Männer waren denn auch berechtigt und verpflichtet, ihre Ehre »mit der Waffe zu verteidigen«.[88] Verbandsinterne Ehrenordnungen regelten das Verfahren und sorgten dafür, daß nur schwere Beleidigungsfälle in einem Duell ausgetragen wurden.

Auch in der zunehmend gleichgeschalteten Studentenschaft wurde das Zweikampfthema nach 1933 wieder intensiv diskutiert. Die Reichsführung der deutschen Studentenschaft beabsichtigte, die »Satisfaktionsfrage für alle Angehörigen der deutschen Studentenschaft verbindlich zu regeln«,[89] und orientierte sich dabei am Prinzip unbedingter Waffengenugtuung. Die nichtschlagenden, überwiegend konfessionell gebundenen Studentenverbindungen, die sich 1933, »in diesen Tagen der nationalen Erhebung«, nicht anders als die schlagenden Korporationen mit überschwenglichen Ergebenheitsbekundungen an Adolf Hitler gewandt hatten,[90] betrachteten diese Entwicklung »mit wachsender Sorge«, wie der Oberkonsistorialrat Schreiber als Vertreter des protestantischen Wingolf-Verbandes 1934 dem Reichsinnenminister mitteilte. In einer Denkschrift begrüßte der Wingolf zwar »freudig und dankbar die Bestrebungen, aus nationalsozialistischem Geist heraus dem ganzen deutschen Volk heute einen neuen einheitlichen Ehrbegriff zu geben«. Zugleich irritiere es ihn aber, »daß nach dem Satze: ›Ehre kann nur durch Blut wieder hergestellt werden!‹ in Zukunft nur die eine Genugtuung mit der Waffe anerkannt werden soll«. Falls dieses Prinzip von der Reichsstudentenführung als verbindlich angenommen werde, könne er sich ihm nicht anschließen und ziehe es vor, sich aufzulösen.[91]

Zwar versicherte der Minister dem Oberkonsistorialrat, es sei nicht beabsichtigt, »in der Genugtuungsfrage von seiten des Staates einen Zwang auszuüben«. Vielmehr solle es »weiterhin der freien Entschließung eines jeden Studenten überlassen« bleiben, ob er seine Ehre im Duell verteidigen wolle.[92] Diese Rücksichtnahme auf christlich-konfessionelle Vorbehalte hielt jedoch nicht lange vor. Mit der Selbstauflösung studentischer Korporationen, die Ende 1935 als Kameradschaften im NSDStB aufgingen,[93] war der Weg frei für eine umfassende »Neuordnung des deutschen Studententums auf nationalsozialistischer Grundlage«. Die Reichsstudentenführung setzte denn auch 1936 einen Arbeitsausschuß ein, der eine verbindliche Ehrenordnung ausarbeiten sollte. Dieser Ordnung, wußte die ›NS-Korrespondenz‹ schon Anfang 1937 zu berichten, werde eine »Waffen- und Zweikampfordnung angegliedert«, »die den Austrag von Säbelmensuren enthalten wird«.[94]

Als Reichsstudentenführer Scheel die Ordnung 1937 in Kraft setzte, vermerkte er ausdrücklich, daß er damit »an die große Tradition deutschen Waffenstudententums« anknüpfe. Zwar habe man mit der »früheren Auffassung standesmäßiger Behandlung der Ehrenfrage« gebrochen, doch seien, wie Scheels Beauftragter für Verfassungsfragen, der SS-Hauptsturmführer Sandberger, 1938 ausführte, »die maßgebendsten Grundsätze« der Ehren- und Zweikampfordnung »aus der bewährten waffenstudentischen Ehrengerichtsbarkeit übernommen«.[95] Daß etwa Pistolenduelle streng untersagt waren, unterstrich die Kontinuität zu den Gepflogenheiten Weimarer Waffenstudenten, die solche Zweikämpfe nur in besonderen Fällen – bei Verletzungen der »Familienehre« und körperlichen Behinderungen – erlaubt hatten.[96] Dahinter stand nicht nur das Bemühen, tödliche Verletzungen nach Möglichkeit zu verhindern, indem weniger gefährliche Waffen benutzt wurden. Mindestens ebenso wichtig und von den Nationalsozialisten besonders geschätzt war der kämpferische Charakter, der einem Duell anhaften müsse, aber nur in der direkten Mann-zu-Mann-Konfrontation eines Säbelzweikampfs wirklich erlebbar sei.

Während die soziale Nivellierung und Generalisierung des Duellprinzips eine radikale, gleichsam »moderne« Innovation des Nationalsozialismus war, griff er dort, wo er Ernsthaftigkeit und Kampfgeist als wesentliche Momente eines wirklichen Ehrenhandels verlangte, auf die Überlieferung bürgerlicher Korporationen und militärischer Verbände zurück, deren politische Integration er auf diese Weise gleichsam sekundär zu fördern suchte. Warum ihm überhaupt an einer Bewahrung oder sogar Neubelebung des männlichen Ehrenzweikampfs gelegen war, erschließt sich darüber hinaus vor allem aus seiner Geschlechterpolitik. Den intensiven Bemühungen nationalsozialistischer Ideologie, ein starkes, militärisch geprägtes Männlichkeitsbild zu entwerfen und es einem ebenso krass stilisierten häuslich-bescheidenen Weiblichkeitsbild entgegenzusetzen, lieferte die virile Duellsymbolik wertvolle Bausteine. »Echte« Männer waren solche, die sich nicht scheuten, ihr Leben für eine wichtige Sache in die Schanze zu schlagen, und die mit vollem körperlichem Einsatz kämpften. In einem durch und durch männerbündischen System wie dem Nationalsozialismus standen Insignien heldenhafter Männlichkeit hoch im Kurs. Wenn es darum ging, die angeblich verweichlichenden, femininen Einflüsse der Weimarer Jahre zurückzudrängen, konnten sie nur von Nutzen sein.

Der männliche Ehrenzweikampf spaltete nach Ansicht nationalsozialistischer Menschenbildner aber nicht nur alles Schwache und Weibliche ab, das sich bei Männern einzunisten drohte, sondern widersetzte sich auch der nicht weniger scharf bekämpften Herrschaft einer »kalten« Vernunft. Die exzessiven Blutphantasien der NS-Ideologie und -Propaganda fanden hier ein weiteres Objekt, wenn etwa Freisler den Kern des Duells »in der Mystik des Blutes, in der Wirklichkeit der inneren Verbindung von Blut und Ehre begründet« sah. Als »Sache des Blutes« lasse sich der Zweikampf nicht »verstandesmäßig verteidigen«, was Duellanhänger seit jeher in eine schwierige Argumentationsposition versetzt habe.[97] Der neuen »Volksführung« allerdings schien diese Blutmystik wohlvertraut und bedurfte keiner weiteren Begründung. Im Unterschied zur früheren »Staatsführung« hatte sie sich »ernsthaft innerlich« mit der Frage des Zweikampfs auseinandergesetzt und war bereit, »die Folgerungen aus dieser Auseinandersetzung zu ziehen«. Die amtliche Strafrechtskommission, die unter der Ägide des Justizministers Gürtner Entwürfe für ein »kommendes deutsches Strafrecht« vorbereitete, ging denn auch davon aus, daß, wie Freisler es formulierte, »der Zweikampf, der als solcher anerkannt ist, nicht strafbar sein kann«.[98]

Anerkannt und verpflichtend war das Duell im »Dritten Reich« nicht nur für Studenten, SA- und SS-Männer, sondern auch für die Offiziere der wieder aufgerüsteten Wehrmacht. Bereits 1934 gab der Chef der Heeresleitung von Fritsch Vorschriften zur »Wahrung der Ehre« für die Armee bekannt, die dem »Geist« der NS-Volksgemeinschaft nur bedingt nachempfunden waren.

Ähnlich wie die 1926 für die Reichswehr erlassenen Bestimmungen begannen auch diese Vorschriften zwar mit allgemeinen Bemerkungen über die Ehre »des Soldaten«. Beim Weiterlesen stellte sich jedoch sehr rasch heraus, daß es nicht »der Soldat« war, an den sich die Vorschriften richteten, sondern »der Offizier«. Die Bestimmungen regelten ausdrücklich nur die »Formen, die bei der Wahrung des Ehrbegriffs *innerhalb des Offizierkorps* innezuhalten« seien.[99] Ganz offensichtlich hielt die Armee am Duellmonopol ihrer Offiziere fest und war nicht geneigt, es im Sinne der NS-Ideologie auf alle Soldaten auszudehnen.

Obwohl die 1934 erlassenen Vorschriften mit den Reichswehr-Bestimmungen von 1926 auf weiten Strecken identisch waren, zeigte sich der Einfluß der neuen politischen Verhältnisse vor allem daran, daß der Begriff »Zweikampf« im neuen Text ausdrücklich genannt wurde. Hatten die Weimarer Bestimmungen dies tunlichst vermieden, war eine solche Zurückhaltung nun nicht mehr nötig. Drei Jahre später genehmigte der Reichskriegsminister sogar besondere Richtlinien über die »Herausforderung zum Zweikampf und seine Austragung« für die Wehrmacht, die die Modalitäten eines Duells, wiederum nur für Offiziere, verbindlich festlegten. Was sich die wilhelminische Armee nur in Form halboffizieller Duellhandbücher geleistet hatte, faßte das Oberkommando der Wehrmacht in eine ministeriell abgesicherte Verfügung: daß Kartellträger die Duellforderung im »kleinen Gesellschaftsanzug« zu überbringen hätten, ein »korrektes und kühles«, keinesfalls die »Form verletzendes« Auftreten beachten sollten, sich weder hinsetzen noch in eine Unterhaltung mit dem Geforderten einlassen dürften. Das Prozedere war minutiös geregelt: Der Duellplatz solle »abseits verkehrsreicher Plätze und Straßen« gelegen sein; die frühen Morgenstunden seien für den Austrag des Zweikampfs »am zweckmäßigsten«, gleichzeitiges Schießen auf Kommando »am ritterlichsten«. Sofort abzubrechen sei das Duell dann, wenn Kampfregeln verletzt würden, worunter auch »absichtliches Vorbeischießen eines Gegners« falle. Überhaupt komme für einen Offizier »nur Zweikampf mit Pistolen bis zur Kampfunfähigkeit« in Frage. »Soweit noch möglich«, sollten sich die Gegner nach beendetem Kampf aussöhnen. Wer eine solche Versöhnung ablehne, handele »unritterlich«.[100]

Als ein Journalist sich im Februar 1939 in einer Glosse über diese Richtlinien mokierte – »Sechs Jahre Nationalsozialismus, und fuffzich Seitn zur Wahrung der Ehre, mit Korrektheit und nich Hinsetzn und kühlet Ufftretn ...« –, intervenierte der Chef des Oberkommandos bei dem für die Presseüberwachung zuständigen Wehrkreiskommando und beanstandete die »absolut ungehörige Weise« der Kritik.[101] Zu dieser Zeit aber zeichnete sich an der Parteispitze bereits eine duellpolitische Kursänderung ab, die der Beschwerde ihre Grundlage entzog. Im September 1938 hatte der oberste Parteirichter Walter Buch die bisherige Haltung der Partei- und Staatsführung zum Duell als »Irrtum«, »geboren aus der Anschauung vergangener Zeiten«, denunziert. Wohlwissend, daß »die Abkehr vom Zweikampf für viele hervorragende Deutsche ein schweres Opfer ihrer Lebensauffassung« bedeute, hielt er sie dennoch für dringend geboten. Abgesehen davon, daß der dem Duell zugrundeliegende Ehrbegriff nach wie vor mit der Vorstellung eines »Sonderrechts für einzelne« einhergehe, widerspreche er dem nationalsozialistischen Standpunkt, die »Persönlichkeit als Einzelerscheinung« hinter das »Wir der Volksgemeinschaft« zurücktreten zu lassen: »Kein Deutscher hat das Recht, sein Blut aus eigensüchtigen Gründen zu vergeuden.« Da jeder Pistolenzweikampf »der Vervollkommnung der Waffe wegen« mittlerweile einen sicheren Blutzoll fordere, sei er »unter allen Umständen abzulehnen«. Schließlich könne es sich »ein Volk, dessen ganze Zukunft davon abhängt, daß ihm jeder gute und gesunde Blutstropfen zum Einsatz für seine Weltgeltung erhalten bleibt«, nicht leisten, »Führerblut« zu vergießen.[102]

Als dieser »Einsatz« seit 1938 konkrete militärische Formen annahm, war es mit der offiziellen Duldung und Förderung des Duells schlagartig vorbei. Im Dezember jenes Jahres ordnete Hitler an, daß er sich die eigentlich dem Chef der Heeresleitung zustehende Genehmigung eines Zweikampfs unter Offizieren persönlich vorbehalte.[103] Nach 1939 war damit, wie das Oberkommando des Heeres knapp bestätigte, »kaum noch zu rechnen«.[104] »Für solche Sachen«, meinte der »Führer« 1942, sei »jetzt im Kriege ... kein Verständnis und keine Zeit«.[105]

Hitlers persönliche Einstellung zum Duell war dabei durchaus widersprüchlich. Einerseits irritierte ihn die irrationale Logik des Zweikampfs: »Das Duell beweist ja nichts. Es kann einer tausendmal im Recht sein; entscheidend ist, ob er besser schießt.« Andererseits konzedierte er: »Es mag Dinge geben, wo zwei Männer in einen Konflikt geraten, der gar nicht von den

Gerichten gelöst werden kann. Wenn zwei Widersacher um eine Frau nicht zu Rande kommen, muß das irgendwie entschieden werden. Einer muß weg.«[106] Als jedoch 1937 der Rittmeister a. D. und SS-Hauptsturmführer Roland Strunk, Kriegsberichterstatter des ›Völkischen Beobachters‹ und »unser einziger Korrespondent von Weltruf« (Hitler), einem Pistolenduell mit dem angeblichen Liebhaber seiner Frau zum Opfer fiel, war der »Führer« über diesen »unersetzlichen Verlust« empört.[107] Fortan mußte jeder von Parteigenossen beabsichtigte Zweikampf von ihm genehmigt werden.

Inwieweit die bis 1938 ausgesprochen duellfreundliche Politik des Nationalsozialismus reale Folgen zeitigte, ist schwer zu beurteilen. Abgesehen von dem Zweikampf zwischen Strunk und seinem Kontrahenten Krutschinna, dem Adjutanten des HJ-Führers von Schirach, sind weitere Duelle aus der Zeit nach 1933 nicht rekonstruierbar. Daß es sie gegeben haben muß, geht aus der Bemerkung eines offenbar gut informierten Autors hervor, der Ende 1938 schrieb, es sei »bereits geschehen«, daß Hitler Zweikämpfe »in besonders gelagerten Fällen« genehmigt habe.[108] Nicht einmal vorgelegt wurde dem »Führer« dagegen das Gesuch des Hauptmanns a. D. und Kreisjägermeisters a. D. Kurt Stein, der im November 1941 um die Erlaubnis bat, seinen Amtsnachfolger sowie den örtlichen Landrat »auf Pistolen fordern zu dürfen, auf 10 Schritt Entfernung bis zur Kampfunfähigkeit«.[109]

Stein war ehemaliger Offizier der preußischen Armee gewesen und im Ersten Weltkrieg schwer verwundet worden. Der Wehrmacht gehörte er deshalb nicht mehr an, fühlte sich dem militärischen Ehrenkodex aber dennoch verpflichtet und kannte sich in den neuen Vorschriften aus. Auch der 65jährige Göttinger Geschichtsprofessor Karl Brandi, der seinen Kollegen Ulrich Kahrstedt 1934 zum Duell forderte, hatte seine Comment-Kenntnisse noch im Kaiserreich erworben.[110] Der Freiburger Nationalökonom Adolf Lampe, späteres Mitglied des christlich-konservativen »Freiburger Kreises«, hatte dagegen in den ersten Jahren der Weimarer Republik studiert, nachdem er unmittelbar nach dem Abitur am Krieg teilgenommen hatte. Als ihm ein jüngerer Kollege namens Ottokar Lorenz, strammer Nationalsozialist und scharfer Kritiker einer liberalen Wirtschaftstheorie, wie sie Lampe vertrat, 1934 vorwarf, er sei wissenschaftlich nicht qualifiziert und habe sich nicht einmal mit den einfachsten Fragen seines Faches beschäftigt, suchte er ihn zunächst auf dem Dienstweg, später durch eine persönliche Aussprache von der Haltlosigkeit seiner Kritik zu überzeugen. Lorenz jedoch blieb stur und weigerte sich, eine Ehrenerklärung für Lampe abzugeben, weshalb dieser ihm eine »Forderung auf schwere Säbel« überbringen ließ. Auch darauf ging Lorenz mit dem Argument, er habe dienstlich gehandelt, nicht ein, setzte aber seine politisch motivierte Rufmordkampagne gegen den offenbar unzureichend angepaßten und gleichgeschalteten Professor fort, so daß dieser in der Folgezeit gravierende Behinderungen seiner beruflichen Tätigkeit hinnehmen mußte. Durch die Unangreifbarkeit seiner politischen Gegenspieler aufs höchste gereizt, schrieb Lampe im Januar 1937 an den Freiburger Dozentenschaftsführer, nachdem er ihn um Namen und Adressen seiner Informanten gebeten hatte: »Der nächste Denunziant, den ich zu fassen kriege, steht vor meiner Pistole. Ich habe als Familienvater und Versorger meiner Eltern gewiß unter persönlichen Gesichtspunkten wenig Berechtigung, mich der Gefahr, von irgendeinem besser zielenden Lumpen erschossen zu werden, auszusetzen. Es geht aber nicht um persönliche Gesichtspunkte, sondern ausschließlich darum, daß bestimmten unsauberen Elementen um Deutschlands willen das Handwerk gelegt wird. Solange der Einzelne sich nicht zur letzten Wehr setzt, kann der Staat, ungeachtet aller deutlichen Willensansätze hierzu, dieses feige Gesindel nicht ausrotten! Für Deutschland habe ich mein Leben jahrelang eingesetzt und ich werde mich gewiß nicht scheuen dürfen, es jetzt für einige Minuten zu tun!«[111]

Dieses seltene Dokument persönlich-politischer Zweikampfbereitschaft eines damals 40jährigen Hochschullehrers, der als Student mit dem Ehrenkodex der satisfaktionsfähigen Gesellschaft Bekanntschaft geschlossen, als junger Offizier im Ersten Weltkrieg gekämpft hatte und stolz auf seine Ernennung zum Reserveoffizier der Wehrmacht war, kann gewiß ebenso wenig wie die Forderung Brandis oder das Genehmigungsgesuch Steins verallgemeinert und als Beweis ungebrochener oder im »Dritten Reich« möglicherweise wiederauflebender Duelltreue »der« Akademiker und Offiziere interpretiert werden. Selbst wenn man davon ausgeht, daß Herausforderungen unter diesen Gruppen keine unbekannte Erscheinung waren, scheinen doch in der Nazi-Zeit nur noch relativ wenige Duelle stattgefunden zu haben. Trotz der ideologisch-politischen Aufwertung des männlichen Zweikampfprinzips schritten die Erosion des traditionellen Duellmilieus und die Auflösung der satisfaktionsfähigen Gesellschaft offenbar unaufhaltsam voran. Diejenigen ehemals duellfernen sozialen Schichten, die man im Zuge der angestrebten Zertrümmerung bürgerlicher Klassenprivilegien an den Gedanken unbedingter Waffengenugtuung heranführen wollte, nahmen das Angebot nicht an. Übrig blieb das hohle Pathos einer Blut- und Männlichkeitsmystik, die sich in den Gewaltexzessen des NS-Terrors und Vernichtungskrieges jedoch sehr viel direkter und wirkungsvoller ausleben konnte als in der steifen Förmlichkeit eines Duells.

4. Bundesrepublikanische Ausklänge

Die bedingungslose militärische und moralische Kapitulation Deutschlands im Jahre 1945 zog einen vorerst endgültigen Schlußstrich unter die wechselvolle Geschichte des männlichen Ehrenzweikampfs. Der Ehrbegriff, von den Nationalsozialisten vor allem in seiner Kollektivform grenzenlos überhöht und mißbraucht, war auf lange Sicht diskreditiert, und auch die Vorstellung einer männlichen Individualehre, für die, um noch einmal Adolf Lampe zu zitieren, »der Einzelne sich zur letzten Wehr setzt«, fand in ihrer kampf- und gewaltgebundenen Form nach der umfassenden Delegitimierung nationalsozialistischer Gewaltpolitik noch weniger Resonanzboden als vor dem Krieg. Das mit dem Duell untrennbar verknüpfte Modell einer an militärischen Vorbildern orientierten Männlichkeit war ebenfalls in der neuen »zivilen« Republik noch sehr viel weniger gefragt als in der alten.

Als deshalb 1969 im Rahmen des ersten Strafrechtsreformgesetzes die Zweikampfparagraphen des Strafgesetzbuches gestrichen wurden, symbolisierte das nicht nur den späten Sieg jener politischen Kräfte, die seit dem frühen 19. Jahrhundert für eine Aufhebung der besonderen Strafbarkeit des Duells plädiert hatten, um ihm dadurch seinen privilegierten Status zu nehmen. Vielmehr reagierte diese Revision mindestens im gleichen Maße auf die unbestreitbare Tatsache, daß es regelrechte Ehrenzweikämpfe in der Bundesrepublik Deutschland so gut wie nicht mehr gab, ein gesetzlicher Regelungsbedarf mithin entfallen war.

Zwar kam es noch in den 1960er Jahren in Akademikerkreisen zuweilen zu Forderungen; vor allem dann, wenn die »Familienehre« auf dem Spiel stand, war der Duellcomment immer noch zur Hand.[112] Hier wirkten die Sozialisationseinflüsse der schlagenden Verbindungen aus den Weimarer und NS-Jahren nach, als Zehntausende männlicher Studenten dem Prinzip der unbedingten Waffengenugtuung zumindest theoretisch verpflichtet gewesen waren. Als Alte Herren mochten sie sich in extremen persönlichen Konfliktsituationen daran erinnern, ohne es doch in der Regel wirklich anwenden zu wollen.

In den nachwachsenden Studentengenerationen fand dieses Prinzip noch sehr viel weniger Resonanz, wie denn auch die Attraktivität der schlagenden Verbindungen stark nachließ. Nachdem sie 1945 zunächst vom Alliierten Kontrollrat verboten worden waren und die Rektorenkonferenz noch im Oktober 1949 verkündet hatte, daß für die »Veranstaltung von Mensuren« sowie für die »Behauptung und Herausstellung eines besonderen studentischen Ehrbegriffs« an den Universitäten der Bundesrepublik kein Platz mehr sei,[113] gelang es den Korporationen zwar mit reger Unterstützung ihrer auch politisch wieder einflußreichen Alten Herren, sich lokal und national zu reorganisieren. Trotz massiver Proteste linker Studentengruppen erreichten sie es 1953 sogar, daß das Kontrollratsgesetz von 1946, das die 1933 verfügte Straffreiheit der Mensuren aufgehoben hatte, vom Bundesgerichtshof revidiert wurde. Studentische Mensuren sind seither weder als Zweikämpfe noch als Körperverletzungen strafbar und dürfen von den Verbindungen wieder ungehindert geschlagen werden.

Das höchste bundesdeutsche Gericht hatte sich die bereits im 19. Jahrhundert entwickelte Unterscheidung zwischen Duell und Mensur zu eigen gemacht und sanktioniert. Die Auffassung des Oberbundesanwalts, wonach die studentische Schlägermensur nicht nur eine Mutprobe, sondern auch »Vorbereitung auf Ehrenhändel« sei, teilten die Richter nicht, wenngleich sie nicht ausschließen wollten, daß es »den Mensurkämpfern um eine Wiederbelebung der ... Standessitten und vielleicht auch der damit verbundenen Standesvorrechte zu tun« sei. Da sie aber davon ausgingen, daß eine solche Wiederbelebung angesichts der schon seit den 1920er Jahren beobachtbaren »soziologisch, politisch und wirtschaftlich bedingten Einebnung der Standesunterschiede« keine Erfolgschancen besaß, neigten sie dazu, den sportlichen Charakter der Mensuren zu betonen.[114]

Sie trugen damit einer Entwicklung Rechnung, die in der Weimarer Republik scharf akzentuiert worden war und zu einer weitgehenden Entkoppelung von studentischem Mensurmilieu und außerstudentischer Duellkultur geführt hatte. Im Unterschied zu den 1920er und frühen 1930er Jahren aber, als das waffenstudentische Milieu noch intakt gewesen war und einen enormen Zulauf verbuchen konnte, während Duelle kaum noch vorkamen und die satisfaktionsfähige Gesellschaft sichtbar zerbröselte, vermochten sich schlagende Verbindungen und Mensurenkult in der Bundesrepublik nicht mehr dauerhaft zu etablieren. Immer weniger Studenten machten von dem ihnen nunmehr konzedierten Recht, Mensuren zu fechten, Gebrauch, und die in den 1950er Jahren beobachtbare Renaissance der Korporationsbewegung setzte sich in den 1960er und 1970er Jahren nicht fort. Der elitär-altbackene Gestus der Verbindungen verlor in der bundesrepublikanischen »Mittelstandsgesellschaft« zunehmend an Attraktivität; ihre konservativ-nationalen Werte und ihr männerbündischer Charakter galten spätestens seit der demokratischen Aufbruchsatmosphäre der späten sechziger Jahre als hoffnungslos antiquiert und überlebt.

Bis in die 1980er Jahre hinein lebte der Korporationsgedanke daher fast nur noch in den Altherrenverbänden fort, die sich auf ihren Kommersen an vergangene Burschenherrlichkeit erinnerten und über das mangelnde studentische Interesse an dieser Tradition klagten. Auf einem solchen Kommers hielt ich im Frühjahr 1987 einen Gastvortrag über das Verhältnis von Duell und Mensur in der Geschichte deutscher Burschenschaften. Die anfangs noch erwartungsvollen Mienen der Zuhörer wurden in dem Maße eisiger, wie sie ihre geheiligten Mythen von Mut, Männlichkeit und Ehre in meinen Ausführungen kaum wiedererkannten. Als sie anschließend das Lied ›Student sein‹ anstimmten, erhoben sich die jüngeren Herren bei der vierten Strophe demonstrativ von ihren Plätzen:

»Student sein, wenn die Hiebe fallen
im scharfen Gang, der selbstgewählt,
im blut'gen Aneinanderprallen
der Mut sich für das Leben stählt.
Student sein, wenn dein einzig Sorgen,
ob fest und tapfer du wirst stehn:
An dieses Lebens Wagemorgen,
Herr, laß die Zeiten nie vergehn.«[115]

Die Zeiten aber sind offensichtlich vergangen, nicht nur in der individuellen Biographie der Anwesenden, sondern auch in der Kollektivgeschichte der Studentenschaft. Um die Mensuren, noch in der Weimarer Republik hart umkämpft, ist es still geworden, und nur ein winziger Bruchteil männlicher Studierender hat persönliche Erfahrungen mit scharfen Hieben und blutigem Aneinanderprallen vorzuweisen. Indem man die alten Lieder singt, borgt man sich eine aus Mut, Tapferkeit und Standfestigkeit zusammengesetzte Männlichkeit aus, die man selber nicht mehr erleben konnte und für die es in einer Zeit konvergierender »Geschlechtscharaktere« auch keinen Bedarf mehr gibt.

Danksagung

Die Idee, ein Buch über Duelle zu schreiben, stammt nicht von mir. Im Herbst 1985 las mir Uli Schreiterer einen Artikel über den französischen Mathematiker Everiste Galois vor, der 1832 als 20jähriger im Duell gefallen war. Einige Tage später legte er mir einen Zeitungsbericht über Lassalles Duell auf den Schreibtisch, und bald darauf brachte er einen gedruckten Ehrenkodex aus der Universitätsbibliothek mit. Auf diese »Infiltration« reagierte ich zunächst voller Abwehr. Ich suchte damals nach anderen Themen und fand die Vorstellung, mich mehrere Jahre meines Lebens mit den Gewaltphantasien und -ritualen früherer Männer-Generationen beschäftigen zu sollen, wenig attraktiv. Erst allmählich begriff ich, wieviel Zündstoff in dem Duell-Thema lag, wie nah es mich an Erfahrungsbereiche heranführte, die mir zwar fremd und unbehaglich waren, die aber für eine Mentalitäts- und Gesellschaftsgeschichte des 19. Jahrhunderts von vielfach »entschlüsselnder« Bedeutung sind.

Dafür, daß er diese Annäherung nicht nur angeregt, sondern auch durch alle Stadien hindurch begleitet und korrigiert hat, danke ich meinem Mann. Ihm und unseren beiden Kindern ist das Buch gewidmet: Carlo, der seine Entstehung mit auffallend großer Anteilnahme verfolgte und sich zuweilen selber als Duellant versuchte, und Marie Louise, die mitten in die »heißeste« Phase hineingeboren wurde.

Danken möchte ich auch meinen Eltern, die mir durch ihren Einsatz als begeisterte Großeltern den Freiraum geschaffen haben, um mich in der Archiv- und Schreibzeit intensiver als sonst auf die Arbeit konzentrieren zu können.

Mein Dank gilt darüber hinaus dem Zentrum für interdisziplinäre Forschung an der Universität Bielefeld und seinen Mitarbeitern für großzügige finanzielle und sachliche Hilfen, die angenehm unbürokratisch gewährt wurden. Ein Habilitanden-Stipendium der Deutschen Forschungsgemeinschaft erleichterte die zügige Niederschrift.

Besonders gefreut und ermutigt hat mich das kontinuierliche Interesse vieler Freunde, Kollegen und Lehrer, deren Spürsinn meiner »Fallsammlung« sehr zugute kam. Vor allem Manfred

Hettling, Georg Stanitzek, Gunilla Budde und Reinhart Koselleck sei an dieser Stelle noch einmal herzlich gedankt.

Jürgen Kocka, Hans-Ulrich Wehler, Wolfgang Mager und Wilhelm Voßkamp haben durch ihre Gutachten dazu beigetragen, daß das 1989 als Habilitationsschrift eingereichte Manuskript eine gründliche Überarbeitung erfuhr. Diese habe ich im wesentlichen am Berliner Wissenschaftskolleg vorgenommen, in einer Atmosphäre entspannter Arbeits- und Lebensfreude und freundschaftlicher Begegnung. Für die dort erfahrene Zustimmung, Kritik und Ermunterung möchte ich den Mit-Fellows des Jahres 1989/90, den Mitarbeitern und dem Rektor des Kollegs, Wolf Lepenies, danken.

Duell-Statistik

1. Grundlage: Archivmaterial

Insgesamt habe ich bei meinen Nachforschungen in 17 Archiven ca. 520 Duelle aus den Jahren 1770 bis 1925 erfassen können, darunter 270 in Preußen, 110 in Baden und 83 in Bayern.

All diese Duelle waren aktenkundig geworden, weil sie ein gerichtliches Nachspiel gefunden hatten. Die in staatlichen Archiven überlieferten Duellakten decken allerdings nur einen Teil der vor Gericht verhandelten Fälle ab: Wurden beispielsweise in Preußen zwischen 1869 und 1873 43 Duellanten vor Gericht gestellt (Statistische Mitteilungen über die Geschäftsverwaltung der preußischen Justizbehörden in den Jahren 1869 bis 1873, in: Zeitschrift des Königlich Preußischen Statistischen Bureaus, Jg. 4, 1874, S. 450), fanden sich in den Akten der Zentralbehörden – Justizministerium, Zivilkabinett – nur Hinweise auf 13 Duellanten. In Baden, wo zwischen 1865 und 1898 319 Duellanten verurteilt wurden (Statistisches Jahrbuch für das Großherzogtum Baden, Jg. 1–41, Karlsruhe 1869–1915), konnten für den gleichen Zeitraum lediglich 95 Fälle archivalisch rekonstruiert werden.

Fast immer handelte es sich dabei um Zweikämpfe, an denen mindestens eine Zivilperson teilgenommen hatte. Abgesehen von Bayern und Württemberg, deren erhalten gebliebene Kriegsarchive einen Einblick in die Urteilspraxis von Kriegs- und militärischen Ehrengerichten erlauben, sind Duelle, die ausschließlich unter Offizieren stattfanden, kaum dokumentiert.

Die folgende Aufstellung für Preußen, Baden und Bayern umfaßt die absolute Zahl der Duellfälle und Duellteilnehmer, den Anteil tödlich verlaufener Zweikämpfe, die Waffenart sowie die soziale Herkunft und Berufszugehörigkeit der Duellanten. Die Anlässe, an denen sich Duellforderungen entzündeten, gingen aus den meisten von mir eingesehenen Akten (Gerichtsurteile, Begnadigungsgesuche bzw. -kommentare) nicht klar genug hervor, um sie statistisch aufbereiten zu können.

Duell-Statistik

	Preußen (1800–1914)		Baden (1850–1912		Bayern (1821–1912)	
	abs.	%	abs.	%	abs.	%
Zahl der Duelle	270		110		83	
davon mit tödl. Ausgang	78	28,9		22,9	19	
Waffenart						
Pistole	209	77,4	47	42,7	25	
Schläger	33	12,2	34	30,9	2	
Säbel	25	9,3	25	22,7	19	
Degen	3	1,1	4	3,6	(Rest unbekannt)	
verurteilte Teilnehmer	535		220		151	
soziale Herkunft						
adlig	159	29.7	31	14,1	27	17.9
bürgerlich	376	70,3	189	85,9	124	82,1
Berufszugehörigkeit						
Studenten	209	39,1	183	83,2	49	32,5
(Reserve-)Offiziere	111	20,7	24	10,9	70	46,4
Beamte	107	20	3	1,4	10	6,6
Kaufleute, Fabrikanten, Ingenieure	26	4,9	5	2,3	9	6
freie Berufe	22	4,1	5	2,3	7	4,6
Gutsbesitzer	30	5,6	–		–	
andere	30		–		6	

Fundorte: DZA Merseburg, GStA Berlin-Dahlem, HStA Düsseldorf
GLA Karlsruhe
BHStA München, Staatsarchiv München

2. Grundlage: Kriminalstatistik

Die Kriminalstatistik des Deutschen Reiches wurde seit 1882 geführt und erfaßte die Zahl der vor Zivilgerichten aufgrund Abschnitt 15 RStGB jährlich eingeleiteten Verfahren, die Zahl der Verurteilten, ihre Alters- und Berufsstruktur, ihre Religionszugehörigkeit und ihren Familienstand.

Zwischen 1882 und 1912 wurden insgesamt 2111 Verfahren gezählt, die durchschnittlich etwa 0,02 % der vor deutschen Gerichten anhängigen Strafverfahren stellten. Unter allen Delikten wies der Zweikampf die höchste Verurteilungsquote auf – zwischen 92 und 98 Prozent –, d. h. wenn ein Gerichtsverfahren wegen Duells eingeleitet wurde, war mit fast hundertprozentiger Wahrscheinlichkeit auch mit einer Verurteilung der Angeklagten zu rechnen.

Allerdings kam überhaupt nur ein Bruchteil aller Duelle zur Anklage; bei bloßen Herausforderungen lag die Dunkelziffer noch höher. Der Jurist Kohlrausch kommentierte die Aussagekraft der offiziellen Kriminalstatistik 1906 denn auch eher skeptisch: »Über die tatsächliche Häufigkeit des Zweikampfs in Deutschland ein Bild zu bekommen ist deshalb unmöglich, weil einerseits die Studentenmensuren nach der offiziellen Rechtsprechung von der Kriminalstatistik mit berücksichtigt werden müssen, andererseits aber die staatsanwaltliche Verfolgung sowohl bei diesen Mensuren wie ab und zu wohl auch in anderen leichten Fällen nach Gründen der Opportunität sich bemißt. So gibt die Kriminalstatistik hier kein richtiges Bild.« (Kohlrausch, S. 146).

Duell-Statistik

	1882 bis 1890	1891 bis 1900	1901 bis 1914	insgesamt abs.	%
Verurteilte nach Tit. 15 RStGB	1012	984	1470	3466	
davon in Preußen	373	503	672	1548	44,7
Bayern	177	152	191	520	15
Baden	146	62	80	288	8,3
Religion					
evangelisch	742	732	1118	2592	74,8
katholisch	198	206	274	678	19,6
jüdisch	64	40	65	169	4,9
Alter					
unter 25 Jahre	705	506	833	2044	59
25 bis 40 Jahre	255	375	499	1129	32,6
über 40 Jahre	39	89	132	260	7,5
Familienstand					
verheiratet	86	156	250	492	14,2
Berufszugehörigkeit					
ohne Beruf (Studenten)	691	490	845	2026	58,5
öffentl. Dienst und freie Berufe	142	266	286	694	20
Handel und Industrie	153	180	281	614	17,7
Landwirtschaft	18	48	51	117	3,4

Zwischen 1915 und 1919 wurden insgesamt 28 Männer wegen Zweikampf-Delikten verurteilt, zwischen 1920 und 1932 waren es 721 Männer, davon 508 wegen Duells (überwiegend Bestimmungsmensuren!), der Rest als Herausforderer oder Kartellträger.

Quelle: Statistik des Deutschen Reichs, NF: Kriminalstatistik für die Jahre 1882 bis 1936, Berlin 1884–1942.

Anmerkungen

Einleitung

1. G. v. Below, Das Duell in Deutschland, Kassel 1896, S. 32; ders., Das Duell und der germanische Ehrbegriff, Kassel 1896, S. 6, 32. – Der Rostocker Rechtsprofessor H. Geffcken (Fehde und Duell, Leipzig 1899, S. 7) monierte, daß Below sich vor allem als »Parteigänger« geäußert habe; sein Kieler Kollege M. Liepmann (Duell und Ehre, Berlin 1904, S. 8) rügte Belows »maßlosen Subjektivismus«.
2. M. v. Below, Georg von Below. Ein Lebensbild für seine Freunde, Stuttgart 1930, S. 60. Minnie von Below hob in ihrer Darstellung des Duellkonflikts das mutige und schneidige Verhalten ihres Mannes ausdrücklich hervor.
3. Georg von Below, in: S. Steinberg (Hg.), Die Geschichtswissenschaft der Gegenwart in Selbstdarstellungen, Leipzig 1925, S. 1–49, hier S. 27.
4. Von einem 1969 in Wien ausgetragenen »zeitgemäßen ›Duell‹« berichtet R. Girtler (Die feinen Leute. Von der vornehmen Art, durchs Leben zu gehen, Frankfurt 1989, S. 185 ff.). Ein Professor hatte einen Studenten zum Skilanglauf herausgefordert – eine sportliche, wettkampfmäßige Verfremdung des Duellmotivs, die dessen eigentlicher Logik zutiefst widersprach.
5. Vgl. dazu P. Berger, Über den Begriff der Ehre und seinen Niedergang, in: ders. u. a., Das Unbehagen in der Modernität, Frankfurt 1975, S. 75–85, der sogar von einer »Leugnung der Realität von Ehre und Ehrverletzungen« in der »Weltanschauung der Modernität« spricht (75 f.).
6. M. Weber, Wirtschaft und Gesellschaft, 2. Aufl., Tübingen 1972, S. 635 ff., v. a. S. 639. Auch Berger führt den Niedergang des Ehrbegriffs, dem ein Aufschwung des Begriffs der »Würde« korrespondiere, auf den Zerfall einer »Welt relativ intakter, stabiler Institutionen« im Prozeß der Modernisierung zurück (Begriff, S. 83).
7. M. Weber, Agrarstatistische und sozialpolitische Betrachtungen zur Fideikommißfrage in Preußen (1904), in: E. Baumgarten (Hg.), Max Weber. Werk und Person, Tübingen 1964, S. 524 f. S. dazu auch Marianne Weber, Max Weber. Ein Lebensbild, Heidelberg 1950, S. 469, außerdem: M. Weber, Wahlrecht und Demokratie in Deutschland, in: ders., Gesammelte politische Schriften, hg. v. J. Winckelmann, 2. Aufl., Tübingen 1958, S. 233–279, v. a. S. 271 f.
8. Marianne Weber, Max Weber, S. 473 ff., 483 ff., Zitat S. 485. Zu Webers Studentenzeit vgl. M. Weber, Jugendbriefe, Tübingen 1936, v. a. S. 38 ff. Die Kontinuität »akademischer Bräuche« in Webers Biogra-

phie übersieht W. J. Mommsen (Max Weber und die deutsche Politik 1890–1920, 2. Aufl., Tübingen 1974), der sich statt dessen lieber auf Webers politische Kritik am studentischen Korporationswesen bezieht (S. 100 ff.).

9. Die theoretischen Äußerungen Webers zu diesem Thema sind aus verschiedenen seiner Schriften zusammengestellt: Wirtschaft und Gesellschaft, S. 635 ff., 722; Wahlrecht und Demokratie, S. 270 ff.; Agrarstatistische Betrachtungen, S. 525. Zur sozialen Distinktionsfunktion bestimmter »Zeichen« oder symbolischer Handlungen vgl., an Weber anschließend, P. Bourdieu, Klassenstellung und Klassenlage, in: ders., Zur Soziologie der symbolischen Formen, Frankfurt 1974, S. 42–74, v. a. S. 60 ff.
10. G. Simmel, Soziologie. Untersuchungen über die Formen der Vergesellschaftung, 5. Aufl., Berlin 1968, v. a. S. 311 ff., 403 ff.
11. F. Billacois, Le duel dans la société française des XVIe–XVIIe siècles, Paris 1986; V. G. Kiernan, The Duel in European History. Honour and the Reign of Aristocracy, Oxford 1988. – Die Dissertation von J. Slawig (Der Kampf gegen das Duellwesen im 19. und 20. Jahrhundert in Deutschland unter besonderer Berücksichtigung Preußens, Diss. Münster 1986) beschäftigt sich vornehmlich mit der zeitgenössischen Kritik des Duells und trägt zur Erhellung des Phänomens selber ebensowenig bei wie zur Erklärung seiner »Hochkonjunktur« und seines Niedergangs. Analytischer angelegt ist der Aufsatz von C. Fürbringer, Metamorphosen der Ehre. Duell und Ehrenrettung im Jahrhundert des Bürgers, in: R. v. Dülmen (Hg.), Armut, Liebe, Ehre. Studien zur historischen Kulturforschung, Frankfurt 1988, S. 186–224. – Das langwährende Desinteresse professioneller Historiker rief immer wieder Journalisten und Gelegenheitshistoriker auf den Plan, die sich des Themas überwiegend sensationslüstern und biographisch-assoziativ annahmen: R. Baldick, The Duel. A History of Duelling, London 1965; E. Eis, Duell. Geschichte und Geschichten des Zweikampfs, München 1971; D. Kügler, Das Duell. Zweikampf um die Ehre, Stuttgart 1986.
12. Auch Thomas Nipperdey widmet dem Duell in seiner voluminösen Sozial- und Kulturgeschichte des Kaiserreichs nur zwei Sätze (Deutsche Geschichte 1866–1918, Bd. I, München 1990, S. 582). – Dagegen betonte jüngsthin Norbert Elias die große Bedeutung des Duells als soziales Distinktions- und Integrationsmedium für die »gute Gesellschaft« des deutschen Kaiserreichs (Die satisfaktionsfähige Gesellschaft, in: ders., Studien über die Deutschen, Frankfurt 1989, S. 61–158). Indem er sich ausschließlich auf die Zeit 1871 bis 1918 konzentrierte, betrachtete er das Duell jedoch zu einseitig als Element der Feudalisierung des Bürgertums und bedachte es mit einer Reihe von Fehlurteilen, die w. u. an gegebenem Ort revidiert werden.
13. Das erstmals 1930 erschienene Buch Karl Demeters über das deutsche

Offizierkorps enthält, teilweise in wörtlicher Wiedergabe, wichtige Materialien aus dem preußischen Kriegsministerium, die den Krieg nicht überstanden (Das deutsche Offizierkorps in Gesellschaft und Staat 1650–1945, 4. Aufl., Frankfurt 1965).

14. Eine tabellarische Darstellung der archivalisch rekonstruierten Fälle einschließlich der in der offiziellen Kriminalstatistik aufgeführten Duelle findet sich im Anhang.

15. Einige, im folgenden Text nicht mehr herangezogene Beispiele: M. Preitz (Hg.), Friedrich Schlegel und Novalis. Biographie einer Romantikerfreundschaft in ihren Briefen, Darmstadt 1957, S. 9, 15; F. A. L. von der Marwitz, Nachrichten aus meinem Leben 1777–1808, hg. v. G. de Bruyn, Berlin 1989, S. 298 f.; E. M. Arndt, Erinnerungen 1769–1815, hg. v. R. Weber, 2. Aufl., Berlin 1989, S. 123, 153 f., 180, 207; K. A. Varnhagen von Ense, Denkwürdigkeiten des eignen Lebens, hg. v. K. Feilchenfeldt, Frankfurt 1987, Bd. 1, S. 511 ff., 543 f.; H. Graf Kessler, Gesichter und Zeiten. Erinnerungen, Frankfurt 1988, S. 178 ff.; A. Schnitzler, Tagebuch 1879–1892, Wien 1987, S. 190, 221; ders., Jugend in Wien. Eine Autobiographie, 2. Aufl., Wien 1968, S. 314 f. – Eine interessante Erzählung seines Duells aus dem Jahre 1766 findet sich bei G. Casanova, Das Duell oder Versuch über das Leben des Venezianers G. C., hg. v. H. Scheible, München 1988.

16. Zu diesem Begriff des »Handlungsparadigmas« als einem Satz von Regeln, die soziales Verhalten gleichsam »existentiell« konstituieren, vgl. V. Turner, Vom Ritual zum Theater. Der Ernst des menschlichen Spiels, Frankfurt 1989, S. 115 f. sowie ders., Dramas, Fields and Metaphors. Symbolic Action in Human Society, Ithaca 1974, passim. – Zu dem oben verwandten, auf Dilthey zurückgehenden Begriff der »Erlebnisstruktur« vgl. Turner, Vom Ritual, S. 16 ff.

17. Damit soll nicht gesagt sein, daß das Duell in all diesen Ländern gleiche Formen, Anhängerschaften und Funktionen besaß. Jedes Land wies Besonderheiten auf; typisch für Deutschland war z. B. die starke Verwurzelung des Duells in studentischen und akademischen Kreisen, die überall sonst fehlte. Zu den Unterschieden zwischen englischer und deutscher Duellpraxis vgl. U. Frevert, Bürgerlichkeit und Ehre. Zur Geschichte des Duells in England und Deutschland, in: J. Kocka (Hg.), Bürgertum im 19. Jahrhundert, Bd. 3, München 1988, S. 101–140. – Zum Duell in Nordamerika vgl. D. C. Seitz, Famous American Duels (1929), Freeport 1966; J. K. Williams, Dueling in the Old South, College Station 1980; B. Wyatt-Brown, Southern Honor. Ethics and Behavior in the Old South, New York 1982, v. a. S. 350–361. – Über französische Duellanten informiert G. A. Kelly, Duelling in Eighteenth Century France, in: The Eighteenth Century, Bd. 21, 1980, S. 236–254 (mit Ausblicken auf das 19. Jh.); Billacois, S. 309–317; R. A. Nye, Fencing, the Duel and Republican Manhood in the Third Republic, in: Journal of Contemporary History, Bd. 25,

1990, S. 365–377. – Zu Österreich vgl. H. Mader, Duellwesen und altösterreichisches Offiziersethos, Osnabrück 1983. – Daß im Italien des ausgehenden 19. Jhs. selbst Sozialisten notorische Duellanten waren, vermerkt R. Michels, Zur Soziologie des Parteiwesens in der modernen Demokratie, Stuttgart 1970, S. 450 f. – Einen kurzen, sehr assoziativen und auf eher zufälligen Lesefrüchten basierenden Überblick über das Duell im Europa des 19. Jhs. gibt Kiernan, S. 204–222, 258–292.

18. Zum Konzept des »sozialen Dramas« vgl. Turner, Vom Ritual, S. 12 f., 110 ff. Das Duell könnte man im Anschluß daran als zeremonialisierten Bewältigungsmechanismus der auf einen Regelbruch folgenden Krise interpretieren. Die von Turner konstruierten Zusammenhänge zwischen sozialem und Bühnendrama kommen im Duell und seiner elaborierten Theatralik besonders auffällig zum Ausdruck.

19. Zum Konzept des Habitus vgl. P. Bourdieu, Sozialer Sinn, Frankfurt 1987, S. 98 f. Habitusformen sind nach Bourdieu »Systeme dauerhafter und übertragbarer Dispositionen, ... die wie geschaffen sind ..., als Erzeugungs- und Ordnungsgrundlagen für Praktiken [zu fungieren], ... die objektiv ›geregelt‹ und ›regelmäßig‹ sind, ohne irgendwie das Ergebnis der Einhaltung von Regeln zu sein«.

20. Der Begriff »Sprache der Ehre« entstammt nicht etwa neueren französischen Diskurstheorien, sondern dem zeitgenössischen Denken selber. Ich fand ihn ganz besonders häufig in dem Text: (M. v. Haber), Die reine Wahrheit über die Streitsache zwischen Moritz von Haber und Freiherrn Julius Göler von Ravensberg, Straßburg 1843.

21. C. Geertz, Dichte Beschreibung. Beiträge zum Verstehen kultureller Systeme, Frankfurt 1987, S. 15, 292, 294: »Es geht nicht darum, eine innere geistige Korrespondenz mit seinen Informanten herzustellen ... Es geht vielmehr darum herauszufinden, wie sie sich überhaupt selber verstehen.« »Statt zu versuchen, die Erfahrungen anderer in den Rahmen unserer Vorstellungen einzuordnen ..., müssen wir, um zu einem Verstehen zu gelangen, solche Vorstellungen ablegen und die Erfahrungen anderer Leute im Kontext ihrer eigenen Ideen über Person und Selbst betrachten.«

22. Ein aufschlußreiches Beispiel für die neuerdings zu beobachtende Renaissance des Duell-Motivs bietet das 2. Heft von ›Emile. Zeitschrift für Erziehungskultur‹ (Jg. 1, 1988), in dem die Lust an Bildern und Metaphern des Zweikampfs in postmoderner, assoziativ-spielerischer Manier an sehr heterogenen Situationen und Erfahrungen erprobt wird.

23. Diese Quellennähe drückt sich im laufenden Text durch häufige und längere Zitate aus. Um sie als Teil der Argumentation kenntlich und verständlich zu machen, habe ich die Orthographie vorsichtig modernisiert (Geheimnis statt Geheimniß, tun statt thun, Eklat statt Eclat, bei statt bey, Hilfe statt Hülfe, wohl statt wol, gibt statt giebt). Auch Grammatik (Kasus) und Zeichensetzung (Kommata) wurden heutigen

Regeln angepaßt. Diktion und Sprachführung aber blieben unverändert erhalten.

I. Zwischen Raufhandel und Ehrenzweikampf

1. Geffcken, Fehde und Duell, S. 7.
2. H. Fehr, Der Zweikampf, Berlin 1908, S. 40; Below, Das Duell und der germanische Ehrbegriff, S. 6; ders., Ein General über das Duell, in: Die Zukunft, Jg. 4, 1896, S. 446.
3. Für Leser, die diese knappe Form nicht befriedigt, sei auf das großartige Buch von François Billacois über das Duell in der französischen Gesellschaft des 16. und 17. Jahrhunderts verwiesen, außerdem auf Kiernans Darstellung, v. a. Kap. 3–9.
4. S. dazu v. a. F. Delbrück, Der akademische Zweikampf, Bonn 1836; R. Gneist, Der Zweikampf und die germanische Ehre, Berlin 1848; A. v. Boguslawski, Die Ehre und das Duell, Berlin 1896; Geffcken, Fehde und Duell.
5. Gneist, S. 11.
6. O. Brunner, Land und Herrschaft. Grundfragen der territorialen Verfassungsgeschichte Österreichs im Mittelalter, 4. Aufl., Wien 1959, Kap. I, v. a. S. 19 ff. Fehden fanden allerdings nicht nur zwischen einzelnen Adligen statt, sondern auch zwischen Städten. S. dazu E. Orth, Die Fehden der Reichsstadt Frankfurt am Main im Spätmittelalter. Fehderecht und Fehdepraxis im 14. und 15. Jahrhundert, Wiesbaden 1973.
7. Als Beispiele vgl. die Erzählung Heinrich v. Kleists ›Der Zweikampf‹ (1811) und die Zweikampfszene im 1. Akt von Richard Wagners Oper ›Lohengrin‹ (1848).
8. Buddeus, Art. ›Duell‹ in: J. S. Ersch u. J. G. Gruber, Allgemeine Enzyklopädie der Wissenschaften und Künste, T. 28, Leipzig 1836, S. 153–192, hier S. 158 f.; Heise, Von den gerichtlichen Zweykämpfen der alten deutschen Völker, auch deren Gebrauch bey den Georgianern, in: Hannoverisches Magazin, St. 72, 1773, Sp. 1137–1168.
9. Zit. bei Gneist, S. 16.
10. Zit. bei C. Meiners, Kurze Geschichte der Duelle, und zwar zuerst der gerichtlichen Duelle, in: Göttingisches Historisches Magazin, Bd. 3, St. 1, 1788, S. 10–73, hier S. 71 f. Der Verfasser des Kampfrechts war Hans Tallhöfer.
11. Darauf verweisen die im 13., 14. und 15. Jahrhundert vielen Städten ausgestellten kaiserlichen Privilegienbriefe, die die Bürger dieser Städte davor schützten, mit Auswärtigen einen Zweikampf bestehen zu müssen. Vgl. dazu H. Kufahl u. J. Schmied-Kowarzik, Duellbuch. Geschichte des Zweikampfes nebst einem Anhang enthaltend Duellregeln und Paukcomment, Leipzig 1896, S. 23.

12. Buddeus, S. 159 f.
13. Ebd., S. 161; Gedanken über den Zweykampf. Von einem Offizier aus ***, Frankfurt 1787, S. 28 ff.
14. J. Fleckenstein, Das Turnier als höfisches Fest im hochmittelalterlichen Deutschland, in: ders. (Hg.), Das ritterliche Turnier im Mittelalter, Göttingen 1985, S. 229–256, v. a. S. 237, 240, 256; O. Brunner, Die ritterlich-höfische Kultur, in: A. Borst (Hg.), Das Rittertum im Mittelalter, Darmstadt 1976, S. 142–171, v. a. S. 152 ff.
15. F. Zunkel, Art. ›Ehre, Reputation‹, in: O. Brunner u.a. (Hg.), Geschichtliche Grundbegriffe, Bd. 2, Stuttgart 1975, S. 1–63, hier S. 6 ff.; F. Guttandin, Die demolierte Ehre, in: Emile. Zeitschrift für Erziehungskultur, Jg. 1, H. 2, 1988, S. 19–40.
16. S. dazu J. Bumke, Höfische Kultur. Literatur und Gesellschaft im hohen Mittelalter, Bd. 1, München 1986, S. 342 ff.
17. J. Huizinga, Herbst des Mittelalters, hg. v. K. Köster, Stuttgart 1975, S. 88.
18. Zit. in: A. Wiesinger, Das Duell vor dem Richterstuhle der Religion, der Moral, des Rechts und der Geschichte, Graz 1895, S. 89. Arthur Schopenhauer schrieb 1851: »Noch heutzutage findet man unter den, dem ritterlichen Ehrenprinzip nachlebenden Leuten ... einige, die den Erfolg des Duells wirklich für eine göttliche Entscheidung des ihm zu Grunde liegenden Streites halten; gewiß nach einer traditionell fortgeerbten Meinung« (A. Schopenhauer, Aphorismen zur Lebensweisheit, Frankfurt 1976, S. 88).
19. Vgl. z. B. Staatsarchiv Detmold, L 86, Nr. 13, 825 (Duell eines Kupferschmiedgesellen von 1688); R. Preising, Nachrichten über ein Duell in Werl, in: Soester Zeitschrift, H. 72, 1959, S. 55–59. Das hier dokumentierte Duell zwischen einem Angehörigen der angesehenen Erbsälzer-Zunft und einem Offizier in dänischen Diensten fand 1699 statt.
20. Mandat, daß niemand zu Duellen ausfordern, noch sich dazu ausfordern lassen soll, v. 29. 2. 1660, in: Sammlung der von E. Hochedlen Rate der Stadt Hamburg sowohl zur Handhabung der Gesetze und Verfassungen als bei besonderen Ereignissen in Bürger- und kirchlichen, auch Kammer-Handlungs- und übrigen Polizei-Angelegenheiten und Geschäften vom Anfange des 17. Jahrhunderts bis auf die itzige Zeit ausgegangenen allgemeinen Mandate, bestimmten Befehle und Bescheide, auch beliebten Aufträgen und verkündigten Anordnungen, T. 1, Hamburg 1763, S. 170 f.
21. In der Leichenpredigt des Wittenberger Superintendenten Friedrich Balduin aus dem Jahre 1621 (Christlicher Unterricht vom Balgen Auß Heiliger Göttlicher Schrifft genommen ..., Wittenberg 1621) tauchte das Wort »Duell« noch nicht auf; Balduin sprach statt dessen vom »Balgen«, in dem der adlige Student Heinrich Platen sein Leben gelassen habe. Der Rudolstädter Rat und Kanzler Ahasver Fritschius dagegen gab bereits im Titel seiner 1686 publizierten Schrift zu erkennen, daß es

ihm um »Duelle« und »Balgereien« zu tun war (Ohnvorgreiffliches Bedencken Wie denen Duellen und Balgereyen derer Studenten auf Academien mit mehrerem Nachdruck zu steuren seyn möchte?, Regensburg 1686). Das brandenburgische Duellmandat von 1652 listete »Duella« in einer Reihe mit »Rauf-Händeln«, »Schlägereien« und »Balgereien« auf (abgedruckt bei: E. Fleck, Die Verordnungen über die Ehrengerichte im Preußischen Heere und über die Bestrafung der Offiziere wegen Zweikampfs, 3. Aufl., Berlin 1865, S. 149 f.).

22. J. H. Zedler, Großes vollständiges Universal-Lexicon aller Wissenschaften und Künste, Bd. 64, Leipzig 1750, Sp. 1330–1430, Zitate Sp. 1330 f., 1337.
23. Vgl. z. B. Historisch-moralische Abhandlung von den Zweykämpfen der Deutschen und anderer Völker in den mittlern Zeiten, in: Nützliche Sammlungen, St. 65, 1757, Sp. 1030, sowie C. Meiners, Von den außergerichtlichen Duellen, die durch ehrenrührige Reden, und Thätlichkeiten veranlaßt wurden, in: Göttingisches Historisches Magazin, Bd. 3, St. 4, 1788, S. 591–678, v. a. S. 678.
24. Billacois, Kap. 6, S. 97 ff.
25. Vgl. dazu B. Müller-Wirthmann, Raufhändel. Gewalt und Ehre im Dorf, in: R. v. Dülmen (Hg.), Kultur der einfachen Leute. Bayerisches Volksleben vom 16. bis zum 19. Jahrhundert, München 1983, S. 79–111, sowie K.-S. Kramer, Hohnsprake, Wrakworte, Nachschnack und Ungebühr. Ehrenhändel in holsteinischen Quellen, in: Kieler Blätter zur Volkskunde, Bd. 16, 1984, S. 49–85.
26. J.F. Camerer, Gedanken vom Duelle, Leipzig 1756, S. 72.
27. Sonderbarer Brief, wovon das Original in einem Archiv in Franken befindlich ist, in: Journal von und für Franken, Jg. 6, 1793, S. 507.
28. H. Oesterley (Hg.), Denkwürdigkeiten von Hans von Schweinichen, Breslau 1878, S. 94; ähnliche Fälle S. 316, 492.
29. L. Stone, The Crisis of the Aristocracy 1558–1641, Oxford 1965, S. 770.
30. Billacois, S. 115, 117.
31. Beispiele aus den Feldordnungen und Artikelbriefen für das österreichische Heer finden sich bei A. K., Zur Duellfrage, in: Streffleur's Österreichische Militärische Zeitschrift, Bd. 74, 1897, S. 1–38, hier S. 2 f. Zum Heeresstrafrecht des 15. bis 17. Jahrhunderts und dessen permissiver Haltung zum Duell vgl. B. v. Bonin, Zur Rechtsgeschichte des Zweikampfes, in: Zeitschrift für die gesamte Strafrechtswissenschaft, Bd. 33, 1912, S. 385–399.
32. K. v. Weber, Aus vier Jahrhunderten. Mitteilungen aus dem Haupt-Staatsarchive zu Dresden, Bd. 2, Leipzig 1858, S. 388 ff.
33. Rheingrafen Johann Philipps Rechtfertigungs-Schreiben an Herzog Christophen zu Würtemberg, wegen der ihn beschuldigten Unzucht, vom 2. Merz 1566, nebst Herzog Christophs Antwort, vom 6. Merz 1566. Aus Archival-Abschriften, in: Patriotisches Archiv für Deutschland, Bd. 7, 1787, S. 515–524, Zitat S. 519.

34. So kam es beispielsweise 1528 zu einer Duellforderung Karls V. an den französischen König Franz I., und 1611 forderte der schwedische König Karl IX. den Dänenkönig Christian IV. zum Zweikampf. Die Ausforderungsschreiben sind mit Antworten abgedruckt bei Zedler, Sp. 1343 ff.
35. Zit. in: Camerer, S. 49 f.
36. Sr. Königl. Majestät in Preussen, und Churfürstl. Durchl. zu Brandenburg Erklärtes und erneuertes Mandat, wider die Selbst-Rache, Injurien, Friedens-Stöhrungen, und Duelle, Berlin 1713, S. 3, 15.
37. Abgedruckt bei: Fleck, S. 149 f.
38. Vgl. dazu N. Elias, Die höfische Gesellschaft. Untersuchungen zur Soziologie des Königtums und der höfischen Aristokratie, Frankfurt 1983, v. a. Kap. V.
39. Knappe und informative Überblicksdarstellungen dieser Entwicklung finden sich bei R. Vierhaus, Deutschland im Zeitalter des Absolutismus (1648–1763), Göttingen 1978, u. H.-U. Wehler, Deutsche Gesellschaftsgeschichte, Bd. 1, München 1987, v. a. Kap. IV.
40. Zur Haltung Ludwigs XIV. zum Duell vgl. Billacois, S. 297 ff.
41. H. M. Moscherosch, Gesichte Philanders von Sittewald, hg. v. F. Bobertag, Berlin 1883, S. 73. Bis ins frühe 19. Jahrhundert hinein wurde das Wort »Duell« mit dem männlichen Artikel versehen (*der* Duell) und gab so seine französische Herkunft (le duel) deutlich zu erkennen.
42. Zedler, Sp. 1429 f., listet Duell-Dissertationen und -Disputationen des 17. Jahrhunderts auf. Zur Duell-Literatur des 18. Jahrhunderts vgl. Kap. II.
43. Zit. in: D. Prokowsky, Die Geschichte der Duellbekämpfung, Diss. Bonn 1965, S. 82.
44. J. J. Scotti, Sammlung der Gesetze und Verordnungen in den ehemaligen Herzogtümern Jülich, Cleve und Berg ..., T. 1, Düsseldorf 1821, S. 207–221, hier S. 217 f. Auf S. 218 findet sich das obige Zitat über den »überfallenden Eifer«.
45. Bayerisches Duellmandat v. 1773, in: G. K. Meyr (Hg.), Sammlung der Kurpfalz-Baierischen allgemeinen und besonderen Landesverordnungen, Bd. 1, München 1784, S. 81–85.
46. Über die Gründe, Gesetze einzuführen oder abzuschaffen, in: G. B. Volz (Hg.), Die Werke Friedrichs des Großen, Bd. 8, Berlin 1913, S. 37.
47. GStA Berlin-Dahlem, Rep. 84a, Nr. 8034: Schreiben der Geh. Oberjustizräte Klein und v. Raumer v. 17. 8. 1809.
48. Dialog über die Moral, in: Volz, Werke Bd. 8, S. 273. Friedrich II. trug seinerseits nach Kräften dazu bei, diese Folgen zu mindern, z. B. durch eine Deklaration vom 16. 6. 1749, die die Strafen des Duellmandats von 1713 und des Dienstreglements für Offiziere deutlich reduzierte. Im übrigen wies er die Regimentschefs an, Ehrenhändel »›in aller Stille abzutun‹, den Beteiligten zur Ausfechtung ihrer Sache die

Erreichung der Grenze, z. B. Mecklenburgs, zu ermöglichen, auf nicht zu schweren Ausgang des Zweikampfs hinzuwirken und im übrigen so zu tun, als wüßten sie von der Sache nichts« (C. Jany, Geschichte der Königlich Preußischen Armee bis zum Jahre 1807, Bd. 2, Berlin 1928, S. 228).

49. Bayerisches Duellmandat v. 1779, in: Meyr, Bd. 1, S. 137–145.

II. Aufklärung, Öffentlichkeit und bürgerliche Emanzipation

1. A. Frhr. v. Knigge, Über den Zweykampf, in: ders., Journal aus Urfstädt, St. 3, Frankfurt 1785, S. 108–123, hier S. 108 (Sämtliche Werke, Bd. 17, ND Nendeln 1978); dgl. C. G. Küttner, Beyträge zur Kenntniß vorzüglich des Innern von England und seiner Einwohner, St. 1, Leipzig 1791, S. 64; C. G. Svarez, Vorträge über Recht und Staat, hg. v. H. Conrad u. G. Kleinheyer, Köln 1960, S. 413; G. U. A. Vieth, Versuch einer Encyklopädie der Leibesübungen, T. 2, Berlin 1795, S. 385.
2. Von den in Deutschland gewöhnlichen Gebräuchen bei Duellen und über die Mittel die Duelle abzustellen, Leipzig 1804, S. 96. – J. G. Büsch, Von Duellen, in: ders., Vermischte Abhandlungen, T. 1, Hamburg 1777, S. 213–268, hier S. 216. – Svarez, S. 413.
3. Zedler, Sp. 1336 f.; ähnlich G. F. Meier, Gedancken von der Ehre, Halle 1746, S. 314 f.
4. Meier, Gedancken, S. 225, 313.
5. J. H. G. v. Justi, Von den Zweykämpfen, in: ders., Deutsche Memoires oder Sammlung verschiedener Anmerkungen, T. 1, 2. Aufl., Wien 1750, S. 78–86, hier S. 81; dgl. J.-J. Rousseau, Julie oder Die neue Héloïse, München 1978, S. 154, 159 f.; A., Betrachtung über das Duelliren, in: Neue Mannigfaltigkeiten, Jg. 1, 1774, S. 765–768, hier S. 767; Über die Ehre, in: Monatsschrift von und für Mecklenburg, Jg. 2, 1789, Sp. 655–666, hier Sp. 661, 664.
6. J. G. Fichtes Leben und literarischer Briefwechsel, hg. v. I. H. Fichte, Bd. 2, Leipzig 1862, S. 46. Das Zitat stammt aus einer Rechtfertigungsschrift des Jahres 1795.
7. Von der falschen Ehre, in öffentlichen und besondern Angelegenheiten, in: Gemeinnütziges Magazin, Bd. 4, 1761, S. 131–140, hier S. 137; Schreiben über die Duelle auf Universitäten, in: Hannoverisches Magazin, St. 42, 1772, Sp. 657–672, hier Sp. 665; Svarez, S. 412.
8. Rousseau, S. 154 f.
9. Von der falschen Ehre, S. 137; Rousseau, S. 153.
10. v. Knigge, S. 118. – W. T. Krug (Hg.), Allgemeines Handwörterbuch der philosophischen Wissenschaften, nebst ihrer Literatur und Geschichte, Bd. 4, 2. Aufl., Leipzig 1834, S. 649. – Zedler, Sp. 1337.

11. D. M., Unwidersprechlicher Beweis, daß das Duelliren eine ehrlose und alberne Handlung sei, o. O. 1777; Mannigfaltigkeiten, Jg. 3, 23. 11. 1771, S. 198; K. Samhaber, Das Duell in seiner heutigen Erscheinung, betrachtet nach philosophisch-rechtlichen Ansichten, Würzburg 1822, S. 13. – Interessanterweise wurden die Duelle und Selbstmorde betreffenden Akten des evangelischen Oberkirchenrats im 19. Jh. unter einer gemeinsamen Rubrik geführt: EZA Berlin, 7/Gen. XI, Nr. 6: Acta betr. die kirchliche Beerdigung der im Duell Gefallenen sowie der Selbstmörder (3 Bde., 1864–1915).
12. F. L. Graf zu Stolberg, Ein Büchlein von der Liebe, 2. Aufl., Münster 1820, S. 87.
13. Rousseau, S. 155.
14. K. L. Reinhold, Über die Duelle auf Universitäten, in: ders., Auswahl vermischter Schriften, T. 1, Jena 1796, S. 122–145, hier S. 130 ff. Ähnlich Zedler, Sp. 1336; Fallou, Versuch einer Ansicht über den Zweikampf und über Ehr- und Pflichtgefühl nach der Moral, Oschatz 1824, S. 28; Schreiben über die Duelle, Sp. 661; v. Knigge, S. 112 f. Nach C. S. v. Ziegesar (Über das alte Ritterwesen, das falsche Point d'honneur, die wahre Herzhaftigkeit in Rücksicht auf die Duelle und die Nothwendigkeit einer guten Erziehung, Stuttgart 1793) zerrissen Duelle »das Band der Gesellschaft« (S. 269).
15. I. Kant, Die Metaphysik der Sitten, in: Kant's Werke, Bd. VI, Berlin 1907, S. 336. – M. Aschenbrenner, Über das Verbrechen und die Strafe des Zweykampfes, Würzburg 1804, S. 17, 36; Über Injurien, Hausrecht, Nothwehr und Duelle nach Preußischem Rechte, Berlin 1827, S. 139; O. H. A. v. Oppen, Beiträge zur Revision der Gesetze, Köln 1833, S. 53; Buddeus, S. 167.
16. Aschenbrenner, S. 19, 22, 25; ähnlich C. F. Roßhirt, Über den Zweikampf, in: Neues Archiv des Criminalrechts, Bd. 3, St. 3, 1819, S. 453–477, hier S. 465; C. W. O. A. v. Schindel, Über die Duelle und ob ihre Ausrottung wirklich unmöglich, Görlitz 1824, S. 9; Über Injurien, S. 144 f. Vgl. auch E. Levi, Zur Lehre vom Zweikampfverbrechen, Leipzig 1889, v. a. S. 48.
17. Aschenbrenner, S. 2 ff.; Roßhirt, S. 468.
18. Svarez, S. 412. – D. Grimm, Die deutsche Staatsrechtslehre zwischen 1750 und 1945, in: ders., Recht und Staat der bürgerlichen Gesellschaft, Frankfurt 1987, S. 291–307, v. a. S. 294 f.
19. v. Knigge, S. 110 f. – Über die Ehre, Sp. 663.
20. Aschenbrenner, S. 50, 57. Vgl. auch Samhaber, der das Duell in einem konstitutionellen Staat wie Bayern als »verfassungswidrige Anmaßung« des Adels betrachtete, das den »verhaßten Aristokratismus der Vorzeit« erneuere (S. 23).
21. Der Duell, Rostock 1754, S. 19 f.
22. Das Duell, oder: Der Weise in der That, Wien 1768, v. a. S. 46 ff.
23. Das Duell. Ein Lustspiel in drey Aufzügen. Von dem Verfasser der

Empfindsamen Reisen durch Deutschland, Wittenberg 1773, v. a. S. 2, 6, 16, 18, 21, 65.

24. Besonderheiten des sogenannten militairischen Points d'Honneur, in: Journal von und für Deutschland, Jg. 8, 1791, S. 155–157, hier S. 157.
25. I. Kant, Anthropologie in pragmatischer Hinsicht, in: Kants Werke, Bd. VII, Berlin 1968, S. 259.
26. Svarez, S. 415.
27. J. C. Schmid, Über die Duelle, Landshut 1802, S. 91 f. – C. J. A. Mittermaier, Über den Zweikampf mit besonderer Prüfung des neuesten Entwurfs eines Duell-Edicts für das Königreich Hannover, in: Neues Archiv des Criminalrechts, Bd. 8, St. 3, 1826, S. 445–469, hier S. 460; ders., Beiträge zur Lehre vom Duell nach dem gemeinen deutschen Strafrechte und nach den neueren Gesetzgebungen, in: Archiv des Criminalrechts, NF, St. 3, 1834, S. 339–383, hier S. 354.
28. A. Hennings, Meine Duellgeschichte. Zur Berichtigung der Wahrheit und zum reifen Nachdenken über Duelle überhaupt denkenden Männern vorgelegt, Altona 1795, S. 67, 76.
29. Zit. in: Hennings Duellgeschichte, in: Deutschland, Jg. 2, 1796, S. 92–119, hier S. 115.
30. Hennings, Zitate S. 158, 138, 170.
31. Die folgende Geschichte ist rekonstruiert nach den Akten des Staatsarchivs Münster, Fürstentum Münster, Kabinettsregistratur Nr. 2031, 2034, 2036 und 2038.
32. »Es ist nicht meine Sache, den Spadassin zu machen [Spada = degenähnliche Fechtwaffe], ich habe meine Mutproben hinter mir, habe wie diese Herren beim Militär gestanden und weiß, was die wahre Ehre fordert. Aber sie hat ihre Grenzen, und da ich niemanden beleidigt habe, fühle ich mich nicht bemüßigt, mit dem ersten besten, der dazu Lust verspürt, die Klingen zu kreuzen. Ich bin Mitglied der Landstände, mein Herr, ich bekleide einen Rang und Ehrenämter, die mich über solche Angriffe erheben müssen.«
33. Zit. in: Jany, Bd. 2, S. 230. Vgl. dazu auch R. Kluth, Preußische Ehrauffassung. Der Ehrbegriff im preußischen Heer des 18. Jahrhunderts, Berlin 1941, S. 45 ff.
34. Staatsarchiv Hamburg, Senat Cl. VII Lit. G, Nr. 7, Vol. 8 b.
35. GStA Berlin-Dahlem, XX. Hauptabteilung, Staatsarchiv Königsberg, Etats-Ministerium Tit. 63 c, Nr. 15: Schreiben d. Rektors v. 18. 10. 1751.
36. HStA Stuttgart, A 12 Kabinettsakten III Bü 60: Schreiben v. 24. 6. 1799.
37. DZA Merseburg, Hist. Abt. II, 2.5.1. Nr. 17037: Schreiben der Gutsbesitzer v. Bredow v. 18. 1. 1808; Bericht des Berliner Kammergerichts v. 2. 3. 1808.
38. Staatsarchiv Münster, Nachlaß Druffel Nr. 226: Schreiben v. 24. 4. 1798; zum Duell selber: Fürstentum Münster, Kabinettsregistratur Nr. 1784.

39. BHStA München, Abt. II, Staatsrat Nr. 2450: Gesetzentwurf v. 14. 3. 1826.
40. Verhandlungen der Zweiten Kammer der Ständeversammlung des Königreichs Baiern, Bd. 3, München 1819, S. 60. – (C. W. F. Penzenkuffer), Über den Zweikampf. Eine philosophische Abhandlung, Nürnberg 1819, S. 4.
41. S. R. (= J. G. Schlosser), Über die Gesetzgebung gegen die Duelle, in: Deutsches Museum, Bd. 2, St. 11, 1776, S. 1128–1130, hier S. 1129 f. Die Autorschaft Schlossers geht daraus hervor, daß der wortgleiche Text in seinen Kleine(n) Schriften, T. 2, Basel 1780, S. 217–220, abgedruckt ist.
42. J. F. Fries, Handbuch der praktischen Philosophie oder der philosophischen Zwecklehre, T. 1: Ethik, oder die Lehren der Lebensweisheit, Heidelberg 1818, S. 333, 336 f. – v. Oppen, S. 66.
43. C. E. Jarcke, Beiträge zur Revision der preußischen Strafgesetzgebung: Die Lehre von den Injurien, in: Zeitschrift für die Criminal-Rechts-Pflege in den Preußischen Staaten mit Ausschluß der Rheinprovinzen, Bd. 17, H. 34, 1831, S. 258–272, hier S. 264. – Meiners, Von den außergerichtlichen Duellen, S. 678.
44. Büsch, S. 257.
45. Roßhirt, S. 474.
46. Fries, S. 335. – Besonderheiten, S. 155; Roßhirt, S. 464, 472. – C. J. A. Mittermaier, Bemerkungen über Duellgesetze und den Zusammenhang derselben mit den Gesetzen über Ehrenverletzungen, in: Neues Archiv des Criminalrechts, Bd. 3, St. 3, 1819, S. 436–452, hier S. 449.
47. So z. B. J. M. Radowitz, Duelle (1829), in: ders., Ausgewählte Schriften, hg. v. W. Corvinus, Bd. 2, Regensburg o. J., S. 168–174, v. a. S. 173 f.; ähnlich J. Möser, Also sollte man den Zweikämpfen nur eine bessere Form geben (1786), in: ders, Sämtliche Werke, Bd. 7 (Patriotische Phantasien IV), Oldenburg o. J., S. 115–118: Möser wollte alle »zweifelhaften Fälle«, in denen der Anlaß des Konflikts ein Duell nicht erforderte, durch »Vorerkenntnis des Regiments« ausscheiden – eine Maßnahme, die »gewiß die Hälfte, wo nicht zwei Drittel« aller potentiellen Duelle überflüssig mache (S. 117).
48. B. Mandeville, Die Bienenfabel oder Private Laster als gesellschaftliche Vorteile (1714), Leipzig 1988, S. 203.
49. Möser, S. 117.
50. C. Garve, Über die Maxime Rochefaucaults: das bürgerliche Air verliehrt sich zuweilen bey der Armee, niemahls am Hofe (1792), in: ders., Popularphilosophische Schriften über literarische, ästhetische und gesellschaftliche Gegenstände, hg. v. K. Wölfel, Bd. 1, Stuttgart 1974, S. 559–716, hier S. 623 f.
51. Besonderheiten, S. 157; Über den Zweikampf, S. 56.
52. Kanzler Friedrich v. Müller, Unterhaltungen mit Goethe, hg. v. R. Grumach, 2. Aufl., München 1982, S. 162. Ein ähnliches Kalkül

stellte der sich als »Philosoph« verstehende M. A. Weikard an: »Der Staat ist freilich bei jedem Duell in Gefahr einen Bürger zu verlieren. Aber er wird dagegen tausend besser und ehrbarer gewordene haben. Im Ganzen wird die Ehre, Ruhe, das Vermögen so vieler anderen desto sicherer werden.« (M. A. Weikard, Vom Duell, Point d'Honneur und dergleichen, Frankfurt 1787, S. 44).

53. C. F. Nicolai, Vertraute Briefe von Adelheid B. an ihre Freundin Julie S. Ein Roman, hg. v. G. de Bruyn, Berlin 1982, S. 74. Diese positive Schätzung des Duells erntete Widerspruch, z. B. seitens des Rezensenten der Erlanger Literaturzeitung (ebd., S. 186 f.).

54. Vgl. z. B. F. D. E. Schleiermacher, Versuch einer Theorie des geselligen Betragens, in: ders., Philosophische Schriften, Berlin 1984, S. 39–64, sowie U. Frevert, »Tatenarm und gedankenvoll«? Bürgertum in Deutschland 1780–1820, in: H. Berding u. a. (Hg.), Deutschland und Frankreich im Zeitalter der Französischen Revolution, Frankfurt 1989, S. 263–292.

55. Radowitz, S. 172; dgl. M. Eelking, Der Offizier, in: Bremisches Unterhaltungsblatt für Leser aus allen Ständen, Nr. 98, 1823, S. 400.

56. v. Oppen, S. 62 f.; J. M. v. Loen, Gesammlete Kleine Schriften, T. 3, Frankfurt 1751, S. 447; Schmid, S. 19; Von den in Deutschland gewöhnlichen Gebräuchen, S. 109 f.; Über den Zweikampf, S. 29; Fries, S. 337.

57. E. F. Klein, Über Verbrechen gegen den Staat, besonders den Zweykampf, in: Archiv des Criminalrechts, Bd. 6, T. 2, 1805, S. 134–148, hier S. 144; s. auch Über Injurien, S. 146.

58. Dieser Begriff stammt von dem Bonner Professor Windischmann (Über die Ehre und das verletzte Ehrgefühl, in: Jahrbuch der Königlich-Preußischen Rheinischen Universität, Bonn 1821, S. 301–314, hier S. 301). Er begriff Ehre als »Vollständigkeit und Unverletzbarkeit der Person« (S. 303).

59. Zum Authentizitäts-Ideal, das in der literarisch-philosophischen Kultur des späten 18. Jhs. propagiert wurde, vgl. L. Trilling, Das Ende der Aufrichtigkeit, Frankfurt 1989, passim.

60. G. W. F. Hegel, Grundlinien der Philosophie des Rechts oder Naturrecht und Staatswissenschaft im Grundrisse, Frankfurt 1970, S. 319.

61. F. Buchholz, Bemerkungen über den Zweikampf, in: Geschichte und Politik, Jg. 3, 1804, S. 195–205, hier S. 199, 202.

62. Ebd., S. 203.

63. Abgeurtheilter Ehrenhandel aus dem 16. Jahrhundert, in: Journal von und für Deutschland, Jg. 2, St. 6, 1785, S. 486–493, hier S. 486. – v. Oppen, S. 44.

64. C. Welcker, Art. ›Infamie, Ehre, Ehrenstrafen‹, in: C. v. Rotteck u. ders. (Hg.), Das Staats-Lexikon. Encyklopädie der sämmtlichen Staatswissenschaften für alle Stände, Bd. 7, Altona 1847, S. 377–404, Zitate S. 387, 385, 390.

65. H. Wagener (Hg.), Staats- und Gesellschafts-Lexikon, Bd. 23, Berlin 1867, S. 200. Man beachte den aufschlußreichen grammatischen Irrtum: Offenbar ist die Duellehre so stark männlich definiert, daß sie sich nur im Besitz männlicher Subjekte befinden kann, weshalb »die Person« die Ehre eines männlichen Possessivpronomens erhält!
66. Über Injurien, S. 146; ähnlich (K. A. Graf Bigot von Saint Quentin), Von einem deutschen Soldaten, Leipzig 1847, S. 132 f., sowie Weikard, S. 19.
67. Ein Beispiel dieser sozialen Nivellierung findet sich in der kurzen Erzählung ›Eine unerwartete Distinktion‹ (J. G. Schummel, Moralische Bibliothek für den jungen deutschen Adel, T. 1, Liegnitz 1785, S. 102 f.): »Ein Mann von einer sehr vornehmen Geburt hatte einst einem Offizier, der sehr brav, aber nur von gemeinem Herkommen war, mit einer Art von so auffallender Verachtung begegnet, daß dieser äußerst aufgebracht wurde, und, ohne die geringste Rücksicht auf den vornehmen Stand seines Gegners zu nehmen, Genugtuung für diese Beleidigung von ihm forderte. ›Wie, sagte dieser letztere: Sie sind kühn genug, sich mit mir messen zu wollen? Haben Sie denn vergessen, daß mein Adel älter als 400 Jahr ist, und daß meine Familie eine Menge von Grafen, Fürsten, Kardinälen und Feldherrn zu Wasser und zu Lande hervorgebracht hat?‹ Ich weiß das alles, erwiderte der beleidigte Krieger: Aber ich will mich ja auch nicht mit Ihren Ahnen messen! Sie sind es, Herr, mit dem ich mich schlagen will.«
68. Besonderheiten, S. 156 f.
69. L. Robert, Die Macht der Verhältnisse, Stuttgart 1819, Zitate S. 17 f., 60 f., 116.
70. D. Hertz, Jewish High Society in Old Regime Berlin, New Haven 1988, S. 258 f. Der Briefwechsel zw. Moritz Itzig u. Achim v. Arnim ist abgedruckt in: H. K. Krüger, Berliner Romantik und Berliner Judentum, Bonn 1939, S. 128 ff.
71. C. Grolmann, Über Ehre und guten Namen, in: Magazin für die Philosophie des Rechts und der Gesetzgebung, Bd. 1, H. 1, 1798, S. 5–54, hier S. 47.
72. C. F. Pockels, Der Mann. Ein anthropologisches Charaktergemählde seines Geschlechts, Bd. 2, Hannover 1806, S. 337; Bd. 4, Hannover 1808, S. 202–204.
73. Leo, Über Zweikämpfe und ihre Schädlichkeit, in: Deutsches Museum, Bd. 2, St. 7, 1787, S. 15–22, hier S. 20.
74. Ebd., S. 18, 20, 22. – Aschenbrenner, S. 30.

1. Im Kontext neuer Strafrechtskodifikationen wurde im Vormärz auch in anderen deutschen Staaten wie Baden, Württemberg, Hannover über das Duell-Thema debattiert, jedoch nicht so folgenreich und gut überliefert wie in Preußen u. Bayern.
2. Svarez, S. 411.
3. Aus dem Entwurf des Allgemeinen Landrechts von 1785 über Duell und Ehrengerichte, in: A. L. Schlözer's Stats-Anzeigen, Bd. 9, H. 33, 1786, S. 3–9, hier S. 3.
4. Allgemeines Landrecht für die Preußischen Staaten von 1794. Textausgabe, mit einer Einführung v. H. Hattenhauer, Frankfurt 1970, S. 693 f.
5. GStA Berlin-Dahlem, Rep. 84 a, Nr. 8034: Schreiben v. 17. 8. 1809.
6. DZA Merseburg, Hist. Abt. II, 2.5.1., Nr. 17039: Kabinettsordre v. 25. 7. 1805.
7. Ebd., Nr. 17042: Schreiben v. 24. 6. 1809.
8. Ebd.
9. Ebd., Nr. 17043: Schreiben v. 19. 5. 1809.
10. Motive zu dem, von dem Revisor vorgelegten, Ersten Entwurf des Criminal-Gesetzbuchs für die Preußischen Staaten, Bd. 3, 2. Abt., Berlin 1829, in: W. Schubert u. J. Regge (Hg.), Quellen zur preußischen Gesetzgebung des 19. Jahrhunderts, Bd. 1: Gesetzrevision (1825–1848), I. Abt., Bd. 1, Vaduz 1981, S. 735 f.
11. Strafgesetzbuch für die Preußischen Staaten und Gesetz über die Einführung desselben vom 14. April 1851, Berlin 1851, Titel 14 ›Zweikampf‹.
12. Diese Aussage beruht auf der Auswertung von 190 Duellfällen, die zwischen 1851 und 1914 vor preußischen Gerichten verhandelt wurden.
13. Das ergibt der Vergleich zwischen 80 Duellfällen, die zwischen 1800 und 1850 in Preußen aktenkundig wurden, und den o. a. 190 Fällen der späteren Zeit.
14. S. z. B. die sächsischen Landtags-Acten vom Jahre 1836. Zweite Abtheilung, die Protocolle der I. Kammer enthaltend, Bd. 1, Dresden o. J., v. a. S. 334 ff.; Landtags-Acten vom Jahre 1836/37. Dritte Abtheilung, die Protocolle der II. Kammer enthaltend, Bd. 2, Dresden o. J., S. 683 ff.; Verhandlungen der Kammer der Abgeordneten des Königreichs Württemberg auf dem Landtage von 1838, Stuttgart 1838, Bd. 4, S. 41 ff.; Bd. 7, S. 71 ff.; Verhandlungen der Kammer der Standesherrn des Königreichs Württemberg im Jahre 1838, Stuttgart o. J., H. 3, S. 774 ff.; H. 5, S. 1537 ff.; Verhandlungen des 7. Rheinischen Provinziallandtages 1843, Koblenz 1843, S. 77 ff.
15. DZA Merseburg, Hist. Abt. II, 2.2.1., Nr. 17833: Auszug aus den Untersuchungsakten v. 22. 3. 1850.
16. HStA Düsseldorf, Oberlandesgericht Köln, Nr. 11/1183: Berichte der

Oberprokuratoren aus Kleve (31.12. 1821), Koblenz (29.12. 1821), Köln (17.1.1822) und Aachen (24.1.1822).

17. Ebd.: Bericht d. 1. Generaladvokaten Boelling, o. D.
18. DZA Merseburg, Hist. Abt. II, 2.5.1., Nr. 17053: Bericht des Landgerichtspräsidenten v. Oppen v. 22.12.1836.
19. BHStA München, Abt. IV, A XIII 3, Fasz. 2: Urteil d. Landshuter Gerichts v. 26.6.1835.
20. Verhandlungen der Zweiten Kammer der Ständeversammlung des Königreichs Baiern, Bd. 3, München 1819, S. 60 ff., 160 ff.; Vollständiges alphabetisches Repertorium über die Verhandlungen der Stände des Königreichs Baiern im Jahre 1819, München 1821, S. 254 ff.
21. BHStA München, Abt. II, MInn Nr. 72423: Schreiben d. Freiherrn v. Zentner an den Innenminister v. 15.3. 1821; undatierter Entwurf »Vom Zweikampf«.
22. K. Barth (Hg.), Das Strafgesetzbuch für das Königreich Bayern vom 10. November 1861, Landshut 1862, Art. 162–168, S. 123 ff.
23. BHStA München, Abt. II, MInn Nr. 72423: Bericht d. oberfränkischen Regierungspräsidenten v. 20.2. 1843; Schreiben d. Innenministers v. Abel v. 11.3.1844.
24. Ebd., MInn Nr. 43877: Innenminister v. Abel an den König v. 31.1. 1841; Staatsarchiv München, RA Fasz. 1154, Nr. 15889: Kommandantschaft München v. 30.1.1841.
25. BHStA München, Abt. II, MInn Nr. 43877: Bericht d. Innenministers v. 28.1. 1841 u. Randbemerkung Ludwigs v. 29.1. 1841; Bericht d. Innenministers v. 29.1. 1841 u. Randbemerkung Ludwigs v. 30.1. 1841.
26. Ebd., MInn Nr. 72423: Reskript v. 26. 12. 1842. Bereits 1833 hatte sich der bayerische Innenminister anläßlich eines tödlichen Duells mit der »Bemerkung« an den Regierungspräsidenten des Isarkreises gewandt, »daß ähnliche Zweikämpfe, welche gewöhnlich mehrere Tage vorher verabredet werden, nicht mit derjenigen Aufmerksamkeit erforscht zu werden scheinen, welche in der Pflicht der Polizei-Direktion und der Gendarmerie liegt. Ein kluges Beobachten und Benehmen der Polizei-Agenten auf Bällen und bei andern Anlässen, welche die Gelegenheit zu solchen Exzessen herbeiführen, wird der K. Polizei-Direktion die Mittel an die Hand geben, dieselben durch Zuvorkommen zu hindern« (Staatsarchiv München, RA Fasz. 1163, Nr. 16140: Schreiben v. 22.1. 1833).
27. Roßhirt, S. 468.
28. P. J. A. Feuerbach, Lehrbuch des gemeinen in Deutschland geltenden Peinlichen Rechts, Gießen 1801, S. 172–174.
29. BHStA München, Abt. IV, A XIII 3, Fasz. 4: Gerichtsurteil v. 13.12. 1847; Staatsarchiv München, RA Fasz. 1154, Nr. 15889: Gerichtsurteil v. 28.10.1841.
30. v. Oppen, S. 44; DZA Merseburg, Hist. Abt. II, 2.5.1. Nr. 17053: Be-

richt v. Oppens an Justizminister v. Kamptz v. 22. 12. 1836; HStA Düsseldorf, Oberlandesgericht Köln, Nr. 11/1183: Bericht v. Oppens v. 29. 12. 1821.

31. Motive 1829, S. 728 ff.
32. GStA Berlin-Dahlem, Rep. 80, Nr. 247e: Beratungsprotokoll v. 1.7. 1840, S. 115.
33. T. Goltdammer, Die Materialien zum Straf-Gesetzbuche für die Preußischen Staaten, T. II, Berlin 1852, S. 351.
34. Das preußische Strafgesetzbuch wurde 1870 mit unwesentlichen Veränderungen als Strafgesetzbuch für den Norddeutschen Bund eingeführt und galt nach der Reichseinigung in allen Teilstaaten des Kaiserreichs.
35. K. Graeser, Für den Zweikampf, Berlin 1902, S. 35; ähnlich B. Meyer, Was nun? Ein Beitrag zur Duell-Frage, Berlin 1896, S. 17 f.
36. Allgemeines Landrecht, S. 694. Auch Svarez sprach in seinem Duellvortrag vor dem Kronprinzen nur von »Offizieren und Edelleuten«, die als Duellanten in Frage kämen (Svarez, S. 415).
37. So resümierte ein Oberlandesgerichts-Urteil 1831 die Auffassung der preußischen Gesetzgebung im späten 18. Jh., zit. in: Duell zwischen zwei Bürgerlichen, bei welchem ein Theil getödtet worden und der überlebende wahrscheinlich die Absicht zu tödten nicht gehabt, in: Zeitschrift für die Criminal-Rechts-Pflege in den Preußischen Staaten mit Ausschluß der Rheinprovinzen, Bd. 17, H. 33, 1831, S. 150–193, hier S. 180.
38. Ehren-Gericht, in: A. L. Schlözer's Stats-Anzeigen, Bd. 9, H. 33, 1786, S. 3.
39. A. J. Mannkopff (Hg.), Jahrbücher für die Criminal-Rechtspflege in den Preußischen Staaten, Bd. 1, H. 1, Berlin 1840, S. 86.
40. GStA Berlin-Dahlem, Rep. 84a, Nr. 8034: Schriftwechsel zw. Kanzler v. Beyme u. Friedrich Wilhelm III. v. 29. 8. 1809 u. 6. 9. 1809; Verfügung d. Justizministers v. 19. 11. 1819 an das Berliner Kammergericht.
41. Vgl. dazu den Bericht d. Berliner Kammergerichts v. 27. 5. 1799, zit. in: H. Gräff u. a., Ergänzungen und Erläuterungen des Preußischen Criminal-Rechts durch Gesetzgebung und Wissenschaft, 1. Abt., Breslau 1842, S. 498 ff.
42. Zit. in: Mannkopff, S. 103 ff.
43. Vgl. zu Savignys »praktiziertem Positivismus« D. Grimm, Methode als Machtfaktor, in: ders., Recht und Staat, S. 347–372, v. a. S. 351 ff.
44. GStA Berlin-Dahlem, Rep. 84a, Nr. 8034: Schreiben d. Berliner Kammergerichts v. 25. 3. 1844; Antwort d. Justizministers v. 15. 4. 1844.
45. Motive Bd. 1, 1827, in: Schubert/Regge, Bd. 1, S. 105.
46. Ebd., S. 107.
47. DZA Merseburg, Hist. Abt. II, 2.2.1., Nr. 17832: Urteile gg. Kopisch (1842), Bracht (1842), Dittrich (1842), Zurborn (1842), Weinert (1844), Strasdath (1844), Junker (1844), v. Nolcken (1845).
48. Ebd., 2.5.1., Nr. 17050; 2.2.1., Nr. 17832.

49. Zit. in: Gräff, S. 510.
50. DZA Merseburg, Hist. Abt. II, 2.2.1., Nr. 17831, 17832.
51. Mannkopff, S. 108.
52. Ebd., S. 110.
53. Motive Bd. 3, 1829, S. 750.
54. Motive zum revidirten Entwurf des Strafgesetzbuchs für die Preußischen Staaten, T. 1, Berlin 1833, Zitate S. 151, 161 f., 163.
55. BHStA München, Abt. II, Staatsrat Nr. 2450: Gesetzentw. Ludwigs I. v. 14. 3. 1826.
56. Ebd., MInn Nr. 43877: Randbemerkung Ludwigs v. 28. 1. 1841 auf dem Bericht d. Innenministers v. 27. 1. 1841.
57. Ebd., Abt. IV, A XIII 3, Fasz. 2: Randbemerkung Ludwigs v. 29. 4. 1843 auf dem Brief Reschreiters v. 24. 4. 1843.
58. Ebd., Abt. II, Staatsrat Nr. 2450: Motive und Bemerkungen zum Entwurf der Gesetzkommission, Vortrag v. Zentners v. 21. 8. 1826.
59. Ebd.: Vortrag v. Leydens auf der Staatsratssitzung v. 24. 11. 1826.
60. Ebd.: Vortrag v. Zentners v. 21. 8. 1826; Kammer der Reichsräte, Nr. 649: Protokoll v. 29. 7. 1828.
61. Ebd., Staatsrat Nr. 597; Nr. 2450: Protokoll d. Staatsratssitzung v. 24. 11. 1826.
62. Ebd.
63. Verhandlungen der zweiten Kammer der Ständeversammlung des Königreichs Bayern im Jahre 1827/28, 3. Beilagenband, München 1828: Motive d. Gesetzentwurfs über Ehrengerichte, S. 2; 17. Beilagenband, München 1828: Beilage 86, S. 1–11; Bd. 15, München 1828, S. 171 ff.; Alphabetisches Repertorium über die Verhandlungen der Stände des Königreichs Bayern, im Jahre 1827/28, München 1830, S. 76 ff.; BHStA München, Abt. II, Kammer der Reichsräte, Nr. 649.
64. GStA Berlin-Dahlem, Rep. 80, Nr. 247 e: Beratungsprotokoll v. 4. 7. 1840, S. 123 f.
65. Verordnung v. 18. 12. 1848, zit. bei R. Koselleck, Preußen zwischen Reform und Revolution. Allgemeines Landrecht, Verwaltung und soziale Bewegung von 1791 bis 1848, 2. Aufl., Stuttgart 1975, S. 103. Vgl. dort auch die Bemerkungen zur »sozialen Fusion der neuen Oberschicht gerade auf dem ... Weg spezifisch adelsständischer Ehrbegriffe« (S. 101 ff., Zitat S. 102).
66. DZA Merseburg, Hist. Abt. II, 2.2.1., Nr. 17833: Auszug aus den Untersuchungsakten v. 22. 3. 1850.
67. Diesen Zweck verfolgte die Betonung von Duell-Regeln im 14. Titel des Strafgesetzbuchs. Danach fielen nur regelkonforme Zweikämpfe unter die entsprechenden Strafbestimmungen, während regelwidrige oder regellose Zweikämpfe nach den allgemeinen Vorschriften über Körperverletzung, Totschlag bzw. Mord bestraft werden sollten. Mit dieser Einschränkung zog der Gesetzgeber eine klare soziale Trenn-

linie, indem er davon ausging, daß der elaborierte Duell-Code nur von Angehörigen der Oberschichten gelernt und angewandt werden konnte.

IV. Offiziersehre und Duellpflicht

1. Vgl. dazu O. Büsch, Die Militarisierung von Staat und Gesellschaft im alten Preußen, in: M. Schlenke (Hg.), Preußen. Beiträge zu einer politischen Kultur, Reinbek 1981, S. 45–60, v. a. S. 49 ff.; ausführlicher ders., Militärsystem und Sozialleben im alten Preußen 1713–1807. Die Anfänge der sozialen Militarisierung der preußisch-deutschen Gesellschaft, Berlin 1962.
2. E. Bleich (Hg.), Der Erste Vereinigte Landtag in Berlin 1847, T. 2, Berlin 1847, S. 202, 203, 251, 254.
3. Zit. in: F. Anneke, Ein ehrengerichtlicher Prozeß, Leipzig 1846, S. 70.
4. Ebd., S. 3, 62. Ähnlich H. Korff, Schon wieder ein Ehrengerichtlicher Prozeß!, Mannheim 1847.
5. Bleich, S. 214; ähnlich v. Zieten (S. 504).
6. Ebd., S. 262 (v. Vincke), 497 (Prinz Wilhelm).
7. Bemerkungen zu dem Gesetzentwurf über die deutsche Wehrverfassung (1848), in: Militärische Schriften weiland Kaiser Wilhelms des Großen Majestät, hg. v. Kgl. Preuß. Kriegsministerium, Bd. 2, Berlin 1897, S. 34 f. Zum Ehrbegriff der preußischen Armee vgl. auch M. Messerschmidt, Die preußische Armee, in: Handbuch zur deutschen Militärgeschichte 1648–1939, Bd. 2, IV/2, München 1979, S. 10–225, hier S. 37 ff.
8. GStA Berlin-Dahlem, Rep. 84 a, Nr. 8035: Beratungsprotokoll v. 22. 4. 1846, S. 138.
9. Verordnung v. 17. 7. 1788, zit. in: Gräff, S. 496.
10. Verordnung v. 31. 7. 1788, zit. in: A. J. Mannkopff (Hg.), Allgemeines Landrecht für die Preußischen Staaten. In Verbindung mit den ergänzenden Verordnungen, Bd. 7, Berlin 1838, S. 476.
11. GStA Berlin-Dahlem, Rep.84 a, Nr. 2040: Verordnung v. 23. 4. 1799; Schreiben d. Regierungspräsidenten v. 8. 5. 1799. Die Akten Nr. 2040–2043 enthalten viele Beleidigungsfälle zwischen Militär- und Zivilpersonen mit ähnlichen Konfliktstrukturen.
12. Ebd., Nr. 2042: Beratungsprotokoll d. Revisionskommission v. 25. 4. 1846.
13. Ebd., Nr. 2042: Schreiben d. Königs v. 25. 7. 1847.
14. O. Hintze, Regierung und Verwaltung, Göttingen 1967, S. 315.
15. Schlosser, Über die Gesetzgebung, S. 1128. Der Philosoph Arthur Schopenhauer griff dieses Argument 1851 wieder auf: »Der Staat ist nicht imstande, die Dienste seiner Offiziere und Zivilbeamten mit

Geld zum vollen zu bezahlen; daher läßt er die andere Hälfte ihres Lohnes in der Ehre bestehen, welche repräsentiert wird durch Titel, Uniformen und Orden. Um nun diese ideale Vergütung ihrer Dienste im hohen Kurse zu erhalten, muß das Ehrgefühl auf alle Weise genährt, geschärft, allenfalls etwas überspannt werden: da aber zu diesem Zweck die bürgerliche Ehre nicht ausreicht, schon weil man sie mit jedem teilt; so wird die ritterliche Ehre zu Hilfe genommen und gesagterweise aufrecht erhalten.« (Aphorismen, S. 96 f., sowie S. 102).

16. Vgl. dazu den Essay des Prinzen Friedrich Karl von Preußen über ›Entstehung und Entwicklung des preußischen Offiziergeistes, seine Erscheinungen und Wirkungen‹ aus dem Jahre 1860, abgedruckt in: Demeter, S. 251–259, hier S. 256.
17. H. A. Meyer, Das Pistolen-Duell, welches zwischen dem Ingenieur-Lieutenant v. Leithold und dem Oberlandesgerichts-Referendarius Schade am 30. August 1844 bei Königsberg in Preußen stattfand. Aus den Untersuchungs-Acten vollständig dargestellt u. m. dienstlicher Genehmigung veröffentl., Danzig 1845, Zit. S. 24, 49.
18. DZA Merseburg, Rep. 77, Tit. 114, Nr. 223, Beiakte 2, Bd. 1: Schreiben v. Arnims an Kriegsminister v. Boyen o.D.; Bericht d. Oberpräsidenten v. 5. 10. 1844.
19. Ebd.: Bericht d. Oberpräsidenten v. 5. 10. 1844; dto. v. 1. 12. 1844.
20. HStA Düsseldorf, Oberlandesgericht Köln, Nr. 11/1183: Bericht v. 31. 12. 1821. Ähnlich argumentierte 1827 der Verfasser der Schrift: Über Injurien, S. 146.
21. Bleich, S. 209.
22. Verhandlungen der deutschen verfassungsgebenden Reichsversammlung zu Frankfurt am Main, hg. v. K. D. Haßler, Frankfurt 1848/49, Bd. 1, S. 298; Bd. 2, S. 334, 343.
23. Mittheilungen über die Verhandlungen des ordentlichen Landtags im Königreich Sachsen während des Jahres 1849. Zweite Kammer, Dresden o.J., S. 880, 874, 865, 864, 876.
24. Stenographische Berichte über die Verhandlungen des Reichstags, 9. Legislaturperiode, IV. Session 1895/97, Bd. 5, Berlin 1897, S. 3315, 3330.
25. H. Delbrück (Hg.), Preußische Jahrbücher, Bd. 86, Berlin 1896, S. 445 f.
26. GStA Berlin-Dahlem, Rep. 84 a, Nr. 8034: Votum v. Müfflings v. 18. 10. 1839.
27. Einige Bemerkungen über die Dienstverhältnisse im Militair, in: Neues militairisches Journal, Jg. 13, 1805, S. 1–53, hier S. 51.
28. Simmel, Soziologie, S. 403–406.
29. Abgedruckt in: Demeter, S. 279–285, hier S. 280.
30. Zit. in: K. Spohn (Bearb.), Die Conventionellen Gebräuche beim Zweikampf, 6. Aufl., Berlin 1901, S. 60 f. Diese Vorrede wurde nach Angaben des preußischen Majors v. Schwerin in der Armee »als Richt-

schnur, fast einer gesetzlichen Bestimmung gleich, betrachtet« (L. Graf v. Schwerin, Zweck, Bedeutung und Anwendung der ehrengerichtlichen Einrichtungen für die Offiziere des preußischen Heeres, Hannover 1886, S. 16). Nach A. v. Boguslawski (Der Ehrbegriff des Offizierstandes, Berlin 1896) wurde dieses Schreiben noch in den 1850er und 1860er Jahren »in allen preußischen Offizierkorps hin und wieder von den Regimentskommandeuren als Muster einer Anleitung für das Verhalten des Einzelnen und des Ganzen vorgelesen« (S. 10 f.).

31. Fleck, S. 3 f.
32. Der preußische General v. Müffling nannte 1839 vier »Motive zu einem militärischen Duelle«: »1. Wenn ein Offizier des Mangels an Mut beschuldigt wird; 2. wenn er beschuldigt wird, sich Handlungen erlaubt zu haben, welche seine Ehre als Privatmann verletzen; 3. wenn er mündlich oder schriftlich Kränkungen erfährt, welche er als persönliche Verletzungen seiner Ehre betrachtet...; 4. wenn er eine Beleidigung erfährt, über welche es unmöglich ist zu klagen, ohne damit zugleich die Ehre von anderen Personen auf das Spiel zu setzen, Familienverhältnisse zu veröffentlichen« (GStA Berlin-Dahlem, Rep. 84 a, Nr. 8034: Votum v. Müfflings v. 18. 10. 1839).
33. GLA Karlsruhe, Abt. 238/2016: Bericht v. 28. 11. 1830.
34. GStA Berlin-Dahlem, Rep. 84 a, Nr. 8034: Motive zum Ehrengerichts-Entwurf v. 1837.
35. Abgedruckt bei: Demeter, S. 279.
36. BHStA München, Abt. IV, A XIII 3, Fasz. 2: Beschwerde Reschreiters v. 24. 4. 1843.
37. Staatsarchiv Bremen, Ratsakten 2 – R.6.b.2.c.2.b.: Schreiben Wermuths an Bürgermeister Smidt v. 19. 12. 1823; »Letztes Wort« Bornemanns (von der Redaktion des Bremischen Unterhaltungsblatts abgelehnte Einsendung).
38. A. Fahl, Das Hamburger Bürgermilitär 1814–1868, Diss. Hamburg 1986, S. 64, 87 f., 190 f.
39. J. F. to der Horst, Geschichtliche Darstellung meiner 30jährigen Dienstverhältnisse im Hamburgischen Militär und der in denselben gemachten Erfahrungen, Hamburg 1825, S. 99.
40. Staatsarchiv Hamburg, Polizeibehörde – Kriminalw. C Jg. 1826, Nr. 208: Schreiben v. Stephanis an den Hamburger Rat v. 15. 9. 1826.
41. R. Rürup, Deutschland im 19. Jahrhundert 1815–1871, Göttingen 1984, S. 229.
42. E. Miller, Die Ehre. Eine zeitgemäße Betrachtung des Militärischen Ehrengerichtsverfahrens erläutert durch aktenmäßig festgestellte Beispiele, Zürich 1891, S. 9 f.; H. Dietz (Hg.), Disziplinarstrafrecht, Beschwerderecht, Ehrengerichtsbarkeit für Heer, Marine und Schutztruppen, Rastatt 1916, S. 81 ff.
43. BHStA München, Abt. IV, A XIII 3, Fasz. 4 a: Denkschrift über Zweikampf und Ehrengerichte im bayerischen Heer v. 9. 8. 1858, § 17.

44. Ebd., Fasz. 2: Schreiben v. Wredes an den König v. 12.5. 1817; Eingabe v. Wredes v. 22.3. 1806.
45. Ebd.: Schreiben v. Reigersbergs v. 30.1. 1818; Voten d. Oberauditoren; Abt. II, MInn Nr. 43874: Staatsrat v. Stürmer, Gedanken über den Zweikampf und die Anordnung eines militärischen Ehrengerichts (undatiert, ca. 1817/18).
46. Die folgende Darstellung der bayerischen Entwicklung beruht im wesentlichen auf den Ausführungen des Kriegsministers v. Manz von 1858, deren allgemeiner Teil bei Demeter, S. 291–304, abgedruckt ist. Der für die bayerischen Verhältnisse wichtigere spezielle Teil befindet sich in: BHStA München, Abt. IV, A XIII 3, Fasz. 4 a.
47. Ebd., Fasz. 4: Bericht d. Kriegsministers v. Manz v. 4. 12. 1856.
48. Ebd.: Bericht v. 2.2. 1855; Kriegsminister an König v. 7.2. u. 10.5. 1855; Schreiben Ludwigs I. v. 13. u. 21.5. 1855. Daß dies kein Einzelfall war, beweisen die behördlichen Reaktionen auf den Zweikampf, den 1856 der bayerische Leutnant Carl Ermarth und der Corpsstudent von Thon-Dittmer ausfochten (ebd.: Bericht d. Kriegsministers v. 4. 12. 1856).
49. Ebd., Fasz. 4 a: Denkschrift d. Kriegsministers v. 9. 8. 1858, §§ 19, 9, 4 f.
50. GStA Berlin-Dahlem, Rep. 84 a, Nr. 8034: Schreiben v. 21. 2. 1791.
51. Ebd.: Kabinettsordre v. 21.3. 1791. Svarez bedauerte diese Ablehnung gegenüber dem Kronprinzen (Svarez, S. 416), und der Revisor des zweiten Strafrechtsentwurfs wies 1833 darauf hin, daß der im Landrecht geplante enge Konnex zwischen Ehrengerichten und hohen Duellstrafen durch die Entscheidung des Königs zerstört worden sei. Seiner Meinung nach waren die Duellstrafen nur deshalb so streng, weil sie auch die Umgehung des Ehrengerichts einbegriffen, das als »Surrogat« des Duells hätte fungieren sollen (Motive 1833, S. 148).
52. Vgl. dazu F. Meinecke, Das Leben des Generalfeldmarschalls Hermann von Boyen, Bd. 2, Stuttgart 1899, S. 512 f.; Demeter, S. 128 ff.
53. Demeter, S. 130 f. 1828 erneuerte der König diese Bestimmung und gab seinem Mißfallen darüber Ausdruck, »daß die Duelle in der Armee eher zu- als abnehmen« (GStA Berlin-Dahlem, Rep. 84 a, Nr. 8034: Kabinettsordre v. 13. 6. 1828).
54. Ebd.: Kabinettsordre v. 29. 3. 1829.
55. Abgedruckt in: Demeter, S. 286. Zieten sprach sich darüber hinaus dezidiert gegen Ehrengerichte aus, weil sie die Autorität der Kommandeure einschränkten und »dem Offizier-Corps Rechte einräumen, die eigentlich nur dem Regimentskommandeur zustehen« (S. 287).
56. GStA Berlin-Dahlem, Rep. 84 a, Nr. 8034: Motive zu dem Entwurf der Verordnung über die Bestrafung der Herausforderungen und Duelle unter Offizieren (1837).
57. Ebd.: Votum d. Justizministers v. Kamptz v. 25.5. 1840 (paraphrasiert die Kritik der anderen Minister).

58. Fleck, S. 97. Zur Kritik an dieser Befreiung vgl. W. A. Günther, Über das Duell, in: ders., Populaire Vorträge und Abhandlungen über Rechtsmaterien, Berlin 1869, S. 81–112, hier S. 112. Zur Entstehungsgeschichte der Verordnungen vgl. Militärische Schriften Wilhelms I., Bd. 1, S. 441 f.; Meinecke, Leben, Bd. 2, S. 514; Demeter, S. 133 ff. Die Verordnungen von 1843 waren bis 1873 in Kraft, danach galten die Duellbestimmungen des Reichsstrafgesetzbuchs auch für Offiziere (GStA Berlin-Dahlem, Rep. 84 a, Nr. 8035: Kabinettsordre Wilhelms I. v. 24. 4. 1873). Duelle, die aus dienstlicher Veranlassung zwischen Vorgesetzten und Untergebenen stattfanden, unterlagen den scharfen Strafbestimmungen des 1872 eingeführten Militärstrafgesetzbuchs – hier wirkte die von Friedrich II. gestiftete Tradition fort, Ehrenhändel aus den Dienstgeschäften der Armee herauszuhalten und die militärische Disziplin zu sichern.
59. Fleck, S. 121. Prinz Wilhelm von Preußen erblickte darin gar eine Legalisierung des Duells, das gleichwohl unter Strafe gestellt werde (Militärische Schriften, Bd. 1, S. 477 f.).
60. Fleck, S. 119, 137, 123.
61. Zu Boyens Duell mit Wilhelm von Humboldt 1815 vgl. Meinecke, Leben, Bd. 2, S. 59 ff., sowie Kap. VI.
62. Zit. in: Meinecke, Leben, Bd. 2, S. 518.
63. Bleich, T. 2, S. 250, 252, 253.
64. Diese Darstellung folgt dem Bericht des Vaters, Graf Clemens August v. Schmising-Kerßenbrock (Suum cuique, Osnabrück 1864, v. a. S. 8, 30, 42, 62). Vgl. auch Slawig, S. 188–242.
65. Vgl. die bei Schmising-Kerßenbrock u. Slawig dokumentierte Empörung des Adels sowie die solidarischen Proteste katholischer Vereine und Zeitungen. Sehr scharf kommentierte ein Artikel in den Historisch-politischen Blättern das Verhalten der preußischen Militärbehörden, das fortan »jeden treuen Sohn der katholischen Kirche ... von den preußischen Epauletten« ausschließe und das Duell zur »Paritätsfrage« erhebe (Die drei Grafen von Schmising und das Duell, in: Historisch-politische Blätter für das Katholische Deutschland, Bd. 55, 1865, S. 340–344). In der regierungstreuen Neuen Preußischen (Kreuz-)Zeitung löste die Entlassung der katholischen Offiziere eine heftige Kontroverse aus: Während ein »katholischer Edelmann in Westfalen« die Entscheidung des Königs kritisierte, vertrat »ein Offizier« die Meinung, »daß die religiöse Überzeugung nicht von irgend welchen Standespflichten entbinden darf; es möchten sonst Unwürdige den Vorwand der religiösen Überzeugung mißbrauchen können, und darüber der gewisse schneidige Geist des Offizierkorps, der für seinen Beruf so notwendig ist, leiden« (NPZ, Nr. 140, 18. 6. 1864; Beilage zu Nr. 64, 16. 3. 1865. Vgl. auch »Rede und Gegenrede«, in: ebd., Beilage zu Nr. 152, 9. 6. 1865; Beilage zu Nr. 139, 17. 6. 1865; Beilage zu Nr. 164, 16. 7. 1865. Die Mehrzahl der Artikel nahm für das

Duell Stellung.) Ähnlich wie dieser Offizier argumentierte auch der anonyme Autor, der in einer Militärzeitschrift zu der Affäre Schmising-Kerßenbrock Stellung nahm: Die Armee und das Duell, in: Militärische Blätter, Jg. 6, 1864, Nr. 26, S. 213–215; Nr. 27, S. 1–3, v. a. S. 2.

66. H. Diwald (Hg.), Von der Revolution zum Norddeutschen Bund. Politik und Ideengut der preußischen Hochkonservativen 1848–1866. Aus dem Nachlaß von Ernst Ludwig von Gerlach, T. 2: Briefe, Denkschriften, Aufzeichnungen, Göttingen 1970, S. 1203 f. (Ludwig v. Gerlach an Adolf v. Thadden v. 13. 11. 1864). S. dort auch in dieser Sache die Briefe v.Thaddens an v. Gerlach v. 30. 10. u. 27. 12. 1864 sowie v. 31. 1. u. 10. 2. 1865.

67. Da die Akten über Einrichtung und Arbeit dieser Kommission verschollen sind, verweise ich auf die Darstellung bei Demeter, S. 137 ff. Über den bayerischen Einfluß auf die Kommissionsberatungen informiert H. Rumschöttel, Das bayerische Offizierkorps 1866–1914, Berlin 1973, S. 153 ff.

68. Abgedruckt bei: Demeter, S. 287–290, Zitate S. 290.

69. BHStA München, Abt. IV, MKr Nr. 11097: Stellungnahme v. 29. 12. 1912. Vgl. auch die Ausführungen des bayerischen Leutnants v. Berchem aus dem Jahre 1904 zum Umgang mit »Ehrenhändeln zwischen Offizieren untereinander und zwischen Offizieren und Zivilpersonen« (ebd.), sowie die Vorgänge um den Ehrenhandel Pfeiffer/Seitz: Der bayerische Oberleutnant Pfeiffer hatte 1898 auf Anraten seines Kommandeurs eine ehrengerichtliche Klage gegen den Major Seitz angestrengt, der mit seiner Frau geschlafen hatte. Diese Klage hielt das Kriegsministerium für »mit den Verhältnissen des Offiziersstandes so wenig im Einklang«, daß es Pfeiffers Suspendierung vom Dienst erwog. In einem geheimen Erlaß, der sechs Jahre später zur Kenntnis der bayerischen Abgeordnetenkammer gelangte und dort erregte Debatten auslöste, betonte Kriegsminister v. Asch, »daß auch heute noch Fälle denkbar sind, in welchen der Austrag mit den Waffen unvermeidlich erscheint. Ein derartiger Fall dürfte hier vorliegen, wo es sich um intime Beziehungen eines Offiziers mit der Frau eines Kameraden handelt. Hätte Pfeiffer einen Zweikampf ernstlich gewollt, wie dies in seiner Lage vom Standpunkt des Offiziers aus nur natürlich gewesen wäre, so wäre derselbe wohl auch zustande gekommen.« (Zit. in: Verhandlungen der Kammer der Abgeordneten des bayerischen Landtags im Jahre 1903/04, Stenographische Berichte, Bd. 15, München o.J., S. 635). Zur bayerischen Duellpolitik s. auch Rumschöttel, v.a. S. 162 ff.

70. Zur Duellpolitik d. kathol. Kirche vgl. M. Gierens, Ehre, Duell und Mensur, Paderborn 1928; Slawig, S. 92–101.

71. HStA Stuttgart, M I/3 Bü 642: Ansichten des Generals von Loë über Ehrengerichte. Nach Demeter, S. 137, war Loë 1872 Mitglied der Revisionskommission.

72. BA-MA Freiburg, RM 1/v. 641: Erlaß v. Caprivis v. 20. 4. 1888.
73. Ebd., RM 31/v. 1844: Verfügung v. 15. 6. 1894; RM 5/v. 643: Kabinettsordre v. 26. 11. 1900.
74. GStA Berlin-Dahlem, Rep. 84 a, Nr. 8036: Protokolle d. Sitzungen des preußischen Staatsministeriums v. 18. 4. u. 4. 6. 1896. Kriegsminister Bronsart v. Schellendorf sprach von der Notwendigkeit, die Verordnung von 1874 auf den ursprünglichen Charakter der Verordnung von 1843 »zurückzurevidieren«.
75. BHStA München, Abt. IV, MKr Nr. 11097: Vertrauliches Schreiben d. bayerischen Militärbevollmächtigten v. Reichlin in Berlin v. 2. 7. 1896.
76. DZA Potsdam, 07.01. Reichskanzlei, Nr. 754: Reichsanzeiger v. 6. 1. 1897.
77. Stenographische Berichte über die Verhandlungen des Reichstags, 9. Legislaturperiode, IV. Session 1895/97, Bd. 6, Berlin 1897, S. 4643. Daß Vollmars Interpretation richtig war, belegen die Ausführungen des bayerischen Hauptmanns Staubwasser, der 1904 schrieb, die Verordnung von 1897 wolle »zunächst dem Unwesen des Zweikampfs nur vorbeugen und geht davon aus, daß der Zweikampf nach den noch bestehenden gesellschaftlichen Anschauungen ein notwendiges Übel ist, das solange nicht beseitigt werden kann, als das RStGB für Ehrenbeleidigungen nicht ausreichende Handhabe bietet«. Die gleiche Meinung vertrat der bayerische Leutnant v. Berchem: Aus der Formulierung, es solle Offiziersduellen »*mehr* als bisher« vorgebeugt und ein Ausgleich nur dann angestrebt werden, wenn »Standesehre und gute Sitte es zulassen«, ergebe sich die logische Folgerung, »daß es auch nach der Allerhöchsten Willensmeinung heute noch Fälle gibt, in welchen der Austrag mit der Waffe unvermeidlich ist« (BHStA München, Abt. IV, MKr Nr. 11097).
78. Stenographische Berichte über die Verhandlungen des Reichstags, 10. Legislaturperiode, II. Session 1900/1902, Bd. 4, Berlin 1902, S. 2782.
79. BA-MA Freiburg, RM 31/v. 1849: Bericht d. I. Marineinspektion v. 31. 7. 1900; Beschluß d. Ehrenrats v. 3. 11. 1900; Allerhöchste Ordre v. 26. 11. 1900; kaiserl. Entlassungsschreiben v. 26. 11. 1900. Diese Verordnung wurde 1911 seitens des Chefs des Marinekabinetts, Admiral v. Müller, erneuert (ebd., RM 5/v. 643: Schreiben v. 24. 1. 1911) und ging auch in die 1911 publizierte Neufassung der Verordnungen von 1874 und 1897 ein. Im Unterschied zu 1897 hieß es dort: »Wenngleich jeder Offizier selbst der berufene Hüter seiner Ehre ist und diese Pflicht nicht anderen überläßt, so ist es dennoch Mein Wille, daß der Ehrenrat hinfort grundsätzlich bei dem Austrage von Ehrenhändeln mitwirken soll.« (BHStA München, Abt. II, MInn Nr. 65936: Allerhöchste Verordnung v. 27. 2. 1911).
80. Stenographische Berichte über die Verhandlungen des Reichstags, 11. Legislaturperiode, II. Session 1905/1906, Bd. 1, Berlin 1906,

S. 552. Vgl. auch K. v. Einem, Erinnerungen eines Soldaten 1853–1933, 6. Aufl., Leipzig 1933, S. 72.

81. DZA Potsdam, 07.01. Reichskanzlei, Nr. 754: Bericht v. 17. 1. 1906. Auch dem Zentrum war klar, daß der Gegner nicht in der Regierung, sondern in der »Generalität« zu finden war (K. Bachem, Vorgeschichte, Geschichte und Politik der deutschen Zentrumspartei, Bd. 9, Köln 1932, ND Aalen 1968, S. 164 ff., v. a. S. 189).

82. DZA Potsdam, 07.01. Reichskanzlei, Nr. 755: Bericht v. 26. 3. 1906.

83. Verhandlungen des Reichstags, 13. Legislaturperiode, I. Session. Stenographische Berichte, Bd. 284, Berlin 1912, S. 1389; Bd. 285, S. 1928; DZA Potsdam, 07.01. Reichskanzlei, Nr. 755: Schreiben v. Heeringens u. Antwort v. Bethmann Hollwegs v. 28. 4. 1912.

84. DZA Potsdam, 07.01. Reichskanzlei, Nr. 755: Notizen v. Bethmann Hollwegs v. 2. u. 8. 5. 1912; Resolution d. Zentrums i. d. Budgetkommission d. Reichstags v. 9. 5. 1912; Verhandlungen d. Reichstags v. 13. 5. 1912 (Stenographische Berichte, Bd. 285, Berlin 1912, S. 1935).

85. DZA Potsdam, 07.01. Reichskanzlei, Nr. 755: zwei Telegramme d. Chefs d. Zivilkabinetts v. Valentini an Bethmann Hollweg v. 5. 5. 1912 u. undatiert.

86. Zur politischen Rolle d. Militärkabinetts vgl. R. Schmidt-Bückeburg, Das Militärkabinett der preußischen Könige und deutschen Kaiser. Seine geschichtliche Entwicklung und staatsrechtliche Stellung 1787–1918, Berlin 1933, v. a. Kap. 3 u. 4. Zum Verhältnis von Militärkabinett und Kriegsministerium s. auch M. Messerschmidt, Die Armee in Staat und Gesellschaft – Die Bismarckzeit, in: M. Stürmer (Hg.), Das kaiserliche Deutschland. Politik und Gesellschaft 1870–1918, Kronberg 1977, S. 89–118, v. a. 99 ff., sowie W. Deist, Die Armee in Staat und Gesellschaft 1890–1914, in: ebd., S. 312–339, v. a. S. 315 f.

87. DZA Potsdam, 07.01. Reichskanzlei, Nr. 755: Stellungnahme d. Chefs d. Militärkabinetts v. 28. 9. 1912; Schreiben v. Tirpitz' v. 17. 8. u. 25. 12. 1912; Schreiben v. Heeringens v. 21. 12. 1912; Verhandlungen d. Reichstags, Bd. 294, Berlin 1914, S. 8070 f. (Rede d. Kriegsministers v. Falkenhayn v. 13. 3. 1914), 8072 (Haase).

88. Der Zweikampf, in: Militär-Wochenblatt, Nr. 37, 1896, Sp. 1037–1041, hier Sp. 1040. Ähnlich v. Schwerin, S. 60; K. Spohn, Beurteilung der verschiedensten Ehrenfragen, die zu Ehrenhändeln und Ehrengerichten Anlaß geben, Berlin 1911, S. 80 f.; S. K., Gesammelte Briefe eines alten Offiziers an seinen Sohn, Berlin 1898, S. 231. Der Chef des Marinekabinetts, Admiral von Müller, betonte noch 1916, daß der »Widerspruch zwischen Zweikampfpflicht und gerichtlicher Ahndung ... in Kauf genommen werden« müsse (BA-MA Freiburg, RM 5/v. 644: Schreiben v. 8. 7. 1916).

89. H. v. Boyen, Erinnerungen 1771–1813, Berlin 1953, S. 121.

90. Vgl. zu den Duelldebatten in Preußen bzw. im Reichstag Slawig,

S. 243–316; A. Reder, Der Zweikampf im Deutschen Reichstage 1896, München 1896.

91. Auch Elias geht von einer Bedeutungssteigerung der militärischen Duellkonvention im Kaiserreich aus, die er als Ausdruck eines kompensatorischen Geltungsbedürfnisses interpretiert, womit die »gute Gesellschaft« des neuen Staates ihre lange Traditions- und Machtlosigkeit auszugleichen suchte (Elias, Studien, S. 87). Eine solche »Kompensationstheorie«, die vor allem auf den Vergleich mit anderen Nationalgesellschaften abhebt, erscheint jedoch als wenig plausibel, da sich das deutsche »Establishment« in puncto Duellbereitschaft auch vor 1870 nicht hinter dem französischen oder gar englischen verstecken mußte, auf diesem Gebiet »nationaler Ehre« folglich kein Nachholbedarf bestand.

92. Vgl. z. B. Stenographische Berichte über die Verhandlungen des Reichstags, 9. Legislaturperiode, IV. Session 1895/97, Bd. 2, Berlin 1896, S. 1002 ff. (v. Benningsen); Bd. 3, S. 1818 ff. (v. Bennigsen); 10. Legislaturperiode, II. Session 1900/1902, Bd. 4, Berlin 1902, S. 2784 (Bassermann); Bd. 5, S. 4070 f. (Bassermann).

93. Ebd., Bd. 2, 1896, S. 1012 (Bebel).

94. Ebd., Bd. 5, 1902, S. 4071 (Bassermann).

95. Ebd., Bd. 3, 1896, S. 1809.

96. Vgl. dazu H. John, Das Reserveoffizierkorps im Deutschen Kaiserreich 1890–1914, Frankfurt 1981, v. a. S. 35 ff., 54 ff.; zur sozialen Bedeutung d. Institution d. Reserveoffiziers s. den klassischen Aufsatz v. E. Kehr, Zur Genesis des Königlich Preußischen Reserveoffiziers, in: ders., Der Primat der Innenpolitik, hg. v. H.-U. Wehler, Frankfurt 1976, S. 53–63; M. Messerschmidt, Die politische Geschichte der preußisch-deutschen Armee, in: Handbuch zur deutschen Militärgeschichte 1648–1939, Bd. 2, IV/1, München 1975, S. 9–380, v. a. S. 102 f.

97. Weber, Jugendbriefe, S. 133, 136, 137 (Briefe Max Webers aus seinem Militärjahr 1883/84 in Straßburg).

98. Demeter, S. 5, 29.

99. S. dazu F. C. Endres, Soziologische Struktur und ihr entsprechende Ideologien des deutschen Offizierkorps vor dem Weltkriege, in: Archiv für Sozialwissenschaft und Sozialpolitik, Bd. 58, 1927, S. 282–319, hier S. 290 f.

100. Zur preußischen Landwehr vgl. D. Schmidt, Die preußische Landwehr. Ein Beitrag zur Geschichte der Allgemeinen Wehrpflicht in Preußen zwischen 1813 und 1830, Berlin 1981, v. a. S. 79 ff., 110 ff., 135 ff.

101. Beispiele finden sich bei F. Zunkel, Der Rheinisch-Westfälische Unternehmer 1834–1879, Köln 1962, S. 114 f.

102. Vgl. dazu Messerschmidt, Die Armee, S. 102 f.; Deist, S. 321 f.; Demeter, S. 14 ff.

103. In diesem Sinne äußerte sich 1859 Prinz Friedrich Karl von Preußen, der der Verbürgerlichung des Offizierkorps keineswegs ablehnend gegenüberstand, so manchen bürgerlichen Offiziersaspiranten aber »mit einem gewissen Mißtrauen« betrachtete. Allerdings hoffte er, »daß die Ehre des preußischen Offiziers ... noch stark genug ist, sie alle zu erfassen, zu durchglühen und zu erheben, wie es ihr ja früher schon mehrfach gelungen« sei (zit. bei Demeter, S. 258).
104. Bleich, T. 2, S. 248.
105. So J. Steinberg, The Kaiser's Navy and German Society, in: Past & Present, Nr. 28, 1964, S. 102–110, v. a. S. 107. Kritisch dazu: H. H. Herwig, Das Elitekorps des Kaisers. Die Marineoffiziere im Wilhelminischen Deutschland, Hamburg 1977, S. 70 ff.
106. Kriegsminister v. Goßler gab 1901 im Reichstag folgende Zahlen bekannt: Zwischen 1817 und 1829 seien 20 preußische Offiziere im Duell gefallen; zwischen 1832 und 1842 seien 40, zwischen 1843 und 1856 64 Offiziersduelle registriert worden; zwischen 1862 und 1886 seien 360 Offiziere (einschließlich solche der Reserve, z. D. und a. D.) wegen Duells bestraft worden (Stenographische Berichte über die Verhandlungen des Reichstags, 10. Legislaturperiode, II. Session 1900/1902, Bd. 2, Berlin 1901, S. 1522 f. Goßler selber nannte die Statistik »nicht erschöpfend«). Demeter, S. 144 f., führt aus verloren gegangenen Akten des Kriegsministeriums andere Zahlen an: Danach wurden zwischen 1817 und 1829 insgesamt 39 schwere Duellfälle bestraft, zwischen 1832 und 1842 waren es 29. Der damalige Jahresdurchschnitt von 3 bzw. 2,6 Duellen stieg zwischen 1843 und 1856 auf 4,6 und zwischen 1862 und 1873 bei einer bedeutenden Vermehrung der Zahl der Offiziere auf 8. Zwischen 1874 und 1885 lag er bei 12, um nach 1897 wieder auf 4 zu sinken.
107. S. Jaffé, Die Behandlung des Duells im Vorentwurf zu einem neuen Strafgesetzbuch, in: Monatsschrift für Kriminalpsychologie und Strafrechtsreform, Jg. 8, 1912, S. 233–241, hier S. 234.
108. Stenographische Berichte über die Verhandlungen des Reichstags, 9. Legislaturperiode, III. Session 1894/95, Bd. 2, Berlin 1895, S. 1237, 1241; Verhandlungen des Reichstags, Stenographische Berichte Bd. 294, Berlin 1914, S. 8070. – Der preußische Kriegsminister v. Goßler gab 1901 die Zahl der aktiven Offiziere, die zwischen 1897 und 1900 an Zweikämpfen beteiligt waren, für Preußen mit 18, die der Reserveoffiziere mit 22 an (BHStA München, Abt. IV, MKr. Nr. 11097: Schreiben v. 30. 8. 1901).
109. W. v. Siemens, Lebenserinnerungen, 17. Aufl., München 1966, S. 24, 31 ff.
110. 1899 kam es wegen dieser Äußerung eines Majors und Bataillonskommandeurs der Marine zu einem ehrengerichtlichen Verfahren (BA-MA Freiburg, RM 5/v. 644: Schreiben v. 17. 7. u. 3. 8. 1899).
111. Ebd., RM 3/v. 4937: Schreiben v. 30. 12. 1902.

112. Ebd.: Schreiben d. Inspektion d. Bildungswesens d. Marine v. 4.1. 1913; Antwortschreiben v. 2.5. 1913; Entwurf v. Januar 1913.
113. Ebd., RM 27 I/v. 37: Schreiben v. 7.5. 1913.
114. Ebd., RM 31/v. 1856: Schreiben des Kommandeurs des Ehrengerichts v. 25.1. 1894.
115. HStA Stuttgart, M 1/7 Bü 33: Auszug aus den Untersuchungsakten v. 9.3. 1905; DZA Merseburg, Hist.-Abt. II, 2.2.1., Nr. 17839.
116. BA-MA Freiburg, RM 31/v. 1852: Bericht d. Marine-Generaloberarztes Dr. Schmidt v. 12.10. 1901; Kabinettsordre v. 23.11. 1901; Schreiben des Chefs des Marinekabinetts v. Senden v. 23.11. 1901.
117. Ebd., RM 2/v. 954: Beschwerde Cleppiens v. 1.10. 1907; Schreiben v. Ahlefeldts v. 2.10. 1907; Notizen des Marinekabinetts v. 5.10. 1907; Schreiben v. Müllers v. 16.10. 1907.
118. Z.B. Caprivis Erlaß v. 1888 (ebd., RM 1/v. 641) sowie einem Schreiben des Kommandos der Marinestation v. 12.5. 1902 (ebd., RM 31/v. 1851).
119. Spohn, Beurteilung, S. 84; ebenso M. Menzel, Der Infanterie-Einjährige und Offizier des Beurlaubtenstandes, 8. Aufl., Berlin 1905, S. 257; v. Schwerin, S. 67. Dieser Rat entsprach der ehrengerichtlichen Praxis: Als sich 1896 der Düsseldorfer Maler und Landwehrleutnant v. Kamptz weigerte, die Duellforderung eines Referendars anzunehmen, den er des Betruges bezichtigte und deshalb für satisfaktionsunfähig hielt, warf ihm der Ehrenrat vor, »die Pflicht des Offiziers, in Ehrensachen eher zu viel als zu wenig zu tun, gröblich verletzt« zu haben (F. v. Kamptz u. E. L. Rhein, Ein militärisches Vehmgericht, Stuttgart 1896, S. 10; s. dazu auch R. v. Beckerath, Die Duellangelegenheit Freiherr v. Erhardt und F. v. Kamptz gegen Referendar Dr. jur. Ewers vor dem Düsseldorfer Ehrengericht, Stuttgart 1896, v. a. S. 28; sowie L. Frhr. v. Erhardt, Ehre und Spiritismus vor Gericht, Berlin 1897, v. a. S. 156ff., 197ff.). Ähnliches ereignete sich 1910, als der württembergische Arzt und Reserveoffizier Sambeth es u. a. deshalb ablehnte, einen Kollegen wegen beleidigender Äußerungen zum Duell zu fordern, weil er ihn für satisfaktionsunfähig erachtete. Auch hier ließ der Ehrenrat dieses Argument nicht gelten und forderte Sambeth auf, seinen Abschied zu nehmen (Kölnische Volkszeitung v. 12.4. 1912; Verhandlungen des Reichstags, 13. Legislaturperiode, I. Session, Stenographische Berichte, Bd. 284, Berlin 1912, S. 1389; Bd. 285, S. 1928).
120. Einleitungsordre v. 2.5. 1874, zit. bei Demeter, S. 288.
121. BA-MA Freiburg, RM 3/v. 10118: Bericht Admiral v. Müllers v. 18.1. 1913 über die Rede Wilhelms II. beim Neujahrsempfang der Generäle u. Admiräle; RM 27 I/v. 37: Kommando d. Marinestation v. 15.11. 1912.
122. BHStA München, Abt. IV, MKr Nr. 11097: Erlaß des bayerischen Kriegsministers v. Horn v. 24.1. 1907. Interessanterweise hatte der damalige Kriegsminister v. Asch bereits 1894 das Verhalten eines Land-

wehrbezirkskommandeurs, der einen Offiziersaspiranten über seine prinzipielle Einstellung zum Duell befragt hatte, als dessen »eigene Initiative« bezeichnet, der keine generelle Vorschrift zugrunde liege (Verhandlungen der Kammer der Abgeordneten des bayerischen Landtags im Jahre 1893/94, Stenographische Berichte, Bd. 2, München o. J., S. 559). Daß ein solches Verfahren 1907 per Erlaß für unzulässig erklärt werden mußte, zeigt indes, daß jene Initiative nicht so »eigen« und einmalig wie behauptet gewesen sein kann.

123. Kölnische Volkszeitung v. 20. 3. 1914.
124. In Frankreich hatte 1836 ein Graf de Chateauvillard in Abstimmung mit hohen Militärs und Beamten einen ›Essai sur le duel‹ veröffentlicht, der 1864 unter dem Titel ›Duell-Codex‹ ins Deutsche übersetzt worden war (de Chateauvillard, Duell-Codex, übersetzt v. C. v. L., Lahr 1864). Ihm folgte als erstes deutschsprachiges Original 1880 das Buch des ungarischen Offiziers und Parlamentsabgeordneten Franz v. Bolgàr (Die Regeln des Duells, 7. Aufl., Wien 1903), das sich vor allem an Offiziere wandte. In Österreich erschienen darauf in rascher Folge immer neue Duellratgeber, unter denen der 1897 erstmals aufgelegte ›Ehren-Kodex‹ des Wiener Fechtlehrers L. Barbasetti, der ›Duell-Codex‹ des Hauptmanns und Direktors der Prager Fechtschule G. Hergsell (2. Aufl., Wien 1897) sowie der ›Ehrenkodex‹ des Oberleutnants G. Ristow (Wien 1909) die einflußreichsten waren.
125. (M. v. Wedel), Die Conventionellen Gebräuche beim Zweikampf unter besonderer Berücksichtigung des Offizierstandes. Von einem älteren aktiven Offizier, 3. Aufl., Berlin 1888.
126. Spohn, Beurteilung, S. 81. Ähnlich v. Rabenau, Die deutsche Land- und Seemacht und die Berufspflichten des Offiziers, 4. Aufl., Berlin 1914, S. 381 f.; P. v. Schmidt, Das Deutsche Offizierkorps und seine Aufgaben in der Gegenwart, Berlin 1904, S. 26.
127. Krafft, Dienst und Leben des jungen Infanterie-Offiziers, Berlin 1914, S. 241, 243.
128. E. v. Dewitz gen. v. Krebs, Der Zweikampf, Berlin 1892 (v. Dewitz hatte den Vortrag 1880 gehalten); BHStA München, Abt. IV, HS 2354: Schreiben v. 12. 1. 1887.
129. BA-MA Freiburg, RM 3/v. 10118: Bericht v. 18. 1. 1913.
130. Verhandlungen des Reichstags, Stenographische Berichte, Bd. 285, Berlin 1912, S. 1931. Aussagekräftig ist lediglich die Differenz zwischen den beiden Zahlen, die für sich genommen den gleichen Vorbehalten unterliegen, wie sie weiter oben erläutert wurden.
131. Staatsarchiv München, Staatsanwaltschaft beim Landgericht Traunstein, Stanw. Nr. 15452: Begnadigungsgesuch M. Schaafs v. 26. 6. 1891.
132. Staatsarchiv Hamburg, Politische Polizei Hamburg, SA 434: Auszug aus den Untersuchungsakten.
133. Ebd.: Bericht im Hamburger Echo v. 6. 2. 1913.

134. Der Auffassung v. M. Kitchen (The German Officer Corps 1890–1914, Oxford 1964), die Einstellung »der Gesellschaft« zum Duell habe sich in den zwei Jahrzehnten vor dem Ersten Weltkrieg radikal gewandelt und Offiziere so unter Druck gesetzt, daß sie sich weniger duelliert hätten (S. 55), ist nicht zuzustimmen. Kitchen überschätzt sowohl die soziale Reichweite der Zentrums- und SPD-Kritik als auch ihre Auswirkung auf das Offizierkorps, das sich gerade in dieser Zeit eher einer Wagenburg-Mentalität verschrieb, als daß es sich zivilen Einflüssen öffnete. Daß nicht nur die Militärbehörden, wie Kitchen meint, am Duell festhielten, sondern auch die Offiziere selber, geht, abgesehen von der einschlägigen, in diesem Kapitel ausführlich dargestellten Aktenlage, auch aus den gedruckten Selbstzeugnissen von Offizieren hervor. Vgl. insbesondere die Schriften des Generalleutnants a. D. A. v. Boguslawski (v. a. Die Ehre und das Duell, 2. Aufl., Berlin 1897), der betont, daß Duellgegner höchstens unter einzelnen inaktiven Offizieren zu finden seien, keinesfalls aber im aktiven Corps (Die Antiduellbewegung, Berlin o. J., S. 36 f.); außerdem: Ernste Worte an die deutsche Jugend von einem älteren Offizier, Berlin 1892, S. 43 f.; F. Ferdinand, Offenherzigkeiten aus der Armee, 3. Aufl., Berlin 1887, S. 11; S. K., Gesammelte Briefe, S. 81 f.

V. »Scholarenehre« und akademischer Duellcomment

1. F. Lassalle, Nachgelassene Briefe und Schriften, hg. v. G. Mayer, Bd. 3, Stuttgart 1922, ND Osnabrück 1967, S. 127 (Brief an Marx v. 4. 6. 1858); Bd. 4, Stuttgart 1924, S. 211 (Brief an Gräfin Hatzfeldt, Anfang Juni 1858). – B. Becker, Enthüllungen über das tragische Lebensende Ferdinand Lassalle's. Auf Grund authentischer Belege dargestellt, Schleiz 1868, v. a. S. 110 ff. – O. F. Scheuer, Ferdinand Lassalle als Breslauer Burschenschafter, in: Deutsche Hochschule, Jg. 14, 1925, S. 28–30.
2. Stenographische Berichte über die Verhandlungen des Reichstages. 9. Legislaturperiode, IV. Session 1895/97, Bd. 3, Berlin 1896, S. 976, 985; 10. Legislaturperiode, II. Session 1900/1902, Bd. 4, Berlin 1902, S. 2797.
3. Dieser These neigt W. Hardtwig zu (Sozialverhalten und Wertwandel der jugendlichen Bildungsschicht im Übergang zur bürgerlichen Gesellschaft (17.–19. Jahrhundert), in: Vierteljahrschrift für Sozial- und Wirtschaftsgeschichte, Bd. 73, 1986, S. 305–335; Studentische Mentalität – Politische Jugendbewegung – Nationalismus. Die Anfänge der deutschen Burschenschaft, in: Historische Zeitschrift, Bd. 242, 1986, S. 581–628).
4. Stenographische Berichte über die Verhandlungen des Reichstages. 9. Legislaturperiode, III. Session 1894/95, Bd. 3, Berlin 1895, S. 2214.

5. (Penzenkuffer), Zweikampf, S. 4.
6. Preußisches Duellmandat von 1713, S. 15.
7. Der sächsische Herzog etwa erließ 1694 ein Duell-Mandat für die Studenten der Universität Jena, das das bisherige Duellverbot erneuerte und die Strafen verschärfte (HStA Stuttgart, A 202 Bü 2534).
8. W. v. Chézy, Die sechs noblen Passionen. Festgeschenk für junge Cavaliere, Stuttgart 1842. 1686 berichtete Fritschius, Bedencken, daß sich »die falsche Opinion des Puncti honoris« vor allem bei adligen Studenten fände. Verschlössen sich Universitäten den Bedürfnissen ihrer adligen Klientel nach »ritterlichen Exerzitien«, würde »auf solche Strengigkeit der hohen Schulen Ruin erfolgen«.
9. K. H. Jarausch, Deutsche Studenten 1800–1970, Frankfurt 1984, S. 16. Zur Anstellung eines besoldeten Fechtmeisters und zur Einrichtung eines Fechtbodens unmittelbar vor bzw. nach der Gründung der Göttinger Universität (1737) vgl. W. Henze, Das Fecht- und Duellwesen an der Universität Göttingen 1734–1940, Diss. Göttingen 1942, v. a. S. 24 ff.
10. Vgl. die plastischen Schilderungen Laukhards in seiner Autobiographie: Leben und Schicksale, von ihm selbst beschrieben und zur Warnung für Eltern und studierende Jünglinge herausgegeben. Ein Beitrag zur Charakteristik der Universitäten in Deutschland, T. 1, Halle 1792, ND Frankfurt 1987 (Zitate S. 104, 220).
11. »Füchse« hießen die jüngsten Mitglieder studentischer Verbindungen, die für die älteren bestimmte Dienste verrichten mußten und von diesen dafür in den Regeln des Verbindungslebens unterrichtet wurden.
12. Laukhard, S. 105 ff. Einer scharfen Kritik unterzog Georg Christoph Lichtenberg dieses studentische Duellmilieu, als er 1769 schrieb: »Duell. Wenig wahre Herzhaftigkeit, mit einem unwiderstehlichen Vorsatz verbunden, etwas zu tun, das leicht ist, und doch jenen Mangel zu ersetzen scheint, falsche Begriffe von Ehre und Verdienst, Leichtsinn, mit einem Mangel an soliden Kenntnissen verbunden, das ist es ungefähr, was der Student besitzt, der sich gerne schlägt.« (Aphorismen, hg. v. K. Batt, Frankfurt 1982, S. 36). Lichtenberg, der zwischen 1763 und 1767 in Göttingen studiert hatte, litt übrigens, ähnlich wie später Georg von Below, an einer körperlichen Mißbildung, die ihn von vornherein aus diesem Milieu ausschloß.
13. Vgl. dazu P. Wentzcke, Geschichte der Deutschen Burschenschaft, Bd. 1, Heidelberg 1919, v. a. Buch 1; zu den Verhältnissen in Jena bzw. Halle: R. u. R. Keil, Geschichte des Jenaischen Studentenlebens von der Gründung der Universität bis zur Gegenwart (1548–1858), Leipzig 1858, v. a. S. 170 ff.; F. König, Aus zwei Jahrhunderten. Geschichte der Studentenschaft und des studentischen Korporationswesens an der Universität Halle. Nach urkundlichen Quellen bearbeitet, Halle 1894, S. 88 ff. Für Göttingen s. S. Brüdermann, Göttinger Studenten und akademische Gerichtsbarkeit im 18. Jahrhundert, Göttingen 1990, Kap. 10.

14. Diese Situation war für ihn deshalb von Nachteil, weil er damit zur Herausforderung gezwungen wurde, Herausforderer aber von den Universitätsstatuten mit schärferen Strafen belegt wurden als diejenigen, die herausgefordert wurden. Vgl. dazu C. Meiners, Über die Verfassung und Verwaltung deutscher Universitäten, Bd. 2, Göttingen 1802, ND Aalen 1970, S. 369 f.; Von den Gebräuchen, S. 100 f.
15. Meiners, Verfassung, S. 369.
16. »Verschiß« bedeutete in der Studentensprache soviel wie Bann und öffentliche Verachtung. Mit »verschissenen« Studenten durften Verbindungsmitglieder nicht mehr umgehen. Ein lexikalischer Anhang studentischer Ausdrücke findet sich bei L. Wallis, Der Göttinger Student, Göttingen 1813.
17. Abgedruckt in: Vierzehn der ältesten SC-Komments vor 1820, in: Einst und Jetzt. Sonderheft 1967 des Jahrbuches des Vereins für corpsstudentische Geschichtsforschung, S. 8; Einundzwanzig der ältesten Constitutionen der Corps und ihrer Vorläufer bis zum Jahre 1810, in: Einst und Jetzt. Sonderheft 1981 des Jahrbuches des Vereins für corpsstudentische Geschichtsforschung, S. 26.
18. R. v. Mohl, Lebens-Erinnerungen 1799–1875, Bd. 1, Stuttgart 1902, S. 112 f. In Göttingen war 1816 nur jeder dritte Student Mitglied einer Landsmannschaft, was aber keinesfalls bedeutete, daß Nichtmitglieder den ›Comment‹ nicht auch beachteten. Vgl. zum Duell zweier nichtkorporierter Studenten H.-W. Wolf, Ein Göttinger Studentenduell im Jahre 1816, in: Göttinger Jahrbuch 1974, S. 137–150.
19. Wallis, S. 107. Eine Sprachanalyse studentischer Comment-Regeln, der allerdings nur wenige Interpretationen beigemischt sind, unternimmt G. Objartel, Die Kunst des Beleidigens. Materialien und Überlegungen zu einem historischen Interaktionsmuster, in: D. Cherubim u. a. (Hg.), Gespräche zwischen Alltag und Literatur, Tübingen 1984, S. 94–122.
20. 21 Constitutionen, S. 32.
21. 14 SC-Komments, S. 106.
22. Abgedruckt in: C. Schüddekopf, Ein Gutachten Goethes über Abschaffung der Duelle an der Universität Jena 1792, in: Goethe-Jahrbuch, Bd. 19, 1898, S. 20–34, hier S. 23.
23. So der Bonner Universitätsrichter Bergmann 1831, in DZA Merseburg, Rep. 84 II 4.1 Nr. 7, Bd. 5.
24. A. Kußmaul, Jugenderinnerungen eines alten Arztes, 3. Aufl., Stuttgart 1899, S. 117 (bezieht sich auf die Zeit um 1840). Der Schriftsteller Heinrich Laube, der in den 1820er Jahren in Halle studierte, sprach rückblickend vor der Studentenwelt als einem »Staat, der über aller Frage, über allem Zweifel thronte« (H. Laube, Erinnerungen 1810–1840, Leipzig 1909, S. 71). – Zur Kritik an diesen studentischen Sonderungen vgl. F. G. Schulze, Über die Selbständigkeit des deutschen Universitätsgeistes und seine Bedeutung für unser Volks- und

Staatsleben, mit besonderer Beziehung auf das Studentenduell, Jena 1843, v. a. S. 20 f.

25. 14 SC-Komments, S. 118.
26. 21 Constitutionen, S. 43.
27. An der Spitze befanden sich die »Candidaten« oder »bemoosten Häupter«, am anderen Ende der Stufenleiter tummelten sich die »Füchse«. Mit jedem abgeschlossenen Semester kletterte der Student eine Stufe höher (vgl. die Konstitution der Göttinger Vandalen v. 1808, in: ebd., S. 75).
28. Kußmaul, S. 125 f.
29. J. D. Michaelis, Räsonnement über die protestantischen Universitäten in Deutschland, T. 4, Frankfurt 1776, ND Aalen 1973, S. 383 f. Daß eine solche Gleichheit nicht im Sinne der regierenden Fürsten lag, beweist ein Patent des preußischen Königs Friedrich II., der 1750 Studenten das Degentragen untersagte, Studenten adliger Herkunft jedoch von diesem Verbot ausdrücklich ausnahm (zit. in: O. Scheuer, Das Waffentragen auf Deutschlands Hohen Schulen, in: Zeitschrift für historische Waffen- und Kostümkunde, Bd. 9, 1921, S. 58–68, hier S. 67).
30. 14 SC-Komments, S. 116; Von den Gebräuchen, S. 109 f.
31. König, S. 88; Laukhard, S. 159, 162 f. Zu den Studentenverbindungen des 18. Jhs. vgl. auch W. Hardtwig, Studentenschaft und Aufklärung. Landsmannschaften und Studentenorden in Deutschland im 18. Jahrhundert, in: E. François (Hg.), Geselligkeit, Vereinswesen und bürgerliche Gesellschaft in Frankreich, Deutschland und der Schweiz, 1750–1850, Paris 1986, S. 239–259.
32. Laukhard, S. 159.
33. Staatsarchiv Münster, Nachlaß Vincke A VI 11. Ludwig Freiherr von Vincke, der spätere preußische Oberpräsident Westfalens, zählte zu den Mitbegründern dieses Kränzchens.
34. Zit. in einem Schreiben des Tübinger Medizinstudenten und Burschenschafters Franque an den Rektor v. 6. 9. 1817, in: HStA Stuttgart, E 200 Bü 403.
35. Christ, Einung zur Freyheit durch Zweykampf in ihrem Erscheinen unter den Studirenden zu Berlin den Jünglingen seines Vaterlandes geweiht, Jena 1819, Zitate S. 54, 68, 70, 72, 77, 124.
36. HStA Stuttgart, E 200 Bü 403: Schreiben v. 6. 9. 1817. Diese Idee eines Ehrengerichts war keine Erfindung der Burschenschaften, sondern war von duellkritischen Studenten und Professoren bereits in den 1780er und 1790er Jahren entwickelt worden. In manchen Universitäten wie Kiel und Rostock hatte man Ehrengerichte eingerichtet, allerdings ohne durchgreifenden Erfolg, da sie keine obligatorische Schiedsstelle waren und ihre Urteile oft Anlaß zu neuerlichen Konflikten gaben. In Jena scheiterte die studentische Initiative 1792 an den Vorbehalten der Universitätsbehörde gegen eine ausschließlich mit

Studenten besetzte Institution. Vgl. dazu Hensler, Von dem Gerichtsstande der Studirenden vor eigenen Standesgenossen, in: Schleswig-Holsteinische Blätter für Polizei und Kultur, St. 2, 1799, S. 113–137, v. a. S. 133 ff.; Meiners, Verfassung, S. 355; H. Stephani, Wie die Duelle, diese Schande unseres Zeitalters, auf unsern Universitäten so leicht wieder abgeschafft werden könnten, Leipzig 1828, S. 91 ff.; Schüddekopf, S. 24 f.; P. Ssymank, Die Jenaer Duellgegner des Jahres 1792 und Karl Augusts Kampf gegen die geheimen Studentenverbindungen, in: Quellen und Darstellungen zur Geschichte der Burschenschaft und der deutschen Einheitsbewegung, Bd. 4, 1913, S. 1–30; A. Scharff, Das Kieler studentische Ehrengericht 1793–1806. Eine gescheiterte Universitätsreform im Zeitalter der Aufklärung, in: Nordelbingen, Jg. 41, 1972, S. 141–175.

37. HStA Stuttgart, E 200 Bü 403: Schreiben v. 6. 9. 1817. Robert von Mohl schilderte im Rückblick auf seine Heidelberger Studienzeit 1819 bis 1821, daß sich Burschenschaften und Landsmannschaften »immer in den Haaren [lagen], bald korporationsweise, bald einzelne; tagtäglich wurden Forderungen ausgefochten, oft mehrere hintereinander« (Mohl, Bd. 1, S. 114).
38. E. Münch, Erinnerungen, Lebensbilder und Studien aus den ersten sieben und dreißig Jahren eines teutschen Gelehrten, mit Rückblicken auf das öffentliche, politische, intellektuelle und sittliche Leben von 1815 bis 1835 in der Schweiz, in Teutschland und den Niederlanden, Bd. 1, Karlsruhe 1836, S. 333.
39. HStA Stuttgart, E 200 Bü 399: Bericht Hofackers v. 28. 11. 1827.
40. Vgl. dazu die Verfassungsurkunde der Jenaer Burschenschaft v. 1815, abgedruckt in: H. Böttger, Handbuch für den deutschen Burschenschafter, Berlin 1912, v. a. S. 71 ff.
41. Zitate aus der Verfassungsurkunde v. 1815 und aus einer Rede des Jenaer Burschenschafters Robert Wesselhöft v. 8. 1. 1817 über das Wesen der Burschenehre, in: ebd., S. 71, 99. – 1817 kritisierte eine Tübinger Universitätskommission mit Blick auf die Statuten der Heidelberger Burschenschaft, daß sich deren Vorsteher »geradezu zu Aufsehern der Duelle« aufschwängen. Auch die Tübinger Burschenschaft habe sich eher »als Beförderin von Duellen ausgewiesen«, anstatt ihnen entgegenzutreten (HStA Stuttgart, E 200 Bü 403: Stellungnahme v. 13. 10. 1817).
42. Vgl. dazu an Göttinger Beispielen Brüdermann, S. 178 ff.; Mohl, Bd. 1, S. 114.
43. G. C. Voigt, Etwas über die Mittel wider die Zweykämpfe und Sittenverderbnis auf Akademien, in: ders., Gemeinnützige Abhandlungen, Leipzig 1792, S. 415–428, hier S. 423.
44. Meiners, Verfassung, S. 381 f.
45. Fichte berichtete über den Fall in seinem Abschiedsgesuch: Danach hatte der Student N., der von seinem Kommilitonen M. öffentlich ge-

ohrfeigt und gepeitscht worden war, seinen Beleidiger nicht zum Duell gefordert, sondern bei der Universitätsbehörde angezeigt, worauf er mit dem Studentenbann belegt wurde. In einer Vorlesung wies ihn ein anderer Student an, den Hörsaal zu verlassen, da er sich »unter honetten Studenten« nicht mehr sehen lassen dürfe. Als N. darauf nicht reagierte, ohrfeigte ihn der andere und fügte hinzu: »Nun gehen Sie hin und zeigen es beim Rektor an.« (Fichtes Leben, Bd. 2, S. 122). – Zu Fichtes Kritik am »undeutschen« Ehrenpunkt (1812) vgl. ebd., S. 135 f.

46. F. Schleiermacher, Gelegentliche Gedanken über Universitäten in deutschem Sinn, in: ders., Sämtliche Werke, 3. Abt., Bd. 1, Berlin 1846, S. 535–624, Zitate S. 609, 614 f.
47. So z. B. Reinhold, Über die Duelle; vgl. auch die Bemerkungen der Landshuter Professoren v. Krüll und Andres 1821, in: BHStA München, Abt. II, MInn Nr. 72423.
48. HStA Stuttgart, E 200 Bü 403: Reskript v. 6. 6. 1816. Carl August Eschenmayer war Philosophie- und Medizinprofessor in Tübingen.
49. Vgl. dazu die »neuen organischen Gesetze« der Universität Tübingen, 1811 vom württembergischen König erlassen, in: ebd., E 200 Bü 367, v. 17. 9. 1811; für Bayern: Bestimmungen gegen die Duelle der Studierenden, München 1839, sowie Vorschriften für die Studierenden an den Hochschulen des Königreichs Bayern, München 1842. In Preußen regelten Verordnungen von 1810 bzw. 1819, daß Studentenduelle mit Hiebwaffen, die weder Tod noch Verletzungen zur Folge hatten, der Disziplinarstrafgewalt der Universitäten unterstanden; nur Duellanten, die ihren Gegner verwundet oder gar getötet hatten, wurden nach den Landesgesetzen über Duelle bestraft (Hälschner, Der Thatbestand des Zweikampfs und das studentische Schlägerduell, in: Der Gerichtssaal, Bd. 34, 1883, S. 1–28, hier S. 15 ff.).
50. DZA Merseburg, Rep. 76-Va, Sekt. 1, Tit. XII, Nr. 11, Bd. I: Schreiben v. 15. 4. 1835. Ähnlich äußerte sich 1817 der württembergische Minister des Kirchen- und Schulwesens (HStA Stuttgart, E 200 Bü 403: Schreiben v. 23. 8. 1817). – BHStA München, Abt. II, MInn Nr. 23713: Schreiben v. 15. 1. 1812.
51. DZA Merseburg, Rep. 76-Va, Sekt. 1, Tit. XII, Nr. 11, Bd. I: Schreiben v. 23. 12. 1869.
52. Ebd.: Verfügung v. 1. 2. 1870. Unter Consilium abeundi verstand man eine »nicht öffentlich auszuschreibende temporäre Verweisung von der Universität« von höchstens 2 Jahren; die nächsthöhere Strafe war die »Dimission«, die 1 bis 3 Jahre Verweisung und Nichtzulassung an anderen inländischen Universitäten beinhaltete. Die höchste akademische Strafe war die Relegation, die am Schwarzen Brett der Universität angeschlagen wurde und für fünf Jahre galt (Vorschriften für die Studierenden an den Hochschulen des Königreichs Bayern, München 1842, S. 41 f.).

53. DZA Merseburg, Rep. 76-Va, Sekt. 1, Tit. XII, Nr. 11, Bd. I: Schreiben v. 9. 1. 1870.
54. Aus dem Gutachten des Ministerialkommissars an der Universität Erlangen v. 19. 9. 1821, in: BHStA München, Abt. II, MInn Nr. 72423. Ähnlich K. Rosenkranz, Die Abschaffung des Duellzwanges, Königsberg 1845, S. 22.
55. K. Rosenkranz, Der Zweikampf auf unsern Universitäten, Königsberg 1837, S. 10.
56. Laube, Erinnerungen, S. 65.
57. In jeder Universitätsstadt bzw. in den umliegenden Dörfern, wohin die Studenten auswichen, um dem Zugriff der städtischen Gendarmerie zu entgehen, gab es bestimmte Plätze, die als Pauklokale bekannt waren. Obwohl die Bevölkerung davon wußte, wahrte sie gemeinhin Stillschweigen, denn viele Menschen – Pferdeverleiher, Rapierschleifer, Gastwirte – verdienten an dem verbotenen Zeitvertreib der Studenten.
58. F. A. W. L. Roux, Deutsches Paukbuch, 2. Aufl., Jena 1867 (1. Aufl. 1858), S. VI ff.
59. Kußmaul, S. 140. Der preußische Landrat und ehemalige Corpsstudent v. Ernsthausen erinnerte sich, daß in den späten 1840er Jahren die Paukereien, die im Corpsleben »die Hauptstelle« einnahmen, eigentlich »Selbstzweck« gewesen seien, wobei die Corpsmitglieder selber die »Fiktion« aufrechterhalten hätten, »daß sie zur Wiederherstellung der Ehre dienten«. Aus diesem Grund habe man »stilisierte Beleidigungen« eingeführt, die zwischen Angehörigen verschiedener Korporationen ausgetauscht wurden und Duellforderungen zur Folge hatten. In Heidelberg etwa fanden zu Semesterbeginn Versammlungen aller Corps in einem größeren Bierlokal statt; ein Student nach dem andern erhob sich und rief demjenigen, mit dem er sich schlagen wollte, zu, er sei ein »dummer Junge«, worauf der andere erwiderte, es sei gut. In Bonn trafen sich die Mitglieder der verschiedenen Corps nachts auf dem Marktplatz, um sich wechselseitig so »zu reizen und zu schrauben«, bis einer »den commentmäßigen Tusch«, d. h. ein duellfähiges Schimpfwort aussprach (A. E. v. Ernsthausen, Erinnerungen eines preußischen Beamten, Bielefeld 1894, S. 40 f., 49 ff.). Vgl. auch G. Heer, Geschichte der Deutschen Burschenschaft, Bd. 3, Heidelberg 1929, S. 111 f.
60. Vgl. dazu H. Schurtz, Altersklassen und Männerbünde, Berlin 1902, S. 99.
61. Nach Angabe des ehemaligen Verbindungsstudenten H. Schellenberg focht jedes Verbindungsmitglied pro Semester zwischen vier und acht Mensuren (»Auf die Mensur!« Ein Wort über den studentischen Zweikampf, Marburg 1882, S. 7). F. Rielech, Alter Herr einer Breslauer Burschenschaft, nannte sechs Mensuren als »Normaltarif«, die jeder Verbindungsstudent während seiner Mitgliedschaft auszufechten hatte

(Lose Worte über die Bestimmungsmensuren der deutschen Couleurstudenten, Breslau 1886, S. 17). Diese Zahlen scheinen jedoch nicht verallgemeinerbar. Friedrich Meinecke etwa erinnerte sich an seine Zeit als Berliner Burschenschafter um 1884, daß er nur zwei Bestimmungsmensuren schlagen mußte (Erlebtes 1862–1919, Stuttgart 1964, S. 76).

62. Corps waren die Nachfolger der alten landsmannschaftlichen Verbindungen, lokal gebunden und erst seit 1855 mit der Gründung des Kösener SC-Verbandes auf nationaler Ebene organisiert. Vgl. dazu W. Fabricius, Die Deutschen Corps. Eine historische Darstellung mit besonderer Berücksichtigung des Mensurwesens, Berlin 1898, v. a. S. 343 ff.
63. H. v. Treitschke, Briefe, Bd. 1, hg. v. M. Cornicelius, Leipzig 1912, S. 114 (Brief v. 28. 2. 1852). Vgl. auch Heer, Bd. 3, S. 112, 226.
64. G. Pusch, Über Couleur und Mensur, Berlin 1887, S. 11.
65. 14 SC-Komments, S. 112. – Pusch, S. 23. Daß der Vorwurf, bei einer Mensur nicht schneidig genug gewesen zu sein, selber Anlaß zu einem Duell sein konnte, zeigte sich 1873 in Heidelberg. Dem Studenten Riedel, der zwecks Aufnahme in ein Corps mehrere Schlägermensuren gefochten hatte, wurde im Seniorenconvent von den Vorständen zweier Corps vorgehalten, er habe sich »wenig mutvoll« dabei benommen und könne daher nicht als Corpsbursche akzeptiert werden. Riedel empfand diese Äußerung als beleidigend, forderte die beiden Corpsstudenten auf Pistolen und wurde im zweiten Duell tödlich getroffen (GLA Karlsruhe, Abt. 233/38625 u. 233/38793). Ein ähnlicher Konflikt hatte sich 1869 in Göttingen ereignet. Über die Frage, ob ein Burschenschafter auf der Mensur mit einem Corpsstudenten »gekniffen« habe, d. h. aus Feigheit zurückgewichen sei, gerieten zwei zuschauende Studenten so aneinander, daß sie den Konflikt in einem Pistolenduell austrugen (DZA Merseburg, Hist. Abt. II, 2.2.1., Nr. 17833: Auszug aus den Untersuchungsakten des Göttinger Obergerichts v. 15. 7. 1869).
66. DZA Merseburg, Hist. Abt. II, 2.2.1., Nr. 17834: Schreiben v. 6. 10. 1880 anläßlich einer Schlägermensur zwischen den Marburger Studenten Koppel und Fabricius, dem späteren Corps-Chronisten. Zur Veränderung des Mensurstils s. auch G. Heer, Geschichte der Deutschen Burschenschaft, Bd. 4, Heidelberg 1939, S. 81 ff.
67. F. A. Walther, Critic über den studentischen Zweikampf, Berlin 1885.
68. J. Flach, Der deutsche Student der Gegenwart, Berlin 1887, S. 17.
69. H. Karus, Schläger, Säbel und Pistole. Ein Wort an die Deutsche Studentenschaft und die Freunde derselben, Halle 1888, S. 12 f. Ähnlich Kufahl/Schmied-Kowarzik, Duellbuch, S. 284, sowie die Petition schlagender Verbindungen der TH Aachen von 1912 an das preußische Justizministerium, in der es hieß: »Nicht eine studentische Corporation gibt es, welche ihre Mitglieder dazu erziehen würde, mit der Ab-

sicht auf die Mensur zu treten, dem Gegner möglichst schwere Schädigungen beizubringen. Gewiß darf sich jeder Paukant eines Sieges freuen. Aber diese Frage steht nie im Vordergrunde bei der Beurteilung einer Mensur. Hier wird nur darauf gesehen, daß jeder Paukant ›gut gestanden‹ hat, daß er vor dem Hiebe, vor der Wunde keine Furcht zu erkennen gegeben hat, daß ihm ein Schmerz keinen Klagelaut entlockt. Die Studentenmensur ist tatsächlich nur ein Erziehungsmittel zum Mannesmut, zur Selbstbeherrschung, zur anständigen Behandlung des Commilitonen, auch wenn er Gegner ist, und zur Verantwortlichkeit für das eigene Tun und Lassen.« (GStA Berlin-Dahlem, Rep. 84a, Nr. 8037).

70. F. Eichholz, Der Paukarzt. Anleitung zur Behandlung der Mensurverletzungen. Für Studenten, Jena 1886, S. 3, 12. – Offizieller Paukkomment einschließlich der Säbel- und Pistolenkomments für die deutschen Universitäten und Hochschulen, (1. Aufl. 1897), 4. Aufl. Leipzig o. J., S. 23.
71. Eichholz, S. 19.
72. Nachdem Mark Twain, der das klassische, ernsthafte Duell scharf kritisierte, einem Mensurtag in der berühmt-berüchtigten Heidelberger Hirschgasse beigewohnt hatte und beim Anblick blutbespritzter Studenten mehr als einmal von »Schauder« ergriffen worden war, äußerte er sich voller Hochachtung über diese »unter sorgsamer Pflege« aufgewachsenen Jünglinge, die so viel unerwartete Tapferkeit an den Tag legten. Auch auf ihn wirkte der »wilde, aufregende Reiz des Kampfes ... unwiderstehlich«, und er bewies eine große Empfänglichkeit für die »edle, sinnige, natürliche Ritterlichkeit« der Regeln, »die dieses würdige, kühne Kampfspiel mit einem gewissen altertümlichen Reiz« umgaben (M. Twain, Reisebilder, Stuttgart 1900, S. 125 ff.).
73. P. v. Salvisberg, Das Duell und die Academische Jugend, München 1896, S. 25. 1883 schätzte der Berliner Amtsrichter Kronecker, daß in den vergangenen fünfzig Jahren an den 18 deutschen Hochschulen jährlich etwa je 200 Mensuren stattgefunden hätten, was sich zu einer Gesamtzahl von 180 000 Mensuren addierte (Kronecker, Die Strafbarkeit der studentischen Schlägermensuren, in: Der Gerichtssaal, Bd. 35, 1883, S. 201–236, hier S. 211). Der SPD-Reichstagsabgeordnete Wendel zitierte 1914 eine Statistik, wonach an deutschen Universitäten jährlich 12 000 Mensuren gefochten wurden – eine deutliche Steigerung im Vergleich zu den 1890er Jahren (Verhandlungen des Reichstages, Bd. 294, Stenographische Berichte, Berlin 1914, S. 8092). Die Differenz zwischen Salvisbergs, Wendels und Kroneckers Zahlen erklärt sich zum einen aus dem absoluten Anstieg der Studentenzahlen, zum anderen aus dem Anstieg der relativen Mensurhäufigkeit.
74. Treitschke, Briefe, S. 264 (Brief v. 23. 11. 1854). Zur Kritik der Mensur als »Spiel«, »Fastnachtsposse« und »lächerlicher Farce« s. auch Rosenkranz, Zweikampf, S. 15 f.; A. W. Volkmann, Beitrag zur moralischen

Würdigung des Zweikampfes, Dorpat 1841, S. 7; Flach, S. 16; E. Thesing, Duell – Ehre – »Ernst!«, 2. Aufl., Marburg 1896, S. 10, 15, 21.

75. BHStA München, Abt. II, MInn Nr. 72432: Bericht des Würzburger Staatsanwalts v. 22. 10. 1883.
76. Diese Aussagen und Beobachtungen stützen sich auf die Auswertung von etwa 110 badischen Duellfällen mit 220 Beteiligten, davon 183 Studenten aus den Universitätsstädten Heidelberg, Freiburg und Karlsruhe (TH), zwischen 1850 und 1912. Die Studenten waren wegen Schläger-, Säbel- oder Pistolenduells verurteilt worden und hatten Gnadengesuche eingereicht, die der badische Justizminister dem Großherzog unterbreitete. Die ministeriellen Fallschilderungen und Kommentare befinden sich unter der Aktenregistratur Abt. 233 im GLA Karlsruhe und werden hier nicht einzeln aufgeführt.
77. Treitschke, Briefe, S. 275 f. (Briefe v. 20. 1. u. 4. 2. 1855).
78. Ebd., S. 311 (Brief v. 2. 9. 1855).
79. Welcker, Infamie, S. 403; Wagener, Staats- und Gesellschafts-Lexikon, Bd. 23, S. 200.
80. Pusch, S. 4 f., 7, 28, 32.
81. Was sind und wollen die Corps? Entwurf einer Zusammenstellung der allgemeinen deutschen Corpsprinzipien, Göttingen 1869, S. 9, 5; Gelöste und ungelöste Fragen aus dem Akademischen Leben der Gegenwart, Stuttgart 1886, S. 5, 67.
82. Zur Reform des akademischen Lebens. Wider Duellzwang und Verbindungstyrannei, Leipzig 1885, S. 9 f. Vgl. auch die Kritik Stefan Zweigs am Wiener studentischen Milieu der Jahrhundertwende, von dem er sich bewußt fernhielt: »Uns, denen individuelle Freiheit das Höchste bedeutete, zeigte diese Lust an der Aggressivität und gleichzeitige Lust an der Hordenservilität zu offenbar das Schlimmste und Gefährlichste des deutschen Geistes« (Die Welt von gestern, Frankfurt 1949, S. 112 f.).
83. Gelöste Fragen, S. 6.
84. F. Paulsen, Die deutschen Universitäten und das Universitätsstudium, Berlin 1902, S. 473 f. Ähnlich T. Ziegler, Der deutsche Student am Ende des 19. Jahrhunderts, 3. Aufl., Stuttgart 1895 (Ziegler war Philosophieprofessor in Straßburg).
85. Weber, Agrarstatistische Betrachtungen, S. 524; ähnlich J. Riegger, Das Duell, Schorndorf 1902, S. 29.
86. Zit. in: Fabricius, Corps, S. 356, 355.
87. DZA Merseburg, Rep. 76-Va, Sekt. 1, Tit. XII, Nr. 11, Bd. II: »Das Duellwesen während des Jahres 1885. Auszug aus den betr. Berichten«, v. 15. 2. 1886.
88. Zit. in: Fabricius, Corps, S. 355 f.
89. Verhandlungen der Württembergischen Kammer der Abgeordneten auf dem 33. Landtag in den Jahren 1895/97, Bd. 4, Stuttgart 1897, S. 2185.

90. Verhandlungen der Kammer der Abgeordneten des bayerischen Landtages im Jahre 1885/86, Stenographische Berichte, Bd. 4, München o. J., S. 407.
91. Stenographische Berichte über die Verhandlungen des Reichstages. 9. Legislaturperiode, IV. Session 1895/97, Bd. 3, Berlin 1896, S. 1839. Die ›Hamburger Nachrichten‹ dankten Bennigsen und dem deutschkonservativen Abgeordneten v. Manteuffel für diese Ehrenrettung der Mensuren und faßten die Argumente zu deren Gunsten noch einmal prägnant zusammen: »Man muß bei der Beurteilung der studentischen Mensuren davon ausgehen, daß der junge Student auf der Universität nicht nur in seiner Fachwissenschaft ausgebildet, sondern zugleich die Grundlage für seine ganze künftige Bestimmung empfangen soll. Es kann seinem späteren Auftreten als Mann nur zustatten kommen, wenn er sich als Student daran gewöhnt, sein Verhalten nach der ihm obliegenden Verpflichtung zur persönlichen Verantwortlichkeit einzurichten, auf eine ihm widerfahrene Kränkung nicht mit einer anderen zu erwidern, sondern Genugtuung zu suchen. Dadurch wird in ihm das Gefühl für Ehre und Verantwortlichkeit in einem Maße ausgebildet, das seine spätere Gesinnungs- und Handlungsweise günstig beeinflussen muß. Auch kann es nur erwünscht sein, wenn die Beilegung kleinerer Ehrenhändel durch den Schläger, anstatt wie sonst unausbleiblich sein würde, auf primitivere Weise stattfindet. Ferner wird es dem Studenten in jeder Beziehung von Nutzen sein, wenn er auf der Universität der Waffenübung überhaupt pflegt... Keine andere Leibesübung ... wirkt in dem Maße günstig auf die Ausbildung der Persönlichkeit, der Charakterfestigkeit und des Mutes ein wie die Übung mit der Waffe. Auch den eigenen Trieb des Studenten darf man nicht unterschätzen. Er will seinen Mut, seine Waffenfertigkeit erproben: er schlägt sich nicht bloß, um Genugtuung zu erhalten, sondern um des Waffenkampfes selbst willen« (Hamburger Nachrichten v. 25. 4. 1896: »Das Mensurenwesen auf den deutschen Universitäten«).
92. DZA Merseburg, Rep. 76-Va, Sekt. 1, Tit. XII, Nr. 11, Bd. II: Bericht v. 15. 2. 1886.
93. Ebd.: Zusammenstellung aus den Kuratorialberichten über das Duellwesen an den Universitäten von 1889, v. 24. 2. 1890; vgl. auch ebd., Bd. I: Berichte des Greifswalder Universitätsrichters v. 24. 1. 1885 u. des Göttinger Prorektors v. 27. 1. 1885. Diese Praxis spiegelte sich auch in der Kriminalstatistik wider, in der Schlägerduelle im Unterschied zu Säbel- und vor allem Pistolenduellen kaum auftauchten, obwohl sie das Gros studentischer Zweikämpfe ausmachten und Studenten die meisten Verurteilten stellten. Vgl. dazu den statistischen Anhang.
94. Die meisten Rechtswissenschaftler und Juristen, die sich zur Frage der studentischen Schlägermensuren äußerten, lehnten den Standpunkt des Reichsgerichts eindeutig ab. Vgl. z. B. Buri, Über die Bestrafung

des Schlägerduells, in: Der Gerichtssaal, Bd. 35, 1883, S. 327–331; Hälschner, Thatbestand; Kronecker, Strafbarkeit; C. Martin, Die juristische Beurteilung des studentischen Schlägerduells, Diss. Speyer 1887; R. Sontag, Über die Bestrafung des Schlägerduells, in: Zeitschrift für die gesamte Strafrechtswissenschaft, Bd. 2, 1882, S. 1–10.

95. Vgl. als Beispiel den Fall des Ersten Staatsanwalts beim Bonner Landgericht, über den der Bonner Universitätskurator dem preußischen Kultusminister 1881 berichtete (DZA Merseburg, Rep. 76-Va, Sekt. I, Tit. XII, Nr. 11, Bd. I: Bericht v. 5. 10. 1881).

96. Ebd., Bd. II: Auszug aus den Berichten der Universitäten über das Duellwesen v. 8. 2. 1889.

97. GLA Karlsruhe, Abt. 233/37619: Bericht v. 26. 7. 1883.

98. So nannte der Berichterstatter einer Unterrichtskommission des Preußischen Herrenhauses 1912 die studentischen Mensuren, deren starke Verbreitung er mit Zufriedenheit kommentierte: »Studentische Verbindungen, die vor 30, 40 Jahren noch gar nicht daran gedacht haben, sich Waffen anzuschaffen und auf Mensur zu gehen, huldigen heute diesem Sport, dem sich der größte Teil der Studentenschaft widmet« (Stenographische Berichte über die Verhandlungen des Preußischen Herrenhauses in der Session 1912/13, Bd. 1, Berlin 1913, Sp. 238).

99. Zum studentischen Korporierungsgrad und -prozeß vgl. Jarausch, Deutsche Studenten, S. 61 ff.; zur Akzeptanz des Satisfaktionsprinzips (1911) vgl. die Angaben bei Böttger, S. 218 ff.; Freischar und Duell, Hildburghausen 1914, S. 8.

100. 1841 berichtete ein Münchener Polizeibeamter, daß »zwischen den polytechnischen und den Hochschülern eine gewisse Spannung, ja selbst auffallende gegenseitige Geringschätzung herrschen soll« (Staatsarchiv München, RA Fasz. 1154, Nr. 15889: Schreiben v. 1. 2. 1841). 1879 informierte die Regierung Oberbayerns den bayerischen Innenminister davon, daß sich die Studentenduelle nach Auskunft der Universitäten »in erheblichem Grade gehäuft haben. An diesen Zweikämpfen sollen die Studierenden der K. Universität München und der technischen Hochschule gleichmäßigen Anteil nehmen« (BHStA München, Abt. II, MInn Nr. 72432: Bericht v. 28. 2. 1879). Vgl. auch die zahlreichen Duellfälle in den Begnadigungsakten des badischen Justizministers aus der zweiten Hälfte des 19. Jhs., an denen Schüler des Karlsruher Polytechnikums bzw. der späteren TH teilnahmen: GLA Karlsruhe, Abt. 233/35582, 35589, 36793, 37368, 37394, 37396, 37428, 37491, 37492, 37727, 37867, 37877, 38044, 38318, 38379, 38491, 38600, 38923. Kritisch dazu: Weber, Agrarstatistische Betrachtungen, S. 524 f.; Marianne Weber, Max Weber, S. 469.

101. Diese studentische Gruppierung entstand um die Jahrhundertwende als Mittelpunkt der sog. Finkenschaftsbewegung. »Finken« waren nichtkorporierte Studenten, und ihre Organisation kann als Paradoxon der allgemeinen Korporierungstendenz gelten. Vgl. dazu: Der freie Student

und das Duell, hg. v. Vorstand der Deutschen Freien Studentenschaft, Karlsruhe 1904, v. a. S. 18 ff.; P. Ssymank, Die freistudentische oder Finkenschaftsbewegung an den deutschen Hochschulen, Berlin 1905, v. a. S. 15 f.; F. Behrend, Der freistudentische Ideenkreis. Programmatische Erklärungen, München 1907, v. a. S. 30.

102. Vgl. dazu die Diskussion bei K. H. Jarausch, Students, Society, and Politics in Imperial Germany. The Rise of Academic Illiberalism, Princeton 1982, v. a. S. 84 f., 256 ff. Daß die Mehrzahl katholischer Studenten, die sich überhaupt einer studentischen Verbindung anschlossen, konfessionell gebundene Organisationen vorzog und insofern als Duellanten ausschied, heißt allerdings nicht, daß Katholiken samt und sonders den Ge- und Verboten ihrer Kirche in dieser Frage folgten. Auch katholische Studenten traten schlagenden Verbindungen bei und fochten Mensuren, auch katholische Referendare und Adlige forderten zum Zweikampf heraus. So ließ beispielsweise 1887 der westfälische katholische Freiherr v. Solemacher, der sich durch eine politische Kritik Franz v. Schorlemers persönlich beleidigt fühlte, diesen auf Pistolen fordern. Kurz darauf schickte er dem Freiherrn Felix v. Loë, der ihm den Gruß verweigert hatte, eine gleichlautende Forderung (Staatsarchiv Münster, Familien- und Gutsarchiv Landsberg-Velen (Dep.), Velen Nr. 15023, 14993, 17295). Vgl. zu diesen Forderungen und ihren Folgen auch Kessler, Gesichter, S. 176 f.

103. Die offizielle Kriminalstatistik des Deutschen Reichs verzeichnete zwischen 1882 und 1914 immerhin 678 Katholiken, die wegen Herausforderung oder Duells verurteilt worden waren. Katholiken, die in dieser Zeit etwa 36 % der deutschen Bevölkerung ausmachten, stellten unter den insgesamt 3466 Verurteilten damit fast 20 %. Dies entsprach ungefähr ihrem Anteil am deutschen Bildungsbürgertum, der sich im Kaiserreich – analog zur Steigerung des katholischen Studentenanteils von knapp 20 % um die Jahrhundertmitte auf ca. 27 % kurz vor dem Ersten Weltkrieg (berechnet nach: Jarausch, Deutsche Studenten, S. 28, 76) – zwischen 20 und 25 % bewegt haben mag. Von einer signifikanten Unterrepräsentation deutscher Katholiken unter zivilen Duellanten – und nur diese wurden von der Kriminalstatistik erfaßt – kann deshalb keine Rede sein.

104. Vgl. dazu Gierens; Schorn, Duell und Mensur, Köln 1926. Auch die Generalversammlungen deutscher Katholiken nahmen dezidiert gegen das Duell Stellung (Verhandlungen der 50. Generalversammlung des katholischen Deutschland in Köln vom 23. bis 27. August 1903, Köln 1903, S. 192 f.; zur Resolution auf der 44. Generalversammlung 1876 vgl. Stenographische Berichte über die Verhandlungen des Reichstages, 10. Legislaturperiode, I. Session 1898/1900, Bd. 5, Berlin 1900, S. 4250 f.). In katholischen Zeitschriften, z. B. den ›Stimmen aus Maria-Laach‹, erschienen wiederholt duellkritische Artikel; vgl. z. B. R. Bauer, Das Duell (Bd. 22, 1882, S. 566–572); A. Lehmkuhl, Das Duell

(Bd. 32, 1887, S. 153–175); ders., Das Duell im Lichte der Vernunft (Bd. 46, 1894, S. 345–357); M. Reichmann, Der Kreuzzug gegen das Duell (Bd. 79, 1910, S. 32–49); ders., Zweikampf und Ehre (Bd. 86, 1914, S. 489–504).

105. E. W. Hengstenberg, Das Duell und die christliche Kirche, Berlin 1856; Das Duell, in: Evangelische Kirchen-Zeitung, Nr. 38, 1865, Sp. 441–449; Nr. 40, Sp. 465–470.

106. Verhandlungen der achten ordentlichen Provinzial-Synode der Provinz Sachsen, Magdeburg 1897, S. 289; Verhandlungen der vierten ordentlichen Generalsynode der evangelischen Landeskirche Preußens, Berlin 1898, S. 422 ff.; kritisch dazu die Erklärung Pastor Bodelschwinghs in: Generalanzeiger für Bonn und Umgegend v. 27. 11. 1901, der die »lauwarme Stellung« der evangelischen Kirche zur Duellfrage scharf rügte; Verhandlungen der fünften ordentlichen Generalsynode der evangelischen Landeskirche Preußens, Bd. 1, Berlin 1904, S. 446 ff., v. a. S. 450 f.

107. Vgl. die Stellungnahme aus der Sicht eines besonders verbindungs- und mensurfreundlichen Theologiestudenten: R. Wilhelm, Der Student der Theologie und die studentische Satisfaktion. Ein offenes Wort an unsere theologische Jugend, Berlin o. J. (1888).

108. Das Duell, vom Standpunkte des Judenthums, in: Allgemeine Zeitung des Judenthums, Jg. 20, 1856, S. 373–375.

109. Zit. in: Kufahl/Schmied-Kowarzik, Duellbuch, S. 319; als Kritik: Dem Juden – keine Satisfaktion. Ein ernstes Mahnwort von einem Nichtjuden, Wien 1896. S. dazu auch N. Kampe, Studenten und »Judenfrage« im Deutschen Kaiserreich. Die Entstehung einer akademischen Trägerschicht des Antisemitismus, Göttingen 1988, v. a. S. 200–204, sowie R. G. S. Weber, The German Student Corps in the Third Reich, New York 1986, S. 48–55.

110. Zwei tödlich verlaufene Duelle in den 1880er Jahren, die in der Öffentlichkeit großes Aufsehen erregten, gingen auf Provokationen zurück, die in der durch die Existenz des Vereins Deutscher Studenten aufgeheizten Stimmung ihren Ursprung fanden. Zum Duell Oehlke/Holzapfel 1885 vgl. DZA Merseburg, Hist. Abt. II, 2.2.1. Nr. 17836: Bericht des Justizministers v. 12. 1. 1885, sowie den Prozeßbericht im Berliner Tageblatt, Nr. 142, 19. 3. 1885. Zum Duell Eichler/Blum s. Neue Preußische Zeitung, Nr. 512, 13. 12. 1888. Zum innerstudentischen Antisemitismus, der in den 1890er Jahren im Ausschluß jüdischer Studenten aus Corps und Burschenschaften kulminierte, vgl. Kampe, v. a. S. 186 ff.

111. DZA Merseburg, Hist. Abt. II, 2.2.1., Nr. 17837: Schreiben des Justizministers v. 12. 6. 1889.

112. C. Abel, Das Duell Vering-Salomon, Freiburg 1890; GLA Karlsruhe, Abt. 233/38127.

113. A. Schwarz, Grabrede auf den im Duell gefallenen Herrn cand. med.

Eduard Salomon, Karlsruhe 1890, S. 6f. Auch Sigmund Freud kommentierte 1885 das Säbelduell eines befreundeten jüdischen Arztes, der von einem Kollegen als »Saujud« beschimpft worden war und dies mit einer Ohrfeige quittiert hatte, mit ähnlicher Befriedigung. Vor dem Kampf schickte er dem Freund eine Flasche Wein zur Stärkung, danach schrieb er an seine Braut: »Es ist gut abgelaufen, Weibchen. Unser Freund ist ganz unverletzt, und der Gegner hat zwei tüchtige Hiebe abbekommen. Wir sind alle herzlich froh, *ein stolzer Tag für uns.* Wir werden Koller ein Geschenk zur bleibenden Erinnerung an den Sieg machen« (S. Freud, Briefe 1873–1939, Frankfurt 1960, S. 128, Hervorhebung von UF).

114. W. Ritter Liebermann v. Wahlendorf, Erinnerungen eines deutschen Juden 1863–1936, München 1988, v. a. S. 43, 57f., 61. Das Ziel, dem Antisemitismus *wehrhaft* entgegenzutreten, verfolgte auch der 1906 gegründete Kartell-Convent der Verbindungen deutscher Studenten jüdischen Glaubens, dessen Mitglieder unbedingte Satisfaktion gaben (Weber, German Student Corps, S. 51 f.).

115. Wie scharf diese Abgrenzung war, zeigt die Geschichte, die 1899 in Heidelberg in einem Duell endete. Der Student Albert Baer kam am Fastnachtsdienstag als Schlosser verkleidet in ein Wirtshaus. Als er im Nebenzimmer einen Bekannten sprechen hörte, ging er hinüber, grüßte und sprach »in heiterer Fastnachtsstimmung die dort Anwesenden an... Einer der Angesprochenen, stud. jur. Georg Gottheiner, wies Baer in barscher Weise mit den Worten zurück: ›Machen Sie, daß Sie fortkommen!‹ Baer erwiderte: ›Nur nicht so heftig‹ und fügte scherzend bei: ›Vielleicht ist eine Schraube bei Ihnen los, ich will doch einmal nachsehn.‹ Gottheiner nannte hierauf den Baer einen gemeinen Menschen und einen unverschämten Kerl. Als Baer sodann den ersteren vor den Wirtsraum bitten ließ, erklärte Gottheiner, er gehe nicht hinaus, er habe mit einem so gemeinen Menschen nichts zu verhandeln. Gleichzeitig rief er den Wirt herbei und verlangte von ihm, den Baer hinauswerfen zu lassen. Baer verließ auf Ersuchen des Wirts das Lokal und schickte am nächsten Tag Gottheiner eine Säbelforderung.« Der Corpsstudent Gottheiner hatte, wie er später mitteilte, Baer »in seinem Kostüm nicht für einen Studenten gehalten... Da er von seiner Heimat Berlin das Faschingstreiben nicht gekannt habe, sei ihm der Gedanke, die ihm als Schlosser gegenüber getretene Persönlichkeit könne ein kostümierter Student sein, nicht gekommen, weshalb er sich für berechtigt erachtet habe, das ungebetene Eindringen des Baer in den Kreis seiner Tischgenossen zurückzuweisen und dessen Entfernung aus dem Lokale zu verlangen.« Einem Handwerker war der Zutritt zur studentischen Geselligkeit folglich versperrt; ihn konnte man auch beleidigen, ohne eine Duellforderung in Betracht ziehen zu müssen. Baers Ansinnen, gemeinsam nach draußen zu gehen – um die Karten zu wechseln und damit eine Forderung anzukündigen –, mußte dem Corpsstudenten als

unverschämte Anmaßung eines dem anderen kraft seiner sozialen Stellung nicht zustehenden Verhaltens erscheinen; darauf einzugehen, war völlig unnötig. Erst nachdem Baer das Lokal verlassen hatte und sich seine Identität klärte, galt der Comment wieder, und Gottheiner nahm die Säbelforderung selbstverständlich an (GLA Karlsruhe, Abt. 233/37728).

116. 14 SC-Komments, S. 13.

117. Zur Duell- und Satisfaktionsfrage, in: Academische Revue, Jg. 1, 1895, S. 659–661, v. a. S. 659; Allgemeine Richtschnur bei Ehrenhändeln, Berlin o. J. (1905), v. a. S. 2 f. Diese Schrift, die aus dem Kreis Berliner Akademischer Turnvereine stammte, bekräftigte den studentischen Anspruch auf »die Gleichberechtigung aller Satisfaktionsfähigen«: »Die deutsche Studentenschaft pflegt aber dieselben Ideale [wie Offiziere und Gebildete] und unterliegt denselben Ehrengesetzen, soweit sie Anspruch darauf macht, dereinst den Führenden der Nation und dem deutschen Offizierkorps anzugehören.«

118. DZA Merseburg, Rep. 76-Va, Sekt. 1, Tit. XII, Nr. 11, Bd. III: Resolution v. 18. 11. 1902; BHStA München, Abt. IV, MKr Nr. 11097: Telegramm v. 26. 11. u. Schreiben v. 29. 11. 1902.

119. Zit. in: H. B., Die Bewegung gegen die Pistolenduelle, in: Burschenschaftliche Blätter, Jg. 17, 1902, S. 128–134, hier S. 131.

120. BA-MA Freiburg, RM 27 I/v. 37: Protokoll v. 15. 3. 1912 über die Besprechung der Inspekteure beim Stationschef der Ostsee.

121. H. B., Bewegung, S. 129.

122. DZA Merseburg, Rep. 76-Va, Sekt. 1, Tit. XII, Nr. 11, Bd. III: Schreiben v. Goßlers an 15 preußische Burschenschaften v. 30. 12. 1902.

123. König, Aus zwei Jahrhunderten, S. 259; auch der bayerische Kriegsminister v. Asch meinte 1894, »daß, seitdem durch das Institut der Einjährig-Freiwilligen eine nähere Beziehung zwischen den Offizieren und den Studenten eingetreten ist, das Unwesen des Duells wesentlich zurückgegangen ist« (Verhandlungen der Kammer der Abgeordneten des bayerischen Landtages im Jahre 1893/94. Stenographische Berichte, Bd. 2, München o. J., S. 572).

124. Zum fundamentalen Gegensatz zwischen Universitäts- und Armeeprinzip vgl. R. Wild-Queisner, Die Stellung der Offiziere gegenüber den Studenten in den Universitäts-Städten, Berlin 1887, S. 21; Paulsen, Universitäten, S. 470.

125. GLA Karlsruhe, Abt. 233/38553.

126. Zit. in: Meiners, Verfassung, S. 359. – Brüdermann, S. 290 f.

127. König, Aus zwei Jahrhunderten, S. 30, 248, 253 ff.

128. BHStA München, Abt. II, MInn Nr. 23716: Bericht des Regierungspräsidenten des Isarkreises v. 14. 12. 1818 anläßlich mehrerer Duelle zwischen Studenten und Offizieren in Landshut; Schreiben d. Armeeministers an das Generalkommando München v. 6. 1. 1819. Vgl. zu solchen Konflikten auch MInn Nr. 23713 u. 23717.

129. Ebd., Abt. IV, A XIII 3, Fasz. 4: Aus dem Urteil des Appellationsgerichts v. Unterfranken v. 13. 12. 1847; Bericht v. 9. 5. 1841.
130. Ebd.: Schreiben v. 29. 3. 1841; Schreiben d. Unterleutnants Reschreiter v. 28. 5. 1841.
131. Mohl, Bd. 1, S. 104; Wild-Queisner, Stellung, S. 21.
132. Wild-Queisner, Stellung, S. 9. Vgl. auch den Bericht d. Bonner Rektors v. 23. 12. 1869, in: DZA Merseburg, Rep. 76-Va, Sekt. 1, Tit. XII, Nr. 11, Bd. I.
133. Weber, Jugendbriefe, S. 120, 100 (Briefe v. 8. 7. u. 23. 2. 1884).
134. DZA Merseburg, Rep. 76-Va, Sekt. 1, Tit. XII, Nr. 11, Bd. I: Schreiben d. Kriegsministers v. 23. 2. 1870.
135. 1901 interpellierte das Zentrum im Reichstag wegen der Befragung Kölner Reserveoffiziers-Aspiranten, die katholischen Studentenvereinen angehörten, über ihre Haltung zum Duell. Mehrere der Befragten waren bei der anschließenden Wahl durchgefallen – offenbar kein Einzelfall, wie der Abgeordnete Bachem meinte. In diesem Zusammenhang kamen auch die Denunziationspraktiken der Corpsstudenten gegenüber den Mitgliedern katholischer Verbindungen zur Sprache (Stenographische Berichte über die Verhandlungen des Reichstages, 10. Legislaturperiode, II. Session 1900/1902, Bd. 1, Berlin 1901, S. 697 ff., 708). Vgl. auch Verhandlungen der Württembergischen Kammer der Abgeordneten auf dem 33. Landtag 1895/97, Bd. 4, Stuttgart 1897, S. 2187, sowie Verhandlungen der Kammer der Abgeordneten des bayerischen Landtages im Jahre 1893/94. Stenographische Berichte, Bd. 2, München o. J., S. 559 ff.
136. GLA Karlsruhe, Abt. 233/38120: Bericht des badischen Justizministers v. 5. 3. 1885. Ein ähnlich gelagerter Fall hatte sich 1843 im preußischen Arnsberg ereignet, wo der 24jährige Gerichtsreferendar v. Mettingh seinen Kollegen Gilow zum Duell forderte. Dazu hielt er sich um so mehr für verpflichtet, als er seine Ernennung zum Landwehroffizier erwartete und die »nach seiner Meinung seine ›Ehre‹ verletzende Erwiderung des Gilow in Gegenwart mehrerer Offiziere getan worden sei, [so] daß er geglaubt habe, sie nicht ungerügt lassen zu dürfen« (DZA Merseburg, Rep. 77, Tit. 114, Nr. 223, Bd. 1: Immediatbericht v. 11. 5. 1844).
137. Staatsarchiv Detmold, L 86 Nr. 1739: Erste Verteidigungsschrift Meyers.
138. DZA Merseburg, Hist. Abt. II, 2.2.1., Nr. 17836: Bericht d. Justizministers v. 8. 1. 1887.
139. Vgl. dazu U. Frevert, Die Ehre der Bürger im Spiegel ihrer Duelle. Ansichten des 19. Jahrhunderts, in: Historische Zeitschrift, Bd. 249, 1989, S. 545–582, hier S. 554 ff.
140. K. Marx u. F. Engels, Werke, Bd. 28, Berlin 1963, S. 556 (Briefentwurf v. 18. 10. 1852). Zum Hintergrund dieser Affäre vgl. ebd., S. 78, 81 f., 552 f., 565. Auch andere kommunistische Aktivisten waren dem Duell

nicht abhold: Bereits 1850 hatten politische Differenzen in der Londoner Zentralbehörde des Bundes der Kommunisten zu einem Pistolenduell zwischen Konrad Schramm, dem »Percy Heißsporn unsrer Partei« (Marx), und dem ehemaligen preußischen Leutnant August Willich geführt (F. Mehring, Geschichte der deutschen Sozialdemokratie, T. 1, Berlin 1960, S. 520, 525, 530).

141. K. Marx u. F. Engels, Briefwechsel bis April 1846 (MEGA III/1), Berlin 1975, S. 297 (Brief v. Mai/Juni 1836).

142. Siemens, Lebenserinnerungen, S. 16.

143. Der 1837 geborene Schriftsteller Adolf Wilbrandt gehörte als Rostokker Gymnasiast in den 1850er Jahren einer (verbotenen) Schülerverbindung an, »die sich ganz studentisch gebärdete« und deren Mitglieder nicht nur Bier tranken und Lieder sangen, sondern auch fochten (A. Wilbrandt, Aus der Werdezeit. Erinnerungen, Stuttgart 1907, S. 40).

144. DZA Merseburg, Rep. 77, Tit. 114, Nr. 223, Beiakte 2, Bd. 1: Bericht d. Posener Oberpräsidenten v. 14. 1. 1851; Hist. Abt. II, 2.2.1., Nr. 17833: Auszug aus den Untersuchungsakten d. Posener Appellationsgerichts v. 30. 8. 1851.

145. Berliner Tageblatt v. 18. 10. 1911.

146. DZA Merseburg, Hist. Abt. II, 2.5.1., Nr. 17053: Schreiben v. Kamptz' v. 14. 9. 1837.

147. Ebd., Rep. 77, Tit. 114, Nr. 223, Bd. I: Immediatantrag v. 11. 5. 1844.

148. Zit. in: A. Klein, Friedrich Graf zu Solms-Laubach. Preußischer Oberpräsident in Köln (1815–1822), Köln 1936, S. 149 (Privatschreiben Solms' an v. Bülow u. v. Schuckmann v. 20. 2. 1817). Interessant ist die Argumentation v. Schuckmanns in seinem Antwortschreiben v. 1. 3. 1817: »Daß ... Ihre Ansicht, daß Roitzsch dort nicht bleiben könne, richtig sei, hat das Ministerium durch seine Entfernung anerkannt. So lange aber Gesetz und öffentliche Meinung gegeneinander in Widerspruch stehen, kann das Ministerium in offiziellen Verfügungen den Regierungsmitgliedern unmöglich die Befugnis zugestehen, einen Rat durch gemeinsamen Beschluß auszustoßen, weil er eine Ausforderung abgeschlagen habe« (S. 150).

149. Zitat aus einem Brief Simons an seine Eltern v. 16. 9. 1828, abgedruckt in: J. Jacoby (Hg.), Heinrich Simon. Ein Gedenkbuch für das deutsche Volk, Bd. 1, Berlin 1865, S. 68. Zum Duell mit Bode vgl. auch DZA Merseburg, Rep. 77, Tit. 114, Nr. 223, Beiakte 2, Bd. 1: Bericht des Brandenburger Magistrats v. 12. 9. 1828. Zu früheren und späteren Duellforderungen Simons s. Jacoby, Bd. 1, S. 61, 238.

150. Neue Preußische Zeitung, Nr. 123, 30. 5. 1861; Nr. 126, 2. 6. 1861; Kohut, S. 99 ff., Zitat S. 104; DZA Merseburg, Rep. 92 Twesten, Nr. 18 a.

151. Duell von Manteuffel-Twesten. Eine staatspolitische Würdigung des Ereignisses vom 27. Mai, Berlin 1861, S. 12, 14.

152. Zit. in: Kohut, S. 101, 104, 102 f.; Neue Preußische Zeitung, Nr. 126, 2. 6. 1861.
153. Weber, Wahlrecht, S. 271.
154. Der preußische Beamte v. Ernsthausen, der Mitte der 1860er Jahre nach Königsberg versetzt wurde, vermerkte, daß Offiziere und Beamte einerseits sowie städtische Kaufmannschaft andererseits im geselligen Leben deutlich voneinander geschieden waren und beispielsweise verschiedene Gasthäuser und Festlokale frequentierten. Auch in Koblenz, wo Ernsthausen um die Jahrhundertmitte seinen juristischen Vorbereitungsdienst ableistete, bildeten die Beamten des dortigen Gerichts, »verstärkt durch einige Mediziner ... wie sporadisch durch einige Offiziere«, eine enge Gemeinschaft (Ernsthausen, S. 220, 93). Ähnliches wurde 1884 aus Landau berichtet, wo ein geselliger Kreis jüngerer Beamter von Offizieren des dortigen Regiments fleißig besucht wurde (BHStA München, Abt. IV, A XIII 3, Fasz. 4 a: Bericht d. Landauer Obersten v. 5. 11. 1884).
155. HStA Düsseldorf, Landgericht Kleve Rep. 7 Nr. 49: Auszug aus den Akten v. 19. 8. 1877; Begnadigungsgesuch v. 28. 7. 1877.
156. Vgl. dazu den Konflikt zwischen dem Arnsberger Gerichtsreferendar Kersten und seinem Kollegen von Göritz 1841, dessen Bemühen, »sich mit anderen Referendarien adliger Geburt von seinen übrigen Kollegen zu separieren«, Anlaß für Beleidigungen und Duellforderungen war (Staatsarchiv Münster, Oberlandesgericht Arnsberg, I 568: Protokoll v. 7. 4. 1841).
157. Below, Duell in Deutschland, S. 59.
158. Ein vieldiskutierter Fall war 1910 die Forderung des Berliner Nationalökonomen Prof. Bernhard an seinen Kollegen, den Direktor des staatswissenschaftlichen Seminars der dortigen Universität Prof. Max Sering (Berliner Volkszeitung, 6. 12. 1910). Zum Hintergrund dieses Berliner »Professorenstreits« vgl. Stenographische Berichte über die Verhandlungen des Preußischen Abgeordnetenhauses, 21. Legislaturperiode, IV. Session 1911, Bd. 3, Berlin o. J., Sp. 4117. – An der Frage korrekter philologischer Editionstechnik entzündete sich 1878 ein Streit zwischen den Germanistik-Professoren Wilhelm Scherer und Karl Bartsch, in dessen Verlauf Scherer erwog, Bartsch zu fordern (R. Kolk, Berlin oder Leipzig? Eine Studie zur sozialen Organisation der Germanistik im ›Nibelungenstreit‹, Ms. Bielefeld 1989, S. 123 f.). – Von einer Duellforderung des Mathematikprofessors Jakob Steiner an seinen Kollegen Carl Gustav Jacobi, höchstwahrscheinlich aus den 1840er Jahren, berichtet H. Meschkowski, Von Humboldt bis Einstein. Berlin als Weltzentrum der exakten Wissenschaften, München 1989, S. 42.
159. Staatsarchiv Hamburg, Polizei-Behörde Hamburg, Nr. 207: Urteil des Hamburger Landgerichts v. 31. 1. 1892.
160. Vgl. dazu M. Rumpf, Anwalt und Anwaltsstand. Eine rechtswissen-

schaftliche und rechtssoziologische Untersuchung, Leipzig 1926, passim.

161. Die Entscheidungen des Ehrengerichtshofes für deutsche Rechtsanwälte, Berlin. Zitate nach der Reihenfolge: Bd. 3 (1888), S. 166; Bd. 6 (1894), S. 165; Bd. 1 (1885), S. 145; Bd. 5 (1892), S. 44 f.; Bd. 3 (1888), S. 166; Bd. 1 (1885), S. 45.

162. M. Gaertner, Staatliche Ehrengerichte für die Ärzte, Breslau 1896, S. 20. Vgl. dazu C. Huerkamp, Der Aufstieg der Ärzte im 19. Jahrhundert, Göttingen 1985, S. 266 ff.; Entscheidungen des Preußischen Ehrengerichtshofes für Ärzte, 2 Bde., Berlin 1908/11.

163. GLA Karlsruhe, Abt. 238/2017: Verhör Habers v. 4. 1. 1844; Verhandlungen der Strafkammer des Großherzoglich Hessischen Kreisgerichts zu Alzey vom 8. und 9. März 1844, in Sachen der Staatsbehörde gegen Moritz von Haber und Consorten, Duell betreffend, Frankfurt 1844, Zitat S. 43; (M. v. Haber), Die reine Wahrheit über die Streitsache zwischen Moritz von Haber und Freiherrn Julius Göler von Ravensburg, Straßburg 1843, Zitate S. 50, 166; Georg v. Sarachaga's Vermächtniß oder Neue Folgen in der Göler-Haber'schen Sache, Stuttgart 1843; Über die Excesse zu Karlsruhe am 5. September 1843 und deren mittelbare Veranlassung, Karlsruhe 1843. Vgl. dazu auch H. v. Treitschke, Deutsche Geschichte im Neunzehnten Jahrhundert, T. 5, Königstein 1981, S. 331 f.; R. Wirtz, ›Widersetzlichkeiten, Excesse, Crawalle, Tumulte und Skandale‹. Soziale Bewegung und gewalthafter sozialer Protest in Baden 1815–1848, Frankfurt 1981, S. 130–145.

164. Studenten der Forstlehranstalten übten sich ebenso in commentmäßigen Schlägerduellen wie Universitätsstudenten, und der preußische Justizminister konzedierte ihnen, die »in Bildung, Sitten und Gebräuchen den Studierenden der Universitäten sich gleichstellen«, »dieselben aus der Praxis des Lebens entnommenen Gründe« für eine milde Ahndung ihres strafrechtlichen Vergehens (DZA Merseburg, Hist. Abt. II, 2.2.1., Nr. 27833: Schreiben des Justizministers v. 8. 6. 1848).

165. Die reine Wahrheit, S. 67; Sarachaga's Vermächtniß, S. 81 f.; Verhandlungen der Strafkammer, S. 62 ff.

166. Marx/Engels, Briefwechsel, S. 163 (Brief v. 20. 10. 1839), S. 216 (Brief v. 22. 2. 1841), S. 87 (Brief v. 9. 10. 1838).

167. Buddeus, S. 163.

168. Meyer, Pistolen-Duell, S. 30.

169. Roßhirt, S. 458.

170. BHStA München, Abt. IV, A XIII 3, Fasz. 4 a: Bericht des Generalkommandos Würzburg v. 8. 10. 1860; Denkschrift über die vom Königl. 6. Chevauleger-Regiment vacant Herzog von Leuchtenberg in den Injuriensachen der Herren Eduard und Julius Scheler, Großhändler zu Augsburg, gegen den Königl. Oberlieutenant Herrn H. Scheffer zu Bamberg eingenommene Stellung, Augsburg 1860, Zit. S. 14.

171. DZA Merseburg, Hist. Abt. II, 2.2.1., Nr. 17838: Schreiben des preußischen Justizministers v. 4. 10. 1894; Schreiben des Justizministers v. 30. 6. 1896.
172. Staatsarchiv München, Staatsanwaltschaft beim Landgericht München I, Stanw. 7130: Sitzungsprotokoll des Schwurgerichts v. 12. 12. 1896.
173. Ebd., Pol. Dir. 399/3: Polizeibericht über die Vereinsversammlung v. 15. 11. 1901; Verhandlungen der Kammer der Abgeordneten des bayerischen Landtages, 35. Landtagsversammlung, II. Session im Jahre 1909/1910. Stenographische Berichte, Bd. 11, München o. J., S. 980 (Quidde).
174. Verhandlungen der Kammer der Abgeordneten des bayerischen Landtages im Jahre 1893/94. Stenographische Berichte, Bd. 2, München o. J., S. 566. Ähnlich G. Kaufmann, Thesen zur Bekämpfung des Duellunwesens, Breslau 1896, S. 5.
175. Berechnet nach: Kriminalstatistik für die Jahre 1890–1894, Berlin 1892/98 (= Statistik des Deutschen Reichs, NF); Stenographische Berichte über die Verhandlungen des Reichstages, 11. Legislaturperiode, I. Session 1903/04, Bd. 2, Berlin 1904, S. 1456 f.; ebd., 9. Legislaturperiode, III. Session 1894/95, Bd. 2, Berlin 1895, S. 1237. Zur begrenzten Aussagekraft solcher Statistiken vgl. die Bemerkungen in Kap. IV 4.

VI. Freiheit, Gleichheit, Männlichkeit

1. Stenographische Berichte über die Verhandlungen des Reichstags, 9. Legislaturperiode, IV. Session 1895/97, Bd. 3, Berlin 1896, S. 1809 (Bebel); Verhandlungen des Reichstags, 13. Legislaturperiode, I. Session. Stenographische Berichte, Bd. 294, Berlin 1914, S. 8091 (Wendel).
2. Die offizielle Kriminalstatistik des Deutschen Reichs, die ohnehin erst 1882 einsetzte, differenzierte nicht nach sozialer Herkunft, so daß die annähernd vollständig aufgenommenen Archivfälle, die gleichwohl nur einen kleinen Ausschnitt der zur Anklage gebrachten, geschweige denn der tatsächlich vorgefallenen Zweikämpfe dokumentieren, die einzige Quellengrundlage bieten, auf der Aussagen über das soziale Profil der Duellanten gewagt werden können. Vgl. dazu den statist. Anhang.
3. Von den Gebräuchen, S. 41 f. Vgl. dazu auch die zeitgenössische Debatte um das Duell als Adelsprivileg in Kap. II 1, sowie die in Kap. III 2 rekapitulierte politisch-rechtswissenschaftliche Diskussion des Vormärz.
4. v. Chézy, S. 120.
5. L. H. Fischer, Der Teutsche Adel in der Vorzeit, Gegenwart und Zukunft vom Standpunkte des Bürgerthums betrachtet, Bd. 2, Frankfurt 1852, Zitate S. 226, 229, 242, 284, 286, 288.

6. M. v. Moltke, Über den Adel und dessen Verhältnis zum Bürgerstande, Hamburg 1830, S. 11 f., 57 f.
7. Kahldorf, Über den Adel in Briefen an den Grafen M. von Moltke, hg. v. H. Heine, Nürnberg 1831, S. 144 ff.
8. Von den Gebräuchen, S. 90.
9. HStA Stuttgart, E 200 Bü 402: Tübinger Rektoratsprotokoll v. 4. 2. 1808; Staatsarchiv Hamburg, Polizeibehörde – Kriminalw. Jg. 1820, Nr. 190.
10. Zit. in: Gräff, Ergänzungen, S. 500.
11. Vgl. dazu u. a. R. Vierhaus, Der Aufstieg des Bürgertums vom späten 18. Jahrhundert bis 1848/49, in: J. Kocka (Hg.), Bürger und Bürgerlichkeit im 19. Jahrhundert, Göttingen 1987, S. 64–78; H.-E. Bödeker, Die »gebildeten Stände« im späten 18. und frühen 19. Jahrhundert, in: J. Kocka (Hg.), Bildungsbürgertum im 19. Jahrhundert, T. IV, Stuttgart 1989, S. 21–52; Frevert, »Tatenarm«.
12. J. W. v. Goethe, Wilhelm Meisters Lehrjahre (1795), in: Goethes Werke, Bd. VII (Hamburger Ausgabe), 11. Aufl., München 1982, S. 290 ff.
13. Garve, Über die Maxime, S. 572. Über den Zusammenhang zwischen entsprechenden Textstellen in Goethes ›Wilhelm Meister‹ und Garves Essay spekulieren E. M. Wilkinson u. L. A. Willoughby, Having and Being, or bourgeois versus nobility, in: German Life and Letters, Bd. 22, 1968, S. 101–105, v. a. S. 103.
14. Der erste gewählte Rektor dieser Universität, Fichte, faßte ihr Bildungskonzept 1812 in das Bild, der Geist müsse »zum allseitigen Gebrauche seiner selbst« ausgebildet werden: »Wohl wird jeder einen besondern und einzelnen Zweig der Wissenschaft sich aussuchen müssen, um darin einst dem Staate zu dienen; wer aber diesen nur einseitig faßt, der ist weder ein Deutscher noch Studierter, sondern ein gelehrter Handwerker« (Fichtes Leben, Bd. 2, S. 134). Zum Bildungskonzept des Neuhumanismus vgl. auch M. Kraul, Bildung und Bürgerlichkeit, in: Kocka, Bürgertum 3, S. 45–73, v. a. S. 46 ff.
15. Goethe, S. 290. Zur Interpretation dieses idealisierten Adelsbildes vgl. bes. G. Baioni, »Märchen« – »Wilhelm Meisters Lehrjahre« – »Hermann und Dorothea«. Zur Gesellschaftsidee der deutschen Klassik, in: Goethe Jahrbuch, Bd. 92, 1975, S. 73–127, v. a. S. 98, 109 ff., 116 ff.; S. Blessin, Die radikal-liberale Konzeption von Wilhelm Meisters Lehrjahren, in: Deutsche Vierteljahrsschrift für Literaturwissenschaft und Geistesgeschichte, Jg. 49, 1975, S. 190–225; R.-P. Janz, Zum sozialen Gehalt der »Lehrjahre«, in : H. Arntzen u. a. (Hg.), Literaturwissenschaft und Geschichtsphilosophie, Berlin 1975, S. 320–340; H. R. Vaget, Liebe und Grundeigentum in Wilhelm Meisters Lehrjahren. Zur Physiognomie des Adels bei Goethe, in: P. U. Hohendahl u. P. M. Lützeler (Hg.), Legitimationskrisen des deutschen Adels 1200–1900, Stuttgart 1979, S. 137–157, v. a. S. 143 ff. – Auf die Bedeu-

tung adliger Lebensform als Projektionsfläche bürgerlicher Selbstkritik hat auch H. Schlaffer, Der Bürger als Held, Frankfurt 1973, v.a. S. 142ff., hingewiesen.

16. Vgl. die auf seine Schuljahre auf dem Hamburger Johanneum in den 1880er Jahren bezogene Kritik bei Kessler, Gesichter, S. 127ff., Zitat S. 131.
17. Meinecke, Erlebtes, S. 244. Eine scharfe Kritik des neuhumanistischen Bildungskonzepts, das die Neigung zum Duell deutlich erhöhe, äußerte bereits 1830 der Dessauer Rektor Richter. Die fast ausschließliche Beschäftigung mit alten Sprachen erzeuge in den Schülern »schiefe Ansichten über Welt, Menschen und bürgerliche Verhältnisse«. Sie nähre in ihnen einen weit übertriebenen Sinn für persönliche Ehre, indem sie »den Menschen nur auf sich selbst« verweise, anstatt ihn im Sinne der Naturwissenschaften zu lehren, sich als kleinen Baustein eines sehr viel größeren Kosmos zu begreifen (J. A. L. Richter, Betrachtungen über den Zweck der Erziehung und des öffentlichen Unterrichts und die Mittel, denselben zu erreichen, vorzüglich in Beziehung auf das System des Humanismus, Dessau 1830, S. 88ff.). Ähnlich argumentierte 1896 der demokratische Abgeordnete Conrad, als er forderte, »zur Abwendung der Duellgefahr« in erster Linie »unser ganzes Erziehungswesen... auf eine neue sozialethische, naturwissenschaftliche Grundlage« zu stellen (Stenographische Berichte über die Verhandlungen des Reichstags, 9. Legislaturperiode, IV. Session 1895/97, Bd. 5, Berlin 1897, S. 3341).
18. Simmel, Soziologie, S. 331.
19. C. Cucumus, Über das Duell und dessen Stellung in dem Strafsysteme, Würzburg 1821, S. 25.
20. A. Lasson, System der Rechtsphilosophie, Berlin 1882, S. 548.
21. O. v. Schulmann, Duell und Strafgesetz, Leipzig 1914, S. 91, 86. Auch der bayerische Offizier Hell hielt 1904 die Zwangsthese für unrichtig und dem Charakter des »gebildeten und denkenden, modernen Menschen, dessen Kennzeichen geradezu ein energischer Individualismus ist«, widersprechend. Statt dessen sei es eben jene »ethisch höchste Individualität«, die sich im Duell, in der »absoluten Selbständigkeit« des Duellanten und seiner »gewaltigen Empfindungstiefe« verkörpere (H. Hell, Das Duell. Ein Problem, Berlin 1904, S. 10f., 41).
22. Günther, Über das Duell, S. 82f., 106.
23. A. K., Zur Duellfrage, S. 18ff. Ähnlich argumentierte 1896 der Offizier v. Boguslawski, als er die Tatsache, daß »sich die höheren bürgerlichen Klassen, Studierte, Beamte usw., jener Sitte des Adels und des Militärs allmählich anschlossen«, nicht als »Vornehmtuerei« wertete, sondern als »Machtbeweis des idealen Gedankens, den das Duell unzweifelhaft birgt« (A. v. Boguslawski, Das Duell, in: Die Zukunft, Bd. 17, 1896, S. 70–79, hier S. 79).
24. A. K., Zur Duellfrage, S. 23, 32. Ähnlich Boguslawski, Die Ehre und

das Duell, S. 85, der wirtschaftsbürgerlichen Kreisen vorwarf, nur den Erwerb zu honorieren und nicht zur »Preisgebung der Person für die Aufrechterhaltung der Ehre« bereit zu sein.

25. R. v. Bruch, Gesellschaftliche Funktionen und politische Rollen des Bildungsbürgertums im Wilhelminischen Reich, in: Kocka, Bildungsbürgertum IV, S. 146–179, Zitat S. 148; G. Simmel, Tendenzen im deutschen Leben und Denken seit 1870 (1902), in: ders., Schopenhauer und Nietzsche, Hamburg 1990, S. 7–33, Zitat S. 24.
26. Welcker, Infamie, S. 390. – Neue Preußische Zeitung, Beilage zur Nr. 164, 16. 7. 1865: »Zur Duellfrage«. – Das Duell in seiner moralischen und gesellschaftlichen Berechtigung, Leipzig 1871, S. 6, 18. – v. X., Unsere Ehrengerichte!, in: Deutsches Adelsblatt, Jg. 14, 1896, S. 278–280, hier S. 280. Ähnlich A. Frhr. v. Eberstein, Über die Ehre und falsche Ehrbegriffe, Leipzig 1894, S. 6; M. Frhr. v. Wimpffen, Zweikampf und Wille, Berlin 1902, S. 19, 21.
27. H. v. Gauvain, Das Duell und seine Rechtfertigung, Berlin 1866, S. 13.
28. Die Armee und das Duell, in: Militärische Blätter, Jg. 6, Nr. 26, 1864, S. 213–215, hier S. 215.
29. v. Gauvain, S. 21, 47; ähnlich Wagener, Art. ›Zweikampf‹, S. 199 f., sowie S. Frhr. v. Bischoffshausen, der als Duellgegner nicht umhin konnte, im Duell den Widerstand gegen die »fortschreitende Verstaatlichung aller persönlichen Freiheiten und Befugnisse« zu würdigen (Das Duell, Wien 1903, S. 11).
30. Verhandlungen der Kammer der Abgeordneten des Königreichs Württemberg auf dem Landtage von 1838, Bd. 4, Stuttgart 1838, S. 66; Bd. 7, S. 71.
31. Jacoby, Heinrich Simon, Bd. 1, S. 62.
32. Brief v. 16. 9. 1828, zit. ebd., S. 67.
33. Kohlrausch, Zweikampf, in: K. Birkmeyer u. a. (Hg.), Vergleichende Darstellung des deutschen und ausländischen Strafrechts. Vorarbeiten zur deutschen Strafrechtsreform, Bes. Teil, Bd. III, Berlin 1906, S. 125–201, hier S. 128.
34. Marx/Engels, Werke, Bd. 29, Berlin 1970, S. 562 f. (Brief von Marx an Lassalle v. 10. 6. 1858), 336 (Marx an Engels v. 2. 7. 1858), 331 (Marx an Engels v. 7. 6. 1858). In dem Brief an Lassalle hieß es: »*Prinzip des Duells.* Wir glauben nicht, daß, im allgemeinen gesprochen, solch relative Affaire wie ein Duell unter die Kategorie von *gut* oder *schlecht* zu subsumieren ist. Daß das Duell an sich nicht rationell ist, unterliegt keinem Zweifel. Ebensowenig ist es Reliquie einer vergangenen Kulturstufe. Indes bringt es die Einseitigkeit der *bürgerlichen* Gesellschaft mit sich, daß im Gegensatz zu derselben gewisse feudale Formen der Individualität ihr Recht behaupten« (S. 562). In dem danach geschriebenen Brief an Engels benutzte Marx die Formulierung, »bei der ›Einseitigkeit und Borniertheit der *bürgerlichen* Verhältnisse könne sich die Individualität manchmal nur in feudaler Form geltend machen‹« (S. 336).

35. Welcker, Infamie, S. 390. In ähnlicher Weise sprachen die Berliner Akademischen Turnvereine, die 1905 eine ›Allgemeine Richtschnur bei Ehrenhändeln‹ veröffentlichten, von der »idealen in der Freiheitsliebe begründeten Seite des Duells«, die sich darin äußere, »daß der Deutsche sich sein Recht nicht verkümmern lassen will, Auge in Auge mit dem, der seine Ehre verletzt hat, zu rechten« (S. 1).
36. Zitate in der Reihenfolge: J. Kocka, Einleitung, in: ders., Bürger, S. 7–20, hier S. 14 (ähnlich ders., Bürgertum und Bürgerlichkeit als Probleme der deutschen Geschichte vom späten 18. zum frühen 20. Jahrhundert, in: ebd., S. 21–63, v. a. S. 43); M. R. Lepsius, Zur Soziologie des Bürgertums und der Bürgerlichkeit, in: ebd., S. 79–100, hier S. 96; J. Kocka, Bürgertum und bürgerliche Gesellschaft im 19. Jahrhundert, in: ders., Bürgertum 1, S. 11–76, hier S. 75.
37. H.-U. Wehler, Deutsches Bildungsbürgertum in vergleichender Perspektive, in: Kocka, Bildungsbürgertum IV, S. 215–237, v. a. S. 216, 218, 221.
38. Welcker, Infamie, S. 393; vgl. auch K. Maurer, Ehre, in: Deutsches Staats-Wörterbuch, hg. v. J. C. Bluntschli u. K. Brater, Bd. 3, Stuttgart 1858, S. 226–237.
39. C. Thümmel, Der gerichtliche Zweikampf und das heutige Duell, Hamburg 1887, S. 7; Günther, S. 106; Kohlrausch, S. 126 f.; R. v. Ihering, Der Kampf um's Recht, 2. Aufl., Wien 1872, S. 98.
40. A. Fischer, Für oder wider das Duell?, Rostock 1896, S. 9. Ähnlich P. Stauff, Das Duell, Leipzig 1908, v. a. S. 10.
41. R. Scheu, Duell und kein Ende, in: Die Fackel, Jg. 7, Nr. 196, 1906, S. 5–12, hier S. 7; J. E. Erdmann, Vorlesungen über Academisches Leben und Studium, Leipzig 1858, S. 217 f.
42. BHStA München, Abt. II, MInn Nr. 43879: Schreiben v. Abels an König Ludwig I. v. 10. 10. 1841. Derselbe Minister war 1840 von seinem Amtsvorgänger Fürst v. Oettingen-Wallerstein, über den er sich öffentlich »ehrenrührig« geäußert hatte, zum Duell gefordert worden und hatte die Forderung, als persönliche Angelegenheit, sofort akzeptiert (Kohut, S. 255).
43. DZA Merseburg, Hist. Abt. II, 2.2.1., Nr. 17834: Schreiben d. Justizministers Leonhardt v. 1. 5. 1875.
44. Bei hohen Politikern nahm diese Differenzierung zwischen Amt und Person zunehmend eine besondere, das Amt hervorhebende Färbung an. Dies zeigte sich 1865 sehr deutlich bei einem Konflikt zwischen dem preußischen Ministerpräsidenten Otto von Bismarck und dem Medizinprofessor und Fortschrittsabgeordneten Rudolf Virchow. Bismarck hatte die Äußerung Virchows im Abgeordnetenhaus, er wisse nicht, was er von Bismarcks »Wahrhaftigkeit« denken solle, als »Ausfall gegen meine Person von ganz spezifischem Charakter« gewertet, denn: »Der Herr Referent hat lange genug in der Welt gelebt, um zu wissen, daß er sich damit der technischen und spezialen Wendung ge-

gen mich bedient hat, vermöge deren man einen Streit auf das rein persönliche Gebiete zu werfen pflegt, um denjenigen, gegen den man den Zweifel von seiner Wahrheitsliebe gerichtet hat, zu zwingen, daß er sich persönlich Genugtuung fordert.« (Stenographische Berichte über die Verhandlungen des Preußischen Abgeordnetenhauses, Bd. 3, Berlin 1865, S. 1886f.). Da Virchow die von Bismarck als beleidigend empfundene Äußerung nicht zurücknahm, ließ der Ministerpräsident ihn zum Duell fordern. Virchow jedoch lehnte die Forderung ab, und auch Bismarck wurde unter Druck gesetzt, die Angelegenheit nicht weiter zu verfolgen. Der König selber schaltete sich ein und führte mit ihm »ein langes Zwiegespräch im Garten, von dem der Adjutant ferngehalten wurde«. Ludwig von Gerlach hielt Bismarcks politische Position für so exponiert, daß persönliche Angriffe daran abprallen mußten. Als Staatsmann dürfe er sich auf persönliche Ehrenhändel nicht einlassen, sondern müsse sich »auf König und Land berufen«. Bismarck selber scheint sich dieser Verpflichtung schließlich auch bewußt geworden zu sein: »Wenn ich tot geschossen würde«, äußerte er gegenüber dem Berliner Kammergerichtspräsidenten Adolph von Kleist, »risse ich ein großes Stück Königtum mit ins Grab« (Diwald, T. 2, S. 1227ff.: Schreiben v. Kleists an Ludwig v. Gerlach v. 7. u. 13. 6. 1865).

45. DZA Merseburg, Hist. Abt. II, 2.2.1., Nr. 17837; Nr. 17835.
46. GStA Berlin-Dahlem, Rep. 84 a Nr. 8040: Zusammenstellung für 1897, Fall Nr. 14; DZA Merseburg, Hist. Abt. II, 2.2.1., Nr. 17838: Schreiben des Justizministers v. 1. 8. 1897.
47. J. Fischer, Zur Duellfrage, Karlsruhe 1903, S. 21.
48. Wagener, Art. ›Ehre‹, Bd. 6, 1861, S. 660–665, Zitat S. 664.
49. Das große Conversations-Lexicon für die gebildeten Stände, hg. v. J. Meyer, 2. Abt., Bd. 13, Hildburghausen 1852, Art. ›Universitäten‹, S. 151–198, Zitat S. 169.
50. DZA Merseburg, Hist. Abt. II, 2.2.1., Nr. 17833: Auszug aus den Untersuchungsakten v. 10. 7. 1869; Schreiben des Justizministers v. 12. 8. 1869.
51. A. v. Sydow (Hg.), Wilhelm und Caroline von Humboldt in ihren Briefen, Bd. 4, Berlin 1910, S. 543.
52. Neue Preußische Zeitung, Nr. 126, 2. 6. 1861; DZA Merseburg, Rep. 92 Twesten, Nr. 18 a: Schreiben Twestens an Manteuffel v. 25. 5. 1861. – Ähnlich argumentierte 1894 der Redakteur des Berliner Satire-Blatts ›Kladderadatsch‹, Wilhelm Polstorff, der die dienstliche Tätigkeit des preußischen Gesandten Alfred von Kiderlen-Wächter mehrfach scharf kritisiert hatte und von diesem deshalb zum Duell gefordert wurde. »Polstorff erklärte, daß er den Herrn von Kiderlen nicht persönlich habe beleidigen wollen; seine Angriffe seien lediglich gegen die amtliche Tätigkeit von Kiderlens gerichtet gewesen; allerdings sei er – Polstorff – sich bewußt, daß die gedachten Angriffe, ohne die Per-

son von Kiderlens zu treffen, nicht möglich seien.« Er nahm die Forderung an und wurde schwer verletzt (ebd., Hist. Abt. II, 2.5.1., Nr. 17060: Urteil des Berliner Landgerichts II v. 1. 10. 1894). Fälle wie dieser bezeugen, daß sich die Unterscheidung von Amt und Person längst nicht immer akkurat treffen ließ.

53. Motive 1833, S. 112.
54. A. v. Boguslawski, Die Antiduellbewegung, Berlin o. J. (ca. 1901), S. 25.
55. Scheu, S. 10.
56. L. Brentano, Über die Duellfrage, in: Mitteilungen der Deutschen Anti-Duell-Liga, Nr. 29, 1909, S. 2–7, hier S. 6. Ähnlich Buddeus, S. 188; E. K. v. Bühler zu Brandenburg, Über das Duell und seine wissenschaftliche Stellung im System des Strafrechts, nebst Vorschlägen zu seiner legislativen Behandlung, Ulm 1836, S. 53: »Die Ehre läßt sich nicht mit Geld bezahlen und darf auch nicht zu einer feilen Ware herabgewürdigt werden... Die Ehre des Deutschen ist zu edel, als daß mit ihr Handel getrieben werden könnte.«
57. Zit. in: A. Corkhill, Abwandlungen des Duellrituals in der deutschsprachigen Literatur des 19. und frühen 20. Jahrhunderts, in: Neophilologus, Bd. 72, 1988, S. 244–257, hier S. 246. Zur Entwicklung des Duells in England vgl. Frevert, Bürgerlichkeit.
58. Wagener, Art. ›Zweikampf‹, S. 200.
59. Scheu, S. 7.
60. T. Mann, Der Zauberberg, Stuttgart o. J., S. 875 ff., Zitat S. 879 f.
61. K. Mann, Meine ungeschriebenen Memoiren, hg. v. E. Plessen u. M. Mann, Frankfurt 1983, S. 12, 76.
62. Roux, Paukbuch, S. 26; J. A. K. Roux, Über das Verhältnis der deutschen Fechtkunst zum Ehrenduell, Erfurt 1841, S. 10.
63. Paulsen, Universitäten, S. 485.
64. Graeser, Für den Zweikampf, S. 46. Ähnlich v. Gauvain, S. 21.
65. v. Wimpffen, S. 18.
66. Laube, Erinnerungen, S. 71.
67. Liebermann, S. 61.
68. Von den insgesamt 270 Duellen, die zwischen 1800 und 1914 in Preußen archivalisch rekonstruiert werden konnten, fanden 29 Prozent einen tödlichen Ausgang. Bedenkt man, daß solche Duelle am ehesten die Aufmerksamkeit der Polizei- und Gerichtsbehörden auf sich zogen und am wenigsten zu verheimlichen waren, läßt sich leicht ermessen, daß das Gros der tatsächlich vorgefallenen und nicht aktenkundig gewordenen Duelle ohne ernsthafte Verletzungen blieb.
69. Becker, Enthüllungen, S. 117 ff.
70. Bismarcks Briefe, S. 327 ff. Auch der ledige Heinrich Simon rechnete 1828 mit seinem Duelltod und traf seine »sämtlichen Vorbereitungen... nur für den Fall..., wenn ich erschossen oder schwer verwundet würde« (zit. in: Jacoby, Bd. 1, S. 63).

71. v. Sydow, Briefe, Bd. 4, S. 546.
72. A. Heiberg, Erinnerungen aus meinem Leben, Berlin 1897, S. 20. Vgl. auch die Argumentation Hennings und v. Mönsters in Kap. II 2.
73. Verhandlungen der Strafkammer, S. 57.
74. Neue Preußische Zeitung, Nr. 62, 13. 3. 1856.
75. H. Heine, Briefe 1831–1841 (Säkularausgabe Bd. 21), Berlin 1970, S. 422, 427; Briefe an Heine 1837–1841 (Säkularausgabe Bd. 25), Berlin 1974, S. 327.
76. L. Barbasetti, Ehren-Kodex, 3. Aufl., Wien 1908, S. 72, 83. Ebenso G. Ristow, Ehren-Kodex, Wien 1909, S. 155.
77. G. Hergsell, Duell-Codex, 2. Aufl., Wien 1897, S. 128; F. v. Bolgàr, Die Regeln des Duells, 7. Aufl., Wien 1903, S. 59f.
78. F. Czeipek, Ehren-Nothwehr und Winke für die günstige Austragung des Zweikampfes, Wien 1899, S. 12, 30; Bolgàr, S. 77; Barbasetti, S. 96; Graf de Chateauvillard, Duell-Codex, Lahr 1864, S. 21; Nachschlagebuch bei Austragung von Ehrenhändeln für den Offizier, Berlin 1891, S. 19.
79. R. Sebetič, Duell-Regeln, 4. Aufl., Graz 1887 (1. Aufl. 1879), S. 26f.
80. Kirche, Freimaurerei nebst einem Anhang: Über Wohlthätigkeit. Ein wahres Wort auf die Angriffe gegen Duell und Freimaurerei, 3. Aufl., Berlin 1858, S. 16.
81. v. Ihering, S. 21, 35, 99.
82. J. Bartunek, Die Austragung von Ehrenangelegenheiten, Wien 1912, S. 8. Zur Gleichsetzung von Duell und Krieg vgl. Leo, Über Zweikämpfe, S. 20. Der lippische Leutnant v. Heyderstädt, der sich 1820 mit einem anderen Offizier duelliert hatte, verteidigte sich so: »Der Soldatenstand ist das Werkzeug in den Händen der Fürsten, um ihre Streitigkeiten nicht mit Gründen, sondern mit den Waffen in der Hand auszumachen, und daher läßt es sich schon einigermaßen erklären, wie die einzelnen Glieder jenes Standes, wenn man das Kleine mit dem Großen vergleichen darf, ihre Streitigkeiten auf ähnliche Weise zu beseitigen suchen« (Staatsarchiv Detmold, L 77 A, Nr. 1719: Verteidigungsschrift v. 20. 1. 1821). Ähnlich Diwald, T. 2, S. 1203 (Brief Ludwig v. Gerlachs an Adolf v. Thadden v. 13. 11. 1864), v. Gauvain, S. 9, 19f.; Fischer, Für oder wider, S. 19, 22; Meyer, Was nun, S. 23; Miller, Ehre, S. 66; Der freie Student und das Duell, Karlsruhe 1904, S. 18f. 1894 nannte der Pfarrer und Reichstagsabgeordnete Schall den Krieg »ein Duell im großen« (Stenographische Berichte über die Verhandlungen des Reichstags, 9. Leg.per., II. Session 1893/94, Bd. 2, Berlin 1894, S. 1611).
83. H. Bahr, 1917, Innsbruck 1918, S. 228f. (Tagebucheintragung v. 26. 11. 1917).
84. Das Duell in seiner moralischen und gesellschaftlichen Berechtigung, S. 5.
85. Fries, S. 337.

86. Einige Bemerkungen, S. 52.
87. E. v. Hartmann, Tagesfragen, Leipzig 1896, S. 135.
88. Aschenbrenner, S. 57; Berndt, Der Zweikampf und seine heutige Bedeutung, Berlin 1862, S. 14.
89. Heine, Briefe 1831–1841, S. 409f.
90. Ebd., S. 410f.
91. Lassalle, Briefe, Bd. 4, S. 211; ähnlich Bd. 3, S. 127f.
92. I. Britschgi-Schimmer (Hg.), Lassalles letzte Tage. Nach den Originalbriefen und Dokumenten des Nachlasses, Berlin 1925, v. a. S. 269f., 280f.
93. So die Interpretation von Elias, Studien, S. 69, 83; sowie Justi, S. 82; Svarez, S. 412; P. Mantegazza, Die Physiologie des Hasses, Jena 1889, S. 284.
94. Zit. in: Jacoby, Bd. 1, S. 63.
95. BHStA München, Abt. IV, A XIII 3, Fasz. 4: Gerichtsurteil v. 13. 12. 1847.
96. Von den Gebräuchen, S. 47f.; J. W. v. Archenholz, Berichtigung einer militärischen Critic durch Kugeln, in: Minerva, Bd. 1, 1808, S. 340–344.
97. Vgl. als Fürsprecher Barbasetti, S. 89, der Duelle mit gleichzeitigem Schießen ablehnte, da sie »nicht die Möglichkeit [gewähren], Mut zu bezeugen«; als Kritiker S. K., Gesammelte Briefe, S. 254.
98. Heine, Briefe 1831–1841, S. 410. Eine andere Wendung nahm 1847 der Konflikt zwischen den hessischen Landtagsabgeordneten Konrad Georgi und Heinrich v. Gagern. Der konservative Hofgerichtsrat hatte den Liberalen v. Gagern, der ihn in einer politischen Broschüre scharf attackiert hatte, zu einem Duell auf Leben und Tod bzw. bis zur Kampfunfähigkeit fordern lassen. Diese Bedingungen lehnten Gagerns Sekundanten als zu schwer und der Streitsache nicht angemessen ab; sie schlugen statt dessen ein »einfaches« Pistolenduell vor. Georgi veröffentlichte daraufhin eine Zeitungserklärung, in der er Gagerns Angebot als »Dunst, mit welchem er vor den Augen des getäuschten Publikums den Mangel des persönlichen Mutes verhüllt«, bezeichnete (zit. in: F. Wolff, Die Ehrensache zwischen Herrn Hofgerichtsrath Georgi und Freiherrn Heinrich von Gagern, Darmstadt 1847, S. 45). Gagern jedoch, in einer politisch äußerst schwierigen Lage, enthielt sich jeder weiteren Reaktion. Seinem Vater gegenüber nannte er Georgis schwere Forderung eine Taktik, hinter der »sich nur die Feigheit verkriecht, um den Schein der Tapferkeit anzunehmen« (P. Wentzcke u. W. Klötzer (Hg.), Deutscher Liberalismus im Vormärz. Heinrich von Gagern – Briefe und Reden 1815–1848, Göttingen 1959, S. 393). Vgl. dazu auch V. Valentin, Geschichte der deutschen Revolution von 1848–1849, Bd. 1, Köln 1977, S. 179.
99. Staatsarchiv Detmold, L 77 C I, Fach 54, Nr. 3, Bd. 1: Vernehmungsprotokoll v. Donops v. 31. 3. 1842 u. v. Kerßenbruchs v. 6. 4. 1842.

100. Büsch, Von Duellen, S. 260f., hatte mit mathematischer Präzision ausgerechnet, daß die Treffchancen sich proportional zur Leibesfülle vergrößerten.
101. Über den Zweikampf, S. 3; Busson, Ritterlicher Ehrenschutz, Graz 1907, S. 79f. Ähnlich v. Wimpffen, S. 27.
102. Landeshauptarchiv Koblenz, Abt. 441, Nr. 6802: Schreiben v. 4. 7. 1826. Vgl. auch König, Aus zwei Jahrhunderten, S. 259.
103. R. Medem, Die Duellfrage, 2. Aufl., Greifswald 1890, S. 40.
104. H. Graf Coudenhove, Der Minotaur der »Ehre«. Studie zur Antiduellbewegung und Duellüge, Berlin 1902, S. 21.
105. A. v. Braunmühl, Über den Zweykampf im allgemeinen, und über die desfallsige Strafgesetzgebung in Bayern, mit besonderer Beziehung auf die Studierenden und auf die Militär-Ehren-Gerichte, Landshut 1826, S. 24; Delbrück, Preußische Jahrbücher, Bd. 84, 1896, S. 377.
106. HStA Stuttgart M 1/7 Bü 33: Auszug aus den Untersuchungsakten.
107. DZA Merseburg, Hist. Abt. II, 2.2.1., Nr. 17839: Auszug aus den Untersuchungsakten, Bericht d. 1. Staatsanwalts v. 12. 9. 1906.
108. So argumentierte 1896 Freiherr A. v. Düsterlohe (Ein Beitrag zur Duellfrage, in: Deutsches Adelsblatt, Jg. 14, 1896, S. 356–359), der »das *Sichstellen* als Hauptmoment« des Duells bezeichnete und dessen »ritterlichen Wert« »weniger in dem *Schlußakte* selbst, als vielmehr in dem *Nachdrucke*« erblickte, den das Duell dem Bemühen um persönliche Ehrenwahrung verleihe (S. 358f.). 1902 schrieb der Duellanhänger Kurt Graeser, das Wichtige am Duell sei, »daß wir uns *stellen;* der Ausgang ist ihm [dem Duellanten] völlig *gleichgültig*« (Graeser, Für den Zweikampf, S. 39).
109. Hergsell, S. 39. Auch der preußische Kompagniechef v. Dewitz meinte 1892 bzw. 1880: »Auf alle Fälle bleibt der Eindruck ein wenig guter, wenn beide Gegner nach einem Zweikampfe unverwundet heimkehren« (Ders., Zweikampf, S. 26).
110. Ristow, S. 185.
111. v. Wedel, Conventionelle Gebräuche, S. 20.
112. Ristow, S. 126.
113. DZA Merseburg, Hist. Abt. II, 2.2.1., Nr. 17832: Auszug aus den Untersuchungsakten des Oberlandesgerichts Breslau v. 6. 12. 1838. Ein ähnlicher Fall ereignete sich 1874 im Elsaß. Dort hatte der Mittelschuldirektor Dr. Wulle die Herausforderung des von ihm geohrfeigten Lehrers und Reserveoffiziers Dr. Runge nur deshalb angenommen, »weil Runge im Falle der Satisfaktionsverweigerung die schimpfliche Ausstoßung aus dem Stande der Reserveoffiziere zu gewärtigen hatte«; beim Duell selber schoß er absichtlich in die Erde (ebd., Nr. 17834: Schreiben des Justizministers v. 16. 6. 1876). Von einem ähnlichen Fall berichtete ein Akademiker, der als Student am preußisch-dänischen Krieg 1848–1851 teilgenommen hatte. Als er von einem Kommilitonen gefordert wurde, ging er, obwohl prinzipieller Duellgegner, darauf

ein, weil sein Gegner behauptete, »nur durchs Duell sich für die Gesellschaft rehabilitieren zu können, und daß ich ihm Satisfaktion schuldig wäre, weil ich ihn für die Gesellschaft seelisch tot gemacht hätte«. Allerdings faßte er den Entschluß, in die Luft zu schießen: »Um aber nicht den Schein, durch ostensibles Verfahren zur Gegenseitigkeit aufzufordern, auf mich zu laden, wartete ich den Schuß des Gegners ab, hörte an meinem linken Ohr etwas vorbeizischen, und drückte darauf mit gerade in die Höhe gehobenem Arm die Pistole ab« (Gewissenszeugnis eines Duellanten gegen das Duell von einem Schleswig-Holsteinischen Kampfgenossen 1848/51, Stettin 1897, S. 5f.).

114. Humboldt spielte hier auf den Wiener Kongreß und die Reorganisation Preußens nach dem gewonnenen Krieg gegen Frankreich an.

115. v. Sydow, Briefe Bd. 4, S. 545.

116. Humboldt an seine Frau: »Mir ist es in hohem Grade merkwürdig gewesen, und ich habe daran Erfahrungen gemacht, die ich nicht weggeben möchte« (ebd., S. 546).

117. G. v. Viebahn, Kann ein gläubiger Christ den Weg des Zweikampfes gehen? Berlin 1902, S. 22.

118. Bismarcks Briefe, S. 328f. (Brief v. 4. 4. 1852).

119. Vincke hatte Bismarck im preußischen Abgeordnetenhaus mangelnde diplomatische Diskretion vorgeworfen, worauf Bismarck von der Tribüne entgegnet hatte, Vinckes Äußerung »überschreite nicht nur die Grenzen der diplomatischen, sondern auch der gewöhnlichen Diskretion, die man von jedem Manne von Erziehung zu verlangen berechtigt ist« (ebd., S. 328).

120. Denkwürdigkeiten aus dem Leben Leopold von Gerlachs, Bd. 1, Berlin 1891, S. 747 (Tagebucheintragungen v. 23. u. 28. 3. 1852). Bismarck selber schrieb darüber an seine Schwiegermutter: »Alle Welt war mit dem Ausgang unzufrieden.« (Bismarcks Briefe, S. 329).

121. In Frankreich waren Duelle unter Politikern, Schriftstellern und Journalisten aus Anlaß politischer Meinungsstreitigkeiten sehr viel häufiger als in Deutschland; allerdings fanden sie unter Bedingungen statt (weite Distanzen und zumeist nur einmaliger Kugelwechsel bei Pistolenduellen, kurze Dauer bei Degenzweikämpfen), die Verletzungen oder gar tödliche Folgen höchst unwahrscheinlich machten. Vgl. dazu die knappen Bemerkungen bei A. J. Mayer, Adelsmacht und Bürgertum. Die Krise der europäischen Gesellschaft 1848–1914, München 1984, S. 109f.; E. Weber, France. Fin de Siècle, Cambridge/Mass. 1986, S. 218–220; Kiernan, S. 261–270.

122. v. Gerlach, Denkwürdigkeiten, S. 746f.; Bismarcks Briefe, S. 327. Bismarck selber hatte seine Duellabsichten, wie Ludwig v. Gerlach 1864 berichtete, als »pietistisch« gerechtfertigt (Diwald, T. 2, S. 1204). Zum pietistischen Umfeld Bismarcks vgl. E. Engelberg, Bismarck. Urpreuße und Reichsgründer, Berlin 1985, S. 183ff.

123. Das Duell als Emancipation der Ehre, S. 48; Kufahl/Schmied-Kowar-

zik, Duellbuch, S. 208; Riegger, S. 80; Bolgàr, S. 105; F. Czeipek, Die Ehrennotwehr, Graz 1912, S. 25.

124. HStA Stuttgart, E 200 Bü 403: Schreiben des cand. med. Franque an den Tübinger Rektor v. 6. 9. 1817. (Franque zitiert aus der Rede eines Heidelberger Burschenschafters). Vgl. dazu auch die Ausführungen bei Billacois, S. 332–337, sowie allgemeiner: J.-P. Roux, Le sang. Mythes, symboles, réalités, Paris 1988.

125. Ristow, S. 167.

126. v. Sydow, Briefe Bd. 4, S. 545f. Die Erfahrung, »daß eine zurückgenommene Beleidigung, eine Abbitte für immer einen Stachel zurückläßt, der dann nur für immer verschwindet, wenn sich Männer auch nur eine Minute mit der Waffe in der Hand gegenüber gestanden sind«, kolportiert auch B. B., Der Zweikampf. Audiatur et altera pars, Zürich 1902, S. 6.

127. Hell, S. 42f. Ähnlich Boguslawski, Die Ehre und das Duell, S. 90: »Die Bewährung in persönlicher Gefahr läßt die Streitpunkte in den Hintergrund treten und stellt das Gefühl gegenseitiger Achtung her ... *Aufrichtige Versöhnungen sind oft die Folge von Duellen.*«

128. v. Gerlach, Denkwürdigkeiten, Bd. 2, Berlin 1892, S. 402. Gerlach bemerkte dies als Kommentar zu dem bevorstehenden Duell zwischen dem Berliner Polizeipräsidenten v. Hinckeldey und dem Rittergutsbesitzer und Mitglied des preußischen Herrenhauses v. Rochow 1856. Zu dieser politisch sehr verwickelten Affäre vgl. ebd., S. 402f.; Neue Preußische Zeitung, Nr. 61, 12. 3. 1856; Nr. 66, 18. 3. 1856.

129. O. v. Boenigk, Schutz der Frauenehre, in: Der Tag, 24. 1. 1903. Ähnlich K. Binding, Der Zweikampf und das Gesetz, Dresden 1905, S. 20; E. Graf Reventlow, Ehebruch und Standesehre, in: Die Zukunft, Bd. 46, 1904, S. 283–290, v. a. S. 286.

130. Jacoby, Heinrich Simon, Bd. 1, S. 66.

131. DZA Merseburg, Hist. Abt. II, 2.2.1., Nr. 17833. Gnadengesuche der Eltern getöteter Duellanten für deren Gegner finden sich auch in den Akten Langerhans/Schulte und Nesemann/Bertram, beide 1837 (ebd., Nr. 17831).

132. Ebd., Nr. 17833: Schreiben des Justizministers v. 28. 10. 1846.

133. Ebd., Rep. 77, Tit. 114, Nr. 223, Beiakte 2, Bd. 1: Bericht des Bürgermeisters v. 20. 9. 1816.

134. Ebd.

135. v. Wedel, Conventionelle Gebräuche, S. 17, 16.

136. S. K., Gesammelte Briefe, S. 247.

137. (A. v. Kleist), Kleine Mittheilungen über Duelle, in: Militärische Blätter, Jg. 6, Nr. 34, 1864, S. 62. Daß der anonym erschienene Artikel aus Kleists Feder stammte, geht aus dessen Korrespondenz mit Ludwig v. Gerlach hervor (Diwald, T. 2, S. 1228).

138. Heine, Briefe 1831–1841, S. 204 (Brief v. 3. 5.1837).

139. Neue Preußische Zeitung, Nr. 204, 1. 9. 1864.

140. F. Mayer, Der Zweikampf. Ein sittengeschichtlicher Beitrag, Erlangen 1843, S. 29; Kohut, S. 45.
141. Erdmann, Vorlesungen, S. 63.
142. v. Wimpffen, S. 20. Zur gesellschaftlichen »Feminisierung« vgl. U. Frevert, »Wo du hingehst...« – Aufbrüche im Verhältnis der Geschlechter, in: A. Nitschke u. a. (Hg.), Jahrhundertwende. Der Aufbruch in die Moderne 1880–1930, Bd. 2, Reinbek 1990, S. 89-118, v. a. S. 100ff.
143. Abgedruckt in: A. Kirchhoff (Hg.), Die Akademische Frau. Gutachten hervorragender Universitätsprofessoren, Frauenlehrer und Schriftsteller über die Befähigung der Frau zum wissenschaftlichen Studium und Beruf, Berlin 1897, S. 27.
144. W., Offiziersbewußtsein und Demokratie, in: Allgemeine Schweizerische Militärzeitung, Jg. 59, Nr. 33, 1913, S. 259f.
145. H. Lange, Die Duelldebatten im Reichstag (1912), in: dies., Kampfzeiten, Bd. 2, Berlin 1928, S. 92–100, hier S. 97.
146. Die in den Duellhandbüchern und Offiziersratgebern des späten 19. und frühen 20. Jhs. zu findende Anweisung, bei Duellforderungen nicht zimperlich zu sein und den Begriff der Satisfaktionsfähigkeit möglichst weit zu fassen, kann in diesem Sinne als Aufforderung gedeutet werden, Männlichkeit durch besonders forsches, jeden Feigheitsverdacht entschieden dementierendes Verhalten zu demonstrieren (vgl. dazu Kap. IV 4). Daß es nottat, den traditionellen Männlichkeitsgestus derart ostentativ zu betonen und zu verstärken, läßt eine große Verunsicherung durch »entmännlichende« Gegenkräfte, z. B. die Frauenbewegung, vermuten.
147. Pockels, Bd. 2, Hannover 1806, S. 337ff.; Bd. 3 (1806), S. Xff.; Bd. 4 (1808), S. 17, 202ff.
148. Welcker, Infamie, S. 387, 389f.
149. BHStA München, Abt. IV, A XIII 3, Fasz. 4a: Bericht v. 7. 9. 1881. Zum Duell als »Mutprobe«, als ein »Verfahren, die Mannes- oder wenn man will, die Kavalierseele auf ihren Gehalt an physischem Mut zu prüfen«, vgl. auch Thomsen, Zweikampf und Strafrechtspolitik, in: Deutsche Juristen-Zeitung, Jg. 7, 1902, S. 134–137, hier S. 135.
150. Ristow, S. 156, 178, 83; Barbasetti, S. 28, 95, 80. Nur dann, wenn jemand »wiederholt Proben seines Mutes abgelegt« hatte, konnte er es riskieren, sein Verhalten abzubitten (v. Bolgàr, S. 24; L. M. Blasel, Die Regeln des Zweikampfes, Wien 1901, S. 7).
151. Gewissenszeugnis, S. 6.
152. Münchner Neueste Nachrichten, 22. 6. 1898, Vorabendblatt, S. 4 (Bericht über die Schwurgerichts-Verhandlung); Staatsarchiv München, Staatsanwaltschaft beim Landgericht München I, Stanw Nr. 7182: Protokoll d. Schwurgerichts-Sitzung v. 20. 6. 1898.
153. Lassalle, Briefe 3, S. 128f. (Brief an K. Marx v. 4. 6. 1858). Vgl. auch Buddeus, Duell, der der Meinung war, daß sich hinter dem »passiven Mut«, eine Duellforderung abzulehnen, »nur zu häufig« Feigheit ver-

stecke, »daß er mindestens das Glaubensbekenntnis des Trägen ausmacht« (S. 188).

154. v. Boguslawski, Ehre, S. 2, 4: Die Ehre des »Kriegerstandes« umfasse die »Bewährung des physischen Mutes, die Verachtung der Gefahr«. »Dem Feigen«, meinte Boguslawski mit Blick auf *alle* Männer, »muß man die Ehre von vornherein absprechen.«
155. Delbrück, Preußische Jahrbücher, Bd. 84, 1896, S. 376. – M. Liepmann, Die Beleidigung, Berlin 1909, S. 13. – Paulsen, Universitäten, S. 346. Ähnlich O. H. Hopfen, Die Berechtigung des Zweikampfes, in: Die Gesellschaft, 1901, S. 280–289. Auch der einflußreiche Rechtslehrer Rudolf von Ihering betonte in seinem hohe Auflagen erreichenden Buch ›Der Kampf um's Recht‹ den engen Zusammenhang von Mut, Kampf und Männlichkeit. Männern das Recht zur persönlichen, gewaltsamen Zurückweisung einer Ehrenbeleidigung streitig zu machen, zeugte seiner Ansicht nach von »Unmännlichkeit« und »sittlichem Castraten«tum (S. 95 f.).
156. Delbrück, S. 377.
157. G. Freytag, Erinnerungen aus meinem Leben, Leipzig 1887, S. 328 (Hervorhebung von UF).
158. Paulsen, Universitäten, S. 471.
159. BHStA München, Abt. IV, A XIII 3, Fasz. 4 a: Wochenbericht des schwäbischen Regierungspräsidenten v. 21. 12. 1869.
160. Paulsen, Universitäten, S. 473.
161. Zit. in: Marianne Weber, Max Weber, S. 80. Zur Bedeutung dieses Formalitäts-Gestus für den deutschen »Nationalcharakter« vgl. Elias, Studien, passim.
162. Stenographische Berichte über die Verhandlungen des Preußischen Herrenhauses in der Session 1907, Berlin 1907, Sp. 173. Ähnlich argumentierte 1914 Kriegsminister v. Falkenhayn, als er die Beleidigung eines Ehrenmannes für eine »doppelte Schmach« erklärte, »weil sie gleichzeitig die Anzweifelung der Mannhaftigkeit des Beleidigten ist« (Verhandlungen des Reichstags, Bd. 294, Stenographische Berichte, Berlin 1914, S. 8071). Andernorts führte er aus: »Wer einen anderen wörtlich oder tätlich beschimpft, wer in den Frieden seines Hauses einbricht usw., der beweist damit, daß er glaubt, dieser andere werde sich so etwas bieten lassen. Er zeigt diesem Nichtachtung; er bezweifelt seine Mann- und Wehrhaftigkeit, seine Wehrbereitschaft. Das darf der Beleidigte nicht auf sich sitzen lassen« (GStA Berlin-Dahlem, Rep. 84 a, Nr. 8037: Votum v. Falkenhayns v. 22. 4. 1914).
163. DZA Merseburg, Hist. Abt. II, 2.2.1., Nr. 17838: Bericht des Justizministers v. 28. 8. 1896.
164. Bleich, T. 2, S. 261.
165. G. v. Glasenapp, Die Berechtigung des Duells, in: Baltische Monatsschrift, Jg. 40, 1898, S. 468–485, hier S. 477.
166. Beispiele: A. Schloenbach, Sie will sich duellieren, in: Die Garten-

laube, Nr. 32, 1865, S. 497–500; Nr. 33, S. 513–516; E. Werner, Heimatklang, in: Schorers Familienblatt, Bd. 4, 1887, S. 135.

167. Czeipek, Die Ehrennotwehr (1912), S. 20.

168. Hergsell, S. 68; ebenso Ristow, S. 119. Der gleichen Meinung war auch E. v. Hofmannsthal, der 1910 in Wien einen ›Ehrenkodex für Duellgegner‹ veröffentlichte, worin er Frauen zwar das Recht zubilligte, »für sich selbst einzutreten«, andererseits aber empfahl, daß Männer, die von einer Frau beleidigt worden waren, »sich an den zunächst berechtigten Herrn« wandten (S. 25 f.).

169. DZA Merseburg, Hist. Abt. II, 2.2.1., Nr. 17834: Bericht des Justizministers v. 22. 8. 1876.

170. Ristow, S. 118; Hergsell, S. 67 f.

171. Marianne Weber, Max Weber, S. 473, 478.

172. J. Kraus, Das Rechtsgut der Ehre, Wien 1905, S. 27, identifizierte weibliche Ehre mit dem »sozialen Urteil über die geschlechtliche Integrität des Weibes«. Carl Welcker hatte 1847 geschrieben: »Vor allem aber knüpft sich bei dem Weibe an die Verletzung weiblicher Schamhaftigkeit und Keuschheit, bei dem Manne an unmännliche Feigheit der Verlust von Ehre und Achtung« (C. Welcker, Art. ›Geschlechtsverhältnisse‹, in: Staats-Lexikon, Bd. 5, 1847, S. 654–679, hier S. 663). Aus Lichtenbergs ›Sudelbüchern‹ stammt die drastische, zeitgenössische Vorstellungen aber treffend wiedergebende Formulierung: »Bei dem Frauenzimmer fällt der Sitz des Point d'honneurs mit dem Schwerpunkt zusammen, bei den Mannespersonen liegt er etwas höher, in der Brust, um das Zwerchfell herum« (Aphorismen, S. 33). Ähnlich A. Frhr. v. Eberstein, Über Ehre, Leipzig 1899, S. 7; ders., Über die Ehre und falsche Ehrbegriffe, Leipzig 1894; Boguslawski, Die Ehre und das Duell, S. 2; Wagener, Art. ›Ehre‹, S. 662; S. v. Korwin-Dzbànski, Krieg und Duell, Wien 1907, S. 18; Lasson, S. 549 f.; Maurer, Ehre, S. 227.

173. DZA Merseburg, Hist. Abt. II, 2.2.1., Nr. 17839: Auszug aus den Untersuchungsakten v. 13. 11. 1906; Bericht des Justizministers v. 4. 12. 1906.

174. K. Graeser, Der Zweikampf. Eine Studie, 2. Aufl., Heidelberg 1911, S. 25; Kraus, S. 31.

175. So z. B. Kraus, S. 27. Als seltenes Gegenbeispiel: Reventlow, Ehebruch, S. 285.

176. DZA Merseburg, Hist. Abt. II, 2.2.1., Nr. 17839: Bericht des Justizministers o. D.

177. BA-MA Freiburg, RM 31/v. 1850: Verteidigungsschrift v. 31. 10. 1899; Erkenntnis des Ehrengerichts v. 11. 11. 1899.

178. DZA Merseburg, Hist. Abt. II, 2.2.1., Nr. 17839: Auszug aus den Untersuchungsakten v. 12. 9. 1906.

179. Vgl. dazu H. Budjuhn, Fontane nannte sie »Effi Briest«. Das Leben der Elisabeth von Ardenne, Berlin 1985.

180. Deutsche Tages-Zeitung, 15.4. 1913: »Die Duellfrage in der Budgetkommission«.
181. Erinnerungen der Malerin Louise Seidler, hg. v. H. Uhde, Berlin 1922, S. 16.
182. Dies war u. a. einem Fortsetzungsroman zu entnehmen, der 1823 im ›Bremischen Unterhaltungsblatt für Leser aus allen Ständen‹ abgedruckt war und den Titel ›Der Liebe Opfer‹ trug: Als ein Leutnant, der die Ehre seiner Braut Sophie durch ein *bon mot* gekränkt glaubte, dessen Urheber im Duell tötete, betrübte es zwar Sophiens »Zartgefühl..., die schuldlose Ursache eines Zweikampfes geworden zu sein«, doch pochte »ihr liebevolles, dankerfülltes Herz dem Retter ihrer Ehre mit inniger Sehnsucht entgegen« (Bremisches Unterhaltungsblatt, Nr. 39, 16. 5. 1823, S. 154).
183. Stolberg, Büchlein, S. 88. – Das Duell als Emancipation der Ehre, S. 114. Eine literarische Behandlung dieses Themas findet sich bei C. A. Buchholz, Emanuels Lehrjahre oder des Lebens Ansichten, T. 1, Zürich 1807, S. 107.
184. Coudenhove, S. 36.
185. Angedeutet wurde diese Variante doppelter Moral in einer Diskussion über den Verlust der Satisfaktionsfähigkeit, der an erwiesene Unehrenhaftigkeit gebunden sein sollte. »Gewisse Verstöße gegen die Sittlichkeit (anstößiger Verkehr mit Frauen und Mädchen)«, stand 1907 in einem Duellratgeber zu lesen, »gelten in der Regel nicht als entehrend.« Weiter hieß es: »Es würde gewiß allseits für lächerlich gelten, wenn jemand einem Menschen die Genugtuung absprechen wollte, weil er z. B. des andern Braut geküßt hat« (Busson, S. 38, 42). Jener »Mensch« konnte folglich vom legitimen Bräutigam zum ehrenhaften Duell gefordert werden, das die Ehre beider Männer wiederherstellte. Ob dadurch auch der Makel, der an der Ehre der unrechtmäßig geküßten Braut haftete, getilgt wurde, bleibt hingegen mehr als fraglich. So maß etwa die öffentliche Meinung des Harzer Städtchens Blankenburg der Braut des Oberleutnants Granier, die 1909 von dessen Kameraden Zwitzers sexuell belästigt worden war und ihrem Bräutigam davon erzählt hatte, »die Hauptschuld« an dem daraufhin anberaumten Duell zwischen Granier und Zwitzers bei (Berliner Tageblatt, 29. 6. 1909).
186. R. Graf Czernin, Die Duellfrage, Wien 1904, S. 140. Ähnlich: Das Duell als Emancipation der Ehre, S. 114; Mantegazza, S. 288 f.
187. Verhandlungen der 50. Generalversammlung, S. 193. Ähnlich M. Erzberger, Duell und Ehre, Paderborn 1913, S. 94. In einer Münchner katholischen Zeitschrift hieß es 1907: »Man kann nicht selten die Erfahrung machen, daß katholische Töchter, und auch solche in vorgerücktem Alter, für einen katholischen Studenten Geringschätzung, selbst Hohn übrig haben, während ein tätowierter Korpsstudent oder ein zerhackter Burschenschafter zum Abgott wird« (zit. in: O. F.

Scheuer, Studentenmensur und Sexualität, in: Zeitschrift für Sexualwissenschaft und Sexualpolitik, Bd. 15, 1929, S. 460–465, hier S. 465).

188. F. Paulsen, System der Ethik mit einem Umriß der Staats- und Gesellschaftslehre, Berlin 1889, S. 451.

189. So kam beispielsweise dem Duellanten und Festungshäftling Heinrich Simon nach Auskunft Jacobys in der »guten« Gesellschaft der Stadt Glogau »schon um seines Schicksals willen, namentlich in der Frauenwelt, mannigfaches Interesse entgegen« (Jacoby, Bd. 1, S. 83). Solche Sympathien kommentierten auch C. Helfer, Das Duell vor dem Forum der Vernunft, Innsbruck 1887, S. 6; Buddeus, S. 154; v. Boguslawski, Antiduellbewegung, S. 32; v. Below, Duell in Deutschland, S. 62; A.W. v. Dietel, Kein Duell mehr!, Dresden 1901, S. 8; H. Fischer, Über das Duell vom ethischen Standpunkt, in: Die Gesellschaft, Jg. 18, 1901, S. 139–150, v. a. S. 148; A. v. Oettingen, Zur Duellfrage, Dorpat 1889, S. 88, 92. – Beispiele der häufig von Frauen geschriebenen duellkritischen Trivialliteratur: M. Bartels, Eine Lilie im Thal, Hannover 1865; F. v. Erlburg, Ein Duell, Mainz 1871.

190. Schon Fichte schrieb 1796: »So verzeiht überhaupt das andere Geschlecht dem unsrigen alles andere; nur nicht Feigheit, und Schwäche des Charakters« (J. G. Fichte, Grundlage des Naturrechts nach Prinzipien der Wissenschaftslehre, Hamburg 1979, S. 307; ähnlich Pockels, Bd. 4, S. 202 ff.).

191. G. Weerth, Vergessene Texte. Werkauswahl Bd. II, Köln 1976, S. 149.

192. v. Sydow, Briefe Bd. 4, S. 547, 564.

193. Lassalle, Briefe Bd. 4, S. 212 (Brief v. 6. 6. 1858).

194. v. Boguslawski, Antiduellbewegung, S. 32.

195. F. v. Stenglin, Frauenemancipation und Ritterlichkeit, in: Deutsches Adelsblatt, Jg. 13, 1895, S. 867–869, hier S. 867.

196. Lange, Duelldebatten, S. 99.

VII. Die Götterdämmerung des Duells im 20. Jahrhundert

1. Diese Popularität zeigte sich auch daran, daß bürgerliche Familienzeitschriften das Thema aufgriffen und zur Diskussion stellten, wie z. B. Schorers Familienblatt, das ihm 1887 als einer der »wichtigsten Fragen des deutschen Lebens« ein ganzes Heft widmete. Pro- und Contrapositionen kamen darin etwa gleichgewichtig zu Wort (Schorers Familienblatt. Salon-Ausgabe, Bd. 4, Berlin 1887, S. 141–165).
2. Delbrück, Preußische Jahrbücher, Bd. 84, 1896, S. 375.
3. Stenographische Berichte über die Verhandlungen des Preußischen Herrenhauses in der Session 1907, Berlin 1907, Sp. 169, 172.
4. Stenographische Berichte über die Verhandlungen des Reichstages, 9. Legislaturperiode, IV. Session 1895/97, Bd. 3, Berlin 1896, S. 1837.

Ähnlich äußerte sich 1903 der Vorstand des Verbandes deutscher evangelischer Pfarrvereine in einer Eingabe an den Kaiser: »Die getäuschte Erwartung, es werde auf dem Wege staatlicher und kirchlicher Gesetzgebung die Wahrung der persönlichen Ehre ohne Selbsthülfe sich erzielen lassen, ist Ursache wachsender Verstimmung in weiten Kreisen der Bevölkerung geworden. Dem zu steuern, soviel an uns ist, haben wir Geistlichen als unsere Aufgabe erkannt; denn der Unzufriedenheit mit der bestehenden Gesellschaftsordnung und dem Klassenhaß, welche ohnedies genugsam ausgebeutet werden, sehen wir dadurch Vorschub geleistet« (DZA Potsdam, 30.01. RJM, Nr. 6225: Eingabe v. 14. 1. 1903).

5. R. J. Evans (Hg.), Kneipengespräche im Kaiserreich. Die Stimmungsberichte der Hamburger Politischen Polizei 1892–1914, Reinbek 1989, S. 186 f. (Polizeibericht v. 13. 4. 1896); Staatsarchiv München, Pol. Dir. 399/2: Polizeibericht v. 8. 11. 1896.
6. Dafür spricht auch die Aufnahme eines Duell-Kapitels in ein 1896 publiziertes Benimm-Buch, das, wie die Autorin erläuterte, auf diese Weise zu einem »brauchbaren Nachschlagebuch auch für die Herrenwelt« gestaltet werden sollte (H. v. Düring-Oetken, Zu Hause, in der Gesellschaft und bei Hofe. Eine Schilderung des gesellschaftlichen Lebens, Berlin 1896, S. IV). General H. v. Kretschman informierte seine Leser darin über die bei einem Duell zu beachtenden Verhaltensregeln und fand folgende doppelgleisige Rechtfertigung: »So lange die Gesellschaft diesen Weg zur Wiederherstellung der gekränkten Ehre nicht allein billigt, sondern mit Bestimmtheit fordert, muß der Einzelne sich fügen und zwar um so mehr, als die Wahrung der Ehre durch Einsetzen der Person dem männlichen Charakter als eine Notwendigkeit erscheint« (ebd., S. 389–415, hier S. 411 f.).
7. G. Frhr. v. Vietinghoff-Scheel, Das Duell, Riga 1901, S. 21.
8. H. Swoboda, Die Motive des Duells, in: Österreichische Rundschau, Jg. 14, 1907, S. 410–419, v. a. S. 419; ähnlich v. Schulmann, S. 65, 76.
9. Zwei Beispiele für viele: 1880 fand zwischen den beiden Göttinger Studenten Wigand und Oltendorf ein Säbelduell statt, dem ein Wirtshausstreit vorangegangen war. Wigand war über Oltendorfs Hund gestolpert und hatte daraufhin Äußerungen fallengelassen, die Oltendorf als beleidigend empfand (DZA Merseburg, Hist. Abt. II, 2.2.1., Nr. 17835). 1882 duellierten sich in Berlin der Medizinstudent Popken und der Bankier Ekkenhoff auf Pistolen; Eckenhoff wurde tödlich getroffen. Anlaß war ein Streit in einem Café, in dessen Verlauf das Wort »Lümmel« fiel und sofort zum Austausch der beiderseitigen Karten führte (ebd., Nr. 17836).
10. Dies war auch der Tenor eines von allen Parteien gebilligten Gesetzentwurfs, den der Reichstag 1914 verabschiedete. Um die von vielen Abgeordneten namentlich des konservativen und nationalliberalen Lagers gutgeheißenen »seriösen« Zweikämpfe von der überflüssigen

Spreu zu scheiden, sollten »freventlich« verschuldete Duelle fortan nicht mehr mit ehrenvoller Festungshaft, sondern mit Gefängnis bestraft werden. Dieser Neuerungsvorschlag, der von den meisten preußischen Ministern in Anlehnung an das negative Votum des Kriegsministers abgelehnt wurde, fand sich ebenfalls in den Entwürfen der Strafrechtskommission des Reichsjustizministeriums von 1913 und 1919 (GStA Berlin-Dahlem, Rep. 84 a, Nr. 8037: Voten der Minister, April/ Mai 1914; Entwürfe zu einem Deutschen Strafgesetzbuch, Berlin 1920, passim).

11. Vgl. dazu die Ausführungen bayerischer Offiziere (v. Berchem u. Staubwasser) von 1904, in: BHStA München, Abt. IV, MKr. Nr. 11097.
12. A. Wagner, Meine Duellangelegenheit mit dem Freiherrn von Stumm, in: Die Zukunft, Bd. 10, 1895, S. 408–427. Vgl. dazu auch DZA Merseburg, Hist. Abt. II, 2.2.1., Nr. 17838: Bericht des Saarbrückener Staatsanwalts v. 15. 8. 1895. Ähnlich wie Wagner argumentierte z. B. der Akademiker R. v. Höchstkamp, Ehre, Zweikampf und Gesetzgebung, Leipzig 1900, v. a. S. 11, 19 f. Auch Max Weber, der öffentlich für Wagner Partei ergriff (Mommsen, S. 106 f.), vertrat diese Ansicht, wie seine auf Stumm gemünzte Bemerkung über »jene widerwärtige Erscheinung des industriellen Briefadels mit seiner gerade für Anhänger des Zweikampfes [sic] wahrhaft ekelhaften öffentlichen Duellrenommage« bezeugt (Die Verhandlungen des achten Evangelisch-sozialen Kongresses abgehalten zu Leipzig am 10. und 11. Juni 1897, Göttingen 1897, S. 110 f.).
13. v. Braunmühl, Über den Zweykampf, S. 18 f.
14. So bei Brentano, Duellfrage, S. 6; Liepmann, Duell und Ehre, S. 27.
15. Die Arbeiterzeitung ›Der Botschafter‹ berichtete 1869 in einer Zuschrift aus Bielefeld von der Duellforderung eines Zigarrenarbeiters an einen Kollegen, von dem er sich beleidigt fühlte – aus der Sicht der Zeitung ein Kuriosum (U. Engelhardt, »Nur vereinigt sind wir stark«. Die Anfänge der deutschen Gewerkschaftsbewegung 1862/63 bis 1869/ 70, Bd. 1, Stuttgart 1977, S. 94 f.). 1872 forderte der Lassalleaner und Schuhmachergeselle Otto Armborst den Berliner Schuhmachermeister Rothbart, der ihn verprügelt hatte, auf Pistolen. »Begründung der Form der Forderung: Die durch das, wenn auch erfolglos gewesene, Kandidatentum zum Reichstag erlangte Qualifikation als Kavalier seitens Armborsts«. Rothbart ließ sich davon nicht beeindrucken, sondern zeigte den selbstbewußten Gesellen an. Armborst wurde zu 3 Monaten Haft verurteilt (Concordia. Zeitschrift für die Arbeiterfrage, Nr. 26, 27. 6. 1872, S. 208). Zu den Zweikämpfen zwischen Marineheizern bzw. Friseurgehilfen vgl. Stenographische Berichte über die Verhandlungen des Reichstags, 10. Legislaturperiode, II. Session 1900/ 1903, Bd. 5, Berlin 1902, S. 4090; Verhandlungen des Reichstags, 13. Legislaturperiode, I. Session. Stenographische Berichte, Bd. 294, Berlin 1914, S. 8083.

16. DZA Merseburg, Hist. Abt. II, 2.2.1., Nr. 17834. Anlaß dieses Duells war ein Streit, den der 21jährige Kellner Liesecke damit beendete, daß er von seinem Kollegen Kraemer verlangte, sich mit ihm »auf Messer« zu schlagen. Kraemer dagegen »proponierte ein Duell auf Pistolen« (ebd.: Auszug aus den Untersuchungsakten v. 12. 7. 1871). Der Justizminister empfahl dem König, die Gnadenbitte der zu jeweils 3 Monaten Einschließung verurteilten Kellner abzulehnen, da es die »Rücksichten« auf ihre Ehre und ihren Ruf nicht erforderten, »sich auf den Zweikampf einzulassen und sich dadurch einer Gesetzesübertretung schuldig zu machen, wie dieses in ähnlichen Fällen häufig der Fall ist und zugunsten der Verurteilten in Betracht kommt«.
17. Waren zwischen 1800 und 1869 immerhin noch 101 Adlige an den in Preußen dokumentierten Duellen beteiligt gewesen, sank ihre Zahl – bei allgemein zunehmender Duellhäufigkeit – zwischen 1870 und 1914 auf 58. Vgl. die Duellstatistik im Anhang.
18. Vgl. dazu A. v. Bourbon und Österreich-Este, Kurzgefaßte Geschichte der Bildung und Entwicklung der Liga wider den Zweikampf und zum Schutze der Ehre in den verschiedenen Ländern Europas von Ende November 1900 bis 7. Februar 1908, Wien 1909. Zur ADL vgl. auch Slawig, S. 326–416.
19. Schutz der Ehre und Bekämpfung des Duells. Leipziger Besprechung am 19. Oktober 1901, Köln o. J., S. 37. Außerdem unterschrieben 160 Juristen, 137 Ärzte, 95 Professoren und Oberlehrer.
20. Der Vorentwurf zu einem Deutschen Strafgesetzbuch und der Zweikampf. Eine kritische Untersuchung, veröffentlicht vom Vorstande der Ortsgruppe Köln der ADL (o. D., ca. 1905), in: GStA Berlin-Dahlem, Rep. 84a, Nr. 8037.
21. Aufruf der deutschen Anti-Duell-Liga v. Dezember 1903, in: BHStA München, Abt. II, MInn Nr. 72423.
22. Compte Rendu du Ier Congrès International contre le Duel, Budapest o. J. (1908), S. 20 ff.
23. Vgl. bes. v. Boguslawski, Antiduellbewegung, sowie Hell.
24. v. Viebahn, S. 25. Dieser Beitrag war zuerst in der Zeitschrift ›Schwert und Schild. Vierteljahrschrift zur Förderung persönlichen Christentums, den Offizieren der deutschen Armee und Marine dargeboten‹ erschienen.
25. Compte rendu, S. 102 f., 108. Ähnlich argumentierte 1912 der Münsteraner Professor H. Naendrup, Duell und Ehrenschutz, Münster 1912, S. 26. Diese Haltung trug der ADL die Kritik der SPD ein, ein »Verein zur Bekämpfung des Duells mit unbedingter Satisfaktion« zu sein (Verhandlungen des Reichstags, Bd. 294, Stenographische Berichte, Berlin 1914, S. 8091).
26. E. Jünger, In Stahlgewittern, 30. Aufl., Stuttgart 1986, S. 7.
27. P. Witkop (Hg.), Kriegsbriefe gefallener Studenten, München 1928, S. 16, 11, 15; ähnliche Erfahrungsberichte S. 58, 100.

28. Für eine solche positive Sanktionierung sprachen sich die Abgeordneten der DVP und DNVP aus, während Zentrum, SPD und USPD dagegen votierten. Reichswehrminister Noske (SPD) allerdings plädierte ebenso wie der preußische Kriegsminister dafür, die Dinge in der Schwebe zu halten, d. h. *keine* verfassungsmäßige Aufhebung der militärischen Ehrengerichte zu veranlassen (Verhandlungen der verfassungsgebenden Deutschen Nationalversammlung, Bd. 328, Stenographische Berichte, Berlin 1920, S. 1475–1487, 2118–2120).
29. Vgl. dazu H.-A. Jacobsen, Militär, Staat und Gesellschaft in der Weimarer Republik, in K. D. Bracher u. a. (Hg.), Die Weimarer Republik 1918–1933, 2. Aufl., Bonn 1988, S. 343–368, v. a. S. 355 ff.; M. Geyer, The Past as Future: The German Officer Corps as Profession, in: G. Cocks u. K. H. Jarausch (Hg.), German Professions, 1800–1950, New York 1990, S. 183–212, v. a. S. 198 ff.
30. BA-MA Freiburg, RM 27 I/v. 37: Verfügung des Chefs der Marineleitung v. 7. 6. 1921; Ergänzung v. 2. 4. 1925.
31. Ebd.: Bericht der Inspektion des Bildungswesens der Marine v. 10. 10. 1922.
32. Ebd.: Entscheidung des Chefs der Marineleitung v. 21. 7. 1924.
33. Ebd.
34. Ebd., RH 7/v. 7: Vorschriften zur Wahrung der Ehre in der Armee v. 15. 5. 1926.
35. Bericht des Ausschusses für Rechtspflege über den Entwurf eines Gesetzes zur Vereinfachung des Militärstrafrechts v. 11. 11. 1925, in: Verhandlungen des Reichstags, Bd. 405: Anlagen zu den Stenographischen Berichten, Berlin 1926, S. 14 ff.
36. Ebd., S. 24 (Gessler); Verhandlungen des Reichstags, III. Wahlperiode 1924, Stenographische Berichte, Bd. 388, Berlin 1926, S. 5290 (Frick).
37. BA Koblenz, R 43 I/1218: Schreiben des Reichspräsidenten an Justizminister Marx v. 26. 3. 1926.
38. DZA Potsdam, 30. 01. RJM, Nr. 6226: Protokoll v. 19. 3. 1926.
39. BA Koblenz, R 43 I/1218: Vermerk über die Sitzung des Interfraktionellen Ausschusses des Reichstags v. 16. 4. 1926; Bericht über die Sitzung des preußischen Staatsministeriums v. 20. 4. 1926.
40. Politischer Kampf gegen eine Ehrenordnung, in: Staat und Wehrmacht (Deutsches Offizierblatt), 5. 5. 1922.
41. Abkommen über die Behandlung von Ehrenstreitigkeiten, in: Academia. Monatsschrift des CV der katholischen deutschen Studentenverbindungen, Jg. 39, 1927, S. 237–239. Bereits 1922 hatte der bayerische Landesverband des Deutschen Offizier-Bundes (DOB) nebst anderen bayerischen Offizierverbänden mit Münchener Studentenverbindungen, schlagenden wie nichtschlagenden, ein »Münchener Ehrenabkommen« abgeschlossen, das die Verweigerung der Waffengenugtuung aus »religiöser oder sittlicher Überzeugung« anerkannte (abgedruckt in: H. Hagen, Akademischer Ehrenschutz für die Gegner des Zwei-

kampfes, in: ders. (Hg.), Ehre und Ehrenschutz des katholischen Akademikers, München 1925, S. 57–81, hier S. 76–81). Die Bundesleitung des DOB vertrat damals allerdings noch den Standpunkt, »daß ein Offizier, der auf Grund religiöser oder sittlicher Überzeugung die Genugtuung mit der Waffe ablehne, sich damit in schroffen Gegensatz zu den Auffassungen des Offizierstandes setze« (ebd., S. 65).

42. DZA Potsdam, 30. 01. RJM, Nr. 6227: Erlanger Verbände- und Ehrenabkommen v. 12. 11. 1922, revidiert am 15. 4. 1927; Würzburger Einigungserklärung v. 9. 5. 1926; Hagen, S. 63 f., 73–75; Handbuch für den Deutschen Burschenschafter, hg. v. H. Haupt, 4. Aufl., Frankfurt 1927, S. 290–305.
43. Vgl. dazu Jarausch, Deutsche Studenten, S. 125 ff.; M. H. Kater, Studentenschaft und Rechtsradikalismus in Deutschland 1918–1933, Hamburg 1975, S. 19 ff.
44. GStA Berlin-Dahlem, Rep. 84 a, Nr. 8037: Schreiben v. 26. 5. 1919.
45. Ebd.: Schreiben des Kasseler Regierungspräsidenten an den preußischen Justizminister v. 10. 7. 1919.
46. Vgl. dazu Kohlrausch, v. a. S. 142 f.
47. Entwurf der Strafrechtskommission (1913), S. 72, in: Entwürfe.
48. Ebd.: Entwurf von 1919, S. 68 f.; Denkschrift zu dem Entwurf von 1919, S. 248.
49. GStA Berlin-Dahlem, Rep. 84 a, Nr. 8038: Am 25. 2. 1920 wandte sich das badische Justizministerium an die Justizministerien der anderen Länder und bat sie ebenfalls um eine Stellungnahme, um ein einheitliches Vorgehen zu gewährleisten. In dem Schreiben hieß es: »Nachdem jedoch die Staatsanwaltschaft wegen der Nichtverfolgung der Schlägermensuren neuerdings in erhöhtem Maße angegriffen und ihr sogar der Vorwurf gemacht wird, daß sie in einseitiger Weise strafbare Handlungen der Studentenschaft unverfolgt lasse, während sie rücksichtslos gegen Verfehlungen der Arbeiterschaft vorgehe, halten wir es aus politischen Gründen für erforderlich, zu dieser Frage erneut Stellung zu beziehen.«
50. DZA Merseburg, Rep. 77, Tit. 114 Nr. 223, Bd. 2: Schreiben des Frankfurter Referendars W. Krämers v. 24. 11. 1919; Schreiben des DDP-Abgeordneten Waldstein v. 28. 11. 1919; Schreiben des preußischen Innenministers v. 30. 11. 1919; Schreiben des preußischen Wissenschaftsministers v. 31. 12. 1919.
51. DZA Potsdam, 30. 01. RJM, Nr. 6226: Schreiben des Oberreichsanwalts Ebermayer v. 26. 4. 1926 mit Anlagen; Nr. 6227: Beschluß der Vereinigten Strafsenate des Reichsgerichts v. 15. 5. 1926. – GStA Berlin-Dahlem, Rep. 84 a, Nr. 8038: Erlaß des badischen Justizministers v. 15. 7. 1926; Stellungnahme Badens zur Zweikampffrage, übersandt am 28. 2. 1927; DZA Potsdam, 30. 01. RJM, Nr. 6227: Schreiben des badischen Reichskommissars v. 25. 4. 1933.
52. GStA Berlin-Dahlem, Rep. 84 a, Nr. 8038: Protokoll der Besprechung

im preußischen Staatsministerium v. 13. 10. 1926; Vermerk v. 27. 10. 1926.

53. Vgl. dazu die Beratungen und Aufzeichnungen auf Reichsebene (in: BA Koblenz, R 43 I/1218: Vermerk v. 8. 9. 1926; Schreiben des Reichsinnenministers v. 7. 10. 1926) und in Preußen (DZA Merseburg, Rep. 76-Va, Sekt. 1, Tit. XII, Nr. 11, Bd. IV: Berichte verschiedener städtischer und Landesbehörden 1926, daß in ihren Bezirken die Polizei nicht angewiesen werde, sich um Mensuren zu kümmern).

54. DZA Merseburg, Rep. 76-Va, Sekt. 1, Tit. XII, Nr. 11, Bd. III: Schreiben des Merseburger Regierungspräsidenten Grützner v. 20. 8. 1926; Schreiben des Hallenser Universitätskurators v. 28. 8. 1926; GStA Berlin-Dahlem, Rep. 84 a, Nr. 8038: Protokoll einer Besprechung im preußischen Staatsministerium v. 13. 10. 1926.

55. DZA Merseburg, Rep. 76-Va, Sekt. 1, Tit. XII, Nr. 11, Bd. III: Schreiben v. 28. 8.1926.

56. Berechnet nach: Jarausch, Deutsche Studenten, S. 157. A. Faust (Der Nationalsozialistische Deutsche Studentenbund. Studenten und Nationalsozialisten in der Weimarer Republik, Bd. 1, Düsseldorf 1973, S. 121 ff.) zählt für das SS 1930 in den »wichtigsten« studentischen Verbänden etwa 67 000 Mitglieder, von denen 36 500, d. h. 54 %, schlagenden Korporationen angehörten.

57. Darauf spielte 1922 der Mindener Oberpostinspektor Hermann Hasselbach an, der beim preußischen Wissenschaftsminister in Sachen Mensurverbot intervenierte: »Wenn die Mensur untersagt würde, fiele auch die Protektion, die die Alten Herren ihren jüngeren Korpsbrüdern angedeihen lassen, von selbst fort. Wie ich bestimmt weiß, ist die Zugehörigkeit zu einer schlagenden Verbindung die Empfehlung, auf die sich der um eine Stellung bewerbende Akademiker stützt. Nichtschlagende Studenten – und seien sie noch so talentiert – scheiden bei Bewerbungen von vornherein aus; es wird nicht nach dem Grundsatz ›freie Bahn dem Tüchtigen‹, sondern nach dem Rapier gefragt« (Schreiben v. 18. 11. 1922, in: DZA Merseburg, Rep. 76-Va, Sekt. 1, Tit. XII, Nr. 11, Bd. III).

58. Schreiben des Dresdener Ortsverbandes Alter Waffenstudenten v. 1926, zit. in: Verhandlungen des Reichstags, III. Wahlperiode 1924, Stenographische Berichte, Bd. 390, Berlin 1926, S. 6929; Schreiben des Verbandes Sachsen Alter deutscher Waffenstudenten v. März 1930, in: DZA Potsdam, 30. 01. RJM, Nr. 6227.

59. DZA Potsdam, 30. 01. RJM, Nr. 6227: Eingabe v. 31. 3. 1927; Schreiben der deutschen Rektorenkonferenz v. 25. 9. 1931.

60. Ebd.: Schreiben v. 26. 4. 1930. Auf diese Stellungnahme berief sich 1931 ein Urteil des Kölner Schöffengerichts, das zwei Studenten, die zufällig von Polizeibeamten, welche einer illegalen Schnapsbrennerei auf der Spur waren, bei einer Bestimmungsmensur ertappt worden waren, freisprach (ebd.: Bericht v. 23. 12. 1931).

61. Ebd.: Vermerk v. 11. 3. 1927; Telegramm v. 18. 3. 1927; GStA Berlin-Dahlem, Rep. 84 a, Nr. 8038: Merkblatt des Sonderausschusses des Allgemeinen Deutschen Waffenrings zur Strafgesetzgebung gegen Mensur und Duell (1930).
62. Merkblatt v. 1930. Vgl. dazu auch A. Luerßen, Boxen. Faustkampf zur Selbstwehr und Leibesübung. Neu bearbeitet v. O. Flint, Leipzig o. J. – Flint, deutscher Schwergewichtsmeister von 1911 bis 1920, kritisierte hier das in Deutschland häufige »Vorurteil gegen das ›rohe Boxen‹... Zumal die mit dem akademischen Ehrenbegriff Aufgewachsenen halten das Schlagen mit der Faust für roh« (S. 33). Zumindest aber die Sprache und die Regeln des Boxens hatten sich denen des Mensurenfechtens angeglichen, wenn etwa die Kampfbestimmungen des Verbandes Deutscher Faustkämpfer die Gegenwart von »Sekundanten« vorsahen (S. 161). Möglicherweise entsprang dies dem Wunsch, den Boxsport kultur- und gesellschaftsfähig zu machen – was er z. B. in England längst war. Zum Initiationsritual des Boxens auf feinen englischen Internaten vgl. Kessler, Gesichter, S. 102, sowie F. v. Ofenheim, Das Wesen des Duells und ein Reform-Vorschlag, Wien 1887, S. 126.
63. Der Boxsport, der auch in Deutschland in den 1920er Jahren viele Anhänger gewann, galt im Gegensatz zum Fechten als demokratischer Sport, der jedem mit zwei starken Fäusten ausgestatteten Mann offen stehe. Er schuf zudem ein neues Männlichkeitsideal, das auch von Intellektuellen goutiert wurde. Es liegt daher nahe, in der schroffen Abwehr der Waffenstudenten gegen das Boxen auch eine Reaktion auf die Entthronung ihres Männlichkeits-Konzepts zu sehen.
64. Studenten des »neuen Mittelstandes« stellten 1932/33 mit 46,8 % die stärkste Studentengruppe. Die in dem Demokratisierungsargument angeführten »Söhne aus der Arbeiterschaft«, die angeblich in die waffenstudentischen Verbände drängten, können dort bei einem Arbeiteranteil von 3 % an der Gesamtstudentenschaft nicht allzu häufig vertreten gewesen sein. Vgl. dazu Jarausch, Deutsche Studenten, S. 135.
65. Verhandlungen des Reichstags, IV. Wahlperiode 1928, Bericht des 21. Ausschusses für das Reichsstrafgesetzbuch v. 24. 9. 1929, S. 4 (Landsberg/SPD); ähnlich argumentierte der Zentrumsabgeordnete Bell (ebd., S. 7).
66. Ebd., S. 2. Auch der Reichsgerichtsrat Zeiler meinte 1926, daß »gegenüber der ungezählten Menge von Mensuren die heutzutage vorfallenden Duelle zwischen früheren akademischen Bürgern meines Wissens geradezu verschwindend wenige sind« (DZA Potsdam, 30. 01. RJM, Nr. 6226: Bericht v. 18. 3. 1926).
67. Bericht des 21. Ausschusses 1929, S. 5. In Preußen wurden 1927 11 Männer wegen Zweikampfs verurteilt, davon 9 wegen Bestimmungsmensuren (DZA Potsdam, 30. 01. RJM, Nr. 6227).
68. Im Pressearchiv des Reichslandbundes, einer Nachfolgeorganisation

des Bundes der Landwirte, befinden sich drei Aktenordner zur »Duellfrage«, etwa 450 Seiten stark mit fast 2000 Zeitungsartikeln. Gegenüber der Vorkriegszeit nahm die Duell-Berichterstattung in der Weimarer Republik deutlich ab. Umfaßte die Dokumentation der zwischen 1905 und 1918 gedruckten Artikel immerhin 370 Seiten, ließen sich die zwischen 1919 und 1933 geschriebenen Zeitungstexte auf etwa 50 Seiten reproduzieren. Weitaus die meisten Weimarer Artikel beschäftigten sich mit der Mensurenfrage (DZA Postdam, 61 RE 1, Nr. 8388–8390).

69. »In der Presse breitgetreten« wurde 1925 die Säbelforderung, die ein Hechinger Tierarzt einem Kollegen überbringen ließ (DZA Merseburg, Hist. Abt. II, 2.5.1., Nr. 17066: Bericht d. Hechinger Oberstaatsanwalts v. 24. 11. 1925; Bericht d. Frankfurter Generalstaatsanwalts v. 12. 2. 1926). Große Resonanz in überregionalen Tageszeitungen fanden im gleichen Jahr die Duelle des pommerschen Rittergutsbesitzers v. Somnitz, die offensichtlich politische Hintergründe hatten (ebd., Nr. 17065: Urteil d. Stolper Schöffengerichts v. 2. 12. 1925; Berliner Tageblatt, 2. 12. 1925: »Das provozierte Duell«).

70. R. Pantenburg, Über die Zusammenhänge von Duell und staatlichem Ehrenschutz, Diss. Köln 1928, S. 50, 25, 1 f., 9. S. auch H. Haack, Die Zweikampfbeleidigung, Diss. Freiburg 1930, v. a. S. 55. Bedauernd dazu: M. Wundt, Die Ehre als Quelle des sittlichen Lebens in Volk und Staat, Langensalza 1927 (der Verfasser war Philosophieprofessor in Jena).

71. Pantenburg, S. 50.

72. Zwar hielten die vor allem aus den entlassenen Offizieren des kaiserlichen Heeres zusammengesetzten Offiziersverbände ostentativ an den überkommenen Grundsätzen militärischer Ehrenwahrung fest und bezogen sich in ihren ›Ehrenschutzordnungen‹ ausdrücklich auf die Einführungsordre Wilhelms I. über Offiziersehrengerichte aus dem Jahre 1874. Trotzdem war diese Tradition durch den Zusammenbruch des Kaiserreichs faktisch abgebrochen und fand bei den nunmehr in »bürgerlichen Stellungen« situierten ehemaligen Offizieren keine erwähnenswerte Fortsetzung (Hagen, S. 64, 68 f.).

73. Vgl. dazu K. H. Jarausch, Die unfreien Professionen. Überlegungen zu den Wandlungsprozessen im deutschen Bildungsbürgertum 1900–1955, in: Kocka, Bürgertum 2, S. 124–146; ders., Die Krise des deutschen Bildungsbürgertums im ersten Drittel des 20. Jahrhunderts, in: Kocka, Bildungsbürgertum IV, S. 180–205; F. Ringer, Die Gelehrten. Der Niedergang der deutschen Mandarine 1890–1933, München 1987, S. 62 ff.; C. Hepp, Avantgarde. Moderne Kunst, Kulturkritik und Reformbewegungen nach der Jahrhundertwende, München 1987.

74. Eine analoge Erklärung *und* Problematisierung dieser auch in Polen zu beobachtenden Entwicklung findet sich bei W. Gombrowicz (Polnische Erinnerungen, München 1985, S. 191 f.). Über die Auflösung des polnischen Duellmilieus nach 1920 schreibt er: »Die Gesellschaft

wurde so verschiedenartig, es bildeten sich so viele Gruppen mit unterschiedlichen Moralvorstellungen und Sitten, daß jemand, dem man in einer Gruppe die Ehre absprach, zu einer zweiten gehen konnte, wo sich niemand darum kümmerte. Und letzten Endes konnte man öffentlich seiner Verachtung für diese ›zum Geist der Zeit nicht passenden Vorurteile‹ Ausdruck geben ... und galt dann als Pionier und Märtyrer der wahren Demokratie.« »Und doch«, so Gombrowicz weiter, »überlege ich manchmal, ob diese Liquidierung der persönlichen Verantwortung mit der Waffe in der Hand wirklich demokratisch war. Richtig, sie bildete ein weiteres Vorrecht der Oberschicht«, das jedoch auch als »kompensierendes Risiko« adlig-plutokratischer »Bequemlichkeiten und Privilegien« interpretiert werden könne. »Doch kaum fiel auch das weg ... – was bedeutete das anderes als kompletten, durch nichts angefochtenen Sybaritismus.« – Ähnlich melancholisch-kritische Betrachtungen über den Niedergang des Duells finden sich in Arthur Schnitzlers Erzählung ›Der Sekundant‹, zit. in Frevert, Ehre der Bürger, S. 582.

75. Liebermann, S. 44.
76. Verhandlungen des Reichstags, Bd. 405, Berlin 1926: Bericht des Ausschusses für Rechtspflege v. 11. 11. 1925, S. 14.
77. So 1930 das an die Mitglieder des Strafrechtsausschusses des Reichstags verteilte Merkblatt des ADW, in: GStA Berlin-Dahlem, Rep. 84 a, Nr. 8038.
78. J. Schiller, Das Mensurverbot ist aufgehoben, in: Deutsche Zeitung, Nr. 87 a, 12. 4. 1933.
79. GStA Berlin-Dahlem, Rep. 84 a, Nr. 8038: Rundverfügung v. 6. 4. 1933; Schreiben v. 26. 6. 1933.
80. BA Koblenz, R 43 I/1218: Schreiben v. 13. 12. 1930.
81. Ebd., R 43 II/913. Zur Politik des NSDStB gegenüber den schlagenden Studentenverbänden vgl. Weber, German Student Corps, S. 55 ff.; Faust, Bd. 2, S. 123 ff. Da sich der NSDStB in der Weimarer Republik dezidiert als politischer Studentenverband begriff, lehnte er es ab, »sich irgendwelche Merkmale von Verbindungen zu geben (Chargen, eigene Waffen usw.)« (Art. 7a d. Erfurter Abkommens zw. NSDStB u. ADW v. 1931, abgedruckt in Faust, Bd. 2, S. 156). Auch die Bestimmungsmensur als zentrales Kennzeichen waffenstudentischer Verbindungen verfiel diesem Verdikt. Um jedoch sein Prestige in der Studentenschaft zu erhöhen und, wie Baldur v. Schirach, seit 1928 Reichsführer des NSDStB, rückblickend schrieb, die Waffenstudenten als »aktivsten Teil der Studentenschaft« und »mögliche NS-Wähler« politisch zu integrieren, sah sich der NSDStB 1930 gezwungen, »die Regeln der ›Waffenehre‹, wie die Corps sie auffaßten«, zu übernehmen (B. v. Schirach, Ich glaubte an Hitler, Hamburg 1967, S. 123). In einer »Ehrenordnung« stellte er sich auf den Standpunkt der »verbrieften Satisfaktion«, wonach seine Mitglieder schriftlich erklärten, ob sie

Waffengenugtuung geben wollten oder nicht (abgedruckt in: Faust, Bd. 2, S. 153–155). Einen formellen Zwang zum Duell gab es nicht, wohl aber einen informellen, da »wir NS-Studenten bei Zweikämpfen nicht kneifen dürften, wenn wir die akademische Jugend für uns gewinnen wollten« (Schirach, S. 124).

82. DZA Merseburg, Rep. 76-Va, Sekt. 1, Tit. XII, Nr. 11, Bd. IV: Schreiben v. 4. 5. 1933.
83. GStA Berlin-Dahlem, Rep. 84 a, Nr. 8038: Rundverfügung v. 6. 4. 1933.
84. Verhandlungen des Reichstags, III. Wahlperiode 1924, Bd. 390, Stenographische Berichte, Berlin 1926, S. 6933.
85. Verhandlungen des Bayerischen Landtages, III. Tagung 1925/26, Stenographische Berichte, Bd. 4, München o. J., S. 933.
86. Berliner Lokal-Anzeiger, 5. 3. 1924.
87. Freisler, Zweikampf, in: F. Gürtner (Hg.), Das kommende deutsche Strafrecht. Besonderer Teil: Bericht über die Arbeit der amtlichen Strafrechtskommission, 2. Aufl., Berlin 1936, S. 547–559, Zitat S. 551. Ähnlich H. Kerrl (Hg.), Nationalsozialistisches Strafrecht, Berlin 1933, S. 80 f., sowie W. Buch, Des nationalsozialistischen Menschen Ehre und Ehrenschutz, 5. Aufl., München 1939, S. 10 f., 25.
88. Zit. in: Freisler, S. 550; H. Höhne, Der Orden unter dem Totenkopf. Die Geschichte der SS, Gütersloh 1967, S. 140. Das für die SS geltende Duellreglement entsprach haargenau den Vorschriften, wie sie in den militärischen Handbüchern des späten 19. und frühen 20. Jhs. niedergelegt worden waren.
89. DZA Merseburg, Rep. 76-Va, Sekt. 1, Tit. XII, Nr. 11, Bd. IV: Notiz v. 5. 4. 1934.
90. BA Koblenz, R 43 II/936: Telegramm des Cartellverbandes der katholischen deutschen farbentragenden Studentenverbindungen v. 6. 5. 1933; etwa gleichlautend das Telegramm des Kösener SC-Verbandes v. 1. 6. 1933. Vgl. dazu auch Faust, Bd. 2, S. 121.
91. Ebd., R 43 II/1517: Eingabe v. 19. 4. 1934 mit Denkschrift: »Wingolf und Genugtuungsfrage«. Zur Kritik der katholischen Kirche an der duellfreundlichen Politik des NSDStB und der Reichsstudentenführung s. Slawig, S. 435 ff., 444 ff.
92. DZA Merseburg, Rep. 76-Va, Sekt. 1, Tit. XII, Nr. 11, Bd. IV: Schreiben v. 10. 8. 1934.
93. BA Koblenz, R 43 II/938. Vgl. auch Faust, Bd. 2, S. 130 ff.; ausführlicher Weber, German Student Corps, S. 142 ff.
94. NS-Korrespondenz, 7. 1. 1937. »Säbelmensuren« meinte nicht »Bestimmungsmensuren«, die im Gegenteil fortan nicht mehr gefochten werden durften. An ihre Stelle sollte eine dreisemestrige Fechtausbildung aller Studenten bei professionellen Sportlehrern treten (vgl. die Ausführungen d. Gauleiters Sprenger über die neue studentische Ehrenordnung, in: Berliner Lokal-Anzeiger, Nr. 82, 6. 4. 1937, sowie Weber, German

Student Corps, S. 151). Warum die klassische studentische Mensur vier Jahre nach ihrer strafrechtlichen Freigabe nun doch unterbunden wurde, bleibt in der einschlägigen Literatur (Faust, Weber) unerklärt. M. E. läßt sich diese Schaukelpolitik primär auf dem Hintergrund des Verhältnisses zwischen Korporationen und NS-Studentenführung deuten. War die bereits in der Endphase der Weimarer Republik einsetzende Attacke nationalsozialistischer Politiker gegen das strafrechtliche Mensurverbot ein Mittel, die damals sehr einflußreichen Waffenstudenten für sich zu gewinnen, konnten solche Rücksichten nach der Konsolidierung der NS-Herrschaft an den Universitäten entfallen. Gleichschaltung und spätere Auflösung der Korporationen wurden ergänzt und vertieft durch die Eindämmung bzw. Eliminierung ihres authentischen »Markenzeichens«, der Bestimmungsmensur. Daß die Reichsstudentenführung zugleich am Grundsatz der Waffengenugtuung festhielt und ihn in der 1937 erlassenen Ehrenordnung ausdrücklich kodifizierte, steht dazu nicht im Widerspruch, sondern vollzog die in anderen Institutionen des NS-Staates (SS, SA, Wehrmacht) bereits seit längerem exekutierte Politik nach.

95. M. Sandberger, Die studentische Disziplinar- und Ehrenordnung, in: Deutsches Recht, Jg. 8, H. 1/2, 1938, S. 13–16 (hier auch die Zitate aus Scheels Rede v. 1937). Zu dieser Ehrenordnung vgl. auch Slawig, S. 441 f., sowie Weber, German Student Corps, S. 149 ff.
96. Vgl. etwa die Ehrengesetze der Deutschen Burschenschaft v. 1927, in: DZA Potsdam, 30. 01. RJM, Nr. 6227.
97. Freisler, Zweikampf, S. 548 f. Von der Ehre als »Sache des Blutes, nicht des Verstandes« schrieb bereits 1918 Oswald Spengler (Der Untergang des Abendlandes. Umrisse einer Morphologie der Weltgeschichte, München 1981, S. 982), der aber als Bürger des Kaiserreichs Ehre immer nur als »Standesehre« gelten lassen wollte: »Eine Ehre der ganzen Menschheit gibt es nicht. Der Zweikampf steht dem Unfreien nicht zu« (S. 981).
98. Freisler, S. 551.
99. BA-MA Freiburg, RHD 23/14: Vorschriften zur Wahrung der Ehre, v. 1. 11. 1934, Hervorhebung v. UF. Vgl. dazu auch H. Foertsch, Der Offizier der neuen Wehrmacht. Eine Pflichtenlehre, Berlin 1936, S. 19–26, v. a. S. 25 f.
100. BA-MA Freiburg, RW 19/v. 550: Richtlinien v. 22. 2. 1937.
101. Ebd., RW 4/v. 240: Schreiben v. 21. 2. 1939. Der Autor des diesem Schreiben beigefügten, in der Zeitschrift ›Das neue Deutschland‹ veröffentlichten Artikels hatte sich besonders am elitären Gestus der Richtlinien gestört: »Wie jesacht, Paule Piepnbrink und Kalle Schluckwitz, die brauchn sich nich kühl uffzutretn, Herr von Zippelwitz und Jraf Katznellenbogn, die müssn det.«
102. Buch, S. 20, 27, 5, 21, 18, 19. Buchs Rede, die im Oktober 1938 bereits in der ›Deutschen Justiz‹ abgedruckt und in den wichtigsten Zei-

tungen wiedergegeben worden war, erschien noch im gleichen Jahr als Broschüre im Parteiverlag der NSDAP und konnte 1939 eine Auflage von 90 000 Exemplaren vorweisen. Sie kann daher als parteioffizielle Positionsbestimmung gelten und stützt die Behauptung von M. Messerschmidt (Die Wehrmacht im NS-Staat. Zeit der Indoktrination, Hamburg 1969, S. 88 f.), die Vorschriften zur Wahrung der Ehre im Offizierkorps der Wehrmacht seien »der Partei ein Dorn im Auge« gewesen. Allerdings ist zu betonen, daß die NSDAP erst 1938 in der Duellfrage eine Kehrtwendung vollzog und bis dahin, wie Buch selber zugab, die Auffassung vertrat, »daß der Zweikampfgedanke auch für den Nationalsozialisten nützlich und darum lebendig zu erhalten wäre« (Buch, S. 20). Daß es auch Widerspruch gegen eine solche »Wende« gab, bezeugt ein offiziöser Artikel in der Preußischen Zeitung (Nr. 353, 22. 12. 1938), der sich zwar einerseits positiv auf Buch bezog, andererseits aber daran festhielt, »daß es Fälle gibt, wo der Mann seine Ehre nur noch mit seinem Leben verteidigen kann«.

103. Berliner Lokal-Anzeiger, Nr. 306, 22. 12. 1938.

104. BA-MA Freiburg, RHD 23/17: Erläuterungen des Oberkommandos des Heeres zu den Vorschriften zur ›Wahrung der Ehre‹ v. 10. 4. 1940. Eine Anordnung des Oberkommandos v. 22. 5. 1942, die die Formbestimmungen angesichts der »Erfahrungen des Krieges« vereinfachen wollte, enthielt unter der Rubrik »Grundsätzliches« die Bemerkung: »Die Durchführung des Zweikampfes zur Bereinigung von Ehrenhändeln entfällt« (ebd., RH 7/12).

105. H. Picker, Hitlers Tischgespräche im Führerhauptquartier 1941–1942, 2. Aufl., Stuttgart 1965, S. 160.

106. Ebd., S. 160. v. Schirach, S. 124, berichtet über ein Duellverbot Hitlers für »alle Mitglieder der NSDAP und ihrer Gliederungen« aus dem Jahre 1930. Vgl. auch Picker, S. 159.

107. S. dazu den Nachruf im Völkischen Beobachter v. 23. 10. 1937, sowie v. Schirach, S. 228 ff. Vgl. auch die ausführliche Darstellung des Duells und seiner Vorgeschichte bei Eis, Duell, S. 177 ff. Ob diese Darstellung wirklich in allen Teilen richtig ist oder aber auf weiten Strecken der journalistischen Phantasie des Autors entspringt, ist ungewiß. Die auch bei vielen anderen erzählten Duellbegebenheiten verblüffende, weil quellenmäßig kaum nachvollziehbare Detailgenauigkeit spricht für eine recht eigenwillige Mischung von »facts« und »fiction«.

108. Preußische Zeitung, Nr. 353, 22. 12. 1938.

109. BA Koblenz, R 43 II/1517: Schreiben Steins v. 24. 11. 1941; Antwortschreiben des Chefs der Reichskanzlei v. 16. 1. 1942.

110. Anlaß der Forderung war eine Rede Kahrstedts gewesen, in der er alle deutschen Historiker, die im Sommer 1933 am Internationalen Historischen Kongreß in Warschau teilgenommen hatten, der Illoyalität gegenüber der neuen deutschen Regierung bezichtigt hatte. Brandi, der vom Innenministerium und Auswärtigen Amt als offizieller »Vertreter

des Deutschen Reichs« nach Polen geschickt worden war, fühlte sich durch diesen Vorwurf so gekränkt, daß er den Kollegen unmittelbar nach dessen Rede zum Zweikampf forderte und vom Göttinger Rektor die Einrichtung eines Ehrengerichts verlangte. Der Streit wurde jedoch durch eine Entschuldigung Kahrstedts beigelegt. Vgl. dazu R. P. Ericksen, Kontinuitäten konservativer Geschichtsschreibung am Seminar für Mittlere und Neuere Geschichte, in: H. Becker u. a. (Hg.), Die Universität Göttingen unter dem Nationalsozialismus, München 1987, S. 219–245, hier S. 229.

111. Archiv für Christlich-Demokratische Politik, Bonn: Nachlaß Adolf Lampe, Nr. I-256-A 006 (unter »N«). Kartellträger Lampes bei der Forderung an Lorenz war übrigens Dr. Martin Sandberger, damals Gebietsführer Südwest der Deutschen Studentenschaft, später SS-Hauptsturmführer und enger Mitarbeiter des Reichsstudentenführers Scheel. – Im Juni 1938 wurde Lampe seinerseits von dem Freiburger Studentenführer Rosien »auf schwere Säbel« gefordert. Der Professor teilte Rosiens Kartellträger mit, »daß ich selbstverständlich Satisfaktion gäbe [sic], daß ich aber von mir aus einem Manne den Anspruch auf die Ehre des Waffenkampfes nicht zuerkennen könne, wenn ich ihm schon den Gruß verweigern müsse« (ebd., Aktennotiz v. 9. 6. 1938 – unter »S«). – Diesen Hinweis verdanke ich Frau Dr. Blumenberg-Lampe.

112. Nach Auskunft eines »Informanten«, der an dieser Stelle aus persönlichen Rücksichten ungenannt bleiben möchte, forderte beispielsweise 1960 ein Staatsanwalt, der während seines Studiums zu Beginn der Weimarer Republik Mitglied einer schlagenden Verbindung gewesen war, einen jungen Juristen, weil dieser die Verlobung mit seiner Tochter gelöst hatte. Der Konflikt wurde durch Vermittlung des Vaters des Betroffenen, ebenfalls Alter Herr einer schlagenden Verbindung, gütlich beigelegt.

113. Zit. in: Jarausch, Deutsche Studenten, S. 219.

114. Entscheidungen des Bundesgerichtshofes in Strafsachen, Bd. 4, Berlin 1954, S. 24–32, Zitate S. 27, 29, 31. Vgl. dazu auch F. Hartung, Ist die Bestimmungsmensur strafbar? Rechtsgutachten, Berlin 1955.

115. J. Buchhorn, Student sein (1906), in: Allgemeines Deutsches Kommersbuch, 160. Aufl., Lahr 1978, S. 295. Über den Kommers berichtete damals die Neue Westfälische, Nr. 109, 12. 5. 1987, unter dem Titel ›Als noch Arkadiens goldene Tage … Kleine Kulturrevolution beim Treffen alter Burschenschafter‹.

Quellen- und Literaturverzeichnis

1. Archivalien

Deutsches Zentralarchiv (DZA) Potsdam
- Reichsjustizamt (RJA): 30.01., Nr. 6224–6230
- Reichskanzlei: 07.01., Nr. 754, 755
- Reichstag: 01.01., Nr. 875–877
- Pressearchiv des Reichslandbundes: 61 RE 1 Nr. 8388–8390

Bundesarchiv (BA) Koblenz
- Reichskanzlei: R 43 I/1218, II/913, II/936, II/938, II/1517

Bundesarchiv-Militärarchiv (BA-MA) Freiburg
- Admiralität: RM 1/v 639
- Marinekabinett: RM 2/v 954, 959, 960, 1574, 1575
- Reichsmarineamt: RM 3/v 2732, 4937–4939, 5197, 10118
- Admiralstab der Marine: RM 5/v 643–646
- Inspektion des Bildungswesens der Marine: RM 27 I/v 36, 37
- Kommando der Marinestation der Ostsee: RM 31/v 1839–1844, 1848–1852, 1855–1857
- RH 7/v 7, 10, 12, 14, 16, 623, 659
- RHD 23/14, 23/17
- Oberkommando der Wehrmacht: RW 4/v 240, 19/v 550

Deutsches Zentralarchiv (DZA) Merseburg
- Geheimes Zivilkabinett: Hist. Abt. II, 2.2.1., Nr. 17727, 17743, 17831–17839
- Justizministerium: Hist. Abt. II, 2.5.1., Nr. 17037–17067;
  - Rep. 84 II.4.I., Nr. 7, Bd. 5
- Innenministerium: Rep. 77, Tit. 114, Nr. 213, 223
- Staatsrat: Rep. 80 I, Nr. 128
- Kultusministerium: Rep. 76-Va, Sekt. I, Tit. XII, Nr. 11, Bd. I–IV
  - Rep. 92 Twesten, Nr. 18a
  - Rep. 169 C 70 Nr. 36, Bd. 1–2

Geheimes Staatsarchiv (GStA) Berlin-Dahlem
- XX. Hauptabt., Staatsarchiv Königsberg, Etats-Ministerium Tit. 63c, Nr. 15
- Staatsrat: Rep. 80, Nr. 247 a–m
- Justizministerium: Rep. 84a Nr. 2040–2043, 8034–8042

Bayerisches Hauptstaatsarchiv (BHStA) München
- Allgemeines Staatsarchiv (Abt. II):
  - Generalregistratur Fasz. 400/1
  - Kammer der Reichsräte: Nr. 649, 2433
  - Staatsrat: Nr. 469, 597, 611, 615, 641, 1001, 2450, 2451, 6658
  - Innenministerium: M Inn Nr. 23712, 23713, 23716, 23717, 43873–43879, 46213, 65936, 72423, 72432

Justizministerium: M Ju Nr. 16966
Kriegsarchiv (Abt. IV):
Handschriftensammlung: HS 2354
Kriegsministerium: A XIII 3, Fasz. 1–4a; MKr Nr. 11097
Staatsarchiv München
Regierung für Oberbayern: RA Fasz. 1575, Nr. 25591; Fasz. 1154, Nr. 15889, 15890; Fasz. 1163, Nr. 16140, 16141; Fasz. 1165, Nr. 16178
Appellationsgericht von Oberbayern, Nr. 4839, 4834, 5046
Staatsanwaltschaft beim Landgericht München I: Stanw. 7130, 7182
Staatsanwaltschaft beim Landgericht München II: AR F.3173/377; F.3175/387
Staatsanwaltschaft beim Landgericht Traunstein: Stanw. 15452
Pol.Dir. 399/2, 399/3
Hauptstaatsarchiv (HStA) Stuttgart
A 12 Kabinettsakten III Bü 60
A 39 Bü 21, 25, 33, 35
A 202 Bü 2534, 2537
A 274 Bü 64
Kultusministerium: E 200 Bü 388, 398, 402, 407, 413 Unterfasz. 6
E 270 c Bü 20, 41
Kriegsministerium: M 1/3 Bü 642; M 1/7 Bü 17, 33–35, 146
Generallandesarchiv (GLA) Karlsruhe
Abt. 60 Nr. 1516
Abt. 233 Nr. 35582, 35589, 35592, 35728, 35729, 35779, 35782, 35981, 36478, 36608, 36674, 36697, 36793, 36876, 37009, 37059, 37340, 37343, 37368, 37383, 37386, 37394, 37396, 37399, 37400, 37410, 37416, 37418, 37422, 37424, 37428, 37430, 37441, 37451, 37465, 37468, 37469, 37473, 37478, 37480, 37481, 37490–37492, 37579, 37584, 37596, 37611, 37619, 37641, 37685, 37705, 37710, 37718, 37727, 37728, 37756, 37780, 37813, 37823, 37832, 37867, 37871, 37880, 37889, 37922, 37946, 37968, 37971, 37972, 38024, 38033, 38044, 38055, 38058, 38067, 38085, 38095, 38120, 38127, 38141, 38144, 38147, 38175, 38177, 38183, 38191, 38217, 38219, 38222, 38253, 38256, 38257, 38293, 38318, 38329, 38333, 38367, 38379, 38410, 38426, 38441, 38444, 38472, 38478, 38479, 38481, 38483, 38491, 38499, 38518, 38521, 38526, 38545, 38553, 38580, 38600, 38625, 38626, 38627, 38652, 38665, 38678, 38793, 38798, 38836, 38839, 38843, 38861, 38874, 38902, 38911, 38928, 38932, 39067, 39068, 39071, 39075, 39423
Abt. 238 Nr. 2015–2017
Landeshauptarchiv Koblenz
Abt. 403 Nr. 6929
Abt. 441 Nr. 6802
Staatsarchiv Hamburg
Senatsakten Cl. VII Lit. M.e Nr. 3a–3f; Cl. VII Lit. G.b Nr. 7, vol. 8b
Polizeibehörde-Kriminalw. C Jg. 1818, Nr. 135; Jg. 1820, Nr. 190; Jg. 1826, Nr. 208

Polizeibehörde Abt. IV (Polit. Polizei) Nr. 5996
Politische Polizei Hamburg, SA 434
Polizeibehörde Hamburg, Nr. 168, 207
Nachlaß Familie Versmann VI A 1

Staatsarchiv Bremen
Ratsakten: 2-D.17.c.6.; 2-R.6.b.2.c.2.b.
Senatsakten: 3-I.1. Nr. 291 Quadrangel 4 u. 9

Hauptstaatsarchiv (HStA) Düsseldorf
Oberpräsidium Köln, Nr. 1393–1395
Oberlandesgericht Köln, Nr. 11/1310, 1183
Landgericht Kleve, Rep. 7 Nr. 449
Regierung Düsseldorf, Präsidialbüro, Nr. 833

Staatsarchiv Münster
Fürstentum Münster, Kabinettsregistratur Nr. 1784, 2031, 2034, 2036, 2038
Oberlandesgericht Arnsberg, I 568
Königreich Westfalen, A 10.74
Nachlaß August v. Wydenbrück Nr. 10, 21
Nachlaß Vincke A IV 11
Nachlaß Druffel Nr. 226
Familien- und Gutsarchiv Landsberg-Velen (Dep.), Velen Nr. 14993, 15015, 15023, 17295

Staatsarchiv Detmold
Lippische Regierung:
L 75 Abt. IX, Gruppe 6, Nr. 14
L 77 A Nr. 1719
L 77 C I Fach 54, Nr. 3 (2 Bde.)
L 86 Nr. 13, 183, 365, 494, 521, 825, 836, 1316, 1735b, 1739, 1766, 1782, 1785, 2024
L 87, Nr. 21

Oberlandesgericht Paderborn, M 8 Nr. 697

Evangelisches Zentralarchiv Berlin
EZA 7 Gen. XI, Nr. 6 (4 Bde.)
EZA 14/997

Archiv für Christlich-Demokratische Politik Bonn
Nachlaß Adolf Lampe

2. Wichtigste gedruckte Quellen und Literatur

A. K., Zur Duellfrage. Ein Blick in die Vergangenheit und Zukunft, in: Streffleur's Österreichische Militärische Zeitschrift, Bd. 74, 1897, S. 1–38.

Abel, C., Das Kreuz! Betrachtungen über das Duell Vering-Salomon, Freiburg 1890.

Abel, C., Das Duell Vering-Salomon. Eine Betrachtung, Freiburg 1890.

Abel-Musgrave, C., Memoiren eines Couleur-Studenten, 2. Aufl., Berlin 1903.

Abgeurtheilter Ehrenhandel aus dem 16. Jahrhundert, in: Journal von und für Deutschland, Jg. 2, 1785, S. 486–493.

Allgemeine Richtschnur bei Ehrenhändeln, Berlin o. J.

Allgemeines Deutsches Kommersbuch, 160. Aufl., Lahr 1978.

Allgemeines Landrecht für die Preußischen Staaten von 1794. Textausgabe, mit einer Einführung v. H. Hattenhauer, Frankfurt 1970.

Anneke, F., Ein ehrengerichtlicher Prozeß, Leipzig 1846.

Die Armee und das Duell, in: Militärische Blätter, Jg. 6, 1864, Nr. 26, S. 213–215; Nr. 27, S. 1–3.

Arndt, E. M., Erinnerungen 1769–1815, hg. v. R. Weber, 2. Aufl., Berlin 1989.

Aschenbrenner, M., Über das Verbrechen und die Strafe des Zweykampfes, Würzburg 1804.

B. B., Der Zweikampf. Audiatur et altera pars, Zürich 1902.

Badenfeld, E., Frhr. v., Der Unsinn und die Unzucht des Duells, Stuttgart 1861.

Bachem, K., Vorgeschichte, Geschichte und Politik der Deutschen Zentrumspartei, Bd. 9, Köln 1932.

Bäcker, H., Ein Pistolenduell, in: B. Stavenow u. E. Mochow, Das Gespenst im Küraß und andere Militär-Humoresken, Mülheim 1896, S. 99–115.

Bahr, H., 1917, Innsbruck 1918.

Balan, C., Duell und Ehre. Ein Beitrag zur praktischen Lösung der Duellfrage unter besonderer Berücksichtigung der Verhältnisse des Deutschen Offizierkorps, 3. Aufl., Berlin 1890.

Baldick, R., The Duel. A History of Duelling, London 1965.

Balduin, F., Christlicher Unterricht vom Balgen Auß Heiliger Göttlicher Schrifft genommen und Bey Adelichem Leichbegängnüß des weiland Edlen Gestrengen und Ehrenvesten Junkern Henrich Platen Welcher im Jahr Christi 1620, den 29. Augusti tödtlich verwundet worden und den 3. Septemb. selig und im HERRN verschieden ist, Wittenberg 1621.

Bar, L. v., Das Überhandnehmen der Duelle, in: Deutsche Revue über das gesamte nationale Leben der Gegenwart, 1886, S. 55–63.

Barbasetti, L., Ehren-Kodex, 3. Aufl., Wien 1908.

Barckhausen, H. L. W., Über das sicherste Mittel die Duelle besonders auf hohen Schulen zu verhüten, Lemgo 1799.

Bartels, M., Eine Lilie im Thal. Eine Erzählung, Hannover 1865.

Barth, K., Hg., Das Strafgesetzbuch für das Königreich Bayern vom 10. November 1861, Landshut 1862.

Bartolomäus, Über Zweikampf und Beleidigung, in: Zeitschrift für die gesamte Strafrechtswissenschaft, Bd. 22, 1902, S. 176–192.

Bartunek, J., Die Austragung von Ehrenangelegenheiten. Ein Beitrag zur zeitgemäßen Lösung der Satisfaktionsfrage, Wien 1912.

Bauer, R., Das Duell, in: Stimmen aus Maria-Laach, Bd. 22, 1882, S. 566–572.
Baumgarten, E., Max Weber. Werk und Person, Tübingen 1964.
Becker, B., Enthüllungen über das tragische Lebensende Ferdinand Lassalle's. Auf Grund authentischer Belege dargestellt, Schleiz 1868.
Beckerath, R. v., Die Duell-Angelegenheit Freiherr v. Erhardt und F. v. Kamptz gegen Referendar Dr. jur. Ewers vor dem Düsseldorfer Ehrengericht. Nach aktenmäßigem Material kurz besprochen, Stuttgart 1896.
Behrend, F., Der freistudentische Ideenkreis. Programmatische Erklärungen, München 1907.
Below, G. v., Das Duell und der germanische Ehrbegriff, Kassel 1896.
Below, G. v., Das Duell in Deutschland. Geschichte und Gegenwart, Kassel 1896.
Below, G. v., Duell und Holzkomment, in: Die Grenzboten, Jg. 55, 1896, S. 294–301.
Below, G. v., Bismarcks Duelle, in: Die Zukunft, Jg. 4, 1896, S. 31–39.
Below, G. v., Ein General über das Duell, in: Die Zukunft, Jg. 4, 1896, S. 443–451.
Below, G. v., Zur Entstehungsgeschichte des Duells, Münster 1896/97.
Below, G. v., Der Ursprung des Duells, in: Deutsche Zeitschrift für Geschichtswissenschaft, NF Bd. 2, 1897/98, S. 321–351.
Below, G. v., in: S. Steinberg (Hg.), Die Geschichtswissenschaft der Gegenwart in Selbstdarstellungen, Leipzig 1925, S. 1–49.
Below, M. v., Georg von Below. Ein Lebensbild für seine Freunde, Stuttgart 1930.
Bensemann, W., Duell und Verruf. Betrachtungen eines Bummlers, Marburg 1896.
Berger, P., Über den Begriff der Ehre und seinen Niedergang, in: ders. u. a., Das Unbehagen in der Modernität, Frankfurt 1975, S. 75–85.
Berndt, Der Zweikampf und seine heutige Berechtigung, Berlin 1862.
Beschluß von der Raserey der Duelle, in: Gelehrte Beyträge zu den Braunschweigischen Anzeigen, St. 69, 1764, Sp. 545–548.
Besonderheiten des sogenannten militairischen Points d'Honneur, in: Journal von und für Deutschland, Jg. 8, St. 2, 1791, S. 155–157.
Bestimmungen gegen die Duelle der Studierenden. Anhang zu den Vorschriften über Studien und Disziplin für die Studierenden an den Hochschulen des Königreichs Bayern: Abänderungen und Ergänzungen der Bestimmungen über Duelle, München 1839.
(Bigot von Saint Quentin, K. A. Graf), Von einem deutschen Soldaten, 2. Aufl., Leipzig 1847.
Billacois, F., Le duel dans la société française des XVIe-XVIIe siècles. Essai de psychosociologie historique, Paris 1986.
Binding, K., Die Ehre und ihre Verletzbarkeit, Leipzig 1892.
Binding, K., Zweikampf und Ehrengericht, in: Deutsche Juristen-Zeitung, Jg. 2, 1897, S. 2–9.

Binding, K., Der Zweikampf und das Gesetz, Dresden 1905.
Bischoffshausen, S. Frhr. v., Das Duell, Wien 1903.
Bismarck, H. v., Hg., Fürst Bismarcks Briefe an seine Braut und Gattin, 2. Aufl., Stuttgart 1906.
Blasel, L. M., Die Regeln des Zweikampfes, Wien 1901.
Blau, P., Duell und Ehre, in: Kirchliche Wochenschrift für evangelische Christen, Nr. 5, 1902, Sp. 72–77.
Bleich, E., Hg., Der Erste Vereinigte Landtag in Berlin 1847, 2. Teil, Berlin 1847.
Böttger, H., Hg., Handbuch für den Deutschen Burschenschafter, Berlin 1912.
Boguslawski, A. v., Die Ehre und das Duell, Berlin 1896.
Boguslawski, A. v., Das Duell, in: Die Zukunft, Jg. 4, 1896, S. 70–79.
Boguslawski, A. v., Der Ehrbegriff des Offizierstandes. Ein kurzes Wort zur Aufklärung, Berlin 1896.
Boguslawski, A. v., Die Antiduellbewegung kritisch beleuchtet mit einem Blick auf Mörchingen, Insterburg, Jena und Springe, Berlin o. J.
Bolgàr, F. v., Die Regeln des Duells, 7. Aufl., Wien 1903
Bonin, B. v., Zur Rechtsgeschichte des Zweikampfes, in: Zeitschrift für die gesamte Strafrechtswissenschaft, Bd. 33, 1912, S. 385–399.
Bourbon und Österreich-Este, A. v., Kurzgefaßte Geschichte der Bildung und Entwicklung der Ligen wider den Zweikampf und zum Schutze der Ehre in den verschiedenen Ländern Europas von Ende November 1900 bis 7. Februar 1908, Wien 1909.
Bourdieu, P., Klassenstellung und Klassenlage, in: ders., Zur Soziologie der symbolischen Formen, Frankfurt 1974, S. 42–74.
Bourdieu, P., Sozialer Sinn. Kritik der theoretischen Vernunft, Frankfurt 1987.
Braunmühl, A. v., Über den Zweykampf im allgemeinen, und über die desfallsige Strafgesetzgebung in Bayern, mit besonderer Beziehung auf die Studierenden und auf die Militär-Ehren-Gerichte, Landshut 1826.
Brentano, L., Über die Duellfrage, in: Mitteilungen der Deutschen Anti-Duell-Liga, Nr. 29, 1909, S. 2–7.
Breslauer, Duellstrafen, Berlin 1890.
Britschgi-Schimmer, I., Hg., Lassalles letzte Tage. Nach den Originalbriefen und Dokumenten des Nachlasses, Berlin 1925.
Brüdermann, S., Göttinger Studenten und akademische Gerichtsbarkeit im 18. Jahrhundert, Göttingen 1990.
Brunner, O., Land und Herrschaft. Grundfragen der territorialen Verfassungsgeschichte Österreichs im Mittelalter, 4. Aufl., Wien 1959.
Brunner, O., Die ritterlich-höfische Kultur, in: A. Borst (Hg.), Das Rittertum im Mittelalter, Darmstadt 1976, S. 142–171.
Buch, W., Des nationalsozialistischen Menschen Ehre und Ehrenschutz, 5. Aufl., München 1939.
Buchholz, C. A., Emanuels Lehrjahre oder des Lebens Ansichten. Ein psychologischer Roman, Zürich 1807.

Buchholz, F., Bemerkungen über den Zweikampf, in: Geschichte und Politik, Jg. 3, 1804, S. 195–205.

Buddeus, Duell, in: J. S. Ersch u. J. G. Gruber, Allgemeine Enzyklopädie der Wissenschaften und Künste, T. 28, Leipzig 1836, S. 153–192.

Budjuhn, H., Fontane nannte sie »Effi Briest«. Das Leben der Elisabeth von Ardenne, Berlin 1985.

Bühler, E. K. v., Über das Duell und seine wissenschaftliche Stellung im Systeme des Strafrechts, nebst Vorschlägen zu seiner legislativen Behandlung, Ulm o. J. (1836).

Büsch, J. G., Von Duellen, in: ders., Vermischte Abhandlungen, T. 1, Hamburg 1777, S. 213–268.

Büsch, O., Die Militarisierung von Staat und Gesellschaft im alten Preußen, in: M. Schlenke (Hg.), Preußen. Beiträge zu einer politischen Kultur, Reinbek 1981, S. 45–60.

Büsch, O., Militärsystem und Sozialleben im Alten Preußen 1713–1807. Die Anfänge der sozialen Militarisierung in der preußisch-deutschen Gesellschaft, Berlin 1962.

Bumke, J., Höfische Kultur. Literatur und Gesellschaft im hohen Mittelalter, 2 Bde., München 1986.

Buri, Über die Bestrafung des Schlägerduells, in: Der Gerichtssaal, Bd. 35, 1883, S. 327–331.

Burkow, F., Ehre! Der Ehrbegriff, seine Bedeutung, seine Vorzüge und seine Mängel, Leipzig o. J.

Busson, Ritterlicher Ehrenschutz, Graz 1907.

Camerer, J. F., Gedanken vom Duelle, Leipzig 1756.

Casanova, G., Das Duell oder Versuch über das Leben des Venezianers G. C., hg. v. H. Scheible, München 1988.

Chabas, M., Le duel judiciaire en France (XIIIe–XVIe siècles), Saint-Sulpice 1978.

Chateauvillard, Graf de, Duell-Codex. Aus dem Französischen übersetzt v. C. v. L., Lahr 1864.

Chézy, W. v., Die sechs noblen Passionen. Festgeschenk für junge Cavaliere, Stuttgart 1842.

Christ, Einung zur Freyheit durch Zweykampf in ihrem Erscheinen unter den Studirenden zu Berlin, den Jünglingen seines Vaterlandes geweiht, Jena 1819.

Compte rendu du 1er congrès international contre le duel, Budapest 1908.

Conrad, H., Hg., Das Duellbuch, München 1918.

Conrad, J., Das Duell, in: Der Türmer. Monatsschrift für Gemüt und Geist, Jg. 16, 1914, S. 28–43.

Conscience, H., Das Duell. Ein Sittengemälde unserer Tage, Regensburg 1869.

Conscience, H., Ein Duell und seine Folgen, Münster 1884.

21 der ältesten Constitutionen der Corps und ihrer Vorläufer bis zum Jahre 1810, in: Einst und Jetzt. Sonderheft 1981 des Jahrbuches des Vereins für corpsstudentische Geschichtsforschung.

Corkhill, A., Abwandlungen des Duellrituals in der deutschsprachigen Literatur des 19. und frühen 20. Jahrhunderts, in: Neophilologus, Bd. 72, 1988, S. 244–257.
Coudenhove, H. Graf, Der Minotaur der »Ehre«. Studie zur Antiduellbewegung und Duellüge, Berlin 1902.
Cremer, H., Duell und Ehre, 2. Aufl., Gütersloh 1894.
Crenneville, L. Graf, Über die gesellschaftliche Bedeutung der Ehre und ihres Schutzes, in: Österreichische Rundschau, Bd. 15, 1908, S. 7–19.
Cucumus, C., Über das Duell und dessen Stellung in dem Strafsysteme. Eine Abhandlung aus dem Standpunkte des Vernunftrechts, als Beytrag für Gesetzgebung, Würzburg 1821.
Czeipek, F., Ehren-Nothwehr und Winke für die günstige Austragung des Zweikampfes, Wien 1899.
(Czeipek, F.), Die Ehrennotwehr. Ein unentbehrlicher Ratgeber für alle Gesellschaftskreise von fachmännischer Seite, Graz 1912.
Czernin, R. Graf, Die Duellfrage, Wien 1904.
D. M., Unwidersprechlicher Beweis, daß das Duelliren eine ehrlose und alberne Handlung sei, o. O. 1777.
Dalai, B., Über Duell und Ehre. Mit besonderer Rücksicht auf Studentenduelle, Konstanz 1844.
Damianitsch, M., Vom Zweikampfe und den Mitteln dagegen, in: Streffleur's Österreichische Militärische Zeitschrift, Bd. 3, 1848, S. 56–61.
Dangelmaier, E., Der Kampf um die Ehre, Wien 1896.
Deist, W., Die Armee in Staat und Gesellschaft 1890–1914, in: M. Stürmer (Hg.), Das kaiserliche Deutschland. Politik und Gesellschaft 1870–1918, Kronberg 1977, S. 312–339.
Deist, W., Zur Geschichte des preußischen Offizierkorps 1888–1918, in: H. H. Hofmann (Hg.), Das deutsche Offizierkorps 1860–1960, Boppard 1980, S. 39–57.
Delbrück, F., Der akademische Zweykampf. Eine Rede, Bonn 1836.
Delbrück, H., Hg., Preußische Jahrbücher, Bd. 84 u. 86, Berlin 1896.
Demeter, K., Das deutsche Offizierkorps in Gesellschaft und Staat 1650–1945, 4. Aufl., Frankfurt 1965.
Denkwürdigkeiten aus dem Leben Leopold von Gerlachs, Generals der Infanterie und General-Adjutanten König Friedrich Wilhelms IV. Nach seinen Aufzeichnungen hg. v. seiner Tochter, 2 Bde., Berlin 1891/92.
Denkwürdigkeiten aus dem Leben des General-Feldmarschalls Kriegsministers Grafen von Roon, 2 Bde., Breslau 1892.
Die deutsche Studentenschaft. Eine academische Zeitstudie. Zugleich Entgegnung auf die neuesten Flugschriften der Corpsstudenten und Burschenschafter, Würzburg 1869.
Deutsches Adelsblatt. Wochenschrift für die Aufgaben des christlichen Adels. Organ der deutschen Adelsgenossenschaft, Jg. 13 u. 14, Berlin 1895/96.
Dewitz, E. v., gen. v. Krebs, Der Zweikampf. Vortrag, Berlin 1892.

Dietel, A. W. v., Kein Duell mehr! Ein Mahnruf an das deutsche Volk und seine Fürsten, vorab des Kaisers Majestät, Dresden 1901.
Dietz, H., Disziplinarstrafrecht, Beschwerderecht, Ehrengerichtsbarkeit für Heer, Marine und Schutztruppen, Rastatt 1916.
Diwald, H., Hg., Von der Revolution zum Norddeutschen Bund. Politik und Ideengut der preußischen Hochkonservativen 1848–1866. Aus dem Nachlaß von Ernst Ludwig von Gerlach, 2 Teile, Göttingen 1970.
Duell. – Zweikampf, in: A. J. Mannkopff (Hg.), Jahrbücher für die Criminal-Rechtspflege in den Preußischen Staaten, Bd. 1, H. 1, Berlin 1840, S. 1–119.
Duell von Manteuffel-Twesten. Eine staatspolitische Würdigung des Ereignisses vom 27. Mai, Berlin 1861.
Duell zwischen zwei Bürgerlichen, bei welchem ein Theil getödtet worden und der Überlebende wahrscheinlich die Absicht zu tödten nicht gehabt, in: Zeitschrift für die Criminal-Rechts-Pflege in den Preußischen Staaten mit Ausschluß der Rheinprovinz, Bd. 17, H. 33, 1831, S. 150–193.
Duelle und Paukereien oder Der »geadelte Mord«. Von einem »Alten Herrn«, Leipzig 1885.
Das Duell. Ein Lustspiel in Drey Aufzügen, Wittenberg 1773.
Das Duell, oder: Der Weise in der That. Ein Schauspiel in fünf Aufzügen, Wien 1768.
Das Duell. Aus dem Münsterschen Sonntags-Blatte besonders abgedruckt, Münster 1856.
Das Duell als Emancipation der Ehre oder Beleuchtung des Duells vom geschichtlichen, moralischen und politischen Standpunkte, Freiburg 1846.
Das Duell in seinem Ursprunge und Wesen, beurtheilt nach den Grundsätzen der Religion, der Civilisation, des Naturrechts, und nach den Gesetzen der Kirche und der Staaten, Paderborn 1864.
Das Duell in seiner moralischen und gesellschaftlichen Berechtigung. Eine ethisch-soziale Studie, Leipzig 1871.
Das Duell, vom Standpunkte des Judenthums, in: Allgemeine Zeitung des Judenthums, Jg. 20, 1856, S. 373–375.
Der Duell, ein Schauspiel von einem Aufzuge, Rostock 1754.
Der Duell. Eine moralische Erzählung, in: Hannoverisches Magazin, Jg. 26, St. 61, 1788, Sp. 961–974.
Düring-Oetken, H. v., Zu Hause, in der Gesellschaft und bei Hofe. Eine Schilderung des gesellschaftlichen Lebens, Berlin 1896.
Ebermayer, Der Vorentwurf zu einem deutschen Strafgesetzbuch: Zweikampf, in: Deutsche Juristen-Zeitung, Jg. 16, 1911, Sp. 438–444.
Eberstein, A. Frhr. v., Über die Ehre und falsche Ehrbegriffe, Leipzig 1894.
Eberstein, A. Frhr. v., Über Ehre, Leipzig 1899.
Ebrard, A., Das Duell unter Studirenden. Ein freies Wort, Erlangen 1843.
Echte, Über das Duell, in: Der Lotse. Hamburgische Wochenschrift für deutsche Kultur, Jg. 2, 1902, S. 151–159.
Eckstein, J., Die Ehre in Philosophie und Recht, Leipzig 1889.

Eelking, M., Der Offizier. Protestation gegen die in dem Aufsatze ›der Zweikampf‹ dem Offizierstande unterlegten Motive zum Duell, in: Bremisches Unterhaltungsblatt für Leser aus allen Ständen, Nr. 97, 1823, S. 395–397; Nr. 98, S. 399–402.

Egenter, F. J., Über Duell und Ehre. Mit besonderer Rücksicht auf Studentenduelle, Leipzig 1875.

Ehrenfeuchter, F., Worte, am Grabe des an den Folgen eines Duells verstorbenen stud. med. E.W.A. Kauffung, gesprochen am 8. Mai 1853, Göttingen 1853.

Ehrengericht, in: A. L. Schlözer's Stats-Anzeigen, Bd. 9, H. 33, 1786, S. 3–9.

Ehrenschutz. Vereinigte Zeitschrift der Deutschen Anti-Duell-Liga und der Allgemeinen Anti-Duell-Liga für Österreich, Jg. 1910–1916, Wien.

Eichholz, F., Der Paukarzt. Anleitung zur Behandlung der Mensurverletzungen. Für Studenten, Jena 1886.

Einem, K. v., Erinnerungen eines Soldaten 1853–1933, 6. Aufl., Leipzig 1933.

Einige Bemerkungen über die Dienstverhältnisse im Militair, in: Neues militairisches Journal, Jg. 13, 1805, S. 1–53.

Eis, E., Duell. Geschichte und Geschichten des Zweikampfs, München 1971.

Elias, N., Die höfische Gesellschaft. Untersuchungen zur Soziologie des Königtums und der höfischen Aristokratie, Frankfurt 1983.

Elias, N., Studien über die Deutschen. Machtkämpfe und Habitusentwicklung im 19. und 20. Jahrhundert, hg. v. M. Schröter, Frankfurt 1989.

Endres, F. C., Soziologische Struktur und ihr entsprechende Ideologien des deutschen Offizierkorps vor dem Weltkriege, in: Archiv für Sozialwissenschaft und Sozialpolitik, Bd. 58, 1927, S. 282–319.

Entscheidungen des Bundesgerichtshofes in Strafsachen, Bd. 4, Berlin 1954.

Entscheidungen des Preußischen Ehrengerichtshofes für Ärzte, 2 Bde., Berlin 1908/11.

Die Entscheidungen des Ehrengerichtshofs für deutsche Rechtsanwälte, Bd. 1 ff., Berlin 1885 ff.

Entwürfe zu einem Deutschen Strafgesetzbuch. Veröffentlicht auf Anordnung des Reichs-Justiz-Ministeriums, Berlin 1920.

Erdmann, J. E., Vorlesungen über Akademisches Leben und Studium, Leipzig 1858.

Erhardt, L. Frhr. v., Ehre und Spiritismus vor Gericht. Eine Kampfesschrift für Wahrheit, sittliches Recht und Justizreform, Berlin 1897.

Erichson, A., Das Duell im alten Straßburg, Straßburg 1897.

Erinnerungen der Malerin Louise Seidler, hg. v. H. Uhde, Berlin 1922.

Erkenntnis der Criminal-Deputation des Kammergerichts aus den wider den v. M. wegen angenommener Herausforderung und bezeigter Bereitwilligkeit verhandelten Untersuchungsakten v. 30. 11. 1797, in: Magazin der Rechtsgelehrsamkeit in den Preußischen Staaten, Bd. 7, Berlin 1804, S. 37–45.

Erlburg, A. v., Ein Duell (Aus Herz und Welt. Novellen für den Familientisch, Bd. 3), Mainz 1871.

Ernste Worte an die deutsche Jugend von einem älteren Offizier, Berlin 1892.

Ernsthausen, A. E. v., Erinnerungen eines preußischen Beamten, Bielefeld 1894.

Erzberger, M., Duell und Ehre, Paderborn 1913.

Ewald, A., Über das Duell, in: Die Epigonen, Bd. 2, 1846, S. 61–73.

F. A., Ein Duell. Trauerspiel in fünf Akten, Frankfurt 1847.

Fabricius, W., Die Deutschen Corps. Eine historische Darstellung mit besonderer Berücksichtigung des Mensurwesens, Berlin 1898.

Fahl, A., Das Hamburger Bürgermilitär 1814–1868, Diss. Hamburg 1986.

Fajkmajer, K., Geschichtliche Vorläufer der modernen Anti-Duell-Bewegung, in: Historisch-politische Blätter für das katholische Deutschland, Bd. 139, 1907, S. 151–155.

Fajkmajer, K., Das Duell in der Geschichte des deutschen Studententums, Wien 1907.

Fallou, Versuch einer Ansicht über den Zweikampf und über Ehr- und Pflichtgefühl nach der Moral, Oschatz 1824.

Faust, A., Der Nationalsozialistische Studentenbund. Studenten und Nationalsozialismus in der Weimarer Republik, 2 Bde., Düsseldorf 1973.

Fehn, A., Die Fechtkunst mit Stoß- und Hiebwaffen, Hannover 1851.

Fehr, H., Der Zweikampf. Antrittsrede, Berlin 1908.

Ferdinand, F., Offenherzigkeiten aus der Armee, Berlin 1887.

Feuerbach, P. J. A., Lehrbuch des gemeinen in Deutschland geltenden Peinlichen Rechts, Gießen 1801.

Fichte, I. H., Hg., Johann Gottlieb Fichte's Leben und literarischer Briefwechsel, Bd. 2, 2. Aufl., Leipzig 1862.

Fick, J. C., Der treue Führer auf der akademischen Laufbahn für Jünglinge, Erlangen 1797.

Fischer, A., Für oder wider das Duell? Rostock 1896.

Fischer, H., Über das Duell vom ethischen Standpunkt, in: Die Gesellschaft, Jg. 18, 1901, S. 139–150.

Fischer, J., Zur Duellfrage, Karlsruhe 1903.

Fischer, L. H., Der teutsche Adel in der Vorzeit, Gegenwart und Zukunft vom Standpunkte des Bürgerthums betrachtet, Bd. 2, Frankfurt 1852.

Flach, J., Der deutsche Student der Gegenwart, Berlin 1887.

Fleck, E., Die Verordnungen über die Ehrengerichte im Preußischen Heere und über die Bestrafung der Offiziere wegen Zweikampfs, 3. Aufl., Berlin 1865.

Fleckenstein, J., Hg., Das ritterliche Turnier im Mittelalter, Göttingen 1985.

Foertsch, H., Der Offizier der neuen Wehrmacht. Eine Pflichtenlehre, Berlin 1936.

Fontane, T., Effi Briest, in: ders., Gesammelte Werke, Bd. 3, München 1979.

Fort mit dem Duell! Für Officiere von einem Officier, Wien 1901.

Fougère, Die Kunst aus jedem Zweykampfe lebend und unverwundet zurückzukehren, selbst wenn man niemals Unterricht im Fechten gehabt und es auch mit dem größten Schläger oder Schützen der Welt zu thun hätte, Leipzig 1826.
Der freie Student und das Duell, hg. v. Vorstand der Deutschen Freien Studentenschaft, Karlsruhe 1904.
Freimuth, W., Duellantenwaffe oder Richterspruch? Ein Sittenroman aus der Gegenwart, Essen o. J.
Freischar und Duell. Denkschrift, Jena 1914.
Frenzel, E., Motive der Weltliteratur, Stuttgart 1976.
Freud, S., Briefe 1873–1939, Frankfurt 1960.
Frevert, U., Das reinigende Duell. Bürgerliche Ehre und Satisfaktion im 19. Jahrhundert, in: Emile. Zeitschrift für Erziehungskultur, Jg. 1, H. 2, 1988, S. 41–56.
Frevert, U., Bürgerlichkeit und Ehre. Zur Geschichte des Duells in England und Deutschland, in: J. Kocka (Hg.), Bürgertum im 19. Jahrhundert, Bd. 3, München 1988, S. 101–140.
Frevert, U., Die Ehre der Bürger im Spiegel ihrer Duelle. Ansichten des 19. Jahrhunderts, in: Historische Zeitschrift, Bd. 249, 1989, S. 545–582.
Frevert, U., Die Konvention des Todes. Liebe und Duell im Wiener Fin de Siècle, in: Programmheft des Nationaltheaters Mannheim zu A. Schnitzlers ›Liebelei‹, Mannheim 1989, S. 24–39.
Frevert, U., »Tatenarm und gedankenvoll«? Bürgertum in Deutschland 1780–1820, in: H. Berding u. a. (Hg.), Deutschland und Frankreich im Zeitalter der Französischen Revolution, Frankfurt 1989, S. 263–292.
Frevert, U., »Wo du hingehst...« – Aufbrüche im Verhältnis der Geschlechter, in: A. Nitschke u. a. (Hg.), Jahrhundertwende. Der Aufbruch in die Moderne 1880–1930, Bd. 2, Reinbek 1990, S. 89–118.
Fries, J. F., Handbuch der praktischen Philosophie oder der philosophischen Zwecklehre, T. 1, Heidelberg 1818.
Fritschius, A., Ohnvorgreiffliches Bedencken Wie denen Duellen und Balgereyen derer Studenten auf Academien mit mehrerem Nachdruck zu steuren seyn möchte? Regensburg 1686.
Für das Duell. Von einem alten Akademiker, Gleiwitz 1896.
Fürbringer, C., Metamorphosen der Ehre. Duell und Ehrenrettung im Jahrhundert des Bürgers, in: R. v. Dülmen (Hg.), Armut, Liebe, Ehre. Studien zur historischen Kulturforschung, Frankfurt 1988, S. 186–224.
Fürich, W. v., Das Duell. Kritisch beleuchtet, Frankfurt 1886.
Funcke, O., Der geadelte Mord oder das Duell, in: ders., Die Welt des Glaubens und die Alltagswelt, Bremen 1885, S. 209–223.
Gaertner, M., Staatliche Ehrengerichte für die Ärzte, Breslau 1896.
Garve, C., Über die Maxime Rochefaucaults: das bürgerliche Air verliehrt sich zuweilen bey der Armee, niemahls am Hofe, in: ders., Popularphilosophische Schriften über literarische, ästhetische und gesellschaftliche Gegenstände, hg. v. K. Wölfel, Bd. 1, Stuttgart 1974, S. 559–716.

Gauvain, H. v., Das Duell und seine Rechtfertigung, Berlin 1866.
Gedanken über den Zweykampf. Von einem Offizier aus ***, Frankfurt 1787.
Geertz, C., Dichte Beschreibung. Beiträge zum Verstehen kultureller Systeme, Frankfurt 1987.
Geffcken, H., Der germanische Ehrbegriff, in: Deutsche Zeitschrift für Geschichtswissenschaft, H. 11/12, 1897, S. 321–341.
Geffcken, H., Fehde und Duell, Leipzig 1899.
Gelöste und ungelöste Fragen aus dem Akademischen Leben der Gegenwart, hg. v. d. Redaktion der Akademischen Monatshefte, Stuttgart 1886.
Genzinger, F., Ratgeber für den Offizier in Ehrenangelegenheiten, Temesvar 1913.
Gewissenszeugnis eines Duellanten gegen das Duell von einem Schleswig-Holsteinischen Kampfgenossen 1848/51, Stettin 1897.
Geyer, M., The Past as Future: The German Officer Corps as Profession, in: G. Cocks u. K. H. Jarausch (Hg.), German Professions, 1800–1950, New York 1990, S. 183–212.
Gierens, M., Ehre, Duell und Mensur, Paderborn 1928.
Girtler, R., Die feinen Leute. Von der vornehmen Art, durchs Leben zu gehen, Frankfurt 1989.
Glasenapp, G. v., Die Berechtigung des Duells, in: Baltische Monatsschrift, Jg. 40, 1898, S. 468–485.
Gneist, R., Der Zweikampf und die germanische Ehre, Berlin 1848.
Goethe, J. W. v., Wilhelm Meisters Lehrjahre, in: Goethes Werke, Bd. VII (Hamburger Ausgabe), 11. Aufl., München 1982.
Goldacker, M., Das Duell in sittlicher Beurteilung, Leipzig 1903.
Goltdammer, T., Die Materialien zum Straf-Gesetzbuche für die Preußischen Staaten, aus den amtlichen Quellen nach den Paragraphen des Gesetzbuches zusammengestellt und in einem Kommentar erläutert, T. 2, Berlin 1852.
Goltz, C. Frhr. v. d., Das Volk in Waffen. Ein Buch über Heerwesen und Kriegführung unserer Zeit, Berlin 1883.
Gräff, H., Rönne, L. v. u. Simon, H., Ergänzungen und Erläuterungen des Preußischen Criminal-Rechts durch Gesetzgebung und Wissenschaft, 1. Abt., 2. Aufl., Breslau 1842.
Graeser, K., Für den Zweikampf. Eine Studie, Berlin 1902.
Graeser, K., Der Zweikampf. Eine Studie, 2. Aufl., Heidelberg 1911.
Graf von Herrmannsfeld und Marie von Holdenau. Oder: Die versammelten Freunde am Grabe des Edeln. Eine Duellgeschichte in Briefen, Wertheim 1783.
Granier, G., Deutsche Rüstungspolitik vor dem Ersten Weltkrieg. General Franz Wandels Tagebuchaufzeichnungen aus dem preußischen Kriegsministerium, in: Militärgeschichtliche Mitteilungen, Jg. 38, 1985, S. 123–162.

Griepenkerl, J., Das Duell im Lichte der Ethik, Trier 1906.
Grimm, D., Recht und Staat der bürgerlichen Gesellschaft, Frankfurt 1987.
Grimm, H., u. Besser-Walzel, L., Die Corporationen. Handbuch zu Geschichte – Daten – Fakten – Personen, Frankfurt 1986.
Grolmann, C., Über Ehre und guten Namen, in: Magazin für die Philosophie des Rechts und der Gesetzgebung, Bd. 1, 1798, S. 5–54.
Grumach, R., Hg., Kanzler Friedrich von Müller. Unterhaltungen mit Goethe, 2. Aufl., München 1982.
Günther, W. A., Populaire Vorträge und Abhandlungen über Rechtsmaterien: Ehe, Adel, Duell, Leben, Eid, Berlin 1869.
Gürtner, F., Hg., Das kommende deutsche Strafrecht. Besonderer Teil. Bericht über die Arbeit der amtlichen Strafrechtskommission, 2. Aufl., Berlin 1936.
Guttandin, F., Die demolierte Ehre, in: Emile. Zeitschrift für Erziehungskultur, Jg. 1, H. 2, 1988, S. 19–40.
H. B., Die Bewegung gegen die Pistolenduelle, in: Burschenschaftliche Blätter, Jg. 17, 1902, S. 128–134.
Haack, H., Die Zweikampfbeleidigung, Diss. Freiburg 1930.
Haas, P., »Für und wider das Duell«. Eine dialogisierte Abhandlung über den Zweikampf in zwei Theilen, 11. Aufl., Wien 1899.
(Haber, M. v.), Die reine Wahrheit über die Streitsache zwischen Moritz von Haber und Freiherrn Julius Göler von Ravensburg, Straßburg 1843.
Hälschner, Der Thatbestand des Zweikampfes und das studentische Schlägerduell, in: Der Gerichtssaal, Bd. 34, 1883, S. 1–28.
Hälschner, Der Zweikampf im Verhältnisse zu Tödtung und Körperverletzung, in: Der Gerichtssaal, Bd. 35, 1883, S. 161–181.
Hälschner, H., Über das Duell, Elberfeld 1867.
Hagen, H., Hg., Ehre und Ehrenschutz des katholischen Akademikers, München 1925.
Haken, F., Die Anerkennung des Antiduellantenstandpunkts im Dörptschen Chargiertenconvent (1840–47), in: Baltische Monatsschrift, Jg. 54, 1912, S. 388–405.
Hardtwig, W., Studentische Mentalität – Politische Jugendbewegung – Nationalismus. Die Anfänge der deutschen Burschenschaft, in: Historische Zeitschrift, Bd. 242, 1986, S. 581–628.
Hardtwig, W., Sozialverhalten und Wertwandel der jugendlichen Bildungsschicht im Übergang zur bürgerlichen Gesellschaft (17.–19. Jahrhundert), in: Vierteljahrschrift für Sozial- und Wirtschaftsgeschichte, Bd. 73, 1986, S. 305–335.
Hardtwig, W., Protestformen und Organisationsstrukturen der deutschen Burschenschaft 1815–1833, in: H. Reinalter (Hg.), Demokratische und soziale Protestbewegungen in Mitteleuropa 1815–1848/49, Frankfurt 1986, S. 37–76.
Hardtwig, W., Studentenschaft und Aufklärung. Landsmannschaften und Studentenorden in Deutschland im 18. Jahrhundert, in: E. François

(Hg.), Geselligkeit, Vereinswesen und bürgerliche Gesellschaft in Frankreich, Deutschland und der Schweiz, 1750–1850, Paris 1986, S. 239–259.
Harleß, D. G. C. A., Grabrede bei der Beerdigung eines im Duell Gebliebenen, Erlangen 1841.
Hartleben, O. E., Im grünen Baum zur Nachtigall. Ein Studentenstück, Berlin 1905.
Hartmann, E. v., Der Zweikampf, in: ders., Tagesfragen, Leipzig 1896, S. 133–142.
Hartung, F., Ist die Bestimmungsmensur strafbar? Rechtsgutachten, Berlin 1955.
Haupt, H., Hg., Handbuch für den Deutschen Burschenschafter, 4. Aufl., Frankfurt 1927.
Hausner, O., Über den Zweikampf. Geschichte, Gesetzgebung und Lösung, Wien 1880.
Heer, G., Geschichte der Deutschen Burschenschaft, Bd. 2–4, Heidelberg 1927–39.
Heiberg, A., Erinnerungen aus meinem Leben, Berlin 1897.
Heine, H., Briefe 1831–1841 (Säkularausgabe Bd. 21), Berlin 1970.
Heine, H., Prosa 1836–1840 (Säkularausgabe Bd. 9), Berlin 1979.
Heine, H., Säkularausgabe Bd. 25: Briefe an Heine 1837–1841, Berlin 1974.
Heise, Von den gerichtlichen Zweykämpfen der alten deutschen Völker, auch deren Gebrauch bey den Georgianern, in: Hannoverisches Magazin, St. 72, 1773, Sp. 1137–1168.
Helfer, C., Das Duell vor dem Forum der Vernunft, Innsbruck 1887.
Hell, H., Das Duell – Ein Problem, Berlin 1904.
Hengstenberg, E. W., Das Duell und die christliche Kirche, Berlin 1856.
Hennings, A., Meine Duellgeschichte. Zur Berichtigung der Wahrheit und zum reifen Nachdenken über Duelle überhaupt denkenden Männern vorgelegt, Altona 1795.
Hennings Duellgeschichte, in: Deutschland, Jg. 2, 1796, S. 92–119.
Hensler, Von dem Gerichtsstande der Studirenden vor eigenen Standesgenossen, in: Schleswig-Holsteinische Blätter für Polizei und Kultur, St. 2, 1799, S. 113–137.
Henze, W., Das Fecht- und Duellwesen an der Universität Göttingen 1734–1940, Diss. Göttingen 1942.
Hergsell, G., Duell-Codex, 2. Aufl., Wien 1897.
Hering, H., Das Duell, eine Reformfrage, Berlin 1896.
Hertz, D., Jewish High Society in Old Regime Berlin, New Haven 1988.
Herwig, H. H., Das Elitekorps des Kaisers. Die Marineoffiziere im Wilhelminischen Deutschland, Hamburg 1977.
Heun, C., Vertraute Briefe an edelgesinnte Jünglinge die auf Universitäten gehen wollen, Leipzig 1792.
Historisch-moralische Abhandlung von den Zweykämpfen der Deutschen und anderer Völker in den mittlern Zeiten, in: Nützliche Sammlungen, St. 63, 1757, Sp. 993–1032.

Höchstkamp, R. v., Ehre, Zweikampf und Gesetzgebung. Ein Mahnruf an das deutsche Volk, Leipzig 1900.
Höhne, H., Der Orden unter dem Totenkopf. Die Geschichte der SS, Gütersloh 1967.
Hoerner, H. v., Die letzte Kugel. Erzählung, Stuttgart 1937.
Hohenlohe-Ingelfingen, K. zu, Aus meinem Leben. Aufzeichnungen, Bd. 1, Berlin 1897.
Hofmann, H. H., Hg., Das deutsche Offizierkorps 1860–1960, Boppard 1980.
Hofmannsthal, E. v., Ehrenkodex für Duellgegner, Wien 1910.
Hopfen, O. H., Die Berechtigung des Zweikampfes, in: Die Gesellschaft, 1901, S. 280–289.
Hruschka, A., Weltmenschen. Roman, 5. Aufl., Einsiedeln o. J.
Huber, J., Biographische Skizzen und kulturhistorische Aufsätze, Leipzig 1873.
Hübner, C. G., Über Ehre, Ehrlosigkeit, Ehrenstrafen und Iniurien. Ein Beytrag zur Berichtigung der positiven Rechtswissenschaft, Leipzig 1800.
Hüger, A., Meine Erlebnisse in der Militär-Rechts- und Officier-Ehren-Gerichts-Pflege. Eine aktenmäßige Darstellung, Berlin 1902.
Hufnagel, C. F. v., Das Strafgesetzbuch für das Kgr. Württemberg, mit erläuternden Anmerkungen, vornehmlich aus der Praxis der Gerichte, Tübingen 1845.
Huhle, H., Die Entwicklung des Fechtens an deutschen Hochschulen. Ein Beitrag zur Geschichte der Schläger- und der Säbelmensur, Stuttgart 1965.
Huizinga, J., Herbst des Mittelalters. Studien über Lebens- und Geistesformen des 14. und 15. Jahrhunderts in Frankreich und in den Niederlanden, hg. v. K. Köster, Stuttgart 1975.
Ihering, R. v., Der Kampf um's Recht, 2. Aufl., Wien 1872.
Jacobsen, H.-A., Militär, Staat und Gesellschaft in der Weimarer Republik, in: K. D. Bracher u. a. (Hg.), Die Weimarer Republik 1918–1933, 2. Aufl., Bonn 1988, S. 343–368.
Jacoby, J., Heinrich Simon. Ein Gedenkbuch für das deutsche Volk, 2 Bde., Berlin 1865.
Jaffé, S., Die Behandlung des Duells im Vorentwurf zu einem neuen Strafgesetzbuch, in: Monatsschrift für Kriminalpsychologie und Strafrechtsreform, Jg. 8, 1911/12, S. 233–241.
Jany, C., Geschichte der Königlich Preußischen Armee bis zum Jahre 1807, Bd. 2, Berlin 1928.
Jarausch, K. H., Students, Society, and Politics in Imperial Germany. The Rise of Academic Illiberalism, Princeton 1982.
Jarausch, K. H., Deutsche Studenten 1800–1970, Frankfurt 1984.
Jarcke, C. E., Beiträge zur Revision der preußischen Strafgesetzgebung: Die Lehre von den Injurien, in: Zeitschrift für die Criminal-Rechts-

Pflege in den Preußischen Staaten mit Ausschluß der Rheinprovinz, Bd. 17, H. 34, 1831, S. 258–272.

Jentsch, K., Beleidigung und Duell, in: Die Zukunft, Jg. 11, 1903, S. 211–217.

John, H., Das Reserveoffizierkorps im Deutschen Kaiserreich 1890–1914. Ein sozialgeschichtlicher Beitrag zur Untersuchung der gesellschaftlichen Militarisierung im Wilhelminischen Deutschland, Frankfurt 1981.

Dem Juden – keine Satisfaktion. Ein ernstes Mahnwort von einem Nichtjuden, Wien 1896.

Jünger, E., In Stahlgewittern, 30. Aufl., Stuttgart 1986.

Justi, J. H. G. v., Von den Zweykämpfen, in: ders., Deutsche Memoires, oder Sammlung verschiedener Anmerkungen, T. 1, 2. Aufl., Wien 1750, S. 78–86.

K., Der Zweikampf. Von einem Juristen, in: Katholik, H. 2, 1901, S. 97–108.

Kahldorf, Über den Adel in Briefen an den Grafen M. von Moltke, hg. v. H. Heine, Nürnberg 1831.

Kammerer, P., Über Unrecht in Ansehung der Ehre, Landshut 1820.

Kampe, N., Studenten und »Judenfrage« im Deutschen Kaiserreich. Die Entstehung einer akademischen Trägerschicht des Antisemitismus, Göttingen 1988.

Kamptz, F. v. u. Rhein, G. L., Ein militärisches Vehmgericht. Die Verurteilung des Rittmeisters a. D. Freiherrn v. Erhardt und des Premierlieutenants d. L. F. v. Kamptz, Stuttgart 1896.

Kandt, E.-W., Das Zweikampfdelikt insbesondere im 19. Jahrhundert bis zur Gegenwart, Diss. Greifswald 1925.

Kant, I., Die Metaphysik der Sitten, in: ders., Gesammelte Schriften, 1. Abt., Bd. 6, Berlin 1907.

Kant, I., Anthropologie in pragmatischer Hinsicht, in: Kants Werke. Akademie-Textausgabe, Bd. VII, Berlin 1968.

Karus, H., Schläger, Säbel und Pistole. Ein Wort an die Deutsche Studentenschaft und die Freunde derselben, Halle 1888.

Kater, M. H., Studentenschaft und Rechtsradikalismus in Deutschland 1918–1933, Hamburg 1975.

Kaufmann, G., Thesen zur Bekämpfung des Duellunwesens, Breslau 1896.

Kehr, E., Zur Genesis des Königlich Preußischen Reserveoffiziers, in: ders., Der Primat der Innenpolitik, hg. v. H.-U. Wehler, Frankfurt 1976, S. 53–63.

Keil, R. u. R., Geschichte des Jenaischen Studentenlebens von der Gründung der Universität bis zur Gegenwart (1548–1858), Leipzig 1858.

Keller, S., Ein Wort über das Duell, Hagen o. J.

Kelly, G. A., Duelling in Eighteenth Century France: Archeology, Rationale, Implications, in: The Eighteenth Century, Bd. 21, 1980, S. 236–254.

Kerrl, H., Hg., Nationalsozialistisches Strafrecht. Denkschrift des Preußischen Justizministers, Berlin 1933.

Kessler, H. Graf, Gesichter und Zeiten. Erinnerungen, Frankfurt 1988.
Ketteler, W. E. Frhr. v., Das Duell und das Königthum, in: ders., Nachgelassene und anonyme Schriften, Mainz 1985, S. 604–612.
Keyserling, H. Graf, Erörterungen über das Duell, nebst einem Vorschlage, 2. Aufl., Dorpat 1864.
Kiernan, V. G., The Duel in European History. Honour and the Reign of Aristocracy, Oxford 1988.
Kirche, Duell, Freimaurerei nebst einem Anhange: Über Wohlthätigkeit. Ein wahres Wort auf die Angriffe gegen Duell und Freimaurerei, 3. Aufl., Berlin 1858.
Kitchen, M., The German Officer Corps 1890–1914, Oxford 1968.
Klein, A., Friedrich Graf zu Solms-Laubach. Preußischer Oberpräsident in Köln (1815–1822), Köln 1936.
Klein, E. F., Über Verbrechen gegen den Staat, besonders den Zweykampf, in: Archiv des Criminalrechts, Jg. 6, 1805, S. 134–148.
Klein, F., Referat über die Frage, nach welchen Grundsätzen die einzuführenden besonderen Ehrengerichte (Ehrenräthe) zu organisieren sind, Wien 1902.
Kluth, R., Preußische Ehrauffassung. Der Ehrbegriff im preußischen Heer des 18. Jahrhunderts, Berlin 1941.
Knigge, A. Frhr. v., Über den Zweykampf, in: ders., Journal aus Urfstädt, Frankfurt 1785 (Sämtliche Werke, Bd. 17, ND Nendeln 1978), S. 108–123.
Kocka, J., Hg., Bürger und Bürgerlichkeit im 19. Jahrhundert, Göttingen 1987.
Kocka, J., Hg., Bürgertum im 19. Jahrhundert. Deutschland im europäischen Vergleich, 3 Bde., München 1988.
Kocka, J., Hg., Bildungsbürgertum im 19. Jahrhundert, T. IV: Politischer Einfluß und gesellschaftliche Formation, Stuttgart 1989.
König, F., Aus zwei Jahrhunderten. Geschichte der Studentenschaft und des studentischen Korporationswesens auf der Universität Halle. Nach urkundlichen Quellen bearbeitet, Halle 1894.
Kohlrausch, Zweikampf, in: Vergleichende Darstellung des deutschen und ausländischen Strafrechts. Vorarbeiten zur deutschen Strafrechtsreform, Besonderer Teil, Bd. III, Berlin 1906, S. 125–201.
Kohut, A., Das Buch berühmter Duelle, Berlin 1888.
Korff, H., Schon wieder ein Ehrengerichtlicher Prozeß!, Mannheim 1847.
Korwin-Dzbànski, S. Ritter v., Krieg und Duell, Wien 1907.
Koselleck, R., Preußen zwischen Reform und Revolution. Allgemeines Landrecht, Verwaltung und soziale Bewegung von 1791 bis 1848, 2. Aufl., Stuttgart 1975.
Kraemer, H., Bismarck als Corpsstudent, in: Die Zukunft, Bd. 10, 1895, S. 515–523.
Krafft, Dienst und Leben des jungen Infanterie-Offiziers. Ein Lern- und Lesebuch, Berlin 1914.

Krafft, R., Fürnehmer Geist. Eine Kritik der Offiziers-Ehrengerichte nebst Beispielen aus der Praxis, 2. Aufl., Stuttgart 1897.

Kraus, J., Das Rechtsgut der Ehre. Vom kulturgeschichtlichen und legislativ-politischen Standpunkte dargestellt, Wien 1905.

Kriminalstatistik für das Jahr 1882–1936 (Statistik des Deutschen Reichs, NF), Berlin 1884–1942.

Kronecker, Die Strafbarkeit der studentischen Schlägermensuren, in: Der Gerichtssaal, Bd. 35, 1883, S. 201–236.

Kroner, T., Der Zweikampf im altdeutschen Recht, seine Verbreitung in der Neuzeit, seine Bestrafung nach dem geltenden und zukünftigen Deutschen Strafgesetzbuch und die Ziele der Anti-Duell-Liga, Stuttgart 1910.

Krückemeyer, Beiträge zur Antiduellbewegung, Hamm 1901.

Kügler, D., Das Duell. Zweikampf um die Ehre, Stuttgart 1986.

Kufahl, H. u. Schmied-Kowarzik, J., Duellbuch. Geschichte des Zweikampfes nebst einem Anhang enthaltend Duellregeln und Paukcomment, Leipzig 1896.

Kußmaul, A., Jugenderinnerungen eines alten Arztes, 3. Aufl., Stuttgart 1899.

Lange, H., Die Duelldebatten im Reichstag, in: dies., Kampfzeiten, Bd. 2, Berlin 1928, S. 92–101.

Langenscheidt, P., Um Nichts! Berlin o. J.

Lassalle, F., Nachgelassene Briefe und Schriften, hg. v. G. Mayer, Bd. 3 u. 4, Stuttgart 1922/24, ND Osnabrück 1967.

Lasson, A., System der Rechtsphilosophie, Berlin 1882.

Laube, H., Erinnerungen 1810–1840, Leipzig 1909.

Laukhard, F. C., Leben und Schicksale, von ihm selbst beschrieben und zur Warnung für Eltern und studierende Jünglinge herausgegeben. Ein Beitrag zur Charakteristik der Universitäten in Deutschland, T. 1, Halle 1792; ND Frankfurt 1987.

Lehmkuhl, A., Das Duell, in: Stimmen aus Maria-Laach, Bd. 32, 1887, S. 153–175.

Lehmkuhl, A., Das Duell im Lichte der Vernunft, in: Stimmen aus Maria-Laach, Bd. 46, 1894, S. 345–357.

Leo, Über Zweikämpfe und ihre Schädlichkeit, in: Deutsches Museum, Bd. 2, St. 7, 1787, S. 15–22.

Levi, E., Zur Lehre vom Zweikampfverbrechen, Leipzig 1889.

Lichtenberg, G. C., Aphorismen, hg. v. K. Batt, Frankfurt 1982.

Liebermann von Wahlendorf, W. Ritter, Erinnerungen eines deutschen Juden 1863–1936, München 1988.

Liepmann, M., Die Anträge der deutschen Antiduell-Liga, in: Monatsschrift für Kriminalpsychologie und Strafrechtsreform, Jg. 2, 1905/06, S. 119–133.

Liepmann, M., Duell und Ehre. Ein Vortrag, Berlin 1904.

Liepmann, M., Die Beleidigung, Berlin 1909.

Lieutenant Blaskowitz, in: Die Zukunft, Bd. 37, 1901, S. 251–261.

Lilien, A. v., Duell und Ehre. Roman aus den höhern Gesellschaftskreisen, Köln 1897.

Loen, J. M. v., Vom Zweykampff, sowie Von den Zweikämpfen, in: J. C. Schneidern (Hg.), Des Herrn von Loen gesammlete Kleine Schriften, T. 3, Frankfurt 1751, ND Frankfurt 1972, S. 276–283, 438–483.

Mader, H., Duellwesen und altösterreichisches Offiziersethos, Osnabrück 1983.

Malvus, F., Die Gebräuche beim Zweikampf, Berlin 1887.

Malvus, F., Gründet ein allgemeines studentisches Ehrengericht! Berlin 1889.

Mandeville, B., Die Bienenfabel oder Private Laster als gesellschaftliche Vorteile, Leipzig 1988.

Mangan, J. A. u. Walvin, J., Hg., Manliness and Morality. Middle-class Masculinity in Britain and America, 1800–1940, New York 1987.

Mann, K., Meine ungeschriebenen Memoiren, hg. v. E. Plessen u. M. Mann, Frankfurt 1983.

Mann, T., Der Zauberberg, Stuttgart o. J.

Mannkopff, A. J., Hg., Allgemeines Landrecht für die Preußischen Staaten in Verbindung mit den dasselbe ergänzenden, abändernden und erläuternden Gesetzen, Königlichen Verordnungen und Justiz-Ministerial-Rescripten, Bd. 7, Berlin 1838.

Mantegazza, P., Die Physiologie des Hasses, Jena 1889.

Martin, C., Die juristische Beurteilung des studentischen Schlägerduells, Diss. Speyer 1887.

Marwitz, F. A. L. v. d., Nachrichten aus meinem Leben 1777–1808, hg. v. G. de Bruyn, Berlin 1989.

Marx, K. u. Engels, F., Gesamtausgabe (MEGA), III. Abt., Bd. 1, Berlin 1975.

Marx, K. u. Engels, F., Werke, Bd. 28 u. 29, Berlin 1963/70.

Maurer, K., Ehre, in: J. C. Bluntschli u. K. Brater (Hg.), Deutsches Staats-Wörterbuch, Bd. 3, Stuttgart 1858, S. 226–237.

Maurer, W., Der Zweikampf, Diss. Anklam 1874.

Mayer, A., Der Zweikampf ehedem und heute, Wien 1866.

Mayer, A. J., Adelsmacht und Bürgertum. Die Krise der europäischen Gesellschaft 1848–1914, München 1984.

Mayer, F., Der Zweikampf. Ein sittengeschichtlicher Beitrag, Erlangen 1843.

Medem, R., Die Duellfrage, 2. Aufl., Greifswald 1890.

Meier, G. F., Gedancken von der Ehre, Halle 1746.

Meinecke, F., Das Leben des Generalfeldmarschalls Hermann von Boyen, Bd. 2, Stuttgart 1899.

Meinecke, F., Erlebtes 1862–1919, Stuttgart 1964.

Meiners, C., Kurze Geschichte der Duelle, und zwar zuerst der gerichtlichen Duelle, in: Göttingisches Historisches Magazin, Bd. 3, St. 1, 1788, S. 10–73.

Meiners, C., Von den außergerichtlichen Duellen, die durch ehrenrührige Reden, und Thätlichkeiten veranlaßt wurden, in: Göttingisches Historisches Magazin, Bd. 3, St. 4, 1788, S. 591–678.
Meiners, C., Betrachtungen über die Begriffe der verschiedenen Völker von Ehre und Schande, in: Göttingisches Historisches Magazin, Bd. 3, 1788, S. 429–456.
Meiners, C., Kurze Untersuchung der Ursachen, um welcher willen der Zweykampf fast allein unter den Germanischen Nationen herrschende Sitte war, in: Neues Göttingisches historisches Magazin, Bd. 3, St. 2, 1794, S. 361–384.
Meiners, C., Über die Verfassung und Verwaltung deutscher Universitäten, Bd. 2, Göttingen 1802, ND Aalen 1970.
Meinhof, H., Wie soll ein Christ sich in der Wahrung seiner Ehre richtig verhalten? Predigt, Halle 1902.
Menzel, M., Der Infanterie-Einjährige und Offizier des Beurlaubtenstandes. Ausbildung und Doppelstellung im Heer und Staat, 8. Aufl., Berlin 1905.
Messerschmidt, M., Die Wehrmacht im NS-Staat. Zeit der Indoktrination, Hamburg 1969.
Messerschmidt, M., Militär und Politik in der Bismarckzeit und im Wilhelminischen Deutschland, Darmstadt 1975.
Messerschmidt, M., Die politische Geschichte der preußisch-deutschen Armee, in: Handbuch zur deutschen Militärgeschichte 1648–1939, Bd. 2, IV/1, München 1975, S. 9–380.
Messerschmidt, M., Die Armee in Staat und Gesellschaft – Die Bismarckzeit, in: M. Stürmer (Hg.), Das kaiserliche Deutschland, Kronberg 1977, S. 89–118.
Messerschmidt, M., Die preußische Armee, in: Handbuch zur deutschen Militärgeschichte 1648–1939, Bd. 2, IV/2, München 1979, S. 10–225.
Meyer, B., Was nun? Ein Beitrag zur Duell-Frage, Berlin 1896.
Meyer, C., Die »Ehre« im Lichte vergangener Zeit, München 1904.
Meyer, H. A., Das Pistolen-Duell, welches zwischen dem Ingenieur-Lieutenant v. Leithold und dem Oberlandesgerichts-Referendarius Schade am 30. August 1844 bei Königsberg in Preußen stattfand. Aus den Untersuchungs-Acten vollständig dargestellt und mit dienstlicher Genehmigung veröffentlicht, Danzig 1845.
Meyr, G. K., Hg., Sammlung der Kurpfalz-Baierischen allgemeinen und besonderen Landesverordnungen, Bd. 1, München 1784.
Meyr, M., Duell und Ehre. Roman, 2 Bde., Leipzig 1870.
Michaelis, J. D., Räsonnement über die protestantischen Universitäten in Deutschland, T. 3 u. 4, Frankfurt 1773/76, ND Aalen 1973.
Militärische Schriften weiland Kaiser Wilhelms des Großen Majestät, hg. v. Kgl. Preußischen Kriegsministerium, 2 Bde., Berlin 1897.
Miller, E., Aktenmäßige Geschichte einer Offiziers-Pensionierung. Zugleich ein Aufschluß über anti-württembergische Strömungen im XIII. Armeecorps, 2 Bde., Stuttgart 1890.

Miller, E., Die Ehre. Eine zeitgemäße Betrachtung des militärischen Ehrengerichtsverfahrens erläutert durch aktenmäßig festgestellte Beispiele, Zürich 1891.

Mitteilungen der Deutschen Anti-Duell-Liga, Nr. 1 ff., Halberstadt 1902 ff.

Mitteilungen der Allgemeinen Anti-Duell-Liga für Österreich, März 1903 bis Dezember 1909, Wien 1910.

Mittermaier, C. J. A., Bemerkungen über Duellgesetze und den Zusammenhang derselben mit den Gesetzen über Ehrenverletzungen, in: Neues Archiv des Criminalrechts, Bd. 3, St. 3, 1819, S. 436–452.

Mittermaier, C. J. A., Über den Zweikampf, mit besonderer Prüfung des neuesten Entwurfs eines Duell-Edicts für das Königreich Hannover, in: Neues Archiv des Criminalrechts, Bd. 8, St. 3, 1826, S. 445–469.

Mittermaier, C. J. A., Beiträge zur Lehre vom Duell, nach dem gemeinen deutschen Strafrechte und nach den neueren Gesetzgebungen, in: Archiv des Criminalrechts, NF, St. 3, 1834, S. 339–385.

Mittermaier, C. J. A., Der gegenwärtige Zustand der Gesetzgebung und der Rechtsanwendung in Bezug auf den Zweikampf, mit Nachweisung der Erfahrungen der einzelnen Länder, in: Archiv des Criminalrechts, NF, St. 3, 1845, S. 329–388.

Mittheilungen über die Verhandlungen des ordentlichen Landtags im Königreich Sachsen während des Jahres 1849, 2. Kammer, Dresden 1849.

Möser, J., Also sollte man den Zweikämpfen nur eine bessere Form geben, in: ders., Sämtliche Werke, Bd. 7: Patriotische Phantasien IV, Oldenburg o. J., S. 115–118.

Mohl, R., System der Präventiv-Justiz oder Rechts-Polizei, Tübingen 1834.

Mohl, R. v., Lebens-Erinnerungen 1799–1875, Bd. 1, Stuttgart 1902.

Molitor, Über die Strafbarkeit des Duells nach der französischen Gesetzgebung, in: Archiv des Criminalrechts, NF, St. 4, 1845, S. 546–565.

Moltke, M. v., Über den Adel und dessen Verhältnis zum Bürgerstande, Hamburg 1830.

Mommsen, W. J., Max Weber und die deutsche Politik 1890–1920, 2. Aufl., Tübingen 1974.

Mongré, P., Der Arzt seiner Ehre. Komödie in einem Akt, Berlin o. J.

Moscherosch, H. M., Gesichte Philanders von Sittewald, hg. v. F. Bobertag, Berlin 1883.

Motive zum revidierten Entwurf des Strafgesetzbuchs für die Preußischen Staaten, T. 1, Berlin 1833.

Motive zum Entwurf des Strafgesetzbuchs für die Preußischen Staaten und den damit verbundenen Gesetzen vom Jahre 1847, Berlin 1847.

Motte-Fouqué, F. de la, u. Perthes, F., Etwas über den deutschen Adel, über Ritter-Sinn und Militair-Ehre, Hamburg 1819.

Müller, C., Unwesen auf deutschen Hochschulen, Leipzig 1894.

Müller, C., Moloch Ehre. Ein freies Wort gegen das Duellunwesen, Freiburg 1903.

Müller, F. M., Aus meinem Leben. Fragmente zu einer Selbstbiographie, Gotha 1902.

Müller, L., Das Duell im Lichte christlich-germanischer Bildung, eine Schmach des neunzehnten Jahrhunderts. Ein Beitrag zur Sittengeschichte unserer Zeit mit Belegen aus den Schriften älterer und neuerer Gegner des Zweikampfs, Breslau 1858.

Müller-Wirthmann, B., Raufhändel. Gewalt und Ehre im Dorf, in: R. v. Dülmen (Hg.), Kultur der einfachen Leute. Bayerisches Volksleben vom 16. bis zum 19. Jahrhundert, München 1983, S. 79–111.

Münch, E., Erinnerungen, Lebensbilder und Studien aus den ersten 37 Jahren eines teutschen Gelehrten, mit Rückblicken auf das öffentliche, politische, intellektuelle und sittliche Leben von 1815 bis 1835 in der Schweiz, in Teutschland und den Niederlanden, Bd. 1, Karlsruhe 1836.

Murz, F., Degen-, Säbel- und Duell-Fechten, Debreczen 1890.

Nachschlagebuch bei Austragung von Ehrenhändeln für den Offizier als Kartellträger (Zeuge), Sekundant, Unparteiischer, Berlin 1891.

Naendrup, H., Duell und Ehrenschutz, insbesondere der Boden, auf dem Duellgegner und Duellfreunde zusammenkommen können, Münster 1912.

Nahlowsky, J. W., Das Duell. Sein Widersinn und seine moralische Verwerflichkeit, Leipzig 1864.

Nerling, F., Der Blutbann des Duells vor dem Richterstuhle des Gewissens und der Vernunft, Dorpat 1883.

Nerling, F., Zur Duellfrage, Cottbus 1900.

Nicolai, C. F., Vertraute Briefe von Adelheid B. an ihre Freundin Julie S., hg. v. G. de Bruyn, Berlin 1982.

Nipperdey, T., Deutsche Geschichte 1866–1918, Bd. 1: Arbeitswelt und Bürgergeist, München 1990.

Nithack-Stahn, W., Barbareien. Gedanken zur Gegenwart, Berlin 1913.

Nye, R. A., Fencing, the Duel and Republican Manhood in the Third Republic, in: Journal of Contemporary History, Bd. 25, 1990, S. 365–377.

Objartel, G., Die Kunst des Beleidigens. Materialien und Überlegungen zu einem historischen Interaktionsmuster, in: D. Cherubim u. a. (Hg.), Gespräche zwischen Alltag und Literatur, Tübingen 1984, S. 94–122.

Oelsnitz, L. v. d., Der Ehr- und Standesbegriff des deutschen Offiziers im Lichte des göttlichen Wortes, Liegnitz 1898.

Oesterley, H., Hg., Denkwürdigkeiten von Hans von Schweinichen, Breslau 1878.

Oettingen, A. v., Zur Duellfrage, Dorpat 1889.

Ofenheim, A. Ritter v., Das Wesen des Duells und ein Reform-Vorschlag, Wien 1887.

Offizieller Paukkomment einschließlich des Säbel- und Pistolenkomments für die deutschen Universitäten und Hochschulen, 4. Aufl., Leipzig 1897.

Offiziersehre und Ehrengerichte. Ein Blick hinter die Kulissen von einem Eingeweihten, Braunschweig 1904.

Oppen, O. H. A. v., Beiträge zur Revision der Gesetze, Köln 1833.

Orth, E., Die Fehden der Reichsstadt Frankfurt am Main im Spätmittelalter. Fehderecht und Fehdepraxis im 14. und 15. Jahrhundert, Wiesbaden 1973.

Osenbrüggen, E., Die Ehre im Spiegel der Zeit, Berlin 1872.

Ostwald, W., Die zwei Seelen in unserer Brust, Leipzig 1908.

Ott, J., Geschichte des Zweikampfes aller Völker und Zeiten, nebst der Schilderung der nationalen Kampfspiele und bezüglichen gymnastischen Übungen, Olmüz 1855.

Pantenburg, R., Über die Zusammenhänge von Duell und staatlichem Ehrenschutz, Diss. Köln 1928.

Paul, J., Hesperus, oder fünfundvierzig Hundsposttage. Eine Lebensbeschreibung, Berlin o. J.

Paulsen, F., System der Ethik mit einem Umriß der Staats- und Gesellschaftslehre, Berlin 1889.

Paulsen, F., Die deutschen Universitäten und das Universitätsstudium, Berlin 1902.

Paulus, H. E. O., Wider die Duellvereine auf Universitäten und für Wiederherstellung der Akademischen Freiheit. Nebst Privat-Notizen und Betrachtungen über die neuesten Anmaßungen der Duellvereine auf der Universität Heidelberg, Heidelberg 1828.

(Penzenkuffer, C. W. F.), Über den Zweikampf. Eine philosophische Abhandlung, Nürnberg 1819.

Perčevič, F. Edler v. Odavna, Die Satisfaktion. Ehre, Mut und Genugthuung im Lichte der Wahrheit, Agram 1903.

Picker, H., Hitlers Tischgespräche im Führerhauptquartier 1941–1942, 2. Aufl., Stuttgart 1965.

Pockels, C. F., Der Mann. Ein anthropologisches Charaktergemählde seines Geschlechts, 4 Bde., Hannover 1805/08.

Preising, R., Nachrichten über ein Duell in Werl, in: Soester Zeitschrift, H. 72, 1959, S. 55–59.

Preuss, E., Die höheren Aufgaben des jungen Offiziers für Armee und Volk, München 1906.

Prokowsky, D., Die Geschichte der Duellbekämpfung, Diss. Bonn 1965.

Pusch, G., Über Couleur und Mensur, Berlin 1887.

Rabenau, v., Die deutsche Land- und Seemacht und die Berufspflichten des Offiziers. Ein Handbuch für Offiziere des aktiven Dienststandes und des Beurlaubtenstandes sowie für Fähnriche, Einjährig-Freiwillige und Vizefeldwebel der Reserve, 4. Aufl., Berlin 1914.

Radowitz, J. M., Duelle, in: ders., Ausgewählte Schriften, hg. v. W. Corvinus, Bd. 2, Regensburg o. J., S. 168–174.

Rathen, K. v., Duellregeln, Leipzig 1914.

Raupp, O., Gegen das Duell, in: Deutsche Stimmen, Jg. 3, 1902, S. 719–726.

Reder, A., Der Zweikampf im Deutschen Reichstag 1896, München 1896.

Reichmann, M., Der Kreuzzug gegen das Duell, in: Stimmen aus Maria-Laach, Bd. 79, 1910, S. 32–49.

Reichmann, M., Zweikampf und Ehre, in: Stimmen aus Maria-Laach, Bd. 86, 1914, S. 489–504.

Reiner, H., Die Ehre. Kritische Sichtung einer abendländischen Lebens- und Sittlichkeitsform, Darmstadt 1956.

Reinhold, K. L., Über die Duelle auf Universitäten, in: ders., Auswahl vermischter Schriften, T. 1, Jena 1796, S. 122–145.

Reventlow, E. Graf, Ehebruch und Standesehre, in: Die Zukunft, Bd. 46, 1904, S. 283–290.

Richter, J. A. L., Betrachtungen über den Zweck der Erziehung und des öffentlichen Unterrichts und die Mittel, denselben zu erreichen, vorzüglich in Beziehung auf das System des Humanismus, Dessau 1830.

Riegger, J., Das Duell, nach gänzlich neuen Gesichtspunkten bearbeitet, Schorndorf 1902.

Rielech, F., Lose Worte über die Bestimmungsmensuren der deutschen Couleurstudenten, Breslau 1886.

Rissom, Militärstrafrecht, Disziplinarstrafgewalt, Ehrengerichte im deutschen Heere, Berlin o. J.

Ristow, G., Ehrenkodex, Wien 1909.

Ristow, G., Die moderne Fechtkunst. Methodische Anleitung zum Unterrichte im Fleuret- und Säbelfechten, nebst einem Anhange, enthaltend die wichtigsten Grundregeln, Prag 1896.

Ritter-Záhony, C. v., Duell und Liga, Wien 1903.

Robert, L., Die Macht der Verhältnisse. Ein Trauerspiel in fünf Aufzügen und zwei Briefe über das antike und moderne und über das sogenannte bürgerliche Trauerspiel, Stuttgart 1819.

Roberts, A. v., Satisfaktion. Schauspiel in vier Aufzügen, Leipzig o. J.

Rommel, O., Das Recht zu leben oder Der Völkerfrühling. Soziale Betrachtungen über Krieg, menschliches Elend, Duelle, Todesstrafe und Tötungen in Notwehr und Notstand. Ein Beitrag zur Lösung der sozialen Frage, München 1899.

Rosenkranz, K., Der Zweikampf auf unsern Universitäten. Eine Rede, Königsberg 1837.

Rosenkranz, K., Die Abschaffung des Duellzwanges, Königsberg 1845.

Roßhirt, C. F., Über den Zweikampf, in: Neues Archiv des Criminalrechts, Bd. 3, St. 3, 1819, S. 453–477.

Rousseau, J.-J., Julie oder Die neue Héloïse. Briefe zweier Liebenden aus einer kleinen Stadt am Fuße der Alpen, München 1978.

Roux, F. A. W. L., Deutsches Paukbuch, 2. Aufl., Jena 1867.

Roux, J. A. K., Über das Verhältnis der deutschen Fechtkunst zum Ehrenduell sowohl im Allgemeinen, als auch für Universitäten insbesondere mit Berücksichtigung der Mittel, die Duelle zu verhüten, oder sie wenigstens unschädlich zu machen und zu vermindern, Erfurt 1841.

Rüts, C. v., Die Duellgegnerschaft. Der Versuch einer Verständigung mit den ehrlichen Duellvertheidigern, Berlin 1902.
Rumpf, J. D. F., Über Duelle und Ehrengerichte im Militair, Berlin 1830.
Rumpf, M., Anwalt und Anwaltstand. Eine rechtswissenschaftliche und rechtssoziologische Untersuchung, Leipzig 1926.
Rumschöttel, H., Das bayerische Offizierkorps 1866–1914, Berlin 1973.
S. K., Gesammelte Briefe eines alten Offiziers an seinen Sohn, Berlin 1898.
S. R. (= J. G. Schlosser), Über die Gesetzgebung gegen die Duelle, in: Deutsches Museum, Bd. 2, St. 11, 1776, Sp. 1128–1130.
Salvisberg, P. v., Das Duell und die Academische Jugend, München 1896.
Samhaber, K., Das Duell in seiner heutigen Erscheinung, betrachtet nach philosophisch-rechtlichen Ansichten, Würzburg 1822.
Samhaber, K., Kritische Beleuchtung der bayerischen Gesetze über das Duell nach dem Mandate vom Jahre 1779, dem Strafgesetzbuche vom Jahre 1813, und dem neuesten Entwurfe eines Strafgesetzbuches, mit besonderem Rückblicke auf das von der Staatsregierung beabsichtigte Institut der Ehrengerichte, als Beitrag zur Strafgesetzgebung, Nürnberg 1829.
Sandberger, M., Die studentische Disziplinar- und Ehrenordnung, in: Deutsches Recht, Jg. 8, H. 1/2, 1938, S. 13–16.
Georg von Sarachaga's Vermächtniß oder Neue Folgen in der Göler-Haber'schen Sache, Stuttgart 1843.
14 der ältesten SC-Komments vor 1820, in: Einst und Jetzt. Jahrbuch des Vereins für corpsstudentische Geschichtsforschung, Sonderheft 1967.
Schaden, E. A. v., An die Studierenden der Universität Erlangen am Begräbnistage des im Duell gebliebenen Studierenden der Rechte Karl Maurer den 23. November 1842, Erlangen o. J.
Scharff, A., Das Kieler Studentische Ehrengericht 1793–1806. Eine gescheiterte Universitätsreform im Zeitalter der Aufklärung, in: Nordelbingen, Jg. 41, 1972, S. 141–175.
Schäfer, F., Das Duell Strübing contra Bertels und sein literarischer Niederschlag, Frankfurt 1933.
Schall, M., Wider das Duell. Rede am Grabe eines im Duell gefallenen Offiziers in Spandau am 20. 1. 1882, Berlin o. J.
(Scheidler, K. H.), Über die Abschaffung der Duelle unter den Studirenden, in: Minerva, Bd. 2, 1829, S. 345–516.
Schellenberg, H., »Auf die Mensur!« Ein Wort über den studentischen Zweikampf, Marburg 1882.
Scheu, R., Duell und kein Ende, in: Die Fackel, Nr. 196, 1906, S. 5–12.
Scheuer, O. F., Das Waffentragen auf Deutschlands Hohen Schulen, in: Zeitschrift für Historische Waffen- und Kostümkunde, Bd. 9, 1921, S. 58–68.
Scheuer, O. F., Ferdinand Lassalle als Breslauer Burschenschafter, in: Deutsche Hochschule, Jg. 14, 1925, S. 28–30.
Scheuer, O. F., Studentenmensur und Sexualität, in: Zeitschrift für Sexualwissenschaft und Sexualpolitik, Bd. 15, 1929, S. 460–465.

Schindel, C. W. O. A. v., Über die Duelle und ob ihre Ausrottung wirklich unmöglich, Görlitz 1824.

Schirach, B. v., Ich glaubte an Hitler, Hamburg 1967.

Schlaffer, H., Der Bürger als Held, Frankfurt 1973.

Schlegel, G., Summe von Erfahrungen und Beobachtungen zur Beförderung der Studien in den gelehrten Schulen und auf den Universitäten, 2. Aufl., Riga 1790.

Schleiermacher, F., Gelegentliche Gedanken über Universitäten in deutschem Sinn, in: ders., Sämtliche Werke, Abt. 3, Bd. 1, Berlin 1846, S. 535–624.

Schlicht, Frhr. v., Oberleutnant Kramer. Roman, Dresden o. J.

Schlicht, Frhr. v., Offiziers-Ehen. Roman, Wien 1907.

Schloenbach, A., Sie will sich duelliren, in: Die Gartenlaube, Nr. 32, 1865, S. 497–500; Nr. 33, S. 513–516.

Schmid, J. C., Über die Duelle. Eine politisch-juridische Beantwortung der von der Akademie zu Utrecht über diesen Gegenstand ausgeschriebenen Preisfrage, Landshut 1802.

Schmidt, D., Die preußische Landwehr. Ein Beitrag zur Geschichte der Allgemeinen Wehrpflicht in Preußen zwischen 1813 und 1830, Berlin 1981.

Schmidt, P. v., Das Deutsche Offizierkorps und seine Aufgaben in der Gegenwart, Berlin 1904.

Schmising-Kerßenbrock, C. A. Graf, Suum Cuique. Bericht über die Thatsachen und Verhandlungen, welche der Entlassung seiner Söhne Xaver, Clemens und Adolf aus dem Königlich Preußischen Militair-Dienste vorangegangen und bisher gefolgt sind, unter Beifügung der bezüglichen Schriftstücke, Osnabrück 1864.

Schneider, A., Der Officier im gesellschaftlichen Verkehr, 3. Aufl., Graz 1895.

Schneider, R. A., Swordplay and Statemaking: Aspects of the Campaign against the Duel in Early Modern France, in: C. Bright u. S. Harding (Hg.), Statemaking and Social Movements. Essays in History and Theory, Ann Arbor 1984, S. 265–296.

Schnitzler, A., Jugend in Wien. Eine Autobiographie, 2. Aufl., Wien 1968.

Schnitzler, A., Rundfrage über das Duell, in: ders., Aphorismen und Betrachtungen, hg. v. R. O. Weiss, Frankfurt 1977, S. 321–323.

Scholz, W. v., Das Duell, in: Die Jugend, Nr. 45, 1911, S. 1196–1200.

Schopenhauer, A., Aphorismen zur Lebensweisheit, Frankfurt 1976.

Schorn, H., Duell und Mensur, Köln 1926.

Schrader, A., Ein armer Graf, oder: Die Duellanten. Roman, 2 Bde., Leipzig 1865.

Schramm, H., Ein Pereat den Duellen! Zugleich ein Beitrag zur Geschichte des Duells, Leipzig 1869.

Schreiben über die Duelle auf Universitäten, in: Hannoverisches Magazin, St. 42, 1778, Sp. 657–672.

Schubert, W. u. Regge, J., Quellen zur preußischen Gesetzgebung des 19. Jahrhunderts, Bd. 1: Gesetzrevision (1825–1848), I. Abt., Bd. 1, Vaduz 1981.
Schubin, O., Ehre. Roman, Dresden 1893.
Schüddekopf, C., Ein Gutachten Goethes über Abschaffung der Duelle an der Universität Jena 1792, in: Goethe-Jahrbuch, Bd. 19, 1898, S. 20–34.
Schulmann, O. v., Duell und Strafgesetz, Leipzig 1914.
Schulze, F. G., Über die Selbständigkeit des deutschen Universitätsgeistes und seine Bedeutung für unser Volks- und Staatsleben, mit besonderer Beziehung auf das Studentenduell, Jena 1843.
Schummel, J. G., Moralische Bibliothek für den jungen deutschen Adel, 2 Teile, Liegnitz 1785/86.
Schurtz, H., Altersklassen und Männerbünde. Eine Darstellung der Grundformen der Gesellschaft, Berlin 1902.
Schutz der Ehre und Bekämpfung des Duells. Leipziger Besprechung am 19. Oktober 1901, Köln o. J.
Schwarz, A., Grabrede auf den im Duell gefallenen Herrn cand. med. Eduard Salomon, Karlsruhe 1890.
Schwarze, F. O., Das Strafgesetzbuch für den Norddeutschen Bund, vom 31. Mai 1870, Leipzig 1870.
Schwerdt, P., Ein Ersatz für das Duell, München 1899.
Schwerin, L. v., Zweck, Bedeutung und Anwendung der ehrengerichtlichen Einrichtungen für die Offiziere des preußischen Heeres, Hannover 1886.
Scotti, J. J., Sammlung der Gesetze und Verordnungen ... in den ehemaligen Herzogthümern Jülich, Cleve und Berg ..., T. 1, Düsseldorf 1821.
Sebetič, R., Duell-Regeln, Graz 1887.
Seitz, D. C., Famous American Duels with some accounts of the causes that led up to them and the men engaged, ND Freeport 1966.
Severus, S., Ein Duell im Jahre 2000, Leipzig 1931.
Siemens, W. v., Lebenserinnerungen, 17. Aufl., München 1966.
Simmel, G., Soziologie. Untersuchungen über die Formen der Vergesellschaftung, 5. Aufl., Berlin 1968.
Simmel, G., Tendenzen im deutschen Leben und Denken seit 1870, in: ders., Schopenhauer und Nietzsche, Hamburg 1990, S. 7–33.
Simon, O., Zur Duellfrage, in: Archiv für Rechts- und Wirtschaftsphilosophie, Bd. 2, 1908/09, S. 562–567.
Slawig, J., Der Kampf gegen das Duellwesen im 19. und 20. Jahrhundert in Deutschland unter besonderer Berücksichtigung Preußens, Diss. Münster 1986.
Solms, W. L., Verordnung über die Ehrengerichte der Offiziere im Preußischen Heere. Vom 2. Mai 1874. Mit Benutzung der neueren Bestimmungen für den praktischen Gebrauch, Berlin 1883.
(Sommerfeld, A. v.), Mensur, Duell und Verruf in Beziehung zu den studentischen Korporationen, Leipzig 1890.

Sontag, R., Das Schlägerduell und dessen Bestrafung, in: Reden bei der Feier der Übergabe des Prorectorats, Freiburg 1881, S. 21–40.

Sontag, R., Über die Bestrafung des Schlägerduells, in: Zeitschrift für die gesamte Strafrechtswissenschaft, Bd. 2, 1882, S. 1–10.

Spengler, O., Der Untergang des Abendlandes. Umrisse einer Morphologie der Weltgeschichte, München 1981.

Spohn, K., Beurteilung der verschiedenen Ehrenfragen, die zu Ehrenhändeln und Ehrengerichten Anlaß geben, Berlin 1911.

Spohn, K., Bearb., Die conventionellen Gebräuche beim Zweikampf unter Berücksichtigung des Offizierstandes, 6. Aufl., Berlin 1901.

Ssymank, P., Die freistudentische oder Finkenschaftsbewegung an den deutschen Hochschulen, Berlin 1905.

Ssymank, P., Die Jenaer Duellgegner des Jahres 1792 und Karl Augusts Kampf gegen die geheimen Studentenverbindungen, in: Quellen und Darstellungen zur Geschichte der Burschenschaft und der deutschen Einheitsbewegung, Bd. IV, Heidelberg 1913, S. 1–30.

Statistische Mittheilungen über die Geschäftsverwaltung der preußischen Justizbehörden in den Jahren 1869 bis 1873, in: Zeitschrift des Kgl. Preußischen Statistischen Bureaus, Jg. 14, 1874, S. 443–452.

Statistisches Handbuch für den Preußischen Staat, hg. v. Kgl. Preußischen Statistischen Bureau, Bd. 1 ff., Berlin 1888 ff.

Statistisches Jahrbuch für das Großherzogtum Baden, Jg. 1–41, Karlsruhe 1869–1915.

Stauff, P., Das Duell, Leipzig 1908.

Steinberg, J., The Kaiser's Navy and German Society, in: Past and Present, Nr. 28, 1964, S. 102–110.

Steinlein, H., Das Duell. Sein undeutscher Ursprung und unsozialer Charakter, Berlin 1919.

Stengel, Frhr. v., Über die Duelle auf den deutschen Universitäten, in besonderer Beziehung auf das Großherzogtum Baden, Freiburg 1832.

Stenographische Berichte über die Verhandlungen des Preußischen Abgeordnetenhauses, Bd. 3, Berlin 1865; 1894 ff.

Stenographische Berichte über die Verhandlungen des Preußischen Herrenhauses, Berlin 1907 ff.

Stenographische Berichte über die Verhandlungen des Reichstags, Berlin 1883 ff.

Stephani, H., Wie die Duelle, diese Schande unsers Zeitalters, auf unsern Universitäten so leicht wieder abgeschafft werden könnten, Leipzig 1828.

Stolberg, F. L. Graf, Ein Büchlein von der Liebe, 2. Aufl., Münster 1820.

Stone, L., The Crisis of the Aristocracy 1558–1641, Oxford 1965.

Strafgesetzbuch für die Preußischen Staaten und Gesetz über die Einführung desselben vom 14. April 1851, Berlin 1851.

Das Strafgesetzbuch für das Deutsche Reich, hg. v. J. Staudinger, 3. Aufl., Nördlingen 1880.

Strauss, F., Die geschichtliche Entwicklung der Strafbarkeit des Zweikampfes, Diss. Erlangen 1921.
Sudermann, H., Die Ehre, Berlin 1891.
Sudermann, H., Fritzchen; Die Lichtbänder; Der letzte Besuch, in: ders., Dramatische Werke, Bd. 3, Stuttgart 1923, S. 325–353, 393–420, 453–483.
Svarez, C. G., Über Duelle, in: Vorträge über Recht und Staat von Carl Gottlieb Svarez (1746–1798), hg. v. H. Conrad u. G. Kleinheyer, Köln 1960, S. 411–418.
Swoboda, H., Die Motive des Duells, in: Österreichische Rundschau, Jg. 14, 1907, S. 410–419.
Sydow, A. v., Hg., Wilhelm und Caroline von Humboldt in ihren Briefen, Bd. 4, Berlin 1910.
Thesing, E., Duell – Ehre – »Ernst!«, Marburg 1896.
Thimm, C. A., A Complete Bibliography of Fencing and Duelling as practised by all European Nations from the Middle Ages to the Present Day, London 1896, ND New York 1968.
Thoma, L., Pistole oder Säbel? München 1905.
Thomasius, G., Grabrede bei der Beerdigung des im Duell gebliebenen Studirenden der Rechte Karl Friedrich Maurer, Erlangen 1842.
Thomsen, Zweikampf und Strafrechtspolitik, in: Deutsche Juristen-Zeitung, Jg. 7, 1902, S. 134–137.
Thümmel, C., Der gerichtliche Zweikampf und das heutige Duell, Hamburg 1887.
Tiedemann, Entstehung der Duelle, in: Berlinisches Archiv der Zeit und ihres Geschmacks, Jg. 5, 1799, S. 217–224.
Eine politische Todtenschau. Zur Geschichte der staatsrettenden Anarchie in Preußen, Kiel 1859.
Treitschke, H. v., Briefe, hg. v. M. Cornicelius, Bd. 1, Leipzig 1912.
Turner, V., Dramas, Fields and Metaphors. Symbolic Action in Human Society, Ithaca 1974.
Turner, V., Vom Ritual zum Theater. Der Ernst des menschlichen Spiels, Frankfurt 1989.
Twain, M., Duelle, in: ders., Reisebilder, Stuttgart 1900, S. 122–151.
Über die Duelle auf den Universitäten. An einen akademischen Lehrer, Lübeck 1782.
Über die bürgerliche Ehre bey den Teutschen, in: Historisch-literarisches Magazin, T. 1, 1785, S. 20–31.
Über die Ehre, in: Monatsschrift von und für Mecklenburg, Jg. 2, 1789, Sp. 655–666.
Über Injurien, Hausrecht, Nothwehr und Duelle, nach Preußischem Rechte; nebst fünf Vorlesungen über diese Gegenstände in geschichtlicher und gemeinrechtlicher Hinsicht, Berlin 1827.
Ungard Edler v. Öthalom, A., Ehre und Ehrenschutz. Eine Studie, Wien 1908.

Universitäten, in: Das große Conversations-Lexicon für die gebildeten Stände, hg. v. J. Meyer, 2. Abt., Bd. 13, Hildburghausen 1852, S. 151–198.
Vance, N., The Ideal of Manliness, in: B. Simon u. I. Bradley (Hg.), The Victorian Public School, Dublin 1975, S. 115–128.
Varnhagen von Ense, K. A., Denkwürdigkeiten des eignen Lebens, 3 Bde., hg. v. K. Feilchenfeldt, Frankfurt 1987.
Verfolgte Unschuld? Ein letztes Wort über den Verfasser von »Duell und Verruf« und »Ein Kapitel vom kecken Burschengeist«, von einem Corpsstudenten, Erlangen 1896.
Verhandlungen der zweiten Kammer der Ständeversammlung des Königreichs Bayern, München 1819 ff.
Verhandlungen der Kammer der Abgeordneten des bayerischen Landtages. Stenographische Berichte 1884 ff.
Verhandlungen der Kammer der Reichsräte des Königreiches Bayern, 1893 ff.
Verhandlungen des Bayerischen Landtages. Stenographische Berichte, 1920 ff.
Verhandlungen der Kammer der Abgeordneten des Königreichs Württemberg, Stuttgart 1838 ff.
Verhandlungen des 7. Rheinischen Provinziallandtages 1843, Koblenz 1843.
Verhandlungen der deutschen verfassungsgebenden Reichsversammlung zu Frankfurt am Main, hg. v. K. D. Haßler, Bd. 1 u. 2, Frankfurt 1848/49.
Verhandlungen der Ersten und Zweiten Kammer über die Entwürfe des Strafgesetzbuchs für die Preußischen Staaten und des Gesetzes über die Einführung desselben, vom 10. Dezember 1850, Berlin 1851.
Verhandlungen der Strafkammer des Großherzogl. Hessischen Kreisgerichts zu Alzey vom 8. und 9. März 1844, in Sachen der Staatsbehörde gegen Moritz v. Haber und Consorten; Duell betreffend, Frankfurt 1844.
Die Verhandlungen des achten Evangelisch-sozialen Kongresses abgehalten zu Leipzig am 10. und 11. Juni 1897, Göttingen 1897.
Verhandlungen der achten ordentlichen Provinzial-Synode der Provinz Sachsen, Magdeburg 1897.
Verhandlungen der vierten ordentlichen Generalsynode der evangelischen Landeskirche Preußens, Berlin 1898.
Verhandlungen der fünften ordentlichen Generalsynode der evangelischen Landeskirche Preußens, Bd. I, Berlin 1904.
Verhandlungen der 50. Generalversammlung der Katholiken Deutschlands in Köln vom 23. bis 27. August 1903, Köln 1903.
Verhandlungen des Reichstags. Stenographische Berichte (mit Anlagen), Bd. 259–449, Berlin 1910–1930.
Verhandlungen der verfassungsgebenden Deutschen Nationalversammlung, Bd. 328, Stenographische Berichte, Berlin 1920.
Verzeichnis von Duell-Schriften auf Grund einer Arbeit des Geschäftsfüh-

rers der Deutschen Anti-Duell-Liga, aufgestellt von deren Landesgruppe Hannover, Hannover 1915.
Viebahn, G. v., Kann ein gläubiger Christ den Weg des Zweikampfes gehen? Berlin 1902.
Vieth, G. U. A., Versuch einer Encyklopädie der Leibesübungen, T. 2, Berlin 1795.
Vietinghoff-Scheel, G. Frhr. v., Das Duell, Riga 1901.
Villnow, Zweikampf, in: Der Gerichtssaal, Bd. 37, 1885, S. 605–643.
Voigt, G. C., Etwas über die Mittel wider die Zweykämpfe und Sittenverderbnis auf Akademien, in: ders., Gemeinnützige Abhandlungen, Leipzig 1792, S. 415–428.
Volkmann, A. W., Beitrag zur moralischen Würdigung des Zweikampfes, Dorpat 1841.
Volz, G. B., Hg., Die Werke Friedrichs des Großen, Bd. 8, Berlin 1913.
Vom Turnen, mit Bezug auf den Zweykampf, Frankfurt 1819.
Von den in Deutschland gewöhnlichen Gebräuchen bei Duellen und über die Mittel, die Duelle abzustellen, Leipzig 1804.
Von der falschen Ehre, in öffentlichen und besondern Angelegenheiten, in: Neues Gemeinnütziges Magazin, Bd. 4, 1761, S. 131–140.
Vorberg, A., Der Zweikampf in dem Strafgesetzbuch für das deutsche Reich, Berlin 1902.
Vorberg, A., Der Zweikampf. Seine Berechtigung oder Verwerfung, Rostock 1913.
Die Vorrechte der Offiziere im Staate und in der Gesellschaft, Berlin 1883.
Vorschriften für die Studierenden an den Hochschulen des Königreichs Bayern, München 1842.
W., Offiziersbewußtsein und Demokratie, in: Allgemeine Schweizerische Militärzeitung, Jg. 59, Nr. 33, 1913, S. 259 f.
Wagener, H., Hg., Staats- und Gesellschafts-Lexikon, Bd. 4 u. 6, Berlin 1861; Bd. 23, Berlin 1867.
Wagner, A., Mein Konflikt mit dem Großindustriellen und Reichstagsabgeordneten Freiherrn von Stumm-Halberg, in: Die Zukunft, Bd. 10, 1895, S. 303–320, 349–365, 408–427.
Walcker, K., Die Duellfrage, Leipzig 1902.
Wallis, L., Der Göttinger Student. Oder Bemerkungen, Rathschläge und Belehrungen über Göttingen und das Studenten-Leben auf der Georgia Augusta, Göttingen 1813.
Walter, H., Ihr führt ins Leben uns hinein. Roman, Stuttgart 1906.
Walther, F. A., Critic über den studentischen Zweikampf, Berlin 1885.
Was sind und wollen die Corps? Entwurf einer Zusammenstellung der allgemeinen deutschen Corpsprinzipien, Göttingen 1869.
Weber, K. v., Aus vier Jahrhunderten. Mittheilungen aus dem Haupt-Staatsarchive zu Dresden, 2 Bde., Leipzig 1857/58.
Weber, M., Max Weber. Ein Lebensbild, Heidelberg 1950.
Weber, M., Jugendbriefe, Tübingen 1936.

Weber, M., Wahlrecht und Demokratie in Deutschland, in: ders., Gesammelte politische Schriften, hg. v. J. Winckelmann, 2. Aufl., Tübingen 1958, S. 233–279.

Weber, M., Wirtschaft und Gesellschaft, 2. Aufl., Tübingen 1972.

Weber, R. G. S., The German Student Corps in the Third Reich, New York 1986.

(Wedel, M. v.), Die Conventionellen Gebräuche beim Zweikampf unter Berücksichtigung des Offizierstandes. Von einem älteren aktiven Offizier, 3. Aufl., Berlin 1888.

Weerth, G., Leben und Taten des berühmten Ritters Schnapphahnski, in: ders., Vergessene Texte. Werkauswahl Bd. II. Nach den Handschriften hg. v. J.-W. Goette u. a., Köln 1976, S. 137–252.

Wehler, H.-U., Deutsche Gesellschaftsgeschichte, 2 Bde., München 1987.

Weikard, M. A., Vom Duell, Point d'Honneur und dergleichen, Frankfurt 1787.

Weinrich, H., Mythologie der Ehre, in: M. Fuhrmann (Hg.), Terror und Spiel. Probleme der Mythenrezeption, München 1971, S. 341–356.

Welcker, C., Infamie, Ehre, Ehrenstrafen, in: C. v. Rotteck u. ders. (Hg.), Das Staats-Lexikon, Bd. 7, Altona 1847, S. 377–404.

Wentzcke, P., Geschichte der Deutschen Burschenschaft, Bd. 1, Heidelberg 1919.

Wentzcke, P. u. Klötzer, W., Hg., Deutscher Liberalismus im Vormärz. Heinrich von Gagern – Briefe und Reden 1815–1848, Göttingen 1959.

Wiesinger, A., Das Duell vor dem Richterstuhle der Religion, der Moral, des Rechtes und der Geschichte, Graz 1895.

Wiesinger, J., »Herr, wärest Du dagewesen, unser Bruder wäre nicht gestorben«. Rede bei der Beerdigung des im Zweikampfe gefallenen kgl. Hauptmanns und Compagniechefs Herrn Otto Emmerich, 2. Aufl., Würzburg 1882.

Wild-Queisner, R., Die Stellung der Offiziere gegenüber den Studenten in den Universitäts-Städten, Berlin 1887.

Wild-Queisner, R., Das Duell. Ein Wort zur Beleuchtung desselben nach Ursprung, Form, Zweck und Nothwendigkeit für den Civil- und Militairstand, Berlin 1887.

Wilhelm, R., Der Student der Theologie und die studentische Satisfaction. Ein offenes Wort an unsere theologische Jugend, Berlin o. J.

Williams, J. K., Dueling in the Old South. Vignettes of Social History, College Station 1980.

Wimpffen, M. Frhr. v., Zweikampf und Wille, Berlin 1902.

Windischmann, K. J. H., Über die Ehre und das verletzte Ehrgefühl, in: Jahrbuch der Königlich-preußischen Rhein-Universität, Bonn 1821, S. 301–314.

Winter, J. M. van, Rittertum. Ideal und Wirklichkeit, München 1969.

Witkop, P., Hg., Kriegsbriefe gefallener Studenten, München 1928.

Witting, Vom Duell, in: Hannoverisches Magazin, St. 57, 1787, Sp. 897–918.
Woeste, P., Akademische Väter als Richter. Zur Geschichte der akademischen Gerichtsbarkeit der Philipps-Universität unter besonderer Berücksichtigung von Gerichtsverfahren des 18. und 19. Jahrhunderts, Marburg 1987.
Wolf, H.-W., Ein Göttinger Studentenduell im Jahre 1816, in: Göttinger Jahrbuch 1974, S. 137–150.
Wolff, F., Die Ehrensache zwischen Herrn Hofgerichtsrat Georgi und Freiherrn Heinrich von Gagern, Darmstadt 1847.
Wolff, F., Ein Duell. Schauspiel in drei Akten, Leipzig 1904.
Wundt, M., Die Ehre als Quelle des sittlichen Lebens in Volk und Staat, Langensalza 1927.
X. Y. Z., Beleidigungsprozeß und Duell, Berlin o. J.
Zachariä, F. W., Der Renommist. Ein scherzhaftes Heldengedicht, Leipzig 1989.
Ziegesar, C. S. v., Über das alte Ritterwesen, das falsche Point d'honneur, die wahre Herzhaftigkeit in Rücksicht auf die Duelle und die Nothwendigkeit einer guten Erziehung, Stuttgart 1793.
Ziegler, T., Der deutsche Student am Ende des 19. Jahrhunderts, 3. Aufl., Stuttgart 1895.
Zimmermann, F., Beitrag zur Lehre vom Zweikampfe, in: Der Gerichtssaal, Bd. 30, 1878, S. 1–13.
Zimmermann, F., Zweiter Beitrag zur Lehre vom Zweikampfe, in: Der Gerichtssaal, Bd. 34, 1883, S. 379–398.
Zimmermann, F., Der Zweikampf in der Geschichte der westeuropäischen Völker, in: W. H. Riehl (Hg.), Historisches Taschenbuch, Jg. 9, Leipzig 1879, S. 261–351.
Zunkel, F., Ehre, Reputation, in: O. Brunner u. a. (Hg.), Geschichtliche Grundbegriffe, Bd. 2, Stuttgart 1975, S. 1–63.
Zunkel, F., Der Rheinisch-Westfälische Unternehmer 1834–1879. Ein Beitrag zur Geschichte des deutschen Bürgertums im 19. Jahrhundert, Köln 1962.
Zur Geschichte des Zweikampfs, in: Magazin für die Literatur des Auslandes, Jg. 8, 1835, S. 557 f., 561–563, 566 f.
Zur Reform des akademischen Lebens. Wider Duellzwang und Verbindungstyrannei, Leipzig 1885.
Zweig, S., Die Welt von gestern. Erinnerungen eines Europäers, Frankfurt 1949.
Der Zweikampf. Schauspiel in einem Aufzuge, in: F. A. v. Kurländer, Lustspiele oder dramatischer Almanach für das Jahr 1828, Jg. 18, Leipzig o. J., S. 1–68.
Der Zweikampf, in: Militär-Wochenblatt, Nr. 37, 1896, Sp. 1037–1041.
Zweikampf, in: W. T. Krug (Hg.), Allgemeines Handwörterbuch der philosophischen Wissenschaften, nebst ihrer Literatur und Geschichte, Bd. 4, Leipzig 1834, S. 648–651.

Zweikampf, in: Das große Conversations-Lexicon für die gebildeten Stände, hg. v. J. Meyer, 2. Abt., Bd. 15, Hildburghausen 1852, S. 1217–1224.

Zweikampf, Feindschaft, Vergebung der Beleidigungen. Drei Musterpredigten berühmter französischer Kanzelredner, Osnabrück 1896.

Zweykampf, Selbst-Kampf, Balgen und Rauffen, oder Duell, in: J. H. Zedler, Großes Vollständiges Universal-Lexicon aller Wissenschaften und Künste, Bd. 64, Leipzig 1750, Sp. 1330–1430.

Der Zweykampf auf Universitäten, in: Eos. Zeitschrift aus Baiern, Nr. 132–134, 1825, S. 533 f., 537 f., 541 f.

Personenregister

dtv-dokumente

Die Reihe bietet Materialien zu einem weit gespannten Spektrum an Themen. Verfassungsdokumente, Vertragstexte, Reden, Protokolle, persönliche Berichte, Briefe oder Tagebuchaufzeichnungen erhellen das jeweilige Thema lebendig und facettenreich. So vereinen die Bände Information und Anschaulichkeit, bieten spannende Lektüre und einen reichhaltigen Materialfundus für Forschung und Lehre, aber auch für alle, die es genauer wissen wollen.

Kaiser Friedrich II.
dtv 2901

Hexen und Hexenprozesse in Deutschland
dtv 2957

Der Prozeß Jeanne d'Arc
dtv 2909

Mozart
Dokumente seines Lebens
dtv 2927

Hitlers Machtergreifung 1933
dtv 2938

Die Rückseite des Hakenkreuzes
Absonderliches aus den Akten des Dritten Reiches
dtv 2967

Rudolf Höß:
Kommandant in Auschwitz
Autobiographische Aufzeichnungen
dtv 2908

Hans Graf von Lehndorff:
Ostpreußisches Tagebuch
Aufzeichnungen eines Arztes aus den Jahren 1945-1947
dtv 2923

Entnazifizierung
1945 – 1949
dtv 2962

Frauen in der Nachkriegszeit
dtv 2952

Stalins Lager in Deutschland
1945 – 1950
dtv 2966

DDR
Dokumente zur Geschichte der Deutschen Demokratischen Republik 1945-1985
dtv 2953

Wann bricht schon mal ein Staat zusammen!
Die Debatte über die Stasi-Akten auf dem 39. Historikertag 1992
dtv 2965

Die Sowjetunion
Band 1:
Staat und Partei
Band 2:
Wirtschaft und Gesellschaft
dtv 2948/2949

Die Sowjetmenschen 1989 - 1991
Soziogramm eines Zerfalls
dtv 2964

dtv-Geschichte der Antike

Herausgegeben von Oswyn Murray

Die moderne Forschung, neue Entdeckungen und Funde haben unser Bild der Antike in wichtigen Punkten verändert; es ist daher an der Zeit, die Ergebnisse dem Publikum zugänglich zu machen. Die überarbeitete Neuausgabe der bewährten Reihe umfaßt die Antike von ihrem Beginn im frühen Griechenland bis zur Spätzeit des Römischen Reiches. Ziel ist es, die Darstellung der jeweils behandelten Periode zusammen mit möglichst vielen Zeugnissen zu bieten. So sind ausgewählte Dokumente in die Erzählung einbezogen und werden ausführlich erörtert.
Wo Interpretationen umstritten sind, werden die verschiedenen Meinungen dem Leser vorgelegt. Jeder Band enthält zahlreiche Abbildungen, Kartenmaterial, eine Übersicht der unterschiedlichen Quellen der jeweiligen Epoche sowie Vorschläge zur vertiefenden Lektüre.

Oswyn Murray:
Das frühe Griechenland
dtv 4400

John K. Davies:
Das klassische Griechenland und die Demokratie
dtv 4401

Frank W. Walbank:
Die hellenistische Welt
dtv 4402

Michael Crawford:
Die römische Republik
dtv 4404

Colin Wells:
Das Römische Reich
dtv 4405

Averil Cameron:
Das späte Rom
dtv 4621